ERICH
SCHMIDT
VERLAG

Spezialwissen Gemeinnützigkeit

Zu den steuerbegünstigten Zwecken von Körperschaften

Von

Detlef Pieske-Kontny
Dipl.-Volkswirt, Dipl.-Kaufmann

2., neu bearbeitete und erweiterte Auflage

ERICH SCHMIDT VERLAG

Bibliografische Information der Deutschen Nationalbibliothek
Die Deutsche Nationalbibliothek verzeichnet diese Publikation in der Deutschen Nationalbibliografie; detaillierte bibliografische Daten sind im Internet über http://dnb.dnb.de abrufbar.

Weitere Informationen zu diesem Titel finden Sie im Internet unter
https://ESV.info/978-3-503-24169-9

Zitiervorschlag:
Pieske-Kontny, Spezialwissen Gemeinnützigkeit, 2. Auflage 2026

1. Auflage 2023 unter dem Titel „Steuerbegünstigte Zwecke von Körperschaften"
2. Auflage 2026

ISBN 978-3-503-24169-9 (gedrucktes Werk)
ISBN 978-3-503-24170-5 (eBook)
DOI https://doi.org/10.37307/b.978-3-503-24170-5

Genthiner Straße 30 G, 10785 Berlin
info@ESVmedien.de, www.ESV.info

Druck: docupoint, Barleben

Vorwort zur 2. Auflage

Das Gemeinnützigkeitsrecht stellt innerhalb der Abgabenordung ein eigenständiges Regelwerk dar, das weitreichende Rechtsfragen für Körperschaften aufwirft, die nach ihrer Satzung und der tatsächlichen Geschäftsführung ausschließlich und unmittelbar gemeinnützige, mildtätige oder kirchliche Zwecke verfolgen.

Hierzu gehört auch die Unterhaltung eines wirtschaftlichen Geschäftsbetriebs, wenn dieser betrieben wird, um der Körperschaft Mittel für ihre gemeinnützigen Zwecke zu verschaffen und die erwirtschafteten Überschüsse dem steuerbegünstigten Zweck zugutekommen. Handelt es sich jedoch um einen steuerpflichtigen wirtschaftlichen Geschäftsbetrieb, unterliegen die Einkünfte hieraus der Ertragsbesteuerung; nur soweit der wirtschaftliche Geschäftsbetrieb ein Zweckbetrieb i. S. der §§ 65 bis 68 AO ist, bleiben die erzielten Einkünfte ertragsteuerfrei. Die wirtschaftlichen Geschäftsbetriebe von steuerbegünstigten Körperschaften stehen daher auch in der Neuauflage im Mittelpunkt der Betrachtung.

Die Entscheidungen des BFH v. 10.01.2019 – V R 60/17 und v. 10.12.2020 – V R 14/20 zur Einflussnahme auf die politische Willensbildung und öffentliche Meinung durch eine steuerbegünstigte Körperschaft sind inzwischen rechtsanhängig beim BVerfG unter dem Aktenzeichen 1 BvR 697/21. Es bleibt abzuwarten, wie das Verfassungsgericht entscheiden wird. In seiner Entscheidung v. 18.08.2021 – V B 25/21 (AdV) wies der BFH erneut darauf hin, dass es der Steuerbegünstigung nicht entgegensteht, wenn eine nach § 52 Abs. 2 AO begünstigte Tätigkeit im Einzelfall mit einer gewissen politischen Zielsetzung verbunden ist. Die Finanzverwaltung beanstandet es daher nicht (mehr), wenn eine steuerbegünstigte Körperschaft außerhalb ihrer Satzungszwecke vereinzelt zu tagespolitischen Themen Stellung nimmt, solange die Tagespolitik nicht im Mittelpunkt der Tätigkeit der Körperschaft steht.

Die Neuauflage ist darüber hinaus erweitert worden um Ausführungen zu den gemeinnützigen Zwecken wie der Förderung des demokratischen Staatswesens, der Religion, der Wissenschaft und Forschung, der Erziehung, Volks- und Berufsbildung, des Gesundheitswesens, der Verbraucherberatung und des Verbraucherschutzes, der internationalen Gesinnung, der Toleranz und des Völkerverständigungsgedankens, des Naturschutzes, der Landschaftspflege, des Umwelt- und Klimaschutzes sowie des Küstenschutzes und des Hochwasserschutzes, des Sports, der Jugend- und Altenhilfe, von Kunst und Kultur sowie der Unterhaltung und Pflege von Friedhöfen und Gedenkstätten für nichtbestattungspflichtige Kinder und Föten.

Die Änderung des Anwendungserlasses zur Abgabenordnung (AEAO) hinsichtlich des Zusammenwirkens mit weiteren steuerbegünstigten Körperschaften gem. § 57 Abs. 3 AO und des Haltens und Verwaltens von Anteilen an steuerbegünstigten Kapitalgesellschaften gem. § 57 Abs. 4 AO ist in der Neuauflage umfassender berücksichtigt worden. Ob das von der Finanzverwaltung verlangte sog. „doppelte Satzungserfordernis" Bestand haben wird, ist nach der Entscheidung des FG Hamburg v. 26. 09. 2023 allerdings fraglich geworden.

Die Neuauflage behandelt auch die sich im Zusammenhang mit dem Beginn oder dem Erlöschen der Steuerbefreiung einer Körperschaft aufgrund der §§ 51 ff. AO ergebenden Rechtsfragen des § 13 Abs. 1 bis 4 KStG; beginnt oder erlischt die Steuerbefreiung nur teilweise wie bei einem Übergang vom Zweckbetrieb zum steuerpflichtigen wirtschaftlichen Geschäftsbetrieb oder umgekehrt, ist § 13 Abs. 5 KStG zu beachten.

Abgerundet wird dieses Handbuch durch zahlreiche Beispiele und Praxishinweise.

Schlüchtern, im Oktober 2025 Detlef Pieske-Kontny

Vorwort zur 1. Auflage

Körperschaften, die ausschließlich und unmittelbar gemeinnützige, mildtätige oder kirchliche Zwecke verfolgen, werden steuerlich durch eine Steuerbefreiung oder eine Steuerermäßigung begünstigt. Hierfür hat der Gesetzgeber einen rechtlichen Rahmen geschaffen, den es zu beachten gilt.

Dem einen oder anderen Steuerzahler sind die Begriffe „Gemeinnützigkeit", „mildtätige Zwecke" oder „Förderung kirchlicher Zwecke" wahrscheinlich nur im Zusammenhang mit einer vorgedruckten Spendenquittung auf der Rückseite eines Spenden-Überweisungsbelegs begegnet. Vielleicht ist diesem Steuerzahler sogar bekannt, dass Spenden zur Förderung steuerbegünstigter Zwecke gem. § 10b Abs. 1 Satz 1 Nr. 1 EStG bis zu 20 Prozent des Gesamtbetrags der Einkünfte als Sonderausgaben abgezogen werden können, wenn diese an eine nach § 5 Abs. 1 Nr. 9 KStG steuerbefreite Körperschaft geleistet werden. Weniger bekannt sind vermutlich die gesetzlichen Grundlagen, auf denen das Gemeinnützigkeitsrecht beruht und die vor allem durch das Jahressteuergesetz 2020 weiterentwickelt wurden. Aber selbst für Praktiker sind die steuerlichen Bestimmungen im Zusammenhang mit gemeinnützigen, mildtätigen oder kirchlichen Zwecken, die zu einem erheblichen Teil durch das Sozialrecht geprägt sind, nur schwer verständlich und immer wieder Gegenstand von Rechtstreitigkeiten vor den Finanzgerichten.

Das vorliegende Fachbuch will daher nicht nur den Sachbearbeitern und Entscheidungsträgern in den steuerberatenden Kanzleien und Finanzämtern, sondern auch den Vorständen und Geschäftsführern der steuerbegünstigten Körperschaften eine Hilfestellung für ihre Tätigkeit bieten und dazu beitragen, die sich aus den §§ 51 ff. AO ergebenden Fragen zum Ertrag-, Umsatz- und Grundsteuerrecht zu beantworten. Grundlage hierfür ist der aktuelle Stand der Gesetzgebung unter Berücksichtigung der Rechtsprechung der Finanzgerichte und der im Anwendungserlass zur Abgabenordnung dargelegten Verwaltungsauffassung.

Über Kritik, Anregungen und Hinweise der Leserschaft würde ich mich freuen.

Berlin, im März 2023 Detlef Pieske-Kontny

Inhaltsübersicht

Inhaltsverzeichnis

Abkürzungsverzeichnis

a. A.	anderer Auffassung
Abk.	Abkürzung
ABl.	Amtsblatt
ABl. SN	Sächsisches Amtsblatt
Abs.	Absatz
Abschn.	Abschnitt
AdV	Aussetzung der Vollziehung
AEAO	Anwendungserlass zur Abgabenordnung
AEBayGrSt	Bayerischer Anwendungserlass-Grundsteuer
AEGrStG	Erlass zur Anwendung des Grundsteuergesetzes ab 1. Januar 2025
AEUV	Vertrag über die Arbeitsweise der Europäischen Union
a. F.	alte Fassung
AG	Aktiengesellschaft
AktG	Aktiengesetz
AMG	Arzneimittelgesetz
Anh.	Anhang
Anm.	Anmerkung
AO	Abgabenordnung
AO-StB	Zeitschrift „AO-Steuerberater"
AP	Außenprüfung
ArbGG	Arbeitsgerichtsgesetz
ArbStättV	Verordnung über Arbeitsstätten
Art.	Artikel
ASR	Zeitschrift „Anwalt/Anwältin im Sozialrecht"
AStW	Zeitschrift „Aktuelles aus dem Steuer- und Wirtschaftsrecht"
Aufl.	Auflage
AÜG	Gesetz zur Regelung der Arbeitnehmerüberlassung
Az.	Aktenzeichen
BayVBl.	Zeitschrift „Bayerische Verwaltungsblätter"
BB	Zeitschrift „Betriebs-Berater"
BBiG	Berufsbildungsgesetz
BBK	Zeitschrift „NWB Rechnungswesen"
BEEG	Gesetz zum Elterngeld und zur Elternzeit
BErzGG	Gesetz zum Erziehungsgeld und zur Elternzeit (Bundeserziehungsgeldgesetz)
BFDG	Gesetz über den Bundesfreiwilligendienst

BFH	Bundesfinanzhof
BFH GrS	Bundesfinanzhof, Großer Senat
BFH/NV	Sammlung der amtlich nicht veröffentlichten Entscheidungen des BFH
BgA	Betrieb gewerblicher Art
BGB	Bürgerliches Gesetzbuch
BGBl.	Bundesgesetzblatt
BGH	Bundesgerichtshof
BKGG	Bundeskindergeldgesetz
BMF	Bundesministerium der Finanzen
BNatSchG	Bundesnaturschutzgesetz
BPflV	Verordnung zur Regelung der Krankenhauspflegesätze
br	Zeitschrift „Behinderung und Recht"
BR-Drucks.	Bundesrat-Drucksache
BReg.	Bundesregierung
BSG	Bundessozialgericht
BStBl.	Bundessteuerblatt
BT	Bundestag
BT-Drucks.	Bundestag-Drucksache
BtPrax	Zeitschrift „Betreuungsrechtliche Praxis"
BtR	Zeitschrift „Betreuungsrecht aktuell"
Buchst.	Buchstabe
BVerfG	Bundesverfassungsgericht
BVerfSchG	Gesetz über die Zusammenarbeit des Bundes und der Länder in Angelegenheiten des Verfassungsschutzes und über das Bundesamt für Verfassungsschutz
BVerwG	Bundesverwaltungsgericht
BVerwGE	Entscheidungen des BVerwG
BVG	Gesetz über die Versorgung der Opfer des Krieges
BW	Baden-Württemberg
BZSt	Bundeszentralamt für Steuern
bzw.	beziehungsweise
DB	Zeitschrift „Der Betrieb"
DHZ	„Deutsche Hebammen Zeitschrift"
DIGAV	Verordnung über das Verfahren und die Anforderungen zur Prüfung der Erstattungsfähigkeit digitaler Gesundheitsanwendungen in der gesetzlichen Krankenversicherung
DNotZ	„Deutsche Notar-Zeitschrift"
DRiZ	„Deutsche Richterzeitung"
DSB	Deutscher Sportbund
DStJG	Deutsche Steuerjuristische Gesellschaft e. V.

DStR	Zeitschrift „Deutsches Steuerrecht"
DStRE	Zeitschrift „Deutsches Steuerrecht Entscheidungsdienst"
DStZ	Zeitschrift „Deutsche Steuerzeitung"
DVPMG	Digitale-Versorgung-und-Pflege-Modernisierungs-Gesetz
ECLI	European Case Law Identifier (Europäischer Rechtsprechungs-Identifikator)
EFG	Zeitschrift „Entscheidungen der Finanzgerichte"
EGAO	Einführungsgesetz zur Abgabenordnung
einschl.	einschließlich
EnergieStSenkG	Energiesteuersenkungsgesetz
ErbStDV	Erbschaftsteuer-Durchführungsverordnung
ErbStG	Erbschaftsteuer- und Schenkungsteuergesetz
ErbStH	Erbschaftsteuer-Hinweise
EStDV	Einkommensteuer-Durchführungsverordnung
EStG	Einkommensteuergesetz
EStH	Einkommensteuer-Hinweise
EStR	Einkommensteuerrichtlinien
etc.	et cetera
EU	Europäische Union
EuGH	Europäischer Gerichtshof
EWiR	Zeitschrift „Entscheidungen zum Wirtschaftsrecht"
EWR	Europäischer Wirtschaftsraum
EZ	Erhebungszeitraum
FA	Finanzamt
FG	Finanzgericht
FinMin	Finanzministerium
FlüHG	Flüchtlingshilfegesetz
FÖJ	Freiwilliges ökologisches Jahr
FR	Zeitschrift „Finanz-Rundschau"
FSJ	Freiwilliges soziales Jahr
FVG	Finanzverwaltungsgesetz
GBl.	Gesetzblatt
GbR	Gesellschaft bürgerlichen Rechts
GebG	Gebührengesetz für das Land Nordrhein-Westfalen
gem.	gemäß
GemVO	Gemeinnützigkeitsverordnung
GewO	Gewerbeordnung
GewStDV	Gewerbesteuer-Durchführungsverordnung
GewStG	Gewerbesteuergesetz
GewStR	Gewerbesteuerrichtlinien

GG	Grundgesetz der Bundesrepublik Deutschland
ggf.	gegebenenfalls
gGmbH	gemeinnützige Gesellschaft mit beschränkter Haftung
gl. A.	gleicher Auffassung
GmbH	Gesellschaft mit beschränkter Haftung
GmbHG	Gesetz betreffend die Gesellschaften mit beschränkter Haftung
GmbHR	Zeitschrift „GmbH-Rundschau“
GmbH-Stpr	Zeitschrift „GmbH-Steuerpraxis“
GOÄ	Gebührenordnung für Ärzte
GoB	Grundsätze ordnungsgemäßer Buchführung
GrEStG	Grunderwerbsteuergesetz
GrS	Großer Senat
GrStG	Grundsteuergesetz
GrStR	Grundsteuerrichtlinien
GrStRefUG	Grundsteuerreform-Umsetzungsgesetz
GSG Bay	Gesetz zum Schutz der Gesundheit Bayern
GuP	Zeitschrift „Gesundheit und Pflege“
GVBl.	Gesetz- und Verordnungsblatt
GV.NRW	Gesetz- und Verordnungsblatt für das Land Nordrhein-Westfalen
GW	Zeitschrift „Gemeindewirtschaft“
GWB	Gesetz gegen Wettbewerbsbeschränkungen
GWR	Zeitschrift „Gesellschafts- und Wirtschaftsrecht“
HAGBNatSchG	Hessisches Ausführungsgesetz zum Bundesnaturschutzgesetz
Halbs.	Halbsatz
HBP	Handbuch der steuerlichen Betriebsprüfung
HeilMWerbG	Gesetz über die Werbung auf dem Gebiete des Heilwesens (Heilmittelwerbegesetz)
HeimG	Heimgesetz
HFR	Zeitschrift „Höchstrichterliche Finanzrechtsprechung“
HGB	Handelsgesetzbuch
h. M.	herrschende Meinung
i. d. F.	in der Fassung
i. d. R.	in der Regel
IDW	Institut der Wirtschaftsprüfer in Deutschland e. V.
i. H. v.	in Höhe von
info also	Zeitschrift „Informationen zum Arbeitslosenrecht und Sozialhilferecht“
insb.	insbesondere

IPSC	International Practical Shooting Confederation
i. S.	im Sinne
IStR	Zeitschrift „Internationales Steuerrecht“
i. V. m.	in Verbindung mit
JArbSchG	Gesetz zum Schutz der arbeitenden Jugend
JFDG	Gesetz zur Förderung von Jugendfreiwilligendiensten
jPdöR	Juristische Person des öffentlichen Rechts
JR	Zeitschrift „Juristische Rundschau“
JStG	Jahressteuergesetz
JZ	Zeitschrift „JuristenZeitung“
Kap.	Kapitel
KapGes.	Kapitalgesellschaft
KdöR	Körperschaft des öffentlichen Rechts
Kfz.	Kraftfahrzeug
KG	Kommanditgesellschaft
KGaA	Kommanditgesellschaft auf Aktien
KHBV	Verordnung über die Rechnungs- und Buchführungspflichten von Krankenhäusern (Krankenhaus-Buchführungsverordnung)
KHEntgG	Gesetz über die Entgelte für voll- und teilstationäre Krankenhausleistungen
KHG	Krankenhausfinanzierungsgesetz
KJ	Kalenderjahr
KÖSDI	Zeitschrift „Kölner Steuerdialog“
KRGDVO	Krankenhausbetriebsverordnung
KSt	Körperschaftsteuer
KStDV	Körperschaftsteuer-Durchführungsverordnung
KStG	Körperschaftsteuergesetz
KStR	Körperschaftsteuerrichtlinien
KStZ	Zeitschrift „Kommunale Steuerzeitschrift“
KUR	Zeitschrift „Kunst und Recht“
LfSt	Landesamt für Steuern
LG	Landgericht
LSB	Landessportbund
LSV	Landessportverband
LuF	Land- und Forstwirtschaft
MDR	„Monatsschrift für Deutsches Recht“
m. E.	meines Erachtens
m.N.	mit Nachweisen
MoPeG	Gesetz zur Modernisierung des Personengesellschaftsrechts
MPR	Zeitschrift „Medizin Produkte Recht“

MwStR	„Zeitschrift für das gesamte Mehrwertsteuerrecht"
MwStSystRL	Richtlinie 2006/112/EG des Rates über das gemeinsame Mehrwertsteuersystem
MwStVO	Durchführungsverordnung (EU) Nr. 282/2011 des Rates zur Festlegung von Durchführungsvorschriften zur Richtlinie 2006/112/EG über das gemeinsame Mehrwertsteuersystem
NdsVBl.	Zeitschrift „Niedersächsische Verwaltungsblätter"
n. F.	neue Fassung
NJ	Zeitschrift „Neue Justiz"
NJW	Zeitschrift „Neue Juristische Wochenschrift"
nopR	„Zeitschrift für das Recht der Non Profit Organisationen"
notar	„Monatsschrift für die gesamte notarielle Praxis"
Nr.	Nummer
nrkr.	nicht rechtskräftig
NStZ	„Neue Zeitschrift für Strafrecht"
NStZ-RR	„Neue Zeitschrift für Strafrecht Rechtsprechungsreport"
n. v.	nicht veröffentlicht
NVwZ	„Neue Zeitschrift für Verwaltungsrecht"
NVwZ-RR	„Neue Zeitschrift für Verwaltungsrecht Rechtsprechungs-Report"
NWB	Zeitschrift „Neue Wirtschaftsbriefe"
NWVBl.	Zeitschrift „Nordrhein-Westfälische Verwaltungsblätter"
NZB	Nichtzulassungsbeschwerde
NZFam	„Neue Zeitschrift für Familienrecht"
NZG	„Neue Zeitschrift für Gesellschaftsrecht"
NZS	„Neue Zeitschrift für Sozialrecht"
NZWiSt	„Neue Zeitschrift für Wirtschafts-, Steuer- und Unternehmensstrafrecht"
o.Dat.	ohne Datum
OFD	Oberfinanzdirektion
OHG	Offene Handelsgesellschaft
OLG	Oberlandesgericht
OVG	Oberverwaltungsgericht
PBV	Verordnung über die Rechnungs- und Buchführungspflichten der Pflegeeinrichtungen
PDF	Portable document format
PersGes.	Personengesellschaft
PflegeZG	Gesetz über die Pflegezeit
PKW	Personenkraftfahrzeug
PZ	Prüfungszeitraum

RDG	Gesetz über außergerichtliche Rechtsdienstleistungen
RegE	Regierungsentwurf
RennwLottG	Rennwett- und Lotteriegesetz
Rev.	Revision
RFH	Reichsfinanzhof
RFHE	Amtliche Sammlung der Entscheidungen des RFH
RGBl.	Reichsgesetzblatt
rkr.	rechtskräftig
RL	Richtlinie
Rn.	Randnummer
RNotZ	„Rheinische Notar-Zeitschrift"
Rspr.	Rechtsprechung
RStBl.	Reichssteuerblatt
RVO	Reichsversicherungsordnung
S.	Seite
s.	siehe
SächsFlüAG	Sächsisches Flüchtlingsaufnahmegesetz
SächsGVBl.	Sächsisches Gesetz- und Verordnungsblatt
SächsVBl.	Zeitschrift „Sächsische Verwaltungsblätter"
SAR	Zeitschrift „Sozialhilfe- und Asylbewerberleistungsrecht"
SGB	Sozialgesetzbuch
SGb	Zeitschrift „Die Sozialgerichtsbarkeit"
SGG	Sozialgerichtsgesetz
SIS	Steuerrechts-Datenbank
SodEG	Gesetz über den Einsatz der Einrichtungen und sozialen Dienste zur Bekämpfung der Coronavirus SARS-CoV-2 Krise in Verbindung mit einem Sicherstellungsauftrag
sog.	so genannte(r)
SpuRt	„Zeitschrift für Sport und Recht"
StÄndG	Steueränderungsgesetz
Stbg	Zeitschrift „Die Steuerberatung"
StBp	Zeitschrift „Die steuerliche Betriebsprüfung"
StEK	„Steuererlasse in Karteiform"
StGB	Strafgesetzbuch
Stpfl./stpfl.	Steuerpflichtiger/steuerpflichtig
str.	strittig
StuB	Zeitschrift „Unternehmensteuern und Bilanzen"
StuW	Zeitschrift „Steuer und Wirtschaft"
StV	Zeitschrift „Strafverteidiger"
SuS	Zeitschrift „Stiftung&Sponsoring"
ThürVBl.	Zeitschrift „Thüringer Verwaltungsblätter"

THWHelfRG	Gesetz über das Technische Hilfswerk
TPG	Transplantationsgesetz
u. a.	unter anderem
UKlaG	Gesetz über Unterlassungsklagen bei Verbraucherrechts- und anderen Verstößen
UmwG	Umwandlungsgesetz
unstr.	unstreitig
unzutr.	unzutreffend
UR	Zeitschrift „Umsatzsteuer-Rundschau"
UrhG	Gesetz über Urheberrecht und verwandte Schutzrechte
USG	Gesetz über die Leistungen zur Sicherung des Unterhalts von Reservistendienst Leistenden
USt	Umsatzsteuer
UStB	Zeitschrift „Umsatz-Steuer-Berater"
UStAE	Umsatzsteuer-Anwendungserlass
UStDV	Umsatzsteuer-Durchführungsverordnung
UStG	Umsatzsteuergesetz
UStR	Umsatzsteuerrichtlinien
u. U.	unter Umständen
UVR	Zeitschrift „Umsatzsteuer- und Verkehrsteuer-Recht"
UWG	Gesetz gegen den unlauteren Wettbewerb
v.	von bzw. vom
VBlBW	Zeitschrift „Verwaltungsblätter für Baden-Württemberg"
VG	Verwaltungsgericht
vGA	verdeckte Gewinnausschüttung
VGH	Verwaltungsgerichtshof
vgl.	vergleiche
v. H.	von Hundert
VO	Verordnung
Voluntaris	„Zeitschrift für Freiwilligendienste"
VwGO	Verwaltungsgerichtsordnung
VwV	Verwaltungsvorschrift
VZ	Veranlagungszeitraum
WaffG	Waffengesetz
wirtschaftl.	Wirtschaftlich
wistra	„Zeitschrift für Wirtschafts- und Steuerstrafrecht"
WJ	Wirtschaftsjahr
WM	Zeitschrift „Wertpapier-Mitteilungen"
WoGG	Wohngeldgesetz
WPg	Zeitschrift „Die Wirtschaftsprüfung"
WzS	Zeitschrift „Wege zur Sozialversicherung"

z. B.	zum Beispiel
z. T.	zum Teil
z. Z.	zur Zeit
ZAT	„Zeitschrift für Arbeitsrecht und Tarifpolitik in Kirche und Caritas“
ZDG	Gesetz über den Zivildienst der Kriegsdienstverweigerer (Zivildienstgesetz)
ZEV	„Zeitschrift für Erbrecht und Vermögensnachfolge“
ZevKR	„Zeitschrift für evangelisches Kirchenrecht“
ZfF	„Zeitschrift für das Fürsorgewesen“
ZHR	„Zeitschrift für das gesamte Handels- und Wirtschaftsrecht“
Ziff.	Ziffer
ZIP	„Zeitschrift für Wirtschaftsrecht“
ZMGR	„Zeitschrift für das gesamte Medizinrecht“
ZNotP	„Zeitschrift für die Notarpraxis“
ZögU	„Zeitschrift für öffentliche und gemeinwirtschaftliche Unternehmen“
ZPO	Zivilprozessordnung
ZRP	„Zeitschrift für Rechtspolitik“
ZSt	„Zeitschrift zum Stiftungswesen“
ZStV	„Zeitschrift für Stiftungs- und Vereinswesen“
ZUGFeRD	Zentraler User Guide des Forums elektronische Rechnung Deutschland
zust.	zustimmend
zutr.	zutreffend

Schrifttum (Auswahl aus Fachzeitschriften)

– veröffentlicht ab 2015; zum älteren Schrifttum siehe 1. Auflage –

Adrian/Engelsing, Verlust der Gemeinnützigkeit bei Insolvenz oder Liquidation?, NWB 2019, 2709

Adrian/Tentler, Grundsteuerreform: Besonderheiten bei gemeinnützigen Organisationen, NWB 2022, 1414

Albrecht/John, Die einkommensteuerliche Abgrenzung zwischen Gewerbebetrieb und Vermögensverwaltung bei Investitionen in Kryptotoken, FR 2019, 393

Althof/Heide, Politische Betätigung eines Vereins und Gemeinnützigkeit, NWB 2021, 2168

Baldauf, Umgestaltung der Besteuerung kirchlicher Betriebe und Einrichtungen: Einschränkung der Unternehmereigenschaft nach § 2 Abs. 3 UStG a. F. und Einordnung von Betätigungsfeldern in die Systematik des neuen § 2b UStG, DStZ 2019, 302 u. 344

Baldauf, Umsatzbesteuerung kommunaler Zuschüsse an gemeinnützige Vereine, die im Zusammenhang mit der Bewirtschaftung von Sportanlagen stehen, DStZ 2024, 710

Ballof, Die gemeinnützige GmbH im Spiegel der aktuellen Rechtsprechung, GmbH-Stpr 2021, 8

Behrendt/Charifzadeh/Herberger, Rechnungslegungspraxis gemeinnütziger Vereine – Bedarf es eigener Regelungen?, WPg 2019, 556

Berg/Schnabelrauch, Die ermäßigte Umsatzbesteuerung von Inklusionsbetrieben im Widerstreit mit dem Gebot der Wettbewerbsneutralität, UR 2018, 225

Beyme, Wortlautänderung im Vereinszweck, NWB 2019, 2984

Beyme, Anforderungen an den Satzungswortlaut gemeinnütziger Vereine, NWB 2020, 758

Bieniek, Die Stiftung als GmbH-Gesellschafterin, GmbH-Stpr 2024, 77

Bihler, Anwendung des ermäßigten Umsatzsteuersatzes bei gemeinnützigen Körperschaften, NWB 2020, 892

Binger/Röglin, Umsetzungsfragen bei Gemeinnützigkeit von Servicegesellschaften, DStR 2022, 240

Binnewies/Hertwig, Die gemeinnützige Aktiengesellschaft, AG 2020, 739

Birkenfeld, Hilfsbedürftigkeit als Rechtsproblem, UR 2017, 865

Blumers, Fehlende Selbstlosigkeit einer gGmbH, BB 2020, 663

Blumers, Stiftung von zweckbestimmter Dauer, DB 2021, 2243

Bodden, Ausgliederung eines Zweckbetriebs aus einer gemeinnützigen Körperschaft, KÖSDI 2019, 21452

Brill, Unterschätzte Steuerbefreiungsvorschrift, NWB 2022, 2241

Brill/Scheller, Das BMF-Schreiben v. 19.07.2022 zur Kostenteilungsgemeinschaft, NWB 2023, 1045

Cremers, Steuerliche Gemeinnützigkeit und allgemeine Rechtsordnung, npoR 2023, 126

Demuth, Die rechtsfähige Stiftung als Mittel der Unternehmensnachfolge – ein Überblick, kösdi 2023, 23055

Doege/Hahn, Keine gesonderte Feststellung des steuerlichen Einlagekontos bei rechtsfähigen privaten Stiftungen, NWB 2024, 160

Dreßler, Gemeinnützige Stiftungen in Deutschland und im Ausland, StBp 2017, 259

Eisolt, Gemeinnützige Empfängerkörperschaften als Hilfspersonen i. S. d. § 57 Abs. 1 S. 2 AO, DStR 2020, 1417

Engel, Die Gemeinnützigkeit im Lichte der neuen Rechtsprechung des Bundesfinanzhofs in Sachen „Attac", ZStV 2019, 130

Engelsing/Adrian, Gefahr Zweckbetrieb – das Wettbewerbskriterium als Stolperfalle, NWB 2016, 2505

Erdbrügger, BFH schränkt Anwendung des ermäßigten Steuersatzes bei Zweckbetrieben abermals ein, WPg 2022, 605

Ertel/Jost, Die Option der Personengesellschaft nach § 1a KStG – Ein (unterschätztes) Instrument im Zusammenhang mit gemeinnützigen Stiftungen?!, DStR 2024, 982

Fehn/Fehn, Zuordnung von Einnahmen aus der Verpachtung von Werberechten an Banden in Sportarenen zur steuerfreien Vermögensverwaltung gemeinnütziger Sportvereine, Stbg 2021, 451

Fein, Gemeinnützigkeit der Sportvereine und Sportverbände – ein Überblick, ZStV 2017, 48

Feldgen, Zur einkommensteuerrechtlichen Zuordnung von Zuwendungen durch die Stiftung Deutsche Sporthilfe an Spitzensportler, DStZ 2023, 182

Feldgen, Aktuelle rechtliche Entwicklungen rund um das Gemeinnützigkeitsrecht, DStZ 2024, 635

Fiand, Mittelweitergabe an ausländische Körperschaften, NWB 2018, 1954

Fiand, Feststellung des steuerlichen Einlagekontos bei Betrieben gewerblicher Art – BMF-Schreiben vom 04.04.2022, KStZ 2022, 224

Fiand, Systematik der gemeinnützigkeitsrechtlichen Regelungen für Zweckbetriebe, NWB 2023, 1694

Fiand, Umschichtungsgewinne und -verluste im Gemeinnützigkeitsrecht, NWB 2024, 714

Fischer, Gemeinnützigkeit und Zeitgeist, DStR 2018, 1394

Flad, Die Einrichtung mit sozialem Charakter i. S. d. Art. 132 Abs. 1 Buchst. g und h MwStSystRL, UR 2023, 74

Geberth/Bartelt, BMF: Keine gesonderte Feststellung des Bestands des steuerlichen Einlagekontos bei rechtsfähigen privaten Stiftungen – Folgen aus dem BFH-Urteil vom 17.05.2023 (I R 42/19), GmbHR 2024, R 184

Gehm, Die Steuerbefreiung nach § 4 Nr. 29 UStG, StBp 2020, 291

Gerhards, Muss für Stiftungen ein steuerliches Einlagekonto im Sinne des § 27 KStG geführt werden?, npoR 2022, 239

Gersch, Kann eSport gemeinnützig sein?, AO-StB 2020, 22

Gollan, Non-Profit-Organisationen: Kein Verlust der Gemeinnützigkeit bei Verlusten aufgrund der Corona-Krise, DB 2020, 982

Grambeck, Umsatzsteuerbefreiung von Bildungsleistungen, NWB 2024, 1176

Güldner, Gemeinnützige Stiftungsarbeit und Kapitalanlagen im Einklang, SuS 2021, 24

Hantsch, Gemeinnützigkeitskonforme Vereinsbeiträge, DStZ 2020, 286

Heide, Mittelverwendung bei gemeinnützigen Vereinen und Stiftungen, NWB 2020, 228

Helm/Bischoff, Erneute Reform des Gemeinnützigkeitsrechts, BB 2022, 790

Heußner, Reichweite von § 4 Nr. 29 UStG bei steuerbegünstigten Kooperationen i. S. von § 57 Abs. 3 AO, NWB 2021, 2593

Holste, Holdingstrukturen im Dritten Sektor nach der Reform des Gemeinnützigkeitsrechts, DStR 2021, 2768

van Holt, Die Darstellung der wohlfahrtpflegerischen Gesamtspähre in der Praxis, DStR 2019, 781

van Holt, Gemeinnützigkeitsrechtliche Hürden für Betriebskindergärten und das Ehrenamt, DStR 2022, 2250

Hornung/Vielwerth, Wie viel Politik verträgt das Gemeinnützigkeitsrecht?, DStR 2019, 1497

Hüttemann, Steuerliche Gemeinnützigkeit und politische Betätigung, DB 2015, 821

Hüttemann, Rechtsfragen der sozialen Verantwortung von Vereinen und Stiftungen, DB 2016, 429

Hüttemann, Gemeinnützigkeitsrecht als organisationsbezogener Fördertatbestand – Funktion, Stand und Reformfragen, FR 2016, 969

Hüttemann, Stiftungs- und gemeinnützigkeitsrechtliche Rahmenbedingungen der Vermögensanlage steuerbegünstigter Stiftungen, WM 2016, 625

Hüttemann, Zur Umsatzsteuerpflicht der Gestellung von Ordensangehörigen nach nationalem Steuerrecht und Unionsrecht, UR 2018, 577*Hüttemann*, Kein allgemeinpolitisches Mandat für gemeinnützige Körperschaften, DB 2019, 744

Hüttemann, „Betriebsnahe" Kindergärten und Förderung der Allgemeinheit – Kritische Anmerkungen zum BFH-Urteil vom 01.02.2022 – V R 1/20, DB 2022, 2433

Hüttemann/Schauhoff, Umsatzsteuerbefreiungen für Sozial- und Bildungseinrichtungen, DStR 2019, 1601

Hüttemann/Schauhoff/Kirchhain, Fördertätigkeiten gemeinnütziger Körperschaften und Konzerne, DStR 2016, 633

Imberg/Brox, BMF-Schreiben zur Reform des Gemeinnützigkeitsrechts lassen Praxisfragen offen, NWB 2022, 1964

Imberg/Seeger, Leistungen einer Non-Profit-Organisation an ihre Mitglieder, Wpg 2022, 1246

Jachmann-Michel/Liebl, Gemeinnützigkeitsrecht kompakt – Grundlagen und aktuelle Entwicklungen für die Praxis, BB 2022, 535 und BB 2022, 599

Jäschke, Die ertragsteuerliche Behandlung von Servicegesellschaften im gemeinnützigen Unternehmensverbund, DStR 2019, 2668

Jansen/Fein, Überzogene Vergütung von Vereinsvertretern – Was ist angemessen?, StuW 2019, 241

Jauch, Besteuerung von Stiftungen, die an die Stelle von Familienfideikommissen getreten sind, DStR 2021, 2946

Kahsnitz, Verdeckte Gewinnausschüttungen bei gemeinnützigen Körperschaften, KÖSDI 2019, 21529

Kahsnitz, Neues zum steuerlichen Einlagekonto – Kapitalgesellschaften, Stiftungen, Körperschaften des öffentlichen Rechts, kösdi 2024, 23937

Kirchhain, Rücklagen- und Vermögensbildung bei gemeinnützigen Körperschaften – Prüfung zurück bis ins anno Tobak?, DStR 2016, 104

Kirchhain/Schauhoff, Werkstätten für behinderte Menschen und Integrationsprojekte – Ermäßigter Umsatzsteuersatz auf dem Prüfstand, sinnvolle Beschäftigungsmöglichkeiten in Gefahr, DStR 2015, 2102

Kirchhain/Unger, Mehr Fortschritt wagen – was der Gesetzgeber im Gemeinnützigkeitsrecht reformieren sollte, DStR 2023, 1281

Kirchhain/Unger, Änderungen im Gemeinnützigkeitsrecht erster Akt – zweiter Akt folgt wohl nicht mehr sogleich, DStR 2024, 2785

Kissenkötter/Thoms-Meyer, Steuerfreiheit des Einsatzes fertiger Medikamente bei ambulanten Krankenhausbehandlungen, UR 2022, 247

Klaßmann, Die Umschichtungsrücklage bei steuerbegünstigten Stiftungen, ZVSt 2016, 186

Klaßmann, Umsatzsteuersatzermäßigung bei gemeinnützigen Einrichtungen, WPg 2020, 1267

Klaßmann, Fehlende Gemeinnützigkeit bei unverhältnismäßig hohen Geschäftsführervergütungen, WPg 2021, 601

Kraeusel/Joost/Szabó, Steuerbefreiung für Leistungen von Golfclubs, UVR 2022, 221

Kraft/Ungemach, Unentgeltliche Übertragung von Mitunternehmeranteilen auf gemeinnützige Stiftungen, NWB 2019, 1730

Kraus/Mehren, Gesellschaftsbeteiligungen bei gemeinnützigen Körperschaften – wirtschaftlicher Geschäftsbetrieb oder Vermögensverwaltung?, DStR 30/2020, 159

Kronawitter, Umsatzsteuerfreiheit bei Leistungen im Rahmen des Betriebs einer Seniorenwohnanlage, ZAT 2019, 23

Kronawitter, Fehlende Gemeinnützigkeit bei Förderung abgeschlossener Personenkreise und Satzungserfordernisse, ZAT 2022, 165

Kruschke, Wie viel Ideologie verträgt das Gemeinnützigkeitsrecht?, DStZ 8/2022, 277

Leisner/Özkan, Steuerprivilegierung gemeinnütziger staatsentlastender Tätigkeiten, DB 2023, 2649

Lorenz/Mehren, Das neue Stiftungsrecht ist da – Kernpunkte der gesetzlichen Neuregelungen und deren Bedeutung für bestehende und noch zu errichtende Stiftungen, DStR 2021, 1774

Maciejewski, Verdeckte Zuwendungen bei Vereinen und Stiftungen, StuW 2024, 158

Meuthen, Vorsteuerabzug für Vereine – Darstellung und kritische Würdigung des Vorschaltmodells, NWB 2025, 375

Meyering/Hintzen/Keitel, Die umsatzsteuerliche Behandlung von Sachspenden an gemeinnützige Organisationen im Lichte der BMF-Schreiben v. 18.03.2021, DStR 2021, 2614

Mrosek, Zweckbetriebsgemeinschaft und ermäßigter Umsatzsteuersatz in der Prüfungspraxis am Beispiel von Fitness-Studios gemeinnütziger Sportvereine, UR 2018, 469

Müller, Nach § 1a KStG optierende Gesellschaften im gemeinnützigen Kontext, NWB 2024, 2832

Musil, Die Entwicklung des Gemeinnützigkeitsrechts in der AO – 100 Jahre Geschichte und Zukunftsperspektiven, StuW 2020, 171

Nolte/Seeck/Wackerbeck, Gemeinnützige Körperschaften zwischen dem Gebot der zeitnahen Mittelverwendung und nachhaltiger Zweckerfüllung – Befunde zur Nachweisführung anhand der Mittelverwendungsrechnung, DStR 2024, 1841

Orth, Gemeinnützige Personengesellschaften, DStR 2022, 864

Orth, BFH: Keine gesonderte Feststellung des steuerlichen Einlagekontos einer Familienstiftung – und nun?, DB 2024, 1771

Pieske-Kontny, Besteuerung von kommunalen Kindergärten?, GW 2024, 132

Pieske-Kontny, Das steuerliche Einlagekonto eines BgA, KStZ 2024, 121

Pieske-Kontny, Zur gesonderten Feststellung des steuerlichen Einlagekontos bei wirtschaftlichen Geschäftsbetrieben, StBp 2024, 290

Pieske-Kontny, Befreiung gemeinnütziger Körperschaften von der Grundsteuer, GW 2024, 235

Pieske-Kontny, Festschreibung der (künftigen) Vermögensverwendung gem. § 61 AO, StBp 2025, 11

Pieske-Kontny, Verdeckte Gewinnausschüttungen bei einem Betrieb gewerblicher Art, StBp 2025, 42

Pieske-Kontny, Die Mitarbeiterkantine eines kommunalen Krankenhauses, StBp 2025, 114

Pieske-Kontny, Förderung wohngemeinnütziger Zwecke gem. § 52 Abs. 2 Satz 1 Nr. 27 AO, GW 2025, 87

v. Pollern, Bürgerschaftliches Engagement und Ehrenamt – Zentrale Änderungen zum Gemeinnützigkeits- und Spendenrecht, DB 2023, 2015

Rennar, Non-Profit-Sektor: Preisabstandsgebot bei steuerbefreiten Leistungen eines Wohlfahrtsverbandsmitglieds, MwStR 2020, 73

Richter/Welling, Tagungs- und Diskussionsbericht zum 93. Berliner Steuergespräch am 07.10.2024 „Reformbedarf im Gemeinnützigkeitsrecht“, FR 2024, 1029

Risch, Erlass der Grundsteuer für Kulturgut und Grünanlagen nach § 32 GrStG, KStZ 2018, 1

Röcken, Praktische Anforderungen an die Satzungsgestaltung aus gemeinnützigkeitsrechtlicher Sicht, ZVSt 2018, 225

Roth, Vom Förderer zum Geförderten: Zur Gemeinnützigkeitsfähigkeit der öffentlichen Hand und ihrer Untergliederungen, GmbHR 2015, 953

Salzberger/Schröder, Übertragung eines wirtschaftlichen Geschäftsbetriebes oder Auslagerung von Hilfsfunktionen auf eine Tochter-GmbH, DStR 2015, 1602

Schauhoff/Danz, Wettbewerbsschutz und Gemeinnützigkeit im Ertrag- und Umsatzsteuerecht am Beispiel der Verbraucherberatung, DStR 2019, 23

Schauhoff/Kirchhain, Zur Anwendung des ermäßigten Umsatzsteuersatzes bei gemeinnützigen Integrationsprojekten, UR 2017, 729

Schauhoff/Mehren, Die Reform des Stiftungsrechts, NJW 2021, 2993

Schienke-Ohletz, Die Beteiligung gemeinnütziger Stiftungen an Unternehmen, BB 2018, 2012

Schienke-Ohletz/Junius-Morawe, Möglichkeiten zur Satzungsänderung bei rechtsfähigen Stiftungen nach der Stiftungsreform, BB 2021, 1886

Schiffers, Aktuelles Ertragsteuerrecht der juristischen Personen des öffentlichen Rechts – Einlagekonto und vGA, Anerkennung interner Darlehen zwischen Trägerkörperschaft und BgA, steuerlicher Querverbund, DStZ 2021, 28

Schlegel, Umsatzsteuerfreiheit von ärztlichen Heilbehandlungen im Rahmen von Krankenhausleistungen, NWB 2022, 3711

Schlegel/van Lück, Aktuelles zur Umsatzsteuerpflicht von Sportvereinen, NWB 2022, 2693

Schloßmann/Wichmann, Aspekte der gemeinnützigen Stiftung in der gestaltenden Steuerberatung, StuB 2020, 301

Schmidt, Die neue Wohngemeinnützigkeit, NWB 2025, 434

Schober, Modernisierung des Gemeinnützigkeitsrechts durch den Gesetzgeber – Kritische Vorhaben und offene Punkte, Statement, FR 2024, 1024

Schüller, Inländische Dividendenerträge als Steuerfalle für gemeinnützige Stiftungen?, DB 2023, 2724

Schulte, Ukraine-Hilfen auch außerhalb der eigenen Stiftungszwecke: Was müssen Stiftungen, Vereine und gGmbH beachten?, SuS 2022, 31

Schulte/Norkus, Wann ist eine Zuwendung zwischen gemeinnützigen, einander nahestehenden Körperschaften als Spende (begrenzt) abzugsfähig?, WPg 2023, 963

Schulze zur Wiesche, Steuerliche Behandlung der Gründung der Stiftung & Co. KG, DStZ 2023, 143

Schunk, Das Unmittelbarkeitsgebot nach § 57 AO, DStR 2022, 176

Schwarz, Wo kein Wagnis, da kein Ertrag: Der Einsatz von Kryptowährungen unter Wahrung des Vermögenserhaltungsgebots bei gemeinnützigen Stiftungen, DStR 2022, 1640

Seeck/Wackerback, Aberkennung der Gemeinnützigkeit – Wenn die rote Linie überschritten ist, DStR 2022, 633

Seeger/Brox/Leichinger, Abgrenzung eines Erwerbsstrebens in der Wohlfahrtspflege, DStR 2018, 2002

Seeger/Imberg, Gemeinnützige Kooperationen – Erste Rechtsprechung und Umsetzungsgestaltungen in der Praxis, NWB 2024, 90

Seeger/Milde, Leistungsaustausch und Gewinnzuschläge bei Non-Profit-Unternehmen nach dem AEAO 2016, DStR 2016, 2736

Seer/Unger, Neue Entwicklungen im Gemeinnützigkeitsrecht, FR 2021, 564

Sterzinger, Umsatzsteuerbefreiung für Leistungen von selbständigen Personenzusammenschlüssen an ihre Mitglieder, UR 2021, 298

Stiebert, Besteuerung und Buchführung gemeinnütziger Vereine – Eine Einführung, BBK 2022, 20 und 2022, 215

Stolte, Reform des Stiftungsrechts – Neuregelung zur Vermögensbewirtschaftung und Einführung eines öffentlichen Stiftungsregisters, BB 2021, 1026

Stolte/Weber, Rechtliche und steuerliche Erleichterungen für Stiftungen in der COVID-19-Pandemie, BB 2020, 2356

Strahl, Drohende Mittelfehlverwendung bei einer gGmbH, GmbHR 2016, 1194

Strahl, Rücklagenbildung bei Regiebetrieben löst keine Kapitalertragsteuer aus, NWB 2018, 3001

Strahl, Umwälzendes im Gemeinnützigkeitsrecht, kösdi 2021, 22314

Strahl, Kooperation von Gemeinnützigen – Hürden und Erleichterungen, KÖSDI 2022, 22669

Strahl, Brennpunkte der Beratung gemeinnütziger Körperschaften und Vermögensmassen, KÖSDI 2022, 22805

Strahl, Entwicklungen im Gemeinnützigkeitsrecht, kösdi 2023, 23378

Theuffel-Werhahn, Steuerbegünstigte Stiftungen oder Vereine mit Beteiligungen an erwerbswirtschaftlichen Kapitalgesellschaften, ZVSt 2017, 1

Theuffel-Werhahn, Zur Verwendung von Umschichtungsgewinnen, ZStV 2020, 41

Theuffel-Werhahn, Keine gesonderte Feststellung des steuerlichen Einlagekontos bei rechtsfähigen privaten Stiftungen, WPg 2025, 46

Trappmann, Rechtsfähige Stiftungen: Destinatsleistungen als „Einlagenrückgewähr", StuB 2023, 965

Urban, Aktive Kulturförderung als Gemeinnützigkeit zweiter Klasse, DStZ 2018, 22

Vielwerth, Kindeswohl versus Gemeinwohl – zur Gemeinnützigkeit betrieblicher Kinderbetreuungseinrichtungen, DStR 2021, 773

Wallenhorst/Wallenhorst, Zur gemeinnützigen Mittelverwendung: Das Ende der „Geldscheintheorie"? DStR 2018, 851

Weber, Umsatzsteuerbefreiung nach § 4 Nr. 14 UStG für Leistungen eines privaten Krankenhauses, UVR 2017, 186

Weber, Die Umsatzsteuerbefreiung von Subunternehmerleistungen im Gemeinwohlbereich, UVR 2018, 105

Weber/Werner, Politische Betätigung gemeinnütziger Körperschaften – Ausreichend geregelt oder in Teilen noch ungewiss?, BB 2023, 2760

Weitemeyer, Reformbedarf im Gemeinnützigkeitsrecht, FR 2024, 1020

Weiten/Marquardsen, Gemeinnützigkeitskonforme Mittelweitergabe durch Förderkörperschaften, DStR 2020, 85

Werner, Die Vergütung des Stiftungsvorstands, DStR 2022, 2162

Werner/Bartmuß, Wirtschaftliche Betätigung, Fehlkalkulation und Verlustausgleich bei gemeinnützigen Organisationen, DB 2021, 2583

Zimmermann, Sind internationale Schulen mit hohen Schulgebühren gemeinnützig?, DStZ 2020, 252

Zimmermann/Raddatz, Die Entwicklung des Stiftungsrechts 2019, NJW 2020, 517

A. Überblick über die gesetzlichen Grundlagen

Die Vorschriften der §§ 51 bis 63 der Abgabenordnung (AO)[1] dienen der steuerrechtlichen Förderung von Tätigkeiten, die im Interesse der Allgemeinheit, hilfebedürftiger Personen oder von Religionsgemeinschaften liegen.[2] Die Abgabenordnung stellt somit die gesetzliche Grundlage für die Beurteilung der von Körperschaften verfolgten steuerbegünstigten Zwecke dar. Für die Finanzverwaltung sind darüber hinaus auch die Anweisungen im Anwendungserlass zur Abgabenordnung (AEAO)[3] maßgebend. 1

Unter Körperschaften i.S. von § 51 AO, für die eine Steuervergünstigung in Betracht kommen kann, sind Körperschaften[4], Personenvereinigungen und Vermögensmassen gem. § 1 Abs. 1 KStG[5], aber auch beschränkt Steuerpflichtige i.S. des § 2 Nr. 1 KStG zu verstehen;[6] ausländische Körperschaften können gem. § 5 Abs. 2 KStG jedoch nur dann in den Genuss von Steuervergünstigungen kommen, soweit sie ihren Sitz und Ort der Geschäftsleitung innerhalb der EU bzw. des Europäischen Wirtschaftsraum (EWR) haben. Ob eine in einem anderen Mitgliedstaat als gemeinnützig anerkannte Körperschaft die dafür nach deutschem Recht vorgeschriebenen Voraussetzungen erfüllt, entscheidet die zuständige deutsche Finanzverwaltung bzw. das Finanzgericht.[7]

Die steuerlichen Vergünstigungen für Körperschaften ergeben sich vor allem 2
aus dem Körperschaftsteuergesetz (KStG), dem Gewerbesteuergesetz

---

1 Abgabenordnung v. 16.03.1976, BGBl. I 1976, 613, zuletzt geändert durch Art. 19 des Jahressteuergesetzes (JStG) 2024 v. 02.12.2024, BGBl. I 2024, Nr. 387.

2 BFH v. 15.10.1997 – I R 10/92, BStBl. II 1998, 63 unter 3.

3 Anwendungserlass zur Abgabenordnung (AO) 31.01.2014, BStBl. I 2014, 290, zuletzt geändert durch BMF v. 30.06.2023, BStBl. I 2023, 1076.

4 Hierzu gehören nach AEAO zu § 51, Nr. 1 auch die juristischen Personen des öffentlichen Rechts mit ihren Betrieben gewerblicher Art (BgA) i.S. von § 4 KStG, nicht aber die juristischen Personen des öffentlichen Rechts als solche. Eine Körperschaft i.S. von § 51 AO ist nach Bayerisches Landesamt für Steuern v. 31.03.2009 – S 0174.2.1-2/2 St 31, DStR 2009, 1150 auch die „Unternehmergesellschaft (haftungsbeschränkt)" oder „UG (haftungsbeschränkt)" i.S. von § 5a GmbHG, für die eine Steuervergünstigung in Betracht kommen kann.

5 Körperschaftsteuergesetz v. 15.10.2002, BGBl. I 2002, 4145, zuletzt geändert durch Art. 8 des Jahressteuergesetzes (JStG) 2024 v. 02.12.2024, BGBl. I 2024, Nr. 387.

6 So auch *Böwing-Schmalenbrock* in Brandis/Heuermann, Ertragsteuerrecht, Stand: 154. Lfg. 2020, § 5 KStG Rn. 111.

7 BFH v. 18.08.2022 – V R 15/20 (ECLI:DE:BFH:2022:U.180822.VR15.20.0), BStBl. II 2023, 302 unter II.1 mit Verweis auf EuGH v. 27.01.2009 – Rs C-318/07 (ECLI:EU:C:2009:33), BStBl. II 2010, 440 unter Rn. 49.

(GewStG)[8], dem Umsatzsteuergesetz (UStG)[9], dem Erbschaftsteuer- und Schenkungsteuergesetz (ErbStG)[10] sowie dem Grundsteuergesetz (GrStG)[11].

3 Nach § 5 Abs. 1 Nr. 9 Satz 1 KStG und § 3 Satz 1 Nr. 6 Satz 1 GewStG sind Körperschaften, die nach der Satzung, dem Stiftungsgeschäft[12] oder der sonstigen Verfassung[13] und nach der tatsächlichen Geschäftsführung ausschließlich und unmittelbar gemeinnützigen, mildtätigen oder kirchlichen Zwecken dienen, von der Körperschaftsteuer und der Gewerbesteuer zu befreien. Die Umsatzsteuer

8 Gewerbesteuergesetz v. 15. 10. 2002, BGBl. I 2002, 4168, zuletzt geändert durch Art. 9 des Jahressteuergesetzes (JStG) 2024 v. 02. 12. 2024, BGBl. I 2024, Nr. 387.

9 Umsatzsteuergesetz v. 21. 02. 2005, BGBl. I 2005, 388, zuletzt geändert durch Art. 27 des Jahressteuergesetzes (JStG) 2024 v. 02. 12. 2024, BGBl. I 2024, Nr. 387.

10 Erbschaftsteuer- und Schenkungsteuergesetz v. 27. 02. 1997, BGBl. I 1997, 379, zuletzt geändert durch Art. 34 des Jahressteuergesetzes (JStG) 2024 v. 02. 12. 2024, BGBl. I 2024, Nr. 387.

11 Grundsteuergesetz v. 07. 08. 1973, BGBl. I 1973, 965, zuletzt geändert durch Art. 32 des Jahressteuergesetzes (JStG) 2024 v. 02. 12. 2024, BGBl. I 2024, Nr. 387.

12 Stiftungen sind nach BFH v. 12. 10. 2011 – I R 102/10, BStBl. II 2014, 484 unter II.1.b Vermögensmassen, die weder über Gesellschafter noch Mitglieder verfügen und zu denen auch keine anderen Steuersubjekte in einem gesellschafter- oder mitgliedschaftsähnlichen Verhältnis stehen. Zur Entstehung einer *rechtsfähigen* Stiftung sind gem. § 80 Abs. 1 BGB das Stiftungsgeschäft und die Anerkennung durch die zuständige Behörde des Landes, in dem die Stiftung ihren Sitz haben soll, erforderlich. Für die Errichtung einer *nichtrechtsfähigen* Stiftung ist nach LfSt Bayern v. 18. 09. 2019 – S 3840.1.1-3/8 St 34, DB 2019, 2268 (zivilrechtlich) keine besondere Form vorgesehen. Sie wird nach BFH v. 16. 11. 2011 – I R 31/10 (NV), BFH/NV 2012, 786 unter II.1.a errichtet, wenn einer natürlichen oder juristischen Person Vermögensteile von dritter Seite mit der Auflage zugewendet werden, die anfallenden Erträge für einen bestimmten Zweck zu verwenden. Zivilrechtlich ist die nichtrechtsfähige Stiftung nach OFD Frankfurt v. 30. 08. 2011 – S 0170 A – 41 – St 53, DStR 2012, 610 kein Rechtssubjekt. Für sie gelten weder die Bestimmungen der §§ 80 ff. BGB noch einzelne Landesstiftungsgesetze; sie unterliegen nach FG Rheinland-Pfalz v. 09. 12. 2014–3 K 2197/11, EFG 2015, 358 auch keiner behördlichen Stiftungsaufsicht. Die Vertretung und Geschäftsführung einer nichtrechtsfähigen Stiftung erfolgt durch den Stiftungsträger. Nach LfSt Bayern v. 18. 09. 2019 – S 3840.1.1-3/8 St 34, DB 2019, 2268 ist die rechtsfähige Stiftung gem. § 1 Abs. 1 Nr. 4 KStG der nichtrechtsfähigen Stiftung gem. § 1 Abs. 1 Nr. 5 KStG körperschaftsteuerlich gleichgestellt. Eine Mustersatzung für die Errichtung steuerbegünstigter Stiftungen enthält die Verfügung der OFD Düsseldorf v. 11. 08. 2005 – S 2729 A – St 132 – D/S 0170–7 – St 133 – K, SIS 06 20 33. Im Stiftungsgeschäft muss der Stifter der Stiftung eine Satzung geben, die mindestens Bestimmungen enthalten muss über den Zweck der Stiftung, den Namen der Stiftung, den Sitz der Stiftung und die Bildung des Vorstands der Stiftung sowie zur Erfüllung des von ihm vorgegebenen Stiftungszwecks ein Vermögen widmen, das der Stiftung zu deren eigener Verfügung zu überlassen ist (§ 81 Abs. 1 BGB). Das Stiftungsgeschäft bedarf der schriftlichen Form, wenn nicht in anderen Vorschriften ausdrücklich eine strengere Form als die schriftliche Form vorgeschrieben ist, oder es muss in einer Verfügung von Todes wegen enthalten sein (§ 81 Abs. 3 BGB).

13 Satzungen und sonstige Verfassungen dienen nach BFH v. 25. 10. 2016 – I R 54/14 (ECLI:DE:BFH:2016:U.251016.IR54.14.0), BStBl. II 2017, 1216 unter II.2.c *vorrangig* dazu, die Organisation einer Vereinigung und die Befugnisse ihrer Organe festzulegen.

ermäßigt sich gem. § 12 Abs. 2 Nr. 8 UStG für Leistungen von Körperschaften, die ausschließlich und unmittelbar gemeinnützige, mildtätige oder kirchliche Zwecke verfolgen, auf 7 v. H. Für verschiedene Leistungen sieht § 4 UStG auch eine Befreiung von der Umsatzsteuer vor.

Nach § 13 Abs. 1 Nr. 16 ErbStG sind Zuwendungen an inländische Körperschaf- 4
ten, Personenvereinigungen und Vermögensmassen, die nach der Satzung, dem Stiftungsgeschäft oder der sonstigen Verfassung und nach ihrer tatsächlichen Geschäftsführung ausschließlich und unmittelbar kirchlichen, gemeinnützigen oder mildtätigen Zwecken i. S. der §§ 52 bis 54 AO *dienen* sowie Zuwendungen, die nach § 13 Abs. 1 Nr. 17 ErbStG ausschließlich kirchlichen, gemeinnützigen oder mildtätigen Zwecken *gewidmet* sind und deren Verwendung zu dem bestimmten Zweck gesichert ist, von der Erbschaft- und Schenkungsteuer zu befreien.

Für bestimmte Rechtsträger und Zwecke ergibt sich eine Befreiung von der Grundsteuer aufgrund der Vorschriften in den §§ 3 und 4 GrStG. Mit der Festsetzung der Grundsteuermessbeträge wird gem. § 184 Abs. 1 Satz 1 AO auch über die persönliche und sachliche Steuerpflicht entschieden. Ob und ggf. in welchem Veranlagungszeitraum eine Körperschaft als gemeinnützig oder mildtätig anerkannt worden ist, muss das Lagefinanzamt bei dem für die Körperschaft zuständigen Finanzamt anfragen; dessen Entscheidung ist für die Grundsteuer zu übernehmen.[14]

Eine Befreiung gemeinnütziger Körperschaften von der Grunderwerbsteuer sieht das Gesetz nicht vor.[15]

14 Abschn. 12 Abs. 2 Satz 2 GrStR.

15 Vgl. §§ 3, 4 Grunderwerbsteuergesetz (GrEStG) v. 26. 02. 1997, BGBl. I 1997, 419, zuletzt geändert durch Art. 33 des Jahressteuergesetzes (JStG) 2024 v. 02. 12. 2024, BGBl. I 2024, Nr. 387. Zur Steuervergünstigung bei Umstrukturierungen im Konzern vgl. § 6a GrEStG, zur Grunderwerbsteuer bei einer Zusammenlegung und Neuerrichtung von Kirchengemeinden vgl. BFH v. 10. 05. 2023 – II R 24/21 (ECLI:DE:BFH:2023:U.100523.IIR24.21.0), SIS 23 13 92.

B. Zu den steuerbegünstigten Zwecken einer Körperschaft

I. Grundsätze des § 51 AO

1. Verwirklichung steuerbegünstigter Zwecke

Körperschaften, die ausschließlich und unmittelbar gemeinnützige, mildtätige 5
oder kirchliche Zwecke verfolgen, haben die Vorschriften der §§ 51 ff. AO zu beachten, um in den Genuss der in den Einzelgesetzen geregelten Steuervergünstigungen zu kommen. Sie können den steuerbegünstigten Zwecken sowohl im Inland als auch im Ausland nachgehen. Sie dürfen jedoch gem. § 51 Abs. 3 Satz 1 AO nach Satzung und tatsächlicher Geschäftsführung keine Bestrebungen i. S. von § 4 BVerfSchG[16] gegen den Bestand und die Sicherheit der Bundesrepublik Deutschland oder eines Bundeslandes sowie gegen die freiheitliche demokratische Grundordnung fördern und dem Gedanken der Völkerverständigung nicht zuwiderhandeln.[17]

2. Verwirklichung steuerbegünstigter Zwecke im Ausland

a) Förderung natürlicher Personen

Steuerbegünstigte Zwecke, die im Ausland verwirklicht werden, setzen gem. 6
§ 51 Abs. 2 AO voraus, dass die geförderten natürlichen Personen ihren Wohnsitz oder ihren gewöhnlichen Aufenthalt im Inland haben. Auf die Staatsangehörigkeit der im Inland geförderter Personen kommt es dabei nicht an.[18]

b) Verbesserung des Ansehens der Bundesrepublik Deutschland

Ein *Inlandsbezug* ist nach § 51 Abs. 2 2. Alternative AO auch dann gegeben, wenn 7
die Tätigkeit der Körperschaft neben der Verwirklichung der steuerbegünstigten Zwecke auch zur Verbesserung des Ansehens Deutschlands im Ausland beitragen *„kann"*.

---

16 Gesetz über die Zusammenarbeit des Bundes und der Länder in Angelegenheiten des Verfassungsschutzes und über das Bundesamt für Verfassungsschutz (Bundesverfassungsschutzgesetz – BVerfSchG) v. 20. 12. 1990, BGBl. I 1990, 2954, 2970, zuletzt geändert durch Art. 1 des Gesetzes vom 19. 12. 2022, BGBl. I 2022, 2632.

17 Soweit eine Körperschaft im Verfassungsschutzbericht des Bundes oder eines Landes als extremistische Organisation aufgeführt ist, ist nach § 51 Abs. 3 Satz 2 AO widerlegbar davon auszugehen, dass die Voraussetzungen des § 53 Abs. 3 Satz 1 AO *nicht* erfüllt sind.

18 AEAO zu § 51, Nr. 7. So auch Klein/*Gersch*, AO, 13. Aufl. 2016, § 51 Rn. 7.

„Bei im Inland ansässigen Körperschaften ist der mögliche Beitrag zum Ansehen Deutschlands im Ausland – ohne besonderen Nachweis – bereits dadurch erfüllt, dass sie sich personell, finanziell, planend, schöpferisch oder anderweitig an der Förderung gemeinnütziger und mildtätiger Zwecke im Ausland beteiligen (Indizwirkung)".[19]

Einer „spürbaren oder messbaren Auswirkung" auf das Ansehen Deutschlands im Ausland bedarf es nach Auffassung der Finanzverwaltung nicht.[20] Es ist nicht erforderlich, dass die Tätigkeit in „nicht nur unbedeutendem Umfang"[21] der Ansehensförderung oder darüber hinaus sogar einer Steigerung des Ansehens dient.[22]

Für *Hüttemann* ist das Merkmal der „Ansehenssteigerung" ein „inhaltsleeres" und „ungeeignetes" Merkmal,[23] dass ohnehin nicht messbar ist. Dementsprechend geht auch die Finanzverwaltung davon aus, dass die Tätigkeit der jeweiligen Körperschaft „dem Ansehen Deutschlands im Ausland nicht entgegensteht", „falls die Verfolgung der in den §§ 52 und 53 AO genannten förderungswürdigen Zwecke zu bejahen ist".[24]

§ 51 Abs. 2 AO steht auch der Begünstigung von so genannten *Mittelbeschaffungskörperschaften*, die ausländische Körperschaften i. S. von § 58 Nr. 1 AO unterstützen, nicht entgegen, da beim Inlandsbezug allein auf die Mittelbeschaffungskörperschaft selbst abgestellt wird.[25]

c) *Inlandsbezug ausländischer Körperschaften*

7a Ausländische Körperschaften können den erforderlichen Inlandsbezug dadurch erfüllen, indem sie ihre steuerbegünstigten Zwecke zum Teil auch in Deutschland verwirklichen oder – soweit sie nur im Ausland tätig sind – auch im Inland lebende natürliche Personen fördern, selbst wenn die Personen sich zu diesem Zweck im Ausland aufhalten.[26]

---

19 AEAO zu § 51, Nr. 7.

20 AEAO zu § 51, Nr. 7.

21 BMF, Referentenentwurf Jahressteuergesetz 2009 (JStG 2009), 27.

22 Bericht des Finanzausschusses (7. Ausschuss) zu dem Entwurf eines Jahressteuergesetzes 2009 (JStG 2009), BT-Drucks. 16/11108, 46.

23 *Hüttemann*, Gemeinnützigkeits- und Spendenrecht, 4. Aufl. 2018, Rn. 3.11. Für *Hüttemann* (unter Rn. 3.12) ist „§ 51 Abs. 2 AO (…) ein steuerliches ‚Placebo'". Kritisch auch Klein/*Gersch*, AO, 13. Aufl. 2016, § 51 Rn. 7, der die Vorschrift für „vage formuliert" hält. Ablehnend Bundesverband Deutscher Stiftungen, Stellungnahme zum Referentenentwurf für ein Jahressteuergesetz 2009, *https://www.stiftungen.org/fileadmin/stiftungen_org/Verband/Wer_Wir_sind/Stellungnahmen/Stellungnahme-052008-Refentwurf-JahresStG2009.pdf* (abgerufen am 31. 12. 2024), 4.

24 AEAO zu § 51, Nr. 7.

25 Bericht des Finanzausschusses (7. Ausschuss) zu dem Entwurf eines Jahressteuergesetzes 2009 (JStG 2009), BT-Drucks. 16/11108, 46.

26 AEAO zu § 51, Nr. 7.

II. Gemeinnützige Zwecke gem. § 52 AO

1. Förderung der Allgemeinheit auf materiellem, geistigem oder sittlichem Gebiet

Eine Körperschaft verfolgt gem. § 52 Abs. 1 AO gemeinnützige Zwecke, wenn ihre Tätigkeit darauf gerichtet ist, die *Allgemeinheit* auf materiellem, geistigem oder sittlichem Gebiet selbstlos zu fördern. 8

Von einer Förderung der Allgemeinheit ist nach der Rechtsprechung des BFH nur dann auszugehen, wenn im Grundsatz jedermann freien Zutritt zur Körperschaft oder zu ihren Leistungen hat und sich der geförderte Personenkreis dementsprechend zumindest als Ausschnitt der Allgemeinheit darstellt und die Allgemeinheit repräsentiert.[27] Die Annahme einer Förderung der Allgemeinheit setzt daher grundsätzlich voraus, dass der Kreis der Personen, denen die Förderung zugutekommt, weder fest abgeschlossen ist noch infolge einer Abgrenzung nach räumlichen oder beruflichen Merkmalen dauerhaft nur klein sein kann.[28] 9

Beispiel: 10

Eine Körperschaft schloss mit verschiedenen Unternehmen Verträge über die Errichtung und den Betrieb von Kinderbetreuungseinrichtungen für Kinder der Mitarbeiter dieser Unternehmen und betrieb dafür insgesamt vier Einrichtungen. In drei von vier Betreuungseinrichtungen wurden sämtliche Plätze nur von den Mitarbeitern dieser Unternehmen besetzt. In der vierten Kinderbetreuungseinrichtung gab es nur zwei von 20 Plätzen, die nicht einem der Unternehmen zur Verfügung zu stellen waren.

Nach Auffassung des BFH fördert eine Körperschaft, die Kinderbetreuungseinrichtungen betreibt, nicht die Allgemeinheit, wenn sie bei der Belegung der Plätze die Belegungspräferenz ihrer Vertragspartner in der Weise berücksichtigt, dass sich der geförderte Personenkreis nicht mehr als Ausschnitt der Allgemeinheit darstellt.[29]

Sachliche Gründe im Zusammenhang mit der Art eines gemeinnützigen Zwecks können jedoch nach Auffassung des FG Baden-Württemberg eine *Beschränkung* des Kreises der Mitglieder eines Vereins erforderlich machen, ohne dass ein Verstoß gegen das Gebot der Förderung der Allgemeinheit i. S. von § 52 Abs. 1 Satz 1 AO anzunehmen ist.[30]

27 BFH v. 01. 02. 2022 – V R 1/20 (ECLI:DE:BFH:2022:U.010222.VR1.20.0), DStR 2022, 1718 unter II.1.b mit Verweis auf BFH v. 26. 05. 2021 – V R 31/19 (ECLI:DE:BFH:2021:B.260521.VR31.19.0), BStBl. II 2021, 835.

28 FG Baden-Württemberg v. 05. 03. 2018 – 10 K 3622/16, SIS 18 10 81 unter II.2.b.

29 BFH v. 01. 02. 2022 – V R 1/20 (ECLI:DE:BFH:2022:U.010222.VR1.20.0), BStBl. II 2022, 629.

30 FG Baden-Württemberg v. 05. 03. 2018 – 10 K 3622/16, SIS 18 10 81 unter II.2.b.bb mit Verweis auf BFH v. 17. 05. 2017 – V R 52/15 (ECLI:DE:BFH:2017:U.170517.VR52.15.0), BStBl. II 2018, 218.

2. Keine Tätigkeiten, die gegen die Rechtsordnung verstoßen

11 Eine Förderung der Allgemeinheit liegt dann nicht mehr vor, wenn sich die Tätigkeit einer Körperschaft gegen die freiheitlich demokratische Grundordnung der Bundesrepublik Deutschland, die verfassungsrechtlich garantierten Freiheiten oder gegen die Gleichheitsrechte des Art. 3 GG[31] richtet.[32] Auch die tatsächliche Geschäftsführung muss sich im Rahmen der verfassungsmäßigen Ordnung bewegen.[33]

Tätigkeiten, die gegen die Rechtsordnung verstoßen, erfüllen *nicht* die Voraussetzungen des § 52 AO.[34] Als ein solcher Verstoß kommt bereits eine Lohnsteuerverkürzung durch eine Körperschaft in Betracht.[35]

12 Die Feststellung, ob eine Körperschaft im Rahmen ihrer tatsächlichen Geschäftsführung extremistische oder sonstige verfassungsfeindliche Bestrebungen fördert, obliegt im gerichtlichen Verfahren in erster Linie dem Finanzgericht als Tatsachengericht.[36] Die widerlegbare Vermutung des § 51 Abs. 3 Satz 2 AO setzt voraus, dass eine Körperschaft im Verfassungsschutzbericht des Bundes oder eines Landes für den zu beurteilenden Veranlagungszeitraum *ausdrücklich* als extremistisch eingestuft wird.[37] Der Tatbestand des § 51 Abs. 3 Satz 2 AO ist erfüllt, wenn die Körperschaft *„als selbständiges Steuersubjekt"*[37a] ausdrücklich im Anhang des Verfassungsschutzberichts des Bundes erwähnt ist, in dem Gruppierungen aufgeführt sind, bei denen tatsächliche Anhaltspunkte dafür vorliegen, dass diese verfassungsfeindliche Ziele verfolgen, so dass es sich um eine extremistische Gruppierung handelt.[38]

Bestehen Anhaltspunkte für die Förderung verfassungsfeindlicher Bestrebungen, sind diese einzeln und in ihrer *Gesamtschau* „unter Berücksichtigung der Ziele und Methoden einer Körperschaft sowie etwaiger organisatorischer, personeller, strategischer und ideologischer Verbindungen zu anderen Gruppierungen, die verfassungsfeindliche Bestrebungen fördern, zu würdigen".[39] Hierbei ist auch zu prüfen, „ob eine Zurechnung nach den Grundsätzen der Dul-

---

31 Grundgesetz für die Bundesrepublik Deutschland v. 23.05.1949, BGBl. I 1949, 1, zuletzt geändert durch Art. 1 des Gesetzes zur Änderung des Grundgesetzes (Artikel 82) v. 19.12.2022, BGBl. I 2022, 2478.

32 BFH v. 17.05.2017 – V R 52/15 (ECLI:DE:BFH:2017:U.170517.VR52.15.0), BStBl. II 2018, 218 unter II.1.a.aa.

33 BFH v. 29.08.1984 – I R 215/81, BStBl. II 1985, 106.

34 BFH v. 13.07.1994 – I R 5/93, BStBl. II 1995, 134.

35 BFH v. 27.09.2001 – V R 17/99, BStBl. II 2002, 169 unter II.2.b.

36 BFH v. 11.04.2012 – I R 11/11, BStBl. II 2013, 146 unter II.4.d.aa.

37 BFH v. 11.04.2012 – I R 11/11, BStBl. II 2013, 146, Leitsatz.

37a BFH v. 05.09.2024 – V R 36/21, openJur 2024, 10910 (ECLI:DE:BFH:2024:U.050924.VR36.21.0), Leitsatz.

38 BFH v. 05.09.2024 – V R 36/21, openJur 2024, 10910 (ECLI:DE:BFH:2024:U.050924.VR36.21.0) unter II.2 mit Verweis auf BFH v. 14.03.2018 – V R 36/16, BStBl. II 2018, 422.

39 BFH v. 05.09.2024 – V R 36/21, openJur 2024, 10910 (ECLI:DE:BFH:2024:U.050924.VR36.21.0) unter II.5.

dungs- oder Anscheinsvollmacht in Betracht kommt". Eine Zurechnung der Förderung verfassungsfeindlicher Bestrebungen kann auch durch die Ziele und die Billigung verfassungsfeindlicher Bestrebungen im Rahmen vereinseigener Aktivitäten erfolgen.[40]

13 Nach Auffassung des BFH erfordert eine Widerlegung der Vermutung des § 51 Abs. 3 Satz 2 AO den *vollen Beweis des Gegenteils*; eine bloße Erschütterung der Vermutung ist nicht ausreichend.[41] Begründet die Nennung der Körperschaft in einem Verfassungsschutzbericht die widerlegbare gesetzliche Vermutung, dass sie extremistische Bestrebungen fördert oder dem Gedanken der Völkerverständigung zuwidergehandelt hat, hat die Körperschaft den *vollen Beweis des Gegenteils* zu erbringen.[42]

3. Die in § 52 Abs. 2 Satz 1 Nr. 1 bis 27 AO genannten Zwecke

a) *Überblick*

14 Die in § 52 Abs. 2 Satz 1 Nr. 1 bis 27 AO genannten Zwecke dienen der Förderung der *Allgemeinheit*. Sie umfassen

1. die Förderung von Wissenschaft und Forschung;
2. die Förderung der Religion;
3. die Förderung des öffentlichen Gesundheitswesens und der öffentlichen Gesundheitspflege, insbesondere die Verhütung und Bekämpfung von übertragbaren Krankheiten, auch durch Krankenhäuser, und von Tierseuchen;
4. die Förderung der Jugend- und Altenhilfe;
5. die Förderung von Kunst und Kultur;
6. die Förderung des Denkmalschutzes und der Denkmalpflege;
7. die Förderung der Erziehung, Volks- und Berufsbildung einschließlich der Studentenhilfe;
8. die Förderung des Naturschutzes und der Landschaftspflege im Sinne des Bundesnaturschutzgesetzes und der Naturschutzgesetze der Länder, des Umweltschutzes, einschließlich des Klimaschutzes, des Küstenschutzes und des Hochwasserschutzes;
9. die Förderung des Wohlfahrtswesens, insbesondere der Zwecke der amtlich anerkannten Verbände der freien Wohlfahrtspflege, ihrer Unterverbände und ihrer angeschlossenen Einrichtungen und Anstalten;

---

40 BFH v. 05. 09. 2024 – V R 36/21, openJur 2024, 10910 (ECLI:DE:BFH:2024:U.050924.VR36.21.0) unter II.5.

41 BFH v. 14. 03. 2018 – V R 36/16 (ECLI:DE:BFH:2018:U.140318.VR36.16.0), BStBl. II 2018, 422, Leitsätze 1 u. 2.

42 BFH v. 05. 09. 2024 – V R 36/21, openJur 2024, 10910 (ECLI:DE:BFH:2024:U.050924.VR36.21.0) unter II.2 mit Verweis auf BFH v. 14. 03. 2018 – V R 36/16, BStBl. II 2018, 422.

10. die Förderung der Hilfe für politisch, rassistisch oder religiös Verfolgte, für Flüchtlinge, Vertriebene, Aussiedler, Spätaussiedler, Kriegsopfer, Kriegshinterbliebene, Kriegsbeschädigte und Kriegsgefangene, Zivilbeschädigte und Behinderte sowie Hilfe für Opfer von Straftaten; Förderung des Andenkens an Verfolgte, Kriegs- und Katastrophenopfer; Förderung des Suchdienstes für Vermisste, Förderung der Hilfe für Menschen, die auf Grund ihrer geschlechtlichen Identität oder ihrer geschlechtlichen Orientierung diskriminiert werden;
11. die Förderung der Rettung aus Lebensgefahr;
12. die Förderung des Feuer-, Arbeits-, Katastrophen- und Zivilschutzes sowie der Unfallverhütung;
13. die Förderung internationaler Gesinnung, der Toleranz auf allen Gebieten der Kultur und des Völkerverständigungsgedankens;
14. die Förderung des Tierschutzes;
15. die Förderung der Entwicklungszusammenarbeit;
16. die Förderung von Verbraucherberatung und Verbraucherschutz;
17. die Förderung der Fürsorge für Strafgefangene und ehemalige Strafgefangene;
18. die Förderung der Gleichberechtigung von Frauen und Männern;
19. die Förderung des Schutzes von Ehe und Familie;
20. die Förderung der Kriminalprävention;
21. die Förderung des Sports (Schach gilt als Sport);
22. die Förderung der Heimatpflege, Heimatkunde und der Ortsverschönerung;
23. die Förderung der Tierzucht, der Pflanzenzucht, der Kleingärtnerei, des traditionellen Brauchtums einschließlich des Karnevals, der Fastnacht und des Faschings, der Soldaten- und Reservistenbetreuung, des Amateurfunkens, des Freifunks, des Modellflugs und des Hundesports;
24. die allgemeine Förderung des demokratischen Staatswesens im Geltungsbereich dieses Gesetzes; hierzu gehören nicht Bestrebungen, die nur bestimmte Einzelinteressen staatsbürgerlicher Art verfolgen oder die auf den kommunalpolitischen Bereich beschränkt sind;
25. die Förderung des bürgerschaftlichen Engagements zugunsten gemeinnütziger, mildtätiger und kirchlicher Zwecke;
26. die Förderung der Unterhaltung und Pflege von Friedhöfen und die Förderung der Unterhaltung von Gedenkstätten für nichtbestattungspflichtige Kinder und Föten;
27. die Förderung wohngemeinnütziger Zwecke.[43]

43 Eingefügt durch Art. 17, Nr. 1 des Jahressteuergesetzes (JStG) 2024 v. 02. 12. 2024, BGBl. I 2024, Nr. 387, anzuwenden ab 01. 01. 2025.

Nach Auffassung der Finanzverwaltung enthält § 52 Abs. 2 AO eine *abschließende* Aufzählung gemeinnütziger Zwecke.[44] Sofern der von einer Körperschaft verfolgte Zweck nicht unter § 52 Abs. 2 Satz 1 AO fällt, kann dieser gem. § 52 Abs. 2 Satz 2 AO *für gemeinnützig erklärt werden*, wenn damit die Allgemeinheit auf materiellem, geistigem oder sittlichem Gebiet selbstlos gefördert wird. Hierfür haben die obersten Finanzbehörden der Länder gem. § 52 Abs. 2 Satz 3 AO jeweils eine Finanzbehörde i. S. von § 2 Abs. 1 FVG[45] zu bestimmen, die dafür zuständig ist. Ist die Entscheidung in einem Bundesland keiner besonderen Behörde übertragen worden, ist das jeweilige Landesfinanzministerium zuständig.[46] Über die Anerkennung eines weiteren gemeinnützigen Zwecks i. S. von § 52 Abs. 2 Satz 2 AO wird nach einer entsprechenden Vereinbarung der obersten Finanzbehörden des Bundes und der Länder bundesweit einvernehmlich entschieden. Ein Rechtsbehelf gegen die Entscheidung ist nur gegen einen auf der Grundlage dieser Entscheidung erlassenen Verwaltungsakt (z. B. Steuerbescheid) möglich.[47] 15

b) Zur Beeinflussung der politischen Meinungs- und Willensbildung

aa) Keine Verfolgung politischer Zwecke

Politische Zwecke wie die Beeinflussung der politischen Meinungs- und Willensbildung, die Gestaltung der öffentlichen Meinung oder die Förderung politischer Parteien zählen nicht zu den gemeinnützigen Zwecken i. S. des § 52 AO.[48] 16

Die Förderung der Allgemeinheit darf grundsätzlich nicht die Verfolgung politischer Zwecke beinhalten.[49] Eine Einflussnahme auf die politische Willensbildung und die öffentliche Meinung ist nur zulässig, wenn dies der Verfolgung eines der in § 52 Abs. 2 AO genannten Zwecke wie z. B. der Förderung des Umweltschutzes dient.[50]

> *„Eine derart dienende und damit ergänzende Einwirkung muss aber gegenüber der unmittelbaren Förderung des steuerbegünstigten Zwecks in den Hintergrund treten. Die Tagespolitik darf nicht im Mittelpunkt der Tätigkeit der Körperschaft*

---

44 AEAO zu § 52, Nr. 2; a. A. Gosch/*Märtens*, KStG, 4. Aufl. 2020, § 5 Rn. 197 sowie BFH v. 14. 09. 1994 – I R 153/93, BStBl. II 1995, 499 m. N.

45 Gesetz über die Finanzverwaltung v. 04. 04. 2006, BGBl. I 2006, 848, zuletzt geändert durch Art. 10 des Gesetzes zur Regelung eines Sofortzuschlages und einer Einmalzahlung in den sozialen Mindestsicherungssystemen sowie zur Änderung des Finanzausgleichsgesetzes und weiterer Gesetze v. 23. 05. 2022, BGBl. I 2022, 760.

46 Klein/*Gersch*, AO, 13. Aufl. 2016, § 52 Rn. 50.

47 OFD Koblenz v. 11. 01. 2010 – S 0171 A – St 33 1, DB 2010, 756.

48 AEAO zu § 52, Nr. 16 mit Verweis auf BFH v. 10. 01. 2019 – V R 60/17, BStBl. II 2019, 301; BFH v. 10. 12. 2020 – V R 14/20, BStBl. II 2021, 739; BFH v. 18. 08. 2021 – V B 25/21 (AdV), BStBl. II 2021, 931.

49 BFH v. 10. 01. 2019 – V R 60/17 (ECLI:DE:BFH:2019:U.100119.VR60.17.0), BStBl. II 2019, 301.

50 BFH v. 10. 12. 2020 – V R 14/20 (ECLI:DE:BFH:2020:B.101220.VR14.20.0), BStBl. II 2021, 739 unter II.3.a. So auch AEAO zu § 52, Nr. 16.

stehen. Die Beschäftigung mit politischen Vorgängen muss im Rahmen dessen liegen, was das Eintreten für die steuerbegünstigten Ziele und deren Verwirklichung erfordert".[51]

Eine parteipolitische Betätigung ist daher *unvereinbar* mit der Gemeinnützigkeit.[52]

17 Die Tätigkeit einer steuerbegünstigten Körperschaft darf „weder unmittelbar noch allein auf das politische Geschehen und die staatliche Willensbildung gerichtet" sein.[53] „Wer politische Zwecke durch Einflussnahme auf politische Willensbildung und Gestaltung der öffentlichen Meinung verfolgt, erfüllt keinen gemeinnützigen Zweck i. S. von § 52 AO".[54]

Auszug aus dem BFH-Urteil v. 10. 01. 2019:[55]

„... Auf der Grundlage der vom FG getroffenen Feststellungen ... ging es dem Kläger insbesondere bei der Kampagne ‚Sparpaket/Finanztransaktionensteuer/Umverteilen', dem Programm ‚Verteilen statt kürzen', ... bei dem Thema Steuerflucht während der ‚kritischen Phase' eines geplanten Steuerabkommens mit der Schweiz ebenso wie bei der Kampagne ‚Demokratie statt Stuttgart 21' ... im Schwerpunkt nicht um die Vermittlung von Bildungsinhalten zu diesen Themen, sondern um eine öffentlichkeitswirksame Darstellung und Durchsetzung eigener Vorstellungen zu tagespolitischen Themen und damit um die Einflussnahme auf die politische Willensbildung und auf die öffentliche Meinung.

Mit dieser Einflussnahme auf die politische Willensbildung und auf die öffentliche Meinung liegt ein Handeln außerhalb steuerbegünstigter Satzungszwecke vor, da diese Tätigkeiten keinerlei Bezug zur Bildungspolitik i. S. von § 52 Abs. 2 Nr. 7 AO aufwiesen ...".

---

51 BFH v. 10. 12. 2020 – V R 14/20 (ECLI:DE:BFH:2020:B.101220.VR14.20.0), BStBl. II 2021, 739 unter II.3.a.

52 AEAO zu § 52, Nr. 16 mit Verweis auf BFH v. 20. 03. 2017 – X R 13/15, BStBl. II 2017, 1110.

53 BFH v. 10. 01. 2019 – V R 60/17 (ECLI:DE:BFH:2019:U.100119.VR60.17.0), BStBl. II 2019, 301 unter II.1.b mit Verweis auf BFH v. 23. 11. 1988 – I R 11/88, BStBl. II 1989, 391 unter II.4.c.

54 BFH v. 10. 01. 2019 – V R 60/17 (ECLI:DE:BFH:2019:U.100119.VR60.17.0), BStBl. II 2019, 301, 1. Leitsatz.

55 BFH v. 10. 01. 2019 – V R 60/17 (ECLI:DE:BFH:2019:U.100119.VR60.17.0), BStBl. II 2019, 301 unter II.3.b. Durch Pressemeldungen wurde bekannt, dass sich das Urteil auf den „Attac Trägerverein" bezog; dieser hatte nach der Pressemitteilung Nr. 009/19 v. 26. 02. 2019 des Bundesfinanzhofs unter *https://www.bundesfinanzhof.de/de/presse/pressemeldungen/detail/kein-allgemeinpolitisches-mandat-fuer-gemeinnuetzige-koerperschaften-bundesfinanzhof-entscheidet-gegen-attac-traegerverein-1/*(abgerufen am 06. 11. 2023) den BFH unter Verzicht auf das Steuergeheimnis ermächtigt, seinen Namen in Pressemitteilungen zu offenbaren. Nach *https://www.attac.de/startseite/teaser-detailansicht/news/gemeinnuetzigkeit-verfassungsbeschwerde-eingereicht* (abgerufen am 06. 11. 2023) hat „Attac" gegen den Entzug der Gemeinnützigkeit Verfassungsbeschwerde eingereicht, die beim BVerfG unter dem Az. 1 BvR 697/21 geführt wird. Die Begründung der Verfassungsbeschwerde ist unter *https://link.attac.de/verfassungsbeschwerde* (abgerufen am 01. 03. 2024) abrufbar.

18 Die Förderung der von der Volksbildung mitumfassten politischen Bildung berechtigt nach der Rechtsprechung des BFH nicht, zu konkreten Handlungen aufzurufen und Forderungen zu tagespolitischen Fragen zu erheben.[56] Der Steuerbegünstigung steht es jedoch nicht entgegen, wenn eine nach § 52 Abs. 2 AO begünstigte Tätigkeit *im Einzelfall* zwangsläufig mit einer gewissen politischen Zielsetzung verbunden ist; eine derartige allgemeinpolitische Betätigung darf aber im Rahmen des steuerbegünstigten Zwecks nicht über das hinausgehen, was das Eintreten für diesen jeweiligen Zweck und dessen Verwirklichung erfordert.[57]

19 Die Finanzverwaltung beanstandet es daher nicht (mehr), wenn eine steuerbegünstigte Körperschaft außerhalb ihrer Satzungszwecke *vereinzelt* zu tagespolitischen Themen Stellung nimmt (z. B. wenn ein Fußballverein gegen Rassismus eintritt).[58]

Praxishinweis:

Nach Angaben der OFD Karlsruhe[59] nimmt die Steuerverwaltung das sog. „Attac"-Urteil nicht zum Anlass, zusätzliche Prüfungen gemeinnütziger Vereine außerhalb des regulären Prüfungsturnus durchzuführen.

bb) Kritische öffentliche Information

20 Der Steuerbegünstigung steht es jedoch nicht entgegen, wenn eine nach § 52 Abs. 2 AO begünstigte Tätigkeit *im Einzelfall* zwangsläufig mit einer gewissen politischen Zielsetzung verbunden ist.[60]

> *„Zur Förderung der Allgemeinheit gehört auch die kritische öffentliche Information und Diskussion, um ein nach § 52 Abs. 2 AO begünstigtes Anliegen der Öffentlichkeit und auch Politikern nahezubringen, wenn die unmittelbare Einwirkung auf die politischen Parteien und die staatliche Willensbildung gegenüber der Förderung des steuerbegünstigten Zwecks in den Hintergrund tritt".*[61]

21 Dies beinhaltet auch eine von der herrschenden Meinung abweichende Auffassung. Allerdings muss die steuerbegünstigte Körperschaft hierbei parteipolitisch *neutral* bleiben.[62]

---

56 BFH v. 10. 01. 2019 – V R 60/17 (ECLI:DE:BFH:2019:U.100119.VR60.17.0), BStBl. II 2019, 301 unter II.3.a.

57 BFH v. 18. 08. 2021 – V B 25/21 (AdV) (ECLI:DE:BFH:2021:BA.180821.VB25.21.0), BStBl. II 2021, 931, Leitsatz.

58 AEAO zu § 52, Nr. 16, letzter Satz.

59 OFD Karlsruhe v. 03. 12. 2019, o. Az., DStR 2020, 661 unter 3.2.

60 BFH v. 18. 08. 2021 – V B 25/21 (AdV) (ECLI:DE:BFH:2021:BA.180821.VB25.21.0), BStBl. II 2021, 931, Leitsatz; so bereits BFH v. 10. 01. 2019 – V R 60/17 (ECLI:DE:BFH:2019:U.100119.VR60.17.0), BStBl. II 2019, 301 unter II.1.c.

61 BFH v. 18. 08. 2021 – V B 25/21 (AdV) (ECLI:DE:BFH:2021:BA.180821.VB25.21.0), BStBl. II 2021, 931 unter II.2.b.

62 AEAO zu § 52, Nr. 16. So bereits BFH v. 29. 08. 1984 – I R 203/81, BStBl. II 1984, 844 unter 6. Im entschiedenen Fall einer Bürgerinitiative Umweltschutz hatte diese sich in ihrer Satzung ausdrücklich als „parteipolitisch neutral" bezeichnet und dies in ihrer tatsächlichen Geschäftsführung auch verwirklicht.

22 Steuerlich unschädlich ist etwa die Einbringung von Fachwissen auf Aufforderung in parlamentarischen Verfahren oder *gelegentliche* Stellungnahmen zu tagespolitischen Themen im Rahmen der steuerbegünstigten Satzungszwecke; hierbei darf die Tagespolitik aber nicht im Mittelpunkt der Tätigkeit der Körperschaft stehen.[63]

Beispiel:

Eine steuerbegünstigte Körperschaft, die eine Anzeigenkampagne durchführt, mit der an das allgemeine Erfordernis der Einhaltung von Wahlversprechen erinnert wird, fördert dem Grunde nach noch die politische Bildung.

Nicht mehr vereinbar mit § 52 Abs. 2 Nr. 7 und Nr. 24 AO ist es jedoch, im Rahmen von Volksbildung und politischer Bildung konkrete politische Forderungen zur Durchsetzung von Wahlversprechen zu erheben.[64]

c) *Förderung von Wissenschaft und Forschung (§ 52 Abs. 2 Satz 1 Nr. 1 AO)*

aa) *Auftrags- und Ressortforschung*

23 Die Förderung von Wissenschaft und Forschung ist nach der Rechtsprechung gemeinnützig, wenn sie der Allgemeinheit dient. „Wissenschaftlich tätig ist, wer schöpferische oder forschende Arbeit leistet oder wer das aus der Forschung hervorgegangene Wissen und Erkennen auf konkrete Vorgänge anwendet".[65] Wissenschaft und Forschung werden insbesondere von staatlichen, aber auch privaten Wissenschafts- und Forschungseinrichtungen wie z.B. Universitäten oder (Fach-)Hochschulen betrieben. Auch die Durchführung von Tagungen und Kongressen kann nach *Hüttemann* steuerbegünstigt sein.[66]

Steuerbegünstigt ist auch die finanzielle Unterstützung von Wissenschaftlern und Forschungseinrichtungen durch die Förderung von Forschungsprojekten, Gewährung von Druckkostenzuschüssen, Verleihung von Preisen und Vergabe von Stipendien. Selbst die Unterbringung von Gastwissenschaftlern ist begünstigt, wenn dadurch die wissenschaftliche Tätigkeit gefördert wird.[67]

Forschung, die im Interesse einzelner Auftraggeber betrieben wird wie z.B. bei der Auftrags- und Ressortforschung[68], stellt keine Förderung der Allgemeinheit

---

63 AEAO zu § 52, Nr. 16.

64 BFH v. 10.01.2019 – V R 60/17 (ECLI:DE:BFH:2019:U.100119.VR60.17.0), BStBl. II 2019, 301 unter II.2.c.

65 FG Sachsen v. 19.03.2013 – 3 K 1143/09, rkr., EFG 2014, 584 unter II.1.a.

66 *Hüttemann*, Gemeinnützigkeits- und Spendenrecht, 4. Aufl. 2018, Rn. 3.84.

67 *Hüttemann*, Gemeinnützigkeits- und Spendenrecht, 4. Aufl. 2018, Rn. 3.87.

68 Die Ressortforschung ist nach BFH v. 04.04.2007 – I R 76/05, BStBl. II 2007, 631 unter II.2 dadurch gekennzeichnet, dass eine Forschungseinrichtung im Auftrag z.B. eines Ministeriums forscht, dem auch regelmäßig die ausschließlichen Verwertungsrechte zustehen.

dar.[69] Tätigkeiten einer Forschungseinrichtung im Auftrag eines Dritten, dem auch die ausschließlichen Verwertungsrechte zustehen, dienen in erster Linie den Interessen und Zwecken des jeweiligen Auftraggebers und nicht dem Gemeinwohl, unabhängig davon, dass eine solche Forschungseinrichtung durch die Auftragsforschung ggf. wichtige und nützliche Erkenntnisse für ihre eigene Forschung erlangt.[70]

bb) Ein englisches Universitäts-College mit inländischen Einkünften aus einer vermögensverwaltenden Tätigkeit

Ein englisches Universitäts-College, das in seiner historischen Gründungsurkunde („Royal Patent") die Zwecke des zu errichtenden Kollegiums mit dem „Studium der Wissenschaften, der heiligen Theologie und der Philosophie wie der guten Künste" beschreibt, kann nach Auffassung des BFH steuerbegünstigte Zwecke i. S. von § 52 Abs. 2 Satz 1 Nr. 1 AO (Förderung von Wissenschaft und Forschung) und § 52 Abs. 2 Satz 1 Nr. 2 AO (Förderung der Religion) verfolgen.[71] 24

In rechtlicher und wirtschaftlicher Hinsicht kann ein solches College einer Stiftung nach deutschem Recht i. S. von § 1 Abs. 1 Nr. 5 KStG entsprechen,[72] das mit seinen *inländischen Einkünften*[73] beschränkt körperschaftsteuerpflichtig, aber gem. § 5 Abs. 1 Nr. 9 KStG von der Körperschaftsteuer befreit ist, wenn es nach der Satzung, dem Stiftungsgeschäft oder der sonstigen Verfassung und nach der tatsächlichen Geschäftsführung ausschließlich und unmittelbar gemeinnützigen, mildtätigen oder kirchlichen Zwecken i. S. der §§ 51 bis 68 AO dient.[74]

Weitere Voraussetzung ist, dass es sich um eine nach den Rechtsvorschriften eines Mitgliedsstaats der Europäischen Union gegründete Gesellschaft i. S. des Art. 54 AEUV[75] handelt, deren Sitz und Ort der Geschäftsleitung sich innerhalb

---

69 BFH v. 04. 04. 2007 – I R 76/05, BStBl. II 2007, 631 unter II.2 m. N. Vgl. hierzu aber E.VII.11 und § 68 Nr. 9 Satz 2 AO zur *Zweckbetriebseigenschaft der Auftragsforschung*.

70 BFH v. 04. 04. 2007 – I R 76/05, BStBl. II 2007, 631 unter II.2 m. N.

71 BFH v. 24. 03. 2021 – V R 35/18 (ECLI:DE:BFH:2021:B.240321.VR35.18.0), BStBl. II 2021, 657 unter II.2.b.aa.

72 BFH v. 24. 03. 2021 – V R 35/18 (ECLI:DE:BFH:2021:B.240321.VR35.18.0), BStBl. II 2021, 657, 1. Leitsatz.

73 Im entschiedenen Fall erzielte das College inländische Einkünfte aus einer vermögensverwaltenden Tätigkeit (Vermietung von Grundbesitz).

74 Im entschiedenen Fall förderte das College nach FG Berlin-Brandenburg v. 28. 06. 2018 – 9 K 11080/17, EFG 2019, 793, 2. Leitsatz Wissenschaft und Forschung und damit die Allgemeinheit, da es u. a. einen umfangreichen Lehr- und Forschungsbetrieb an einer Universität unterhielt, zu diesem Zweck Professoren (Fellows) beschäftigte, Einrichtungen wie z. B. eine Bibliothek, Hörsäle etc. unterhielt und Stipendien an besonders begabte Studenten oder an solche vergab, die die erforderlichen Kosten für das Studium nicht aus eigenen Mitteln aufbringen konnten.

75 Vertrag über die Arbeitsweise der Europäischen Union v. 24. 03. 1957, Neufassung v. 07. 06. 2016, ABl. EU 2016, C 202, 1, 47.

des Hoheitsgebiets eines dieser Staaten befindet.[76] Soweit die förderungswürdigen Zwecke außerhalb von Deutschland verwirklicht werden, setzt die Steuerbegünstigung zusätzlich den sog. Inlandsbezug i. S. von § 51 Abs. 2 AO voraus.[77]

cc) Peer-Review-Verfahren

25 Eine Förderung der Wissenschaft gem. § 52 Abs. 2 Satz 1 Nr. 1 AO kann auch bei einem Peer-Review-Verfahren (sog. wissenschaftliches Editieren) mit einer Veröffentlichung als Open-Access-Publikation gegeben sein, wenn dadurch Wissenschaftlern eine Veröffentlichungsmöglichkeit geboten wird, die dem wissenschaftlichen Austausch dient.

Voraussetzung ist, dass die steuerbegünstigte Körperschaft die Verantwortung für die Auswahl und Überprüfung der zu veröffentlichenden wissenschaftlichen Beiträge trägt und die entsprechenden Entscheidungen trifft.[78] Eine Förderung der Allgemeinheit liegt jedoch dann nicht vor, wenn die Forschung im Interesse einzelner Auftraggeber betrieben wird.[79]

dd) Forschung in der Abwicklungsphase einer Körperschaft

26 Eine Forschungseinrichtung kann – bei Einhaltung der übrigen Voraussetzungen des § 51 AO – nach Auffassung des Sächsischen FG auch in ihrer *Abwicklungsphase* grundsätzlich als gemeinnützig anzuerkennen sein.[80] Die Abwicklungsphase einer Forschungseinrichtung umfasst dabei die Schließung dieser Einrichtung und eine ggf. erforderliche fachgerechte Entsorgung der für die Forschung verwendeten gefährlichen Stoffe.[81]

d) Zur Förderung der Religion (§ 52 Abs. 2 Satz 1 Nr. 2 AO)

aa) Orientierung an der Wertordnung des Grundgesetzes

27 „Religion beinhaltet die Frage nach Gott, nach der Deutung der Welt, nach Lebenssinn und Wert, nach Normen sittlichen Handelns".[82]

---

76 FG Berlin-Brandenburg v. 28.06.2018 – 9 K 11080/17, EFG 2019, 793 unter II.1. Nachfolgeentscheidung zu BFH v. 25.10.2016 – I R 54/14 (ECLI:DE:BFH:2016:U.251016.IR54.14.0), BStBl. II 2017, 1216.

77 Im entschiedenen Fall hatte das College in ca. 30 Fällen Studenten aus Deutschland ausgebildet und ein studentisches Austauschprogramm mit einer Universität eingerichtet.

78 BFH v. 12.05.2022 – V R 37/20 (ECLI:DE:BFH:2022:U.120522.VR37.20.0), BStBl. II 2022, 603 unter II.1.b.bb m. N. Das entgegenstehende Urteil des FG Baden-Württemberg v. 14.10.2019 – 10 K 1033/19, EFG 2021, 1513 wurde in der Rev. aufgehoben.

79 BFH v. 30.11.1995 – V R 29/91, BStBl. II 1997, 189.

80 FG Sachsen v. 19.03.2013 – 3 K 1143/09, rkr., EFG 2014, 584, 2. Leitsatz.

81 FG Sachsen v. 19.03.2013 – 3 K 1143/09, rkr., EFG 2014, 584 unter II.1.b.2. Hiernach ist die Optimierung eines umweltverträglichen Rückbaus von Kernkraftanlagen grundsätzlich ein geeignetes Forschungsthema wie die Professur für Technologie und Management des Rückbaus kerntechnischer Anlagen an der Universität Karlsruhe belegt.

82 BFH v. 23.09.1999 – XI R 66/98, BStBl. II 2000, 533 unter II.2.b.aa.

Die Förderung der Religion ist grundsätzlich auch dann gemeinnützig, wenn es sich um nicht-christliche Religionen handelt.[83] Allerdings muss der Satzungszweck „Förderung der Religion" in der Satzung hinreichend bestimmt sein.[84]

Eine Satzung, die als Zweck eines Vereins die Förderung der Religion durch Abhaltung von Gottesdiensten, Bibellesungen und Informationsdiensten im Sinne der „Lehren von Jesus Christus und des Heiligen B." benennt, ist nach Auffassung des FG Nürnberg „nicht präzise genug". Eine bloße Bezugnahme auf die „Lehren von Jesus Christus und des Heiligen B." reicht hiernach nicht aus, „um hinreichende Klarheit über den eigentlichen Satzungszweck zu schaffen"; im Internet dargestellte weitergehende Erläuterungen zur Satzung sind unbeachtlich.[85]

Die Gemeinnützigkeit einer Religionsgemeinschaft setzt weiterhin voraus, dass sich ihre Wertvorstellungen und Ziele mit der Wertordnung des Grundgesetzes nicht im Widerspruch befinden.[86] Maßgeblich für die Anerkennung einer Religionsgemeinschaft in Deutschland als gemeinnützig sind daher die einschlägigen deutschen Rechtsvorschriften.[87]

bb) Deutsche Buddhistische Union e. V.

Die Deutsche Buddhistische Union e. V. setzt sich für die Bewahrung und die Weiterentwicklung des Buddhismus in Deutschland ein. Sie fördert nicht nur den Austausch innerhalb buddhistischer Kreise, sondern auch den zwischen Buddhisten und Menschen anderen Glaubens, gesellschaftlichen Gruppen und Institutionen.[88] 28

Die Deutsche Buddhistische Union e. V. ist wegen Förderung religiöser Zwecke von der Körperschaft- und Gewerbesteuer befreit.[89]

cc) Islamische Religionsgemeinschaften

Nach Auffassung des FG Baden-Württemberg kann ein eingetragener Verein, „der als islamische Religionsgemeinschaft eine Moschee betreibt, unmittelbar und mittelbar durch seine Mitglieder der umfassenden Glaubensverwirklichung dient und sich der Pflege, Vermittlung und Ausübung der islamischen Religion im Rahmen des Grundgesetzes der Bundesrepublik Deutschland widmet", auch dann die Allgemeinheit i. S. von § 52 Abs. 2 Satz 1 Nr. 2 AO fördern, wenn nach der Satzung *nur Personen muslimischen Glaubens* Mitglieder des Vereins werden können. 29

83 BFH v. 13. 12. 1978 – I R 39/78, BStBl. II 1979, 482 unter I.4.a.

84 FG Baden-Württemberg v. 05. 03. 2018 – 10 K 3622/16, SIS 18 10 81 unter II.2.a. So auch *Hüttemann*, Gemeinnützigkeits- und Spendenrecht, 4. Aufl. 2018, Rn. 4.135.

85 FG Nürnberg v. 29. 08. 2000 – I 78/1999, rkr., EFG 2000, 1351.

86 BFH v. 31. 05. 2005 – I R 105/04 (NV), BFH/NV 2005, 1741 unter II.2.b.bb.

87 BMF v. 12. 07. 1994 – IV C 4 – S 1323 USA – 3/94, DStR 1994, 1381.

88 Vgl. *https://buddhismus-deutschland.de*.

89 Nach *https://buddhismus-deutschland.de/spenden-und-ehrenamt* (abgerufen am 05. 02. 2025) mit Freistellungsbescheid des Finanzamts München v. 29. 08. 2023.

Die Voraussetzung, dass nur Personen muslimischen Glaubens Mitglieder des Vereins werden können, ist „sachlich gerechtfertigt und steht (...) der Feststellung der Gemeinnützigkeit nicht entgegen".[90]

dd) Förderung der islamischen Religion

30 Selbst ein Verein, dessen Zweck nach der Satzung „die Förderung der Vermittlung und Wahrnehmung von richtigen und sachbezogenen Informationen über die Islamische Religion" und „die Förderung der deutschen Sprache und Kultur bei ausländischen Mitbürgern, um eine Integration und Akkulturation in die deutsche Gesellschaft zu fördern" ist und der sich das Ziel gesetzt hat, Möglichkeiten zu schaffen, um „einen Islamischen Religionsunterricht an deutschen Schulen einzuführen", kann als gemeinnützig anzuerkennen sein, wenn der Verein nach seiner Satzung und nach seiner *tatsächlichen Geschäftsführung* die Förderung der Religion i. S. von § 52 Abs. 2 Satz 1 Nr. 2 AO – somit auch der islamischen Religion – verfolgt.[91]

ee) Ausschluss von der Gemeinnützigkeit

31 „Ein Verein, der sich zur art- und wesensgemäßen Ungleichheit von Menschen bekennt und dessen Mitglieder sich im Lebenskampf mit anderen ‚Arten' sehen, steht im Widerspruch zum Wertesystem der Grundrechte".[92] Ein solcher Verein ist selbst dann nicht gemeinnützig, wenn er eine Religionsgemeinschaft ist.[93]

Auch gewaltbereite Strömungen des Islam, die sich gegen die abendländliche Kultur wenden, können nach Auffassung von *Koenig* nicht gemeinnützig sein.[94]

e) Zur Förderung des Gesundheitswesens (§ 52 Abs. 2 Satz 1 Nr. 3 AO)

aa) Tätigkeiten, die der Gesundheit der Bürger dienen

32 Unter einer „Förderung des Gesundheitswesens" sind alle Tätigkeiten zu verstehen, die der Gesundheit der Bürger dienen, insbesondere die Verhinderung und

90 FG Baden-Württemberg v. 05. 03. 2018 – 10 K 3622/16, SIS 18 10 81 unter II.2.b.bb. Das FG ging in seinem Urteil davon aus, dass bei einer Aufnahme von Personen nichtmuslimischen Glaubens die Gefahr bestünde, dass die Erreichung der Vereinszwecke erschwert oder sogar vereitelt werden könnte.

91 BFH v. 14. 03. 2018 – V R 36/16 (ECLI:DE:BFH:2018:U.140318.VR36.16.0), BStBl. II 2018, 422 unter II.1 f. Nach der Entscheidung des BFH scheiterte die Anerkennung im entschiedenen Fall jedoch an § 51 Abs. 1 und 3 AO. Danach setzt die Steuervergünstigung u. a. voraus, dass die Körperschaft nach ihrer Satzung und ihrer *tatsächlichen Geschäftsführung* keine Bestrebungen i. S. des § 4 BVerfSchG fördert und dem Gedanken der Völkerverständigung nicht zuwiderhandelt. Bei Körperschaften, die im Verfassungsschutzbericht des Bundes oder eines Landes als extremistische Organisation aufgeführt sind, ist widerlegbar davon auszugehen, dass die Voraussetzungen des § 51 Abs. 3 Satz 1 AO nicht erfüllt sind.

92 BFH v. 31. 05. 2005 – I R 105/04 (NV), BFH/NV 2005, 1741, 2. Leitsatz.

93 BFH v. 31. 05. 2005 – I R 105/04 (NV), BFH/NV 2005, 1741, 2. Leitsatz.

94 Koenig/*Koenig*, AO, 4. Aufl. 2021, § 52 Rn. 68, Stichwort Religion.

Bekämpfung von Seuchen und Krankheiten, einschließlich der Information der Bevölkerung über die Verhinderung und Bekämpfung von Krankheiten.[95]

bb) Losgelöst von der individuellen Hilfe gegenüber dem einzelnen Patienten

Die entsprechenden Tätigkeiten müssen jedoch „eine von der individuellen Hilfe gegenüber dem einzelnen Patienten losgelöste, auf das öffentliche Gesundheitswesen bezogene, übergreifende Funktion haben". Die Hilfe in *individuellen Krankheitsfällen*[96] und damit auch die Notfallrettung z. B. durch Rettungsfahrten und Krankentransporte gehört nicht dazu.[97] 33

cc) Laborleistungen für Krankenhäuser

Eine von gemeinnützigen Krankenhausträgern gegründete GmbH, die die Laborleistungen für Krankenhäuser erbringt, verfolgt selbst nicht unmittelbar gemeinnützige oder mildtätige Zwecke.[98] 34

dd) Zell- und Gewebebanken

Eine *Gewebebank*[98a] ist ein hochspezialisierter Bereich zur Gewinnung und Verarbeitung von unterschiedlichen humanen Gewebetransplantaten.[99] 35

Einrichtungen, die im Bereich der *Gewebezubereitung* tätig sind und die eine Genehmigung nach § 21a AMG[100] zur Gewebezubereitung, nach § 20b AMG zur Gewinnung von Gewebe und/oder nach § 20c AMG zur Be- oder Verarbeitung, Konservierung, Prüfung, Lagerung oder das Inverkehrbringen von Gewebe oder Gewebezubereitungen besitzen, die den Beschränkungen des Handelsverbots nach §§ 17 f. TPG[101] unterliegen und das Gewebe nicht für autologe[102] Zwecke

95 BFH v. 18.08.2021 – V B 25/21 (AdV) (ECLI:DE:BFH:2021:BA.180821.VB25.21.0), BStBl. II 2021, 931 unter II.2.c.aa mit Verweis auf BFH v. 18.10.2017 – V R 46/16, BStBl. II 2018, 672.

96 Die Hilfe in individuellen Krankheitsfällen kann jedoch nach BFH v. 06.02.2013 – I R 59/11, BStBl. II 2013, 603 unter II.3.b als Förderung des Wohlfahrtswesens gem. § 52 Abs. 2 Satz 1 Nr. 9 AO gemeinnützig sein.

97 BFH v. 27.11.2013 – I R 17/12, BStBl. II 2016, 68 unter II.2.c. Der BFH weist jedoch darauf hin, dass Rettungsfahrten und Krankentransporte mit ärztlicher Betreuung sowie der Betrieb einer Rettungswache mildtätigen Zwecken i. S. von § 53 Nr. 1 AO dienen. Danach verfolgt eine Körperschaft mildtätige Zwecke, wenn ihre Tätigkeit darauf gerichtet ist, Personen selbstlos zu unterstützen, die infolge ihres körperlichen, geistigen oder seelischen Zustands auf die Hilfe anderer angewiesen sind.

98 BFH v. 06.02.2013 – I R 59/11, BStBl. II 2013, 603, Leitsatz.

98a Eine Gewebebank ist nach *https://transfusionsmedizin.charite.de/leistungen/gewebebank* (abgerufen am 24.10.2023) ein hochspezialisierter Bereich zur Gewinnung und Verarbeitung von unterschiedlichen humanen Gewebetransplantaten.

99 Vgl. *https://transfusionsmedizin.charite.de/leistungen/gewebebank* (abgerufen am 24.10.2023).

100 Arzneimittelgesetz (Gesetz über den Verkehr mit Arzneimitteln) v. 12.12.2005, BGBl. I 2005, 339, zuletzt geändert durch Gesetz vom 19.07.2023, BGBl. I 2023, 197.

101 Transplantationsgesetz v. 04.09.2007, BGBl. I 2007, 2206, zuletzt geändert durch Gesetz vom 11.07.2021, BGBl. I 2021, 2754.

102 Übertragung von *körpereigenem* Gewebe, so dass Spender und Empfänger dieselbe Person sind.

verwenden, dienen nach (geänderter) Verwaltungsauffassung unmittelbar der Förderung des öffentlichen Gesundheitswesens.[103]

ee) *Medizinische Versorgung bei Großveranstaltungen*

36 Sanitäts- und Rettungsdienste übernehmen häufig bei Großveranstaltungen gegen eine pauschale Kostenerstattung die sanitätsmäßige Betreuung. Hierdurch wird sichergestellt, dass im Schadensfall unverzüglich und im erforderlichen Umfang medizinische Hilfe geleistet werden kann. Solche Einsätze gehören nach Auffassung der Finanzverwaltung zu den gemeinnützigen Zwecken i. S. des § 52 AO[104]; sie stellen eine Förderung der öffentlichen Gesundheitspflege dar, auch wenn sie im Zusammenhang mit einer nicht begünstigten kommerziellen Veranstaltung stehen.[105]

Die Sicherstellung der Ersten Hilfe bzw. der notfallmedizinischen Versorgung stellt einen steuerbegünstigten *Zweckbetrieb*[106] i. S. von § 65 AO dar. Erbringt die Hilfsorganisation jedoch lediglich eine entgeltliche Personal- und Sachmittelgestellung im Rahmen eines solchen Rettungsdienstes, scheidet eine Beurteilung dieser Auftragstätigkeit als steuerbegünstigter Zweckbetrieb aus.[107]

ff) *Gesellschaftlicher Diskurs über Maßnahmen zur Eindämmung der Corona-Pandemie*

37 Zur „Förderung des Gesundheitswesens" kann auch „eine nähere Auseinandersetzung mit den medizinischen, virologischen oder epidemiologischen Gründen für die einzelnen verhängten Maßnahmen zur Eindämmung der Corona-Pandemie" gehören.[108]

Eine gemeinnützige Körperschaft darf nach Auffassung des BFH

> „die von ihr verfolgten Zwecke auch einseitig vertreten, in den gesellschaftlichen Diskurs einbringen und in ihrer subjektiven Abwägung höher als andere Ziele gewichten … Die Grenzen der allgemeinpolitischen Betätigung einer steuerbegünstigten Körperschaft sind noch gewahrt, wenn die Beschäftigung mit politischen Vorgängen im Rahmen dessen liegt, was das Eintreten für die (steuerbegünstigten) satzungsmäßigen Ziele und deren Verwirklichung erfordert".[109]

103 FinMin Sachsen-Anhalt v. 17. 11. 2016 – 46 – S 0171 – 150, SIS 17 08 16. Entsprechende Einrichtungen stellen einen Zweckbetrieb i. S. des § 65 AO dar.

104 Ggf. auch zu den mildtätigen Zwecken i. S. des § 53 AO.

105 FinMin Sachsen-Anhalt v. 15. 06. 2020 – 42 – S 0184–12, SIS 20 21 94.

106 Vgl. hierzu E.III.

107 FinMin Sachsen-Anhalt v. 15. 06. 2020 – 42 – S 0184–12, SIS 20 21 94.

108 BFH v. 18. 08. 2021 – V B 25/21 (AdV) (ECLI:DE:BFH:2021:BA.180821.VB25.21.0), BStBl. II 2021, 931 unter II.2.c.bb.1.

109 BFH v. 18. 08. 2021 – V B 25/21 (AdV) (ECLI:DE:BFH:2021:BA.180821.VB25.21.0), BStBl. II 2021, 931 unter II.2.b.

Die Verfolgung politischer Zwecke durch eine Einflussnahme auf die politische Willensbildung und Gestaltung der öffentlichen Meinung stellt jedoch eine *gemeinnützigkeitsschädliche* Betätigung dar.[110] 38

Beispiel:

Eine Körperschaft mit dem Vereinszweck der Förderung des Gesundheitswesens stellte im Zusammenhang mit der Corona-Pandemie „undifferenzierte Forderungen" wie die nach einer „sofortiger Aufhebung aller verhängten Corona-Maßnahmen" und der „Einsetzung eines Untersuchungsausschusses" auf. Der Vorsitzende des Vereins verband seine Kritik an den Corona-Maßnahmen u. a. „mit Erwägungen über ‚andere Mächte', die die Pandemie geplant und in deren Abhängigkeit die Politiker die Maßnahmen getroffen hätten".

Die Äußerungen des Vereins und die seines Vorsitzenden gingen nach Auffassung des BFH über den Zweck der Förderung des Gesundheitswesens hinaus.[111] Solche Forderungen und Erwägungen haben nach Auffassung des BFH nichts mit der Förderung des öffentlichen Gesundheitswesens zu tun, insbesondere fehlt es an einem Zusammenhang mit der Verhinderung und Bekämpfung von Seuchen und Krankheiten.[112] Diese gemeinnützigkeitsschädliche Betätigung der Körperschaft führte in dem entschiedenen AdV-Verfahren zur Versagung der Steuerbefreiung.

Entsprechende Betätigungen einer Körperschaft sind auch nicht als „allgemeine Förderung des demokratischen Staatswesens" i. S. des § 52 Abs. 2 Satz 1 Nr. 24 AO anzusehen, da ein solcher Zweck nach Auffassung des BFH voraussetzt, dass sich eine Körperschaft *umfassend* mit den demokratischen Grundprinzipien befasst und diese *objektiv und neutral* würdigt.[113] Hierbei sind Äußerungen des Vorsitzenden einer solchen Körperschaft dieser zuzurechnen, wenn diese z. B. unter Verwendung des Vereinszeichens erfolgen.[114] 39

f) Förderung der Jugend- und Altenhilfe (§ 52 Abs. 2 Satz 1 Nr. 4 AO)

Die Förderung der Jugend- und Altenhilfe ist gem. § 52 Abs. 2 Satz 1 Nr. 4 AO gemeinnützig. 40

Körperschaften können daher gemeinnützig sein, wenn sie durch ihre Tätigkeiten alte und hilfebedürftige Menschen in Verrichtungen des täglichen Lebens unterstützen. Auch die Erteilung von Nachhilfeunterricht und Kinderbetreuung

110 BFH v. 18. 08. 2021 – V B 25/21 (AdV) (ECLI:DE:BFH:2021:BA.180821.VB25.21.0), BStBl. II 2021, 931 unter II.2.d.

111 BFH v. 18. 08. 2021 – V B 25/21 (AdV) (ECLI:DE:BFH:2021:BA.180821.VB25.21.0), BStBl. II 2021, 931 unter II.2.c.bb.

112 BFH v. 18. 08. 2021 – V B 25/21 (AdV) (ECLI:DE:BFH:2021:BA.180821.VB25.21.0), BStBl. II 2021, 931 unter II.2.c.bb.2.

113 BFH v. 18. 08. 2021 – V B 25/21 (AdV) (ECLI:DE:BFH:2021:BA.180821.VB25.21.0), BStBl. II 2021, 931 unter II.2.d mit Verweis auf BFH v. 23. 09. 1999 – XI R 63/98, BStBl. II 2000, 200 unter II.1.a.

114 BFH v. 18. 08. 2021 – V B 25/21 (AdV) (ECLI:DE:BFH:2021:BA.180821.VB25.21.0), BStBl. II 2021, 931 unter II.2.c.bb.2.

kann gemeinnützig sein.[115] Voraussetzung für die Anerkennung der Gemeinnützigkeit solcher Körperschaften ist jedoch, dass die aktiven Mitglieder ihre Dienstleistungen als *Hilfspersonen* der Körperschaft gem. § 57 Abs. 1 Satz 2 AO ausüben.[116]

41 Indizien für die Annahme einer Hilfsperson sind u. a. besondere Regeln, an die die Mitglieder im Zusammenhang mit der Ausübung des jeweiligen Dienstes gebunden sind wie z. B.

- Schweigepflicht und Verbot der Vorteilsannahme,
- Legitimation der Aktiven als Vereinsmitglieder während der Ausübung ihrer Hilfsdienste,
- das Bestehen einer Haftpflicht- und Unfallversicherung für die Mitglieder während der Dauer ihres Dienstes und
- die Durchführung von Fortbildungsveranstaltungen für die aktiven Mitglieder.[117]

42 Nicht förderungswürdig sind dagegen *Nachbarschaftshilfevereine*, Tauschringe und ähnliche Körperschaften,[118] deren Mitglieder Dienstleistungen wie z. B. kleinere Reparaturen, Hausputz, Kochen, Kinderbetreuung, Nachhilfeunterricht oder häusliche Pflege *gegenüber anderen Vereinsmitgliedern* erbringen. Solche Tätigkeiten sind grundsätzlich nicht gemeinnützig, weil sie regelmäßig durch die gegenseitige Unterstützung in erster Linie *eigenwirtschaftliche Interessen ihrer Mitglieder* fördern und damit gegen den Grundsatz der Selbstlosigkeit i. S. von § 55 Abs. 1 AO verstoßen.[119]

g) Förderung von Kunst und Kultur (§ 52 Abs. 2 Satz 1 Nr. 5 AO)

aa) Überblick

43 Art. 5 Abs. 3 Satz 1 GG garantiert umfassend die Freiheit der Betätigung im Kunstbereich.[120] Eine „künstlerische Betätigung (liegt) in der freien schöpferischen Gestaltung, in der Eindrücke, Erfahrungen und Erlebnisse des Künstlers

115 AEAO zu § 52, Nr. 6. In Zusammenarbeit mit der Arbeitsgemeinschaft „Bürgerschaftliches Engagement Senioreninitiativen Hessen" (ARBES Hessen) hat die OFD Frankfurt eine *Mustersatzung* für solche Seniorenhilfevereine erstellt, die die formellen Erfordernisse des § 60 AO erfüllt. Nach OFD Frankfurt v. 03. 01. 2011 – S 0171 A – 124 – St 53, SIS 11 31 08 unter II bestehen gegen die Anerkennung als steuerbegünstigte Körperschaft i. S. der §§ 51 ff. AO wegen Förderung der Jugend- und Altenhilfe sowie mildtätiger Zwecke keine Bedenken, wenn ein Verein seine Satzung an die in dieser Verfügung enthaltene Mustersatzung anpasst und die tatsächliche Geschäftsführung den Satzungsbestimmungen entspricht.

116 AEAO zu § 52, Nr. 6.

117 OFD Frankfurt v. 03. 01. 2011 – S 0171 A – 124 – St 53, SIS 11 31 08 unter II.

118 Solche Vereine treten nach OFD Frankfurt v. 03. 01. 2011 – S 0171 A – 124 – St 53, SIS 11 31 08 unter I z. B. als „Nachbarschaftshilfe", „Seniorengenossenschaft", „Seniorenhilfe", „Talentemarkt", „Tauschbörse", „Tauschkreis", „Tauschring", „Zeitbörse", „Zeittausch" oder „LETS" („Local Exchange Trading System") auf.

119 AEAO zu § 52, Nr. 6.

120 BVerfG v. 24. 02. 1971 – 1 BvR 435/68, BVerfGE 30, 173, 188 f. unter C.III.3.

durch das Medium einer bestimmten Formensprache zu unmittelbarer Anschauung gebracht werden".[121]

Zur Kunst und Kultur gehören die Bereiche der Musik, der Literatur sowie der darstellenden und bildenden Kunst. Auch kulturelle Einrichtungen wie z.B. Theater und Museen sowie kulturelle Veranstaltungen wie Konzerte und Kunstausstellungen sind förderungswürdig. Die Pflege und Erhaltung von Kulturwerten, Kunstsammlungen und künstlerischen Nachlässen, Bibliotheken und vergleichbaren Einrichtungen gehört ebenso zur Förderung von Kunst und Kultur.[122]

Unter dem Begriff der *Theatervorführungen* sind nicht nur die Aufführungen von Theaterstücken, Opern und Operetten zu verstehen, sondern auch Darbietungen der Pantomime und Tanzkunst, der Kleinkunst und des Varietés bis hin zu den Puppenspielen.[123] Nach Auffassung des FG Münster kann auch die Darbietung eines *Zauberkünstlers* als eine theaterähnliche Leistung eingestuft werden, wenn sie mit den Aufführungen einer Kleinkunstbühne vergleichbar ist.[124]

bb) Förderung kommunaler Kinos

Ein kommunaler Kinoverein kann förderungswürdig sein, wenn sich z.B. sein Programm inhaltlich, konzeptionell und formal von ggf. vorhandenen gewerblichen Kinos am Ort unterscheidet, die Filme in bestimmten Sachzusammenhängen gezeigt und sie durch begleitende Vorträge inhaltlich aufbereitet werden. Auf die künstlerische Qualität der gezeigten Filme kommt es nicht an; das Vorführen von Filmen allein ist jedoch keine gemeinnützige Tätigkeit.[125] 44

cc) Förderung der Lehrfächer zur klassischen Herstellung von Saiten- und Streichinstrumenten

Eine Stiftung, die die Lehrfächer der klassischen Herstellung von Saiteninstrumenten, der Streichinstrumente, der Musikgeschichte und der Musikwissenschaft im Allgemeinen sowie das Wiederaufleben der Kunst in der Herstellung der Geigen und Streichinstrumente unterstützt, ist in ihrer Zielsetzung auf die Förderung der Kunst und Kultur gerichtet.[126] 45

121 BVerfG v. 24.02.1971 – 1 BvR 435/68, BVerfGE 30, 173, 188 f. unter C.III.1. So auch BFH v. 11.07.1991 – IV R 33/90, BStBl. II 1992, 353 unter I.2.

122 AEAO zu § 52, Nr. 2.2.

123 FG Münster v. 26.11.2020 – 5 K 2414/19 U, EFG 2021, 497 unter I.2.b.2.

124 FG Münster v. 26.11.2020 – 5 K 2414/19 U, EFG 2021, 497 unter I.2.b.2; die Entscheidung erging allerdings zu § 12 UStG. Auch *Hüttemann*, Gemeinnützigkeits- und Spendenrecht, 4. Aufl. 2018, Rn. 3.95 m. N. sieht die *Zauberkunst* als gemeinnützige Kunst an.

125 AEAO zu § 52, Nr. 2.2. So bereits FinMin Mecklenburg-Vorpommern v. 06.04.1993 – IV 320 – S 0171-70/93, DB 1993, 1060.

126 BFH v. 20.12.2006 – I R 94/02, BStBl. II 2010, 331 unter III.3.b zur Gemeinnützigkeit einer ausländischen Stiftung.

dd) Zur Gemeinnützigkeit einer Kunststiftung

46 Werden die – von einem Stifter aus seinem Privatvermögen stammenden, auf eine Kunststiftung übertragenen – Kunstwerke in privaten, nicht der Allgemeinheit zugänglichen Räumlichkeiten untergebracht und nur teilweise *gelegentlich* öffentlich ausgestellt, verfolgt eine zur Bewahrung und Förderung von bildender Kunst gegründete Stiftung mangels Selbstlosigkeit i. S. von § 55 Abs. 1 AO keine gemeinnützigen Zwecke.[127] Für den BFH überwog hierbei „der private ‚Genuss' des Kunstbestands" (…) durch „die nur eingeschränkte Förderung der Allgemeinheit".[128]

h) Zur Förderung der Erziehung, Volks- und Berufsbildung (§ 52 Abs. 2 Satz 1 Nr. 7 AO)

aa) Erziehung

47 Erziehung ist die planmäßige Tätigkeit zur körperlichen, geistigen und charakterlichen Formung junger Menschen; sie erfasst alle Bestrebungen, Vorgänge und Tätigkeiten, die den Entwicklungsvorgang beeinflussen. Der Begriff der Erziehung beinhaltet auch die Erziehung des Kleinkindes einschließlich der Gruppenerziehung.[129]

Ein Verein, der die Förderung der Bildung und Erziehung gem. § 52 Abs. 2 Nr. 7 AO verfolgt, kann diese Zwecke z. B. durch die Mittelbeschaffung für Lernmittel, durch die Beaufsichtigung der Schüler in der Mittagspause, durch die Hausaufgabenbetreuung oder auch durch die Abgabe von Speisen und Getränken an die Schüler im Rahmen der Schulöffnungszeiten verwirklichen.[130]

bb) Zum Begriff der „Bildung"

48 Unter dem Begriff „Bildung" i. S. des § 52 Abs. 2 Satz 1 Nr. 7 AO ist die „Vermehrung der Kenntnisse und Fähigkeiten des Einzelnen und sowohl die Allgemeinbildung als auch die Berufsaus- oder Fortbildung einschließlich eines Studiums zu verstehen … Der Inhalt der Bildungsarbeit muss dazu geeignet sein, die

---

127 BFH v. 23. 02. 2017 – V R 51/15 (NV), BFH/NV 2017, 882. Nach den Feststellungen des BFH lag das Eigeninteresse des Stifters im Sammeln und Besitzen von Kunstgegenständen aus der geographischen Mitte Deutschlands. Dieses Interesse wurde mit der Gründung der Stiftung weiterverfolgt. Gegen das Vorliegen der Selbstlosigkeit sprach auch, dass durch die in der Satzung der Stiftung enthaltene Regelung der Verbleib der Stiftung und damit auch der unmittelbare Besitz am Stiftungsvermögen für die nächsten beiden Generationen unmittelbar im Familienbesitz sichergestellt wurde.

128 BFH v. 22. 08. 2019 – V R 67/16 (ECLI:DE:BFH:2019:U.220819.VR67.16.0), BStBl. II 2020, 40 unter II.1.c mit Verweis auf BFH v. 23. 02. 2017 – V R 51/15 (NV), BFH/NV 2017, 882.

129 BFH v. 19. 06. 1997 – IV R 26/96, BStBl. II 1997, 652 unter 1.

130 OFD Münster v. 07. 01. 2011, Kurzinformation Körperschaftsteuer Nr. 1/2011, SIS 11 09 22 unter 2.2. Die Tätigkeit der Versorgung der Schüler mit Mahlzeiten einschließlich einer Pausenverpflegung durch einen Schulförderverein ist hiernach als Zweckbetrieb gem. § 65 AO zu behandeln. Vgl. hierzu E.III.

Allgemeinheit zu fördern". Ein bestimmtes Bildungskonzept ist nicht erforderlich.[131]

cc) Volksbildung

(1) Privatschulen

49 Private Schulen als Ersatz für öffentliche Schulen bedürfen gem. Art. 7 Abs. 4 Satz 2 GG der Genehmigung des Staates und unterstehen den Landesgesetzen. Die Förderung der Allgemeinheit ist bei sog. *Ersatzschulen*[132] stets anzunehmen, wenn die zuständigen Landesbehörden die Errichtung und den Betrieb einer Ersatzschule genehmigt haben.[133]

50 Bei sog. *Ergänzungsschulen*[134] kann eine Förderung der Allgemeinheit nach Verwaltungsauffassung nur angenommen werden, wenn in der Satzung der Körperschaft festgelegt ist, dass bei mindestens 25 v. H. der Schüler keine *Sonderung* nach den Besitzverhältnissen der Eltern vorgenommen werden darf.[135] An einer Förderung der Allgemeinheit i. S. von § 52 Abs. 1 AO fehlt es nach Auffassung des BFH, wenn die Höhe der Schulgeldes und einer niedrigen Stipendiatenquote zur Folge hat, dass der Kreis der Geförderten nicht mehr die Allgemeinheit repräsentiert.[136]

Im Übrigen dürfen solche Schulen gem. Art. 7 Abs. 4 Satz 3 GG in ihren Lehrzielen und Einrichtungen sowie in der wissenschaftlichen Ausbildung ihrer Lehrkräfte nicht hinter den öffentlichen Schulen zurückstehen. Die zuständigen Landesbehörden haben die Genehmigung zum Betrieb solcher Privatschulen gem. Art. 7 Abs. 4 Satz 4 GG zu versagen, wenn die wirtschaftliche und rechtliche Stellung der Lehrkräfte nicht genügend gesichert ist.

---

131 FG München v. 25.07.2016 – 7 K 2859/14, rkr., SIS 16 26 72 unter II.2.2 m. N.

132 Ersatzschulen sind nach OFD Erfurt v. 07.05.2002 – S 2221 A – 04 – L 224, SIS 02 86 06 Schulen in freier Trägerschaft, die in ihren Bildungs- und Erziehungszielen den staatlichen Schulen entsprechen.

133 AEAO zu § 52, Nr. 5.

134 Ergänzungsschulen sind nach OFD Erfurt v. 07.05.2002 – S 2221 A – 04 – L 224, SIS 02 86 06 Schulen, die nicht Ersatzschulen sind, aber den Schulbegriff erfüllen, deren Abschlüsse aber nicht denen entsprechen, die an staatlichen Schulen bestehen oder grundsätzlich vorgesehen sind.

135 AEAO zu § 52, Nr. 5.

136 BFH v. 26.05.2021 – V R 31/19 (ECLI:DE:BFH:2021:B.260521.VR31.19.0), BStBl. II 2021, 835 unter II.2.b.cc m. N. Im entschiedenen Fall hatte das FG festgestellt, dass die Privatschule wegen der Höhe der für den Besuch aufzubringenden Schulgebühren und einer Stipendiatenquote von weniger als 10 v. H. der Gesamtschülerzahl vor allem Schüler wohlhabender Eltern und damit nicht einen Ausschnitt der Allgemeinheit förderte. Zudem fielen neben den Schulgebühren weitere Kosten für Verpflegung, Material und besondere Veranstaltungen an, so dass die Kosten des Schulbesuchs bei einem monatlichen Haushaltseinkommen von bis zu 5.000 EUR „nicht zu schultern" waren.

(2) Erwachsenenbildung

51 Zur Volksbildung gehört u. a. die Erwachsenenbildung außerhalb der allgemein bildenden Schulen und der Berufsausbildung. Unschädlich ist es, dass der Zugang zu diesen Bildungseinrichtungen nicht kostenlos ist.[137]

(3) Politische Bildung

52 Der Begriff der „Volksbildung" umfasst auch die politische Bildung, „der es auf der Grundlage der Normen und Vorstellungen einer rechtsstaatlichen Demokratie um die Schaffung und Förderung politischer Wahrnehmungsfähigkeit und politischen Verantwortungsbewusstseins geht".[138]

Bei der Förderung der Volksbildung i. S. von § 52 Abs. 2 Nr. 7 AO hat sich die Einflussnahme auf die politische Willensbildung und Gestaltung der öffentlichen Meinung auf *bildungspolitische* Fragestellungen zu beschränken; dies setzt eine „geistige Offenheit" voraus.[139] Politische Bildung ist steuerlich nicht förderbar, wenn sie eingesetzt wird, „um die politische Willensbildung und die öffentliche Meinung im Sinne eigener Auffassungen (...) z. B. durch einseitige Agitation oder unkritische Indoktrination" zu beeinflussen.[140] Eine Einflussnahme auf die politische Willensbildung und öffentliche Meinung stellt keinen eigenständigen gemeinnützigen Zweck i. S. von § 52 AO dar.[141]

(4) Medienpädagogische Arbeit

53 Trägervereine, die im Rundfunk und Fernsehen sog. *Offene Kanäle*[142] betreiben, über die Einzelpersonen, Gruppen und Institutionen, die selbst nicht Rundfunk- und Fernsehveranstalter sind, eigene nichtkommerzielle Beiträge verbreiten, können als gemeinnützig anerkannt werden, „wenn sie die technischen, organisatorischen und personellen Voraussetzungen für den Betrieb des Offenen Kanals gewährleisten und ihn für die Nutzer kostenlos bereithalten und die Nutzer journalistisch, dramaturgisch und technisch bei der Gestaltung von Hörfunk- und Fernsehbeiträgen beraten".[143]

Da hierdurch kreative Fähigkeiten gefördert und medienpädagogische Zielsetzungen unterstützt werden und „die öffentliche Meinungsbildung über lokale und regionale Politik, Wissenschaft und Kultur" belebt wird, dienen solche

137 BFH v. 10. 03. 1976 – II R 163/70, BStBl. II 1976, 469, Leitsatz.

138 BFH v. 23. 09. 1999 – XI R 63/98, BStBl. II 2000, 200 unter II.1.a.

139 BFH v. 10. 01. 2019 – V R 60/17 (ECLI:DE:BFH:2019:U.100119.VR60.17.0), BStBl. II 2019, 301 unter II.2.

140 AEAO zu § 52, Nr. 9 mit Verweis auf BFH v. 23. 09. 1999 – XI R 63/98, BStBl. II 2000, 200 und BFH v. 10. 01. 2019 – V R 60/17, BStBl. 2019 II, 301.

141 BFH v. 10. 12. 2020 – V R 14/20 (ECLI:DE:BFH:2020:B.101220.VR14.20.0), BStBl. II 2021, 739 unter II.3.b.bb.

142 Oder auch „Bürgerkanal" bzw. „Bürgerfunk" genannt. Eine Übersichtskarte der Bürgermedien in Deutschland bietet *https://www.bvbm.eu/buergersender/uebersichtskarte* (abgerufen am 05. 11. 2023).

143 OFD Hannover v. 11. 03. 2002 – S 0170–15 – StO 214/S 2729–591 – StH 233, DB 2002, 661.

Trägervereine nach Auffassung der OFD Hannover der Förderung der Volks- und Berufsbildung.[144]

(5) Förderung des Umgangs mit neuen elektronischen Medien

Die Förderung einer privat betriebenen Datenkommunikation durch das Anbieten von Zugängen zu Kommunikationsnetzwerken sowie der Aufbau und der Unterhalt entsprechender Netze zur privaten oder geschäftlichen Nutzung stellen keine Verfolgung gemeinnütziger bzw. steuerbegünstigter Zwecke dar, da hierdurch *eigenwirtschaftliche* Zwecke der Zugangsberechtigten gefördert werden.[145] 54

Andererseits kann ein Verein, der z. B. IT-Schulungen anbietet und Interessierten entsprechendes Informationsmaterial zur Verfügung stellt, wegen Förderung der Volksbildung im Umgang mit neuen elektronischen Medien als gemeinnützig anerkannt werden.[146] Selbst die Durchführung von IT-Kongressen kann eine Maßnahme zur Verwirklichung der „Fortbildung von Mitgliedern und interessierten Nichtmitgliedern" darstellen.[147]

Beispiel:

Der Zweck eines Vereins ist es, „die Nutzung freier Software im Sinne der ‚Open Source Definition', die Möglichkeit der freien Kommunikation und die Bereitstellung von Informationen in Datennetzen zu fördern".

Fördert der Verein mit seiner Tätigkeit die Kompetenz und Akzeptanz der Bevölkerung mit dem Medium Internet und stellt selbstlos für die Allgemeinheit entsprechende Dienste, Informationen und Software zur Verfügung, kann die Tätigkeit gemeinnützig sein.[148]

(6) Erfinderclubs

Erfinderclubs dienen nach Verwaltungsauffassung in der Regel der Förderung der Bildung im Sinne des Gesetzes. 55

144 OFD Hannover v. 11.03.2002 – S 0170-15 – StO 214/S 2729-591 – StH 233, DB 2002, 661. Satzungen, die den von den jeweiligen Landesfinanzverwaltungen vorgeschlagenen Mustersatzungen der Trägervereine von Offenen Kanälen entsprachen, wurden seinerzeit anerkannt. Vgl. u. a. FinMin Nordrhein-Westfalen v. 15.05.1987 – S 0170-27 – V B 4, DStR 1987, 470 für das Land NRW und OFD Erfurt v. 06.04.1999 – S 0171 A – 33 – St 313, SIS 99 20 90 für das Land Thüringen. Ob diese Mustersatzungen noch den heutigen gemeinnützigen Anforderungen entsprechen, wurde vom Verfasser nicht geprüft.

145 AEAO zu § 52, Nr. 3. So bereits FinMin Bayern v. 05.03.1997 – 33 – S 0171 F – 12 551, DB 1997, 652.

146 FinMin Bayern v. 05.03.1997 – 33 – S 0171 F – 12 551, DB 1997, 652.

147 BFH v. 21.06.2017 – V R 34/16 (ECLI:DE:BFH:2017:U.210617.VR34.16.0), BStBl. II 2018, 55 unter II.1.c.bb.

148 BFH v. 21.06.2017 – V R 34/16 (ECLI:DE:BFH:2017:U.210617.VR34.16.0), BStBl. II 2018, 55 unter I.

Es darf sich bei einem solchen Verein jedoch nicht um einen Zusammenschluss von Personen handeln, die durch Erfindungen, Patente und deren Verwertung *persönliche Einkünfte* erzielen wollen, da die Verfolgung von vorwiegend eigenwirtschaftlichen Interessen gegen das Gebot der Selbstlosigkeit nach § 55 Abs. 1 AO verstößt.[149]

dd) Berufsbildung

56 Zur Berufsbildung gehören gem. § 1 Abs. 1 BBiG[150] die Berufsausbildungsvorbereitung, die Berufsausbildung[151], die berufliche Fortbildung und die berufliche Umschulung. Angeboten werden solche Bildungsmaßnahmen von verschiedenen Dienstleistern für die berufliche Aus- und Weiterbildung[152], Berufsfortbildungswerken[153], Berufsförderungswerken[154] und Berufsbildungswerken[155].

(1) Berufsausbildungsvorbereitung

57 Die Berufsausbildungsvorbereitung dient nach § 1 Abs. 2 BBiG dem Ziel, durch die Vermittlung von Grundlagen beruflicher Handlungsfähigkeit an eine Berufsausbildung in einem anerkannten Ausbildungsberuf heranzuführen.

Die Berufsausbildungsvorbereitung richtet sich gem. § 68 Abs. 1 BBiG an *lernbeeinträchtigte oder sozial benachteiligte Personen*, deren Entwicklungsstand eine erfolgreiche Ausbildung in einem anerkannten Ausbildungsberuf noch nicht erwarten lässt. Sie muss nach Inhalt, Art, Ziel und Dauer den besonderen Erfordernissen dieses Personenkreises entsprechen und durch umfassende sozialpädagogische Betreuung und Unterstützung begleitet werden. Die Anbieter hat die Durchführung von Maßnahmen der Berufsausbildungsvorbereitung gem. § 70 BBiG vor Beginn der Maßnahme der nach Landesrecht zuständigen Behörde schriftlich anzuzeigen.

(2) Berufsausbildung

58 Eine Person befindet sich in der Berufsausbildung, wenn sie ihr Berufsziel noch nicht erreicht hat, sich aber ernsthaft und nachhaltig darauf vorbereitet.[156]

---

149 AEAO zu § 52, Nr. 4.

150 Berufsbildungsgesetz v. 04.05.2020, BGBl. I 2005, 931, zuletzt geändert durch Art. 10a des Gesetzes v. 16.08.2023, BGBl. I 2023, Nr. 217.

151 Auch für den BFH v. 23.06.1988 – IV R 21/86, BStBl. II 1988, 890 unter 4 gehört die Berufsausbildung zur Bildung.

152 Wie z. B. der gemeinnützigen „*DIHK-Bildungs-gGmbH*" als Tochtergesellschaft der DIHK in Berlin.

153 Z. B. durch das „*Berufsfortbildungswerk Gemeinnützige Bildungseinrichtung des DGB GmbH*".

154 Berufsförderungswerke werden nach *https://de.wikipedia.org/wiki/Berufsf%C3%B6rderungswerk* (abgerufen am 05.03.2024) in einer gemeinnützigen Gesellschaftsform in öffentlicher oder auch in privater Trägerschaft geführt.

155 Getragen werden solche Berufsbildungswerke nach *https://de.wikipedia.org/wiki/Berufsbildungswerk* (abgerufen am 05.03.2024) u. a. von gemeinnützigen Organisationen wie Caritas, Christliches Jugenddorfwerk Deutschlands, Sozialverband Deutschland, Kolping, Diakonisches Werk oder die Josefs-Gesellschaft.

156 FG Münster v. 12.05.2016 – 6 K 2896/15 Kg, SIS 16 13 69 unter I.1.a.

Einer solchen Vorbereitung dienen alle Maßnahmen, bei denen Kenntnisse, Fähigkeiten und Erfahrungen erworben werden, die als Grundlagen für die Ausübung des angestrebten Berufs geeignet sind.[157]

Eine Berufsausbildung hat gem. § 1 Abs. 3 BBiG die für die Ausübung einer qualifizierten beruflichen Tätigkeit in einer sich wandelnden Arbeitswelt notwendigen beruflichen Fertigkeiten, Kenntnisse und Fähigkeiten in einem geordneten Ausbildungsgang zu vermitteln und den Erwerb der erforderlichen Berufserfahrungen zu ermöglichen.

Der Besuch einer nicht allgemeinbildenden Schule, der nicht der Vorbereitung auf einen konkret angestrebten Beruf, sondern vorrangig der Erlangung sozialer Erfahrungen und der Stärkung des Verantwortungsbewusstseins für das Gemeinwohl sowie der Persönlichkeitsbildung und Charakterbildung im Sinne des Leitbilds einer entsprechenden Schule dient, stellt keine Berufsausbildung i. S. des § 32 Abs. 4 Satz 1 Nr. 2 Buchst. a EStG dar.[158] Freiwilligendienste stellen – unabhängig von ihrer Ausgestaltung – keine Berufsausbildung dar, da sie in der Regel nicht der Vorbereitung auf einen konkret angestrebten Beruf, sondern der Erlangung sozialer Erfahrungen und der Stärkung des Verantwortungsbewusstseins für das Gemeinwohl dienen.[159]

Ausbildende müssen gem. § 14 Abs. 1 Nr. 1 BBiG den Auszubildenden die berufliche Handlungsfähigkeit vermitteln, die zum Erreichen des Ausbildungsziels erforderlich ist, und hierbei die Berufsausbildung in einer durch ihren Zweck gebotenen Form planmäßig, zeitlich und sachlich gegliedert so durchführen, dass das Ausbildungsziel in der vorgesehenen Ausbildungszeit erreicht werden kann. Den Auszubildenden sind gem. § 14 Abs. 1 Nr. 3 BBiG die Ausbildungsmittel, insbesondere Werkzeuge, Werkstoffe und Fachliteratur kostenlos zur Verfügung zu stellen, die zur Berufsausbildung und zum Ablegen von Zwischen- und Abschlussprüfungen erforderlich sind. Der Ausbildende hat gem. § 14 Abs. 1 Nr. 5 BBiG dafür zu sorgen, dass Auszubildende charakterlich gefördert sowie sittlich und körperlich nicht gefährdet werden.

157 FG Münster v. 12. 05. 2016 – 6 K 2896/15 Kg, SIS 16 13 69 unter I.1.a.aa mit Verweis auf BFH v. 15. 03. 2012 – III R 82/10, BFH/NV 2012, 1588; BFH v. 08. 05. 2014 – III R 41/13, BStBl. II 2014, 717; BFH v. 03. 07. 2014 – III R 53/13, BStBl. II 2015, 282.

158 BFH v. 13. 12. 2018 – III R 25/18 (ECLI:DE:BFH:2018:U.131218.IIIR25.18.0), BStBl. II 2019, 256, Leitsatz 2.

159 BFH v. 13. 12. 2018 – III R 25/18 (ECLI:DE:BFH:2018:U.131218.IIIR25.18.0), BStBl. II 2019, 256 unter II.1.b.bb mit Verweis auf BFH v. 07. 04. 2011 – III R 11/09 (NV), BFH/NV 2011, 1325 und BFH v. 18. 06. 2014 – III B 19/14 (NV), BFH/NV 2014, 1541. Allerdings kann sich nach BFH v. 09. 02. 2012 – III R 78/09 (NV), BFH/NV 2012, 940 unter II.2.a eine hiervon abweichende Beurteilung ergeben, wenn der Freiwilligendienst, der von einer nicht von § 32 Abs. 4 Satz 1 Nr. 2 Buchst. d EStG erfassten Organisation angeboten wird, einen so engen Bezug zu einem späteren Studium oder einer betrieblichen Ausbildung hat, dass er als Bestandteil einer Berufsausbildung angesehen werden kann.

(3) Fortbildung und Umschulung

59 Die berufliche Fortbildung soll es gem. § 1 Abs. 4 BBiG ermöglichen, die berufliche Handlungsfähigkeit durch eine Anpassungsfortbildung zu erhalten und anzupassen oder die berufliche Handlungsfähigkeit durch eine Fortbildung der höherqualifizierenden Berufsbildung zu erweitern und beruflich aufzusteigen, während die berufliche Umschulung zu einer anderen beruflichen Tätigkeit befähigen soll.

Als Grundlage für eine einheitliche höherqualifizierende Berufsbildung kann das Bundesministerium für Bildung und Forschung im Einvernehmen mit dem Bundesministerium für Wirtschaft und Energie oder mit dem sonst zuständigen Fachministerium nach Anhörung des Hauptausschusses des Bundesinstituts für Berufsbildung gem. § 53 Abs. 1 BBiG durch Rechtsverordnung Abschlüsse der höherqualifizierenden Berufsbildung anerkennen und hierfür Prüfungsregelungen erlassen (Fortbildungsordnungen).

Für eine einheitliche Anpassungsfortbildung kann das Bundesministerium für Bildung und Forschung im Einvernehmen mit dem Bundesministerium für Wirtschaft und Energie oder dem sonst zuständigen Fachministerium nach Anhörung des Hauptausschusses des Bundesinstituts für Berufsbildung gem. § 53e Abs. 1 BBiG durch Rechtsverordnung Fortbildungsabschlüsse anerkennen und hierfür Prüfungsregelungen erlassen (Anpassungsfortbildungsordnungen).

Maßnahmen der beruflichen Umschulung müssen gem. § 62 Abs. 1 BBiG nach Inhalt, Art, Ziel und Dauer den besonderen Erfordernissen der beruflichen Erwachsenenbildung entsprechen.

(4) Weiterbildung

60 Der Förderung der Erziehung, Volks- und Berufsbildung i.S. von § 52 Abs. 2 Satz 1 Nr. 7 AO dienen auch Körperschaften, die Menschen für freiwilliges, unentgeltliches Engagement bei steuerbegünstigten Körperschaften oder Körperschaften des öffentlichen Rechts qualifizieren und ihnen die entsprechenden Tätigkeiten vermitteln.[160]

Hierbei handelt es sich um sog. Freiwilligenagenturen (oder auch Freiwilligenzentren bzw. Ehrenamtsbörsen), die wegen der Förderung der Bildung als gemeinnützig anerkannt sind, da das Schwergewicht ihrer Tätigkeit in der Aus- und Weiterbildung von Freiwilligen liegt. Die spätere Vermittlung der Freiwilligen in das gewünschte Betätigungsfeld ist nach Verwaltungsauffassung unschädlich.[161]

160 AEAO zu § 52, Nr. 3.

161 AEAO zu § 52, Nr. 3.

i) Förderung des Naturschutzes, der Landschaftspflege, des Umwelt- und Klimaschutzes sowie des Küstenschutzes und des Hochwasserschutzes (§ 52 Abs. 2 Satz 1 Nr. 8 AO)

aa) Den Naturhaushalt schützen und eingetretene Schäden beheben

Durch das Jahressteuergesetz 2020[162] wurde der Klimaschutz als förderungswürdig in den Katalog der gemeinnützigen Zwecke i. S. von § 52 AO aufgenommen und unter den Begriff des Umweltschutzes gefasst. 61

Während nach dem Wortlaut des Gesetzes („die Förderung des Naturschutzes und der Landschaftspflege im Sinne des Bundesnaturschutzgesetzes und der Naturschutzgesetze der Länder") wohl nur die Förderung *inländischer* Projekte des Naturschutzes und der Landschaftspflege begünstigt ist, sind nach *Hüttemann* auch Umweltschutzprojekte *im Ausland* förderungswürdig.[163]

> *„Die Förderung des Umweltschutzes umfasst alle Maßnahmen, die darauf gerichtet sind, die natürlichen Lebensgrundlagen des Menschen zu sichern, den Naturhaushalt (Boden, Wasser, Luft, Klima, Tiere, Pflanzen) zu schützen und eingetretene Schäden zu beheben".*[164]

Hierfür ist auch eine Einflussnahme auf die politische Willensbildung und die öffentliche Meinung zulässig, wenn dies der Förderung des Umweltschutzes dient; eine solche Einflussnahme „muss aber gegenüber der unmittelbaren Förderung des steuerbegünstigten Zwecks in den Hintergrund treten".[165]

Maßnahmen, die „darauf gerichtet sind", die natürlichen Lebensgrundlagen der Menschen zu sichern, fördern den Umweltschutz; es kommt es nicht auf den tatsächlichen Erfolg solcher Maßnahmen an.[166] 62

bb) Rekommunalisierung von Energienetzen

Die Gemeinwohlziele „Umweltschutz" und „Naturschutz" sind weit auszulegen, da der Verfassungsgeber den „Schutz der natürlichen Lebensgrundlagen" in Art. 20a GG[167] durch eine eigene Staatszielbestimmung – „die natürlichen Lebensgrundlagen auch in Verantwortung für die künftigen Generationen zu schützen"[168] – hervorgehoben hat; hierbei handelt es sich um ein verfassungsrechtliches Rechtsgut von hohem Wert.[169] 63

---

162 Jahressteuergesetz 2020 (JStG 2020) v. 21. 12. 2020, BGBl. I 2020, 3096, anzuwenden ab 29. 12. 2020.

163 *Hüttemann*, Gemeinnützigkeits- und Spendenrecht, 4. Aufl. 2018, Rn. 3.104.

164 BFH v. 20. 03. 2017 – X R 13/15 (ECLI:DE:BFH:2017:U.200317.XR13.15.0), BStBl. II 2017, 1110 unter II.3.a.aa. m. N.

165 BFH v. 10. 12. 2020 – V R 14/20 (ECLI:DE:BFH:2020:B.101220.VR14.20.0), BStBl. II 2021, 739 unter II.3.a.

166 BFH v. 20. 03. 2017 – X R 13/15 (ECLI:DE:BFH:2017:U.200317.XR13.15.0), BStBl. II 2017, 1110, 2. Leitsatz.

167 I. d. F. des Gesetzes v. 26. 07. 2002, BGBl. I 2002, 2862 mit Wirkung v. 01. 08. 2002.

168 BVerfG v. 06. 12. 2016 – BvR 2821/11, NJW 2017, 217, Rn. 287.

169 BVerfG v. 06. 12. 2016 – BvR 2821/11, NJW 2017, 217, Rn. 307. So auch BFH v. 20. 03. 2017 – X R 13/15 (ECLI:DE:BFH:2017:U.200317.XR13.15.0), BStBl. II 2017, 1110 unter II.3.a.aa.

64 Im Zusammenhang mit der Förderung des Umweltschutzes kommt dem Klimaschutz besondere Bedeutung zu.[170] Hierfür können auch Zwischenschritte wie z. B. die Initiierung eines Volksbegehrens erforderlich sein, die der Verfolgung des Ziels „Umweltschutz" nicht von vornherein entgegenstehen.[171]

65 Das Eintreten einer Körperschaft für eine Rekommunalisierung der Energienetze erfolgt somit im Rahmen des Satzungszwecks „Umweltschutz".[172] Anfallende Kosten für den Rückerwerb der Energienetze führen in diesem Zusammenhang nicht zu einer „Gemeinschädlichkeit", da die eingesetzten öffentlichen Mittel nach Auffassung des BFH nicht verloren gehen.[173]

cc) Anglervereine

66 Anglervereine, deren satzungsmäßiger Zweck die Förderung der nichtgewerblichen Fischerei ist, können nach Auffassung der Finanzverwaltung wegen Förderung des Naturschutzes und der Landschaftspflege als gemeinnützig anerkannt werden. Ihre Tätigkeit dient der Hege und Pflege des Fischbestandes in den Gewässern in Verbindung mit Maßnahmen zum Schutz und zur Reinhaltung dieser Gewässer als auch der „Erhaltung der Schönheit und Ursprünglichkeit der Gewässer i. S. d. Naturschutzes und der Landschaftspflege". Wettfischveranstaltungen dagegen sind nicht mit der Gemeinnützigkeit vereinbar.[174]

dd) Siedlergemeinschaften

67 Auch Siedlergemeinschaften können ausschließlich und unmittelbar gemeinnützige Zwecke verfolgen. Sie dienen dem Gemeinwohl, wenn sie „sich in jeder zweckdienlichen Weise für die Förderung und Erhaltung des Familienheimes (Kleinsiedlung und Eigenheim) sowie der landwirtschaftlichen Nebenerwerbssiedlung" einsetzen.[175]

Satzungszweck kann z. B. die Erziehung der Jugend im Sinne des Siedlergedankens zur Naturverbundenheit, die fachliche Beratung von Kleinsiedlern und Eigenheimbesitzern bei der Anlage und Pflege von Gärten im Sinne einer ökologischen Landschaftspflege unter Beachtung des Natur- und Umweltschutzes oder die Mitwirkung beim Wettbewerb um die beste Kleinsiedlung sein.[176]

---

170 BFH v. 20.03.2017 – X R 13/15 (ECLI:DE:BFH:2017:U.200317.XR13.15.0), BStBl. II 2017, 1110 unter II.3.a.aa.

171 BFH v. 20.03.2017 – X R 13/15 (ECLI:DE:BFH:2017:U.200317.XR13.15.0), BStBl. II 2017, 1110 unter II.3.a.bb.1.

172 BFH v. 20.03.2017 – X R 13/15 (ECLI:DE:BFH:2017:U.200317.XR13.15.0), BStBl. II 2017, 1110 unter II.3.b.cc m. N.

173 BFH v. 20.03.2017 – X R 13/15 (ECLI:DE:BFH:2017:U.200317.XR13.15.0), BStBl. II 2017, 1110 unter II.3.a.bb.2.

174 AEAO zu § 52, Nr. 2.4.

175 BMF v. 21.02.1991 – IV B 4 – S 0171-9/91, SIS 91 26 02.

176 Vgl. BMF v. 21.02.1991 – IV B 4 – S 0171-9/91, SIS 91 26 02.

j) Förderung der Hilfe für Vertriebene, Aussiedler und Spätaussiedler (§ 52 Abs. 2 Satz 1 Nr. 10 AO)

Durch Art. 4 EinV[177] sind unter Aufhebung von Art. 23 GG a. F. die Präambel und Art. 146 GG seinerzeit neugefasst worden; die Neufassung bekundet, dass „die Deutschen in den alten und neuen Bundesländern in freier Selbstbestimmung die Einheit und Freiheit Deutschlands vollendet haben".[178] 68

Daher sind Satzungszwecke wie „Wiedervereinigung mit den Vertreibungsgebieten" oder „Eingliederung der Vertreibungsgebiete" schädlich für die Gemeinnützigkeit eines Vertriebenenverbandes. Die Verfolgung dieser Ziele ist keine Förderung der Allgemeinheit, weil solche Bestrebungen im Widerspruch zu den völkerrechtlich verbindlichen Verträgen der Bundesrepublik Deutschland mit ihren östlichen Nachbarstaaten und zum Grundgesetz stehen.[179] Ein Verein, der nach der Satzung z. B. den „Anspruch der Volksgruppen und der einzelnen Landsleute auf Rückerstattung des geraubten Vermögens und die sich daraus ergebenden Entschädigungsansprüche" vertritt, kann wegen Verstoßes gegen die Gebote der Ausschließlichkeit und Selbstlosigkeit nicht als gemeinnützig behandelt werden.[180]

Für die Gemeinnützigkeit eines Vertriebenenverbandes ist es jedoch unschädlich, wenn er nach seiner Satzung *in allgemeiner Form* Zwecke wie „Wiedergutmachung des Vertreibungsunrechts" oder „Rückgabe des konfiszierten Vermögens auf der Basis eines gerechten Ausgleichs" fördert. Mit solchen Formulierungen in der Satzung hält sich der Verband nach Verwaltungsauffassung bei seiner Betätigung im Rahmen des gemeinnützigen Zwecks „Fürsorge für Vertriebene", solange die Verfolgung individueller Rechtsansprüche der Mitglieder nicht Satzungszweck ist.[181]

k) Förderung der internationalen Gesinnung, der Toleranz und des Völkerverständigungsgedankens (§ 52 Abs. 2 Satz 1 Nr. 13 AO)

aa) Förderung des Friedens

Der Begriff „Frieden" ist im Katalog des § 52 Abs. 2 AO nicht enthalten, aber im Begriff der Völkerverständigung enthalten. „Das Zusammenleben in der Völkergemeinschaft muss sich zum Zwecke der Völkerverständigung in der heutigen Zeit auf den gemeinsamen Willen der Völker zum Frieden gründen".[182] „Die Notwendigkeit des friedlichen Zusammenlebens in der Völkergemeinschaft ist angesichts des zur Zeit bestehenden militärischen Vernichtungspotentials offenkundig".[183] 69

177 Einigungsvertrag v. 31. 08. 1990, BGBl. II 1990, 889.

178 FG Hamburg v. 12. 05. 2004 – VII 287/01, rkr., EFG 2004, 1878 unter 2.

179 AEAO zu § 52, Nr. 2.5 mit Verweis auf BFH v. 16. 10. 1991 – I B 16/91, BFH/NV 1992, 505.

180 AEAO zu § 52, Nr. 2.5.

181 AEAO zu § 52, Nr. 2.5.

182 BFH v. 23. 11. 1988 – I R 11/88, BStBl. II 1989, 391 unter II.3.a.

183 BFH v. 23. 11. 1988 – I R 11/88, BStBl. II 1989, 391 unter II.3.c.

Der Satzungszweck „Förderung des Friedens" ist daher nach Auffassung des BFH grundsätzlich gemeinnützig.[184] Eine Beschäftigung mit dem Frieden fördert die Allgemeinheit i. S. des § 52 Abs. 1 AO, da hierdurch der ideelle Bereich, der Bereich der Vernunft und des Schöngeistigen angesprochen wird.[185]

70 „Eine Körperschaft fördert auch dann *ausschließlich* den Frieden, wenn sie gelegentlich zu tagespolitischen Themen im Rahmen ihres Satzungszweckes Stellung nimmt".[186] Eine völlig wertneutrale Tätigkeit der Körperschaft wird nicht verlangt,[187] da eine begünstigte Tätigkeit zwangsläufig mit einer gewissen politischen Zielsetzung verbunden ist.[188] Allerdings darf die Tagespolitik nicht zum *Mittelpunkt der Tätigkeit* der Körperschaft werden.[189]

Eine Darstellung der „Probleme des Friedens und Unfriedens" in der praktischen Arbeit, um diese der Öffentlichkeit bewusst zu machen und sie damit auch Politikern nahezubringen, verletzt nach Auffassung des BFH nicht die *Ausschließlichkeit* des gemeinnützigen Zwecks.[190]

> *„Eine unmittelbare Einwirkung auf politische Parteien und auf die staatliche Willensbildung tritt in solchen Fällen gegenüber der allgemeinen Förderung des Friedens weit in den Hintergrund und ist insbesondere für die steuerrechtliche Wertung nach Umfang und Erfolg kaum zu erfassen".*[191]

bb) Interkultureller Rat in Deutschland e. V.

71 Der Interkulturelle Rat in Deutschland e. V. koordiniert bundesweit ca. 15 Islamforen auf kommunaler, Landes- und Bundesebene und ist wegen Förderung der internationalen Gesinnung und des Völkerverständigungsgedankens als steuerbegünstigte Körperschaft i. S. der §§ 51 ff. AO anerkannt.[192]

Für eine angestrebte Anerkennung einzelner Islamforen als selbständige steuerbegünstigte Körperschaften hat die OFD Münster in Abstimmung mit den obersten Finanzbehörden des Bundes und der Länder eine Mustersatzung entwickelt, die den formellen Anforderungen der §§ 51 bis 68 AO entspricht.[193]

184 BFH v. 23. 11. 1988 – I R 11/88, BStBl. II 1989, 391, Leitsatz.
185 BFH v. 23. 11. 1988 – I R 11/88, BStBl. II 1989, 391 unter II.3.b.
186 BFH v. 23. 11. 1988 – I R 11/88, BStBl. II 1989, 391, Leitsatz.
187 BFH v. 23. 11. 1988 – I R 11/88, BStBl. II 1989, 391 unter II.4.a.
188 BFH v. 09. 02. 2011 – I R 19/10 (NV), BFH/NV 2011, 1113 unter II.2.b.aa.
189 BFH v. 23. 11. 1988 – I R 11/88, BStBl. II 1989, 391 unter II.4.c. So auch BFH v. 09. 02. 2011 – I R 19/10 (NV), BFH/NV 2011, 1113 unter II.2.b.aa.
190 Im entschiedenen Fall war das Eintreten der Körperschaft für den Frieden nach BFH v. 23. 11. 1988 – I R 11/88, BStBl. II 1989, 391 unter II.4.c „weder unmittelbar noch allein auf das politische Geschehen und die staatliche Willensbildung gerichtet".
191 BFH v. 23. 11. 1988 – I R 11/88, BStBl. II 1989, 391 unter II.4.c.
192 OFD Münster v. 29. 01. 2013, Kurzinformation Körperschaftsteuer Nr. 1/2012, SIS 13 10 03.
193 OFD Münster v. 29. 01. 2013, Kurzinformation Körperschaftsteuer Nr. 1/2012, SIS 13 10 03.

cc) Deutsch-amerikanische Freundschafts-Vereine

Die Pflege von Kontakten zu ausländischen Soldaten und Reservisten durch deutsch-amerikanische Freundschafts-Vereine ist nach Verwaltungsauffassung im Rahmen der steuerbegünstigten Förderung internationaler Gesinnung, der Toleranz auf allen Gebieten der Kultur und des Völkerverständigungsgedankens zulässig.[194] 72

dd) Allgemeinpolitische Betätigung

Die Anerkennung als gemeinnützigen Zwecken dienende Körperschaft ist nach Auffassung des FG Düsseldorf jedoch zu versagen, wenn eine Körperschaft mit dem satzungsmäßigen Zweck der Förderung der internationalen Gesinnung und Toleranz und des Völkerverständigungsgedankens zwar gemeinnützige Zwecke im Sinne des § 52 Abs. 2 AO verfolgt und sich bei der tatsächlichen Verfolgung ihrer satzungsmäßigen Zwecke auch im Rahmen der verfassungsmäßigen Ordnung hält, sich aber dabei in einem nicht zu vernachlässigendem Umfang allgemeinpolitisch betätigt und somit gegen das Ausschließlichkeitsgebot des § 56 AO verstößt.[195] 73

l) Förderung des Tierschutzes (§ 52 Abs. 2 Satz 1 Nr. 14 AO)

Nach § 1 TierSchG[196] liegt es in der Verantwortung des Menschen für das Tier, dessen Leben und Wohlbefinden zu schützen und es vor Schmerzen, Leiden oder Schäden zu bewahren. Das betrifft nicht nur Haustiere, sondern auch Nutz[197]- und Wildtiere. 74

Der Förderung des Tierschutzes dienen z. B. Tierheime, Tierschutzvereine[198] und sog. Gnadenhöfe, aber auch Stiftungen, die Tierschutzinitiativen unterstützen oder Vereine, die Auffangstation für wildlebende und exotische Tiere betreiben,

194 OFD Frankfurt v. 14.09.1999 – S 0171 A – 160 – II 111, SIS 99 24 13.

195 FG Düsseldorf v. 09.02.2010 – 6 K 1908/07 K, EFG 2010, 1287; die eingelegte Rev. wurde vom BFH mit Urteil v. 09.02.2011 – I R 19/10 (NV), BFH/NV 2011, 1113 als unbegründet zurückgewiesen. In dem entschiedenen Fall hatte der Verein in seiner Selbstdarstellung im Internet politische Forderungen gestellt und politische Meinungen geäußert, die weit über die Verfolgung seines satzungsmäßigen Zwecks hinausgingen.

196 Tierschutzgesetz v. 18.05.2006, BGBl. I 2006, 1206, 1313, zuletzt geändert durch Art. 2 Abs. 20 des Gesetzes v. 20.12.2022, BGBl. I 2022, 2752.

197 Vgl. Verordnung zum Schutz landwirtschaftlicher Nutztiere und anderer zur Erzeugung tierischer Produkte gehaltener Tiere bei ihrer Haltung (Tierschutz-Nutztierhaltungsverordnung – TierSchNutztV) v. 22.08.2006, BGBl. I 2006, 2043, zuletzt geändert durch Art. 1a der Verordnung v. 29.01.2021, BGBl. I 2021, 146.

198 Auflistungen z. B. der Tierschutzvereine in Baden-Württemberg, Bayern, Brandenburg, Hessen, Niedersachsen, NRW und Sachsen finden sich auf *https://landestierschutzverband-bw.de/tierschutzvereine-im-landesverband.html, https://www.tierschutz-bayern.de/mitglieder/mitgliedsvereine.php, http://tierschutzbrandenburg.de/landesvereine-2, https://www.ltvh.de/tierheim, https://www.tierschutzniedersachsen.de/tier-gesucht, https://www.ltv-nrw.de/tierschutzvereine-nordrhein-westfalen-nrw.html* und *https://www.ltschvsn.de/verein/vereine-im-landesverband* (jeweils abgerufen am 30.12.2024).

und zoologische Gärten oder Tierparks, die von einem Verein oder einer juristischen Person des öffentlichen Rechts als BgA betrieben werden.[199] Auch Projekte zum Schutz *weltweit* bedrohter Tierarten können der Förderung des Tierschutzes dienen und damit gemeinnützig sein.

m) Förderung der Verbraucherberatung und des Verbraucherschutzes (§ 52 Abs. 2 Satz 1 Nr. 16 AO)

aa) Verbraucherberatung

75 Die Verbraucherberatung hat die Aufgabe, die Stellung des Verbrauchers im Rechts- und Wirtschaftsverkehr durch Beratung, Informationen und Aufklärung zu verbessern.[200]

Eine Förderung der Verbraucherberatung und des Verbraucherschutzes gem. § 52 Abs. 2 Satz 1 Nr. 16 AO umfasst auch die Einzelberatung und liegt nach Auffassung des BFH daher auch bei einer auf die *individuelle* Situation des Verbrauchers ausgerichteten Aufklärung und Information über Versicherungen vor.[201]

bb) Abmahnvereine

76 Verbraucherverbände i. S. des § 8 Abs. 3 Nr. 3 UWG[202], die den unlauteren Wettbewerb bekämpfen, müssen nach Verwaltungsauffassung neben der satzungsmäßigen auch eine tatsächliche Wahrnehmung der Verbraucherinteressen verfolgen.[203]

Abmahnvereine, die ausschließlich das Abmahngeschäft betreiben, werden als Verbände zur Förderung gewerblicher Interessen i. S. von § 8 Abs. 3 Nr. 2 UWG[204] tätig. Nach Auffassung der OFD Rostock sind solche Abmahnvereine nach ihrer Satzung vorrangig im Interesse ihrer Mitglieder tätig und handeln daher nicht selbstlos i. S. von § 55 AO; sie sind nicht gemeinnützig und somit auch nicht körperschaftsteuerbefreit.[205]

n) Förderung der Fürsorge für Strafgefangene und ehemalige Strafgefangene (§ 52 Abs. 2 Satz 1 Nr. 17 AO)

77 Projekte zur Freizeitgestaltung von Gefangenen und Maßnahmen zur Resozialisierung ehemaliger Strafgefangener können gemeinnützig sein.[206] Hierunter

---

199 FinMin Brandenburg v. 17. 08. 1994 – 35 – S 2729–28/94, DB 1994, 1902.
200 BFH v. 26. 08. 2021 – V R 5/19 (ECLI:DE:BFH:2021:U.260821.VR5.19.0), BFH/NV 2022, 166 unter III. 1.a.aa.
201 BFH v. 26. 08. 2021 – V R 5/19 (ECLI:DE:BFH:2021:U.260821.VR5.19.0), BFH/NV 2022, 166 unter III. 1.a.aa m. N.
202 Gesetz gegen den unlauteren Wettbewerb (UWG) v. 03. 07. 2004, BGBl. I 2004, 1414, zuletzt geändert durch das Gesetz v. 08. 10. 2023, BGBl. I 2023, 272.
203 OFD Rostock v. 10. 05. 2001 – S 0171–03/01 – St 242/24 a, SIS 01 11 04.
204 Die Verfügung der OFD Rostock v. 10. 05. 2001 – S 0171–03/01 – St 242/24 a, SIS 01 11 04 bezog sich auf § 13 Abs. 2 Nr. 2 UWG a. F.
205 OFD Rostock v. 10. 05. 2001 – S 0171–03/01 – St 242/24 a, SIS 01 11 04.
206 *Hüttemann*, Gemeinnützigkeits- und Spendenrecht, 4. Aufl. 2018, Rn. 3.116.

fallen z. B. Sport oder Musik für Gefangene oder Hilfe bei der Arbeit- und Wohnungssuche für entlassene Gefangene.

Auch eine Betreuung durch den Einsatz von Künstlern (Schauspieler, Musiker, Maler etc.) in einer sozialtherapeutischen Anstalt einer Justizvollzugsanstalt dient der Fürsorge für Strafgefangene.[207] Gefangene können gem. § 9 Abs. 2 StVollzG[208] mit ihrer Zustimmung in eine *sozialtherapeutische Anstalt* verlegt werden, wenn die besonderen therapeutischen Mittel und sozialen Hilfen der Anstalt zu ihrer Resozialisierung angezeigt sind. Ein Gefangener, der wegen einer Straftat gegen die *sexuelle Selbstbestimmung* nach den §§ 174 bis 180 oder 182 StGB[209] zu einer Freiheitsstrafe von mehr als zwei Jahren verurteilt worden ist, *ist* gem. § 9 Abs. 1 StVollzG in eine sozialtherapeutische Anstalt zu verlegen, wenn die Behandlung in einer solchen sozialtherapeutischen Anstalt nach § 6 Abs. 2 Satz 2 oder § 7 Abs. 4 StVollzG angezeigt ist.

o) Förderung des Sports (§ 52 Abs. 2 Satz 1 Nr. 21 AO)

aa) Gemeinnützige Zwecke

(1) Körperliche Ertüchtigung

Nach § 52 Abs. 2 Nr. 21 AO stellt die Förderung des Sports einen gemeinnützigen 78
Zweck dar. Dies gilt jedoch nicht für die Förderung des bezahlten Sports,[210] wenngleich etwaige Steuervergünstigungen gem. § 58 Nr. 8 AO[211] nicht dadurch ausgeschlossen werden, dass ein Sportverein *neben* dem unbezahlten auch den bezahlten Sport fördert.

Ein wesentliches Element des Sports ist die *körperliche Ertüchtigung*,[212] die vor allem durch die Förderung des Breitensports[213] wie z. B. Leichtathletik, Fußball, Handball, Langlauf, Schwimmen oder Skifahren, aber auch durch Sportarten

207 Zur steuerlichen Behandlung eines Kunsttherapeuten in einer JVA vgl. BFH v. 19.01.2017 – V R 47/15 (NV) (ECLI:DE:BFH:2017:U.190117.VR47.15.0), BFH/NV 2020, 931.

208 Gesetz über den Vollzug der Freiheitsstrafe und der freiheitsentziehenden Maßregeln der Besserung und Sicherung v. 16.03.1976, BGBl. I 1976, 581.

209 Strafgesetzbuch v. 13.11.1998, BGBl. I 1998, 3324, zuletzt geändert durch Art. 2 des Gesetzes zur Fortentwicklung des Völkerstrafrechts v. 30.07.2024, BGBl. I 2024, Nr. 255.

210 AEAO zu § 52, Nr. 8 Satz 1.

211 Vgl. hierzu Abschn. D.I.7.

212 AEAO zu § 52, Nr. 7 Satz 1.

213 Vgl. FG Hessen v. 17.05.2019 – 4 K 1480/17, EFG 2020, 951 zur Abgrenzung zwischen dem ideellen Bereich und einem wirtschaftlichen Geschäftsbetrieb bei Betrieb eines Sportleistungszentrums.

wie dem Motorsport[214] oder dem Sportschießen[215] – die beide eine besondere Körperbeherrschung hinsichtlich des Wahrnehmungsvermögens, der Reaktionsgeschwindigkeit oder der Feinmotorik erfordern – unterstützt wird.

(2) Wenn das Naturerlebnis im Vordergrund steht

79 Allerdings ist nicht jede körperliche Ertüchtigung als Sport anzusehen. Nach Auffassung des FG Köln stellt z. B. das *Wandern* im Gegensatz zum *Nordic Walking* keinen Sport dar, da beim Wandern – trotz einer möglichen erheblichen körperlichen Anstrengung – das *Naturerlebnis* im Vordergrund steht. Eine ähnliche Abgrenzung sah das FG Köln auch für Radtouren im Gegensatz zum Radstreckenfahren.[216]

(3) Förderung des Golf-Sports

80 Die Förderung des Golf-Sports ist als eigenständiger Zweck nicht im Katalog des § 52 Abs. 2 Satz 1 AO enthalten; Rechtsprechung und Schrifttum gehen jedoch davon aus, dass die Förderung des Golf-Sports nach § 52 Abs. 2 Satz 1 Nr. 21 AO gemeinnützig sein kann.[217]

Nach Auffassung des FG Köln fördert eine Körperschaft den Golfsport z. B. durch die Unterhaltung und Zurverfügungstellung einer Golfsportanlage, „unabhängig davon, ob sie diese Golfsportanlage Golfsportlern zur Verfügung stellt, die bei ihr Mitglieder sind oder sogenannten Gastspielern“; sie verfolgt damit gemeinnützige und steuerbegünstigte Zwecke.[218]

---

214 Vgl. BFH v. 29. 10. 1997 – I R 13/97, BStBl. II 1998, 9. So auch Klein/*Gersch*, AO, 13. Aufl. 2016, § 52 Rn. 40. Das für die steuerrechtliche Förderungswürdigkeit des Motorsports entscheidende Kriterium ist nach BFH v. 29. 10. 1997 – I R 13/97, BStBl. II 1998, 9 die Eignung des Motorsports zur körperlichen Ertüchtigung. Die Gemeinnützigkeit der Förderung des Sports setzt nicht voraus, dass die geförderte Sportart weder unfallträchtig noch umweltbelastend ist; a. A. *Seer*, DStJG 26 (2003), 31 m. N.

215 Vgl. BFH v. 27. 09. 2018 – V R 48/16 (ECLI:DE:BFH:2018:U.270918.VR48.16.0), BStBl. II 2019, 790 unter II.2.c.bb.1.c.bb.

216 FG Köln v. 08. 10. 2009–10 K 3794/06, EFG 2010, 367 unter 1.c.bb.

217 Vgl. u. a. BFH v. 13. 08. 1997 – I R 19/96, BStBl. II 1997, 794, BFH v. 03. 04. 2008 – V R 74/07, BFHE 221, 451 und Koenig/*Koenig*, AO, 4. Aufl. 2021, § 52 Rn. 68, Stichwort „Golfclub“. Nach *https://www.golfmanager-greenkeeper.de/golfmanager-online/fachbeitraege-golfmanager/management/allgemein/zukunftsmodell-rechtsform-eingetragener-verein-im-golf.html* (abgerufen am 12. 11. 2023) sind 48,8 v. H. der Mitglieder des „Deutschen Golf Verbands“ (DGV) als gemeinnützig anerkannt (Stand 2019).). Ein für die Gemeinnützigkeit schädlicher Eigennutz i. S. von § 55 Abs. 1 AO kann nach *Seer*, DStJG 26 (2003), 32 m. N. jedoch vorliegen, wenn ein Verein seinen Mitgliedern „die Nutzung kapitalintensiv errichteter Anlagen (z. B. Golf-, Tennisplätze, Reithalle, -ställe bzw.-pferde)“ ermöglicht.

218 FG Köln v. 20. 02. 2008 – 7 K 4943/05, EFG 2008, 892 unter II.2.b; die unter Az. XI R 48/08 (BFH) anhängige Rev. wurde zurückgenommen.

Gemeinnützigkeitsschädlich ist jedoch die Zweckverwirklichung durch einen Dritten, der nicht als Hilfsperson[219] i. S. von § 57 Abs. 1 Satz 2 AO anzusehen ist. Die Förderung und Ausübung des Golfsports muss durch die Körperschaft selbst oder durch Hilfspersonen erfolgen. Das ist dann nicht der Fall, wenn der Körperschaft nicht das ausschließliche Nutzungsrecht an dem Golfgelände zusteht und ihren Mitgliedern das Golfen nicht ohne Genehmigung eines Dritten möglich ist.[220] 81

(4) Freikörperkultur (FKK)

In den 60er Jahren lehnte es die Rechtsprechung ab, die Freikörperkultur als gemeinnützig anzusehen, da „die Idee der Freikörperkultur von der Mehrheit der Bevölkerung abgelehnt" wurde und verwies in diesem Zusammenhang auf die Rechtsprechung des RFH.[221] 82

Nach Auffassung der Bundesregierung fiel auch 1978 die Förderung der Freikörperkultur als solche nicht unter den Begriff der Gemeinnützigkeit; FKK-Vereine konnten jedoch als *gemeinnützige Sportvereine* anerkannt werden, wenn sie *ausschließlich* Sport betrieben.[222] In 1980 erkannte die Finanzverwaltung die Gemeinnützigkeit eines Vereins an, „der satzungsgemäß und tatsächlich den Sport durch die planmäßige Pflege von Leibesübungen (z. B. Gymnastik, Leichtathletik, Ballspiele, Schwimmen, Wandern und dergleichen) fördert(e)", aber *„neben* der Förderung des Sports auch der Pflege der Freikörperkultur dient(e)."[223] Gleichwohl behandelte die Rechtsprechung diese Frage eher ablehnend,[224] so dass einige der betroffenen (Sport-)Vereine vorsorglich die Freikörperkultur oder den Naturismus aus ihren Satzungen strichen. Für *Koenig* ist die Freikör-

219 Hilfspersonen sind nach FG Brandenburg v. 20.08.2002 – 2 K 1046/01, EFG 2002, 1355 natürliche oder juristische Personen, die in ihrem Handeln weisungsgebunden sind bzw. auf Anforderung der Körperschaft tätig werden.

220 FG Brandenburg v. 20.08.2002 – 2 K 1046/01, EFG 2002, 1355; die eingelegte Rev. unter dem Az. I R 66/02 wurde zurückgenommen.

221 BFH v. 31.10.1963 – I 122/62 U, BStBl. III 1964, 83 mit Verweis auf RFH v. 05.11.1929 – I A 547/29, RStBl. 1929, 670; RFH v. 11.11.1929 – I A a 175/29, RStBl. 1930, 62; RFH v. 10.07.1934 – I A 42/34, RStBl. 1935, 324. So auch BFH v. 20.11.1969 – I B 34/69, BStBl. II 1970, 133, für den die Sache „keine grundsätzliche Bedeutung" hatte, da noch immer „weite Kreise der Bevölkerung sich ablehnend" verhielten und BFH v. 22.10.1971 – III R 81/70, BStBl. II 1972, 197.

222 BMF v. 10.05.1978 – IV B 4 – S 0170-56/78, BT-Drucks. 8/1800 unter 4 in der Antwort der Bundesregierung auf die Kleine Anfrage der Abgeordneten Batz, Büchner (Speyer), Klein (Dieburg), Müller (Bayreuth), Dr. Müller-Emmert, Dr. Staudt, Scheffler, Schirmer, Dr. Penner, Dr. Schmitt-Vockenhausen, Gobrecht, Baack, Huonker, Kühbacher, Meinike (Oberhausen), Dr. Spöri, Wiefel, Mischnick, Hoffie und der Fraktionen der SPD, FDP – BT-Drucks. 8/1745 -.

223 FinMin Nordrhein-Westfalen v. 23.05.1980 – S 0171-2 – V B 4, SIS 80 25 07 im Einvernehmen mit dem BMF und den obersten Finanzbehörden der anderen Länder. Der BFH vermied es in seinem Urteil v. 30.09.1981 – III R 2/80, BStBl. II 1982, 148 unter 2 zu der Rechtsauffassung der Finanzverwaltung Stellung zu nehmen.

224 Vgl. z. B. BFH v. 30.09.1981 – III R 2/80, BStBl. II 1982, 148 und FG Niedersachsen v. 18.02.1997 – VI 37/92, EFG 1997, 1340.

perkultur „vornehmlich auf eine der Erholung dienende Freizeitgestaltung ausgerichtet".[225]

Wird die Pflege der Freikörperkultur jedoch im Rahmen des Breiten- und Familiensports – z. B. durch Nacktschwimmen, unbekleidete Gymnastik oder Ballspiele – betrieben, ist die Gemeinnützigkeit nach Auffassung des Verfassers anzuerkennen, da insoweit die „körperlichen Ertüchtigung" im Vordergrund steht.

Werden hingegen nach der Satzung und der tatsächlichen Geschäftsführung gemeinnützige Zwecke z. B. durch die Einrichtung und Unterhaltung von Plätzen zur Ausübung des Breiten- und Familiensports verfolgt, die aber gleichzeitig auch für Zwecke der Freikörperkultur zur Verfügung stehen und dieser auch tatsächlich dienen, droht der Verlust der Gemeinnützigkeit.[226]

83 Daher bleibt einem FKK-Verein, der nach seiner Satzung u. a. die „gesunde und harmonische Freizeitgestaltung für die gesamte Familie"[227] betreibt, bei dem die Freikörperkultur „der Erholung, Entspannung und Geselligkeit im Kreise Gleichgesinnter"[228] dient und der zu diesem Zweck Einrichtungen wie Liegewiesen oder Freizeitparks unterhält,[229] nach derzeitiger Rechtslage die Anerkennung der Gemeinnützigkeit verschlossen.

bb) Förderung der Allgemeinheit

84 Nach der Rechtsprechung des BFH kann von einer Förderung der Allgemeinheit nur dann ausgegangen werden, wenn im Grundsatz *jedermann* freien Zutritt zu einem Sportverein hat.[230] Dies ist nach Auffassung der Finanzverwaltung und des Schrifttums dann nicht gegeben, wenn der Kreis der geförderten Personen dauerhaft nur klein sein bleibt.[231]

Gemeinnützigkeitsschädlich sind daher Verpflichtungen zur Zahlung von laufenden Beiträgen, Aufnahmebeiträgen oder Umlagen, die sich ein Durchschnittsverdiener nicht leisten kann und „deren *Höhe* eine Repräsentation der Allgemeinheit im Mitgliederbestand nicht mehr gewährleistet".[232]

---

225 Koenig/*Koenig*, AO, 4. Aufl. 2021, § 52 Rn. 68, Stichwort „Freikörperkultur". So auch *Hüttemann*, Gemeinnützigkeits- und Spendenrecht, 4. Aufl. 2018, Rn. 3.57.

226 Vgl. FG Niedersachsen v. 18. 02. 1997 – VI 37/92, EFG 1997, 1340.

227 BFH v. 30. 09. 1981 – III R 2/80, BStBl. II 1982, 148.

228 FG Niedersachsen v. 18. 02. 1997 – VI 37/92, EFG 1997, 1340. Entscheidungserheblich war jedoch, dass Mittel aus dem für sich betrachtet begünstigungsfähigen Sportbereich tatsächlich zur Unterhaltung des Freikörperkulturbereichs verwendet wurden, was zur Versagung der Anerkennung der Gemeinnützigkeit führte.

229 BFH v. 30. 09. 1981 – III R 2/80, BStBl. II 1982, 148, Leitsatz.

230 BFH v. 23. 07. 2003 – I R 41/03, BStBl. II 2005, 443 unter II.1.

231 AEAO zu § 52, Nr. 1. So auch *Orth*, DStJG 26 (2003), 185.

232 BFH v. 23. 07. 2003 – I R 41/03, BStBl. II 2005, 443 unter II.1. Vgl. hierzu auch Abschn. B.II.4.

cc) Satzung

85 Sportvereine müssen ausschließlich und unmittelbar gemeinnützige Zwecke im Sinne des Abschnitts „Steuerbegünstigte Zwecke" der Abgabenordnung verfolgen, selbstlos tätig sein und der Förderung des Sports dienen. Der Satzungszweck und die Art der Verwirklichung müssen gem. § 60 Abs. 1 AO so genau bezeichnet sein, dass aufgrund der Satzung die Voraussetzungen für Steuervergünstigungen geprüft werden können.[233] Die bloße Bezugnahme auf Satzungen oder andere Regelungen Dritter genügt hierfür nicht.[234]

86 Ein Sportverein, der z.B. seine Satzung an die vom Landessportbund Hessen e.V. in Zusammenarbeit mit dem FinMin Hessen und der OFD Frankfurt erstellte Mustersatzung für Sportvereine oder die Mustersatzung für Mehrsparten-Sportvereine anpasst und dessen tatsächliche Geschäftsführung den Satzungsbestimmungen entspricht, ist nach Auffassung der Finanzverwaltung als steuerbegünstigte Körperschaft i.S. der §§ 51 ff. AO wegen Förderung des Sports anzuerkennen.[235]

Die Satzungszwecke selbst sind insbesondere durch die Abhaltung von geordneten Sport- und Spielübungen, die Durchführung von sportlichen Veranstaltungen und den Einsatz von sachgemäß vorgebildeten Übungsleitern zu erfüllen.[236]

p) Freizeitspiele unter Wettkampfbedingungen

87 Die Ausführung eines Spiels in Form von Wettkämpfen und unter einer besonderen Organisationsform allein machen es noch nicht zum Sport i.S. des § 52 Abs. 2 Satz 1 Nr. 21 AO.[237] Ob eine Freizeitaktivität als Sport im Sinne des Gemeinnützigkeitsrechts anzusehen ist, obliegt der Entscheidung der Finanzverwaltung, in strittigen Fällen aber letztlich der Rechtsprechung, wie die nachfolgenden Beispiele zeigen.

aa) Grillsport

88 Die Förderung des Grillsports durch einen eingetragenen Verein ist keine Förderung des Sports i.S. von § 52 Abs. 2 Satz 1 Nr. 21 AO, selbst wenn in der Satzung

233 BFH v. 19.04.1989 – I R 3/88, BStBl. II 1989, 595 unter II.1 mit Verweis auf BFH v. 13.12.1978 – I R 39/78, BStBl. II 1979, 482 unter 3 und BFH v. 09.07.1986 – I R 14/82, BFH/NV 1987, 632.

234 BFH v. 19.04.1989 – I R 3/88, BStBl. II 1989, 595 unter II.2.

235 OFD Frankfurt v. 01.03.2001 – S 0179 A – 2 – St II 12, SIS 01 07 92 mit den Mustersatzungen in Anl. 1 und 2.

236 Vgl. OFD Frankfurt v. 01.03.2001 – S 0179 A – 2 – St II 12, SIS 01 07 92, Anl. 1.

237 BFH v. 09.02.2017 – V R 69/14 (ECLI:DE:BFH:2017:U.090217.VR69.14.0), BStBl. II 2017, 1221 mit Verweis auf BFH v. 17.02.2000 – I R 108/98, I R 109/98, BFH/NV 2000, 1071 unter Rn. 35; BFH v. 29.10.1997 – I R 13/97, BStBl. II 1998, 9 unter Rn. 10.

die Teilnahme an regionalen, deutschen und internationalen (Grill-)Meisterschaften vorgesehen ist.[238]

Eine Förderung der Allgemeinheit scheidet aus, wenn im Vordergrund von Veranstaltungen die geselligen Zusammenkünfte der Vereinsmitglieder stehen.

Die von einem solchen Verein verfolgten Zwecke der Förderung der Kochkunst und des Grillsports stellen weder eine Förderung des traditionellen Brauchtums i. S. von § 52 Abs. 2 Satz 1 Nr. 23 AO noch der Heimatpflege und Heimatkunde i. S. von § 52 Abs. 2 Satz 1 Nr. 22 AO dar. Auch eine Förderung des bürgerschaftlichen Engagements zugunsten gemeinnütziger, mildtätiger oder kirchlicher Zwecke i. S. von § 52 Abs. 2 Satz 1 Nr. 25 AO liegt nicht vor.[239]

bb) Bridge

(1) Turnier-Bridge

89 Die Förderung von *Turnier-Bridge* stellte nach der Entscheidung des BFH v. 09. 02. 2017 zum Az. V R 69/14 *keine Förderung des Sports* i. S. des § 52 Abs. 2 Satz 1 Nr. 21 AO dar.[240]

90 Allerdings ist die Förderung von Turnier-Bridge nach dem Regelwerk der *World Bridge Federation* aufgrund einer weiteren Entscheidung des BFH v. 09. 02. 2017 zum Az. V R 70/14 von der Finanzverwaltung gem. § 52 Abs. 2 Satz 2 AO als gemeinnützig anerkannt worden,[241] da Turnier-Bridge – ebenso wie Schach[242] – erhebliche intellektuelle Anstrengungen sowie hohe Merk-, Konzentrations- und Kombinationsfähigkeiten erfordert und somit die Allgemeinheit in vergleichbarer Weise fördert wie die in § 52 Abs. 2 Satz 1 AO genannten Zwecke.[243]

238 FG Baden-Württemberg v. 07. 06. 2016 – 6 K 2803/15, rkr., EFG 2017, 1 unter II.2.a.aa mit Verweis auf BFH v. 12. 11. 1986 – I R 204/85, BFH/NV 1987, 705 und BFH v. 17. 02. 2000 – I R 108, 109/98, BFH/NV 2000, 1071; die unter V B 153/16 (NV) eingelegte Nichtzulassungsbeschwerde wurde als unbegründet zurückgewiesen.

239 FG Baden-Württemberg v. 07. 06. 2016 – 6 K 2803/15, rkr., EFG 2017, 1; die unter V B 153/16 (NV) eingelegte Nichtzulassungsbeschwerde wurde als unbegründet zurückgewiesen.

240 BFH v. 09. 02. 2017 – V R 69/14 (ECLI:DE:BFH:2017:U.090217.VR69.14.0), BStBl. II 2017, 1221 unter II.3.b. So auch AEAO zu § 52, Nr. 7 Satz 3.

241 AEAO zu § 52, Nr. 2.11, eingefügt durch BMF v. 31. 01. 2019 – IV A 3 – S 0062/18/10005, BStBl. I 2019, 71, Nr. 9 Buchst. e.

242 Schach gilt gem. § 52 Abs. 2 Satz 1 Nr. 21 AO als Sport.

243 BFH v. 09. 02. 2017 – V R 70/14 (ECLI:DE:BFH:2017:U.090217.VR70.14.0), BStBl. II 2017, 1106 unter II.2. Die gegen die Körperschaftsteuerbescheide gerichtete Klage wies das FG Köln mit Zwischenurteil v. 17. 10. 2013 – 13 K 3949/09, EFG 2014, 484 als unbegründet ab. Die Rev. wurde vom BFH mit Urteil v. 09. 02. 2017 – V R 69/14 (ECLI:DE:BFH:2017:U.090217.VR69.14.0), BStBl. II 2017, 1221 als unbegründet zurückgewiesen.

(2) Duplicate-Bridge

Das englische *Duplicate-Bridge*[244] fällt nach der Entscheidung des EuGH v. 26. 10. 2017[245] nicht unter den Begriff „Sport";[246] auch der AEAO zu § 52 Nr. 2.11 beinhaltet keine Anerkennung dieser Bridge-Form als Sport. 91

Nach der EuGH-Entscheidung fallen auch Tätigkeiten, die der körperlichen und geistigen Gesundheit *förderlich* sind und Logik, Gedächtnisvermögen, strategisches Denken oder Querdenken voraussetzen, für sich allein genommen nicht unter den Begriff „Sport",[247] selbst wenn diese in Wettkämpfen ausgetragen werden.[248]

Da Duplicate-Bridge nur durch eine *unbedeutend* erscheinende körperliche Komponente gekennzeichnet ist, ist es nicht als Sport anzusehen.[249]

cc) Billard, Skat, Go, Tipp-Kick und Drehstangen-Tischfußball

Billard erfordert nach Auffassung des FG Köln körperliche Fertigkeiten, die nur durch ein langes Training zu erreichen sind.[250] Die überwiegende Austragung der Wettkämpfe in *Gaststätten* ist für die Sporteigenschaft unschädlich.[251] Billard ist nach der Rechtsprechung als Sport i. S. des § 52 AO anzusehen.[252] 92

Nicht unter den Begriff des Sports im Sinne des Gemeinnützigkeitsrechts fallen u. a. Skat[253], das Go-Spiel[254] und die Tischfußball-Variante „Tipp-Kick".[255] Nach der Entscheidung des Hessischen FG v. 23. 06. 2010 ist jedoch das wettkampfmäßige Betreiben von Drehstangen-Tischfußball (auch „Kicker" genannt) als Sport zu qualifizieren.[256] 93

---

244 Nach EuGH v. 26. 10. 2017 – Rs C-90/16 (ECLI:EU:C:2017:814), UR 2018, 197 unter Rn. 6 ist dieses Kartenspiel eine Form des Bridge-Spiels, die auf nationaler und internationaler Ebene in Wettkämpfen gespielt wird, bei der jedes Paar nachfolgend das gleiche Blatt wie die Paare an den anderen Tischen spielt.

245 Die Entscheidung erging zu Art. 132 Abs. 1 Buchst. m der Richtlinie 2006/112/EG des Rates über das gemeinsame Mehrwertsteuersystem (MwStSystRL) v. 28. 11. 2006, ABl. EU Nr. L 347, 2006, 1.

246 EuGH v. 26. 10. 2017 – Rs C-90/16 (ECLI:EU:C:2017:814), UR 2018, 197, Leitsatz zur Umsatzsteuerpflicht von Eintrittsgeldern, die die *„The English Bridge Union Limited"* (EBU) für die von ihr veranstalteten Duplicate-Bridge-Turniere erhebt.

247 EuGH v. 26. 10. 2017 – Rs C-90/16 (ECLI:EU:C:2017:814), UR 2018, 197 unter Rn. 24.

248 EuGH v. 26. 10. 2017 – Rs C-90/16 (ECLI:EU:C:2017:814), UR 2018, 197 unter Rn. 25.

249 EuGH v. 26. 10. 2017 – Rs C-90/16 (ECLI:EU:C:2017:814), UR 2018, 197 unter Rn. 29.

250 FG Köln v. 17. 10. 2013 – 13 K 3949/09, EFG 2014, 484 unter I.1.

251 OFD Hannover v. 25. 07. 1994 – S 0170–13 – StO 214/S 2729–407 – StH 233, DB 1994, 1755 zur Gemeinnützigkeit von Dart-Vereinen.

252 BFH v. 17. 02. 2000 – I R 108, 109/98 (NV), BFH/NV 2000, 1071 unter III.2.b und FG Berlin-Brandenburg v. 12. 11. 2020 – 9 K 9167/17, EFG 2021, 825 unter A.I.2.c.aa.

253 Nach BFH v. 17. 02. 2000 – I R 108, 109/98 (NV), BFH/NV 2000, 1071 stellt das Skatspiel weder eine Förderung des traditionellen Brauchtums noch einen Sport dar.

254 Vgl. Klein/*Gersch*, AO, 13. Aufl. 2016, § 52 Rn. 40. So auch AEAO zu § 52, Nr. 7 Satz 3.

255 Vgl. BFH v. 28. 05. 1986 – I S 17/85 (NV), SIS 86 19 03. So auch AEAO zu § 52, Nr. 7 Satz 3.

256 FG Hessen v. 23. 06. 2010 – 4 K 501/09, SIS 10 29 85.

dd) Dart

94 Nach Auffassung der Finanzverwaltung ist Dart[257] ein Sport i. S. des § 52 Abs. 2 Nr. 21 AO, wenn dieser nach den Regeln des Deutschen Dartverbands e. V. 1982 (Berlin) wettkampfmäßig betrieben wird. Dart-Vereine können deshalb als gemeinnützig anerkannt werden; die Austragung der Wettkämpfe in *Gaststätten* ist für die Sporteigenschaft unschädlich.[258]

ee) Paintball (Gotcha)

95 Die Freizeitaktivität Paintball[259] (oder auch Gotcha[260] genannt) ist keine Sportart i. S. des Gemeinnützigkeitsrechts.[261] Für das FG Rheinland-Pfalz v. 19.02. 2014 verstößt Paintball (Gotcha) sogar gegen die Werteordnung des Grundgesetzes.[262]

ff) IPSC-Schießen

96 Die Förderung des „IPSC-Schießens“[263] kann gemeinnützig sein.[264]

Das sportliche Ziel beim IPSC-Schießen besteht darin, einen Schießparcours mit möglichst hoher Trefferquote in möglichst kurzer Zeit zu durchlaufen. Es werden keine kriegsähnlichen Situationen nachgestellt oder Gegenspieler „eliminiert“, eine Ähnlichkeit mit einem „Häuserkampf“ ist nach der Rechtsprechung nicht gegeben.[265] Nach Auffassung des Niedersächsischen FG v. 04.08.2016 ist das IPSC-Schießen daher nicht als allgemeinwohlschädlich anzusehen[266] und auch nicht mit dem „kampfmäßigen Schießen“ zu vergleichen, wie es in der Polizei- oder Militärausbildung geübt wird.[267]

---

257 Dart (auch „Darts“ genannt) ist ein Spiel mit bis zu 30,5 cm langen Wurfpfeilen („Dartpfeil“), die auf eine Wurfscheibe („Dartscheibe“) geworfen werden.

258 OFD Hannover v. 25.07.1994 – S 0170 – 13 – StO 214/S 2729 – 407 – StH 233, DB 1994, 1755.

259 Beim Paintball-Spiel beschießen sich die Spieler mit Farbkugeln aus Druckluftwaffen, um z. B. eine gegnerische Flagge („Capture the Flag“) oder ein anderes Areal zu erobern („Hit the Base“). Im Unterschied zum Fechtsport steht nach Auffassung der OFD Nürnberg v. 22.04.1999 – S 0171 – 661/St 31, DB 1999, 986 bei der Veranstaltung von Paintball-Spielen jedoch nicht der sportliche Wettkampf im Vordergrund, sondern das wettkampfmäßige Kriegsspiel durch das Nachstellen kriegsähnlicher Situationen einschließlich der Tötung von Menschen.

260 Slangausdruck für das englische „I got you“.

261 Vgl. AEAO zu § 52, Nr. 7 Satz 3.

262 FG Rheinland-Pfalz v. 19.02.2014 – 1 K 2423/11, DStRE 2015, 294; a. A. VGH München v. 27.11.2012 – 15 BV 09.2719, Gewerbearchiv 2013, 218; OVG Lüneburg v. 18.02.2010 – 1 LC 244/07, Gewerbearchiv 2010, 499.

263 Abk. für die *„International Practical Shooting Confederation“*.

264 Vgl. Neufassung des AEAO zu § 52, Nr. 7 Abs. 2 durch das BMF-Schreiben v. 12.01.2022 – IV A 3 – S 0062/21/10007 :001, DOK 2022/0001873 unter Rn. 4, Buchst. m.

265 FG Niedersachsen v. 04.08.2016 – 6 K 418/15, EFG 2017, 179 unter I.2.b.2.a.

266 FG Niedersachsen v. 04.08.2016 – 6 K 418/15, EFG 2017, 179 unter I.2.b.2.

267 FG Niedersachsen v. 04.08.2016 – 6 K 418/15, EFG 2017, 179 unter I.2.b.2.b.

In Kenntnis, „dass das IPSC-Schießen möglicherweise einem Kriegsspiel ähnelt, mit großkalibrigen Waffen betrieben wird und durch den Waffenbesitz eine abstrakte Gefahr für die Allgemeinheit durch einen nicht satzungsgemäßen Gebrauch der Waffen besteht",[268] entschied sich auch das FG Berlin-Brandenburg im Urteil v. 09.04.2019 für die Anerkennung der Gemeinnützigkeit. Der BFH v. 27.09.2018 und das FG München v. 25.06.2019 vertraten ebenfalls die Auffassung, dass das IPSC-Schießen als Sport i.S. des § 52 Abs. 1 i.V.m. Abs. 2 Nr. 21 AO anzusehen ist.[269]

Die Finanzverwaltung hat sich dieser Rechtsprechung angeschlossen und geht 97
nunmehr auch davon aus, dass die Förderung des IPSC-Schießens grundsätzlich gemeinnützig sein kann. Allerdings wurden die Finanzämter angewiesen, bei Kenntnis von bestimmten Sachverhalten wie z.B. einer Häuserkampf-Imitation und einer Simulation des Schießens auf Menschen bei Veranstaltungen eines IPSC-Vereins oder bei entsprechenden Wettkämpfen dem betreffenden IPSC-Verein der Status der Gemeinnützigkeit zu versagen bzw. abzuerkennen.[270]

gg) E-Sport

E-Sport ist ein Wettkampf mit Computerspielen, der z.T. sogar verbandsmäßig 98
in Ligen gespielt wird.[271] Gleichwohl dient diese Beschäftigung m.E. weder einer „körperlichen Ertüchtigung" noch fördert es Logik, Gedächtnisvermögen oder strategisches Denken im Sinne der EuGH-Rechtsprechung.[272] Es handelt sich vielmehr um eine Freizeitbeschäftigung, die nicht als gemeinnützig anzuerkennen ist. Eine „entsprechende" Förderung i.S. des § 52 Abs. 2 Satz 2 AO liegt ebenfalls nicht vor, da der E-Sport die Allgemeinheit nicht in vergleichbarer Weise fördert wie die in § 52 Abs. 2 Satz 1 Nr. 1 bis 27 AO genannten Zwecke.

Auch ein vom Deutschen Olympischen Sportbund e.V. (DOSB) in Auftrag gegebenes Gutachten kam zu dem Ergebnis, dass der „E-Sport" nicht die rechtlichen Bedingungen erfüllt, um als gemeinnützig anerkannt zu werden.[273] Gemeinnützige Sportvereine mit einer „E-Sport"-Abteilung gefährden nach *Hüttemann* daher ihre Steuerbegünstigung.[274]

268 FG Berlin-Brandenburg v. 09.04.2019 – 8 K 8242/15, EFG 2019, 1055.

269 Vgl. BFH v. 27.09.2018 – V R 48/16 (ECLI:DE:BFH:2018:U.270918.VR48.16.0), BStBl. II 2019, 790 unter II.2a und FG München v. 25.06.2019 – 6 K 173/19, EFG 2019, 1421.

270 AEAO zu § 52, Nr. 7 gem. BMF v. 12.01.2022 – IV A 3 – S 0062/21/10007 :001, DOK 2022/0001873 unter Rn. 4, Buchst. m. So bereits BMF v. 12.12.2019 – IV C 4 – S 0171/19/10021 :002, BStBl. I 2019, 1370.

271 *Hüttemann*, Gemeinnützigkeits- und Spendenrecht, 4. Aufl. 2018, Rn. 3.120.

272 Vgl. EuGH v. 26.10.2017 – Rs C-90/16 (ECLI:EU:C:2017:814), UR 2018, 197 unter Rn. 24.

273 Vgl. *https://www.dosb.de/ueber-uns/esport* (abgerufen am 22.11.2024).

274 *Hüttemann*, Gemeinnützigkeits- und Spendenrecht, 4. Aufl. 2018, Rn. 3.120.

q) Förderung des traditionellen Brauchtums (§ 52 Abs. 2 Satz 1 Nr. 23 AO)

99 § 52 Abs. 2 Satz 1 Nr. 23 AO führt in „loser Aufzählung“[275] eine Reihe von sog. „privilegierten Freizeitbeschäftigungen“ auf, deren Förderung gemeinnützig sein kann. Die dortige Aufzählung ist *abschließend*.[276] Dort nicht genannte Freizeitbeschäftigungen außerhalb des Bereichs des Sports sind nicht begünstigt, auch wenn sie Ähnlichkeiten mit den in § 52 Abs. 2 Satz 1 Nr. 23 AO aufgeführten Zwecken aufweisen sollten.[277]

aa) Traditionelle und landsmannschaftliche Gebräuche und Verhaltensweisen

100 Unter „Brauchtum“ sind herkömmliche, traditionelle und landsmannschaftliche Gebräuche und Verhaltensweisen zu verstehen wie z. B. Trachten, Lieder, Gedichte, Märchen, traditionelle Volksfeste oder Riten; es ist ein „Sammelbegriff für Bräuche als Ausdruck aus früherer Zeit überlieferter oder neu entstehender und für unterschiedliche Zeitdauer verbindlicher Formen menschlichen und gesellschaftlichen Verhaltens“.[278]

101 *Freizeitwinzervereine* sind wegen der Förderung der Heimatpflege, die Teil der Brauchtumspflege ist, gemeinnützig.[279] Die Finanzämter haben jedoch zu prüfen, ob solche Freizeitwinzervereine nicht in erster Linie die gewerbliche Tätigkeit ihrer Mitglieder fördern, und darauf zu achten, dass die Durchführung von Winzerfesten und anderen Festveranstaltungen nicht Satzungszweck ist.[280]

102 Nach Verwaltungsauffassung sind auch *Junggesellen- und Burschenvereine*, die das traditionelle Brauchtum einer bestimmten Region fördern, als gemeinnützig zu behandeln. Nicht dazu gehören z. B. Burschenschaften, Landjugendvereine oder Vereine, deren Hauptzweck die Veranstaltung von örtlichen Volksfesten ist; solche Vereine sind i. d. R. nicht gemeinnützig.[281]

bb) Nationale Minderheiten, Volksgruppen und Regionalsprachen

103 Körperschaften, die nationale Minderheiten, Volksgruppen und Regionalsprachen fördern, können gemeinnützige Zwecke i. S. v. § 52 Abs. 2 Satz 1 Nr. 23 AO verfolgen; je nach Betätigung kann auch eine Förderung von Kunst und Kultur oder Förderung der Heimatpflege und Heimatkunde in Betracht kommen.[282]

---

275 BFH v. 09.02.2017 – V R 69/14 (ECLI:DE:BFH:2017:U.090217.VR69.14.0), BStBl. II 2017, 1221 unter II.3.e.

276 BFH v. 09.02.2017 – V R 69/14 (ECLI:DE:BFH:2017:U.090217.VR69.14.0), BStBl. II 2017, 1221 unter II.3.e.

277 BFH v. 14.09.1994 – I R 153/93, BStBl. II 1995, 499 unter II.B.3.

278 BFH v. 17.02.2000 – I R 108, 109/98 (NV), BFH/NV 2000, 1071 unter III.2.a.

279 AEAO zu § 52, Nr. 12.

280 FinMin Sachsen v. 16.07.1998 – 33 – S 0171 A – 22/8 – 41747, DStR 1998, 1306.

281 AEAO zu § 52, Nr. 12.

282 AEAO zu § 52, Nr. 2.5.

Bei den nach der Charta der Regional- und Minderheitensprachen[283] geschützten Sprachen handelt es sich um die Regionalsprache Niederdeutsch sowie die Minderheitensprachen Dänisch, Friesisch, Sorbisch und das Romanes der deutschen Sinti und Roma.[284]

cc) Historische Schützenbruderschaften

Historische Schützenbruderschaften können nach Auffassung der Finanzver- 104
waltung wegen Förderung der *Brauchtumspflege* gem. § 52 Abs. 2 Satz 1 Nr. 23 AO als gemeinnützig anerkannt werden.[285] Das gilt auch für Schützenvereine, wenn sie nach ihrer Satzung neben dem „Schießsport" als Hauptzweck auch das *Schützenbrauchtum* fördern. Die Durchführung von *volksfestartigen Schützenfesten* in diesem Zusammenhang ist jedoch kein gemeinnütziger Zweck.[286]

dd) Eine traditionelle Freimaurerloge ist nicht gemeinnützig

Das Tatbestandsmerkmal der Förderung der „Allgemeinheit" wird durch die 105
objektive Wertordnung, wie sie insbesondere im Grundrechtskatalog der Art. 1 bis 19 GG zum Ausdruck kommt, geprägt. Eine Tätigkeit, die mit diesen Wertvorstellungen nicht vereinbar ist, stellt keine Förderung der Allgemeinheit dar.[287]

Schließt ein Verein Frauen von der Mitgliedschaft aus, obwohl sie die für Männer geltenden Aufnahmebedingungen erfüllen, geschieht dies nach Auffassung des BFH alleine wegen ihres Geschlechts.[288] Ein solcher Verein fördert nicht selbstlos die Allgemeinheit auf materiellem, geistigem oder sittlichem Gebiet i. S. von § 52 Abs. 1 Satz 1 AO, da sie Frauen ohne sachlich zwingenden Grund von der Mitgliedschaft ausschließt.[289]

Wer entgegen Art. 3 Abs. 3 GG die wesensmäßige Gleichheit aller Menschen in Abrede stellt, ist nach Auffassung des BFH mangels Förderung der Allgemein-

283 Wortlaut der Europäischen Charta der Regional- oder Minderheitensprachen, Sammlung Europäischer Verträge – Nr. 148, Nichtamtliche Übersetzung unter *https://rm.coe.int/168007c089* (abgerufen am 05. 11. 2023).

284 AEAO zu § 52, Nr. 2.5.

285 AEAO zu § 52, Nr. 12.

286 AEAO zu § 52, Nr. 7.

287 BFH v. 17. 05. 2017 – V R 52/15 (ECLI:DE:BFH:2017:U.170517.VR52.15.0), BStBl. II 2018, 218 unter II.1.a.aa mit Verweis auf BFH v. 11. 04. 2012 – I R 11/11, BStBl. II 2013, 146; BFH v. 13. 12. 1978 – I R 39/78, BStBl. II 1979, 482; BFH v. 29. 08. 1984 – I R 215/81, BStBl. II 1985, 106; BFH v. 31. 05. 2005 – I R 105/04 (NV), BFH/NV 2005, 1741.

288 BFH v. 17. 05. 2017 – V R 52/15 (ECLI:DE:BFH:2017:U.170517.VR52.15.0), BStBl. II 2018, 218 unter II.1.a.bb.

289 BFH v. 17. 05. 2017 – V R 52/15 (ECLI:DE:BFH:2017:U.170517.VR52.15.0), BStBl. II 2018, 218 unter II.1.a.

heit nicht als gemeinnützig einzustufen.[290] Eine Freimaurerloge, die Frauen von der Mitgliedschaft ausschließt, ist hiernach nicht gemeinnützig.[291]

ee) Soldaten- und Reservistenvereine

106 Soldaten- und Reservistenvereine verfolgen durch die Betreuung von aktiven und ehemaligen Wehrdienstleistenden sowie Zeit- und Berufssoldaten gem. § 52 Abs. 2 Satz 1 Nr. 23 AO gemeinnützige Zwecke.[292]

(1) Betreuung deutscher Soldaten und Reservisten

107 Steuerlich begünstigt ist nach Verwaltungsauffassung jedoch nur die Förderung der Betreuung *deutscher* Soldaten und Reservisten sowie die mit ihnen in *multinationalen Verbänden* zusammengefassten ausländischen Soldaten und Reservisten. Die generelle Betreuung von ausländischen Soldaten und Reservisten und damit auch die Betreuung ausländischer Soldaten und Reservisten aus Staaten, die ggf. Kriegsgegner sind, ist nach Verwaltungsauffassung steuerlich nicht begünstigt.[293]

(2) Förderung der Kameradschaft

108 Die *Förderung der Kameradschaft* kann neben einem steuerbegünstigten Zweck zusätzlich als Vereinszweck genannt werden, wenn sich aus der Satzung ergibt, dass damit lediglich eine Verbundenheit der Vereinsmitglieder angestrebt wird, die aus der gemeinnützigen Vereinstätigkeit folgt.[294]

Der BFH hatte zwar 1963 entschieden, dass ein Verein, dessen satzungsgemäßer Zweck in „Kameradenhilfe und Kameradschaftspflege" unter den Angehörigen eines ehemaligen Wehrmachtstruppenteils bestand, nicht ausschließlich und unmittelbar gemeinnützige Zwecke verfolgt,[295] diese Rechtsprechung jedoch in 1994 relativiert und die Förderung der Kameradschaft in der Satzung für die Gemeinnützigkeit eines Vereins als unschädlich erachtet.[296]

---

290 BFH v. 17.05.2017 – V R 52/15 (ECLI:DE:BFH:2017:U.170517.VR52.15.0), BStBl. II 2018, 218 unter II.1.a.aa mit Verweis auf BFH v. 31.05.2005 – I R 105/04 (NV), BFH/NV 2005, 1741.

291 BFH v. 17.05.2017 – V R 52/15 (ECLI:DE:BFH:2017:U.170517.VR52.15.0), BStBl. II 2018, 218, Leitsatz.

292 Nach OFD Frankfurt v. 14.09.1999 – S 0171 A – 160 – II 111, SIS 99 24 13 wurde die Förderung der Soldaten- und Reservistenbetreuung in die Aufzählung gemeinnütziger Zwecke auf Antrag des Bayer. Staatsministeriums der Finanzen zum Entwurf des Vereinsförderungsgesetzes vom 17.02.1989, BR-Drucks. 76/89 aufgenommen.

293 OFD Frankfurt v. 14.09.1999 – S 0171 A – 160 – II 111, SIS 99 24 13.

294 AEAO zu § 52, Nr. 14.

295 BFH v. 31.10.1963 – I 320/61 U, BStBl. III 1964, 20.

296 BFH v. 11.03.1999 – V R 57, 58/96, BStBl. II 1999, 331 unter II.2.b.bb. Hiernach verfolgt ein Verein, der nach der Satzung ausschließlich der musikalischen Betätigung dient und die Förderung der Kameradschaft nur als mittelbare Folge dieser Betätigung anstrebt, gemeinnützige Zwecke.

ff) Pflege der Tradition

Die *Pflege der Tradition* durch Soldaten- und Reservistenvereine ist nach Verwaltungsauffassung weder steuerbegünstigte Brauchtumspflege noch Betreuung von Soldaten und Reservisten i. S. d. § 52 Abs. 2 Satz 1 Nr. 23 AO.[297] 109

gg) Country- und Westernvereine

Nach Auffassung der Finanzverwaltung können Country- und Westernvereine, die überwiegend nur die *Geselligkeit der Mitglieder untereinander* fördern, nicht als gemeinnützig anerkannt werden.[298] Ihre Tätigkeit ist nicht vergleichbar mit der Förderung von Karneval, Fastnacht und Fasching i. S. von § 52 Abs. 2 Satz 1 Nr. 23 AO.[299] 110

r) Tier- und Pflanzenzucht (§ 52 Abs. 2 Satz 1 Nr. 23 AO)

Gemeinnützig nach § 52 Satz 1 Nr. 23 ist die Förderung der Tierzucht, der Pflanzenzucht und der Kleingärtnerei[300]. 111

aa) Pflanzenzucht

Zur Pflanzenzucht gehört u. a. die Bonsaikunst. Auch Obst- und Gartenbauvereine fördern i. d. R. die Pflanzenzucht.[301] 112

bb) Tierzucht

Zur Tierzucht zählt z. B. die Förderung der Aquarien- und Terrarienkunde.[302] 113

Auch Pferderennvereine können – bei Vorliegen der übrigen Voraussetzungen – wegen Förderung der Tierzucht gemeinnützig sein;[303] sie fördern die Tierzucht (Pferdezucht), indem sie Pferderennen veranstalten.[304] Pferderennen sind nach Auffassung der Finanzverwaltung[305] keine sportlichen Veranstaltungen, sondern Leistungsprüfungen im Sinne des Tierzuchtgesetzes[306].

Beschränkt sich der Kreis der Mitglieder eines Pferderennvereins nicht auf Züchter und Pferdebesitzer und nehmen auch Pferde von Züchtern und Besitzern an den Rennen teil, die nicht Mitglieder des Vereins sind, geschieht die Förderung der Tierzucht selbstlos i. S. von § 55 AO. Die Teilnahme von Berufsrei- 114

---

297 AEAO zu § 52, Nr. 14.

298 So auch *Hüttemann*, Gemeinnützigkeits- und Spendenrecht, 4. Aufl. 2018, Rn. 3.58.

299 OFD Hannover v. 01.04.1998 – S 2729-317 – StO 214/S 2729-326 – StH 233, DB 1998, 1062.

300 Zu den umsatzsteuerlichen Folgen der Vermietung von Räumen durch einen gemeinnützigen Kleingartenverein vgl. FinMin Sachsen v. 23.03.1995 – 35 – S 7168/P – 012866, SIS 95 11 29.

301 AEAO zu § 52, Nr. 11.

302 AEAO zu § 52, Nr. 11.

303 OFD Münster v. 24.06.2005 – S 2729-2 – St 13-33, SIS 06 06 96.

304 OFD Frankfurt v. 25.02.2003 – S 0171 A – 69 – St II 12, SIS 03 33 95 unter 1.

305 OFD Frankfurt v. 25.02.2003 – S 0171 A – 69 – St II 12, SIS 03 33 95 unter 3.

306 Tierzuchtgesetz v. 18.01.2019, BGBl. I 2019, 18, zuletzt geändert durch Art. 2 Abs. 17 des Gesetzes v. 20.12.2022, BGBl. I 2022, 2752.

tern oder -fahrern an einem Pferderennen ist für die Beurteilung der Selbstlosigkeit unerheblich.[307]

s) Weitere Freizeitgestaltungen i. S. des § 52 Abs. 2 Satz 1 Nr. 23 AO

115 Die Förderung von *Freizeitaktivitäten* außerhalb des Bereichs des Sports wird nur dann als Förderung der Allgemeinheit anerkannt, wenn solche Freizeitaktivitäten hinsichtlich der Merkmale, die ihre steuerrechtliche Förderung rechtfertigen, mit denen im Katalog des § 52 Abs. 2 Satz 1 Nr. 23 AO genannten Freizeitgestaltungen *identisch* sind. Es reicht nicht aus, dass eine Freizeitgestaltung nur sinnvoll und einer der in § 52 Abs. 2 Satz 1 Nr. 23 AO genannten ähnlich ist.[308]

116 Die Förderung des Baus und Betriebs von Schiffs-, Auto-, Eisenbahn- und Drachenflugmodellen ist nach Auffassung des BFH in gleicher Weise und mindestens in gleichem Umfang wie die Förderung des Modellflugs geeignet, die Allgemeinheit auf materiellem und geistigem Gebiet zu fördern;[309] deren Förderung ist nach Auffassung der Finanzverwaltung sogar „identisch (…) mit der Förderung des Modellflugs" nach § 52 Abs. 2 Satz 1 Nr. 23 AO.[310]

117 Nicht „identisch" mit den in § 52 Abs. 2 Satz 1 Nr. 23 AO genannten Freizeitaktivitäten sind z. B. die Förderung des Amateurfilmens und -fotografierens, des Kochens und des Sammelns von Gegenständen wie Briefmarken, Münzen oder Autogrammkarten; sie werden deshalb nicht als eigenständige gemeinnützige Zwecke von der Finanzverwaltung anerkannt.[311]

t) Die allgemeine Förderung des demokratischen Staatswesens (§ 52 Abs. 2 Satz 1 Nr. 24 AO)

118 Die allgemeine Förderung des demokratischen Staatswesens im Geltungsbereich der Abgabenordnung gehört gem. § 52 Abs. 2 Satz 1 Nr. 24 AO zur Förderung der Allgemeinheit.

Eine allgemeine Förderung des demokratischen Staatswesens ist jedoch nur gegeben, wenn sich eine Körperschaft *umfassend* mit den demokratischen Grundprinzipien befasst und diese objektiv und neutral würdigt.[312] Zum demokratischen Staatswesen gehören insbesondere Gewaltenteilung, freie geheime Wahlen, Mehrparteiensysteme, staatlicher Aufbau, Föderalismus, Rechts- und Sozialstaatlichkeit und die Meinungsfreiheit.[313] Keine Förderung des demokra-

307 OFD Frankfurt v. 25. 02. 2003 – S 0171 A – 69 – St II 12, SIS 03 33 95 unter 3.
308 AEAO zu § 52, Nr. 10.
309 BFH v. 14. 09. 1994 – I R 153/93, BStBl. II 1995, 499.
310 AEAO zu § 52, Nr. 10.
311 AEAO zu § 52, Nr. 10. Bei Vereinen, die das Amateurfilmen und -fotografieren fördern, und bei Oldtimer-Vereinen kann jedoch nach der Verwaltungsauffassung in AEAO zu § 52, Nr. 10 eine Steuerbegünstigung wegen der Förderung von Kunst oder (technischer) Kultur in Betracht kommen.
312 FG Berlin-Brandenburg v. 14. 11. 2023 – 8 K 8198/22, SIS 24 01 06, 1. Leitsatz.
313 FG Berlin-Brandenburg v. 14. 11. 2023 – 8 K 8198/22, SIS 24 01 06 unter II.2.a.

tischen Staatswesens liegt dann vor, wenn regelmäßig eigene politische Zwecke verfolgt werden.[314]

> *„Demokratie erfordert auch gewisse Mindestanforderungen an die politische Willensbildung ... Die Wähler müssen ihre politische Entscheidung aufgrund eines freien und offenen Prozesses der Meinungsbildung treffen können. Das demokratische Prinzip bedingt aber nicht nur die Parteien- und Wahldemokratie, sondern erfordert generell den aufgeklärten Bürger. Demokratie ist ... ohne Meinungs- und Versammlungsfreiheit nicht denkbar".*[315]

Nach Auffassung des FG Berlin-Brandenburg ist daher auch das Zurverfügungstellen einer Internetplattform, die es Nutzern ermöglicht, „Petitionen" zu erstellen und elektronisch „zu unterzeichnen", um verschiedene soziale Anliegen zu fördern, als Förderung des demokratischen Staatswesens zu behandeln; „Petitionen" sind nicht nur solche i. S. von Art. 17 GG.[316] 119

Nicht zur Förderung der Allgemeinheit gehören gem. § 52 Abs. 2 Satz 1 Nr. 24 AO Bestrebungen, die nur bestimmte Einzelinteressen staatsbürgerlicher Art verfolgen oder die auf den kommunalpolitischen Bereich beschränkt sind. 120

u) Förderung der Unterhaltung und Pflege von Friedhöfen und Gedenkstätten für nichtbestattungspflichtige Kinder und Föten (§ 52 Abs. 2 Satz 1 Nr. 26 AO)

aa) Förderung der Unterhaltung und Pflege von Friedhöfen

Bereits 1978 hatte der BFH entschieden, dass ein Verein, der die Feuerbestattung und die Friedhofskultur fördert und die Gemeinden bei der Errichtung und dem Betrieb von Krematorien berät, ausschließlich und unmittelbar gemeinnützigen Zwecken dienen kann.[317] 121

Nachdem jedoch das FG Münster 2018 entschieden hatte, dass ein Verein, dessen satzungsmäßiger Zweck darauf gerichtet ist, „einen Friedhof mit einer Trauerhalle für seine Mitglieder zu unterhalten", nicht gemeinnützig sei,[318] nahm der Gesetzgeber „die Förderung der Unterhaltung und Pflege von Friedhöfen und die Förderung der Unterhaltung von Gedenkstätten für nichtbestattungspflichtige Kinder und Föten" unter § 52 Abs. 2 Satz 1 Nr. 26 AO[319] in den Katalog der steuerbegünstigten Zwecke auf.[320]

Zu den steuerbegünstigten Zwecken gehören nach Verwaltungsauffassung u. a. die Aufgaben des Bestattungswesens wie etwa der Bestattungsvorgang, die

314 FG Berlin-Brandenburg v. 14.11.2023 – 8 K 8198/22, SIS 24 01 06 unter II.2.a.
315 FG Berlin-Brandenburg v. 14.11.2023 – 8 K 8198/22, SIS 24 01 06 unter II.2.b.
316 FG Berlin-Brandenburg v. 14.11.2023 – 8 K 8198/22, SIS 24 01 06, 3. Leitsatz; auf die von der Finanzverwaltung eingelegte Rev. wurde das Urteil mit BFH v. 12.12.2024 – V R 28/23, BStBl. II 2025, 431 aufgehoben.
317 BFH v. 14.12.1978 – I R 122/76, BStBl. II 1979, 491.
318 FG Münster v. 19.02.2018 – 13 K 3313/15 F, EFG 2018, 897. Die unter V B 39/18 eingelegte Nichtzulassungsbeschwerde wurde zurückgenommen.
319 Anzuwenden ab 29.12.2020.
320 Koenig/*Koenig*, AO, 4. Aufl. 2021, § 52 Rn. 66a.

Grabfundamentierung, das Vorhalten aller erforderlichen Einrichtungen und Vorrichtungen sowie die notwendigerweise anfallenden Dienstleistungen wie Wächterdienste, Sargaufbewahrung, Sargtransportdienste im Friedhofsbereich, Totengeleit, Kranzannahme, das Graben der Gruft, das Läuten der Glocken, die Ausschmückung des ausgehobenen Grabes, die musikalische Umrahmung der Trauerfeier und ähnliche Leistungen.[321]

bb) Förderung der Unterhaltung von Gedenkstätten für nichtbestattungspflichtige Kinder und Föten

122 Die gesetzlichen Rahmenbedingungen für den Umgang mit einem toten Körper sind von Bundesland zu Bundesland verschieden und im jeweiligen Bestattungsgesetz zu finden. Ein fehlgeborenes Kind ist vor dem Gesetz weder eine Person noch eine Leiche und somit auch nicht bestattungspflichtig.[322]

In Bremen z.B. ist eine Leibesfrucht mit einem Gewicht von weniger als 500 Gramm und ohne Lebenszeichen keine menschliche Leiche i. S. des Gesetzes.[323] Eine Bestattung ist in solchen Fällen nur möglich, wenn ein Elternteil die Bestattung wünscht und eine ärztliche Bescheinigung darüber vorliegt, dass es sich um eine Totgeburt mit einem Geburtsgewicht von unter 500 Gramm handelt.[324] Auch in Sachsen gilt eine Leibesfrucht mit einem Gewicht von unter 500 Gramm und ohne Lebenszeichen nicht als menschliche Leiche;[325] wünscht ein Elternteil in Sachsen eine Bestattung, ist eine formlose ärztliche Bestätigung über die Fehlgeburt vorzulegen.[326]

In Hessen besteht eine Bestattungspflicht für tot geborene Kinder, wenn diese mit einem Geburtsgewicht von mindestens 500 Gramm nach der 24. Schwangerschaftswoche geboren wurden.[327]

---

321 AEAO zu § 52, Nr. 2.9.

322 *Schwarz/Gscheidel*, Deutsche Hebammen Zeitschrift (DHZ) 1/2021, *https://www.dhz-online.de/no_cache/archiv/archiv-inhalt-heft/archiv-detail-abo/artikel/sternenkinder-bestatten/*(abgerufen am 08. 03. 2024).

323 § 1 Abs. 2 des Gesetzes über das Leichenwesen v. 16. 05. 2017, zuletzt geändert durch Art. 2 des Gesetzes vom 13. 12. 2022, Brem. GBl. 2022, 955, 957.

324 § 16 Abs. 1 Satz 3 des Gesetzes über das Leichenwesen v. 16. 05. 2017, zuletzt geändert durch Art. 2 des Gesetzes vom 13. 12. 2022, Brem. GBl. 2022, 955, 957.

325 § 9 Abs. 2 des Sächsischen Gesetzes über das Friedhofs-, Leichen- und Bestattungswesen (SächsBestG) v. 08. 07. 1994, SächsGVBl. 1994, 1321, zuletzt geändert durch das Gesetz v. 26. 04. 2018, SächsGVBl. 2018, 198.

326 § 18 Abs. 2 des Sächsischen Gesetzes über das Friedhofs-, Leichen- und Bestattungswesen (SächsBestG) v. 08. 07. 1994, SächsGVBl. 1994, 1321, zuletzt geändert durch das Gesetz v. 26. 04. 2018, SächsGVBl. 2018, 198.

327 § 9 Abs. 2 Satz 2 Friedhofs- und Bestattungsgesetz (FBG) v. 05. 07. 2007, Hess. GVBl. I 2007, 338, zuletzt geändert durch das Zweite Gesetz zur Änderung des Friedhofs- und Bestattungsgesetzes v. 23. 08. 2018, Hess. GVBl. 2018, 381.

Durch § 52 Abs. 2 Satz 1 Nr. 26 AO wird die Unterhaltung von Gedenkstätten für sog. *Sternenkinder*[328], die nach Landesbestattungsgesetzen nicht bestattet werden können[329], als Orte der Trauer gefördert.[330]

cc) Seelsorgerische Betreuung von Angehörigen

Die seelsorgerische Betreuung von Angehörigen ist nach Verwaltungsauffas- 123
sung als Förderung mildtätiger Zwecke gemäß § 53 AO anzusehen.[331]

v) Förderung wohngemeinnütziger Zwecke (§ 52 Abs. 2 Satz 1 Nr. 27 AO)

Zweck der durch das JStG 2024[332] eingefügten Vorschrift ist die vergünstigte 124
Wohnraumüberlassung an hilfebedürftige Personen i. S. des § 53 AO[333], deren Bezüge nicht höher sein dürfen als das Fünffache des Regelsatzes der Sozialhilfe; die Bezüge von Alleinstehenden oder Alleinerziehenden dürfen nicht höher sein als das Sechsfache des Regelsatzes der Sozialhilfe.

Bezahlbares Wohnen soll hierdurch für Personen mit geringen Einkommen – und damit für die Haushaltseinkommensgruppen, die von der steigenden Mietpreisentwicklung am stärksten betroffen sind – durch steuerbegünstigte Körperschaften ermöglicht werden. Eine solche Vermietung ist als ideelle Zweckverwirklichung anzusehen.[334]

Eine Prüfung der Bezüge erfolgt nur zu Beginn des Mietverhältnisses. Bei einem Mieterwechsel müssen die Voraussetzungen des § 53 AO auch bei der neuen Mietpartei zu Mietbeginn erfüllt sein.[335]

Eine starre Grenze, um wie viel sich die Miete von der marktüblichen Miete unterscheiden muss, ist dem Gesetz nicht zu entnehmen. Die Miete muss jedoch *dauerhaft* unter der marktüblichen Miete liegen. Eine Vermietung zu einem Mietzins, der nur die tatsächlichen Aufwendungen einschließlich der regulären Absetzung für Abnutzung deckt und keinen Gewinnaufschlag enthält, ist zulässig.[336]

---

328 Ein tot geborenes oder kurz nach der Geburt verstorbenes Kind wird als *Sternenkind* bezeichnet.

329 In Bayern *kann* „eine totgeborene oder während der Geburt verstorbene Leibesfrucht mit einem Gewicht von unter 500 Gramm (Fehlgeburt)" gem. Art. 6 Abs. 1 Satz 2 Bestattungsgesetz (BestG) v. 24. 09. 1970, zuletzt geändert durch § 1 des Gesetzes v. 02. 08. 2016, GVBl. 2016, 246 bestattet werden. In Berlin können Totgeborene mit einem Gewicht unter 1.000 Gramm sowie Fehlgeborene gem. § 15 Abs. 1 des Gesetzes über das Leichen- und Bestattungswesen (Bestattungsgesetz) v. 02. 11. 1973, GVBl. Berlin 1973, 1830, zuletzt geändert durch Art. 4 des Gesetzes v. 27. 09. 2021, GVBl. Berlin 2021, 1117 *auf Wunsch eines Elternteils* bestattet werden.

330 AEAO zu § 52, Nr. 2.9. So auch Koenig/*Koenig*, AO, 4. Aufl. 2021, § 52 Rn. 66a.

331 AEAO zu § 52, Nr. 2.9.

332 Jahressteuergesetz (JStG) 2024 v. 02. 12. 2024, BGBl. I 2024, Nr. 387, Art. 17 Nr. 1.

333 Vgl. hierzu Abschn. B.III.

334 BT-Drucks. 20/12780, 166.

335 BT-Drucks. 20/12780, 166.

336 BT-Drucks. 20/12780, 166.

Soweit eine steuerbegünstigte Körperschaft Wohnraum nicht vergünstigt oder nicht an eine begünstigte Person überlässt, führt dies nach der Gesetzesbegründung regelmäßig nicht zu einem Verlust der Gemeinnützigkeit; die Tätigkeit ist in solchen Fällen als steuerfreie Vermögensverwaltung zu behandeln.[337]

4. Aufnahmegebühren, Beiträge und Investitionsumlagen

125 Ein Verein, dessen Tätigkeit in erster Linie seinen Mitgliedern zugutekommt, fördert nicht die Allgemeinheit, wenn er den Kreis der Mitglieder durch hohe Aufnahmegebühren oder Mitgliedsbeiträge klein hält.[338]

a) Höchstgrenzen für Mitgliedsbeiträge und Aufnahmegebühren

126 Eine Förderung der Allgemeinheit i. S. des § 52 Abs. 1 AO ist nach Verwaltungsauffassung anzunehmen, wenn die Mitgliedsbeiträge o. ä. im Durchschnitt 1.023 Euro je Mitglied und Jahr und die Aufnahmegebühren für die im Jahr aufgenommenen Mitglieder im Durchschnitt 1.534 Euro nicht übersteigen.[339] Der durchschnittliche Mitgliedsbeitrag und die durchschnittliche Aufnahmegebühr sind aus dem Verhältnis der zu berücksichtigenden Leistungen der Mitglieder zu der Zahl der zu berücksichtigenden Mitglieder zu errechnen.[340]

127 Eine sog. „Eintrittsspende“[341] ist als schädlich anzusehen, wenn sie *tatsächlich* verlangt wird. „Erwartete Spenden“, mit denen ein Verein zwar kalkuliert hat und auf deren Zahlung der Verein nachhaltig besteht, können nach der Rechtsprechung des FG Berlin jedoch nicht einem zwingend zu leistenden Aufnahmeentgelt gleichgestellt werden, wenn keine rechtliche Verpflichtung zu einer solchen Zahlung besteht.[342]

128 Darlehen, die Mitglieder dem Verein im Zusammenhang mit ihrer Aufnahme in den Verein gewähren, sind nicht als zusätzliche Aufnahmegebühr zu erfassen. Wird das Darlehen jedoch zinslos oder zu einem günstigeren Zinssatz, als er auf dem Kapitalmarkt üblich ist, gewährt, ist der jährliche Zinsverzicht als zusätzlicher Mitgliedsbeitrag zu berücksichtigen.[343]

b) Maßgebliche Aufnahmegebühren und Mitgliedsbeiträge

129 Zu den maßgeblichen Aufnahmegebühren bzw. Mitgliedsbeiträgen gehören alle Geld- und geldwerten Leistungen, die eine Person aufwenden muss, um in den

337 BT-Drucks. 20/12780, 166.

338 AEAO zu § 52, Nr. 1.1. So auch BFH v. 13. 11. 1996 – I R 152/93, BStBl. II 1998, 711.

339 AEAO zu § 52, Nr. 1.1. Nach Auffassung des FG Münster v. 22. 01. 2001 – 9 K 1222/97 K, 9 K 1265/97 K, EFG 2001, 613 waren in den Jahren 1990 bis 1994 durchschnittliche Aufnahmegebühren von bis zu 3.378,– DM und durchschnittliche laufende Belastungen der Vereinsmitglieder in Höhe von bis zu 1.543,– DM p. a. *unschädlich* für die Annahme einer Förderung der Allgemeinheit.

340 AEAO zu § 52, Nr. 1.3.

341 Im entschiedenen Fall in einer Größenordnung von 20.000 Euro.

342 FG Berlin-Brandenburg v. 07. 10. 2020 – 8 K 8260/16, EFG 2021, 249. Die eingelegte Rev. war nach BFH v. 01. 02. 2022 – V R 43/20 unzulässig.

343 AEAO zu § 52, Nr. 1.3.1.5.

Verein aufgenommen zu werden bzw. in ihm verbleiben zu können, also auch Sonderzahlungen.

Umlagen, die von den Mitgliedern erhoben werden, sind ebenso – mit Ausnahme zulässiger Investitionsumlagen – bei der Berechnung der durchschnittlichen Aufnahmegebühren oder Mitgliedsbeiträge zu berücksichtigen.[344] 130

c) Investitionsumlagen

Es widerspricht nicht der Gemeinnützigkeit, wenn ein Verein, dessen Tätigkeit 131 in erster Linie seinen Mitgliedern zugutekommt, neben Aufnahmegebühren und Mitgliedsbeiträgen zusätzlich eine Investitionsumlage für die Finanzierung konkreter Investitionsvorhaben erhebt. Diese darf aber höchstens 5.113 Euro innerhalb von zehn Jahren je Mitglied betragen; die Mitglieder müssen die Möglichkeit haben, die Zahlung der Umlage auf bis zu zehn Jahresraten zu verteilen.[345]

Unschädlich ist neben der zeitnahen Verwendung der Mittel für Investitionen 132 auch die Ansparung für künftige Investitionsvorhaben im Rahmen der nach § 62 Abs. 1 Nr. 1 AO zulässigen Rücklagen[346] und die Verwendung dieser für die Tilgung von Darlehen, die für die Finanzierung von Investitionen aufgenommen worden sind.[347]

d) Spenden oder Sonderzahlungen?

Bei Zahlungen im Zusammenhang mit der Aufnahme in einen Sportverein prüft 133 das Finanzamt, ob es sich um freiwillige unentgeltliche Zuwendungen, also um Spenden, oder um Sonderzahlungen handelt, zu deren Leistung die neu eintretenden Mitglieder verpflichtet sind.

Eine faktische Verpflichtung ist regelmäßig dann anzunehmen, wenn mehr als 134 75 v.H. der neu eingetretenen Mitglieder neben der Aufnahmegebühr eine gleich oder ähnlich hohe Sonderzahlung leisten. Die 75 v.H.-Grenze ist eine *widerlegbare* Vermutung für das Vorliegen von Pflichtzahlungen; maßgeblich sind die tatsächlichen Verhältnisse des Einzelfalls.[348]

III. Mildtätige Zwecke gem. § 53 AO

Mildtätigkeit ist nach § 53 AO gegeben, wenn die Tätigkeit einer Körperschaft 135 darauf gerichtet ist, Personen selbstlos zu unterstützen, die infolge ihres körper-

344 AEAO zu § 52, Nr. 1.3.1.1.
345 AEAO zu § 52, Nr. 1.2.
346 Vgl. hierzu Abschn. D.VI.2.
347 AEAO zu § 52, Nr. 1.2.
348 AEAO zu § 52, Nr. 1.3.1.7.

lichen, geistigen oder seelischen Zustands auf die Hilfe anderer angewiesen sind oder wirtschaftliche Unterstützung[349] bedürfen.

1. Persönliche Hilfebedürftigkeit

136 Eine persönliche Hilfebedürftigkeit liegt bei Personen vor, die infolge ihres körperlichen, geistigen oder seelischen Zustands auf die Hilfe anderer angewiesen sind. Solche Hilfen dürfen *ohne Rücksicht* auf die wirtschaftliche Unterstützungsbedürftigkeit gewährt werden.[350]

a) In Betracht kommende Personen

137 Kleinkinder sind generell als hilfebedürftig anzusehen.[351]

Personen, die pflegebedürftig i. S. des § 61a Abs. 1 SGB XII[352] sind, haben nach § 61 Satz 1 SGB XII grundsätzlich Anspruch auf Hilfe zur Pflege. Hierbei handelt es sich um Personen, die körperliche, kognitive (geistige) oder psychische Beeinträchtigungen der Selbständigkeit oder der Fähigkeiten aufweisen, psychische Beeinträchtigungen oder gesundheitlich bedingte Belastungen oder Anforderungen nicht selbständig kompensieren oder bewältigen können und deshalb der Hilfe durch Andere bedürfen.

138 Auch die individuelle Hilfe in *Krankheitsfällen* kann unter den Aspekt der Mildtätigkeit i. S. von § 53 Satz 1 Nr. 1 AO fallen;[353] das betrifft u. a. die Hilfe bei Suchterkrankungen.[354] Bei Personen in häuslicher Quarantäne oder für Personen, die aufgrund ihres Alters oder ihrer Vorerkrankungen zu einem besonders gefährdeten Personenkreis gehören, ist von einer körperlichen Hilfebedürftigkeit auszugehen.[355] Es kommt nicht darauf an, ob die Hilfebedürftigkeit dauernd oder für längere Zeit besteht;[356] begünstigt sind auch Hilfeleistungen wegen einer kurzzeitigen krankheitsbedingten Behinderung.[357]

---

349 Hierbei handelt es sich um Personen, deren Bezüge nicht höher sind als das Vierfache bzw. das Fünffache des Regelsatzes der Sozialhilfe i. S. von § 28 SGB XII. Zu Einzelheiten vgl. AEAO zu § 53, Nr. 5 ff.

350 AEAO zu § 53, Nr. 4. So bereits BFH v. 02. 12. 1955 – III 99/55 U, BStBl. III 1956, 22 unter III.1.

351 FG Düsseldorf v. 28. 10. 2019 – 6 K 94/16 K, EFG 2020, 301 unter 1.2.1 m. N.

352 Sozialgesetzbuch (SGB) Zwölftes Buch (XII) v. 27. 12. 2003, BGBl. I 2003, 3022, zuletzt geändert durch Art. 7 des Gesetzes zur Anpassung von Datenübermittlungsvorschriften im Ausländer- und Sozialrecht (DÜV-AnpassG) v. 08. 05. 2024, BGBl. I 2024, Nr. 152. § 61a SGB XII wurde eingefügt durch das Gesetz v. 23. 12. 2016, BGBl. I 2016, 3191 mit Wirkung v. 01. 01. 2017. Die für die Beurteilung der Beeinträchtigungen der Selbständigkeit oder Fähigkeiten maßgeblichen Bereiche ergeben sich aus § 61a Abs. 2 SGB XII.

353 BFH v. 06. 02. 2013 – I R 59/11, BStBl. II 2013, 603 unter II.3.b.

354 Vgl. FG Köln v. 18. 06. 2015 – 10 K 759/13, EFG 2015, 1634 zu stationären Einrichtungen der Gefährdetenhilfe.

355 BMF v. 09. 04. 2020 – IV C 4 – S 2223/19/10003 :003 (DOK 2020/0308754), BStBl. I 2020, 498 unter II im Zusammenhang mit steuerlichen Maßnahmen zur Förderung der Hilfe für von der Corona-Krise Betroffene.

356 Klein/*Gersch*, AO, 13. Aufl. 2016, § 53 Rn. 5.

357 Koenig/*Koenig*, AO, 4. Aufl. 2021, § 53 Rn. 7.

Bei Personen, die das 75. Lebensjahr vollendet haben, ist die körperliche Hilfebedürftigkeit ohne weitere Nachprüfung anzunehmen.[358] 139

b) Nachweis der persönlichen Hilfebedürftigkeit

aa) Grundsatz

Eine „persönliche Hilfebedürftigkeit" ist grundsätzlich durch entsprechende Nachweise wie z. B. Bescheide der Pflegeversicherung über einen Pflegegrad, Gutachten des medizinischen Dienstes der gesetzlichen oder privaten Krankenversicherungen oder – in Krankheitsfällen – durch eine Bescheinigung des behandelnden Arztes, ggf. auch durch ein amts- oder vertrauensärztliches Attest zu belegen. Betreuungs- oder Pflegemöglichkeiten durch Angehörige haben jedoch keinen Einfluss auf die Frage der Hilfebedürftigkeit.[359] 140

> *Praxishinweis:* 141
>
> Eine „persönliche Hilfebedürftigkeit" ist durch entsprechende Unterlagen nachzuweisen; eine tatsächliche Betreuung oder Pflege durch Angehörige reicht nicht aus.

bb) Anerkennung als behinderter Mensch

Eine persönliche Hilfebedürftigkeit ergibt sich regelmäßig aus der Anerkennung als behinderter Mensch.[360] Voraussetzung für die Anerkennung als Behinderter ist ein Antrag des behinderten Menschen bei den für die Durchführung des Bundesversorgungsgesetzes zuständigen Behörden[361] auf Feststellung einer Behinderung und den Grad der Behinderung gem. § 152 Abs. 1 SGB IX.[362] 142

cc) Beeinträchtigung der Teilhabe am Leben in der Gesellschaft

Menschen sind gem. § 2 Abs. 1 SGB IX *behindert*, wenn ihre körperliche Funktion, geistige Fähigkeit oder seelische Gesundheit mit hoher Wahrscheinlichkeit 143

---

358 AEAO zu § 53, Nr. 4; kritisch hierzu FG Schleswig-Holstein v. 21. 10. 1992 – IV 530/92, EFG 1993, 347 und FG Münster v. 25. 02. 2020 – 15 K 2427/17 U, EFG 2020, 811 unter C.I.2.b, die zu Recht darauf hinweisen, dass die Zugehörigkeit zum Personenkreis der körperlich oder geistig pflegebedürftigen Personen nicht ab einem bestimmten Lebensalter unterstellt werden dürfe.

359 Koenig/*Koenig*, AO, 4. Aufl. 2021, § 53 Rn. 7.

360 Vgl. FG Berlin v. 06. 10. 2003 – 8 K 8844/99, EFG 2004, 316. Zum Nachweis der Behinderung oder eines Pflegegrads vgl. § 65 EStDV.

361 Z. B. dem Landesamt für Gesundheit und Soziales – Versorgungsamt – in Berlin oder dem Hessischen Amt für Versorgung und Gesundheit – Versorgungsamt –.

362 Sozialgesetzbuch (SGB) Neuntes Buch (IX) – Rehabilitation und Teilhabe behinderter Menschen – v. 19. 06. 2001, BGBl. I 2001, 1046, mit Wirkung v. 01. 01. 2018 außer Kraft getreten. Ab 01. 01. 2018 gilt die Fassung v. 23. 12. 2016, BGBl. I 2016, 3234, zuletzt geändert durch Art. 6 des Haushaltsfinanzierungsgesetzes 2024 v. 22. 12. 2023, BGBl. I 2023, Nr. 412. Liegen mehrere Beeinträchtigungen der Teilhabe am Leben in der Gesellschaft vor, so wird der Grad der Behinderung gem. § 152 Abs. 3 SGB IX nach den Auswirkungen der Beeinträchtigungen in ihrer Gesamtheit unter Berücksichtigung ihrer wechselseitigen Beziehungen festgestellt.

länger als sechs Monate von dem für das Lebensalter typischen Zustand abweichen und daher ihre Teilhabe am Leben in der Gesellschaft beeinträchtigt ist.

dd) Ausweis über die Eigenschaft als schwerbehinderter Mensch

144 Ab einem Grad der Behinderung von 50 gilt ein behinderter Mensch gem. § 2 Abs. 2 SGB IX als *schwerbehindert.* Auf Antrag des behinderten Menschen stellen die zuständigen Behörden gem. § 152 Abs. 5 SGB IX einen *Ausweis* über die Eigenschaft als *schwerbehinderter* Mensch, den Grad der Behinderung und ggf. über weitere gesundheitliche Merkmale aus.

ee) Merkzeichen im Schwerbehindertenausweis sind nicht erforderlich

145 Nach Auffassung des Verfassers sind für eine Hilfebedürftigkeit jedoch weder die Merkzeichen[363] „aG" (für außergewöhnliche Gehbehinderung), „Bl" (für Blindheit), „G" (für eine erhebliche Beeinträchtigung in der Bewegungsfähigkeit), „Gl" (für Gehörlosigkeit), „H" (für Hilflosigkeit)[364] oder „TBl" (für Taub-Blindheit) im Schwerbehindertenausweis noch ein Grad der Behinderung von 80[365] oder gar 100 erforderlich. Ob ein Feststellungsbescheid des Versorgungsamts über einen Grad der Behinderung[366] von weniger als 50 als Nachweis einer persönlichen Hilfebedürftigkeit ausreicht, ist höchstrichterlich bisher nicht entschieden worden.

ff) Hohe Indizwirkung für den tatsächlichen Grad der Hilfebedürftigkeit

146 An die vorzulegenden Bescheinigungen, Ausweise oder Bescheide der zuständigen Behörden sind die Finanzbehörden gebunden.[367] Nach Auffassung des FG Köln entfaltet ein ordnungsgemäßer Schwerbehindertenausweis eine hohe Indizwirkung für den tatsächlichen Grad der Hilfebedürftigkeit, so dass grundsätzlich keine Veranlassung besteht, die Richtigkeit des Schwerbehindertenauswei-

---

363 Vgl. § 3 Schwerbehindertenausweisverordnung v. 25. 07. 1991, BGBl. I 1991, 1739, zuletzt geändert durch Art. 52 des Gesetzes v. 20. 08. 2021, BGBl. I 2021, 3932.

364 Nach § 65 Abs. 2 Satz 2 EStDV steht dem Merkzeichen „H" die Einstufung als pflegebedürftige Person mit *schwersten* Beeinträchtigungen der Selbständigkeit oder der Fähigkeiten in die Pflegegrade 4 oder 5 nach SGB XI, SGB XII oder diesen entsprechenden gesetzlichen Bestimmungen gleich.

365 Der Sozialverband VdK Berlin-Brandenburg setzt nach *https://www.vdk.de/berlin-brandenburg/downloadmime/4865/Erkl_rung_nach_53_AO.pdf* (abgerufen am 05. 02. 2023) u. a. einen Grad der Behinderung von 80 voraus, während die VdK-Sozialrechtsschutz gGmbH nur die Vorlage eines Schwerbehindertenausweises (ggf. mit Merkzeichen) oder eines anderen Nachweises über einen Grad der Behinderung von 50 verlangt. Vgl. *https://www.vdk.de/kv-ehingen/downloadmime/101496/Hilfe+zum+Ausf%C3%BCllen068.pdf* (abgerufen am 05. 02. 2023).

366 Die Feststellung eines Grads der Behinderung erfolgt gem. § 152 Abs. 1 Satz 6 SGB IX nur, wenn dieser wenigstens 20 beträgt. Da auch der Pauschbetrag nach § 33b Abs. 2 EStG i. V. m. § 52 Abs. 33c EStG erst ab einem Grad der Behinderung von 20 gewährt wird, sollte ein solcher Grad der Behinderung auch für Zwecke des § 53 Satz 1 Nr. 1 AO ausreichen.

367 H 33b EStH, Stichwort „Nachweis der Behinderung" mit Verweis auf BFH v. 05. 02. 1988 – III R 244/83, BStBl. II 1988, 436.

ses anzuzweifeln und den Grad der Hilfebedürftigkeit anders als dort festgestellt zu beurteilen.[368]

2. Personen mit wirtschaftlicher Hilfebedürftigkeit

Neben den Personen, die infolge ihres körperlichen, geistigen oder seelischen Zustands auf die Hilfe anderer angewiesen sind, dürfen auch solche Personen unterstützt werden, die aus *wirtschaftlichen* Gründen einer Hilfe bedürfen. 147

a) Grenzen der wirtschaftlichen Hilfebedürftigkeit

aa) Grundsatz

Die wirtschaftliche Hilfebedürftigkeit i. S. § 53 Satz 1 Nr. 2 AO einer Person orientiert sich an deren Einkommen und Vermögen. 148

Lebt eine hilfebedürftige Person mit einer anderen Person in einem gemeinsamen Haushalt so zusammen, „dass nach verständiger Würdigung der wechselseitige Wille anzunehmen ist, Verantwortung füreinander zu tragen und füreinander einzustehen", ist für die Hilfebedürftigkeit auch das Einkommen und das Vermögen des Partners zu berücksichtigen.[369] 149

Eine wirtschaftliche Hilfebedürftigkeit gilt bei Empfängern von Leistungen nach dem SGB II[370] oder SGB XII, des Wohngeldgesetzes[371], nach § 27a BVG[372] oder nach § 6a BKGG[373] gem. § 53 Satz 6 AO als nachgewiesen. 150

bb) Regelsätze der Sozialhilfe

Nach § 53 Satz 1 Nr. 2 AO können Personen – ohne dass die Körperschaft ihre Steuerbegünstigung verliert[374] – unterstützt werden, deren Bezüge das *Vierfa-* 151

368 FG Köln v. 13.07.2000 – 3 K 4142/97, EFG 2000, 1082 unter 1.a zu § 10 Abs. 1 Nr. 8 Buchst. b EStG für die Jahre 1992 bis 1994.

369 BFH v. 28.04.2020 – VI R 43/17 (ECLI:DE:BFH:2020:U.280420.VIR43.17.0), BStBl. II 2021, 209 unter II.4.b.bb mit Verweis auf §§ 7 Abs. 3 Satz 3 Buchst. c, 9 Abs. 2 Satz 1 SGB II.

370 Sozialgesetzbuch (SGB) Zweites Buch v. 13.05.2011, BGBl. I 2011, 852, zuletzt geändert durch Art. 4 des Gesetzes zur Anpassung von Datenübermittlungsvorschriften im Ausländer- und Sozialrecht (DÜV-AnpassG) v. 08.05.2024, BGBl. I 2024, 152.

371 Wohngeldgesetz v. 24.09.2008, BGBl. I 2008, 1856, zuletzt geändert durch Art. 50 des Jahressteuergesetzes (JStG) 2024 v. 02.12.2024, BGBl. I 2024, Nr. 387.

372 Gesetz über die Versorgung der Opfer des Krieges v. 22.01.1982, BGBl. I 1982, 21, zuletzt geändert durch Art. 1 der 28. KOV-Anpassungsverordnung v. 21.06.2023, BGBl. I 2023, Nr. 165; außer Kraft gesetzt zum 01.01.2024 durch Art. 60 Abs. 7 des Gesetzes v. 12.12.2019, BGBl. I 2019, 2652, 2723. Für Anträge auf Leistungen der Sozialen Entschädigung, die ab dem 01.01.2024 gestellt werden, ist das Sozialgesetzbuch Vierzehntes Buch – Soziale Entschädigung – (SGB XIV) v. 12.12.2019, BGBl. I 2019, 2652, zuletzt geändert durch Art. 1 der Verordnung zur Anpassung der Entschädigungszahlungen nach dem Vierzehnten Buch Sozialgesetzbuch v. 17.06.2024, BGBl. 2024 I, Nr. 195 anzuwenden.

373 Bundeskindergeldgesetz v. 28.01.2009, BGBl. I 2009, 142, zuletzt geändert durch Art. 42 des Jahressteuergesetzes (JStG) 2024 v. 02.12.2024, BGBl. I 2024, Nr. 387.

374 AEAO zu § 53, Nr. 5.

che, bei Alleinstehenden oder Alleinerziehenden das *Fünffache* des jeweiligen Regelsatzes der Sozialhilfe i. S. des § 28 SGB XII nicht übersteigen.

152 Ab 01.01.2024 betragen die Regelsätze im Bereich der Sozialhilfe und des Bürgergelds für jede alleinlebende erwachsene Person, die in einer Wohnung lebt, 563 Euro (bisher: 502 Euro) und 506 Euro (bisher: 451 Euro) für jede erwachsene Person, wenn sie in einer Wohnung mit einem Ehegatten oder Lebenspartner oder in eheähnlicher oder lebenspartnerschaftsähnlicher Gemeinschaft mit einem Partner zusammenlebt. Für die übrigen Haushaltsangehörigen betragen die Regelsätze für einen Jugendlichen vom Beginn des 14. bis zur Vollendung des 17. Lebensjahres 471 Euro (bisher: 420 Euro), für ein Kind vom Beginn des sechsten bis zur Vollendung des 13. Lebensjahres 390 Euro (bisher: 348 Euro) und für ein Kind bis zur Vollendung des fünften Lebensjahres 357 Euro (bisher: 318 Euro).[375]

153 **Beispiel:**

Für eine Familie in 2025, bestehend aus Vater, Mutter und einem Kind im Alter von drei Jahren, die zusammen in einem Haushalt leben, ergeben sich folgende Monats- und Jahreseinkommensgrenzen i. S. von § 53 Satz 1 Nr. 2 AO:

(Beträge in Euro)	Regelsatz	Faktor 4
Vater	506	2.024
Mutter	506	2.024
Kind	357	1.428
Monatliche Einkommensgrenze		5.476
Jahreseinkommensgrenze		65.712

Etwaige Mehrbedarfszuschläge zum Regelsatz sind nicht zu berücksichtigen. Leistungen für die Unterkunft werden nicht gesondert berücksichtigt.[376]

cc) Bezüge i. S. von § 53 Satz 1 Nr. 2 AO

154 Zu den Bezügen i. S. von § 53 Satz 1 Nr. 2 AO zählen neben den Einkünften i. S. des § 2 Abs. 1 EStG[377] auch die für die Bestreitung des Unterhalts bestimmten oder geeigneten Bezüge *aller* Haushaltsangehörigen, also auch solche Einnahmen, die im Rahmen der steuerlichen Einkünfteermittlung nicht erfasst werden.[378] Das bedeutet z. B. für Rentenempfänger, dass der nach § 22 Nr. 1 Satz 3

375 Anlage zu § 28 SGB XII. Vgl. *https://www.bundesregierung.de/breg-de/themen/arbeit-und-soziales/regelsaetze-erhoehung-2222924* (abgerufen am 29.11.2023). Für 2025 erfolgt nach *https://www.bundesregierung.de/breg-de/aktuelles/nullrunde-buergergeld-2309118* (abgerufen am 10.12.2024) keine Anpassung der Regelsätze. Zu den Regelsätzen für 2011–2016 nach der Anlage zu § 28 SGB XII vgl. OFD Frankfurt v. 07.03.2016 – S 0172 A – 3 – St 53, SIS 16 07 77.

376 AEAO zu § 53, Nr. 5.

377 Einkommensteuergesetz v. 08.10.2009, BGBl. I 2009, 3369, zuletzt geändert durch Art. 6 des Jahressteuergesetzes (JStG) 2024 v. 02.12.2024, BGBl. I 2024, Nr. 387.

378 AEAO zu § 53, Nr. 6 mit Verweis auf BFH v. 02.08.1974 – VI R 148/71, BStBl. II 1975, 139.

Buchst. a EStG steuerpflichtige Rentenanteil nach § 53 Satz 4 Buchst. a AO zu erfassen ist und der steuerfrei bleibende Rentenanteil als Bezug nach § 53 Satz 4 Buchst. b AO.[379]

Für den Begriff der „Einkünfte" sind die Verwaltungsanweisungen zu § 33a EStG zu beachten.[380] Hierzu gehören gem. R 33a.1 Abs. 3 EStR 2012[381] „insbesondere": 155

- Kapitalerträge i. S. des § 32d Abs. 1 EStG ohne Abzug des Sparer-Pauschbetrags nach § 20 Abs. 9 EStG;
- Einkünfte und Leistungen, soweit sie dem Progressionsvorbehalt gem. § 32b EStG unterliegen;
- steuerfreie Einnahmen nach § 3 Nr. 1 Buchst. a, Nr. 3, 5, 6, 11, 27, 44 und 58 EStG und § 3b EStG;
- die nach § 3 Nr. 40 und 40a EStG steuerfrei bleibenden Beträge abzüglich der damit in Zusammenhang stehenden Aufwendungen i. S. des § 3c EStG;
- pauschal besteuerte Bezüge nach § 40a EStG;
- Zuschüsse eines Trägers der gesetzlichen Rentenversicherung zu den Aufwendungen eines Rentners für seine (private) Krankenversicherung.

Darüber hinaus sind die in § 33a Abs. 1 Satz 5 2. Halbsatz EStG genannten steuerfreien Gewinne nach den §§ 14, 16 Abs. 4 EStG, § 17 Abs. 3 EStG und § 18 Abs. 3 EStG, die nach § 19 Abs. 2 EStG steuerfrei bleibenden Einkünfte sowie Sonderabschreibungen und erhöhte Absetzungen, soweit sie die höchstmöglichen Absetzungen für Abnutzung nach § 7 EStG übersteigen, anzusetzen.[382] Zu berücksichtigen sind nach Auffassung des Verfassers auch die seit 2022 gem. § 3 Nr. 72 EStG steuerfreien Einnahmen und Entnahmen aus dem Betrieb kleiner Photovoltaikanlagen. 156

Auch *einmalige* Bezüge wie z. B. Lottogewinne oder Geldgeschenke sind zu berücksichtigen,[383] ebenso Ausbildungsbeihilfen aus öffentlichen Mitteln und Lohnersatzleistungen wie Arbeitslosengeld und -hilfe, Krankengeld und Mutterschaftsgeld,[384] das einem Zivildienstleistenden gezahlte Entlassungsgeld,[385] 157

379 AEAO zu § 53, Nr. 7.

380 AEAO zu § 53, Nr. 5.

381 Einkommensteuer-Richtlinien 2012 (EStR) v. 16. 12. 2005, BStBl. I Sondernummer 1/2005, geändert durch Einkommensteuer-Änderungsrichtlinien 2008 (EStÄR 2008) v. 18. 12. 2008, BStBl I 2008, 1017 und Einkommensteuer-Änderungsrichtlinien 2012 (EStÄR 2012) v. 25. 03. 2013, BStBl. I 2013, 276.

382 BFH v. 20. 10. 2016 – VI R 57/15, BStBl. 2017 II, 194 unter II.1.a.

383 *Baldauf* in Brandis/Heuermann, Ertragsteuerrecht, Stand: 163. Lfg. 2022, EStG, § 33a Rn. 219.

384 Schmidt/*Loschelder*, EStG, 41. Aufl. 2022, § 33a Rn. 28.

385 Vgl. BFH v. 14. 05. 2002 – VIII R 57/00, BStBl. II 2002, 746 zu dem bis 2011 gezahlten und nach § 3 Nr. 5 EStG steuerfreien Entlassungsgeld, das im Jahr des Zuflusses zu erfassen war.

Unterhaltsleistungen des geschiedenen Ehegatten[386] sowie das nach dem BEEG[387] gewährte Elterngeld „in voller Höhe".[388]

158 Nach Auffassung des Verfassers gehört auch das nach § 3 Nr. 36 EStG steuerfreie Pflegegeld, das eine Pflegeperson von einem Pflegebedürftigen der Pflegegrade 2 bis 5 erhält, der infolge Krankheit oder Behinderung auf Pflege angewiesen ist und gem. § 3 SGB XI[389] im häuslichen Bereich gepflegt wird, zu den Bezügen i. S. von § 53 Satz 4 Buchst. b AO. Es handelt sich hierbei um Entgelt, das zur Bestreitung des Unterhalts der Pflegeperson geeignet ist[390], keinen Aufwendungsersatz[391] darstellt und für das die Pflegekassen gem. § 44 Abs. 1 SGB XI verpflichtet sind, Rentenversicherungsbeiträge abzuführen.

386 Klein/*Gersch*, AO, 13. Aufl. 2016, § 53 Rn. 11 weist darauf hin, dass nur „gezahlte und empfangene Unterhaltsleistungen zählen"; der Anspruch selbst führt noch nicht zu einer Berücksichtigung. Nach Auffassung des Verfassers gehören Unterhaltsleistungen bis zur Höhe der Sozialhilfe jedoch dann nicht zu den Bezügen i. S. von § 53 Satz 1 Nr. 2 AO, wenn der bzw. die Unterhaltsberechtigte ohne die erhaltenen Unterhaltsleistungen Anspruch auf Leistungen der Sozialhilfe hätte.

387 Gesetz zum Elterngeld und zur Elternzeit v. 27.01.2015, BGBl. I 2015, 34, zuletzt geändert durch Art. 12 des Gesetzes zur Regelung eines Sofortzuschlages und einer Einmalzahlung in den sozialen Mindestsicherungssystemen sowie zur Änderung des Finanzausgleichsgesetzes und weiterer Gesetze v. 23.05.2022, BGBl. I 2022, 760.

388 BFH v. 20.10.2016 – VI R 57/15, BStBl. II 2017, 194 unter II.2.c. Hiernach hat der Gesetzgeber das *Elterngeld* – im Gegensatz zum Erziehungsgeld – insgesamt als Einkünfteersatz ausgestaltet. Das bis 2006 gewährte *Erziehungsgeld* nach dem BErzGG (Neufassung v. 09.02.2004, BGBl. I 2004, 206; aufgehoben durch Art. 3 des Gesetzes v. 05.12.2006, BGBl. I 2006, 2748) gehörte dagegen nach Auffassung des BFH v. 24.11.1994 – III R 37/93, BStBl. II 1995, 527 nicht zu den „anrechenbaren anderen Bezügen" i. S. von § 33a Abs. 1 EStG; so auch Koenig/*Koenig*, AO, 4. Aufl. 2021, § 53 Rn. 14.

389 Sozialgesetzbuch (SGB) Elftes Buch – Soziale Pflegeversicherung – v. 26.05.1994, BGBl. I 1994, 1014, zuletzt geändert durch Art. 4 des Gesetzes über die Auszahlung der Erwerbsminderungsrenten-Bestandsverbesserung (EM-Bestandsrentenverbesserungsauszahlungsgesetz) v. 30.05.2024, BGBl. I 2024, Nr. 173.

390 Das Pflegegeld beträgt 2025 je nach Pflegegrad des Pflegebedürftigen zwischen 347 Euro und 990 Euro monatlich.

391 Aufwendungen für zum Verbrauch bestimmter Pflegehilfsmittel werden bis zu einem Betrag von 42 Euro monatlich von den Pflegekassen gem. § 40 Abs. 2 SGB XI getragen. Auch technische Hilfsmittel für die häusliche Pflege werden von den Pflegekassen gem. § 40 Abs. 3 SGB XI zur Verfügung gestellt.

dd) Einnahmen, die nicht zur Bestreitung des Unterhalts bestimmt oder geeignet sind

(1) Leistungen der Sozialhilfe

Leistungen der Sozialhilfe zählen grundsätzlich nicht zu den Bezügen i. S. des § 53 Satz 1 Nr. 2 AO.[392] 159

(2) Pflegegeld nach § 37 Abs. 1 SGB XI

Im Zusammenhang mit der Anrechnung von Einkünften oder Bezügen auf Aufwendungen i. S. von § 33a Abs. 1 Satz 1 f. EStG hatte der BFH bereits 1957 entschieden, dass dies auch für Bezüge gilt, die zur Bestreitung des Unterhalts bestimmt oder geeignet sind.[393] Hierbei sind jedoch nur solche Bezüge zur Bestreitung des Unterhalts bestimmt oder geeignet, die dem Empfänger nicht zweckgebunden zufließen. *Zweckgebundene Bezüge* stehen einem Unterstützungsempfänger für dessen üblichen Lebensunterhalt nicht zur Verfügung und erhöhen auch nicht seine allgemeine wirtschaftliche Leistungsfähigkeit.[394] 160

Das nach § 3 Nr. 1 Buchst. a EStG steuerfreie *Pflegegeld*, das einem Pflegebedürftigen von der Pflegeversicherung für eine Pflegeperson i. S. von § 37 Abs. 1 SGB XI gewährt und von dem Pflegebedürftigen in voller Höhe an diese Pflegeperson für deren Dienste gezahlt wird[395], gehört daher nach Auffassung des Verfassers – entgegen R 33a.1 Abs. 3 EStR 2012[396] – nicht zu den Bezügen i. S. des § 53 Satz 1 Nr. 2 AO, da es gem. § 37 Abs. 1 Satz 2 SGB XI *zweckgebunden* gewährt wird und somit nicht zur Bestreitung des Unterhalts des Pflegebedürftigen „bestimmt oder geeignet" ist. 161

(3) Leistungen aus der sog. „Conterganrente"

Bei der Berechnung der Einkünfte und Bezüge eines volljährigen, aufgrund einer Schädigung durch *„Contergan"*[397] von Geburt an behinderten Kindes sind 162

392 R 99 Abs. 4 der Umsatzsteuer-Richtlinien (UStR) 2008 zu § 4 Nr. 16 UStG a. F. So auch Schmidt/*Loschelder*, EStG, 41. Aufl. 2022, § 33a Rn. 29 mit Verweis auf BFH v. 02.07.1988 – III R 253/83, BStBl. II 1988, 830. Diese Entscheidung betraf die nach dem Bundessozialhilfegesetz (BSHG) v. 30.06.1961, BGBl. I 1961, 815 (zuletzt geändert durch Art. 7 des Gesetzes v. 23.12.2002, BGBl. I 2002, 4621) gewährten Beträge für Krankenhilfe und häusliche Pflege, also die *an eine pflegebedürftige Person* erstatteten „angemessenen Aufwendungen für Wartung und Pflege im häuslichen Bereich".

393 BFH v. 22.03.1957 – VI 206/56 U, BStBl. III 1957, 228.

394 BFH v. 11.07.1990 – III R 111/86, BStBl. II 1991, 62 unter II.1.

395 Der Anspruch nach § 37 Abs. 1 Satz 2 SGB XI setzt voraus, dass der Pflegebedürftige mit dem *Pflegegeld* die erforderlichen körperbezogenen Pflegemaßnahmen und pflegerischen Betreuungsmaßnahmen sowie Hilfen bei der Haushaltsführung in geeigneter Weise *selbst* sicherstellt.

396 R 33a.1 Abs. 3 EStR 2012 verweist u. a. auf steuerfreie Einnahmen i. S. von § 3 Nr. 1 Buchst. a EStG.

397 „Contergan" war ein in den 50er Jahren auf dem deutschen Arzneimittelmarkt befindliches Beruhigungs- und Schlafmittel für Schwangere.

die Leistungen der Conterganstiftung[398] (die sog. „Conterganrente“) *nicht* zu berücksichtigen. Bei den Leistungen nach dem ContStifG[399] handelt es sich um Schmerzensgeld; sie „sind nicht zur Bestreitung des Unterhalts bestimmt oder geeignet und dienen vorrangig dem Ausgleich des immateriellen Schadens“.[400]

ee) Einnahmen, die einen tatsächlichen Aufwand abgelten

163 Die nach § 3 Nr. 12, 13, 26, 26a und 30 EStG steuerfreien Einnahmen werden in R 33a.1 EStR nicht erwähnt. Hierbei handelt es sich um Einnahmen, die einen tatsächlichen Aufwand abgelten sollen und nicht zur Bestreitung des Unterhalts bestimmt oder geeignet sind; sie gehören nicht zu den Bezügen i. S. von § 33a EStG.[401] Unter Berücksichtigung des Verweises in AEAO zu § 53, Nr. 5 auf § 33a EStG gehören die folgenden Einnahmen daher nicht zu den Bezügen i. S. des § 53 Satz 1 Nr. 2 AO:[402]

- *Einnahmen* gem. § 3 Nr. 12 EStG aus einer Kasse des Bundes, eines Landes oder einer Kommune, die als Aufwandsentschädigung festgesetzt sind und als Aufwandsentschädigung im Haushaltsplan ausgewiesen werden;
- aus öffentlichen Kassen gezahlte Reisekostenvergütungen, Umzugskostenvergütungen und Trennungsgelder gem. § 3 Nr. 13 EStG;
- Aufwandsentschädigungen für nebenberufliche Tätigkeiten gem. § 3 Nr. 26 u. 26a EStG;
- Entschädigungen für die betriebliche Benutzung von Werkzeugen eines Arbeitnehmers (sog. Werkzeuggeld) gem. § 3 Nr. 30 EStG.

ff) Zu berücksichtigende Aufwendungen

164 Bei der Feststellung der Bezüge i. S. von § 53 Satz 4 Buchst. b AO sind aus *Vereinfachungsgründen* insgesamt 180 Euro im Kalenderjahr abzuziehen, wenn nicht höhere Aufwendungen, die in wirtschaftlichem Zusammenhang mit den

---

398 Die Conterganstiftung ist eine öffentlich-rechtliche Stiftung des Bundes mit Sitz in Köln.

399 Gesetz über die Conterganstiftung v. 25. 06. 2009, BGBl. I 2009, 1537, zuletzt geändert durch Art. 1 des Sechsten Gesetzes zur Änderung des ConterganstiftungsG v. 09. 07. 2021, BGBl. I 2021, 2512.

400 FG Baden-Württemberg v. 09. 11. 2016 – 12 K 2756/16, rkr., SIS 17 00 69 m. N.

401 FinMin Niedersachsen v. 02. 01. 1990 – S 2285 – 206 – 35 I, DB 1990, 152. So auch Schmidt/*Loschelder*, EStG, 41. Aufl. 2022, § 33a Rn. 29 und *K. Heger* in Brandis/Heuermann, Ertragsteuerrecht, Stand: 163. Lfg. 2022, § 33a EStG Rn. 221.

402 Koenig/*Koenig*, AO, 4. Aufl. 2021, § 53 Rn. 14 zu Einnahmen aus Aufwendungsersatz, Erziehungsgeld und zweckgebundenen Sozialhilfeleistungen mit Verweis auf BFH v. 24. 11. 1994 – III R 37/93, BStBl. II 1995, 527; Schmidt/*Loschelder*, EStG, 41. Aufl. 2022, § 33a Rn. 29; Verband Deutscher Wohltätigkeitsstiftungen, Gemeinnützigkeitsrecht für mildtätige Stiftungen, Berlin 2019, 16. Nach BSG v. 21. 07. 2021 – B 14 AS 29/20 R (ECLI:DE:BSG:2021:210721UB14AS2920R0), SIS 22 04 67 sind die gem. § 3 Nr. 12, 26, 26 a oder 26 b EStG steuerfreien Einnahmen bei der Berechnung der Grundsicherung für Arbeitsuchende gem. § 11 Abs. 2 SGB II vom Einkommen abzusetzen, auch um die Bereitschaft in der Gesellschaft zu fördern, verstärkt gemeinnützige Aufgaben freiwillig zu übernehmen.

entsprechenden Einnahmen stehen, nachgewiesen oder glaubhaft gemacht werden.[403] Ein solcher Zusammenhang ist z. B. bei den Kosten eines Rechtsstreits zur Erlangung der Bezüge oder hinsichtlich der Kontoführungskosten gegeben.[404]

gg) Bei den Eltern lebende unverheiratete minderjährige Schwangere und minderjährige Mütter

Bei der Beurteilung der wirtschaftlichen Hilfebedürftigkeit von unverheirateten minderjährigen Schwangeren und minderjährigen Müttern, die ihr leibliches Kind bis zur Vollendung seines sechsten Lebensjahres betreuen, und die dem Haushalt ihrer Eltern oder eines Elternteils angehören, sind die Bezüge und das Vermögen der Eltern oder des Elternteils nicht zu berücksichtigen.[405] 165

hh) Berücksichtigung des Vermögens

Als Vermögen, das zur nachhaltigen Verbesserung des Unterhalts ausreicht und dessen Verwendung für den Unterhalt zugemutet werden kann, ist in der Regel ein Vermögen mit einem gemeinen Wert von mehr als 15.500 Euro anzusehen. Hierbei ist vom sog. Nettovermögen auszugehen, also das um etwaige Schulden verminderte Bruttovermögen.[406] 166

Außer Ansatz bleiben z. B. Vermögensgegenstände, die zum Hausrat gehören oder ein zu eigenen Wohnzwecken genutztes *angemessenes*[407] Hausgrundstück i. S. des § 90 Abs. 2 Nr. 8 SGB XII. 167

ii) Ansatz von Bezügen und Vermögen in einer Notlage

Bei Personen, deren wirtschaftliche Lage aus besonderen Gründen zu einer *Notlage* geworden ist, dürfen die Bezüge oder das Vermögen gem. § 53 Satz 3 AO die genannten Grenzen übersteigen. Solche besonderen Gründe sind nach *Koenig* vor allem in Katastrophenfällen wie Überschwemmungen, Erdbeben oder Wirbelstürmen gegeben.[408] 168

403 AEAO zu § 53, Nr. 8. Zu beachten ist, dass die steuerrechtlichen Regelungen nicht mit dem Leistungsrecht des SGB übereinstimmen. Die Regelungen unterscheiden sich u. a. dadurch, dass im Sozialhilferecht nur *notwendige* Ausgaben als Abzugsposten berücksichtigt werden können. Vgl. hierzu BSG v. 19. 03. 2020 – B 4 AS 1/20 R (ECLI:DE:BSG:2020:190320UB4AS120R0), SIS 21 03 32 unter Rn. 36 mit Verweis auf BSG v. 19. 06. 2012 – B 4 AS 163/11 R, BSGE 111, 89.

404 R 33a.1 Abs. 3 Satz 6 EStR 2012.

405 AEAO zu § 53.

406 Vgl. BFH v. 11. 02. 2010 – VI R 65/08, BStBl. II 2010, 628 unter II.3.b zu § 33a Abs. 1 EStG. So auch Schmidt/*Loschelder*, EStG, 41. Aufl. 2022, § 33a Rn. 24.

407 Die Angemessenheit bestimmt sich gem. § 90 Abs. 2 Nr. 8 Satz 2 SGB XII nach der Zahl der Bewohner, dem Wohnbedarf z. B. von behinderten, blinden oder pflegebedürftigen Menschen, der Grundstücksgröße, der Hausgröße, dem Zuschnitt und der Ausstattung des Wohngebäudes sowie dem Wert des Grundstücks einschließlich des Wohngebäudes.

408 Koenig/*Koenig*, AO, 4. Aufl. 2021, § 53 Rn. 16.

b) Nachweispflichten

169 Erbringt eine Körperschaft ihre Leistungen an *wirtschaftlich* hilfebedürftige Personen, muss sie anhand von Unterlagen (einschließlich der Berechnung der maßgeblichen Einkünfte und des Vermögens der unterstützten Personen) nachweisen können, dass die Höhe der Einkünfte und Bezüge sowie das Vermögen der unterstützten Personen die Grenzen des § 53 Satz 1 Nr. 2 AO nicht übersteigen.[409]

170 Die pauschale Behauptung, dass die Leistungen nur von Hilfebedürftigen in Anspruch genommen werden, reicht als Nachweis nicht aus. Empfänger der in § 53 Satz 6 AO benannten Leistungen haben daher der Körperschaft eine Bescheinigung des Sozialleistungsträgers über den Leistungsbezug vorzulegen;[410] diese hat eine Ablichtung des Bescheids oder der Bestätigung für Prüfungszwecke aufzubewahren.[411]

171 Die Körperschaft hat Aufzeichnungen darüber zu führen, wem die Unterstützung zugutegekommen ist, in welchem Umfang und aufgrund welcher Ermittlungsart (Registrierung, Erfassung, Ausgabe von Ausweisen etc.) die Leistungsempfänger der in § 53 AO genannten Personengruppen zuzuordnen sind.[412] Selbst während der Corona-Krise war die wirtschaftliche Hilfebedürftigkeit der unterstützten Personen bei einer finanziellen Hilfe zu mindestens *glaubhaft* zu machen.[413]

c) Verzicht auf einen Nachweis der wirtschaftlichen Hilfebedürftigkeit

172 Auf *Antrag der Körperschaft* kann gem. § 53 Satz 8 AO auf einen Nachweis der wirtschaftlichen Hilfebedürftigkeit verzichtet werden, wenn *auf Grund der besonderen Art* der gewährten Unterstützungsleistung sichergestellt ist, dass nur wirtschaftlich hilfebedürftige Personen i. S. des § 53 AO unterstützt werden.[414]

173 Das zuständige Finanzamt entscheidet über den Antrag mit einem Bescheid. Für den Bescheid über den beantragten Nachweisverzicht gelten die Vorschriften in § 60a Abs. 3 – 5 AO zur Bindungswirkung, zur Änderung der Verhältnisse und zu materiellen Fehlern im Feststellungsbescheid gem. § 53 Satz 8 2. Halbsatz AO entsprechend. Der Bescheid über den Nachweisverzicht kann befristet ergehen oder mit anderen Nebenbestimmungen gem. § 120 AO versehen werden.[415]

---

409 FG Köln v. 19. 02. 2015 – 13 K 3354/10, EFG 2015, 1119. So auch AEAO zu § 53, Nr. 10.

410 Der vorzulegende Nachweis muss nach Klein/*Gersch*, AO, 13. Aufl. 2016, § 53 Rn. 12 den gleichen Zeitraum betreffen wie die gewährten Leistungen.

411 AEAO zu § 53.

412 BFH v. 21. 09. 2016 – V R 50/15 (ECLI:DE:BFH:2016:U.210916.VR50.15.0), BStBl. II 2017, 1173 unter II.3.a.bb.

413 BMF v. 09. 04. 2020 – IV C 4 – S 2223/19/10003 :003 (DOK 2020/0308754), BStBl. I 2020, 498 unter II.

414 Nach Klein/*Gersch*, AO, 13. Aufl. 2016, § 53 Rn. 7 wäre ein solcher Nachweis bei „Tafeln", Obdachlosen-Einrichtungen oder Kleiderkammern ohnehin nicht beizubringen.

415 AEAO zu § 53, Nr. 12.

Das Finanzamt verzichtet i. d. R. auf eine Nachweisführung, wenn aufgrund der Art der Unterstützungsleistungen typischerweise davon auszugehen ist, dass nur bedürftige Menschen unterstützt werden.[416] So gelten die durch die Hochwasserkatastrophe in 2021 im nördlichen Rheinland-Pfalz betroffenen Personen aufgrund ihrer wirtschaftlichen Lage allgemein als hilfebedürftig i. S. des § 53 Satz 1 Nr. 2 AO.[417] 174

Bei der *unmittelbaren* Unterstützung von Flüchtlingen soll nach einer Anweisung des BMF auf den Nachweis der Hilfebedürftigkeit verzichtet werden.[418] Auch bei den vom Krieg in der Ukraine Geschädigten kann nach Verwaltungsauffassung auf den Nachweis der Hilfebedürftigkeit verzichtet werden.[419] 175

Praxishinweis: 176

Die Finanzbehörden verzichten bei einem entsprechenden Antrag i. d. R. auf den Nachweis der wirtschaftlichen Hilfebedürftigkeit, wenn auf Grund der *besonderen Art* der gewährten Unterstützungsleistung sichergestellt ist, dass nur wirtschaftlich hilfebedürftige Personen i. S. des § 53 AO unterstützt werden.

IV. Kirchliche Zwecke gem. § 54 AO

1. Selbstlose Förderung

Eine Körperschaft verfolgt nach § 54 Abs. 1 AO kirchliche Zwecke, wenn ihre Tätigkeit darauf gerichtet ist, eine Religionsgemeinschaft des öffentlichen Rechts i. S. von Art. 140 GG i. V. m. (dem insoweit weiterhin geltenden[420]) Art. 137 Abs. 5 der Weimarer Reichsverfassung (WRV) v. 11.08.1919[421], also 177

416 AEAO zu § 53, Nr. 12.

417 LfSt Rheinland-Pfalz v. 27.07.2021 – S 1915 A – St 33 1, SIS 21 12 18 unter II.1.1. Die Finanzverwaltung ging aufgrund der entstandenen Notlage von einer wirtschaftlichen Hilfebedürftigkeit der betroffenen Personen aus und wies die Finanzämter an, für Zwecke des § 53 Satz 1 Nr. 2 AO die Höhe der Bezüge und das Vermögen der unterstützten Personen nicht zu überprüfen.

418 BMF v. 22.09.2015 – IV C 4 – S 2223/07/0015 :015, BStBl. I 2015, 745 unter III mit Verweis auf AEAO zu § 53, Nr. 11.

419 BMF v. 17.03.2022 – IV C 4 – S 2223/19/10003 :013 (DOK 2022/0226401), BStBl. I 2022, 330 unter II.

420 Die Bestimmungen der Art. 136, 137, 138, 139 und 141 der Weimarer Reichsverfassung v. 11.08.1919, RGBl. 1919, 1383 sind gem. Art. 140 GG Bestandteile des Grundgesetzes.

421 RGBl. 1919, 1383.

öffentlich-rechtlich organisierte Religionsgemeinschaften in der Rechtsform einer Körperschaft des öffentlichen Rechts[422], *selbstlos* zu fördern.[423]

178 *„Der Status einer Körperschaft des öffentlichen Rechts (...) ist ein Mittel zur Entfaltung der Religionsfreiheit und soll die Eigenständigkeit und Unabhängigkeit der Religionsgemeinschaften unterstützen".*[424] *Ein solcher Status bedeutet eine Heraushebung über andere Religionsgemeinschaften, „weil der Anerkennung als Körperschaft des öffentlichen Rechts die Überzeugung des Staates von der besonderen Wirksamkeit dieser Religionsgemeinschaften, von ihrer gewichtigen Stellung in der Gesellschaft und der sich daraus ergebenden Gewähr der Dauer zugrunde liegt".*[425]

179 § 54 AO gilt somit nur für (fördernde) Körperschaften, die dadurch kirchliche Zwecke verfolgen, indem sie *andere* Körperschaften, bei denen es sich *ausschließlich* um öffentlich-rechtlich organisierte Religionsgemeinschaften handeln muss, fördern;[426] einer Förderung der Allgemeinheit bedarf es nach *Hüttemann* nicht.[427]

2. Kirchliche Zwecke

180 Zu den kirchlichen Zwecken gehören gem. § 54 Abs. 2 AO insbesondere die Errichtung, Ausschmückung und Unterhaltung von Gotteshäusern und kirchlichen Gemeindehäusern, die Abhaltung von Gottesdiensten, die Ausbildung von Geistlichen, die Erteilung von Religionsunterricht, die Beerdigung und die Pflege des Andenkens der Toten, ferner die Verwaltung des Kirchenvermögens[428], die Besoldung der Geistlichen, der Kirchenbeamten und Kirchendiener,

---

422 Zu den als Körperschaft des öffentlichen Rechts anerkannten Religionsgemeinschaften gehören nach *https://www.bmi.bund.de/DE/themen/heimat-integration/gesellschaftlicher-zusammenhalt/staat-und-religion/koerperschaftsstatus/koerperschaftsstatus-node.html* (abgerufen am 20. 10. 2023) u. a. die evangelischen Kirchen, die Römisch-Katholische Kirche, einzelne jüdische Gemeinden, die Altkatholiken und Altlutheraner, die Baptisten und die Mennoniten. Der Religionsgemeinschaft der Zeugen Jehovas Deutschland e. V. wurde lt. ABl. Berlin 2006, 2428 mit Wirkung vom 13. 06. 2006 die Rechtsstellung einer Körperschaft des öffentlichen Rechts verliehen. Der Hinduistischen Gemeinde Deutschlands wurden die Rechte einer Körperschaft des öffentlichen Rechts durch Verordnung v. 14. 02. 2017, GV. NRW 2017, 287 verliehen. Eine Übersicht der in Hessen anerkannten Religionsgemeinschaften mit dem Rechtsstatus einer Körperschaft des öffentlichen Rechts enthält die Verfügung der OFD Frankfurt v. 12. 04. 2017 – S 2221 A – 46 – St 218, SIS 17 08 51; eine entsprechende Übersicht für NRW befindet sich unter *https://www.jvv.nrw.de/anzeigeText.jsp?daten=1177* (abgerufen am 21. 10. 2023).

423 BFH v. 22. 03. 2018 – X R 5/16 (ECLI:DE:BFH:2018:U.220318.XR5.16.0), BStBl. II 2018, 651 unter II.1.a.bb.

424 BFH v. 30. 06. 2010 – II R 12/09, BStBl. II 2011, 48 unter II.3.b.cc.1 m. N.

425 BFH v. 30. 06. 2010 – II R 12/09, BStBl. II 2011, 48 unter II.3.b.cc.1 m. N.

426 BFH v. 22. 03. 2018 – X R 5/16 (ECLI:DE:BFH:2018:U.220318.XR5.16.0), BStBl. II 2018, 651 unter II.1.a.bb.

427 *Hüttemann*, Gemeinnützigkeits- und Spendenrecht, 4. Aufl. 2018, Rn. 3.177.

428 Hierzu gehört nach FG Hamburg v. 05. 11. 2009 – 3 K 71/09, EFG 2010, 1154, 2. Leitsatz auch die Verwaltung des Pfarrhauses mit Dienstwohnung des Pastors, das Pfarramt und das Gemeindehaus.

die Alters- und Behindertenversorgung für diese Personen sowie die Versorgung ihrer Witwen und Waisen. Selbst die Übernahme von Bauaufgaben für eine öffentlich-rechtliche Kirche gehört zum Begriff der „kirchlichen Zwecke".[429]

Auch die Vermietung von Wohnungen, die zum Vermögen einer Kirche gehö- 181
ren, an nicht unterstützungsbedürftige Personen schließt eine Steuervergünstigung nicht aus, da § 54 AO keine gemeinnützige oder mildtätige Verwaltung des Kirchenvermögens verlangt. Es ist jedoch erforderlich, dass eine Religionsgemeinschaft in der Rechtsform einer KdöR Inhaberin des verwalteten Vermögens ist[430] und die verwaltende Körperschaft selbstlos handelt, also mit der Verwaltung nicht in erster Linie eigenwirtschaftliche Zwecke verfolgt.[431]

Zu den weiteren begünstigten kirchlichen Zwecke gehören u. a. die Durchführung von Kirchentagen, die Missionsarbeit im Ausland und die Verwaltung von Kirchenvermögen im Ausland.[432] Nicht zu den begünstigten kirchlichen Zwecken gehören dagegen entgeltliche Veranstaltungen wie z. B. Kirchturmbesteigungen oder Kirchenbesichtigungen sowie die Unterhaltung von konfessionell gebundenen, allgemeinbildenden Schulen oder Internaten.[433] Auch „Amtshandlungen, die im Zusammenhang mit baulichen Maßnahmen an konfessionellen Kindergärten" anfallen, stellen keine kirchlichen Zwecke dar.[434]

3. Gilt § 54 Abs. 1 AO nur für inländische Religionsgemeinschaften?

Strittig ist, ob der Gesetzgeber in § 54 Abs. 1 AO nur die selbstlose Förderung 182
inländischer Religionsgemeinschaften in der Rechtsform der juristischen Person des öffentlichen Rechts begünstigen wollte.

429 BFH v. 24. 07. 1996 – I R 35/94, BStBl. II 1996, 583 unter B.2.a. So auch Koenig/*Koenig*, AO § 54 Rn. 6.

430 *Hüttemann*, Gemeinnützigkeits- und Spendenrecht, 4. Aufl. 2018, Rn. 3.179.

431 BFH v. 24. 07. 1996 – I R 35/94, BStBl. II 1996, 583 unter B.2.b.bb.

432 *Hüttemann*, Gemeinnützigkeits- und Spendenrecht, 4. Aufl. 2018, Rn. 3.179.

433 Koenig/*Koenig*, AO, 4. Aufl. 2021, § 54 Rn. 7. m. N.

434 OVG NRW v. 16. 01. 2004 – 9 A 4608/02 (ECLI:DE:OVGNRW:2004:0116.9A4608.02.00), openJur 2011, 30809; der Rechtsstreit betraf einen Gebührenbescheid für die Erteilung einer Baugenehmigung. Nach § 8 Abs. 1 Nr. 5 GebG NRW (Gebührengesetz für das Land Nordrhein-Westfalen i. d. F. der Bekanntmachung v. 23. 08. 1999, GV. NRW 1999, 524, zuletzt geändert durch Art. 2 des Gesetzes v. 25. 04. 2023, GV. NRW 2023, 230) sind Kirchen und die Religionsgemeinschaften des öffentlichen Rechts, soweit eine Amtshandlung unmittelbar der Durchführung kirchlicher Zwecke i. S. des § 54 AO dient, von Verwaltungsgebühren befreit. Das OVG NRW hatte nach VG Arnsberg v. 08. 10. 2002 – 11 K 4458/01, openJur 2011, 17748 jedoch bereits mit Urteil v. 15. 09. 1975 – II A 251/74 entschieden, dass nach § 8 Abs. 1 Nr. 5 GebG NRW die Kirchen und Religionsgemeinschaften des öffentlichen Rechts bei Bauvorhaben im Bereich von Bildung und sozialer Betreuung (z. B. Schulen, Kindergärten und Krankenhäuser) nicht von der Zahlung der Baugenehmigungsgebühren befreit sind. Dieser Rechtsauffassung des OVG NRW war das BVerwG mit Beschluss v. 10. 06. 1977 – VII B 153.75 beigetreten.

183 Nach dem AEAO zu § 51, Nr. 7 können kirchliche Zwecke nur zugunsten *inländischer* Religionsgemeinschaften, die Körperschaften des öffentlichen Rechts sind, verfolgt werden.[435] Auch das FG Köln vertritt im Urteil v. 15.01.2014 die Auffassung, dass ausländische kirchliche Einheiten nicht in den Anwendungsbereich von § 54 AO fallen.[436]

184 Eine solche Beschränkung auf *inländische* Religionsgemeinschaften in der Rechtsform der juristischen Person des öffentlichen Rechts ist jedoch aus dem Gesetz nicht ersichtlich. Nach Auffassung des Verfassers verstößt eine solche Auslegung von § 54 Abs. 1 AO auch gegen EU-Recht,[437] sofern es sich bei einer solchen Religionsgemeinschaft um eine juristische Person des öffentlichen Rechts des Staats- und Verwaltungsrechts eines *EU-Mitgliedsstaates* handelt. Auch wenn die direkten Steuern nach ständiger EuGH-Rechtsprechung in die Zuständigkeit der jeweiligen Mitgliedstaaten fallen, müssen diese aber ihre Befugnisse unter Wahrung des Unionsrechts ausüben.[438]

185 Bereits 2013 hatte der BFH entschieden, dass Spenden an eine Körperschaft mit Sitz in einem anderen EU-Mitgliedstaat steuerlich abgezogen werden können,

---

435 Die Finanzverwaltung verweist jedoch darauf, dass die *Förderung der Religion* nach § 52 Abs. 2 Satz 1 Nr. 2 AO auch im Ausland erfolgen kann. Klein/*Gersch*, AO, 13. Aufl. 2016, § 54 Rn. 2 umgeht das Problem mit dem Hinweis, dass es die Rechtsform „Körperschaft des öffentlichen Rechts" nur im Inland gäbe – was in dieser Allgemeinheit z. B. für Österreich und die Schweiz nicht gilt: Vgl. § 1 Abs. 1 des Bundesgesetzes v. 06.07.1961 über äußere Rechtsverhältnisse der Evangelischen Kirche, (österr.) BGBl. Nr. 182/1961, konsolidierte Fassung v. 25.12.2022, *https://www.ris.bka.gv.at/GeltendeFassung.wxe?Abfrage=Bundesnormen&Gesetzesnummer=10009255* (abgerufen am 05.02.2023) für Österreich und *Nay*, Zur Stellung staatskirchenrechtlicher Körperschaften in der Kirche, *https://www.kirchenzeitung.ch/article/zur-stellung-staatskirchenrechtlicher-koerperschaften-in-der-kirche-5105* (abgerufen am 05.02.2023) für die Schweiz.

436 FG Köln v. 15.01.2014 – 13 K 3735/10, EFG 2014, 667. Die zu I R 15/14 (BFH) eingelegte Rev. wurde zurückgenommen. Auch *Hüttemann*, Gemeinnützigkeits- und Spendenrecht, 4. Aufl. 2018, Rn. 3.177 vertritt die Auffassung, dass der Begriff der „kirchlichen Zwecke" auf die Unterstützung *inländischer* Religionsgemeinschaften zu beschränken ist.

437 Vgl. Art. 3 des Vertrages über die Europäische Union v. 07.02.1992, Neufassung v. 07.06.2016, ABl. C 202 2016, 1; Art. 21 der Charta der Grundrechte der Europäischen Union v. 07.12.2000, ABl. Nr. C 326 2012, 391; Art. 18 des Vertrags über die Arbeitsweise der Europäischen Union (AEUV), ABl. C 326 2012, 47; EuGH v. 27.10.2009 – Rs C-318/07 (ECLI:EU:C:2009:33), BStBl. II 2010, 440 zu Sachspenden an gemeinnützige Einrichtungen mit Sitz in EU-Mitgliedstaat; BFH v. 17.09.2013 – I R 16/12, BStBl. II 2014, 440 unter II.3.c.bb zum Spendenabzug an eine Empfängerkörperschaft mit Sitz in einem anderen Mitgliedstaat der EU und dem auf die Verhinderung von Diskriminierungen gerichteten Charakter der Kapitalverkehrsfreiheit.

438 EuGH v. 13.12.2005 – Rs C-446/03 (ECLI:EU:C:2005:763), DStR 2005, 2168 unter Rn. 29 mit Verweis auf EuGH v. 08.03.2001 – Rs C-397/98 und C-410/98 (ECLI:EU:C:2001:134), HFR 2001, 628 unter Rn. 37 und die dort angeführte Rechtsprechung.

wenn die begünstigte Einrichtung die Voraussetzungen der nationalen Rechtsvorschriften für die Gewährung von Steuervergünstigungen erfüllt.[439]

In seiner Entscheidung v. 22.03.2018 wies der BFH darauf hin, dass für steuerbegünstigte Zwecke i.S. von § 51 Abs. 1 Satz 1 AO, die *im Ausland* verwirklicht werden, gem. § 51 Abs. 2 2. Alternative AO vorausgesetzt wird, dass die Tätigkeit der Körperschaft neben der Verwirklichung der steuerbegünstigten Zwecke auch zum *Ansehen der Bundesrepublik Deutschland im Ausland* beiträgt.[440] 186

Beispiel: 187

Der im Inland der unbeschränkten Steuerpflicht unterliegende D leistete eine Spende in Höhe von 15.000 Euro an eine griechisch-katholische Pfarrgemeinde in Rumänien. Die Pfarrgemeinde wurde laut ihrer Satzung aufgrund des rumänischen Gesetzesdekrets Nr. 126 vom 24.04.1990 errichtet; sie ist eine „rumänische juristische Person mit religiösem Charakter", die humanitäre, geistliche, religiöse, erzieherische, wohltätige und kulturelle Zwecke verfolgt. Die Zuwendung von D diente der Errichtung einer Kirche in Rumänien.

Durch eine regelmäßige Einbeziehung in die Fürbitten während des Gottesdienstes und durch eine entsprechende Gravur des Namens des (deutschen) Spenders D in den Fuß des Altars wurde „im Kernbereich der religiösen Tätigkeit der ausländischen Kirche für die Gemeindemitglieder und die Gottesdienstbesucher ein gemeinnütziges Engagement erkennbar, das Deutschland mittelbar zuzurechnen ist und damit auch zum Ansehen Deutschlands beitragen kann".[441]

Nach *Gersch* ist § 51 Abs. 2 AO auch im Rahmen des § 54 AO zu berücksichtigen.[442]

Die Voraussetzung des § 54 AO („eine Religionsgemeinschaft, die Körperschaft des öffentlichen Rechts ist, selbstlos zu fördern") wird nach Auffassung des Verfassers somit auch erfüllt, wenn es sich dieser Religionsgemeinschaft um eine juristische Person des öffentlichen Rechts eines EU-Mitgliedsstaates handelt. Ob eine in der EU angesiedelte Religionsgemeinschaft als juristische Person des öffentlichen Rechts i.S. von § 54 Abs. 1 AO anzusehen ist, beurteilt sich – auch nach Auffassung des BFH – ausschließlich nach dem jeweiligen Staats- und Verwaltungsrecht des ausländischen Staates.[443] 188

439 BFH v. 17.09.2013 – I R 16/12, BStBl. II 2014, 440. Im entschiedenen Fall ging es um die Abziehbarkeit einer für den Bau einer russisch-orthodoxen Kirche bestimmten, an eine in Italien registrierte Körperschaft geleistete Spende einer deutschen Kapitalgesellschaft.

440 BFH v. 22.03.2018 – X R 5/16 (ECLI:DE:BFH:2018:U.220318.XR5.16.0), BStBl. II 2018, 651 unter II.3.a. So auch *Böwing-Schmalenbrock* in Brandis/Heuermann, Ertragsteuerrecht, Stand: 154. Lfg. 2020, § 5 KStG Rn. 113. Vgl. hierzu auch Abschn, B.II.2.b.

441 BFH v. 22.03.2018 – X R 5/16 (ECLI:DE:BFH:2018:U.220318.XR5.16.0), BStBl. II 2018, 651 unter II.3.b.aa zu § 10b Abs. 1 Satz 6 EStG.

442 Klein/*Gersch*, AO, 13. Aufl. 2016, § 54 Rn. 2.

443 Vgl. BFH v. 22.03.2018 – X R 5/16 (ECLI:DE:BFH:2018:U.220318.XR5.16.0), BStBl. II 2018, 651 unter II.1.b.aa m. N.

4. Religionsgesellschaften des Privatrechts

189 Eine Religionsgesellschaft des Privatrechts verfolgt nach Auffassung des BFH mit ihren *eigenen* religiösen Zwecken keine kirchlichen Zwecke.[444] Solche privaten Religionsgemeinschaften sind daher von den sich aus § 54 AO ergebenden Vergünstigungen ausgeschlossen.[445]

5. Förderung der Religion

190 § 54 AO ergänzt die gemeinnützige Förderung der Religion nach § 52 Abs. 2 Nr. 2 AO als eigenstände Regelung. Insbesondere bei Religionsgemeinschaften, die nicht Körperschaften des öffentlichen Rechts sind, kann eine Anerkennung als gemeinnützige Körperschaft wegen Förderung der Religion in Betracht kommen.[446]

444 BFH v. 06. 06. 1951 – III 69/51 U, BStBl. III 1951, 148.

445 Koenig/*Koenig*, AO, 4. Aufl. 2021, § 54 Rn. 3. So auch *Böwing-Schmalenbrock* in Brandis/Heuermann, Ertragsteuerrecht, Stand: 154. Lfg. 2020, § 5 KStG Rn. 131.

446 AEAO zu § 54, Satz 2. So bereits BFH v. 06. 06. 1951 – III 69/51 U, BStBl. III 1951, 148.

C. Die Grundelemente gemeinnützigen Handelns

I. Selbstlosigkeit gem. § 55 AO

1. Grundsatz

a) *Der Eigennutz der Mitglieder darf nicht im Vordergrund stehen*

Eine Förderung oder Unterstützung geschieht *selbstlos* i. S. von § 55 AO, wenn dadurch nicht *in erster Linie* eigenwirtschaftliche Zwecke – zum Beispiel gewerbliche Zwecke oder sonstige Erwerbszwecke – verfolgt werden. Wirtschaftliche Tätigkeiten zur Erhöhung der Einkünfte mit dem Ziel, den gemeinnützigen Satzungszweck durch Zuwendungen von Mitteln zu fördern, sind jedoch nicht schädlich. Eine steuerbegünstigte Körperschaft kann dafür auch auf Gewinnerzielung ausgerichtete steuerpflichtige wirtschaftliche Geschäftsbetriebe unterhalten, ohne gegen das Gebot der Selbstlosigkeit zu verstoßen. Das Vermögen einer solchen Körperschaft muss jedoch zweckgerichtet für die ideellen Zwecke eingesetzt und die Einnahmen aus einer nicht begünstigten Tätigkeit für die begünstigte Tätigkeit verwendet werden;[447] das bedeutet, dass die Mittel einer steuerbegünstigten Körperschaft grundsätzlich nur für die in der Satzung festgelegten gemeinnützigen, mildtätigen oder kirchlichen Zwecke verwendet werden dürfen.[448] 191

Bei vielen Körperschaften ist die Förderung der Mitglieder oder Gesellschafter notwendiges Nebenprodukt der Tätigkeit.[449] An der Selbstlosigkeit fehlt es erst dann, wenn der Eigennutz der Mitglieder – „oder wenigstens für einen wesentlichen Teil der Beteiligten“[450] – in den *Vordergrund* tritt.[451] Steuerbegünstigte Körperschaften handeln daher nicht selbstlos, wenn sie in erster Linie unmittelbar oder mittelbar die wirtschaftlichen Interessen ihrer Mitglieder oder die Interessen der den Mitgliedern nahestehenden Personen wahrnehmen.[452] 192

> *Praxishinweis:* 193
>
> Die Förderung der Mitglieder oder Gesellschafter darf nicht in den Vordergrund der Tätigkeit einer steuerbegünstigten Körperschaft treten; sie muss ein notwendiges Nebenprodukt dieser Tätigkeit bleiben.

---

447 BFH v. 12.05.2022 – V R 37/20 (ECLI:DE:BFH:2022:U.120522.VR37.20.0), BStBl. II 2022, 603 unter II.1.a.aa.

448 BFH v. 01.07.2009 – I R 6/08 (NV), BFH/NV 2009, 1837 unter II.1.

449 BFH v. 12.05.2022 – V R 37/20 (ECLI:DE:BFH:2022:U.120522.VR37.20.0), BStBl. II 2022, 603 unter II.1.a.aa.

450 BFH v. 22.08.2019 – V R 67/16 (ECLI:DE:BFH:2019:U.220819.VR67.16.0), BStBl. II 2020, 40 unter II.1.a.

451 FG Köln v. 15.07.2004 – 13 K 2530/03, EFG 2005, 222.

452 BFH v. 22.08.2019 – V R 67/16 (ECLI:DE:BFH:2019:U.220819.VR67.16.0), BStBl. II 2020, 40 unter II.1.a mit Verweis auf BFH v. 13.12.1978 – I R 39/78, BStBl. II 1979, 482; BFH v. 23.10.199 – I R 19/91, BStBl. II 1992, 62; FG Köln v. 10.10.2002 – 13 K 1465/00, EFG 2003, 422; FG Köln v. 15.07.2004 – 13 K 2530/03, EFG 2005, 222.

194 Wirtschaftliche Vorteile der Mitglieder oder der ihnen nahestehenden Personen können auch darin bestehen, dass ihnen Ausgaben erspart bleiben.[453] Eine (schädliche) Ausgabenersparnis tritt u.a. dann ein, wenn z.B. wirtschaftliche Vorteile in Gestalt einer Steuerersparnis erlangt werden sollen.[454]

Beispiel:

Ein Verein mit dem Zweck der sozialen, gesundheitlichen und kulturellen Betreuung von Angestellten mehrerer Banken und ihrer Angehörigen, der sich darauf beschränkt, seinen Mitgliedern preisgünstige Reisen zu vermitteln und zinsgünstige Darlehen zu gewähren, handelt nach der Rechtsprechung des BFH *nicht* selbstlos, so dass die Gemeinnützigkeit zu versagen ist.[455]

195 Unschädlich ist jedoch eine Förderung der Mitglieder oder Gesellschafter, wenn diese ein *notwendiges Nebenprodukt* der gemeinnützigen Tätigkeit ist.[456]

Beispiel:[457]

Ein gemeinnütziger Sportverein, der die „körperliche Ertüchtigung des Volkes" durch Leibesübungen fördert, trägt regelmäßig auch zur körperlichen Ertüchtigung seiner Mitglieder bei.

b) Verdeckte Gewinnausschüttungen

aa) Rückwirkenden Aberkennung der Gemeinnützigkeit

196 Verdeckte Gewinnausschüttung (vGA) i.S. des §8 Abs.3 Satz 2 KStG verstoßen gegen §55 Abs.1 Nr.1 Satz 2 AO.[458] Schüttet eine gemeinnützige GmbH die aus ihrer gemeinnützigen Tätigkeit erzielten Gewinne überwiegend verdeckt an ihre Gesellschafter aus, liegt nach Auffassung des BFH ein *schwerwiegender Verstoß* gegen §55 Abs.1 Nr.1 bis 3 AO vor, der zu einer *rückwirkenden* Aberken-

453 FG Köln v. 10.10.2002 – 13 K 1465/00, EFG 2003, 422. Die Tätigkeit eines Vereins ist z.B. dann nicht selbstlos, wenn es diesem *vorrangig* darum geht, dem wesentlichen Teil seiner Mitglieder den ermäßigten Steuersatz gemäß § 12 Abs. 2 Nr. 8a UStG für die Ancharterung von Flugzeugen zu vermitteln und ihnen somit Ausgaben zu ersparen.

454 BFH v. 22.08.2019 – V R 67/16 (ECLI:DE:BFH:2019:U.220819.VR67.16.0), BStBl. II 2020, 40 unter II.1.b mit Verweis auf FG Köln v. 10.10.2002 – 13 K 1465/00, EFG 2003, 422.

455 BFH v. 22.08.2019 – V R 67/16 (ECLI:DE:BFH:2019:U.220819.VR67.16.0), BStBl. II 2020, 40 unter II.1.c mit Verweis auf BFH v. 06.10.2009 – I R 55/08, BStBl. II 2010, 335 und BFH v. 28.06.1989 – I R 86/85, BStBl. II 1990, 550.

456 BFH v. 27.04.2005 – I R 90/04, BStBl. II 2006, 198 unter II.2.a und BFH v. 27.11.2013 – I R 17/12, BStBl. II 2016, 68 unter II.3.d.bb.

457 Nach BFH v. 13.12.1978 – I R 39/78, BStBl. II 1979, 482 unter I.5.b.

458 FG München v. 25.04.2016 – 7 K 1252/14, EFG 2017, 753 unter 1.a.aa mit Verweis auf BFH v. 27.11.2013 – I R 17/12, BStBl. II 2016, 68 unter II.4.a; BFH v. 12.10.2010 – I R 59/09, BStBl. II 2012, 226 unter II.3; BFH v. 08.08.2001 – I B 40/01, BFH/NV 2001, 1536 unter II.C.3.a.

nung der Gemeinnützigkeit führen kann.[459] Handelt es sich bei der Gesellschafterin um eine steuerbegünstigte Körperschaft, ist in solchen Fällen zu prüfen, ob es sich ggf. um (verdeckt) geleistete Mittel für die Verwirklichung steuerbegünstigter Zwecke handelt.[460]

Eine begünstigungsschädliche Gewinnausschüttung i. S. von § 55 Abs. 1 Nr. 1 Satz 2 AO kann auch dann vorliegen, wenn eine kommunale Eigengesellschaft für die von ihr gegenüber der kommunalen Trägerkörperschaft erbrachten Leistungen ein Entgelt erhält, das einem Fremdvergleich nicht standhält.[461]

bb) „Kleinere Verstöße" gegen das Mittelverwendungsgebot

Bei „kleineren Verstößen" gegen das Mittelverwendungsgebot des § 55 AO kann 197
ein Entzug der Gemeinnützigkeit nach Auffassung des BFH jedoch *unverhältnismäßig* sein.[462] Eine Versagung oder Aberkennung der Gemeinnützigkeit kommt daher nur bei wirtschaftlich einigermaßen *gravierenden oder fortgesetzten Verstößen* gegen das Selbstlosigkeitsgebot des § 55 AO in Betracht. Soweit das Fehlverhalten korrigierbar oder künftig vermeidbar ist, können nach Auffassung des FG Baden-Württemberg Auflagen in Freistellungsbescheiden gerade bei der Selbstlosigkeit als milderes Mittel genügen.[463]

c) Erfüllung gesetzlicher Pflichtaufgaben durch eine Eigengesellschaft einer Trägerkörperschaft

Das Erfordernis der Selbstlosigkeit des gemeinnützigen Handelns ist nach Auf- 198
fassung des BFH auch dann gewahrt, wenn eine *Eigengesellschaft* (einer Körperschaft des öffentlichen Rechts) in die Erfüllung gesetzlicher Pflichtaufgaben der Trägerkörperschaft einbezogen wird. Eine derart eingesetzte Eigengesellschaft verfolgt insoweit keine eigennützigen Interessen ihres Gesellschafters. Der Charakter der Tätigkeit als „öffentliche Verwaltung" unterliegt den gleichen Bindungen als wenn sie unmittelbar in öffentlich-rechtlicher Form ausgeübt werden würde. Die damit verfolgten Ziele sind mithin am Wohl der Allgemeinheit

---

459 BFH v. 12. 10. 2010 – I R 59/09, BStBl. II 2012, 226.

460 Die Steuervergünstigung wird gem. § 58 Nr. 1 AO nicht dadurch ausgeschlossen, dass eine steuerbegünstigte Körperschaft einer anderen Körperschaft oder einer juristischen Person des öffentlichen Rechts Mittel für die Verwirklichung steuerbegünstigter Zwecke zuwendet. Diese Ausnahmeregelung ermöglicht es nach AEAO zu § 58, Nr. 1, Körperschaften als steuerbegünstigt anzuerkennen, die andere Körperschaften durch die vollständige oder teilweise Weitergabe bzw. Zuwendung eigener Mittel fördern. Vgl. hierzu auch Abschn. D.I.1.d. Im entschiedenen Fall wurden die Mittel an die gemeinnützige Gesellschafterin nach BFH v. 12. 10. 2010 – I R 59/09, BStBl. II 2012, 226 unter II.3 jedoch nicht (verdeckt) zur Verwendung für steuerbegünstigte Zwecke geleistet. Die in der Entscheidung erwähnte Vorschrift des § 58 Nr. 2 AO wurde durch das Jahressteuergesetz 2020 (JStG 2020) v. 21. 12. 2020 mit Wirkung zum 28. 12. 2020 aufgehoben.

461 BFH v. 27. 11. 2013 – I R 17/12, BStBl. II 2016, 68, 2. Leitsatz.

462 BFH v. 12. 03. 2020 – V R 5/17 (ECLI:DE:BFH:2020:U.120320.VR5.17.0), BStBl. II 2021, 55, 3. Leitsatz.

463 FG Baden-Württemberg v. 11. 08. 2014 – 6 K 1449/12, rkr., EFG 2015, 1851 unter 2.c m. N.

orientiert und deshalb nicht als eigenwirtschaftliche Ziele i. S. von § 55 Abs. 1 AO anzusehen.[464]

2. Zum Begriff der Mittel

199 Mittel i. S. des § 55 Abs. 1 Nr. 1 AO sind *sämtliche* Vermögenswerte einer Körperschaft und nicht nur die ihr durch Spenden, Beiträge und Erträge ihres Vermögens sowie ihrer (steuerpflichtigen) wirtschaftlichen Geschäftsbetriebe und steuerbegünstigten Zweckbetriebe zur Verfügung stehenden Geldbeträge.[465] Hierzu gehören auch Ausschüttungen aus Beteiligungen einschließlich der darin enthaltenen Zinserträge und Veräußerungsgewinne.[466]

Das Vermögen selbst und die nach § 62 Abs. 1 Nr. 1 bis 4 AO in zulässiger Weise gebildeten Rücklagen unterliegen nicht dem Gebot der zeitnahen Mittelverwendung.[467] Nicht zu den Mitteln i. S. von § 55 Abs. 1 Nr. 1 AO gehört auch das *Stiftungsvermögen* (das sog. Grundstockvermögen) einer Stiftung, das den Bestand einer Stiftung sichern soll.[468]

3. Mittelverwendung nur für satzungsgemäße Zwecke

200 Mittel der Körperschaft dürfen gem. § 55 Abs. 1 Nr. 1 AO grundsätzlich nur für die satzungsmäßigen Zwecke verwendet werden. Eine – vorübergehend – notwendige Gewinnthesaurierung zugunsten eines wirtschaftlichen Geschäftsbetriebs steht hierbei nicht im Widerspruch zur Selbstlosigkeit.[469]

201 Die Mitglieder[470] oder Gesellschafter einer steuerbegünstigten Körperschaft dürfen keine Gewinnanteile und in ihrer Eigenschaft als Mitglieder auch keine sonstigen Zuwendungen aus Mitteln einer solchen Körperschaft erhalten. Auch die – unmittelbare oder mittelbare – Unterstützung oder Förderung politischer Parteien mit den Mitteln einer steuerbegünstigten Körperschaft verstößt gem. § 55 Abs. 1 Nr. 1 Satz 3 AO gegen den Grundsatz der Selbstlosigkeit.

Leitet ein eingetragener Verein, der nach seiner Satzung u. a. der Verständigung und Freundschaft zwischen dem deutschen und einem ausländischen Volk dienen soll, über Jahre hinweg rund 10 v. H. seiner Eigenmittel ohne konkrete

464 BFH v. 27. 11. 2013 – I R 17/12, BStBl. II 2016, 68 unter II.3.c.bb.In dem entschiedenen Fall ging es um die Eigengesellschaft eines Landkreises, die in die Erfüllung der diesem durch das Brandenburgische Rettungsdienstgesetz auferlegten hoheitlichen Pflichtaufgabe eingeschaltet war.

465 BFH v. 20. 03. 2017 – X R 13/15 (ECLI:DE:BFH:2017:U.200317.XR13.15.0), BStBl. II 2017, 1110 unter II.2.a.bb.2 mit Verweis auf BFH v. 23. 10. 1991 – I R 19/91, BStBl. II 1992, 62 unter II.c.

466 FG Niedersachsen v. 19. 10. 2023 – 6 K 191/22, SIS 24 02 91, Leitsatz; die Rev. ist anhängig zu Az. V R 25/23 (BFH).

467 FG Niedersachsen v. 19. 10. 2023 – 6 K 191/22, SIS 24 02 91 unter II.1.a.cc.2.

468 BFH v. 07. 09. 2011 – I B 36/11 (NV), BFH/NV 2011, 2013 unter II.2.

469 BFH v. 15. 07. 1998 – I R 156/94, BStBl. II 2002, 162 unter II.1.

470 Bei Stiftungen gilt diese Vorschrift gem. § 55 Abs. 3 AO für die Stifter und ihre Erben. Bei Betrieben gewerblicher Art (BgA) von juristischen Personen des öffentlichen Rechts gilt diese Vorschrift für die Körperschaft sinngemäß.

Gegenleistung an einen politisch tätigen, nicht als gemeinnützig anerkannten Dachverband weiter, ist der Verein mangels ausschließlicher und selbstloser Mittelverwendung für steuerbegünstigte Zwecke nicht als gemeinnützig anzuerkennen.[471]

Eine Verwendung von nicht zeitnah zu verwendenden Mitteln wie z. B. dem Stiftungsvermögen oder den Rücklagen zur Ingangsetzung einer wirtschaftlichen Tätigkeit ist grundsätzlich unschädlich,[472] sofern innerhalb von drei Jahren mit Überschüssen zu rechnen ist. Ist jedoch absehbar, dass durch einen steuerpflichtigen wirtschaftlichen Geschäftsbetrieb[473] zeitnah keine Überschüsse erzielt werden können, ist eine solche wirtschaftliche Tätigkeit nach Auffassung des BFH einzustellen.[474] Dies gilt auch dann, wenn ein steuerpflichtiger wirtschaftlicher Geschäftsbetrieb die Freigrenze des § 64 Abs. 3 AO[475] nicht erreicht.[476] 202

4. Zeitnahe Verwendung der Mittel

a) *Grundsatz*

Körperschaften mit jährlichen Einnahmen *von mehr als 45.000 Euro*[477] müssen ihre Mittel gem. § 55 Abs. 1 Nr. 5 AO – vorbehaltlich einer zulässigen Rücklagenbildung nach § 62 AO – grundsätzlich *zeitnah* – spätestens in den auf den Zufluss folgenden zwei Kalender- oder Wirtschaftsjahren – für ihre steuerbegünstigten satzungsmäßigen Zwecke verwenden, z. B. für die Anschaffung oder Herstellung von Vermögensgegenständen,[478] die satzungsmäßigen Zwecken dienen.[479] Solche Mittel sind grundsätzlich nicht im Bereich der Einkünfteerzielung einzusetzen.[480] 203

Praxishinweis: 204

Körperschaften mit jährlichen Einnahmen von mehr als 45.000 Euro müssen ihre Mittel grundsätzlich zeitnah für ihre steuerbegünstigten satzungsmäßigen Zwecke verwenden.

---

471 FG Baden-Württemberg v. 11.08.2014 – 6 K 1449/12, rkr., EFG 2015, 1851, 1. Leitsatz.

472 OFD Frankfurt v. 28.03.2014 – S 0174 A – 16 – St 53, DStR 2014 unter 4.

473 Im entschiedenen Fall handelte es sich um den Betrieb einer Gaststätte.

474 BFH v. 01.07.2009 – I R 6/08 (NV), BFH/NV 2009, 1837 unter II.3.a.

475 Vgl. hierzu Abschn. E.II.10.

476 BFH v. 01.07.2009 – I R 6/08 (NV), BFH/NV 2009, 1837 unter II.3.b.

477 Die Grenze von 45.000 Euro wurde dem § 55 Abs. 1 Nr. 5 AO als Satz 4 angefügt durch das Jahressteuergesetz 2020 (JStG 2020) v. 21.12.2020, BGBl. I 2020, 3096, anzuwenden ab 29.12.2020.

478 Z. B. für den Bau eines Altenheims oder den Kauf von Sportgeräten oder medizinischen Geräten.

479 AEAO zu § 55, Nr. 28. Die Pflicht zur zeitnahen Mittelverwendung besteht nach AEAO zu § 55, Nr. 30 nicht für Körperschaften mit jährlichen Einnahmen von nicht mehr als 45.000 Euro.

480 BFH v. 01.07.2009 – I R 6/08 (NV), BFH/NV 2009, 1837, 2. Leitsatz.

205 Die Verpflichtung zur zeitnahen Mittelverwendung soll nach Auffassung des BFH verhindern, dass steuerbegünstigt erworbene Mittel grundlos angesammelt oder zum Aufbau eines sonstigen Vermögens eingesetzt werden. Abzustellen ist hierfür auf den Saldo der Mittelzugänge und -abflüsse.[481] Die in § 55 Abs. 1 Nr. 5 AO vorgeschriebene zeitnahe Mittelverwendung verlangt jedoch weder eine „Verschleuderung von Vermögenswerten noch die Versilberung rechtlich oder tatsächlich gebundener Mittel".[482]

b) Nicht umgesetzte Streichung von § 55 Abs. 1 Nr. 5 AO

206 Mit dem 2024 geplanten Steuerfortentwicklungsgesetz (SteFeG) sollte die Pflicht zur zeitnahen Mittelverwendung abgeschafft werden, um vermeintlich bürokratische Hürden abzubauen.[483] Die beabsichtigte Streichung der Mittelverwendung wurde jedoch vom Bundesrat abgelehnt.[484] In dem letztlich verabschiedeten Steuerfortentwicklungsgesetz v. 23. 12. 2024[485] ist die Streichung von § 55 Abs. 1 Nr. 5 AO nicht mehr enthalten; auch die vom Bundesrat gewünschte Erhöhung der bisherigen Betragsgrenze gem. § 55 Abs. 1 Nr. 5 Satz 4 AO von 45.000 Euro auf 80.000 Euro[486] wurde nicht in das Gesetz übernommen.[487]

c) Einnahmen i. S. von § 55 Abs. 1 Nr. 5 AO

207 Zu den Einnahmen, die der 45.000 Euro-Grenze unterliegen, gehören alle Vermögensmehrungen, die der Körperschaft zufließen. Hierzu zählen die Einnahmen des ideellen Bereichs sowie die Bruttoeinnahmen der Vermögensverwaltung, eines steuerbegünstigten Zweckbetriebs und eines steuerpflichtigen wirtschaftlichen Geschäftsbetriebs. Zu den Einnahmen in diesem Sinne gehören auch solche Zuflüsse, die grundsätzlich nicht der zeitnahen Mittelverwendung unterliegen, z. B. Zuwendungen in das Vermögen der Körperschaft.[487a]

208 Es gilt das Zuflussprinzip nach § 11 EStG.[488] Nach § 11 Abs. 1 Satz 1 EStG sind Einnahmen innerhalb des Kalenderjahres bezogen, in dem sie der Körperschaft zugeflossen sind. Regelmäßig wiederkehrende Einnahmen, die der Körperschaft

481 BFH v. 20. 03. 2017 – X R 13/15 (ECLI:DE:BFH:2017:U.200317.XR13.15.0), BStBl. II 2017, 1110 unter II.2.a.cc.1. So auch AEAO zu § 55, Nr. 29.

482 Koenig/*Koenig*, AO, 4. Aufl. 2021, § 155 Rn. 29.

483 Entwurf eines Gesetzes zur Fortentwicklung des Steuerrechts und zur Anpassung des Einkommensteuertarifs (Steuerfortentwicklungsgesetz – SteFeG) v. 09. 09. 2024, BT-Drucks. 20/12778, 93.

484 Stellungnahme des Bundesrates und Gegenäußerung der Bundesregierung v. 02. 10. 2024, BT-Drucks. 20/13159 4 f.

485 Vgl. Beschlussempfehlung und Bericht des Finanzausschusses (7. Ausschuss) v. 18. 12. 2024, BT-Drucks. 20/14309, 48 und Steuerfortentwicklungsgesetz v. 23. 12. 2024, BGBl. I 2024, Nr. 449.

486 Stellungnahme des Bundesrates und Gegenäußerung der Bundesregierung v. 02. 10. 2024, BT-Drucks. 20/13159, 4.

487 Vgl. Beschlussempfehlung und Bericht des Finanzausschusses (7. Ausschuss) v. 18. 12. 2024, BT-Drucks. 20/14309, 48 und Steuerfortentwicklungsgesetz v. 23. 12. 2024, BGBl. I 2024, Nr. 449.

487a AEAO zu § 55, Nr. 30.

488 AEAO zu § 55, Nr. 30.

kurze Zeit vor Beginn oder kurze Zeit nach Beendigung des Kalenderjahres, zu dem sie wirtschaftlich gehören, zugeflossen sind, gelten gem. § 11 Abs. 1 Satz 2 EStG als in diesem Kalenderjahr bezogen.[488a]

d) *Aussetzung der Pflicht zur zeitnahen Mittelverwendung*

In dem Veranlagungszeitraum, in dem die Einnahmen einer Körperschaft unter 209 der 45.000 Euro-Grenze verbleiben, ist die Pflicht zur zeitnahen Mittelverwendung für die vorhandenen Mittel ausgesetzt.[488b]

Wird die Grenze in den Folgejahren überschritten, unterliegen die in den Jahren des Unterschreitens angesammelten und die übrigen, zu diesem Zeitpunkt noch vorhandenen Mittel nach Verwaltungsauffassung nicht dem Gebot der zeitnahen Mittelverwendung.[489]

e) *Mittelverwendungsrechnung*

Die gesetzlich vorgeschriebene zeitnahe Verwendung ist von der Körperschaft 210 durch eine Nebenrechnung zur Bilanz bzw. Einnahmen-Überschussrechnung (*Mittelverwendungsrechnung)* nachzuweisen.[490] Aus dieser müssen sich der Zeitpunkt sowie der Umfang der Zu- und Abflüsse der Mittel ergeben. Es ist eine saldierende Betrachtungsweise zugrunde zu legen.[491] Nicht anzusetzen ist das *Vermögen* der Körperschaft, auch soweit es durch Umschichtungen innerhalb des Bereichs der Vermögensverwaltung entstanden ist.[492]

Ein sich ergebender Überschuss zwischen Mittelzufluss und Mittelabfluss ist als 211 Verwendungsrückstand auf neue (Mittelverwendungs-)Rechnung vorzutragen und im Folgejahr vorrangig einzusetzen. Ist ein sich ergebender Verwendungsrückstand geringer als die Mittel, die im Folgejahr tatsächlich für gemeinnützige Zwecke verausgabt werden, ist nachgewiesen, dass der Pflicht zur zeitnahen Mittelverwendung genügt wurde.[493]

Praxishinweis: 212

Die Pflicht zur zeitnahen Mittelverwendung entfällt für Körperschaften mit jährlichen Einnahmen von nicht mehr als 45.000 €.

488a *Pieske-Kontny*, GW 2025, 210.

488b AEAO zu § 55, Nr. 31.

489 AEAO zu § 55, Nr. 31.

490 AEAO zu § 55, Nr. 29. Die Mittelverwendungsrechnung ist eine Nebenrechnung zur Bilanz bzw. der Einnahmen-Überschuss-Rechnung. Vgl. Pieske-Kontny, GW 2025, 210 mit einer Mittelverwendungsrechnung über drei Jahre.

491 FG Berlin-Brandenburg v. 28.06.2018 – 9 K 11080/17, EFG 2019, 793 unter II.2.d.4. Die Revision wurde vom BFH v. 24.03.2021 – V R 35/18 (ECLI:DE:BFH:2021:B.240321.VR35.18.0), BStBl. II 2021, 657 als unbegründet zurückgewiesen.

492 AEAO zu § 55, Nr. 32.

493 BFH v. 20.03.2017 – X R 13/15, BStBl. II 2017, 1110 unter II.2.a.dd m. N.

5. Zur Vermögensmehrung einer steuerbegünstigten Körperschaft

213 Ist die Tätigkeit einer Körperschaft *in erster Linie* auf eine Mehrung ihres eigenen Vermögens gerichtet, so handelt sie nicht selbstlos.[494] Entscheidend ist, ob das Vermögen einer gemeinnützigen Körperschaft zweckgerichtet für die ideellen Zwecke eingesetzt wird und die Einnahmen aus einer nicht begünstigten Tätigkeit für die begünstigte Tätigkeit verwendet werden. Wirtschaftliche Tätigkeiten einer steuerbegünstigten Körperschaft, die das Ziel der Erhöhung ihrer Einkünfte haben, um den gemeinnützigen Satzungszweck durch Zuwendungen von Mitteln zu fördern, sind nach Auffassung des BFH unschädlich.[495]

Der Grundsatz der Selbstlosigkeit schließt deshalb die Bildung von Rücklagen in einem wirtschaftlichen Geschäftsbetrieb i. S. von § 14 AO[496] und im Bereich der Vermögensverwaltung i. S. von § 14 Satz 3 AO nicht aus.[497]

Gewinne aus einem Zweckbetrieb i. S. von § 65 AO, Gewinne aus einem *steuerpflichtigen* wirtschaftlichen Geschäftsbetrieb i. S. von § 64 AO sowie ein Überschuss aus der Vermögensverwaltung dürfen jedoch nur für die satzungsmäßigen Zwecke verwendet werden.[498]

6. Darlehensvergabe

214 Eine Vergabe von Darlehen ist als solche grundsätzlich kein steuerbegünstigter Zweck. Es ist jedoch unschädlich für die Steuervergünstigung einer Körperschaft, wenn die Vergabe von zinsgünstigen oder zinslosen Darlehen nicht als Zweck, sondern als *Mittel zur Verwirklichung eines steuerbegünstigten Zwecks* in der Satzung der Körperschaft aufgeführt ist.[499]

Die Körperschaft hat den Nachweis zu führen, dass die Rückflüsse aus Tilgung und Zinsen zeitnah für die steuerbegünstigte Zwecke verwendet werden.[500]

a) Zeitnahe Verwendung für steuerbegünstigte Zwecke

215 Vom Zeitpunkt des Zuflusses der Mittel bis zu einer zeitnahen Verwendung i. S. von § 55 Abs. 1 Nr. 5 Satz 3 AO dürfen die der zeitnahen Mittelverwendung unterliegende Mittel auch als Darlehen vergeben werden.[501]

494 AEAO zu § 55, Nr. 1. So auch BFH v. 26. 04. 1989 – I R 209/85, BStBl. II 1989, 670, Leitsatz.
495 BFH v. 04. 04. 2007 – I R 76/05, BStBl. II 2007, 631 unter II.3.c.aa.
496 Vgl. hierzu Abschn. E.I.
497 OFD Frankfurt v. 17. 02. 2014 – S 0181 A – 2 – St 53, SIS 14 18 64 unter II.2.3.2. Solche Rücklagen dürfen jedoch nur für die Durchführung konkreter Reparatur- oder Erhaltungsmaßnahmen an Vermögensgegenständen i. S. des § 21 EStG gebildet werden.
498 AEAO zu § 55, Nr. 3.
499 AEAO zu § 55, Nr. 18.
500 BMF, Schreiben vom 14. 12. 1994 – IV B 7 – S 0170–121/94, BStBl 1995 I S. 40, Rn. 2.
501 BMF v. 14. 12. 1994 – IV B 7 – S 0170 – 121/94, BStBl. I 1995, 40 unter 4.

Eine Darlehensvergabe aus solchen Mitteln ist *unschädlich* für die Gemeinnützigkeit, sofern die Körperschaft damit unmittelbar ihre steuerbegünstigten satzungsmäßigen Zwecke verwirklicht (z. B. als Darlehen an Nachwuchskünstler für die Anschaffung von Instrumenten). Voraussetzung ist jedoch, dass die Darlehensvergabe zu *günstigeren* Bedingungen erfolgt als zu den allgemeinen Bedingungen am Kapitalmarkt.[502] 216

Auch eine Darlehensvergabe an andere steuerbegünstigte Körperschaften ist als „mittelbare Zweckverwirklichung" zulässig, wenn die andere Körperschaft die darlehensweise erhaltenen Mittel unmittelbar für steuerbegünstigte Zwecke innerhalb der für eine zeitnahe Mittelverwendung vorgeschriebenen Frist verwendet.[503] 217

Jegliche Darlehensvergabe für steuerbegünstigten Zwecke ist jedoch im Rechnungswesen gesondert aufzuzeichnen, so dass das Finanzamt Darlehensvergabe, Tilgung und Zinszahlung überprüfen kann.[504] 218

b) Darlehensvergabe aus Mitteln, die nicht dem Gebot der zeitnahen Mittelverwendung unterliegen

Eine Darlehensvergabe aus Mitteln, die nicht dem Gebot der zeitnahen Mittelverwendung unterliegen, ist grundsätzlich zulässig, wenn sich die vereinbarte Verzinsung an den Kapitalmarktzinsen orientiert.[505] 219

Bei Darlehen an Arbeitnehmer kann der Verzicht auf eine übliche Verzinsung als Bestandteil des Arbeitslohns angesehen werden, wenn die Gesamtvergütung insgesamt angemessen ist und ein solcher Zinsverzicht von der Körperschaft als abgabenpflichtiger Arbeitslohn behandelt wird.[506] 220

c) Gemeinnützigkeitsschädliche Darlehensvergabe

Gemeinnützigkeitsschädlich ist eine Darlehensvergabe jedoch dann, wenn eine steuerbegünstigte Körperschaft einer Personengesellschaft, an der ihre Anteilseigner ebenfalls beteiligt sind, ein Darlehen zu günstigeren als den von ihr am Markt erzielbaren Konditionen gewährt. Schädlich ist z. B. auch die Vergabe nahezu sämtlicher Mittel einer steuerbegünstigten Körperschaft als zehnjähriges, ungesichertes Darlehen.[507] 221

502 AEAO zu § 55, Nr. 16.
503 AEAO zu § 55, Nr. 16.
504 AEAO zu § 55, Nr. 16.
505 AEAO zu § 55, Nr. 17. So bereits BMF v. 14.12.1994 – IV B 7 – S 0170 – 121/94, BStBl. I 1995, 40 unter 3.
506 AEAO zu § 55, Nr. 17.
507 FG München v. 25.04.2016 – 7 K 1252/14, EFG 2017, 753, Leitsatz 2 und 3. Die Rev. wurde als unbegründet zurückgewiesen.

7. Ausgaben für die allgemeine Verwaltung

a) *Kosten der Werbung um Spenden*

222 Ausgaben für die allgemeine Verwaltung einschließlich der Werbung um Spenden dürfen einen angemessenen Rahmen nicht übersteigen. „Angemessen ist ein Ausgabeverhalten, wenn es wirtschaftlich sinnvoll ist und dazu beiträgt, dass ein möglichst hoher Anteil der Mittel unmittelbar und effektiv den hilfebedürftigen Personen zugutekommt".[508] Die Abgabenordnung enthält weder eine absolute, noch eine prozentuale Obergrenze für die Verwaltungskosten und die Aufwendungen für die Spendenwerbung. Für die Frage der Angemessenheit der Verwaltungsausgaben kommt es daher entscheidend auf die Umstände des *jeweiligen Einzelfalls* an.[509]

b) *Schädliche Mittelverwendung*

223 Eine Körperschaft, deren Satzungszweck auf die Unterstützung hilfebedürftiger Personen gerichtet ist und sich weitgehend durch Geldspenden finanziert, ihre Mittel aber nicht *überwiegend* für ihre satzungsmäßigen steuerbegünstigten Zwecke, sondern zur Deckung ihrer Verwaltungskosten und der zum Erhalt von Spenden betriebenen Öffentlichkeitsarbeit (Spendenwerbung) verwendet, verstößt nach Auffassung des BFH gegen § 55 Abs. 1 Nr. 1 Satz 1 AO.[510] Nach Auffassung des BFH dürfen höchstens 50 v. H. der Einnahmen aus Geldspenden für die Kosten der Verwaltung und die Spendenwerbung verwendet werden.[511] Für die Finanzverwaltung kann eine schädliche Mittelverwendung auch bei einem deutlich geringeren prozentualen Anteil der Verwaltungsausgaben vorliegen.[512]

224 *Praxishinweis:*

Verwendet eine Körperschaft Mittel für die Werbung neuer Mitglieder, wird es von der Finanzverwaltung i. d. R. nicht beanstandet, wenn die Körperschaft hierfür im Jahr bis zu zehn Prozent der Jahresmitgliedsbeiträge aufwendet.[513]

c) *Verwendung der Mittel für Verwaltung und Spendenwerbung in der Aufbauphase*

225 Zu berücksichtigen ist, ob sich die Körperschaft noch in der Aufbauphase befindet, in der sie zunächst und in der Regel unvermeidbar einen sehr hohen Anteil ihrer Mittel für die Verwaltung und Spendenwerbung aufwenden muss.[514] Eine *überwiegende* Verwendung der Mittel für Verwaltungsausgaben und Spendenwerbung kann in dieser Phase *unschädlich* für die Steuerbegünstigung sein. Die Dauer der Gründungs- oder Aufbauphase hängt von den Verhältnissen des

508 BFH v. 23. 09. 1998 – I B 82/98, BStBl. II 2000, 320 unter II.4.d.
509 BFH v. 23. 09. 1998 – I B 82/98, BStBl. II 2000, 320 unter II.4.d.
510 BFH v. 23. 09. 1998 – I B 82/98, BStBl. II 2000, 320 unter II.4.d.
511 BFH v. 23. 09. 1998 – I B 82/98, BStBl. II 2000, 320 unter II.6.a.
512 BMF v. 15. 05. 2000 – IV C 6 – S 0170 – 35/00, BStBl. I 2000, 814 unter II.1.
513 BMF v. 15. 05. 2000 – IV C 6 – S 0170–35/00, BStBl. I 2000, 814 unter II.1.
514 BFH v. 23. 09. 1998 – I B 82/98, BStBl. II 2000, 320 unter II.4.d.

Einzelfalls ab. Der vom BFH[515] zugestandene Zeitraum von vier Jahren für eine solche Aufbauphase wird von der Finanzverwaltung als *Obergrenze* – begründet *durch* die Besonderheiten des entschiedenen Falles – betrachtet; sie geht im Regelfall von einer kürzeren Aufbauphase aus.[516]

d) Verletzung der Vermögensbetreuungspflicht i. S. von § 266 StGB?

Die Verursachung hoher Kosten für eine Spendenwerbung einer vorläufig als gemeinnützig anerkannten Körperschaft begründet nach Auffassung des OLG Celle keinen hinreichenden Tatverdacht wegen Betruges zum Nachteil der Spender, sofern die Spendenwerbeschreiben keine ausdrücklichen Angaben zur Höhe der Kosten enthalten.[517] 226

Auch aus einer *dauerhaft* hohen Kostenquote kann nicht auf eine von Anfang bestehende Absicht einer zweckwidrigen Verwendung von Spendenmittel geschlossen werden, wenn keine Anhaltspunkte dafür vorliegen, dass die Kosten für eine Spendenwerbung überhöht sind und letztendlich nur der persönlichen Bereicherung dienen.[518]

Ein Verstoß gegen das Gebot der Selbstlosigkeit nach § 55 AO begründet daher keine Verletzung der Vermögensbetreuungspflicht i. S. von § 266 StGB[519] (Untreue), weil die Norm des § 55 AO nach Auffassung des OLG Celle nicht dem Zweck dient, das Vermögen einer als gemeinnützig anerkannten Körperschaft zu schützen.[520] Selbst die Gefahr der Aberkennung der Gemeinnützigkeit stellt keinen Vermögensnachteil i. S. von § 266 StGB dar;[521] die Vorschrift in § 55 AO dient ausschließlich fiskalischen Interessen.[522] 227

8. Kostenerstattungen

Eine steuerbegünstigte Körperschaft verstößt nicht gegen das Mittelverwendungsgebot des § 55 Abs. 1 Nr. 1 AO, wenn sie den nachgewiesenen und ange- 228

515 Vgl. BFH v. 23.09.1998 – I B 82/98, BStBl. II 2000, 320 unter II.4.d.

516 AEAO zu § 55, Nr. 20.

517 OLG Celle v. 23.08.2012 – 1 Ws 248/12, SIS 13 22 56, 1. Leitsatz.

518 OLG Celle v. 23.08.2012 – 1 Ws 248/12, SIS 13 22 56, 2. Leitsatz.

519 Strafgesetzbuch v. 13.11.1998, BGBl. I 1998, 3324, zuletzt geändert durch Art. 1 des Gesetzes zur Überarbeitung des Sanktionenrechts – Ersatzfreiheitsstrafe, Strafzumessung, Auflagen und Weisungen sowie Unterbringung in einer Entziehungsanstalt v. 26.07.2023, BGBl. I 2023, Nr. 203.

520 OLG Celle v. 23.08.2012 – 1 Ws 248/12, SIS 13 22 56, 3. Leitsatz. Das OLG Celle weist unter II.2.a.bb.3 mit Verweis auf BGH v. 13.09.2010 – 1 StR 220/09, NJW 2011, 88 und BGH v. 13.04.2011 – 1 StR 94/10, NJW 2011, 1747 darauf hin, dass eine Normverletzung „in der Regel nur dann pflichtwidrig im Sinne von § 266 StGB (ist), wenn die verletzte Rechtsnorm ihrerseits – wenigstens auch, und sei es mittelbar – vermögensschützenden Charakter für das zu betreuende Vermögen hat, mag die Handlung auch nach anderen Normen pflichtwidrig sein und unter Umständen sogar Sanktionen oder Schadensersatzansprüche gegenüber dem Treuepflichtigen auslösen".

521 OLG Celle v. 23.08.2012 – 1 Ws 248/12, SIS 13 22 56 unter II.2.a.bb.3.bb.

522 OLG Celle v. 23.08.2012 – 1 Ws 248/12, SIS 13 22 56 unter II.2.a.bb.3.

messenen Aufwand eines Mitglieds (z.B. Fahrtkosten mit dem privaten PKW des Mitglieds zur Erfüllung des Satzungszwecks) ersetzt. Voraussetzung ist somit, dass der Aufwand nachgewiesen wird, dem Mitglied ein Ersatzanspruch gegen die Körperschaft zusteht und der Aufwendungsersatz der Höhe nach angemessen ist. Ein Aufwendungsersatz, der dem steuerlich anzuerkennenden Pauschbetrag für Dienstreisen[523] entspricht, ist nach der Rechtsprechung des BFH als angemessen anzusehen.[524]

9. Unverhältnismäßig hohe Vergütungen

229 Eine Körperschaft darf gem. § 55 Abs. 1 Nr. 3 AO keine Person durch Ausgaben, die dem Zweck der Körperschaft fremd sind, oder durch *unverhältnismäßig* hohe Vergütungen begünstigen.[525]

a) *Geschäftsführergehalt*

230 Soweit einzelne Verwaltungsausgaben wie z.B. das Geschäftsführergehalt *unverhältnismäßig*[526] sind, kann die Steuervergünstigung der Körperschaft unabhängig von der Höhe der übrigen Verwaltungsausgaben versagt werden.[527]

231 Selbst dann, wenn der Geschäftsführer einer steuerbegünstigten Körperschaft an dieser kapitalmäßig nicht beteiligt ist, stellt die Zahlung von *überhöhten* Geschäftsführervergütungen einen Verstoß gegen § 55 Abs. 1 Nr. 3 Alternative 2 AO dar (sog. Drittbegünstigungsverbot).[528] *Eigenmächtig* bewirkte überhöhte Gehaltszahlungen an den Geschäftsführer einer gemeinnützigen GmbH (gGmbH) begründen dann keine gemeinnützigkeitsschädliche Mittelfehlverwendung, wenn die vorgenommene Vergütungserhöhung durch *bewusste Täuschung* ge-

523 Vgl. § 9 Abs. 4a EStG. Für Auslandsreisen vgl. BMF v. 23.11.2022 – IV C 5 – S 2353/19/10010 :004 (DOK 2022/1154868), DStR 2022, 2498 zu den Pauschbeträgen für Verpflegungsmehraufwendungen und Übernachtungskosten.

524 BFH v. 03.12.1996 – I R 67/95, BStBl. II 1997, 474 unter II.2.a.

525 Das gilt nach AEAO zu § 55, Nr. 11 jedoch nicht, soweit es sich um Annehmlichkeiten handelt, wie sie im Rahmen der Betreuung von Mitgliedern allgemein üblich und nach allgemeiner Verkehrsauffassung als angemessen anzusehen sind.

526 Der Begriff „*unverhältnismäßig*" in § 55 Abs. 1 Nr. 3 AO hat nach AEAO zu § 55, Nr. 25 im Grundsatz dieselbe Bedeutung wie „unangemessen" im Bereich der verdeckten Gewinnausschüttung (vGA) gem. § 8 Abs. 3 Satz 2 KStG. Daher sind nach BFH v. 12.03.2020 – V R 5/17 (ECLI:DE:BFH:2020:U.120320.VR5.17.0), BStBl. II 2021, 55 und AEAO zu § 55, Nr. 25 für die Frage der Angemessenheit von Bezügen die Grundsätze zur vGA zu berücksichtigen. Vgl. hierzu *Gehm*, Verdeckte Gewinnausschüttungen, in: Handbuch der steuerlichen Betriebsprüfung, Kza. 7710 und *Pieske-Kontny*, Die verdeckte Gewinnausschüttung von A bis Z, in: Handbuch der steuerlichen Betriebsprüfung, Kza. 7711.

527 AEAO zu § 55, Nr. 21. Eine Zuordnung der Kosten für einen Geschäftsführer zu der steuerbegünstigten Tätigkeit ist nach AEAO zu § 55, Nr. 22 nur insoweit möglich, als der Geschäftsführer *unmittelbar* bei steuerbegünstigten Projekten mitarbeitet. Entsprechendes gilt für die Zuordnung von Reisekosten.

528 BFH v. 12.03.2020 – V R 5/17 (ECLI:DE:BFH:2020:U.120320.VR5.17.0), BStBl. II 2021, 55 unter II.1.a.

genüber den aufsichtführenden Organen der Körperschaft verschleiert worden ist.[529]

Praxishinweis: 232

Bei einem gemeinnützigkeitsschädlichen Verhalten eines Geschäftsführers durch eine bewusste Täuschung des aufsichtführenden Organs der Körperschaft ist es erforderlich, dass das aufsichtführende Organ nach Bekanntwerden des Sachverhalts angemessen zeitnah handelt, dem betreffenden Geschäftsführer außerordentlich fristlos kündigt und entsprechende Schadensersatzansprüche geltend macht.[530]

b) *Zur Angemessenheit von Geschäftsführerbezügen*

Für die Angemessenheit von Geschäftsführerbezügen gibt es nach ständiger 233 Rechtsprechung des BFH keine festen Regeln. Die obere Grenze für die Angemessenheit der Bezüge eines an der Körperschaft beteiligten Gesellschafter-Geschäftsführers ist im Einzelfall durch Schätzung gem. § 162 AO zu ermitteln. „Dabei können innerbetriebliche und außerbetriebliche Merkmale einen Anhaltspunkt für diese Schätzung bieten. Im Rahmen außerbetrieblicher Merkmale ist es zulässig, Gehaltsstrukturuntersuchungen zu berücksichtigen".[531] Der Bereich des Angemessenen erstreckt sich hierbei auf eine ganze Bandbreite von Beträgen; *unangemessen* sind nur solcher Bezüge, die den oberen Rand einer solchen Bandbreite übersteigen.[532]

Für die Prüfung der Angemessenheit von Geschäftsführergehältern bei *gemeinnützigen Organisationen* gelten nach Auffassung des BFH keine Besonderheiten. 234 Daher sind Gehaltszahlungen an den Geschäftsführer einer gemeinnützigen Organisation auch dann noch als angemessen und somit nicht unverhältnismäßig i. S. von § 55 Abs. 1 Nr. 3 AO anzusehen, wenn sie den Gehältern für eine vergleichbare Tätigkeit auch von nicht steuerbegünstigten Unternehmen entsprechen.[533]

---

529 FG Düsseldorf v. 15. 04. 2024 – 6 K 2425/21 AO, SIS 24 15 35, 3. Leitsatz mit Verweis auf BFH v. 27. 09. 2001 – V R 17/99, BStBl. II 2002, 169.

530 FG Düsseldorf v. 15. 04. 2024 – 6 K 2425/21 AO, SIS 24 15 35 unter I.2.c.

531 BFH v. 12. 03. 2020 – V R 5/17 (ECLI:DE:BFH:2020:U.120320.VR5.17.0), BStBl. II 2021, 55 unter II.1.d.

532 BFH v. 12. 03. 2020 – V R 5/17 (ECLI:DE:BFH:2020:U.120320.VR5.17.0), BStBl. II 2021, 55 unter II.1.d mit Verweis auf BFH v. 24. 08. 2011 – I R 5/10, BFH/NV 2012, 271; BFH v. 04. 06. 2003 – I R 24/02, BStBl. II 2004, 136; BFH v. 04. 06. 2003 – I R 38/02, BStBl. II 2004, 139; BFH v. 15. 12. 2004 – I R 79/04, BFH/NV 2005, 1147 unter II.2.c.aa.

533 BFH v. 12. 03. 2020 – V R 5/17 (ECLI:DE:BFH:2020:U.120320.VR5.17.0), BStBl. II 2021, 55 unter II.1.e. Als Ausgangspunkt für eine Prüfung der Angemessenheit eines Geschäftsführergehalts im Rahmen eines externen Fremdvergleichs können nach BFH v. 12. 03. 2020 – V R 5/17 (ECLI:DE:BFH:2020:U.120320.VR5.17.0), BStBl. II 2021, 55 unter II.2.a die Werte entsprechender Untersuchungen wie z. B. der sog. BBE-Studie oder der sog. Kienbaum-Studie herangezogen werden, wobei die BBE-Studie – anders als die Kienbaum-Studie – nicht nur monetäre Bezüge, sondern auch nicht monetäre Vergütungsbestandteile wie z. B. Beiträge zur Pensionsrückstellung erfasst.

235 Eine nur *geringfügige Überschreitung* der Angemessenheitsgrenze ist unbeachtlich. Ein „krasses Missverhältnis" der Gesamtvergütung liegt jedoch dann vor, wenn die Angemessenheitsgrenze um mehr als 20 v. H. überschritten wird.[534]

> *Praxishinweis:*
>
> Für die Frage der Angemessenheit der Geschäftsführergehälter bei gemeinnützigen Körperschaften sind die Grundsätze der Rechtsprechung zur vGA i. S. von § 8 Abs. 3 KStG zu berücksichtigen.

c) *Ehrenamtliche Vorstandstätigkeit*

236 Bei Vorstandsmitgliedern von Vereinen[535] sind Tätigkeitsvergütungen gemeinnützigkeitsrechtlich nur zulässig, wenn eine entsprechende Satzungsregelung besteht.[536] Ein Verein verstößt daher gegen das Gebot der Selbstlosigkeit, wenn dieser seinem Mitglied und Vorstandsvorsitzenden für dessen Vorstandstätigkeit eine Vergütung zahlt, obwohl der Vorstand nach der Vereinssatzung ehrenamtlich im Sinne von unentgeltlich tätig ist.[537]

10. Zum Verlustausgleich eines steuerpflichtigen wirtschaftlichen Geschäftsbetriebs

237 Unzulässig ist es, Mittel des ideellen Bereichs wie z. B. Mitgliedsbeiträge oder Spenden, Gewinne aus steuerbegünstigten Zweckbetrieben, Erträge aus der Vermögensverwaltung und das entsprechende Vermögen zum Ausgleich eines Verlustes eines *steuerpflichtigen* wirtschaftlichen Geschäftsbetriebs i. S. von § 64 Abs. 1 AO zu verwenden.

a) *Mehrere steuerpflichtige wirtschaftliche Geschäftsbetriebe*

238 Mehrere steuerpflichtige wirtschaftliche Geschäftsbetriebe werden gem. § 64 Abs. 2 AO als ein steuerpflichtiger wirtschaftlicher Geschäftsbetrieb behandelt, so dass die in einem Veranlagungszeitraum entstandenen Gewinne und Verluste zu saldieren sind. Nur dann, wenn die steuerpflichtigen wirtschaftlichen Geschäftsbetriebe *insgesamt* einen durch die steuerbegünstigte Körperschaft auszugleichenden Verlust erwirtschaftet haben, ist die Gemeinnützigkeit der Körperschaft bedroht.[538]

---

534 BFH v. 12. 03. 2020 – V R 5/17 (ECLI:DE:BFH:2020:U.120320.VR5.17.0), BStBl. II 2021, 55 unter II.2.d.bb mit Verweis auf BFH v. 28. 06. 1989 – I R 89/85, BStBl. II 1989, 854 unter II.A.1.f; FG Köln v. 22. 02. 1996 – 13 K 4559/90, EFG 1996, 1006; BMF v. 14. 10. 2002 – IV A 2 – S 2742 – 62/02, BStBl. I 2002, 972 unter Rn. 23. So auch AEAO zu § 55, Nr. 25.

535 Diese Regelung gilt für Stiftungen entsprechend.

536 AEAO zu § 55, Nr. 25 mit Verweis auf BMF v. 21. 11. 2014 – IV C 4 – S 2121/07/0010 :032, BStBl. I 2014, 1581 unter 8.

537 BFH v. 08. 08. 2001 – I B 40/01 (NV), BFH/NV 2001, 1536.

538 AEAO zu § 64, Nr. 17.

b) Ausgleich von Anlaufverlusten

Unschädlich ist die Verwendung von Mitteln des ideellen Bereichs für den Ausgleich von Verlusten eines *neugegründeten* steuerpflichtigen wirtschaftlichen Geschäftsbetriebs, wenn mit Anlaufverlusten zu rechnen war und zukünftig Überschüsse zu erwarten sind. Erforderlich ist jedoch, dass die Körperschaft innerhalb von drei Jahren nach dem Ende des Verlustjahres die entsprechenden Beträge dem ideellen Bereich wieder zuführt.[539] Ist absehbar, dass zeitnah keine Überschüsse erzielt werden können, ist die wirtschaftliche Tätigkeit des steuerpflichtigen wirtschaftlichen Geschäftsbetriebs einzustellen.[540] 239

c) Ausgleich eines Verlusts durch Fehlkalkulation

Beruht der mit Mitteln des ideellen Bereichs ausgeglichene Verlust auf einer Fehlkalkulation, müssen diesem innerhalb von zwölf Monaten nach Ende des Wirtschaftsjahres, in dem der Verlust entstanden ist, Mittel in gleicher Höhe zuführt werden, die nicht aus Zweckbetrieben, aus dem Bereich der steuerbegünstigten Vermögensverwaltung, aus Beiträgen oder aus anderen Zuwendungen, die zur Förderung steuerbegünstigter Zwecke der Körperschaft bestimmt sind, stammen.[541] 240

d) Verlustentstehung ausschließlich durch anteilige Absetzungen für Abnutzung

Soweit der Verlust *ausschließlich* durch anteilige Absetzungen für Abnutzung (AfA) auf *gemischt genutzte* Wirtschaftsgüter entstanden ist, die für den *ideellen Bereich* angeschafft oder hergestellt wurden, teilweise aber auch für den steuerpflichtigen wirtschaftlichen Geschäftsbetrieb genutzt werden, ist ein solcher Verlust für die Beurteilung der Gemeinnützigkeit unschädlich. 241

Die Finanzverwaltung setzt hierfür jedoch voraus,

- dass die Körperschaft im Hinblick auf eine zeit- oder teilweise Nutzung des Wirtschaftsguts durch den steuerpflichtigen wirtschaftlichen Geschäftsbetrieb kein größeres Wirtschaftsgut angeschafft oder hergestellt hat, als es für die ideelle Tätigkeit notwendig ist,
- die Körperschaft für die Leistungen des steuerpflichtigen wirtschaftlichen Geschäftsbetriebs *marktübliche Preise* verlangt und
- der steuerpflichtige wirtschaftliche Geschäftsbetrieb keinen eigenständigen Bereich eines Gebäudes bildet.[542]

---

539 AEAO zu § 55, Nr. 8. So auch Klein/*Gersch*, AO, 13. Aufl. 2016, § 55 Rn. 9 und *Hüttemann*, Gemeinnützigkeits- und Spendenrecht, 4. Aufl. 2018, Rn. 6.18.

540 BFH v. 01.07.2009 – I R 6/08, BFH/NV 2009, 1837, 3. Leitsatz.

541 AEAO zu § 55, Nr. 6 mit Verweis auf BFH v. 13.11.1996 – I R 152/93, BStBl. II 1998, 711.

542 AEAO zu § 55, Nr. 5. *Hüttemann*, Gemeinnützigkeits- und Spendenrecht, 4. Aufl. 2018, Rn. 6.16 weist ergänzend darauf hin, dass diese Grundsätze auch für die Berücksichtigung *anderer* gemischter Aufwendungen gelten.

e) *Verlustausgleich als „Rückgabe" früherer Gewinnzuführungen*

242 Soweit in sechs, dem Verlustjahr vorangegangenen Jahren Gewinne eines steuerpflichtigen wirtschaftlichen Geschäftsbetriebs in mindestens gleicher Höhe dem ideellen Bereich der Körperschaft zugeführt worden sind, stellt der Verlustausgleich im Verlustentstehungsjahr eine unschädliche „Rückgabe" früherer, durch das Gemeinnützigkeitsrecht vorgeschriebener Gewinnzuführungen dar.[543]

11. Ausscheiden aus einer steuerbegünstigten Körperschaft

243 Bei einem Ausscheiden von Mitgliedern[544] oder Gesellschaftern einer steuerbegünstigten Körperschaft ist § 55 Abs. 1 Nr. 2 AO zu beachten. Diese dürfen bei einem Ausscheiden aus der Körperschaft oder der Auflösung bzw. Aufhebung der Körperschaft nicht mehr als ihre eingezahlten Kapitalanteile und den gemeinen Wert[545] ihrer geleisteten Sacheinlagen zurückerhalten.[546]

12. Auflösung oder Aufhebung einer steuerbegünstigten Körperschaft

244 Bei Auflösung oder Aufhebung einer steuerbegünstigten Körperschaft oder bei Wegfall ihres bisherigen Zwecks darf das Vermögen dieser Körperschaft, soweit es die eingezahlten Kapitalanteile der Mitglieder und den gemeinen Wert der von den Mitgliedern geleisteten Sacheinlagen übersteigt, gem. § 55 Abs. 1 Nr. 4 nur für *steuerbegünstigte Zwecke* verwendet werden. Hierzu gehört auch die Übertragung des Vermögens auf eine andere steuerbegünstigte Körperschaft oder eine juristische Person des öffentlichen Rechts für steuerbegünstigte Zwecke.

245 Mit dieser Regelung soll verhindert werden, dass gemeinnützigkeitsrechtlich gebundenes Vermögen später zu nicht begünstigten Zwecken verwendet wird.[547]

---

543 AEAO zu § 55, Nr. 4.

544 Bei Stiftungen gilt diese Vorschrift gem. § 55 Abs. 3 AO für die Stifter und ihre Erben. Bei Betrieben gewerblicher Art (BgA) von juristischen Personen des öffentlichen Rechts gilt diese Vorschrift für die Körperschaft sinngemäß mit der Maßgabe, dass bei Wirtschaftsgütern, die nach § 6 Abs. 1 Nr. 4 Satz 4 EStG aus einem Betriebsvermögen zum Buchwert entnommen worden sind, an die Stelle des gemeinen Werts der Buchwert der Entnahme tritt.

545 Bei der Ermittlung des gemeinen Werts kommt es gem. § 55 Abs. 2 AO auf die Verhältnisse zu dem Zeitpunkt an, in dem die Sacheinlagen geleistet worden sind.

546 So auch OLG Hamm v. 13.04.2022 – 8 U 112/21 (ECLI:DE:OLGHAM:2022:0413.8U112.21.00), DStR 2022, 24551 unter B.II.3.b.aa.2 für den Fall der Auflösung einer gemeinnütziger GmbH (gGmbH).

547 AEAO zu § 55, Nr. 26.

II. Ausschließlichkeit gem. § 56 AO

246 Ausschließlichkeit i. S. von § 56 AO liegt dann vor, wenn eine Körperschaft nur ihre steuerbegünstigten satzungsmäßigen Zwecke verfolgt. Eine Körperschaft darf *mehrere* steuerbegünstigte Zwecke nebeneinander verfolgen, ohne dass dadurch die Ausschließlichkeit verletzt wird; die verwirklichten steuerbegünstigten Zwecke müssen jedoch satzungsmäßige Zwecke sein.[548] Eine Körperschaft ist nicht (mehr) steuerbegünstigt, wenn sie neben ihrer steuerbegünstigten Zielsetzung andere, nicht steuerbegünstigte Zwecke verfolgt.[549] Eine vermögensverwaltende Tätigkeit verstößt jedoch nicht gegen das Ausschließlichkeitsgebot des § 56 AO.[550]

247 Auch ein *steuerpflichtiger* wirtschaftlicher Geschäftsbetrieb i. S. von § 64 Abs. 1 AO steht der Steuerbefreiung einer gemeinnützigen Körperschaft grundsätzlich nicht entgegen, wenn dieser betrieben wird, um der Körperschaft Mittel für die gemeinnützigen Zwecke zu verschaffen und die Überschüsse dem steuerbegünstigten Zweck zugutekommen.[551] Wird ein steuerpflichtiger wirtschaftlicher Geschäftsbetrieb jedoch „um seiner selbst willen" betrieben, liegt ein Verstoß gegen das Ausschließlichkeitsgebot des § 56 AO vor.[552] Entscheidungserheblich ist hierbei, wie viel Zeit und Personal für einen solchen steuerpflichtigen wirtschaftlichen Geschäftsbetrieb eingesetzt wird.[553]

248 Die Förderung des steuerbegünstigten Satzungszwecks darf nicht lediglich ein der nicht steuerbefreiten Tätigkeit untergeordneter Nebenzweck sein.[554] Stellt die wirtschaftliche Betätigung einer Körperschaft gar den *Hauptzweck* ihrer Tätigkeit dar, ist die Körperschaft nach Auffassung des Hessischen FG wegen Verstoßes gegen das Ausschließlichkeitsgebot des § 56 AO mit ihren *gesamten Einkünften steuerpflichtig;* eine Aufteilung des Ertrags aus der Betätigung der Körperschaft in einen steuerfreien und einen steuerpflichtigen Teil ist hiernach *ausgeschlossen.*[555]

---

548 AEAO zu § 56, Nr. 2.

549 AEAO zu § 56, Nr. 1. So auch BFH v. 12.05.2022 – V R 37/20 (ECLI:DE:BFH:2022:U.120522.VR37.20.0), BStBl. II 2022, 603 unter II.1.b.aa.

550 BFH v. 23.10.1991 – I R 19/91, BStBl. II 1992, 62, Leitsatz.

551 BFH v. 04.03.2020 – I B 57/18 (NV) (ECLI:DE:BFH:2020:BA.040320.IB57.18.0), BFH/NV 2020, 1236 unter Rn. 17 mit Verweis auf BFH v. 04.04.2007 – I R 76/05, BStBl. II 2007, 631. So auch AEAO zu § 56, Nr. 1.

552 BFH v. 04.03.2020 – I B 57/18 (NV) (ECLI:DE:BFH:2020:BA.040320.IB57.18.0), BFH/NV 2020, 1236.

553 BFH v. 04.03.2020 – I B 57/18 (NV) (ECLI:DE:BFH:2020:BA.040320.IB57.18.0), BFH/NV 2020, 1236. So auch Gosch/*Märtens*, KStG, 4. Aufl. 2021, § 5 Rn. 204.

554 BFH v. 12.05.2022 – V R 37/20 (ECLI:DE:BFH:2022:U.120522.VR37.20.0), BStBl. II 2022, 603 unter II.1.b.aa.

555 FG Hessen v. 17.08.2018 – 4 V 1131/17, EFG 2018, 1754. So bereits BFH v. 04.04.2007 – I R 76/05, BStBl. II 2007, 631 unter II.3.c.bb.

249 **Beispiel:**

Eine gemeinnützige Körperschaft, die sich satzungsgemäß für eine selbstlose Unterstützung und Förderung von Kunst und Kultur einsetzt, betreibt *hauptsächlich* einen fremdfinanzierten Aktienhandel unter Einsatz von Mitarbeitern mit besonderen beruflichen Fachkenntnissen zur Abwicklung solcher Wertpapiergeschäfte.

Die wirtschaftliche Betätigung der Körperschaft spricht nach Auffassung des Hessischen FG für einen professionellen Wertpapierhandel, also eine *gewerbliche* Tätigkeit, die der Besteuerung zu unterwerfen ist.[556]

III. Unmittelbarkeit gem. § 57 AO

1. Grundsatz

250 *Unmittelbarkeit* i.S. von § 57 Abs. 1 AO bedeutet, dass die Körperschaft ihre steuerbegünstigten satzungsmäßigen Zwecke grundsätzlich *selbst* verwirklicht.

251 Das kann gem. § 57 Abs. 1 Satz 2 AO auch durch den Einsatz von *Hilfspersonen* geschehen, wenn das Wirken der Hilfsperson wie eigenes Wirken der Körperschaft anzusehen ist. Die Körperschaft hat die Hilfsperson hierbei nachweisbar zu überwachen und die weisungsgemäße Verwendung der Mittel sicherzustellen.

252 Hilfsperson kann eine natürliche Person, Personenvereinigung oder juristische Person sein.[557] Nicht ausreichend ist das bloße Handeln *als* Hilfsperson;[558] ein Handeln als Hilfsperson allein begründet keine *eigene* steuerbegünstigte Tätigkeit, da hierdurch nur *mittelbar* steuerbegünstigte Zwecke i.S. der §§ 52 bis 54 AO gefördert werden.[559]

556 FG Hessen v. 17.08.2018 – 4 V 1131/17, EFG 2018, 1754 mit Verweis auf BFH v. 02.09.2008 – X R 14/07, BFH/NV 2008, 2012. Auch wenn die Beschwerde gegen diesen Beschluss teilweise Erfolg hatte, hatte der BFH in seiner Entscheidung v. 04.03.2020 – I B 57/18 (NV) (ECLI:DE:BFH:2020:BA.040320.IB57.18.0), BFH/NV 2020, 1236 „keine ernstlichen Zweifel daran, dass die Antragstellerin körperschaftsteuerpflichtig" und nicht nach § 5 Abs. 1 Nr. 9 KStG von der Körperschaftsteuer befreit war.

557 AEAO zu § 57, Nr. 2.

558 BFH v. 12.05.2022 – V R 37/20 (ECLI:DE:BFH:2022:U.120522.VR37.20.0), BStBl. II 2022, 603 unter II.1.c.aa.

559 BFH v. 06.02.2013 – I R 59/11, BStBl. II 2013, 603 unter II.3.c und BFH v. 12.05.2022 – V R 37/20 (ECLI:DE:BFH:2022:U.120522.VR37.20.0), BStBl. II 2022, 603 unter II.1.c.aa.

Beispiel: 253

Eine GmbH, die mit ihrem Personal in einer einem Sportverband gehörenden Sportschule die Trainingsräume und -anlagen reinigt und instand hält sowie den Lehrgangsteilnehmern und Gästen Unterkunft und Verpflegung gewährt, dient mit ihren Tätigkeiten nicht *unmittelbar* gemeinnützigen Zwecken.[560]

Eine Hilfsperson kann jedoch auch selbst steuerbegünstigt sein, wenn sie mit ihrer Hilfstätigkeit zugleich *eigene* steuerbegünstigte Zwecke verfolgt, ihren Beitrag selbständig und eigenverantwortlich erbringt und die übrigen Voraussetzungen der §§ 52 ff. AO erfüllt.[561] 254

2. Zusammenfassung von Körperschaften

Eine Körperschaft, in der steuerbegünstigte Körperschaften zusammengefasst sind, wird einer Körperschaft, die unmittelbar steuerbegünstigte Zwecke verfolgt, gem. § 57 Abs. 2 AO gleichgestellt;[562] hiervon ist auszugehen, wenn mehrere steuerbegünstigte Körperschaften *arbeitsteilig* zur Verwirklichung eines steuerbegünstigten Zwecks zusammenwirken.[563] Voraussetzung ist jedoch, dass jede der zusammengefassten Körperschaften sämtliche Voraussetzungen für die Steuervergünstigung erfüllt.[564] 255

3. Zusammenwirken mit weiteren steuerbegünstigten Körperschaften

a) *Planmäßiges Zusammenwirken*

Eine Körperschaft verfolgt ihre steuerbegünstigten Zwecke gem. § 57 Abs. 3 AO[565] auch dann „unmittelbar", wenn sie – satzungsgemäß – durch *planmäßiges Zusammenwirken* mit mindestens einer weiteren, die Voraussetzungen der §§ 51 bis 68 AO erfüllenden Körperschaft einen steuerbegünstigten Zweck verwirklicht. Wenn mehrere Körperschaften, die außer dem Unmittelbarkeitsgrundsatz alle Voraussetzungen der §§ 51 bis 68 AO erfüllen, satzungsgemäß durch planmäßiges Zusammenwirken einen gemeinnützigen Zweck verfolgen, ist das Kriterium der Unmittelbarkeit für alle beteiligten Körperschaften erfüllt.[566] 256

§ 57 Abs. 3 AO räumt somit auch solchen Körperschaften, die die Voraussetzungen der §§ 51 bis 68 AO *mit Ausnahme des Unmittelbarkeitsgrundsatzes* erfüllen,

560 FG Münster v. 19. 02. 2018 – 13 K 3313/15 F, EFG 2018, 89 unter I.2.a mit Verweis auf BFH v. 25. 02. 1981 – II R 110/77, BStBl. II 1981, 87.

561 BFH v. 27. 11. 2013 – I R 17/12, BStBl. II 2016, 68 unter II.5.b.bb.

562 AEAO zu § 57, Nr. 3.

563 BFH v. 06. 02. 2013 – I R 59/11, BStBl. II 2013, 603 unter II.3.c. So auch BFH v. 12. 05. 2022 – V R 37/20 (ECLI:DE:BFH:2022:U.120522.VR37.20.0), BStBl. II 2022, 603 unter II.1.c.aa.

564 AEAO zu § 57, Nr. 3.

565 § 57 Abs. 3 AO wurde durch das Jahressteuergesetz 2020 (JStG 2020) v. 21. 12. 2020, BGBl. I 2020, 3096 angefügt und ist seit dem 29. 12. 2020 anzuwenden.

566 AEAO zu § 57, Nr. 4. So bereits BT-Drucks. 19/25160, 202.

die Möglichkeit ein, eine *unmittelbare* Zweckverwirklichung über das planmäßige Zusammenwirken mit anderen steuerpflichtigen Körperschaften zu erreichen und dadurch als steuerbegünstigte Körperschaft anerkannt zu werden.

257 *Praxishinweis:*

Voraussetzung für die Annahme eines „planmäßigen Zusammenwirkens" ist, dass die beteiligten Körperschaften die Voraussetzungen der §§ 51 bis 68 AO erfüllen müssen.

258 Planmäßiges Zusammenwirken bedeutet das gemeinsame, inhaltlich aufeinander abgestimmte und koordinierte Wirken von zwei oder mehreren *steuerbegünstigten Körperschaften*, um einen ihrer steuerbegünstigten Satzungszwecke zu verwirklichen,[567] was auch mit steuerbegünstigten Betrieben gewerblicher Art (BgA) i. S. von § 4 KStG von juristischen Personen des öffentlichen Rechts möglich ist, nicht aber mit juristischen Personen des öffentlichen Rechts als solchen.[568] Auch Kooperationen zwischen gesellschafts- oder verbandsrechtlich nicht verbundenen Körperschaften sind möglich.[569] Weder sind ein Leistungsaustausch zwischen zwei Körperschaften[570] noch eine Wiederholungsabsicht oder eine finanzielle Eingliederung[571] erforderlich.

259 Ein Zusammenwirken umfasst alle Tätigkeiten, die geeignet sind, die Verwirklichung der *eigenen* satzungsmäßigen Zwecke in Kooperation mit einer anderen Körperschaft zu erfüllen wie z. B. Erbringung von Dienstleistungen, Warenlieferungen oder Nutzungsüberlassungen.[572] Es umfasst nicht nur „klassische Serviceleistungen" wie Wäscherei oder Fahrdienste, sondern auch Ausbildungs- und Verwaltungstätigkeiten oder die Überlassung von Räumlichkeiten.[573] Allerdings muss die Körperschaft arbeitsteilig einen *eigenen Beitrag* zur Verwirklichung der steuerbegünstigten Zwecke erbringen; eine bloße Vergabe von Aufträgen hierfür an Dritte reicht nicht aus.[574]

Beispiel:

Die gemeinnützige V-GmbH überlässt ihre Räumlichkeiten im Rahmen eines planmäßigen Zusammenwirkens an ihre gemeinnützige Tochtergesellschaft T-GmbH.

567 AEAO zu § 57, Nr. 5.
568 AEOA zu § 57, Nr. 7.
569 AEAO zu § 57, Nr. 6 Satz 3.
570 AEAO zu § 57, Nr. 5 Satz 5.
571 AEAO zu § 57, Nr. 6.
572 AEAO zu § 57, Nr. 5. Leistungen, die in Verwirklichung des gemeinsamen Zwecks im Rahmen eines *wirtschaftlichen Geschäftsbetriebs* i. S. von § 14 AO erfolgen, sind – wenn die gesetzlichen Voraussetzungen der §§ 65 ff. AO erfüllt sind – gem. AEAO zu § 57, Nr. 11 in einem *Zweckbetrieb* zu erfassen, sonst in einem *steuerpflichtigen* wirtschaftlichen Geschäftsbetrieb i. S. von § 64 AO.
573 Koenig/*Koenig*, AO, 4. Aufl. 2021, § 57 Rn. 9.
574 AEAO zu § 57, Nr. 6.

Durch die Überlassung der Räumlichkeiten im Rahmen einer Kooperation verwirklichen beide Körperschaften „unmittelbar" einen gemeinnützigen Zweck i. S. von § 57 Abs. 1 i. V. m. § 57 Abs. 3 AO. Wenn aufgrund eines planmäßigen Zusammenwirkens ein Tatbestand der §§ 65 ff. AO erfüllt ist, dann ist diese zweckbetriebliche Beurteilung für alle beteiligten Körperschaften maßgeblich.[575] Die Mieteinnahmen der V-GmbH sind daher einem steuerbegünstigten Zweckbetrieb zuzuordnen.

Ein solches Zusammenwirken kann auch in der Weise erfolgen, dass mehrere Körperschaften unterschiedliche Leistungselemente an einen Dritten erbringen und durch ihr Zusammenwirken einen gemeinsamen steuerbegünstigten Zweck fördern.[576] 260

Die Körperschaft darf für die *Finanzierung von Wirtschaftsgütern*, die sie einer anderen steuerbegünstigten Körperschaft in einer Kooperation nach § 57 Abs. 3 AO zur Nutzung überlässt oder im Zusammenwirken mit einer anderen gemeinnützigen Körperschaft einsetzt, *zeitnah zu verwendende Mittel* verwenden.[577] 261

b) Festlegungen in der Satzung

Ein nach § 57 Abs. 3 AO zulässiges Zusammenwirken mit anderen Körperschaften muss jedoch in der Satzung als *Art der Zweckverwirklichung* festgelegt sein; die Körperschaften, mit denen kooperiert wird, und die Art und Weise der Kooperation müssen nach Auffassung der Finanzverwaltung in den Satzungen der beteiligten Körperschaften benannt werden.[578] Da die erforderlichen Satzungserfordernisse für Zwecke der Steuerbegünstigung während des ganzen Veranlagungszeitraums vorliegen müssen, sind die Satzungen der an einer Kooperation beteiligten Körperschaft nach Auffassung des Verfassers grundsätzlich vor Beginn des Jahres, für das die Kooperation erstmals wirksam werden soll, anzupassen. 262

Praxishinweis: 263

Die erforderlichen Satzungsänderungen sollten mit dem zuständigen Finanzamt abgestimmt werden.

Bei einer Kooperation innerhalb eines Konzern- oder Unternehmensverbunds genügt es, in der Satzung den Konzern oder den Unternehmensverbund zu bezeichnen. In solchen Fällen sollte dem Finanzamt – zusätzlich zur Satzung – 264

575 BT-Drucks. 19/25160, 202.

576 AEAO zu § 57, Nr. 5 Satz 6.

577 AEAO zu § 57, Nr. 12.

578 AEAO zu § 57, Nr. 8. Nach Auffassung des FG Hamburg v. 26.09.2023 – 5 K 11/23, NWB NAAAJ-52702, 2. Leitsatz ist eine Satzungsänderung bei der *leistungsempfangenden Körperschaft*, in der das planmäßige Zusammenwirken mit der leistungserbringenden Körperschaft aufgenommen wird (sog. „doppeltes Satzungserfordernis"), entgegen der Verwaltungsauffassung nicht erforderlich.

eine Liste der einzelnen Kooperationspartner zu Beginn der Kooperation und bei etwaigen Veränderungen der Kooperationspartner vorgelegt werden.[579]

Das planmäßige Zusammenwirken darf bereits vor der zivilrechtlichen Wirksamkeit bei den kooperierenden Körperschaften erfolgen, wenn darüber ein wirksamer Organbeschluss vorliegt, das Verfahren zum Eintritt der zivilrechtlichen Wirksamkeit eingeleitet wurde und diese später auch eintritt.[580]

c) Zusammenfassung der Tätigkeiten gem. § 57 Abs. 3 Satz 2 AO

265 Die durch das planmäßige Zusammenwirken erbrachten Leistungen, die im Rahmen eines wirtschaftlichen Geschäftsbetriebs erfolgen, gelten als Leistungen eines Zweckbetriebs, wenn die gesetzlichen Voraussetzungen der §§ 65 ff. AO erfüllt sind.[581] Tätigkeiten werden in Verwirklichung des gemeinsamen steuerbegünstigten Zwecks erbracht, sofern sie dem steuerbegünstigten Bereich[582] zugeordnet werden könnten, wenn sie in Gänze von einer Körperschaft erbracht worden wären.[583]

266 Für die Beurteilung als Zweckbetrieb i. S. der §§ 65 bis 68 AO sind bei der jeweiligen Körperschaft die Tätigkeiten der nach § 57 Abs. 3 Satz 1 AO zusammenwirkenden Körperschaften zusammenzufassen. Hierfür sind die ausgeübten Tätigkeiten aller beteiligten Körperschaften in ihrer *Gesamtheit* zu beurteilen.[584] Ist hiernach einer der Tatbestände i. S. der §§ 65 ff. AO erfüllt, gilt die zweckbetriebliche Beurteilung für alle beteiligten Körperschaften.[585] Eine *eigenständige Prüfung* der Zweckbetriebseigenschaft der Kooperationsleistungen erübrigt sich somit.[586]

267 Leistungen an steuerpflichtige Dritte sind jedoch weiterhin regelmäßig in einem steuerpflichtigen wirtschaftlichen Geschäftsbetrieb zu erfassen.[587]

d) Zuordnung und Finanzierung von Wirtschaftsgütern

268 Die bei einem planmäßigen Zusammenwirken im Zweckbetrieb oder im ideellen Bereich eingesetzten Wirtschaftsgüter sind auch bei den zusammenwirkenden Körperschaften dem Zweckbetrieb bzw. dem ideellen Bereich zuzuordnen und können somit aus zeitnah zu verwendenden Mitteln finanziert werden.[588] Dies gilt auch für die Finanzierung von Wirtschaftsgütern, die im Rahmen einer

579 AEAO zu § 57, Nr. 8 Satz 3 f.
580 AEAO zu § 57, Nr. 9.
581 AEAO zu § 57, Nr. 11 Satz 1. So bereits BT-Drucks. 19/25160, 202.
582 Zweckbetrieb oder ideelle Tätigkeit.
583 AEAO zu § 57, Nr. 11 Satz 7.
584 AEAO zu § 57, Nr. 11 Satz 2. So auch Koenig/*Koenig*, AO, 4. Aufl. 2021, § 57 Rn. 10 mit Verweis auf BT-Drucks. 19/25160, 202.
585 AEAO zu § 57, Nr. 11 Satz 3.
586 Koenig/*Koenig*, AO, 4. Aufl. 2021, § 57 Rn. 10 m. N. Nach *Koenig* können daher nicht marktgerechte Entgelte von Kooperationsleistungen nicht zur Annahme einer verdeckten Gewinnausschüttung (vGA) führen.
587 AEAO zu § 56, Nr. 11 Satz 4.
588 AEAO zu § 57, Nr. 12 Satz 1 f.

Kooperation nach § 57 Abs. 3 AO einer anderen steuerbegünstigten Körperschaft zur Nutzung überlassen oder im Zusammenwirken mit einer anderen gemeinnützigen Körperschaft einsetzt werden.[589]

Eine Beteiligung an einer kooperierenden, steuerbegünstigten Körperschaft ist dem ideellen Bereich zuzuordnen.[590] 269

e) Vertrauensschutz

Nach Verwaltungsauffassung darf eine Körperschaft, die sich auf § 57 Abs. 3 AO beruft, darauf vertrauen, dass die Körperschaft, mit der sie zusammenwirkt, gem. § 5 Abs. 1 Nr. 9 KStG steuerbegünstigt ist. Als Nachweis hat diese ihre Satzung und einen der in § 58a Abs. 2 AO genannten Nachweise der anderen Körperschaft vorzulegen.[591] 270

Der Vertrauensschutz nach § 58a Abs. 1 AO greift jedoch gem. § 58a Abs. 3 AO dann nicht, wenn der zuwendenden Körperschaft die Unrichtigkeit eines Verwaltungsakts nach § 58a Abs. 2 AO bekannt ist bzw. infolge grober Fahrlässigkeit nicht bekannt war oder die zuwendende Körperschaft eine Verwendung für nicht steuerbegünstigte Zwecke durch die empfangende Körperschaft veranlasst hat.

4. Halten und Verwalten von Anteilen an steuerbegünstigten Kapitalgesellschaften

Eine Körperschaft verfolgt ihre steuerbegünstigten Zwecke gem. § 57 Abs. 4 AO[592] auch dann „unmittelbar", wenn sie *ausschließlich* Anteile an steuerbegünstigten Kapitalgesellschaften hält und verwaltet. Eine Mindestbeteiligungsquote ist nicht erforderlich.[593] 271

Die Neuregelung in § 57 Abs. 4 AO kann dazu führen, dass eine Holdinggesellschaft (Körperschaft) auch dann gemeinnützig ist, wenn sie *ausschließlich* Anteile an steuerbegünstigten Kapitalgesellschaften hält und verwaltet, da hierdurch der Grundsatz der Unmittelbarkeit erfüllt wird. Hierfür genügt die Beteiligung an nur einer steuerbegünstigten Kapitalgesellschaft.[594] Nicht ausgeschlossen ist, dass eine solche steuerbegünstigte Holdinggesellschaft auch Anteile an steuerpflichtigen Kapitalgesellschaften halten kann. Die übrigen Voraussetzungen der §§ 51 ff. AO müssen jedoch gegeben sein.[595] Soweit eine Holdinggesellschaft (Körperschaft) entgeltliche Leistungen[596] gegenüber ihren Beteiligungsgesellschaften erbringt, sind solche Leistungen jedoch – vorbehaltlich § 57 272

589 AEAO zu § 57, Nr. 12 Satz 3.
590 AEAO zu § 57, Nr. 12 Satz 4.
591 AEAO zu § 57, Nr. 10.
592 § 57 Abs. 4 AO wurde durch das Jahressteuergesetz 2020 (JStG 2020) v. 21. 12. 2020, BGBl. I 2020, 3096 angefügt und ist seit dem 29. 12. 2020 anzuwenden.
593 AEAO zu § 57, Nr. 13.
594 AEAO zu § 57, Nr. 13.
595 AEAO zu § 57, Nr. 13.
596 Z. B. Buchhaltung.

Abs. 3 AO oder § 58 Abs. 1 AO – im Rahmen eines *steuerpflichtigen wirtschaftlichen Geschäftsbetriebs* zu erfassen.[597]

273 Eine Beteiligung, die nach § 57 Abs. 4 AO zur unmittelbaren Verfolgung der eigenen steuerbegünstigten Zwecke an einer steuerbegünstigten Kapitalgesellschaft gehalten und verwaltet wird, ist dem *ideellen Bereich* der Körperschaft zuzuordnen. Voraussetzung ist, dass die steuerbegünstigten Zwecke der gehaltenen Beteiligungsgesellschaft in den eigenen steuerbegünstigten Zwecken enthalten sind. Die Einnahmen aus einer solchen Beteiligung stellen keine Einnahmen der Vermögensverwaltung, sondern Einnahmen im ideellen Bereich dar.[598]

274 Bei den Anteilen an steuerbegünstigten Kapitalgesellschaften handelt es sich nach Verwaltungsauffassung um sog. *nutzungsgebundenes Vermögen* i. S. von § 55 Abs. 1 Nr. 5 Satz 2 AO, das den Einsatz zeitnah zu verwendender Mittel ermöglicht.[599] Eine zeitnahe Mittelverwendung ist nach § 55 Abs. 1 Nr. 5 Satz 3 AO gegeben, wenn die Mittel spätestens in den auf den Zufluss folgenden zwei Kalender- oder Wirtschaftsjahren für die steuerbegünstigten satzungsmäßigen Zwecke verwendet werden.

597 AEAO zu § 57, Nr. 16.
598 AEAO zu § 57, Nr. 14.
599 AEAO zu § 57, Nr. 15.

D. Satzung, Vermögen und Geschäftsführung

I. Steuerlich unschädliche Betätigungen gem. § 58 AO

Durch § 58 AO werden die in den §§ 55 bis 57 AO formulierten Grundsätze der Selbstlosigkeit, der Ausschließlichkeit und der Unmittelbarkeit durch einzelne Ausnahmeregelungen[600] aufgeweicht und durchbrochen[601]. 275

1. Verwirklichung steuerbegünstigter Zwecke durch Zuwendungen an andere steuerbegünstigte Körperschaften oder juristische Personen des öffentlichen Rechts

a) Zuwendungsempfänger

§ 58 Nr. 1 AO ermöglicht es steuerbegünstigten Körperschaften, andere Körperschaften durch die vollständige oder teilweise Weitergabe bzw. Zuwendung eigener Mittel zu fördern.[602] § 58 Nr. 1 AO lässt es somit zu, steuerbegünstigte Zwecke auch dadurch zu verfolgen, dass durch einen sog. Förderverein Mittel für die Verwirklichung steuerbegünstigter Zwecke anderer Körperschaften beschafft werden.[603] 276

Die Zuwendung von Mitteln an eine beschränkt *oder* unbeschränkt steuerpflichtige Körperschaft des privaten Rechts setzt gem. § 58 Nr. 1 Satz 3 AO voraus, dass diese selbst *steuerbegünstigt* ist. Als *Mittelempfänger* kommen inländische steuerbegünstigte Körperschaften, die in § 5 Abs. 2 Nr. 2 KStG aufgeführten beschränkt steuerpflichtigen Körperschaften aus EU-/EWR-Staaten sowie inländische und ausländische juristische Personen des öffentlichen Rechts in Betracht. Handelt es sich bei den Mittelempfängern um nicht beschränkt steuerpflichtige ausländische Körperschaften oder beschränkt steuerpflichtige Körperschaften aus Nicht-EU-/EWR-Staaten, verlangt die Finanzverwaltung, dass die (spätere) Verwendung der Mittel für steuerbegünstigte Zwecke ausreichend nachgewiesen wird.[604] 277

---

600 Vgl. § 58 Nr. 1 bis 10 AO. § 58 Nr. 1 AO wurde geändert durch das Jahressteuergesetz 2020 (JStG 2020) v. 21. 12. 2020, BGBl. I 2020, 3096 und ist in dieser Fassung seit dem 29. 12. 2020 anzuwenden. § 58 Nr. 2 AO wurde durch das Jahressteuergesetz 2020 (JStG 2020) v. 21. 12. 2020, BGBl. I 2020, 3096 mit Wirkung zum 28. 12. 2020 aufgehoben.

601 So ähnlich auch Koenig/*Koenig*, AO, 4. Aufl. 2021, § 58 Rn. 2.

602 AEAO zu § 58, Nr. 1. § 51 Abs. 2 AO steht der Begünstigung von so genannten Mittelbeschaffungskörperschaften, die *ausländische Körperschaften* i. S. von § 58 Nr. 1 AO unterstützen, nicht entgegen, da beim Inlandsbezug allein auf die Mittelbeschaffungskörperschaft selbst abgestellt wird; vgl. hierzu Abschn. B.II.2.b.

603 OFD Hannover v. 09. 10. 2002 – S 2729 – 325 – StO 214/S 2729 – 326 – StH 233, SIS 03 60 18 unter 4.

604 AEAO zu § 58, Nr. 2. So auch OFD Hannover v. 15. 06. 2001 – S 2729 – 325 – StO 214/S 2729 – 326 – StH 233, BB 2001, 1724 unter 4 zu einer steuerbegünstigten Körperschaft als Förderverein für eine ausländische Körperschaft.

278 Die Weiterleitung von Mitteln an eine Körperschaft des öffentlichen Rechts zur Verwendung in einem Betrieb gewerblicher Art (BgA) ist unschädlich, wenn die Mittel in diesem BgA für einen steuerbegünstigten Zweck verwendet werden. Besondere Anforderungen an einen solchen BgA sind nach Auffassung der Finanzverwaltung nicht zu stellen; entscheidend ist die Verwendung der Zuwendung für einen steuerbegünstigten Zweck.[605]

279 Mittelempfänger im *Ausland* müssen einer Körperschaft, Personenvereinigung oder Vermögensmasse im Sinne des (deutschen) Körperschaftsteuergesetzes entsprechen; auf Anforderung ist deren Satzung dem Finanzamt in deutscher Übersetzung vorzulegen.[606]

b) Satzungszweck „Beschaffung von Mitteln"

280 Beabsichtigt eine Körperschaft, als *einzige Art* der Zweckverwirklichung Mittel anderen Körperschaften oder juristischen Personen des öffentlichen Rechts zuzuwenden, ist die Mittelweitergabe als Art der Zweckverwirklichung gem. § 58 Abs. 1 Satz 4 AO in der *Satzung* zu benennen.[607] Fehlt die *ausdrückliche* Aufnahme des Satzungszwecks „Beschaffung von Mitteln", liegt ein Verstoß gegen das Unmittelbarkeitsgebot des § 57 AO vor, so dass § 58 Nr. 1 AO nicht anwendbar ist.[608] Etwaige, für die Steuerbefreiung *unschädliche* Betätigungen müssen in der Satzung hingegen nicht geregelt werden.[609]

281 Sofern ein Satzungszweck *unmittelbar* verfolgt und ein weiterer Satzungszweck *ausschließlich durch eine Mittelweitergabe* verwirklicht wird, müssen die unmittelbare Zweckverfolgung als auch die Zweckverwirklichung durch Mittelweitergabe in der Satzung benannt werden.[610]

282 **Beispiel:**[611]

Eine steuerbegünstigte Körperschaft fördert satzungsmäßig die Zwecke Sport und Kultur. Der Satzungszweck „Sport" wird unmittelbar, der Satzungszweck „Kultur" ausschließlich durch Mittelweitergabe verwirklicht. Die Körperschaft muss in diesem Fall auch die Förderung des Zwecks „Kultur durch Mittelweitergabe" als Art der Zweckverwirklichung in ihre Satzung aufnehmen.

605 OFD Frankfurt v. 19.08.2013 – S 0177 A – 6 – St 53, DStR 2013, 2278 unter 1.1.

606 OFD Hannover v. 09.10.2002 – S 2729 – 325 – StO 214/S 2729 – 326 – StH 233, SIS 03 60 18 unter 4.

607 Eine Mustersatzung für einen Förderverein ist in der Broschüre des FiMi Baden-Württemberg „Steuertipps für gemeinnützige Vereine", o.O. o. J., unter 2.11.3 enthalten.

608 FG Niedersachsen v. 08.04.2010 – 6 K 139/09, rkr., SIS 10 37 31 unter II.2.b mit Verweis auf FG Rheinland-Pfalz v. 29.01.2009 – 6 K 1351/06, rkr., SIS 09 35 02.

609 FG Baden-Württemberg v. 23.04.2015 – 3 K 1766/13, SIS 15 17 84 unter II.2.a.bb.bbb mit Verweis auf BFH v. 24.07.1996 – I R 35/94, BStBl. II 1996, 583; die Revision wurde vom BFH mit Urteil v. 15.11.2017 – I R 39/15 (NV), BFH/NV 2018, 611 als unbegründet zurückgewiesen.

610 AEAO zu § 58, Nr. 3.

611 Nach AEAO zu § 58, Nr. 3.

Verwirklicht eine steuerbegünstigte Körperschaft *einen* Zweck sowohl unmittelbar als auch durch Mittelweitergabe, ist eine Satzungsklausel zur Mittelweitergabe nicht erforderlich.[612] 283

> **Beispiel:**[613]
> Eine steuerbegünstigte Körperschaft fördert satzungsmäßig den Zweck Sport unmittelbar, gibt aber auch Mittel an eine andere steuerbegünstigte Körperschaft zur Sport-Förderung weiter. Die Mittelweitergabe als Art der Zweckverwirklichung muss in diesem Fall nicht in die Satzung aufgenommen werden.

Unerheblich ist, ob die Satzungszwecke der hingebenden und der empfangenden Körperschaft identisch sind oder nicht.[614]

c) Zuordnung der „Mittel"

Unter „Mittel" sind *sämtliche* Vermögenswerte einer Körperschaft zu verstehen, also Bar- und Buchgeld sowie alle anderen Vermögenswerte wie z. B. Sachwerte, die unentgeltliche oder verbilligte Nutzungsüberlassung von Wirtschaftsgütern, Warenlieferungen und die Erbringung von Dienstleistungen.[615] Die Verwendung der *zugewendeten* Mittel hat *zeitnah* i. S. des § 55 Abs. 1 Nr. 5 AO zu erfolgen, andernfalls liegt eine Mittelfehlverwendung bei der Empfängerkörperschaft vor.[616] 284

Vermögenswerte, die unentgeltlich oder lediglich gegen Kostenübernahme überlassen werden, dürfen aus *zeitnah* zu verwendenden Mitteln finanziert werden; sie sind bei der überlassenden Körperschaft dem ideellen Bereich oder dem Zweckbetrieb und bei der empfangenden Körperschaft dem steuerbegünstigten Bereich zuzuordnen.[617] 285

§ 58 Nr. 1 AO findet keine Anwendung auf Vermögenswerte, die gegen einen, die entstandenen Kosten *übersteigenden Betrag* überlassen werden. Diese sind grundsätzlich dem steuerpflichtigen wirtschaftlichen Geschäftsbetrieb, ggf. auch der Vermögensverwaltung zuzuordnen.[618] 286

d) Ausschüttungen und sonstige Zuwendungen einer steuerbegünstigten Körperschaft

Ausschüttungen und sonstige Zuwendungen einer steuerbegünstigten Körperschaft sind abweichend von § 55 Abs. 1 Nr. 1 Satz 2 AO *unschädlich* für die 287

612 AEAO zu § 58, Nr. 3.
613 Nach AEAO zu § 58, Nr. 3.
614 AEAO zu § 58, Nr. 3.
615 AEAO zu § 58, Nr. 1 und Koenig/*Koenig*, AO, 4. Aufl. 2021, § 58 Rn. 5 m. N.
616 AEAO zu § 58, Nr. 5.
617 AEAO zu § 58, Nr. 7.
618 AEAO zu § 58, Nr. 7.

Gemeinnützigkeit, wenn die Gesellschafter oder Mitglieder als Begünstigte *ausschließlich* steuerbegünstigte Körperschaften sind.[619]

288 Steuerlich unschädlich sind auch Ausschüttungen – selbst in Form einer verhinderten Vermögensmehrung[620] – und sonstige Zuwendungen an juristische Personen des öffentlichen Rechts, wenn die Mittel *nachweislich* für steuerbegünstigte Zwecke verwendet werden. Dies gilt jedoch nicht, wenn die Mittel dem Gesamthaushalt der juristischen Person des öffentlichen Rechts zugutekommen und die juristische Person des öffentlichen Rechts neben den steuerbegünstigten Zwecken auch noch andere Zwecke verfolgt.[621]

e) Nachweis der satzungsmäßigen Mittelverwendung im Ausland

289 Die Verwirklichung steuerbegünstigter Zwecke im Ausland ist von der steuerbegünstigten Körperschaft durch ordnungsgemäße Aufzeichnungen gem. §63 Abs. 3 AO zu belegen.[622]

290 Als Nachweise der satzungsmäßigen Mittelverwendung im Ausland können z. B. folgende Unterlagen dienen, die auf Anforderung ins Deutsche zu übersetzen sind:[623]

- Abgeschlossene Verträge und entsprechende Vorgänge, die im Zusammenhang mit der Mittelverwendung stehen;
- Belege über den Abfluss der Mittel in das Ausland und Bestätigungen des Zahlungsempfängers über den Erhalt der Mittel;
- ausführliche Tätigkeitsbeschreibungen der im Ausland entfalteten Aktivitäten;
- Material über die im Ausland getätigten Projekte wie z. B. Prospekte und Presseveröffentlichungen;
- Gutachten eines Wirtschaftsprüfers bei großen oder andauernden Projekten;
- Zuwendungsbescheide ausländischer Behörden, wenn die Maßnahmen dort durch Zuschüsse u. a. gefördert werden;
- Bestätigung einer deutschen Auslandsvertretung, dass die angegebenen Projekte durchgeführt werden.

291 Bei Auslandssachverhalten ist die erhöhte Mitwirkungs- und Beweisvorsorgepflicht gem. §90 Abs. 2 AO zu beachten. Ein Beteiligter kann sich nach §90

619 AEAO zu § 58, Nr. 4. So auch *Hüttemann*, Gemeinnützigkeits- und Spendenrecht, 4. Aufl. 2018, Rn. 2.18.

620 Vgl. R 8.5 Abs. 1 KStR 2022.

621 AEAO zu § 58, Nr. 4 mit Verweis auf BFH v. 27. 11. 2013 – I R 17/12, BStBl. II 2016, 68 unter II.4.c.

622 OFD Hannover v. 15. 06. 2001 – S 2729 – 325 – StO 214/S 2729 – 326 – StH 233, BB 2001, 1724 unter 2. Elektronisch gespeicherte Aufzeichnungen und Unterlagen dürfen nach Auffassung des Verfassers in sinngemäßer Anwendung von § 146 Abs. 2a AO auch in einem anderen *Mitgliedstaat der Europäischen Union* aufbewahrt werden, soweit ein Datenzugriff jederzeit in vollem Umfang möglich ist.

623 OFD Hannover v. 15. 06. 2001 – S 2729 – 325 – StO 214/S 2729 – 326 – StH 233, BB 2001, 1724 unter 2.

Abs. 2 Satz 3 AO nicht darauf berufen, dass er Sachverhalte nicht aufklären oder Beweismittel nicht beschaffen kann, wenn er sich nach Lage des Falls bei der Gestaltung seiner Verhältnisse die Möglichkeit dazu hätte beschaffen oder einräumen lassen können.

2. Vermögensausstattung anderer steuerbegünstigter Körperschaften oder juristischer Personen des öffentlichen Rechts

Nach § 58 Nr. 3 AO ist es zulässig, dass eine Körperschaft „ganz oder teilweise" die Überschüsse der Einnahmen über die Ausgaben aus der Vermögensverwaltung, ihre Gewinne aus wirtschaftlichen Geschäftsbetrieben[624] und bis zu 15 v. H. ihrer sonstigen, nach § 55 Abs. 1 Nr. 5 AO *zeitnah* zu verwendenden Mittel einer anderen *steuerbegünstigten* Körperschaft oder einer juristischen Person des öffentlichen Rechts zur Vermögensausstattung zuwendet. 292

Zusätzlich dürfen die Bestände der freien Rücklage i. S. von § 62 Abs. 1 Nr. 3 AO sowie andere nicht zeitnah zu verwendende Mittel zur Vermögensausstattung einer anderen steuerbegünstigten Körperschaft verwendet werden.[625] 293

Die Vermögensausstattung einer steuerbegünstigten Kapitalgesellschaft ist bei ihrer Neugründung oder im Rahmen einer Kapitalerhöhung erlaubt, nicht aber der Erwerb von Anteilen an einer bereits bestehenden Körperschaft.[626] Hierbei kann das gezeichnete Kapital der auszustattenden Körperschaft nach Verwaltungsauffassung auch durch Ausgliederung eines Zweckbetriebs nach § 123 UmwG[627] finanziert werden, wenn dieser unmittelbar für die steuerbegünstigten Zwecke der auszustattenden Körperschaft eingesetzt wird.[628] 294

Voraussetzung nach § 58 Nr. 3 Satz 2 AO ist, dass die zu verwirklichenden steuerbegünstigten Zwecke den steuerbegünstigten satzungsmäßigen Zwecken der zuwendenden Körperschaft *„explizit"*[629] entsprechen und dass der mit den weitergegebenen Mitteln verfolgte Zweck sowohl von der gebenden als auch von der empfangenden Körperschaft gefördert wird.[630] Erfolgt eine Verwendung für 295

624 Zu den wirtschaftlichen Geschäftsbetrieben i. S. von § 14 AO gehören gem. AEAO zu § 65, Nr. 1 auch die Zweckbetriebe.

625 OFD Frankfurt v. 03. 03. 2021 – S 0177 A – 6 – St 53, DStR 2021, 1482 unter 3 mit Verweis auf OFD Frankfurt v. 28. 03. 2014 – S 0174 A – 16 – St 53, DStR 2014, 1394.

626 AEAO zu § 58, Nr. 8.

627 Umwandlungsgesetz v. 28. 10. 1994, BGBl. I 1994, 3210, zuletzt geändert durch Art. 60 des Gesetzes zur Modernisierung des Personengesellschaftsrechts (Personengesellschaftsrechtsmodernisierungsgesetz – MoPeG) v. 10. 08. 2021, BGBl. I 2021, 3436.

628 OFD Frankfurt v. 28. 03. 2014 – S 0174 A – 16 – St 53, DStR 2014, 1394 unter 5.1.2.

629 OFD Frankfurt v. 03. 03. 2021 – S 0177 A – 6 – St 53, DStR 2021, 1482 unter 3; a. A. Koenig/*Koenig*, AO, 4. Aufl. 2021, § 58 Rn. 10, der nur „die Übereinstimmung mindestens eines Satzungszwecks", nicht aber eine „vollständige Gleichheit sämtlicher Satzungszwecke" für erforderlich hält.

630 AEAO zu § 58, Nr. 8. So auch OFD Frankfurt v. 03. 03. 2021 – S 0177 A – 6 – St 53, DStR 2021, 1482 unter 3. Klein/*Gersch*, AO, 13. Aufl. 2016, § 58 Rn. 4 verweist hier auch auf die „im Gemeinnützigkeitsrecht angelegte Satzungsstrenge".

andere Zwecke, liegt eine Mittelfehlverwendung bei der Empfängerkörperschaft vor.[631]

296 Nach § 58 Nr. 3 Satz 3 AO ist jedoch eine „weitere Mittelweitergabe" der zugewandten Mittel und deren Erträge nicht erlaubt; dieses Verbot soll eine Kettenweitergabe der Mittel verhindern.[632] Ungeregelt sind etwaige Folgen bei einem Verstoß gegen das Weitergabe-Verbot.[633]

297 **Beispiel:**

Die steuerbegünstigten Vereine A, B und C fördern nach ihren jeweiligen Satzungen den Breitensport; die entsprechenden Nachweise i. S. von § 58a Abs. 2 AO liegen für alle drei Vereine vor. Eine „Mittelbeschaffungskörperschaft" i. S. von § 58 Nr. 1 AO ist nicht gegeben.

Der Verein A gibt seine Überschüsse aus der Vermögensverwaltung an den Verein B für dessen Vermögensausstattung weiter. Der damit verfolgte Zweck wird sowohl von Verein A als auch von Verein B gefördert.

Einen Teilbetrag hiervon gibt der Verein B an den Verein C für dessen Vermögensausstattung weiter. Auch der hiermit verfolgte Zweck wird sowohl von Verein B als auch von Verein C gefördert.

Während die Vermögensausstattung von Verein B durch Verein A nach § 58 Nr. 3 AO zulässig ist, stellt die *weitere* Mittelweitergabe von Verein B an Verein C einen Verstoß gegen § 58 Nr. 3 Satz 3 AO dar, der nach Auffassung des Verfassers bei Verein B zum Verlust der Gemeinnützigkeit führen kann.

Verein A durfte nach § 58a Abs. 1 AO darauf vertrauen, dass die Zuwendungen an Verein B nur für dessen steuerbegünstigte Zwecke verwendet werden. Sofern dem Verein C nicht bekannt war, dass es sich um eine unzulässige „weitere Mittelweitergabe" durch Verein B handelte, stellt dieser Vorgang nach Auffassung des Verfassers auch bei Verein C keinen Verstoß gegen die Gemeinnützigkeit dar.

3. Arbeitskräfteüberlassung für steuerbegünstigte Zwecke

298 Eine steuerbegünstigte Körperschaft darf ihre Arbeitskräfte anderen Personen, Unternehmen, Einrichtungen oder einer juristischen Person des öffentlichen Rechts für steuerbegünstigte Zwecke zur Verfügung stellen.[634] Eine solche *unentgeltliche oder teilentgeltliche* Überlassung von Arbeitskräften an andere Körperschaften für *steuerbegünstigte Zwecke* ist nach § 58 Nr. 4 AO ausdrücklich erlaubt.[635] Es ist nicht erforderlich, dass die anderen Personen, Unternehmen oder Einrichtungen ihrerseits steuerbegünstigt sind; die überlassenen Arbeitskräfte dürfen jedoch nur für steuerbegünstigte Zwecke eingesetzt werden.[636]

631 AEAO zu § 58, Nr. 8.
632 Klein/*Gersch*, AO, 13. Aufl. 2016, § 58 Rn. 4.
633 Klein/*Gersch*, AO, 13. Aufl. 2016, § 58 Rn. 5.
634 OFD Frankfurt v. 03. 03. 2021 – S 0177 A – 6 – St 53, DStR 2021, 1482.
635 BFH v. 17. 02. 2010 – I R 2/08, BStBl. II 2010, 1006 unter II.3.c.bb.bbb.
636 OFD Frankfurt v. 03. 03. 2021 – S 0177 A – 6 – St 53, DStR 2021, 1482 unter 4.

Eine steuerlich unschädliche Betätigung liegt nach Auffassung der Finanzverwaltung auch dann vor, wenn nicht nur Arbeitskräfte, sondern in diesem Zusammenhang auch Arbeitsmittel wie z. B. Krankentransportfahrzeuge zur Verfügung gestellt werden.[637] 299

Die bloße Überlassung von Arbeitskräften gegen Bezahlung ist jedoch unabhängig davon, ob kostendeckende Entgelte verlangt werden oder nicht, kein Zweckbetrieb i. S. von § 65 AO, weil sie nicht der Verwirklichung satzungsmäßiger Zwecke dient.[638] Sie ist stattdessen als steuerpflichtiger wirtschaftlicher Geschäftsbetrieb i. S. von § 64 AO zu behandeln.[639] 300

§ 58 Nr. 4 AO begründet weder einen eigenständigen steuerbegünstigten Zweck noch eine Einstufung als Zweckbetrieb.[640] 301

4. Überlassung von Räumen zur Nutzung für steuerbegünstigte Zwecke

Überlässt eine steuerbegünstigte Körperschaft die ihr gehörenden Räume einer anderen, ebenfalls steuerbegünstigten Körperschaft oder einer juristischen Person des öffentlichen Rechts zur Nutzung für *steuerbegünstigte Zwecke*, handelt es sich gem. § 58 Nr. 5 AO um eine steuerlich *unschädliche* Betätigung. Selbst die Überlassung von Anlagen (wie z. B. Sportstätten, Sportanlagen oder Freibäder) stellt eine steuerlich *unschädliche* Betätigung dar.[641] Unter den Begriff „ihr gehörende Räume" fallen nach *Koenig* auch solche Räume, die die Körperschaft aufgrund obligatorischer oder dinglicher Nutzungsrechte besitzt.[642] 302

Die überlassenen Räume dürfen von der Empfängerkörperschaft jedoch *nur* für steuerbegünstigte Zwecke genutzt werden,[643] also für den ideellen Bereich, für einen Zweckbetrieb oder auch für die Vermögensverwaltung.[644] Eine Überlassung für Zwecke eines steuerpflichtigen wirtschaftlichen Geschäftsbetriebs einer steuerbegünstigten Körperschaft oder eine Überlassung an eine nicht steuerbegünstigte Körperschaft darf nur gegen ein *angemessenes Entgelt* im Rahmen der Vermögensverwaltung oder eines steuerpflichtigen wirtschaftlichen Geschäftsbetriebs erfolgen.[645] 303

637 AEAO zu § 58, Nr. 9.
638 BFH v. 17.02.2010 – I R 2/08, BStBl. II 2010, 1006 unter II.3.c.bb.bbb.
639 AEAO zu § 58, Nr. 18.
640 OFD Frankfurt v. 03.03.2021 – S 0177 A – 6 – St 53, DStR 2021, 1482 unter 4.
641 AEAO zu § 58, Nr. 10. So auch FG Bremen v. 12.11.2008 – 2 K 28/08 (1), EFG 2010, 527 m. N.
642 Koenig/*Koenig*, AO, 4. Aufl. 2021, § 58 Rn. 13.
643 OFD Frankfurt v. 03.03.2021 – S 0177 A – 6 – St 53, DStR 2021, 1482 unter 5. Nach Koenig/*Koenig*, AO, 4. Aufl. 2021, § 58 Rn. 13 muss die nutzende Körperschaft privaten Rechts *selbst* steuerbegünstigt sein.
644 Klein/*Gersch*, AO, 13. Aufl. 2016, § 58 Rn. 7.
645 Klein/*Gersch*, AO, 13. Aufl. 2016, § 58 Rn. 7.

304 Die Vorschrift des § 58 Nr. 5 AO begründet weder einen eigenständigen steuerbegünstigten Zweck noch eine Einstufung als Zweckbetrieb.[646]

5. Zuwendungen an den Stifter

a) *Grundsatz*

305 § 58 Nr. 6 AO enthält eine Ausnahmeregelung zu § 55 Abs. 1 Nr. 1 AO für Stiftungen, die nur dann und insoweit zur Anwendung kommt, wenn eine Stiftung Leistungen aus dem Stiftungsvermögen bzw. den Erträgnissen erbringt, die dem Gebot der Ausschließlichkeit i. S. von § 56 AO und dem Erfordernis der Selbstlosigkeit nach § 55 AO widersprechen.[647]

b) *Verwendung von einem Drittel des Einkommens*

306 Stiftungen dürfen nach § 58 Nr. 6 AO steuerunschädlich einen Teil, jedoch *höchstens ein Drittel ihres Einkommens* dazu verwenden, um in angemessener Weise den Stifter und seine nächsten Angehörigen zu unterhalten, ihre Gräber zu pflegen und ihr Andenken zu ehren.[648] In diesem Zusammenhang ist es zulässig, dass eine Stiftung dem Stifter und seinen nächsten Angehörigen[649] Unterhalt gewährt.[650]

307 Für die Erfüllung dieser Ansprüche darf die Stiftung selbst dann einen Teil ihres Einkommens verwenden, wenn ihr genügend flüssige Vermögensmittel zur Verfügung stehen.[651]

c) *Angemessener Rahmen*

308 Unterhalt, Grabpflege und Ehrung des Andenkens müssen jedoch in einem angemessenen Rahmen verbleiben. Maßstab für die Angemessenheit des Unterhalts ist nach Auffassung der Finanzverwaltung der Lebensstandard des Zuwendungsempfängers; Leistungen in Höhe eines Prozentsatzes der Erträge sind jedoch unzulässig.[652]

---

646 AEAO zu § 58, Nr. 18. So auch OFD Frankfurt v. 03.03.2021 – S 0177 A – 6 – St 53, DStR 2021, 1482 unter 5.

647 BFH v. 21.01.1998 – II R 16/95, BStBl. II 1998, 758 unter II.1.

648 Nach AEAO zu § 55, Nr. 15 ist das dem entgegenstehende Urteil des BFH v. 21.01.1998 – II R 16/95, BStBl. 1998 II, 758 über den entschiedenen Einzelfall hinaus nicht anzuwenden.

649 Der Begriff der „nächsten Angehörigen" umfasst nach AEAO zu § 58, Nr. 12 den Ehegatten und Lebenspartner, die Eltern und Pflegeeltern, Großeltern, Geschwister, Kinder und Pflegekinder sowie die Enkel. Eine langjährige Haushaltsangestellte oder nahestehende Freunde gehören nach Koenig/*Koenig*, AO, 4. Aufl. 2021, § 58 Rn. 14 nicht dazu. Klein/*Gersch*, AO, 13. Aufl. 2016, § 58 Rn. 8 lehnt eine solche Einschränkung mit Hinweis auf eine sich über mehrere Generationen erstreckende Stiftung und dem Stifter besonders nahe stehenden Personen wie z. B. einer langjährigen Hausangestellten ab.

650 AEAO zu § 58, Nr. 11.

651 AEAO zu § 58, Nr. 11.

652 AEAO zu § 58, Nr. 13.

d) *Einkommen i. S. von § 58 Nr. 6 AO*

Unter Einkommen ist die Summe der Einkünfte aus den Einkunftsarten gem. § 2 Abs. 1 EStG zu verstehen, unabhängig davon, ob die Einkünfte steuerpflichtig sind oder nicht. Positive und negative Einkünfte sind zu saldieren; § 15a EStG ist jedoch zu beachten.[653] 309

e) *Ausgaben für die Erfüllung von Verbindlichkeiten*

Ist das einer Körperschaft zugewendete Vermögen mit wirksam begründeten Ansprüchen wie z. B. einem Nießbrauch oder Grund- oder Rentenschulden belastet, die bereits vor der Übertragung auf die Stiftung bestanden, mindern diese das übertragene Vermögen bereits *im Zeitpunkt des Übergangs*. Wirtschaftlich betrachtet wird der Körperschaft daher nur das nach Erfüllung der Ansprüche verbleibende Vermögen zugewendet.[654] 310

Ausgaben für die Erfüllung solcher Verbindlichkeiten (z. B. Rentenzahlungen), die durch die Übertragung von belastetem Vermögen begründet worden sind, stellen keine Zuwendungen i. S. des § 55 Abs. 1 Nr. 1 AO dar.[655] Eine Anwendung von § 58 Nr. 6 AO kommt in diesen Fällen nicht in Betracht.[656] 311

6. Gesellige Zusammenkünfte von untergeordneter Bedeutung

Die sachliche Steuerbefreiung einer gemeinnützigen Körperschaft wird durch das Veranstalten eines Vereinsfestes, das im Vergleich zu der steuerbegünstigten Tätigkeit der Körperschaft von *untergeordneter Bedeutung* ist, nicht ausgeschlossen.[657] Eine Befreiung von der Körperschaftsteuer entfällt jedoch insoweit, als mit dem Vereinsfest ein steuerpflichtiger wirtschaftlicher Geschäftsbetrieb i. S. von § 64 AO unterhalten wird.[658] 312

Gesellige Zusammenkünfte, die im Vergleich zur steuerbegünstigten Tätigkeit nicht von untergeordneter Bedeutung sind, schließen die Steuervergünstigung aber grundsätzlich aus.[659] 313

7. Förderung des bezahlten Sports

Ein wesentliches Element des Sports ist die körperliche Ertüchtigung.[660] Nach § 52 Abs. 2 Nr. 21 AO stellt die Förderung des Sports als Freizeitaktivität einen gemeinnützigen Zweck dar. Die Förderung des *bezahlten Sports* ist jedoch kein 314

653 AEAO zu § 58, Nr. 11.
654 AEAO zu § 55, Nr. 13.
655 AEAO zu § 55, Nr. 13.
656 Koenig/*Koenig*, AO, 4. Aufl. 2021, § 58 Rn. 15.
657 BFH v. 09. 11. 1988 – I R 200/85 (NV), BFH/NV 1989, 342 unter 2.
658 BFH v. 09. 11. 1988 – I R 200/85 (NV), BFH/NV 1989, 342 unter 3.a. So auch FG Rheinland-Pfalz v. 27. 05. 2010 – 6 K 1104/09, EFG 2010, 1552 unter I.2.b.
659 AEAO zu § 58, Nr. 15.
660 AEAO zu § 52, Nr. 7.

gemeinnütziger Zweck, weil dadurch eigenwirtschaftliche Zwecke der bezahlten Sportler gefördert werden.[661]

315 Die Förderung des *bezahlten Sports* wird aber durch § 58 Nr. 8 AO als *„unschädlich* für die Gemeinnützigkeit eines Sportvereins" erklärt,[662] so dass die Steuervergünstigung für einen Sportverein, der neben dem Amateursport auch den bezahlten Sport fördert, erhalten bleibt.[663] Die Regelung des § 58 Nr. 8 AO begünstigt nach *Koenig* „Sportvereine und den bezahlten Sport gegenüber den wirtschaftlichen Betätigungen anderer Körperschaften".[664]

316 Die Einkünfte, die ein Sportverein durch sportliche Veranstaltungen unter Teilnahme von *bezahlten Sportlern* erzielt, sind nach § 67a Abs. 3 Satz 2 AO im Rahmen eines steuerpflichtigen wirtschaftlichen Geschäftsbetriebs i. S. von § 64 AO steuerpflichtig zu erfassen.[665]

8. Zuschüsse an Wirtschaftsunternehmen durch eine Stiftung zur Erfüllung ihrer steuerbegünstigten Zwecke

317 § 58 Nr. 9 AO ermöglicht es einer von einer Gebietskörperschaft errichteten Stiftung zur Erfüllung ihrer steuerbegünstigten Zwecke Zuschüsse an Wirtschaftsunternehmen – die nach *Koenig* keine Hilfsperson i. S. von § 57 Abs. 1 Satz 2 AO sein müssen[666] – zu vergeben. Die Vorschrift gilt ausschließlich für die von Gebietskörperschaften (also z. B. Städten oder Kreisen) errichteten, gemeinnützigen Zwecken dienenden Stiftungen;[667] auf andere öffentlich-rechtliche Stiftungen ist § 58 Nr. 9 AO nach *Koenig* nicht anwendbar.[668]

318 Empfänger kann jedes Wirtschaftsunternehmen sein, das durch seine Tätigkeit dazu beiträgt, die steuerbegünstigten Zwecke der Stiftung zu verwirklichen. Die Rechtsform des geförderten Wirtschaftsunternehmens ist unerheblich.[669] Die durch § 58 Nr. 9 AO ermöglichte mittelbare Zweckverwirklichung muss dafür in der Satzung der Stiftung festgelegt sein. Die Verwendung der Zuschüsse für steuerbegünstigte Satzungszwecke muss nachgewiesen werden.[670]

9. Verwendung von Mitteln zum Erwerb von Gesellschaftsrechten

319 Die Verwendung von Mitteln einer steuerbegünstigten Körperschaft im Jahr des Zuflusses zum Erwerb von Gesellschaftsrechten zwecks Erhaltung ihrer prozentualen Beteiligung an einer Kapitalgesellschaft ist gem. § 58 Nr. 10 AO steuerun-

661 AEAO zu § 52, Nr. 8.
662 AEAO zu § 52, Nr. 8.
663 Koenig/*Koenig*, AO, 4. Aufl. 2021, § 58 Rn. 17.
664 Koenig/*Koenig*, AO, 4. Aufl. 2021, § 58 Rn. 17.
665 BFH v. 24. 06. 2015 – I R 13/13, BStBl. II 2016, 971 unter II.2.d.aa. Vgl. hierzu auch Abschn. E.VI.3.b.
666 Koenig/*Koenig*, AO, 4. Aufl. 2021, § 58 Rn. 18.
667 Klein/*Gersch*, AO, 13. Aufl. 2016, § 58 Rn. 17.
668 Koenig/*Koenig*, AO, 4. Aufl. 2021, § 58 Rn. 18.
669 Koenig/*Koenig*, AO, 4. Aufl. 2021, § 58 Rn. 19.
670 AEAO zu § 58, Nr. 16. So auch Klein/*Gersch*, AO, 13. Aufl. 2016, § 58 Rn. 17.

schädlich. Die Herkunft der Mittel ist ohne Bedeutung. § 58 Nr. 10 AO ist jedoch nicht auf den *erstmaligen Erwerb* von Anteilen an Kapitalgesellschaften anzuwenden.[671]

Ein solcher Erwerb mindert jedoch gem. § 58 Nr. 10 Satz 2 AO die Höhe der 320
Rücklage nach § 62 Abs. 1 Nr. 3 AO.[672] Nach Verwaltungsauffassung vermindert sich durch den Erwerb von Gesellschaftsrechten zur Erhaltung der prozentualen Beteiligung an Kapitalgesellschaften die Höchstgrenze für die Zuführung zu der freien Rücklage um den Betrag, den die Körperschaft zum Erwerb solcher Gesellschaftsrechte ausgibt oder bereitstellt.[673]

II. Vertrauensschutz bei Mittelweitergaben gem. § 58a AO

Wendet eine steuerbegünstigte Körperschaft ihre Mittel einer anderen Körper- 321
schaft zu, darf sie gem. § 58a Abs. 1 AO darauf vertrauen, dass die empfangende Körperschaft im Zeitpunkt der Zuwendung gem. § 5 Abs. 1 Nr. 9 KStG steuerbegünstigt ist und die Zuwendung für steuerbegünstigte Zwecke verwendet.[674]

Voraussetzung für die Anwendung der Vertrauensschutzregelung ist nach § 58a 322
Abs. 2 AO, dass sich die zuwendende Körperschaft zum Zeitpunkt der Zuwendung die *Steuerbegünstigung der empfangenden Körperschaft* hat nachweisen lassen durch eine Kopie[675] der Anlage zum Körperschaftsteuerbescheid, des Freistellungsbescheids[676] oder des Bescheids über die Feststellung der Einhaltung der satzungsmäßigen Voraussetzungen nach § 60a Abs. 1 AO[677]. Körperschaftsteuer- und Freistellungsbescheide dürfen hierbei nicht älter als fünf Jahre, der Feststellungsbescheid nach § 60a Abs. 1 AO nicht älter als drei Jahre sein.

Bei Zuwendungen an *juristische Personen des öffentlichen Rechts* bedarf es keiner 323
gesonderter Vertrauensschutzregelung, da die Verwaltung nach Art. 20 Abs. 3 GG an Recht und Gesetz gebunden ist, so dass ein Zuwendender darauf vertrauen darf, dass eine juristische Person des öffentlichen Rechts die zugewendeten Mittel entsprechend ihrer Bestimmung für steuerbegünstigte Zwecke verwendet.[678]

---

671 AEAO zu § 58, Nr. 17.

672 Vgl. hierzu Abschn. D.VI.4.

673 AEAO zu § 58, Nr. 17.

674 Die Vertrauensschutzregelung des § 58a AO wurde eingefügt durch das Jahressteuergesetz 2020 (JStG 2020) v. 21. 12. 2020, BGBl. I 2020, 3096 und ist ab dem 29. 12. 2020 anzuwenden.

675 Für den Nachweis des geschützten Vertrauens reicht gem. AEAO zu § 58a, Nr. 3 eine elektronische Kopie.

676 Der Freistellungs-Bescheid kann nur erteilt werden, wenn eine Körperschaft in *vollem* Umfang von der Körperschaftsteuer und ggf. Gewerbesteuer freigestellt ist.

677 Die Feststellung der Satzungsmäßigkeit erfolgt gem. § 60a Abs. 2 AO auf Antrag der Körperschaft oder von Amts wegen bei der Veranlagung zur Körperschaftsteuer, wenn bisher noch keine Feststellung erfolgt ist.

678 AEAO zu § 58a, Nr. 2.

III. Voraussetzungen des § 59 AO für die Gewährung der Steuervergünstigungen

324 Die im Zusammenhang mit dem dritten Abschnitt des zweiten Teils der Abgabenordnung möglichen Steuervergünstigungen werden nach § 59 AO nur gewährt, wenn sich aus der Satzung oder dem Stiftungsgeschäft ergibt, welchen Zweck die Körperschaft verfolgt, dass dieser Zweck den Anforderungen der §§ 52 bis 55 AO entspricht und dieser ausschließlich und unmittelbar verfolgt wird.

325 Die Verwendung der Begriffe *„ausschließlich"* und *„unmittelbar"* in der Satzung ist jedoch nach Auffassung des BFH – entgegen der Rechtsauffassung der Finanzverwaltung[679] – zur Erfüllung der gesetzlichen Anforderungen nicht zwingend erforderlich. Die formelle Satzungsmäßigkeit nach § 59 AO erfordert aber hinsichtlich der steuerbegünstigten Zweckverfolgung, dass der Satzungstext und dessen Auslegung – sofern die Begriffe „ausschließlich" und „unmittelbar" in der Satzung nicht ausdrücklich verwendet werden – wenigstens entsprechende Anhaltspunkte bieten.[680]

326 Das Unterhalten wirtschaftlicher Geschäftsbetriebe, die keine Zweckbetriebe sind, und die Vermögensverwaltung i. S. von § 14 Satz 3 AO dürfen nicht Satzungszweck sein.[681] Allerdings wird die Steuervergünstigung nach der Rechtsprechung des BFH dadurch nicht ausgeschlossen, dass die Satzung der Körperschaft das Unterhalten eines „Nicht-Zweckbetriebs" ausdrücklich erlaubt.[682]

327 Ein besonderes Anerkennungsverfahren ist im steuerlichen Gemeinnützigkeitsrecht nicht vorgesehen. Ob eine Körperschaft steuerbegünstigt ist, entscheidet das Finanzamt im Veranlagungsverfahren durch Steuerbescheid oder Freistellungsbescheid.[683]

328 Die Steuerbefreiung wird i. d. R. alle drei Jahre vom Finanzamt überprüft. Der erste Prüfungszeitraum bei neu gegründeten steuerbegünstigten Körperschaften beträgt im Regelfall sechs bis 18 Monate. Bei der Überprüfung hat das Finanzamt von Amts wegen die tatsächlichen und rechtlichen Verhältnisse zu ermitteln, die für die Steuerpflicht und für die Bemessung der Steuer wesentlich sind.[684]

329 Wird im Rahmen der Veranlagung festgestellt, dass die Satzung nicht den Anforderungen des Gemeinnützigkeitsrechts genügt, werden aus *Vertrauensschutzgründen* gem. AEAO zu § 59, Nr. 4 für abgelaufene Veranlagungszeiträume und

679 Vgl. BMF v. 20.09.2005 – IV C 4 – S 0181 – 9/05, BStBl. I 2005, 902.

680 BFH v. 25.10.2016 – I R 54/14 (ECLI:DE:BFH:2016:U.251016.IR54.14.0), BStBl. II 2017, 1216 unter II.2.c mit Verweis auf BFH v. 20.12.2006 – I R 94/02, BStBl. II 2010, 331.

681 AEAO zu § 59, Nr. 1.

682 BFH v. 18.12.2002 – I R 15/02, BStBl. II 2003, 384, Leitsatz. So auch AEAO zu § 59, Nr. 1.

683 AEAO zu § 59, Nr. 3.

684 AEAO zu § 59, Nr. 3.

für das Kalenderjahr, in dem die Satzung beanstandet wird, keine nachteiligen Folgerungen gezogen; es bleibt bei den bisherigen Steuervergünstigungen.[685] Das Finanzamt wird jedoch i. d. R. die Vertreter der Körperschaft mit einer angemessenen Frist auffordern, die Satzung so zu ändern, dass die Körperschaft die satzungsmäßigen Voraussetzungen für die Steuervergünstigungen erfüllt. Wird die Satzung entsprechend geändert, bleiben die Steuervergünstigungen für das der Beanstandung der Satzung folgende Kalenderjahr erhalten. Das gilt jedoch nicht, wenn die Satzung geändert wurde und das Finanzamt eine *geänderte Satzungsvorschrift* beanstandet; in einem solchen Fall fehlt es an einer Grundlage für die Gewährung eines Vertrauensschutzes.[686]

Auch die tatsächliche Geschäftsführung muss gem. § 59 AO den Satzungsbe- 330
stimmungen entsprechen. Die von der Finanzverwaltung verfügte Vertrauensschutzregelung[687] kommt nicht zur Anwendung, wenn bei der tatsächlichen Geschäftsführung gegen Vorschriften des Gemeinnützigkeitsrechts verstoßen wurde.[688]

IV. Anforderungen an die Satzung gem. § 60 AO

Die Satzung eines Vereins muss gem. § 57 Abs. 1 BGB[689] den Zweck, den Namen 331
und den Sitz des Vereins enthalten und ergeben, dass der Verein eingetragen werden soll. Sie soll nach § 58 BGB Bestimmungen über den Eintritt und Austritt der Mitglieder, ob und welche Beiträge von den Mitgliedern zu leisten sind, über die Bildung des Vorstandes und über die Voraussetzungen, unter denen die Mitgliederversammlung zu berufen ist, über die Form der Berufung und über die Beurkundung der Beschlüsse enthalten.

1. Satzungszwecke und die Art ihrer Verwirklichung

a) *Präzise Formulierungen in der Satzung*

Die Satzungszwecke und die Art ihrer Verwirklichung müssen gem. § 60 Abs. 1 332
AO so genau bestimmt sein, dass auf Grund der Satzung geprüft werden kann, ob die satzungsmäßigen Voraussetzungen für die Steuervergünstigungen gegeben sind. Die Satzung muss hierbei so präzise gefasst sein, dass aus ihr *unmittelbar* entnommen werden kann, ob die Voraussetzungen für die Steuervergünstigungen vorliegen (sog. formelle Satzungsmäßigkeit).[690] Eine wie auch immer geartete Bezugnahme auf Satzungen oder andere Regelungen Dritter genügt

685 AEAO zu § 59, Nr. 4.
686 AEAO zu § 59, Nr. 4.
687 AEAO zu § 59, Nr. 4.
688 AEAO zu § 59, Nr. 4.
689 Bürgerliches Gesetzbuch v. 02. 01. 2002, BGBl. I 2002, 42, zuletzt geändert durch Art. 1 des Gesetzes zur Ermöglichung hybrider und virtueller Mitgliederversammlungen im Vereinsrecht v. 14. 03. 2023, BGBl. I 2023, Nr. 72.
690 BFH v. 07. 02. 2018 – V B 119/17 (NV), BFH/NV 2018, 544 unter 1.b.bb.

nicht.[691] Bestehende Unklarheiten gehen zu Lasten dessen, der sich auf eine Steuervergünstigung beruft.[692]

Wird nach der Satzung neben einem begünstigten Zweck ein nicht begünstigter Zweck verfolgt, verstößt die Satzung gegen das Gebot der Ausschließlichkeit i. S. der §§ 51 Abs. 1 Satz 1, 56 AO; eine Anerkennung der formellen Satzungsmäßigkeit ist damit nach Auffassung des BFH insgesamt ausgeschlossen.[693]

b) Erforderliche Festlegungen in der Satzung

333 Die Satzung muss die in der Anlage 1 zu § 60 AO bezeichneten Festlegungen[694] – soweit sie für die jeweilige Körperschaft im Einzelfall einschlägig sind – enthalten,[695] u. a. den Zweck der Körperschaft und wie der Satzungszweck verwirklicht werden soll. Insbesondere muss sich aus der Satzung ergeben, dass der festgelegte Zweck *ausschließlich* und *unmittelbar* verfolgt wird.[696]

334 Aus der Satzung muss hervorgehen, dass die Körperschaft selbstlos tätig ist (also nicht in erster Linie eigenwirtschaftliche Zwecke verfolgt), dass die Mittel der Körperschaft nur für die satzungsmäßigen Zwecke verwendet werden dürfen und ihre Mitglieder keine Zuwendungen aus Mitteln der Körperschaft erhalten. Weiterhin muss die Satzung festlegen, dass keine Personen durch Ausgaben, die dem Zweck der Körperschaft fremd sind, oder durch unverhältnismäßig hohe Vergütungen begünstigt werden.

335 Schließlich muss die Satzung Regelungen enthalten für Fälle der Auflösung, Aufhebung und den Wegfall steuerbegünstigter Zwecke. Es muss verbindlich festgelegt werden, dass das Vermögen der Körperschaft bei ihrer Auflösung, bei einer Aufhebung der Körperschaft[697] oder bei einem Wegfall steuerbegünstigter Zwecke an eine juristische Person des öffentlichen Rechts oder eine andere steuerbegünstigte Körperschaft, die es unmittelbar und ausschließlich für gemeinnützige, mildtätige oder kirchliche Zwecke zu verwenden hat, fällt.

---

691 AEAO zu § 60, Nr. 1 mit Verweis auf BFH v. 19. 04. 1989 – I R 3/88, BStBl. 1989 II, 595. So auch BFH v. 01. 02. 2022 – V R 1/20 (ECLI:DE:BFH:2022:U.010222.VR1.20.0), DStR 2022, 1718.

692 BFH v. 15. 11. 2017 – I R 39/15 (NV), BFH/NV 2018, 611 unter II.2.b.bb mit Verweis auf BFH v. 26. 02. 1992 – I R 47/89, BFH/NV 1992, 695.

693 BFH v. 18. 08. 2022 – V R 15/20 (ECLI:DE:BFH:2022:U.180822.VR15.20.0), BStBl. II 2023, 302 unter II.3 mit Verweis auf BFH v. 17. 05. 2017 – V R 52/15, BStBl. II 2018, 218.

694 Die Bestimmung, dass die Satzung die in der Mustersatzung bezeichneten Festlegungen enthalten muss, gilt gem. AEAO zu § 60, Nr. 3 nur für Körperschaften, die *nach* dem 31. 12. 2008 gegründet werden oder die ihre Satzung mit Wirkung nach diesem Zeitpunkt ändern.

695 Vgl. Mustersatzung für Vereine, Stiftungen, Betriebe gewerblicher Art von juristischen Personen des öffentlichen Rechts, geistliche Genossenschaften und Kapitalgesellschaften. Derselbe Aufbau und dieselbe Reihenfolge der Bestimmungen wie in der Mustersatzung werden gem. AEAO zu § 60, Nr. 2 jedoch nicht verlangt.

696 BFH v. 07. 02. 2018 – V B 119/17 (NV), BFH/NV 2018, 544 unter 1.b.bb.

697 Auf die Formulierung „bei einer Aufhebung der Körperschaft“ kann in Satzungen von *Vereinen* gem. AEAO zu § 60, Nr. 2 verzichtet werden.

c) *Abweichungen vom Wortlaut der Mustersatzung*

Abweichungen vom Wortlaut der Mustersatzung sind jedoch möglich und zulässig. Bei sog. Förderkörperschaften i. S. von § 58 Nr. 1 Satz 4 AO kann entgegen § 1 der Mustersatzung auf das Gebot der Unmittelbarkeit verzichtet werden. Ist jedoch im Gesellschaftsvertrag einer Förderkörperschaft bestimmt, dass der Satzungszweck der Förderkörperschaft mit dem Satzungszweck der empfangenden Körperschaft übereinstimmen muss, verstößt die tatsächliche Geschäftsführung der Förderkörperschaft nach Auffassung des BFH gegen ihre Satzungsbestimmungen, wenn Mittel an eine Körperschaft weitergegeben werden, die wegen *anderer* Zwecke als gemeinnützig anerkannt ist.[698] 336

Bei Stiftungen ist der in § 3 der Mustersatzung verwendete Begriff „Mitglieder" durch eine andere geeignete Formulierung zu ersetzen. Körperschaften, deren Gesellschafter oder Mitglieder steuerbegünstigte Körperschaften sind und juristische Personen des öffentlichen Rechts, die die Mittel für steuerbegünstigte Zwecke verwenden, können auf die Regelung in § 3 Satz 2 der Mustersatzung („Die Mitglieder erhalten keine Zuwendungen aus Mitteln der Körperschaft") verzichten.[699] 337

d) *Ordensgemeinschaften*

Eine (katholische) Ordensgemeinschaft[700] hat eine den Ordensstatuten entsprechende Erklärung nach dem Muster in der Anlage zum AEAO zu § 60, Nr. 5 abzugeben, die das zuständige Organ des Ordens bindet. 338

Neben der Bezeichnung der Ordensgemeinschaft muss diese Erklärung eine Aussage darüber enthalten, dass ausschließlich und unmittelbar kirchliche, gemeinnützige oder mildtätige Zwecke verfolgt werden und wie diese Zwecke verfolgt werden sollen.

In der Erklärung muss verbindlich zum Ausdruck gebracht werden, dass die Überschüsse aus der Tätigkeit der Ordensgemeinschaft nur für die satzungsmäßigen Zwecke verwendet werden, dass den Mitgliedern keine Anteile an den Überschüssen zustehen und sie während der Zeit ihrer Zugehörigkeit zu der Ordensgemeinschaft oder im Fall ihres Ausscheidens oder bei Auflösung oder Aufhebung der Ordensgemeinschaft keinerlei Zuwendungen oder Vermögensvorteile aus deren Mitteln erhalten. 339

---

698 BFH v. 25.06.2014 – I R 41/12 (NV), BFH/NV 2015, 235.

699 AEAO zu § 60, Nr. 2.

700 Der der *evangelischen Kirche* nahestehende Johanniterorden hat nach ***https://www.johanniter.de/johanniterorden/ueber-den-johanniterorden/organisation/struktur/*** (abgerufen am 12.03.2023) die Rechtsform eines *„Vereins alten Rechts"*; die geltende Satzung dieses altrechtlichen Vereins i. d. F. v. 27.06.1993 wurde vom Regierungspräsidenten Köln am 20.08.1993 und vom Bundespräsidenten der Bundesrepublik Deutschland durch den „Erlass über die Genehmigung der Neufassung der Satzung des Johanniterordens" v. 19.04.1994, BGBl. I 1994, 954 genehmigt.

340 Aus der Erklärung muss sich abschließend ergeben, dass keine Person durch Ausgaben, die den Zwecken der Ordensgemeinschaft fremd sind, oder durch unverhältnismäßig hohe Vergütungen begünstigt werden darf.

Die Erklärung erfordert die Unterschrift der *Ordensoberin* oder – bei einem Männerorden – des *Ordensoberen.*

e) Zeitliche Voraussetzungen

341 Die Satzung muss gem. § 60 Abs. 2 AO den vorgeschriebenen Erfordernissen bei der Körperschaftsteuer und bei der Gewerbesteuer während des ganzen Veranlagungs- bzw. Erhebungszeitraums, bei der Grundsteuer zu Beginn des Kalenderjahres, für das über die Steuerpflicht zu entscheiden ist[701] und bei den anderen Steuern im Zeitpunkt *der Entstehung* der Steuer entsprechen.

2. Feststellung der satzungsmäßigen Voraussetzungen gem. § 60a AO

342 Eine Körperschaft, die eine Steuerbefreiung oder Steuerermäßigung wegen Verfolgung steuerbegünstigter Zwecke begehrt, trägt die Feststellungslast für die Tatsachen, aus denen sich ergibt, dass sie die Voraussetzungen der Steuerbefreiung oder Steuerermäßigung erfüllt.[702]

a) Maßstab ist das nationale Recht

343 Maßstab der Prüfung, ob die formelle Satzungsmäßigkeit gem. § 60a Abs. 1 Satz 1 AO gegeben ist, ist das nationale Recht, unabhängig davon, ob die jeweilige Körperschaft im In- oder Ausland ansässig ist. Der Gesetzgeber ist auch unter Berücksichtigung des Unionsrechts nicht verpflichtet, den Gemeinnützigkeitsstatus nach ausländischem Recht anzuerkennen.[703]

Bevor ein EU-Mitgliedstaat daher z. B. einer Stiftung eine Steuerbefreiung gewährt, darf dieser prüfen, ob die Stiftung die nach nationalem Recht vorgeschriebenen Voraussetzungen für eine Steuerbefreiung erfüllt.[704] Gleiches gilt für die Anerkennung der Verfolgung mildtätiger Zwecke.[705]

---

701 AEAO zu § 60, Nr. 7.

702 BFH v. 23. 02. 2017 – V R 51/15 (NV), BFH/NV 2017, 882 unter II.1 mit Verweis auf BFH v. 28. 10. 2004 – I B 95/04, BFH/NV 2005, 160.

703 BFH v. 18. 08. 2022 – V R 15/20 (ECLI:DE:BFH:2022:U.180822.VR15.20.0), BStBl. II 2023, 302 unter II.1 mit Verweis auf BFH v. 25. 10. 2016 – I R 54/14, BStBl. II 2017, 1216.

704 BFH v. 18. 08. 2022 – V R 15/20 (ECLI:DE:BFH:2022:U.180822.VR15.20.0), BStBl. II 2023, 302 unter II.1 mit Verweis auf EuGH v. 14. 09. 2006 – Rs C-386/04 (ECLI:EU:C:2006:568), DStR 2006, 1736 unter Rn. 39 u. 48 sowie EuGH v. 27. 01. 2009 – Rs C-318/07 (ECLI:EU:C:2009:33), DStR 2009, 207 unter Rn. 48.

705 BFH v. 18. 08. 2022 – V R 15/20 (ECLI:DE:BFH:2022:U.180822.VR15.20.0), BStBl. II 2023, 302 unter II.1.

b) *Gesonderte Feststellung der Einhaltung der satzungsmäßigen Voraussetzungen*

Die Einhaltung der satzungsmäßigen Voraussetzungen i. S. der §§ 51 und 59 bis 344
61 AO wird nach § 60a Abs. 1 AO gesondert festgestellt. Diese Feststellung ist gem. § 60a Abs. 1 Satz 2 AO für die Besteuerung der Körperschaft und der Steuerpflichtigen, die Zuwendungen in Form von Spenden und Mitgliedsbeiträgen an die Körperschaft erbringen, bindend. Die Feststellung bleibt so lange wirksam, bis ihre Bindungswirkung gem. § 60a Abs. 3 bis 5 AO entfällt.[706] Die Feststellung der Satzungsmäßigkeit erfolgt gem. § 60a Abs. 2 AO auf Antrag der Körperschaft oder von Amts wegen bei der Veranlagung zur Körperschaftsteuer, wenn bisher noch keine Feststellung erfolgt ist.

Praxishinweis: 345

Der Bescheid nach § 60a Abs. 1 AO über die gesonderte Feststellung der Einhaltung der satzungsmäßigen Voraussetzungen nach den §§ 51, 59, 60 und 61 AO enthält i. d. R.

- die Feststellung, dass die satzungsmäßigen Voraussetzungen nach den §§ 51, 59, 60 und 61 AO vorliegen,
- den Hinweis, dass mit dieser Feststellung nicht die Anerkennung verbunden ist, dass die tatsächliche Geschäftsführung i. S. von § 63 AO den für die Anerkennung der Steuerbegünstigung notwendigen Erfordernissen entspricht,
- Hinweise zur Steuerbegünstigung (welche gemeinnützigen Zwecke gefördert werden),
- Hinweise zur Ausstellung von Zuwendungsbestätigungen,
- Begründungen und Nebenbestimmungen (z. B., dass die Körperschaft bis zu einem bestimmten Termin die Körperschaftsteuererklärung mit der Anlage „Gemeinnützigkeit" in elektronischer Form einzureichen hat) und
- eine Rechtsbehelfsbelehrung sowie einen Datenschutzhinweis.

Die gesonderte Feststellung der satzungsmäßigen Voraussetzungen gem. § 60a 346
AO soll nach Verwaltungsauffassung nicht unter dem Vorbehalt der Nachprüfung gem. § 164 AO erfolgen.[707]

Tritt bei den für die Feststellung erheblichen Verhältnissen eine Änderung ein, 347
ist die Feststellung gem. § 60a Abs. 4 AO mit Wirkung des zivilrechtlichen Inkrafttretens der Änderung aufzuheben.[708] Hierunter fallen alle Bestimmungen, die für das Vorliegen der formellen Voraussetzungen nach den §§ 51 und 59 bis 61 AO von Bedeutung sind wie z. B. Änderungen der Zwecke, Anpassung an die Mustersatzung oder eine Änderung der Vermögensbindung. Zivilrechtliche Änderungen ohne steuerliche Relevanz sind unerheblich.[709]

Materielle Fehler im Feststellungsbescheid über die Satzungsmäßigkeit können 348
gem. § 60a Abs. 5 AO mit Wirkung ab dem Kalenderjahr beseitigt werden, das auf die Bekanntgabe der Aufhebung der Feststellung folgt.

706 Gosch/*Märtens*, KStG, 4. Aufl. 2020, § 5 Rn. 184.
707 AEAO zu § 60a, Nr. 1.
708 AEAO zu § 60a, Nr. 7 mit Verweis auf BFH v. 23.07.2020 – V R 40/18, BStBl. II 2021, 3.
709 AEAO zu § 60a, Nr. 7.

Beispiel:
Das Finanzamt stellte im Juni 2022 fest, dass der Feststellung der satzungsmäßigen Voraussetzungen des Vereins B ein materieller Fehler zu Grunde lag. Der Bescheid zur Aufhebung der Feststellung nach § 60a AO erging im Oktober 2022, so dass die Aufhebung zum 01. 01. 2023 in Kraft trat.

349 Liegen bis zum Zeitpunkt des Erlasses des erstmaligen Körperschaftsteuerbescheids oder Freistellungsbescheids bereits Erkenntnisse vor, dass die tatsächliche Geschäftsführung gegen die satzungsmäßigen Voraussetzungen verstößt, wird das zuständige Finanzamt gem. § 60a Abs. 6 AO[710] die Feststellung der Einhaltung der satzungsmäßigen Voraussetzungen ablehnen.

350 Die Bindungswirkung einer Feststellung entfällt gem. § 60a Abs. 3 AO ab dem Zeitpunkt, in dem die Rechtsvorschriften, auf denen die Feststellung beruht, aufgehoben oder geändert werden.

c) Erfüllung der Satzungszwecke bei einer neu gegründeten Körperschaft

351 Die Feststellung der satzungsmäßigen Voraussetzungen in Neugründungsfällen kann bereits vor einer Registereintragung oder einer Anerkennung bzw. Genehmigung der Körperschaft erfolgen, sofern zu diesem Zeitpunkt bereits eine Körperschaftsteuerpflicht besteht.[711]

352 Tätigkeiten einer neu gegründeten Körperschaft, die die Verwirklichung der steuerbegünstigten Satzungszwecke nur vorbereiten – wie z. B. der Aufbau einer Vereinsorganisation, das Einsammeln von Mitteln zur Erfüllung der Satzungszwecke – können bereits ausreichen, um die tätigkeitsbezogenen Voraussetzungen der Steuerbefreiung zu erfüllen.[712] Solche vorbereitenden Handlungen müssen jedoch ernsthaft auf die Erfüllung eines steuerbegünstigten satzungsmäßigen Zwecks gerichtet und hierzu objektiv geeignet sein. Die bloße Absicht, zu einem unbestimmten Zeitpunkt einen der Satzungszwecke zu verwirklichen, genügt hierfür nicht. Vielmehr muss die Körperschaft sich aktiv und nachweisbar bemühen, die organisatorischen und wirtschaftlichen Voraussetzungen für die Verwirklichung der steuerbegünstigten Zwecke unverzüglich zu erfüllen. Die Vorbereitungs- und Planungsphase darf hierbei einen – von den Umständen des Einzelfalles abhängigen – angemessenen Zeitraum nicht überschreiten.[713]

353 Wird in Neugründungsfällen vom Finanzamt eine Feststellung nach § 60a AO abgelehnt und wird im gleichen Veranlagungszeitraum eine Satzung vorgelegt, die den gemeinnützigkeitsrechtlichen Bestimmungen genügt, werden die Steuervergünstigungen erst ab dem darauffolgenden Veranlagungszeitraum ge-

710 § 60a Abs. 6 AO wurde durch das Jahressteuergesetz 2020 (JStG 2020) v. 21. 12. 2020, BGBl. I 2020, 3096 eingefügt und ist ab 29. 12. 2020 anzuwenden.

711 AEAO zu § 60a, Nr. 4.

712 BFH v. 23. 07. 2003 – I R 29/02, BStBl. II 2003, 930 unter II.4.b.

713 BFH v. 23. 07. 2003 – I R 29/02, BStBl. II 2003, 930 unter II.4.d.

währt, es sei denn, dass die Körperschaft in der Zwischenzeit keine nach außen gerichteten Tätigkeiten entfaltet und bei ihr keine Mittelverwendung stattgefunden hat.[714]

d) *Rechtsmittel bei einer Versagung der formellen Satzungsmäßigkeit*

Bei einer Versagung der formellen Satzungsmäßigkeit steht der Körperschaft 354
der Rechtsweg offen.

Nach allgemeiner Auffassung ist bei der erstmaligen Ablehnung einer gesonder- 355
ten Feststellung nach § 60a AO in einem Hauptsacheverfahren Verpflichtungsklage zu erheben; vorläufiger Rechtsschutz ist durch eine einstweilige Anordnung gem. § 114 FGO[715] zu beantragen.[716]

3. Zuwendungsempfängerregister gem. § 60b AO

Körperschaften, die die Voraussetzungen der §§ 51 bis 68 AO erfüllen, werden 356
gem. § 60b Abs. 1 AO[717] in einem vom Bundeszentralamt für Steuern (BZSt) geführten sog. Zuwendungsempfängerregister erfasst. Gespeichert werden die Wirtschafts-Identifikationsnummer der Körperschaft, der Name und die Anschrift der Körperschaft, die Bankverbindung der Körperschaft, die steuerbegünstigte Zwecke der Körperschaft, das für die Festsetzung der Körperschaftsteuer zuständige Finanzamt und das Datum der Erteilung des letzten Freistellungsbescheids oder Feststellungsbescheids nach § 60a AO; die erforderlichen Daten werden gem. § 60b Abs. 3 AO vom zuständigen Finanzamt übermittelt.

Das Bundeszentralamt für Steuern ist nach § 60b Abs. 4 AO befugt, die erhobe- 357
nen Daten Dritten zu offenbaren; die Vorschrift des § 30 AO zum Steuergeheimnis steht einer solchen Offenbarung gem. § 60b Abs. 4 Satz 2 AO nicht entgegen.

V. Satzungsmäßige Vermögensbindung gem. § 61 AO

1. Ausreichende Vermögensbindung

Der Grundsatz der Vermögensbindung soll verhindern, dass das von der Kör- 358
perschaft aufgrund ihrer steuerbegünstigten Tätigkeit erworbene Vermögen für nicht steuerbegünstigte Zwecke verwendet wird.[718] Das Erfordernis einer satzungsmäßigen Vermögensbindung ergibt sich aus § 61 AO.

714 AEAO zu § 60, Nr. 8.

715 Finanzgerichtsordnung v. 28. 03. 2001, BGBl. I 2001, 443, zuletzt geändert durch Art. 17 bis 19 des Gesetzes zum Ausbau des elektronischen Rechtsverkehrs mit den Gerichten und zur Änderung weiterer Vorschriften v. 05. 10. 2021, BGBl. I 2021, 4607.

716 BFH v. 02. 12. 2020 – V B 25/20 (AdV) (ECLI:DE:BFH:2020:BA.021220.VB25.20.0), BStBl. II 2021, 263 unter II.1.b mit Verweis auf BFH v. 23. 09. 1998 – I B 82/98, BStBl. II 2000, 320 und BFH v. 11. 06. 2001 – I B 30/01, BFH/NV 2001, 1223, jeweils vor Inkrafttreten von § 60a AO.

717 § 60b AO wurde durch Jahressteuergesetz 2020 (JStG 2020) v. 21. 12. 2020 eingefügt und ist ab 01. 01. 2024 anzuwenden.

718 FG Sachsen-Anhalt v. 19. 04. 2023 – 3 K 475/16, SIS 23 11 84, 1. Leitsatz.

359 Eine steuerlich ausreichende Vermögensbindung liegt gem. § 61 Abs. 1 AO dann vor, wenn der Zweck, für den das Vermögen bei Auflösung oder Aufhebung der Körperschaft oder bei Wegfall ihres bisherigen Zwecks verwendet werden soll, in der Satzung so genau bestimmt ist, dass auf Grund der Satzung geprüft werden kann, ob der Verwendungszweck steuerbegünstigt ist.

2. Satzungsmäßige Bestimmung bei einem Verein

360 Eine Satzung genügt nur dann dem Grundsatz der satzungsmäßigen Vermögensbindung, wenn sie eine *ausdrückliche Regelung* für den Wegfall des bisherigen Zwecks der Körperschaft enthält.[719] Bei einem Verein genügt es, wenn dieser für den Fall seiner *Auflösung* oder bei *Wegfall seines bisherigen Zwecks* eine satzungsmäßige Bestimmung hinsichtlich der Verwendung seines Vermögens trifft, nicht aber für den Fall seiner „Aufhebung“ (da eine „Aufhebung“ nur bei Stiftungen in Betracht kommt).[720]

3. Empfänger des Vermögens bei einer Auflösung der Körperschaft

361 Als Empfänger des Vermögens bei einer *Auflösung* der Körperschaft kommen inländische steuerbegünstigte Körperschaften, die in § 5 Abs. 2 Nr. 2 KStG aufgeführten Körperschaften, inländische juristische Personen des öffentlichen Rechts und eine in einem EU-/EWR-Staat ansässige juristische Person des öffentlichen Rechts in Betracht.[721]

4. Aufhebung oder nachträgliche Änderung der Bestimmung über die Vermögensbindung

362 Die gesetzlich vorgeschriebene Festschreibung der künftigen Vermögensverwendung hat die Funktion eines *Buchnachweises*.[722] Wird diese Festschreibung aufgehoben oder nachträglich so geändert, dass sie den Anforderungen des § 55 Abs. 1 Nr. 4 AO nicht mehr entspricht, gilt sie gem. § 61 Abs. 3 AO *von Anfang an* als steuerlich nicht ausreichend.

363 Steuerbescheide über Steuern, die innerhalb der letzten zehn Kalenderjahre vor einer Änderung der Bestimmung über die Vermögensbindung entstanden sind, können gem. § 175 Abs. 1 Satz 1 Nr. 2 AO erlassen, aufgehoben oder geändert werden. Die entsprechenden steuerlichen Folgerungen sind durch Steuerfest-

---

719 BFH v. 26.08.2021 – V R 11/20 (ECLI:DE:BFH:2021:U.260821.VR11.20.0), BStBl. II 2022, 202, 1. Leitsatz.

720 BFH v. 12.01.2011 – I R 91/09 (NV), BFH/NV 2011, 1111 unter II.5 mit Verweis auf § 87 Abs. 1 BGB und BMF 07.07.2010 – IV C 4 – S 0180/07/0001 :001, BStBl. I 2010, 630.

721 AEAO zu § 61, Nr. 1.

722 BFH v. 12.01.2011 – I R 91/09 (NV), BFH/NV 2011, 1111 unter II.2 mit Verweis auf BFH v. 10.11.1998 – I R 95/97, BFH/NV 1999, 739; BFH v. 26.02.1992 – I R 47/89, BFH/NV 1992, 695; BFH v. 19.04.1989 – I R 3/88, BStBl. II 1989, 595; BFH v. 13.12.1978 – I R 39/78, BStBl. II 1979, 482; BFH v. 05.08.1992 – X R 165/88, BStBl. II 1992, 1048; BFH v. 23.07.2009 – V R 20/08, BStBl. II 2010, 719.

setzung rückwirkend zu ziehen, unabhängig davon, ob die bisher als steuerbegünstigt behandelten Einnahmen noch im Vereinsvermögen vorhanden sind.[723]

Nach Auffassung des FG des Landes Sachsen-Anhalt verstößt die rückwirkende 364
Aberkennung der Gemeinnützigkeit im Falle einer Änderung bzw. Aufhebung und Neufassung der Satzung, die dem Grundsatz der Vermögensbindung nicht (mehr) entspricht, als solche grundsätzlich nicht gegen das verfassungsrechtliche Übermaßverbot.[724]

§ 13 Abs. 3 KStG ist nach Auffassung der Finanzverwaltung nicht anwendbar,[725] 365
da der Sinn dieser Vorschrift darin liegt, nur die während der Steuerfreiheit angesammelten stillen Reserven auch künftig steuerfrei zu belassen.[726]

5. Verstöße der tatsächlichen Geschäftsführung bei Auflösung oder Aufgabe des begünstigten Satzungszweckes

Eine Nachversteuerung gem. § 61 Abs. 3 AO kommt auch dann in Betracht, 366
wenn durch Handlungen der Geschäftsführung das Vermögen der Körperschaft entgegen den Satzungsbestimmungen über die Vermögensbindung bei einer Auflösung oder bei Aufgabe ihres begünstigten Satzungszweckes nicht für begünstigte Zwecke verwendet wird.[727]

VI. Rücklagen und Vermögensbildung gem. § 62 AO

Als Ausnahmeregelung zum Gebot der zeitnahen Mittelverwendung nach § 55 367
Abs. 1 Nr. 5 AO gestattet es § 62 Abs. 1 AO, dass eine Körperschaft unter bestimmten Voraussetzungen ihre Mittel ganz oder teilweise einer Rücklage zuführt.[728]

---

723 AEAO zu § 61, Nr. 2.

724 FG Sachsen-Anhalt v. 19. 04. 2023 – 3 K 475/16, SIS 23 11 84 unter 2.d mit Verweis auf FG Nürnberg v. 24. 03. 1998 – I 260/94, EFG 1998, 975. Zum Übermaßverbot vgl. u. a. BVerfG v. 09. 03. 1971 – 2 BvR 326/69, 2 BvR 327/69 u. a., BStBl. II 1971, 433; BVerfG v. 05. 04. 1978 – 1 BvR 117/7; BVerfG v. 15. 05. 1984 – 1 BvR 464/81, BStBl. II 1984, 608; BVerfG v. 23. 08. 1999 – 1 BvR 2164/98 (ECLI:DE:BVerfG:1999:rk19990823.1bvr216498), HFR 2000, 44; BVerfG v. 18. 01. 2006 – 2 BvR 2194/99 (ECLI:DE:BVerfG:2006:rs20060118.2bvr219499), HFR 2006, 507; BVerfG v. 27. 01. 2010 – 2 BvR 2185/04, 2 BvR 2189/04 (ECLI:DE:BVerfG:2010:rs20100127.2bvr218504), HFR 2010, 642; BVerfG v. 08. 07. 2021 – 1 BvR 2237/14, 1 BvR 2422/17 (ECLI:DE:BVerfG:2021:rs20210708.1bvr223714), HFR 2021, 922.

725 AEAO zu § 61, Nr. 7. § 13 Abs. 3 KStG bestimmt, dass die Wirtschaftsgüter in der Schlussbilanz und in der Anfangsbilanz vorbehaltlich des § 13 Abs. 4 KStG mit den Teilwerten anzusetzen sind.

726 BFH v. 19. 07. 1995 – I R 56/94, BStBl. II 1996, 28 unter II.4.

727 AEAO zu § 61, Nr. 5.

728 OFD Frankfurt v. 13. 02. 2014 – S 0181 A – 2 – St 53, DStR 2014, 803.

1. Grundsätze

a) Zulässigkeit

368 Die Rücklagenbildung bei einer steuerbegünstigten Körperschaft ist grundsätzlich zulässig im ideellen, also außersteuerlichen Bereich[729], im Bereich der Vermögensverwaltung und im wirtschaftlichen Geschäftsbetrieb. Die betrieblich notwendige Thesaurierung von Gewinnen von steuerbegünstigten Körperschaften wird nicht durch das Gebot zeitnaher gemeinnütziger Mittelverwendung in materieller oder formeller Hinsicht eingeschränkt.[730]

b) Wirtschaftlicher Geschäftsbetrieb

369 In einem wirtschaftlichen Geschäftsbetrieb i. S. von § 14 AO[731] dürfen Rücklagen durch Zuführung des Gewinns gebildet werden. Eine fast vollständige Zuführung des Gewinns zu einer Rücklage im wirtschaftlichen Geschäftsbetrieb ist jedoch nur dann unschädlich für die Steuervergünstigungen der Körperschaft, wenn sie nachweist, dass die betriebliche Mittelverwendung zur Sicherung ihrer Existenz geboten war.[732]

370 Rücklagen müssen nach vernünftiger kaufmännischer Beurteilung wirtschaftlich begründet sein. Es muss ein konkreter Anlass gegeben sein, der auch aus objektiver unternehmerischer Sicht die Bildung einer Rücklage rechtfertigt.[733]

Die Erträge eines *steuerpflichtigen* wirtschaftlichen Geschäftsbetriebs i. S. von § 64 AO dürfen jedoch erst nach deren Versteuerung einer Rücklage zugeführt werden.[734]

c) Vermögensverwaltung

371 Im Bereich der Vermögensverwaltung i. S. von § 14 Satz 3 AO dürfen Rücklagen durch Zuführung der Überschüsse aus der Vermögensverwaltung nach Auffassung der Finanzverwaltung nur für die Durchführung konkreter Reparatur- oder Erhaltungsmaßnahmen an Vermögensgegenständen i. S. des § 21 EStG gebildet werden. Solche Maßnahmen, für deren Durchführung eine Rücklage gebildet wird, müssen notwendig sein, um den ordnungsgemäßen Zustand des Vermögensgegenstandes in einem angemessenen Zeitraum zu erhalten oder wiederherzustellen.[735]

---

729 Der ideelle Bereich verwirklicht die in der Satzung festgelegten Zwecke. Die Einnahmen des ideellen Bereichs stammen z. B. aus Mitgliedsbeiträgen, Spenden, Erbschaften, Schenkungen oder Vermächtnissen.

730 BFH v. 15.07.1998 – I R 156/94, BStBl. II 2002, 162 unter II.2.b mit Verweis auf BFH v. 20.12.1978 – I R 21/76, BStBl. II 1979, 496.

731 Hierzu gehören Zweckbetriebe i. S. von § 65 ff. AO und *steuerpflichtige* wirtschaftliche Geschäftsbetriebe i. S. von § 64 AO.

732 AEAO zu § 62, Nr. 1 mit Verweis auf BFH v. 15.07.1998 – I R 156/94, BStBl. II 2002, 162.

733 AEAO zu § 62, Nr. 1.

734 AEAO zu § 62, Nr. 8. So auch Koenig/*Koenig*, AO, 4. Aufl. 2021, § 62 Rn. 7.

735 AEAO zu § 62, Nr. 1.

d) *Vermögenszuführungen bei einer Stiftung*

Die Regelung in § 62 Abs. 4 AO ist auf Stiftungen begrenzt, unabhängig davon, ob es sich um eine rechtsfähige[736] oder nichtrechtsfähige[737] Stiftung handelt. Auf die Bezeichnung einer solchen Körperschaft als Stiftung kommt es nicht an; maßgeblich ist die tatsächliche Rechtsform.[738] 372

Eine Stiftung darf nach § 62 Abs. 4 AO im Jahr ihrer Errichtung und in den drei folgenden Kalenderjahren ihre Überschüsse aus der Vermögensverwaltung, den Gewinn aus einem Zweckbetrieb und den Gewinn aus einem steuerpflichtigen wirtschaftlichen Geschäftsbetrieb ganz oder teilweise ihrem Vermögen zuführen.[739] 373

Liegen in einem Kalenderjahr positive und negative Ergebnisse aus der Vermögensverwaltung, aus einem Zweckbetrieb und einem steuerpflichtigen wirtschaftlichen Geschäftsbetrieb vor, ist eine Zuführung zum Vermögen jedoch auf den *positiven* Betrag begrenzt, der nach der Verrechnung der Ergebnisse verbleibt.[740] 374

e) *Umfang der zulässigen Rücklagen- und Vermögensbildung*

Der Umfang der zulässigen Rücklagen- und Vermögensbildung einer steuerbegünstigten Körperschaft ergibt sich aus § 62 AO. 375

aa) *Rücklagen gem. 62 Abs. 1 Nr. 1 bis 4 AO*

Steuerbegünstigte Körperschaften dürfen ihre Mittel *ganz oder teilweise* 376

1. einer (gebundenen) Rücklage zuführen, soweit dies erforderlich ist, um ihre steuerbegünstigten, satzungsmäßigen Zwecke nach dem Stand der Planung zum Zeitpunkt der Rücklagenbildung nachhaltig zu erfüllen,
2. einer Rücklage für die beabsichtigte Wiederbeschaffung von Wirtschaftsgütern zuführen, die zur Verwirklichung der steuerbegünstigten, satzungsmäßigen Zwecke erforderlich sind (Rücklage für Wiederbeschaffung),
3. der freien Rücklage zuführen und

---

736 Zur Entstehung einer rechtsfähigen Stiftung sind gem. § 80 Abs. 1 BGB das Stiftungsgeschäft und die Anerkennung durch die zuständige Behörde des Landes, in dem die Stiftung ihren Sitz haben soll, erforderlich. Das Stiftungsgeschäft unter Lebenden bedarf gem. § 81 Abs. 1 BGB der Schriftform. Es muss die verbindliche Erklärung des Stifters enthalten, einen Teil seines Vermögens zur Erfüllung eines von ihm vorgegebenen Zweckes zu widmen, das auch zum Verbrauch bestimmt werden kann.

737 Der Begriff der nichtrechtsfähigen (unselbständigen oder fiduziarischen) Stiftung ist weder zivil- noch steuerrechtlich ausdrücklich definiert. Für die Errichtung einer nichtrechtsfähigen Stiftung ist (zivilrechtlich) keine besondere Form vorgesehen. Für sie gelten weder die Bestimmungen der §§ 80 ff. BGB noch einzelne Landesstiftungsgesetze; sie unterliegen auch keiner behördlichen Stiftungsaufsicht. Nach LfSt Bayern v. 18.09.2019 – S 3840.1.1-3/8 St 34, DB 2019, 2268 ist die rechtsfähige Stiftung der nichtrechtsfähigen Stiftung körperschaftsteuerlich gleichgestellt.

738 OFD Frankfurt v. 13.02.2014 – S 0181 A – 2 – St 53, DStR 2014, 803 unter 2.1.

739 AEAO zu § 62, Nr. 17.

740 AEAO zu § 62, Nr. 17.

4. einer Rücklage zum Erwerb von Gesellschaftsrechten zur Erhaltung der prozentualen Beteiligung an Kapitalgesellschaften

zuführen.

bb) Änderung von § 62 Abs. 1 Nr. 1 AO durch das JStG 2024[741]

377 § 62 Abs. 1 Nr. 1 AO wurde durch das JStG 2024 geändert, um umfangreiche und langfristige Investitionsvorhaben, „insbesondere im Immobiliensegment"[742] zu ermöglichen; erforderliche *nachträgliche* Anpassungen in der Planung werden erlaubt.[743]

cc) Zeitrahmen der Rücklagenbildung gem. § 62 Abs. 2 AO

378 Die Bildung der Rücklagen hat gem. § 62 Abs. 2 i. V. m. § 55 Abs. 1 Nr. 5 Satz 3 AO spätestens in den auf den Zufluss folgenden zwei Kalender- oder Wirtschaftsjahren zu erfolgen.

dd) Regelmäßige Überprüfung durch das Finanzamt

379 Die Finanzämter sind angehalten, regelmäßig die Rücklagenbildung und die Vermögenszuführungen zu überprüfen; sofern Verstöße gegen das Gemeinnützigkeitsrecht vorliegen, wird das Finanzamt die notwendigen Schritte (Fristsetzung nach § 63 Abs. 4 AO, ggf. auch Versagung der Steuerbefreiung) ergreifen.[744]

f) Mittelzuführungen, die nicht der zeitnahen Mittelverwendung unterliegen

380 § 62 Abs. 3 AO enthält eine abschließende[745] Aufzählung von Anwendungsfällen einer Mittelzuführung zum Vermögen einer steuerbegünstigten Körperschaft. Hierbei handelt es sich um freigebige Zuwendungen, die nach dem Willen des Spenders in das Vermögen der bedachten Körperschaft übergehen sollen[746] und nicht der zeitnahen Mittelverwendung i. S. von § 55 Abs. 1 Nr. 5 AO unterliegen.

381 Es handelt sich um folgende Anwendungsfälle:

- Zuwendungen von Todes wegen, wenn der Erblasser keine Verwendung für den laufenden Aufwand der Körperschaft vorgeschrieben hat;
- Zuwendungen, bei denen der Zuwendende ausdrücklich erklärt, dass diese zur Ausstattung der Körperschaft mit Vermögen oder zur Erhöhung des Vermögens bestimmt sind;

741 Jahressteuergesetz (JStG) 2024 v. 02. 12. 2024, BGBl. I 2024, Nr. 387, Art. 17 Nr. 1.

742 BT-Drucks. 20/12780, 167.

743 BT-Drucks. 20/12780, 167.

744 Vgl. OFD Frankfurt v. 17. 02. 2014 – S 0181 A – 2 – St 53, SIS 14 18 64 unter II.3.2.

745 AEAO zu § 62, Nr. 16 Satz 2; a. A. Koenig/*Koenig*, AO, 4. Aufl. 2021, § 62 Rn. 17, der von einer nicht abschließenden Aufzählung ausgeht.

746 Koenig/*Koenig*, AO, 4. Aufl. 2021, § 62 Rn. 17.

- Zuwendungen auf Grund eines Spendenaufrufs der Körperschaft, wenn aus dem Spendenaufruf ersichtlich ist, dass Beträge zur Aufstockung des Vermögens erbeten werden;
- Sachzuwendungen, die ihrer Natur nach zum Vermögen gehören. Hierbei handelt es sich um Wirtschaftsgüter, die ihrer Art nach von der Körperschaft im ideellen Bereich, im Rahmen der Vermögensverwaltung oder im wirtschaftlichen Geschäftsbetrieb genutzt werden können.[747]

Die in § 62 Abs. 3 AO genannten Mittel sind aus der Bemessungsgrundlage für Zuführungen von sonstigen zeitnah zu verwendenden Mitteln gem. § 62 Abs. 1 Nr. 3 AO herauszurechnen.[748] 382

g) Ausweis in der Rechnungslegung

Ob die Voraussetzungen für die Bildung einer Rücklage vorliegen, hat die steuerbegünstigte Körperschaft dem zuständigen Finanzamt detailliert darzulegen. Die Rücklagen sind in der Rechnungslegung oder einer dazugehörigen Nebenrechnung gesondert auszuweisen, so dass jederzeit eine Überprüfung möglich ist.[749] Bilanzierende Körperschaften sollten die Rücklagen in ihrer Bilanz offen (getrennt vom übrigen Kapital), nicht bilanzierende Körperschaften diese – ergänzend zu den Aufzeichnungen über ihre Einnahmen und Ausgaben – in einer *gesonderten Nebenrechnung* ausweisen.[750] 383

h) Darlegungs- und Feststellungslast

Die Darlegungs- und Feststellungslast für die Zulässigkeit einer Rücklagenbildung liegt bei der Körperschaft.[751] Sie hat auch nachzuweisen, dass der *Umfang* der vorgenommenen Gewinnthesaurierung zur Sicherung ihrer Existenz betriebswirtschaftlich geboten ist.[752] 384

i) Auflösung von Rücklagen

Rücklagen i. S. von § 62 Abs. 1 Nr. 1, 2 und 4 AO sind gem. § 62 Abs. 2 Satz 2 AO unverzüglich aufzulösen, sobald der Grund für die Rücklagenbildung entfallen ist. Die dadurch freiwerdenden Mittel sind gem. § 62 Abs. 2 Satz 3 AO i. V. m. § 55 Abs. 1 Nr. 5 Satz 3 AO innerhalb von zwei Kalender- oder Wirtschaftsjahren für ihre satzungsmäßigen Zwecke zu verwenden. 385

747 AEAO zu § 62, Nr. 16 Satz 3.

748 AEAO zu § 62, Nr. 16 Satz 4.

749 AEAO zu § 62, Nr. 14 mit Verweis auf BFH v. 20. 12. 1978 – I R 21/76, BStBl. II 1979, 496.

750 OFD Frankfurt v. 17. 02. 2014 – S 0181 A – 2 – St 53, SIS 14 18 64 unter 2.

751 Koenig/*Koenig*, AO, 4. Aufl. 2021, § 62 Rn. 7.

752 BFH v. 15. 07. 1998 – I R 156/94, BStBl. II 2002, 162 unter II.2.a.

2. Zweckgebundene Rücklagen gem. § 62 Abs. 1 Nr. 1 AO

386 Körperschaften dürfen gem. § 62 Abs. 1 Nr. 1 AO ihre Mittel ganz oder teilweise einer Rücklage zuführen, soweit dies erforderlich ist, um ihre steuerbegünstigten, satzungsmäßigen Zwecke *nachhaltig* zu erfüllen.

387 Die Mittel müssen für Vorhaben angesammelt werden, für deren Durchführung bereits *konkrete* Zeitvorstellungen bestehen oder deren geplante Durchführung *glaubhaft* und – bei den bestehenden finanziellen Verhältnissen der steuerbegünstigten Körperschaft – in einem angemessenen Zeitraum *möglich* ist;[753] ein Zeitraum von sechs Jahren sollte nicht überschritten werden.[754] Nicht ausreichend ist das Bestreben, ganz allgemein die Leistungsfähigkeit der Körperschaft zu erhalten.[755]

388 Die Bildung einer sog. *Betriebsmittelrücklage* für periodisch wiederkehrende Ausgaben wie z. B. Gehälter oder Mieten in Höhe des Mittelbedarfs für eine angemessene Zeitperiode zur Sicherstellung der Liquidität ist nach Auffassung der Finanzverwaltung zulässig. Ebenfalls zulässig ist die vorsorgliche Bildung einer Rücklage zur Bezahlung von Steuern *außerhalb* eines steuerpflichtigen wirtschaftlichen Geschäftsbetriebs, sofern die Möglichkeit besteht, dass die Körperschaft ggf. in Anspruch genommen wird.[756] Die Rücklagenbildung für eine Vermögensausstattung i. S. von § 58 Nr. 3 AO ist nach Auffassung der Finanzverwaltung jedoch unzulässig.[757]

389 Soweit eine Körperschaft beabsichtigt, mehrere Vorhaben gleichzeitig zu realisieren, sind mehrere Rücklagen nach § 62 Abs. 1 Nr. 1 AO nebeneinander zulässig.[758] Bei der Bildung einer Rücklage nach § 62 Abs. 1 Nr. 1 AO kommt es nicht auf die Herkunft der Mittel an. Einer solchen (zweckgebundenen) Rücklage dürfen also auch zeitnah zu verwendende Mittel wie z. B. Spenden zugeführt werden.[759]

390 Diese Rücklage darf unabhängig von dem Vorhandensein und der Höhe der freien Rücklage i. S. von § 62 Abs. 1 Nr. 3 AO gebildet werden.[760] Die Voraussetzungen für eine Rücklage i. S. von § 62 Abs. 1 Nr. 1 AO sind jedoch regelmäßig zu überprüfen.[761]

3. Rücklage für Wiederbeschaffung gem. § 62 Abs. 1 Nr. 2 AO

391 Körperschaften dürfen gem. § 62 Abs. 1 Nr. 2 AO ihre Mittel ganz oder teilweise einer Rücklage für die *beabsichtigte Wiederbeschaffung* von Wirtschaftsgütern

753 AEAO zu § 62, Nr. 4.
754 OFD Frankfurt v. 13. 02. 2014 – S 0181 A – 2 – St 53, DStR 2014, 803 unter 1.1.
755 OFD Frankfurt v. 13. 02. 2014 – S 0181 A – 2 – St 53, DStR 2014, 803 unter 1.1.
756 AEAO zu § 62, Nr. 4.
757 AEAO zu § 62, Nr. 4.
758 OFD Frankfurt v. 13. 02. 2014 – S 0181 A – 2 – St 53, DStR 2014, 803 unter 1.1.
759 AEAO zu § 62, Nr. 3.
760 AEAO zu § 62, Nr. 5.
761 OFD Frankfurt v. 13. 02. 2014 – S 0181 A – 2 – St 53, DStR 2014, 803 unter 1.1.

zuführen, die zur Verwirklichung der steuerbegünstigten, satzungsmäßigen Zwecke erforderlich sind. Für die Anschaffung von bisher nicht vorhandenen Wirtschaftsgütern ist die freie Rücklage zu verwenden.[762]

Die Neuanschaffung eines zu ersetzenden Wirtschaftsguts muss *geplant* und in einem angemessenen Zeitraum *möglich* sein. Bei abnutzbaren Wirtschaftsgütern ist grundsätzlich davon auszugehen, dass diese nach Ablauf ihrer betriebsgewöhnlichen Nutzungsdauer ersetzt werden.[763] Ist jedoch im Zusammenhang mit der Wiederbeschaffung eines Fahrzeugs insgesamt eine *Verkleinerung des Fuhrparks* geplant, ist eine Rücklage in Höhe der Abschreibungen des zu ersetzenden Fahrzeugs nach Auffassung der Finanzverwaltung unzulässig.[764] 392

Für Grund und Boden kommt eine Wiederbeschaffungsrücklage nach *Koenig* nicht in Betracht.[765] 393

Die Höhe der Zuführungen zu einer Wiederbeschaffungsrücklage bemisst sich gem. § 62 Abs. 1 Nr. 2 AO nach der Höhe der regulären Absetzungen für Abnutzung des zu *ersetzenden* Wirtschaftsguts. Die Voraussetzungen für eine höhere Zuführung sind nachzuweisen, z. B. durch entsprechende Angebote, aus denen etwaige Preissteigerungen ersichtlich sind. Nach *Koenig* sind höhere Zuführungen zu einer solchen Rücklage auch bei einer geplanten Wiederbeschaffung eines *höherwertigeren Wirtschaftsgutes* zulässig.[766]

Bei der Bildung einer Wiederbeschaffungsrücklage kommt es *nicht* auf die Herkunft der Mittel an; es dürfen also auch zeitnah zu verwendende Mittel wie z. B. Spenden zugeführt werden.[767] 394

4. Die freie Rücklage gem. § 62 Abs. 1 Nr. 3 AO

a) Voraussetzungen

Nach § 62 Abs. 1 Nr. 3 Satz 1 AO dürfen Körperschaften ihre Mittel auch ganz oder teilweise der freien Rücklage zuführen. Die Zuführung darf jedoch höchstens ein Drittel des *Überschusses* der Einnahmen über die Ausgaben[768] aus der Vermögensverwaltung, darüber hinaus höchstens 10 v. H. der sonstigen nach § 55 Abs. 1 Nr. 5 AO *zeitnah* zu verwendenden Mittel ausmachen. 395

Die Höchstgrenze für die Zuführung zu der freien Rücklage mindert sich jedoch um den Betrag, den die Körperschaft gem. § 58 Nr. 10 AO zum Erwerb von Gesellschaftsrechten zur Erhaltung der prozentualen Beteiligung an Kapitalgesellschaften verwendet oder in eine Rücklage nach § 62 Abs. 1 Nr. 4 AO ein- 396

762 Koenig/*Koenig*, AO, 4. Aufl. 2021, § 62 Rn. 9.
763 Koenig/*Koenig*, AO, 4. Aufl. 2021, § 62 Rn. 9. Nach AEAO zu § 62, Nr. 6 reicht als Nachweis die Bildung einer entsprechenden Rücklage aus.
764 OFD Frankfurt v. 13.02.2014 – S 0181 A – 2 – St 53, DStR 2014, 803 unter 1.2.
765 Koenig/*Koenig*, AO, 4. Aufl. 2021, § 62 Rn. 9.
766 Koenig/*Koenig*, AO, 4. Aufl. 2021, § 62 Rn. 11.
767 AEAO zu § 62, Nr. 3.
768 Nach AEAO zu § 62, Nr. 9 sind unter Ausgaben die Aufwendungen zu verstehen, die dem Grunde nach Werbungskosten sind.

stellt.[769] Die Zuführung von Mitteln zu den Rücklagen nach § 62 Abs. 1 Nr. 1 und 2 AO berührt die Höchstgrenze für die Bildung freier Rücklagen dagegen nicht.[770]

397 **Beispiel:**[771]

Eine steuerbegünstigte Körperschaft erzielte im Jahr 01 Überschüsse aus der Vermögensverwaltung i. H. v. 21.000 Euro und vereinnahmte Mittel i. S. des § 55 Abs. 1 Nr. 5 AO i. H. v. 30.000 Euro. Im gleichen Jahr wurden 2.500 Euro für den Erwerb von Anteilen zum Erhalt der prozentualen Beteiligung an einer Kapitalgesellschaft gem. § 58 Nr. 10 AO eingesetzt.

Es ergibt sich folgende Zuführung zur freien Rücklage im Jahr 01 gem. § 62 Abs. 1 Nr. 3 AO:

– Höchstens ein Drittel des Überschusses aus der Vermögensverwaltung (hier: 21.000 Euro), also	7.000 Euro
– Höchstens 10 v. H. der Mittel i. S. des § 55 Abs. 1 Nr. 5 AO (hier: 30.000 Euro), also	3.000 Euro
Zwischensumme	10.000 Euro

Da der Höchstbetrag für die freie Rücklage im Jahr 01 um die Mittel zu kürzen war, die für den Erwerb von Anteilen an einer Kapitalgesellschaft zum Erhalt der prozentualen Beteiligung an einer Kapitalgesellschaft eingesetzt wurden, konnte im Jahr 01 nur eine freie Rücklage i. H. v. (10.000 Euro ./. 2.500 Euro =) 7.500 Euro gebildet werden.

398 Übersteigt der für die Erhaltung der Beteiligungsquote an einer Kapitalgesellschaft verwendete oder bereitgestellte Betrag die Höchstgrenze für die Zuführung zu der freien Rücklage, ist auch in den Folgejahren eine Zuführung zu der freien Rücklage erst wieder möglich, wenn die für eine freie Rücklage gem. § 62 Abs. 1 Nr. 3 AO verwendbaren Mittel insgesamt die für die Erhaltung der Beteiligungsquote an einer Kapitalgesellschaft verwendeten oder bereitgestellten Mittel übersteigen.[772]

Beispiel:

Eine steuerbegünstigte Körperschaft erzielte im Jahr 01 Überschüsse aus der Vermögensverwaltung i. H. v. 21.000 Euro und vereinnahmte Mittel i. S. des § 55 Abs. 1 Nr. 5 AO i. H. v. 30.000 Euro. Im gleichen Jahr wurden 11.000 Euro für den Erwerb von Anteilen zum Erhalt der prozentualen Beteiligung an einer Kapitalgesellschaft gem. § 58 Nr. 10 AO eingesetzt.

Es ergab sich folgende Zuführung zur freien Rücklage im Jahr 01 gem. § 62 Abs. 1 Nr. 3 AO:

---

769 Vgl. hierzu Abschn. D.VI.5.
770 AEAO zu § 62, Nr. 13.
771 Nach AEAO zu § 58, Nr. 17.
772 AEAO zu § 58, Nr. 17.

– Höchstens ein Drittel des Überschusses aus der Vermögensverwaltung (hier: 21.000 Euro), also	7.000 Euro
– Höchstens 10 v. H. der Mittel i. S. des § 55 Abs. 1 Nr. 5 AO (hier: 30.000 Euro), also	3.000 Euro
Zwischensumme	10.000 Euro

Da der Höchstbetrag für die freie Rücklage im Jahr 01 um die Mittel zu kürzen war, die für den Erwerb der Anteile zum Erhalt der prozentualen Beteiligung an einer Kapitalgesellschaft eingesetzt wurden, konnte im Jahr 01 keine freie Rücklage gebildet werden, da der Höchstbetrag i. S. von § 62 Abs. 1 Nr. 3 AO um 1.000 Euro überschritten wurde.

Die Körperschaft erzielte im Folgejahr 02 Überschüsse aus der Vermögensverwaltung i. H. v. 30.000 Euro und vereinnahmte Mittel i. S. des § 55 Abs. 1 Nr. 5 AO i. H. v. 20.000 Euro.

Es ergab sich folgende Zuführung zur freien Rücklage im Jahr 02 gem. § 62 Abs. 1 Nr. 3 AO:

– Höchstens ein Drittel des Überschusses aus der Vermögensverwaltung (hier: 30.000 Euro), also	10.000 Euro
– Höchstens 10 v. H. der Mittel i. S. des § 55 Abs. 1 Nr. 5 AO (hier: 20.000 Euro), also	2.000 Euro
Zwischensumme	12.000 Euro

Im Jahr 02 war eine Zuführung zu der freien Rücklage erst möglich, soweit die für eine freie Rücklage gem. § 62 Abs. 1 Nr. 3 AO verwendbaren Mittel *insgesamt* die für die Erhaltung der Beteiligungsquote an einer Kapitalgesellschaft verwendeten oder bereitgestellten Mittel überstiegen.

Der Höchstbetrag für die Zuführung zu der freien Rücklage im Jahr 02 war daher um den in 01 übersteigenden Betrag von 1.000 Euro zu kürzen. Es ergab sich eine Zuführung zur freien Rücklage im Jahr 02 i. H. v. (12.000 Euro ./. 1.000 Euro =) 11.000 Euro.

b) Überschuss aus der Vermögensverwaltung

Zu den Einnahmen der Vermögensverwaltung zählen u. a. Zinserträge aus Spar- 399
einlagen, Dividenden aus Wertpapieren und Miet- und Pachteinnahmen der Körperschaft. Zur Ermittlung der Überschüsse der einzelnen Bereiche der Vermögensverwaltung sind die jeweiligen Aufwendungen (Werbungskosten) zu berücksichtigen. § 20 Abs. 9 EStG (Ausschluss des Werbungskostenabzugs) ist nach Auffassung des Verfassers in diesem Zusammenhang nicht anzuwenden[773].

773 Grundsätzlich können unbeschränkt Körperschaftsteuerpflichtige i. S. des § 1 Abs. 1 Nr. 4 und 5 KStG gem. R 8.1 Abs. 2 KStR 2022 Bezieher sämtlicher Einkünfte i. S. des § 2 Abs. 1 EStG sein. Bei der Ermittlung der Einkünfte aus Kapitalvermögen ist somit – vorbehaltlich der in § 8 Abs. 10 KStG genannten Fälle – auch die Vorschrift des § 20 Abs. 9 Satz 1 und 4 EStG (Sparer-Pauschbetrag) zu berücksichtigen.

400 Für die Ermittlung der Bemessungsgrundlage sind die Ergebnisse aus den einzelnen Bereichen der Vermögensverwaltung zusammenzurechnen.[774] Ein sich ergebender Kostenüberhang (Unterdeckung) ist auf die nachfolgenden Jahre vorzutragen und dort zunächst mit etwaigen Überschüssen aus der Vermögensverwaltung zu verrechnen.[775]

c) Sonstige zeitnah zu verwendenden Mittel

401 Zu den sonstigen nach § 55 Abs. 1 Nr. 5 AO zeitnah zu verwendenden Mittel gehören die Überschüsse bzw. Gewinne aus steuerpflichtigen wirtschaftlichen Geschäftsbetrieben und steuerbegünstigten Zweckbetrieben sowie die Bruttoeinnahmen aus dem ideellen Bereich.[776] Ein Überschuss aus der Vermögensverwaltung ist nicht in die Bemessungsgrundlage für die Zuführung aus den sonstigen zeitnah zu verwendenden Mitteln einzubeziehen; ein Verlust aus der Vermögensverwaltung mindert nicht die Bemessungsgrundlage.[777]

402 Bei Anwendung der Regelungen des § 64 Abs. 5 und 6 AO[778] können in die Bemessungsgrundlage zur Ermittlung dieser Rücklage statt der geschätzten bzw. pauschal ermittelten Gewinne die tatsächlichen Gewinne einbezogen werden.[779]

403 Etwaige Verluste eines Zweckbetriebs sind mit entsprechenden Überschüssen anderer Zweckbetriebe zu verrechnen; darüber hinausgehende Verluste führen jedoch nicht zu einer Minderung der Bemessungsgrundlage für die Rücklage nach § 62 Abs. 1 Nr. 3 AO.[780]

404 Der Verlust eines steuerpflichtigen wirtschaftlichen Geschäftsbetriebs ist mit etwaigen Überschüssen anderer steuerpflichtiger wirtschaftlicher Geschäftsbetriebe der Körperschaft zu verrechnen; darüber hinausgehende Verluste führen auch hier nicht zu einer Minderung der Bemessungsgrundlage für diese Rücklage.[781]

d) Nachholung einer unterbliebenen Zuführung

405 Ist der Höchstbetrag für die Bildung der freien Rücklage in einem Jahr nicht ausgeschöpft worden, kann die unterbliebene Zuführung gem. § 62 Abs. 1 Nr. 3 Satz 2 AO in den folgenden zwei Jahren nachgeholt werden.

774 OFD Frankfurt v. 13.02.2014 – S 0181 A – 2 – St 53, DStR 2014, 803 unter 1.3.
775 OFD Frankfurt v. 13.02.2014 – S 0181 A – 2 – St 53, DStR 2014, 803 unter 1.3.
776 AEAO zu § 62, Nr. 10.
777 AEAO zu § 62, Nr. 10.
778 Vgl. hierzu Abschn. E.I.12 und 13.
779 AEAO zu § 62, Nr. 10 Satz 3.
780 AEAO zu § 62, Nr. 10 Satz 4.
781 Vgl. AEAO zu § 62, Nr. 10 Satz 5.

Beispiel:[782]

Eine steuerbegünstigte Körperschaft stellte im Jahr 01 Mittel i. H. v. 25.000 Euro in die freie Rücklage ein. Hierdurch wurde der für das Jahr 01 zulässige Höchstbetrag gem. § 62 Abs. 1 Nr. 3 Satz 1 AO i. H. v. 30.000 Euro nicht ausgeschöpft.

In den beiden Folgejahren 02 und 03 darf die Körperschaft gem. § 62 Abs. 1 Nr. 3 Satz 2 AO *zusätzlich* zu den gem. § 62 Abs. 1 Nr. 3 Satz 1 AO für die Jahre 02 und 03 zulässigen Höchstbeträgen die unterbliebene Zuführung aus 01 i. H. v. 5.000 Euro nachholen und in die freie Rücklage des entsprechenden Jahres einstellen.

Nach Auffassung der Finanzverwaltung[783] darf die Körperschaft den nachzuholenden Betrag aus 01 aufgrund eigener Entscheidung entweder auf zwei Jahre verteilen (z. B. 3.000 Euro für 02 und 2.000 Euro für 03) oder den ganzen Betrag i. H. v. 5.000 Euro in einem der beiden Folgejahre (02 oder 03) in die freie Rücklage einstellen.

e) *Gesamthöhe der freien Rücklage*

Die *Gesamthöhe* der freien Rücklage ist grundsätzlich unbegrenzt.[784] Diese muss 406
während der Dauer des Bestehens der Körperschaft nicht aufgelöst werden; die eingestellten Mittel können auch dem Vermögen zugeführt werden[785] oder als Ausstattungskapital für eine andere steuerbegünstigte Körperschaft verwendet werden.[786] Eine Verwendung im Rahmen eines steuerpflichtigen wirtschaftlichen Geschäftsbetriebs ist jedoch schädlich für die Gemeinnützigkeit der Körperschaft.[787]

5. Rücklage gem. § 62 Abs. 1 Nr. 4 AO zum Erwerb von Gesellschaftsrechten

Körperschaften dürfen gem. § 62 Abs. 1 Nr. 4 AO ihre Mittel ganz oder teilweise 407
einer Rücklage zum Erwerb von Gesellschaftsrechten *zur Erhaltung der prozentualen Beteiligung* an Kapitalgesellschaften zuführen. Die Bildung einer solchen Rücklage ist jedoch nur zulässig, wenn ein hinreichend *konkreter Anlass* für eine Kapitalerhöhung gegeben ist und diese sich bereits konkret abzeichnet.[788]

Die Bildung einer Rücklage i. S. von § 62 Abs. 1 Nr. 4 AO begrenzt jedoch die 408
Zuführungen zur freien Rücklage i. S. von § 62 Abs. 1 Nr. 3 AO. Deren Höchstgrenze mindert sich um den Betrag, den die Körperschaft zum Erwerb von Gesellschaftsrechten zur Erhaltung der prozentualen Beteiligung an Kapitalge-

782 Nach AEAO zu § 62, Nr. 11.
783 AEAO zu § 62, Nr. 11.
784 OFD Frankfurt v. 13.02.2014 – S 0181 A – 2 – St 53, DStR 2014, 803 unter 1.3.
785 AEAO zu § 62, Nr. 11.
786 OFD Frankfurt v. 13.02.2014 – S 0181 A – 2 – St 53, DStR 2014, 803 unter 1.3.
787 OFD Frankfurt v. 13.02.2014 – S 0181 A – 2 – St 53, DStR 2014, 803 unter 1.3.
788 OFD Frankfurt v. 13.02.2014 – S 0181 A – 2 – St 53, DStR 2014, 803 unter 1.4. So auch Koenig/*Koenig*, AO, 4. Aufl. 2021, § 62 Rn. 15.

sellschaften verwendet oder in die Rücklage gem. § 62 Abs. 1 Nr. 4 AO einstellt.[789]

Beispiel:[790]

Eine gemeinnützige Körperschaft erzielte im Jahr 01 Einnahmen aus Spenden i. H. v. 10.000 Euro, einen Gewinn aus ihrem Zweckbetrieb i. H. v. 2.500 Euro und einen Gewinn aus ihrem steuerpflichtigen wirtschaftlichen Geschäftsbetrieb i. H. v. 3.000 Euro, in der Summe also 15.500 Euro an zeitnah zu verwendenden Mitteln. Die Einnahmen aus der Vermögensverwaltung beliefen sich auf 12.000 Euro, die entsprechenden Ausgaben auf 9.000 Euro, so dass sich ein Überschuss aus der Vermögensverwaltung von 3.000 Euro ergab.

Zuführung zur freien Rücklage nach § 62 Abs. 1 Nr. 3 AO in 01

– höchstens 1/3 des Überschusses aus der Vermögensverwaltung	1.000 Euro
– höchstens 10 v. H. der sonstigen zeitnah zu verwendenden Mittel	1.550 Euro
Höchstbetrag somit	2.550 Euro

Die Körperschaft stellte für das Jahr 01 einen Betrag von 2.000 Euro in eine Rücklage gem. § 62 Abs. 1 Nr. 4 AO zum Erwerb von Gesellschaftsrechten zur Erhaltung der prozentualen Beteiligung an Kapitalgesellschaften ein. Im Umfang dieser 2.000 Euro verringerte sich die Zuführung zur freien Rücklage gem. § 62 Abs. 1 Nr. 3 AO in 01 von höchstens 2.550 Euro auf nur noch 550 Euro.

409 Übersteigt der für die Erhaltung der Beteiligungsquote verwendete oder in eine Rücklage eingestellte Betrag die Höchstgrenze nach § 62 Abs. 1 Nr. 3 AO, ist in den Folgejahren eine Zuführung zur freien Rücklage erst wieder möglich, wenn die für eine freie Rücklage verwendbaren Mittel insgesamt die für die Erhaltung der Beteiligungsquote bereitgestellten (bzw. verwendeten) Mittel übersteigen.[791]

Beispiel:[792]

Eine gemeinnützige Körperschaft erzielte im Jahr 01 Einnahmen aus Spenden i. H. v. 10.000 Euro, einen Gewinn aus ihrem Zweckbetrieb i. H. v. 2.500 Euro und einen Gewinn aus ihrem steuerpflichtigen wirtschaftlichen Geschäftsbetrieb i. H. v. 3.000 Euro, in der Summe also 15.500 Euro an zeitnah zu verwendenden Mitteln. Die Einnahmen aus der Vermögensverwaltung beliefen sich auf 12.000 Euro, die entsprechenden Ausgaben auf 9.000 Euro, so dass sich ein Überschuss aus der Vermögensverwaltung von 3.000 Euro ergab.

Zuführung zur freien Rücklage nach § 62 Abs. 1 Nr. 3 AO in 01

– höchstens 1/3 des Überschusses aus der Vermögensverwaltung	1.000 Euro
– höchstens 10 v. H. der sonstigen zeitnah zu verwendenden Mittel	1.550 Euro
Höchstbetrag somit	2.550 Euro

789 AEAO zu § 62, Nr. 13.
790 Nach AEAO zu § 62, Nr. 13.
791 OFD Frankfurt v. 13.02.2014 – S 0181 A – 2 – St 53, DStR 2014, 803 unter 1.4.
792 Nach AEAO zu § 62, Nr. 13.

Die Körperschaft stellte für das Jahr 01 einen Betrag von 3.000 Euro in eine Rücklage gem. § 62 Abs. 1 Nr. 4 AO zum Erwerb von Gesellschaftsrechten zur Erhaltung der prozentualen Beteiligung an Kapitalgesellschaften ein. Da dieser Betrag den Höchstbetrag von 2.550 Euro überstieg, war in 01 eine Zuführung zur freien Rücklage gem. § 62 Abs. 1 Nr. 3 AO nicht möglich. Der Überhang gem. § 62 Abs. 1 Nr. 4 AO lag bei 450 Euro.

Die Körperschaft erzielte im Folgejahr 02 Einnahmen aus Spenden i. H. v. 20.000 Euro, einen Gewinn aus ihrem Zweckbetrieb i. H. v. 1.000 Euro und einen Gewinn aus ihrem steuerpflichtigen wirtschaftlichen Geschäftsbetrieb i. H. v. 5.000 Euro, in der Summe also 26.000 Euro an zeitnah zu verwendenden Mitteln. Die Einnahmen aus der Vermögensverwaltung beliefen sich auf 16.000 Euro, die entsprechenden Ausgaben auf 10.000 Euro, so dass sich ein Überschuss aus der Vermögensverwaltung von 6.000 Euro ergab.

Zuführung zur freien Rücklage nach § 62 Abs. 1 Nr. 3 AO in 02

– höchstens 1/3 des Überschusses aus der Vermögensverwaltung	2.000 Euro
– höchstens 10 v. H. der sonstigen zeitnah zu verwendenden Mittel	2.600 Euro
Zwischensumme	4.600 Euro
abzüglich Überhang gem. § 62 Abs. 1 Nr. 4 AO aus 01	450 Euro
Höchstbetrag somit	4.150 Euro

Nicht von § 62 Abs. 1 Nr. 4 AO erfasst ist der *erstmalige* Erwerb von Anteilen an einer Kapitalgesellschaft sowie der Erwerb *weiterer Anteile* zur Erhöhung der prozentualen Beteiligung an einer Kapitalgesellschaft über die bisherige prozentuale Beteiligung hinaus; hierfür steht der Körperschaft jedoch die freie Rücklage nach § 62 Abs. 1 Nr. 3 AO zur Verfügung.[793] 410

VII. Anforderungen an die tatsächliche Geschäftsführung gem. § 63 AO

1. Grundsatz

Die tatsächliche Geschäftsführung muss gem. § 63 Abs. 1 AO auf die ausschließliche und unmittelbare Erfüllung der steuerbegünstigten Zwecke gerichtet sein und den Bestimmungen entsprechen, die die Satzung über die Voraussetzungen für Steuervergünstigungen enthält. § 60 Abs. 2 AO gilt sinngemäß. 411

Etwaige Rechtsfolgen bei Verstößen gegen § 63 AO sind unter Anwendung des rechtsstaatlich fundierten Verhältnismäßigkeitsprinzips an Ausmaß und Gewicht der Pflichtverletzung auszurichten.[794] Geringfügige Verstöße rechtfertigen jedoch nicht den Entzug der Gemeinnützigkeit.[795] 412

793 OFD Frankfurt v. 13. 02. 2014 – S 0181 A – 2 – St 53, DStR 2014, 803 unter 1.4.

794 BFH v. 14. 03. 2018 – V R 36/16 (ECLI:DE:BFH:2018:U.140318.VR36.16.0), BStBl. II 2018, 422 unter II.5.c.aa.

795 AEAO zu § 63, Nr. 6. So auch BFH v. 12. 03. 2020 – V R 5/17 (ECLI:DE:BFH:2020:U.120320.VR5.17.0), BStBl. II 2021, 55, 3. Leitsatz.

2. Gesetzestreues Verhalten

413 Die tatsächliche Geschäftsführung einer steuerbegünstigten Körperschaft muss sich im Rahmen der *verfassungsmäßigen Ordnung* bewegen und sich *gesetzestreu* verhalten.

Eine tatsächliche Geschäftsführung, die durch Umgehung eines gesetzlichen Verbots Geldmittel zur Förderung kommunaler Einrichtungen zu erlangen trachtet, verstößt gegen die Rechtsordnung.[796] Als Verstoß gegen die Rechtsordnung, der die Steuervergünstigung einer Körperschaft ausschließt, kommt auch eine Steuerverkürzung in Betracht.[797]

414 Bestrebungen i. S. des § 4 BVerfSchG[798] stellen auf jeden Fall einen *erheblichen Verstoß* gegen die Gemeinnützigkeitsvorschriften dar.[799]

Beispiel:

Der Verein R förderte nach seiner Satzung und der tatsächlichen Geschäftsführung die Religion. Da seine tatsächliche Geschäftsführung jedoch in Teilen *verfassungsfeindliche Ziele* verfolgte, erfüllte der Verein R nach der Rechtsprechung des BFH nicht die Voraussetzungen für die Zuerkennung der Gemeinnützigkeit.[800]

415 Die Feststellung, ob eine Körperschaft im Rahmen ihrer tatsächlichen Geschäftsführung extremistische oder sonstige verfassungsfeindliche Bestrebungen fördert, obliegt dabei im gerichtlichen Verfahren in erster Linie dem Finanzgericht als Tatsacheninstanz.[801] Die Anwendung der Vermutungsregel des § 51

---

796 BFH v. 13.07.1994 – I R 5/93, BStBl. II 1995, 134 unter II.B.2.b.

797 AEAO zu § 63, Nr. 5 mit Verweis auf BFH v. 27.09.2001 – V R 17/99, BStBl. II 2002, 169.

798 Hierbei handelt es sich um Bestrebungen gegen den Bestand des Bundes oder eines Landes solche politisch bestimmten, ziel- und zweckgerichteten Verhaltensweisen in einem oder für einen Personenzusammenschluss, der darauf gerichtet ist, die Freiheit des Bundes oder eines Landes von fremder Herrschaft aufzuheben, ihre staatliche Einheit zu beseitigen oder ein zu ihm gehörendes Gebiet abzutrennen, Bestrebungen gegen die Sicherheit des Bundes oder eines Landes solche politisch bestimmten, ziel- und zweckgerichteten Verhaltensweisen in einem oder für einen Personenzusammenschluss, der darauf gerichtet ist, den Bund, Länder oder deren Einrichtungen in ihrer Funktionsfähigkeit erheblich zu beeinträchtigen oder Bestrebungen gegen die freiheitliche demokratische Grundordnung solche politisch bestimmten, ziel- und zweckgerichteten Verhaltensweisen in einem oder für einen Personenzusammenschluss, der darauf gerichtet ist, einen der in § 4 Abs. 2 BVerfSchG genannten Verfassungsgrundsätze zu beseitigen oder außer Geltung zu setzen.

799 BFH v. 14.03.2018 – V R 36/16 (ECLI:DE:BFH:2018:U.140318.VR36.16.0), BStBl. II 2018, 422 unter II.5.c.bb.

800 BFH v. 14.03.2018 – V R 36/16 (ECLI:DE:BFH:2018:U.140318.VR36.16.0), BStBl. II 2018, 422 unter II.

801 BFH v. 11.04.2012 – I R 11/11, BStBl. II 2013, 146 unter II.4.d.aa.

Abs. 3 Satz 2 AO erfordert nach der Entscheidung des BFH v. 05. 09. 2024[802] die Feststellung, dass die Körperschaft, deren steuerrechtliche Gemeinnützigkeit versagt werden soll, als selbständiges Steuersubjekt i. S. von § 51 Abs. 1 Satz 2 und 3 AO[803] in einem Verfassungsschutzbericht *ausdrücklich* als extremistisch bezeichnet wird[804] und nicht ein hiervon verschiedenes selbständiges Steuersubjekt.[805]

Der Steuerbegünstigung steht es jedoch nicht entgegen, wenn z. B. eine nach § 52 Abs. 2 AO begünstigte Tätigkeit *im Einzelfall* mit einer gewissen politischen Zielsetzung verbunden ist.[806] Selbst ein gewaltfreier Widerstand wie z. B. durch Sitzblockaden gegen geplante Maßnahmen des Staates verstößt nach der Entscheidung des BVerfG (aus 1995) grundsätzlich nicht gegen die verfassungsmäßige Ordnung.[807] Eine allgemeinpolitische Betätigung darf aber nicht über das hinausgehen, was das Eintreten für den steuerbegünstigten Zweck und dessen Verwirklichung erfordert.[808] 416

3. Nachweispflichten

Die steuerbegünstigte Körperschaft hat gem. § 63 Abs. 3 AO durch ordnungsmäßige Aufzeichnungen (insbesondere durch eine Aufstellung über die Einnahmen und Ausgaben, einen Tätigkeitsbericht und eine Vermögensübersicht mit Nachweisen über die Bildung und Entwicklung der Rücklagen) den Nachweis zu führen, dass die tatsächliche Geschäftsführung den notwendigen Erfordernissen entspricht. Hierbei sind die Vorschriften der Abgabenordnung über die Führung von Büchern und Aufzeichnungen gem. §§ 140 ff. AO zu beachten. Bei der Ver- 417

---

802 BFH v. 05. 09. 2024 – V R 36/21 (ECLI:DE:BFH:2024:U.050924.VR36.21.0), SIS 24 18 34; das Urteil des FG München v. 27. 09. 2021 – 7 K 3347/18, EFG 2022, 5 wurde aufgehoben und die Sache an das FG zurückverwiesen.

803 Funktionale Untergliederungen (Abteilungen) von Körperschaften gelten nicht als selbstständige Steuersubjekte.

804 Nach BFH v. 05. 09. 2024 – V R 36/21 (ECLI:DE:BFH:2024:U.050924.VR36.21.0), SIS 24 18 34 unter II.2 reicht es nicht aus, wenn die Körperschaft „nur als Verdachtsfall oder sonst beiläufig Erwähnung findet".

805 BFH v. 05. 09. 2024 – V R 36/21 (ECLI:DE:BFH:2024:U.050924.VR36.21.0), SIS 24 18 34.

806 BFH v. 18. 08. 2021 – V B 25/21 (AdV) (ECLI:DE:BFH:2021:BA.180821.VB25.21.0), BStBl. II 2021, 931 unter II.2.b.

807 AEAO zu § 63, Nr. 5 mit Verweis auf BVerfG v. 10. 01. 1995 – 1 BvR 718/89, 1 BvR 719/89, 1 BvR 722/89, 1 BvR 723/89, BVerfGE 92, 1. Anders noch der BFH v. 29. 08. 1984 – I R 215/81, BStBl. II 1985, 106, der bereits die *Ankündigung* eines gewaltfreien Widerstands und eine *Nichtbefolgung* von polizeilichen Anordnungen als Verstoß gegen die verfassungsmäßige Ordnung betrachtete. Da die Finanzverwaltung im AEAO jedoch weiterhin auch auf das BFH-Urteil v. 29. 08. 1984 verweist, sind die Finanzämter bei der Beurteilung der tatsächlichen Geschäftsführung einer Körperschaft i. S. von § 63 AO an diese BFH-Entscheidung gebunden.

808 BFH v. 18. 08. 2021 – V B 25/21 (AdV) (ECLI:DE:BFH:2021:BA.180821.VB25.21.0), BStBl. II 2021, 931 unter II.2.c.bb.

wirklichung steuerbegünstigter Zwecke im Ausland besteht eine erhöhte Nachweispflicht nach § 90 Abs. 2 AO.[809]

418 Die Vorschriften des Handelsrechts einschließlich der entsprechenden Buchführungsvorschriften gelten nur, sofern sich dies aus der Rechtsform der Körperschaft oder aus ihrer wirtschaftlichen Tätigkeit ergibt.[810]

4. Unzulässige Eigenkapitalbildung

419 Hat eine Körperschaft im Zusammenhang mit der Eigenkapitalbildung den hierfür zulässigen Rahmen überschritten, besteht die Gefahr der Versagung der Gemeinnützigkeit. In solchen Fällen kann das Finanzamt der Körperschaft für die Verwendung der angesammelten Mittel gem. § 63 Abs. 4 AO eine *angemessene Frist* setzen. Nach Auffassung des Niedersächsischen FG *muss* das Finanzamt nach pflichtgemäßem Ermessen der Körperschaft eine solche Frist setzen, um ihr damit die Möglichkeit zu geben, die Steuerbegünstigung zu erhalten.[811]

420 Die Frist ist nach den Umständen des Einzelfalles zu bemessen, sollte jedoch regelmäßig zwei bis drei Jahre nicht übersteigen.[812] Auch nach *Koenig* ist für eine solche Frist – unter Berücksichtigung etwaiger früherer Verstöße gegen das Gebot der zeitnahen Mittelverwendung und der Bedeutung der unzulässigen Eigenkapitalbildung im Verhältnis zu den Gesamtmitteln – ein Zeitraum von zwei bis drei Jahren angemessen.[813] Die tatsächliche Geschäftsführung gilt gem. § 63 Abs. 4 Satz 2 AO dann noch als ordnungsgemäß, wenn die Körperschaft die unzulässig angesammelten Mittel innerhalb der gesetzten Frist für steuerbegünstigte Zwecke verwendet.

5. Zuwendungsbestätigungen

a) *Voraussetzungen gem. § 63 Abs. 5 AO*

421 Die tatsächliche Geschäftsführung umfasst auch die Ausstellung steuerlicher Zuwendungsbestätigungen.[814] Zuwendungsbestätigungen i. S. des § 50 Abs. 1 EStDV dürfen jedoch nur dann ausgestellt werden, wenn die Voraussetzungen des § 63 Abs. 5 AO gegeben sind.[815]

422 Maßgebend sind der Feststellungsbescheid nach § 60a Abs. 1 AO, der Freistellungsbescheid oder die Anlage zum Körperschaftsteuerbescheid. Ist der Bescheid über die Feststellung der Satzungsmäßigkeit nach § 60a Abs. 1 AO älter

809 AEAO zu § 63, Nr. 1.

810 AEAO zu § 63, Nr. 1.

811 FG Niedersachsen v. 19. 10. 2023 – 6 K 191/22, SIS 24 02 91. Nach *Hüttemann*, Gemeinnützigkeits- und Spendenrecht, 4. Aufl. 2018, Rn. 4.167 dürfen jedoch keine Anhaltspunkte für absichtliche oder vorsätzliche Verstöße vorliegen.

812 OFD Frankfurt v. 17. 02. 2014 – S 0181 A – 2 – St 53, SIS 14 18 64 unter II.2.

813 *Koenig/Koenig*, AO, 4. Aufl. 2021, § 63 Rn. 12.

814 Verbindliche Muster für Zuwendungsbestätigungen i. S. von § 10b EStG sind in der Anlage zum BMF-Schreiben v. 07. 11. 2013 – IV C 4 – S 2223/07/0018 :005, BStBl. I 2013, 1333 enthalten.

815 AEAO zu § 63, Nr. 3.

als drei Jahre oder ist der Freistellungsbescheid bzw. die Anlage zum Körperschaftsteuerbescheid älter als fünf Jahre, darf die Körperschaft keine Zuwendungsbestätigungen mehr ausstellen.[816]

b) Versagung der Berechtigung, Zuwendungsbestätigungen auszustellen

Liegen dem Finanzamt Erkenntnisse vor, dass auf Grund der tatsächlichen Geschäftsführung der Körperschaft die Steuerbegünstigung *voraussichtlich* nicht (mehr) gewährt werden kann, kann das Finanzamt eine Steuerfestsetzung – ggf. über 0 Euro – mit Vorauszahlungsbescheid oder Körperschaftsteuerbescheid durchführen. In solchen Fällen ist die Körperschaft nicht mehr berechtigt, Zuwendungsbestätigungen *auszustellen*. Das Finanzamt muss die Körperschaft hierbei auf eine mögliche Haftungsinanspruchnahme nach § 10b Abs. 4 EStG hinzuweisen.[817] 423

Bei vorsätzlich oder grob fahrlässig[818] unrichtig ausgestellten Zuwendungsbestätigungen wie z. B. *Gefälligkeitsbestätigungen* ist die Steuerbegünstigung zu versagen.[819] 424

c) Haftung nach § 10b Abs. 4 Satz 2 ff. EStG

Unrichtig ausgestellte Zuwendungsbestätigungen führen darüber hinaus zur Haftung nach § 10b Abs. 4 Satz 2 ff. EStG für die entgangene Steuer i. H. v. 30 v. H. des zugewendeten Betrages. Eine Haftung entfällt allerdings nach *Heinicke*, wenn der Haftungsschuldner einen fehlenden Vertrauensschutz des Spenders nachweisen kann.[820] Kein Vertrauensschutz besteht gem. § 10b Abs. 4 Satz 1 2. Halbsatz EStG, wenn der Spender die Bestätigung z. B. durch unlautere Mittel oder falsche Angaben erwirkt hat. 425

d) Nutzung eines Verfahrens zur maschinellen Erstellung von Zuwendungsbestätigungen

Zuwendungen i. S. von § 10b EStG sind grundsätzlich durch eine vom Empfänger nach amtlich vorgeschriebenem Vordruck erstellte Zuwendungsbestätigung nachzuweisen.[821] Als Nachweis reicht nach Verwaltungsauffassung eine maschinell erstellte Zuwendungsbestätigung ohne eigenhändige Unterschrift einer zeichnungsberechtigten Person aus, wenn der Zuwendungsempfänger die Nut- 426

816 AEAO zu § 63, Nr. 3.

817 AEAO zu § 63, Nr. 4.

818 Nach BFH v. 09. 08. 1991 – III R 24/87, BStBl. II 1992, 65 unter 2.a handelt *grob fahrlässig*, wer die nach seinen persönlichen Fähigkeiten und Verhältnissen zumutbare Sorgfalt in ungewöhnlichem Maße und in nicht entschuldbarer Weise verletzt hat.

819 AEAO zu § 63, Nr. 3.

820 *Schmidt/Heinicke*, EStG, 41. Aufl. 2022, § 10b Rn. 56. Vgl. auch OFD Frankfurt v. 15. 03. 2005 – S 2223 A – 95 – St II 1.03, SIS 05 30 22 unter 2 zu den einen Vertrauensschutz ausschließenden Gründen.

821 R 10 b.1 Abs. 3 EStR.

zung eines entsprechenden Verfahrens dem zuständigen Finanzamt angezeigt hat.[822]

427 Zuwendungsempfänger, die dem zuständigen Finanzamt die Nutzung eines Verfahrens zur maschinellen Erstellung von Zuwendungsbestätigungen angezeigt haben, dürfen maschinell erstellte Zuwendungsbestätigungen auf elektronischem Weg in Form schreibgeschützter Dokumente an die Zuwendenden übermitteln.[823]

Ist der Empfänger einer Zuwendung eine inländische juristische Person des öffentlichen Rechts, eine inländische öffentliche Dienststelle oder ein inländischer amtlich anerkannter Verband der freien Wohlfahrtspflege einschließlich seiner Mitgliedsorganisationen, geht die Finanzverwaltung grundsätzlich davon aus, ausgegangen werden, dass die Zuwendungen für steuerbegünstigte Zwecke verwendet werden.[824]

e) *Vereinfachter Zuwendungsnachweis*

428 Statt einer Zuwendungsbestätigung genügt unter den Voraussetzungen des § 50 Abs. 4 EStDV auch der Bareinzahlungsbeleg oder die Buchungsbestätigung eines Kreditinstituts.

aa) *Vereinfachter Zuwendungsnachweis gem. § 50 Abs. 4 Satz 1 Nr. 1 EStDV*

429 In Katastrophenfällen ist der vereinfachte Zuwendungsnachweis gem. § 50 Abs. 4 Satz 1 Nr. 1 EStDV ausreichend, wenn

- die Zuwendung innerhalb eines bestimmten Zeitraums auf ein für den Katastrophenfall eingerichtetes Sonderkonto einer inländischen juristischen Person des öffentlichen Rechts, einer inländischen öffentlichen Dienststelle oder eines inländischen amtlich anerkannten Verbandes der freien Wohlfahrtspflege einschließlich seiner Mitgliedsorganisationen eingezahlt worden ist oder
- die Zuwendung bis zur Einrichtung des Sonderkontos auf ein anderes Konto der genannten Zuwendungsempfänger eingezahlt wird.

Wird die Zuwendung über ein als Treuhandkonto geführtes Konto eines Dritten auf eines der genannten Sonderkonten eingezahlt, genügt der Bareinzahlungsbeleg oder die Buchungsbestätigung des Kreditinstituts des Zuwendenden zusammen mit einer Kopie des Barzahlungsbelegs oder der Buchungsbestätigung des Kreditinstituts des Dritten.

822 R 10 b.1 Abs. 4 Satz 1 EStR.
823 BMF v. 06. 02. 2017 – IV C 4 – S 2223/07/0012, BStBl. I 2017, 287.
824 R 10 b.1 Abs. 5 EStR.

bb) Vereinfachter Zuwendungsnachweis gem. § 50 Abs. 4 Satz 1 Nr. 2 EStDV

Der vereinfachte Zuwendungsnachweis kommt gem. § 50 Abs. 4 Satz 1 Nr. 2 EStDV[825] auch dann in Betracht, wenn die Zuwendung 300 Euro nicht übersteigt und 430

- der Empfänger eine inländische juristische Person des öffentlichen Rechts oder eine inländische öffentliche Dienststelle ist oder
- der Empfänger eine Körperschaft, Personenvereinigung oder Vermögensmasse i. S. des § 5 Abs. 1 Nr. 9 KStG ist und der steuerbegünstigte Zweck – für den die Zuwendung verwendet wird – und die Angaben über die Freistellung des Empfängers von der Körperschaftsteuer auf einem von ihm hergestellten Beleg aufgedruckt sind und auf dem Beleg angegeben ist, ob es sich bei der Zuwendung um eine Spende oder einen Mitgliedsbeitrag handelt.

VIII. Freistellungsbescheid

Sind alle Begünstigungsvoraussetzungen erfüllt, besteht ein Anspruch der Körperschaft auf Erteilung eines Freistellungsbescheids. Dieser stellt verbindlich fest, dass die im Bescheid genannte Körperschaft, Personenvereinigung oder Vermögensmasse für einen bestimmten Veranlagungszeitraum keine Körperschaftsteuer schuldet. Eine Änderung des Bescheids kommt nur unter den Voraussetzungen der §§ 172 ff., 164, 165 oder 129 AO in Betracht.[826] 431

IX. Beginn und Ende der Steuerbefreiung

1. Beginn der Steuerbefreiung

Wird eine steuerpflichtige Körperschaft, Personenvereinigung oder Vermögensmasse von der Körperschaftsteuer befreit, so hat sie gem. § 13 Abs. 1 KStG auf den Zeitpunkt, in dem die Steuerpflicht endet, eine Schlussbilanz aufzustellen. In dieser Schlussbilanz sind die Wirtschaftsgüter gem. § 13 Abs. 3 KStG grundsätzlich mit den *Teilwerten*[827] anzusetzen; soweit die Steuerbefreiung jedoch auf Grund des § 5 Abs. 1 Nr. 9 KStG beginnt, sind die Wirtschaftsgüter, die der *Förderung steuerbegünstigter Zwecke* i. S. der §§ 52 bis 54 AO dienen,[828] gem. § 13 Abs. 4 Satz 1 KStG in der Schlussbilanz mit den *Buchwerten* anzusetzen, wodurch auf die Besteuerung der in den Wirtschaftsgütern enthaltenen stillen Reserven ver- 432

---

825 I. d. F. des Gesetzes v. 21. 12. 2020, BGBl. I 2020, 3096 mit Wirkung ab 01. 01. 2021.

826 Gosch/*Märtens*, KStG, 4. Aufl. 2020, § 5 Rn. 185.

827 Teilwert ist gem. § 6 Abs. 1 Nr. 1 Satz 3 EStG der Betrag, den ein Erwerber des ganzen Betriebs im Rahmen des Gesamtkaufpreises für das einzelne Wirtschaftsgut ansetzen würde; dabei ist davon auszugehen, dass der Erwerber den Betrieb fortführt.

828 Nach Gosch/*Märtens*, KStG, 4. Aufl. 2020, § 13 Rn. 56 dient ein Wirtschaftsgut auch dann den nach § 13 Abs. 4 Satz 1 KStG verlangten steuerbegünstigten Zwecken, wenn es zukünftig dem Bereich der *Vermögensverwaltung* der gemeinnützigen Körperschaft zuzurechnen ist.

zichtet wird. Ein Wahlrecht für den Ansatz der Wirtschaftsgüter mit Buch- oder Teilwert besteht nicht.[829]

Ermittelte die Körperschaft vor Beginn der Steuerbefreiung ihren Gewinn durch eine Einnahmen-Überschussrechnung i. S. von § 4 Abs. 3 EStG, ist gleichwohl eine Schlussbilanz aufzustellen.[830]

2. Erlöschen der Steuerbefreiung

433 Die Befreiung von der Körperschaftsteuer nach § 5 Abs. 1 Nr. 9 KStG endet, wenn die tatsächliche Geschäftsführung nicht mehr auf die ausschließliche und unmittelbare Erfüllung der steuerbegünstigten Satzungszwecke gerichtet ist.[831]

434 Die Körperschaftsteuerbefreiung endet weiterhin, wenn die eigentliche steuerbegünstigte Tätigkeit eingestellt und über das Vermögen der Körperschaft das Insolvenzverfahren eröffnet wird.[832] Ob die Körperschaft nach Beendigung des Insolvenzverfahrens möglicherweise wieder ihre satzungsmäßigen Zwecke verfolgen kann, ist unerheblich.[833]

435 In solchen Fällen, in denen eine bisher von der Körperschaftsteuer befreite Körperschaft, Personenvereinigung oder Vermögensmasse *steuerpflichtig* wird und ihren Gewinn durch Betriebsvermögensvergleich ermittelt, ist auf den Zeitpunkt, in dem die Steuerpflicht beginnt, gem. § 13 Abs. 2 KStG[834] eine *Anfangsbilanz*[835] aufzustellen, in der die Wirtschaftsgüter – vorbehaltlich § 13 Abs. 4 KStG – mit den Teilwerten gem. § 6 Abs. 1 Nr. 1 Satz 3 EStG anzusetzen sind.[836] Der Teilwertansatz bewirkt, dass die im Zeitraum der Steuerfreiheit gebildeten stillen Reserven bei einer späteren Realisierung nicht besteuert werden müssen.[837]

---

829 Gosch/*Märtens*, KStG, 4. Aufl. 2020, § 13 Rn. 55.

830 Gosch/*Märtens*, KStG, 4. Aufl. 2020, § 13 Rn. 56.

831 *Böwing-Schmalenbrock* in Brandis/Heuermann, Ertragsteuerrecht, Stand: 154. Lfg. 2020, § 5 KStG Rn. 212.

832 AEAO zu § 51, Nr. 6 mit Verweis auf BFH v. 16. 05. 2007 – I R 14/06, BStBl. II 2007, 808. Der BFH ließ es in dieser Entscheidung unter II.2.b offen, ob und ggf. für welche Zeitspanne einer nach § 5 Abs. 1 Nr. 9 KStG i. V. m. §§ 51 ff. AO steuerbefreiten Körperschaft – ähnlich einer Anlaufphase – auch eine Abwicklungsphase zuzubilligen ist, innerhalb derer trotz Beendigung der eigentlichen steuerbegünstigten Tätigkeit ihre Geschäftsführung noch als auf die Erfüllung der steuerbegünstigten Zwecke gerichtet angesehen werden kann und die Körperschaftsteuerbefreiung ggf. fortbesteht.

833 BFH v. 16. 05. 2007 – I R 14/06, BStBl. II 2007, 808 unter II.2.b.

834 § 13 Abs. 2 KStG erfasst nach R 13.2 Abs. 1 KStR 2022 die Fälle, in denen eine bisher in vollem Umfang steuerbefreite Körperschaft, Personenvereinigung oder Vermögensmasse in vollem Umfang steuerpflichtig wird.

835 Bei Körperschaften i. S. des § 1 Abs. 1 Nr. 4 bis 6 KStG erstreckt sich die Bilanzierungspflicht nach R 13.2 Abs. 2 Satz 3 KStR 2022 nur auf den Bereich der Gewinneinkünfte.

836 Nach BFH v. 09. 08. 2000 – I R 69/98, BStBl. II 2001, 71 unter II.3 ist das Aktivierungsverbot des § 5 Abs. 2 EStG i. V. m. § 8 Abs. 1 KStG auch für die gem. § 13 Abs. 3 KStG aufzustellende Anfangsbilanz zu beachten.

837 R. 13.3 Abs. 2 Satz 1 KStR 2022.

§ 13 Abs. 2 KStG ist auch dann anzuwenden, wenn die Körperschaftsteuerpflicht nach kurzer Zeit wieder endet oder die stillen Reserven nur gering sind.[838]

Nicht anwendbar ist § 13 Abs. 2 KStG jedoch dann, wenn die steuerpflichtig gewordene Körperschaft ihre Gewinne zulässigerweise gem. § 4 Abs. 3 EStG durch eine Einnahmen-Überschussrechnung ermittelt.[839]

> *Praxishinweis:* 436
>
> Zur Vermeidung steuerlicher Nachteile durch die Nichtanwendung von § 13 Abs. 2 KStG empfiehlt *Pfirrmann*[840], auch bei fehlender Bilanzierungspflicht den Gewinn ab Beginn der Steuerpflicht durch einen Betriebsvermögensvergleich zu ermitteln und erst später zur EinnahmenÜberschussrechnung überzugehen.

Abweichend von § 13 Abs. 2 KStG bestimmt § 13 Abs. 4 Satz 2 KStG, dass die 437
Wirtschaftsgüter, die bereits *vor* Beginn der bisherigen Steuerbefreiung zum Betriebsvermögen der Körperschaft gehörten[841] und in der Zeit der Steuerbefreiung der Förderung steuerbegünstigter Zwecke i. S. der §§ 52 bis 54 AO dienten, in der aufzustellenden Anfangsbilanz mit dem Wert anzusetzen sind, der sich bei *ununterbrochener Steuerpflicht* nach den Vorschriften über die steuerliche Gewinnermittlung – insbesondere der §§ 6 und 7 ff. EStG[842] – ergeben hätte.

838 *Pfirrmann* in Brandis/Heuermann, Ertragsteuerrecht, Stand: 169. Lfg. 2023, § 13 KStG Rn. 33 m. N.

839 *Pfirrmann* in Brandis/Heuermann, Ertragsteuerrecht, Stand: 169. Lfg. 2023, § 13 KStG Rn. 27 m. N.

840 *Pfirrmann* in Brandis/Heuermann, Ertragsteuerrecht, Stand: 169. Lfg. 2023, § 13 KStG Rn. 27.

841 *Pfirrmann* in Brandis/Heuermann, Ertragsteuerrecht, Stand: 169. Lfg. 2023, § 13 KStG Rn. 66.

842 *Pfirrmann* in Brandis/Heuermann, Ertragsteuerrecht, Stand: 169. Lfg. 2023, § 13 KStG Rn. 67.

E. Der wirtschaftliche Geschäftsbetrieb

Die Unterhaltung eines wirtschaftlichen Geschäftsbetriebs steht der Steuerbefreiung einer gemeinnützigen Körperschaft grundsätzlich nicht entgegen, wenn dieser betrieben wird, um der Körperschaft Mittel für die gemeinnützigen Zwecke zu verschaffen und die erwirtschafteten Überschüsse dem steuerbegünstigten Zweck zugutekommen.[843] 438

I. Der wirtschaftliche Geschäftsbetrieb i. S. von § 14 AO

1. Selbständige nachhaltige Tätigkeit

Ein wirtschaftlicher Geschäftsbetrieb ist nach § 14 AO eine *selbständige* und 439
nachhaltige Tätigkeit, durch die *Einnahmen*[844] *oder andere wirtschaftliche Vorteile* erzielt werden und die über den Rahmen einer Vermögensverwaltung hinausgeht. Eine Vermögensverwaltung liegt nach § 14 Satz 3 AO in der Regel dann vor, wenn Vermögen z. B. in Form von Kapitalvermögen verzinslich angelegt oder unbewegliches Vermögen vermietet oder verpachtet wird.[845]

Nach der BFH-Rechtsprechung ist eine Tätigkeit dann *selbständig*, wenn sie 440
nicht mit anderweitigen Betätigungen der Körperschaft derart zusammenhängt, „dass ihre Ausübung ohne die anderweitige Betätigung nicht möglich wäre";[846] es ist eine „sachliche Selbständigkeit der Betätigung im Sinne der Abgrenzbarkeit von einem steuerbegünstigten Wirkungskreis".[847] Das Tatbestandsmerkmal der Selbständigkeit bezieht sich dabei *nicht* auf die *persönliche* Selbständigkeit einer juristischen Person, sondern auf die *sachliche* Selbständigkeit der Betätigung selbst.[848]

---

843 BFH v. 04.03.2020 – I B 57/18 (NV) (ECLI:DE:BFH:2020:BA.040320.IB57.18.0), BFH/NV 2020, 1236 unter II.2.b.aa mit Verweis auf BFH v. 04.04.2007 – I R 76/05, BStBl. II 2007, 631.

844 Zu den Einnahmen i. S. des Gesetzes gehören alle Zuflüsse in Geld oder Geldeswert, die dem wirtschaftlichen Geschäftsbetrieb von außen zugeführt werden.

845 Vgl. hierzu u. a. *Böwing-Schmalenbrock* in Brandis/Heuermann, Ertragsteuerrecht, Stand: 154. Lfg. 2020, § 5 KStG Rn. 186.

846 BFH v. 24.01.2019 – V R 63/16 (ECLI:DE:BFH:2019:U.240119.VR63.16.0), BStBl. II 2019, 392 unter II.2.a mit Verweis auf BFH v. 07.05.2014 – I R 65/12, BFH/NV 2014, 1670, BFH v. 15.10.1997 – I R 2/97, BStBl. II 1998, 175 und BFH v. 18.01.1984 – I R 138/79, BStBl. II 1984, 451.

847 BFH v. 18.01.1984 – I R 138/79, BStBl. II 1984, 451 unter II.3 m. N.

848 BFH v. 24.01.2019 – V R 63/16 (ECLI:DE:BFH:2019:U.240119.VR63.16.0), BStBl. II 2019, 392 unter II.2.a; a. A. Koenig/*Koenig*, AO, 4. Aufl. 2021, § 14 Rn. 11.

2. Keine Gewinnerzielungsabsicht

441 Die Absicht, *Gewinne* zu erzielen, ist nach § 14 Satz 2 AO nicht erforderlich[849].

„Anders als der Gewerbebetrieb nach § 15 Abs. 2 Satz 1 EStG erfordert der wirtschaftliche Geschäftsbetrieb steuerbegünstigter Körperschaften nach § 14 Satz 2 AO ausdrücklich keine Gewinnerzielungsabsicht[850], so dass die Voraussetzungen für Gewerbebetrieb und wirtschaftlichen Geschäftsbetrieb in diesem Punkt nicht deckungsgleich sind“.[851]

3. Keine Beteiligung am allgemeinen wirtschaftlichen Verkehr

442 Ebenso muss nach der Rechtsprechung des BFH keine Beteiligung am *allgemeinen wirtschaftlichen Verkehr* vorliegen.[852]

Das Merkmal der Beteiligung am allgemeinen wirtschaftlichen Verkehr erfordert, dass eine Tätigkeit am Markt *gegen Entgelt* und für Dritte *äußerlich erkennbar* angeboten wird, sich also mit einem nach außen gerichteten Leistungs- oder Güteraustausch an eine – ggf. auch nur begrenzte – Allgemeinheit wendet.[853]

4. Zum Begriff der Vermögensverwaltung i. S. von § 14 Satz 3 AO

a) Definition

443 Eine Vermögensverwaltung liegt nach § 14 Satz 3 AO in der Regel dann vor, wenn Vermögen genutzt, zum Beispiel Kapitalvermögen verzinslich angelegt oder unbewegliches Vermögen vermietet oder verpachtet wird.

444 Der Kernbereich der Vermögensverwaltung wird durch Bezugnahme auf Regelbeispiele („verzinslich angelegt“ bzw. „vermietet oder verpachtet“), aber nicht abschließend definiert. Sie wird in der Rechtsprechung des BFH letztlich negativ danach bestimmt, „ob die Tätigkeit dem Bild entspricht, das nach der Verkehrs-

849 Die Abgabenordnung gilt gem. § 1 Abs. 1 Satz 1 AO für alle Steuern „soweit sie durch Bundesfinanzbehörden oder durch Landesfinanzbehörden verwaltet werden“. Somit bedarf es hinsichtlich der Gewinnerzielungsabsicht – anders als für Betriebe gewerblicher Art (BgA) – keiner speziellen Regelung in § 8 Abs. 1 KStG.

850 BFH v. 25.05.2011 – I R 60/10, BStBl. II 2011, 858 unter II.1.b; BFH 15.01.2015 – I R 48/13, BStBl. II 2015, 713 unter II.2.c sowie FG Hessen v. 17.05.2019 – 4 K 1480/17, EFG 2020, 951 unter IV.1. Diese Auffassung wird auch von der Finanzverwaltung vertreten, vgl. R 2.1 Abs. 5 Satz 6 GewStR 2009. So grundsätzlich auch Koenig/*Koenig*, AO, 4. Aufl. 2021, § 14 Rn. 6; a. A. *Böwing-Schmalenbrock* in Brandis/Heuermann, Ertragsteuerrecht, Stand: 154. Lfg. 2020, § 5 KStG Rn. 192, für den die Einkünfteerzielungsabsicht eines wirtschaftlichen Geschäftsbetriebs Voraussetzung für eine sachliche Steuerpflicht ist, da § 8 Abs. 1 Satz 2 KStG nur für Betriebe gewerblicher (BgA) Art gelte. Koenig/*Koenig*, AO, 4. Aufl. 2021, § 14 Rn. 21 weist jedoch einschränkend darauf hin, dass die Gewinnerzielungsabsicht letztlich über die Steuerpflicht erwirtschafteter Überschüsse entscheidet.

851 BFH v. 15.01.2015 – I R 48/13, BStBl. II 2015, 713 unter II.2.c.

852 BFH v. 27.03.2001 – I R 78/99, BStBl. II 2001, 449 unter II.1 und BFH v. 18.02.2016 – V R 60/13, BStBl. II 2017, 251 unter II.1. So auch Koenig/*Koenig*, AO, 4. Aufl. 2021, § 14 Rn. 6.

853 BFH v. 13.12.1995 – XI R 43-45/89, BStBl. II 1996, 232 unter III.2.e.

auffassung einen Gewerbebetrieb ausmacht":[854] Nach ständiger Rechtsprechung des BFH wird die Grenze von der privaten Vermögensverwaltung zum Gewerbebetrieb überschritten,

> *„wenn nach dem Gesamtbild der Betätigung und unter Berücksichtigung der Verkehrsauffassung die Ausnutzung substantieller Vermögenswerte durch Umschichtung gegenüber der Nutzung von Grundbesitz im Sinne einer Fruchtziehung aus zu erhaltenden Substanzwerten (z. B. durch Selbstnutzung oder Vermietung) entscheidend in den Vordergrund tritt".*[855]

b) *Als Vermögensverwaltung zu beurteilende Vermietung*

Das Wesen einer als Vermögensverwaltung zu beurteilenden Vermietung liegt 445
gem. § 535 BGB in der Gebrauchsüberlassung einer Sache auf Zeit gegen Entgelt; die Vermietung oder Verpachtung von unbeweglichem Vermögen ist steuerrechtlich grundsätzlich dem Bereich der Vermögensverwaltung zuzuordnen. Selbst die Vermietung von mehreren hundert Wohnungen an Dauermieter stellt eine vermögensverwaltende Tätigkeit i. S. von § 14 Satz 3 AO dar, auch wenn damit ein erheblicher Verwaltungs- und Personalaufwand verbunden ist und der Vermieter mehrere Verwalter, Hausmeister, Reinigungskräfte usw. beschäftigen muss.[856]

c) *Anlage von Kapitalvermögen*

Der Vermögensverwaltung zuzurechnen ist nicht nur die Fruchtziehung aus 446
Vermögen durch die verzinsliche Anlage von Kapitalvermögen, sondern auch die Umschichtung von Aktienvermögen zur Erhaltung und Mehrung des Vermögensbestandes.

Der An- und Verkauf von Optionskontrakten[857] selbst in größerem Umfang begründet im Allgemeinen keinen Gewerbebetrieb.[858] Selbst der Erwerb, das Halten und der Einzug von Versicherungsleistungen „gebrauchter" Lebensversi-

854 BFH v. 11. 10. 2012 – IV R 32/10, BStBl. II 2013, 538 unter B.II.2.c.cc.1.a.

855 Beschluss des Großen Senats des BFH v. 10. 12. 2001 – GrS 1/98, BStBl. II 2002, 291 unter C.III.1.

856 FG Baden-Württemberg v. 28. 09. 1998 – 14 K 28/97, EFG 1999, 165.

857 Nach BMF v. 10. 11. 1994 – IV B 3 – S 2256–34/94, BStBl. I 1994, 816 unter I.1.1 erwirbt der Käufer einer Option (Optionsnehmer) bei einem Optionsgeschäft vom Verkäufer der Option (Optionsgeber oder sog. Stillhalter) gegen Bezahlung einer Optionsprämie das Recht, eine bestimmte Anzahl zum Optionshandel zugelassener Basiswerte (z. B. Aktien) am Ende der Laufzeit oder jederzeit innerhalb der Laufzeit der Option zum vereinbarten Basispreis entweder vom Verkäufer der Option zu kaufen (Kaufoption oder „Call") oder an ihn zu verkaufen (Verkaufsoption oder „Put"). Diesem Recht des Optionskäufers steht die entsprechende Verpflichtung des Verkäufers der Option gegenüber, die Basiswerte zu liefern oder abzunehmen, wenn der Optionskäufer sein Optionsrecht ausübt.

858 H 15.7 (9) EStH 2023, Stichwort „An- und Verkauf von Wertpapieren".

cherungen gehen nach Auffassung des BFH nicht über den Rahmen einer Vermögensverwaltung hinaus.[859]

447 Dagegen kann ein kurzfristiger und häufiger Umschlag von Gold unter Einsatz von Fremdkapital ein Indiz für eine gewerbliche Tätigkeit sein.[860] Auch Aktientransfers in Milliardenhöhe mit *fremdfinanzierten* Aktien überschreiten „deutlich" den Rahmen einer Vermögensverwaltung; ein solcher Aktienhandel durch eine gemeinnützige Körperschaft ist nach der Rechtsprechung in einem steuerpflichtigen wirtschaftlichen Geschäftsbetrieb i. S. des § 64 AO zu erfassen.[861]

d) Beteiligung an einer gewerblich geprägten, ausschließlich im Bereich der Vermögensverwaltung tätigen Personengesellschaft

448 Die Beteiligung einer gemeinnützigen Körperschaft als Kommanditistin an einer *gewerblich geprägten*, ausschließlich im Bereich der Vermögensverwaltung tätigen Personengesellschaft ist nicht als wirtschaftlicher Geschäftsbetrieb zu qualifizieren.[862] Einkünfte aus an sich vermögensverwaltenden Tätigkeiten, die sich nur aufgrund der Fiktion des § 15 Abs. 3 Nr. 2 EStG in gewerbliche Einkünfte verwandeln, sind nach Auffassung des BFH bei der beteiligten *gemeinnützigen* Körperschaft nicht zu besteuern,[863] da von einer Vermögensverwaltung auszugehen ist.[864]

Die Beteiligung einer gemeinnützigen Körperschaft an einer *gewerblich tätigen* Personengesellschaft, bei der der Gesellschafter als Mitunternehmer anzusehen ist, begründet allerdings einen steuerpflichtigen wirtschaftlichen Geschäftsbetrieb.[865]

e) Anwendung der Grundsätze der Betriebsaufspaltung?

449 Eine Betriebsaufspaltung liegt vor, wenn ein Unternehmen (Besitzunternehmen) eine *wesentliche Betriebsgrundlage* an eine gewerblich tätige Personen- oder Kapitalgesellschaft (Betriebsunternehmen) zur Nutzung überlässt (*sachli-*

---

859 BFH v. 11.10.2012 – IV R 32/10, BStBl. II 2013, 538 unter B.II.2.c.cc.d.2. So auch H 15.7 (1) EStH 2023.

860 H 15.7 (1) EStH 2023, Stichwort „Goldhandel".

861 FG Hessen v. 17.08.2018 – 4 V 1131/17, EFG 2018, 1754.

862 BFH v. 25.05.2011 – I R 60/10, BStBl. II 2011, 858, Leitsatz. So auch AEAO zu § 64, Nr. 3.

863 BFH v. 25.05.2011 – I R 60/10, BStBl. II 2011, 858 unter II.2.b. Ob die festgestellten gewerblichen Einkünfte steuerfrei oder als wirtschaftliche Geschäftsbetriebe zu beurteilen sind, ist außerhalb des Feststellungsverfahrens *allein* im Rahmen der Veranlagung der an der Personengesellschaft beteiligten Körperschaft zu entscheiden. Soweit den Urteilen des BFH v. 27.07.1988 – I R 113/84, BStBl. II 1989, 134 und des BFH v. 27.03.2001 – I R 78/99, BStBl. II 2001, 449 „eine abweichende Auffassung entnommen werden könnte" (BFH v. 25.05.2011 – I R 60/10, BStBl. II 2011, 858 unter II.2.d), hält der I. Senat des BFH hieran nicht mehr fest.

864 FG Hessen v. 23.06.2010 – 4 K 2258/09, EFG 2011, 23; die eingelegte Rev. war nach BFH v. 25.05.2011 – I R 60/10, BStBl. II 2011, 858 unbegründet.

865 FG Düsseldorf v. 18.12.2017 – 6 K 1598/16 K, EFG 2018, 309; die eingelegte Nichtzulassungsbeschwerde wurde zurückgenommen.

che Verflechtung) und eine Person oder mehrere Personen zusammen sowohl das Besitzunternehmen als auch das Betriebsunternehmen in dem Sinne beherrschen, dass sie in der Lage sind, in beiden Unternehmen einen einheitlichen geschäftlichen Betätigungswillen durchzusetzen (*personelle Verflechtung*).[866]

Die Grundsätze der Betriebsaufspaltung kommen auch dann zur Anwendung, wenn ein inländisches Besitzunternehmen ein im Ausland gelegenes Grundstück an eine ausländische Betriebskapitalgesellschaft verpachtet.[867]

Liegen die Voraussetzungen einer personellen und sachlichen Verflechtung vor, ist die Vermietung oder Verpachtung keine Vermögensverwaltung mehr, sondern eine gewerbliche Vermietung oder Verpachtung. Das Besitzunternehmen ist ein Gewerbebetrieb.[868]

Die Grundsätze der Betriebsaufspaltung sind nach Verwaltungsauffassung jedoch dann nicht anzuwenden, wenn sowohl das Betriebs- als auch das Besitzunternehmen steuerbegünstigt sind und die überlassenen wesentlichen Betriebsgrundlagen bei dem Betriebsunternehmen nicht in einem steuerpflichtigen wirtschaftlichen Geschäftsbetrieb eingesetzt werden.[869] 450

5. Zur Steuerbefreiung nach § 5 Abs. 1 Nr. 9 KStG und § 3 Nr. 6 GewStG

Unterhält eine nach § 5 Abs. 1 Nr. 9 KStG und § 3 Nr. 6 GewStG steuerbefreite Körperschaft einen *wirtschaftlichen Geschäftsbetrieb*, ist eine Steuerbefreiung nach dem Gesetzeswortlaut ausgeschlossen.[870] 451

Dieser gesetzliche Ausschluss der Steuerbefreiung wird jedoch durch die Finanzverwaltung im AEAO relativiert („Jedoch wird ein wirtschaftlicher Geschäftsbetrieb unter bestimmten Voraussetzungen steuerlich dem begünstigten Bereich der Körperschaft zugerechnet“[871]) und durch die Rechtsprechung des BFH klargestellt: „Allerdings sieht § 64 Abs. 1 AO – i. S. einer Gegenausnahme – vor, dass dieser Begünstigungsausschluss nicht zum Tragen kommt und damit die Steuerbefreiung zu gewähren ist, *soweit* der wirtschaftliche Geschäftsbetrieb ein *Zweckbetrieb* i. S. der §§ 65 bis 68 AO ist“.[872] 452

Ein wirtschaftlicher Geschäftsbetrieb stellt dann einen steuerbegünstigten *Zweckbetrieb* dar, wenn er die in § 65 AO genannten Voraussetzungen erfüllt.[873] Hiernach ist ein Zweckbetrieb gegeben, wenn der wirtschaftliche Geschäftsbe- 453

866 H 15.7 (4) EStH 2023, Stichwort „Allgemeines“.
867 H 15.7 (4) EStH 2023, Stichwort „Grenzüberschreitende Betriebsaufspaltung“.
868 H 15.7 (4) EStH 2023, Stichwort „Allgemeines“.
869 AEAO zu § 64, Nr. 3.
870 Dies gilt nach § 5 Abs. 1 Nr. 9 Satz 3 KStG nicht für selbst bewirtschaftete Forstbetriebe und nach § 3 Nr. 6 GewStG nicht für Betriebe der Land- und Forstwirtschaft.
871 AEAO zu § 65, Nr. 1 Satz 2.
872 BFH v. 21.09.2016 – V R 50/15 (ECLI:DE:BFH:2016:U.210916.VR50.15.0), BStBl. II 2017, 1173 unter II.1 mit Verweis auf BFH v. 13.06.2012 – I R 71/11, BFH/NV 2013, 89 unter II.1.
873 BFH v. 27.03.1991 – I R 31/89, BStBl. II 1992, 103 unter II.1.

trieb insgesamt dazu dient, die steuerbegünstigten satzungsmäßigen Zwecke der Körperschaft zu verwirklichen, diese Zwecke nur durch einen solchen Geschäftsbetrieb erreicht werden können und der wirtschaftliche Geschäftsbetrieb zu nicht begünstigten Betrieben derselben oder ähnlicher Art nicht in größerem Umfang in Wettbewerb tritt, als es bei Erfüllung der steuerbegünstigten Zwecke unvermeidbar ist.

6. Steuerpflichtiger wirtschaftlicher Geschäftsbetrieb oder steuerbegünstigter Zweckbetrieb?

454 Ob ein *steuerpflichtiger* wirtschaftlicher Geschäftsbetrieb i. S. des § 64 AO oder ein *steuerbegünstigter* Zweckbetrieb i. S. der §§ 65 bis 68 AO vorliegt, ist im Rahmen der Körperschaftsteuerveranlagung der steuerbefreiten Körperschaft zu entscheiden.[874]

455 Sind die nach den §§ 65 bis 68 AO erforderlichen Voraussetzungen nicht gegeben, verliert die Körperschaft die Steuervergünstigungen nach § 5 Abs. 1 Nr. 9 KStG, § 3 Nr. 6 GewStG, § 4 Nr. 14 ff. UStG oder § 12 Abs. 2 Nr. 8 Satz 2 UStG sowie § 3 Abs. 1 Nr. 3 Buchst. b GrStG i. V. m. Abschn. 12 Abs. 4 GrStR[875] bzw. A 3.7 Abs. 5 Satz 4 AEGrStG[876] für die einem steuerpflichtigen wirtschaftlichen Geschäftsbetrieb dann *zuzuordnenden* Besteuerungsgrundlagen.

456 Betreibt eine Körperschaft *ausschließlich* einen wirtschaftlichen Geschäftsbetrieb, der kein Zweckbetrieb i. S. von § 65 AO ist, ist sie in *vollem Umfang steuerpflichtig.*[877]

7. Umsatzsteuerpflicht für Lieferungen und sonstige Leistungen

a) Gewerbliche oder berufliche Tätigkeit eines Unternehmers

457 Der Umsatzsteuer unterliegen gem. § 1 Abs. 1 Nr. 1 UStG die Lieferungen und sonstigen Leistungen, die ein Unternehmer im Inland gegen Entgelt im Rahmen seines Unternehmens ausführt. Nach § 2 Abs. 1 Satz 1 UStG ist Unternehmer, wer eine gewerbliche oder berufliche Tätigkeit selbstständig ausübt, unabhängig davon, ob er nach anderen Vorschriften rechtsfähig ist.

458 Das Unternehmen umfasst die gesamte gewerbliche oder berufliche Tätigkeit des Unternehmers. Gewerblich oder beruflich ist gem. § 2 Abs. 1 Satz 3 UStG jede nachhaltige Tätigkeit zur Erzielung von Einnahmen, auch wenn die Absicht,

874 AEAO zu § 64, Nr. 3 Satz 2. Zur Abgrenzung von wirtschaftlichen Geschäftsbetrieben zu Zweckbetrieben vgl. u. a. BMF v. 01. 10. 2010 – IV D 3 – S 7015/10/10002, BStBl. I 2010, 846 zu § 12 Abs. 2 Nr. 8 Buchst. a UStG unter 12.9 Abs. 4, Koenig/*Koenig*, AO, 4. Aufl. 2021, § 14 Rn. 30 und § 65 Rn. 12 sowie *Böwing-Schmalenbrock* in Brandis/Heuermann, Ertragsteuerrecht, Stand: 154. Lfg. 2020, § 5 KStG Rn. 211.

875 Grundsteuer-Richtlinien v. 09. 12. 1978, BStBl. I 1978, 553.

876 Erlass zur Anwendung des Grundsteuergesetzes ab 01. 01. 2025, BStBl. I 2022, 1171. Verwaltungsanweisungen, die zu diesem Erlass in Widerspruch stehen, sind ab dem Kalenderjahr 2025 nicht mehr anzuwenden.

877 BFH v. 15. 12. 1993 – X R 115/91, BStBl. II 1994, 314 unter 2.

Gewinn zu erzielen, fehlt oder eine Personenvereinigung nur gegenüber ihren Mitgliedern tätig wird.

459 Von der gewerblichen oder beruflichen Tätigkeit sind die nichtunternehmerischen Tätigkeiten, also z. B. unentgeltliche Tätigkeiten eines Vereins, die aus ideellen Vereinszwecken verfolgt werden, zu unterscheiden.[878] Eine gewerbliche oder berufliche Tätigkeit setzt eine Leistung im wirtschaftlichen Sinn voraus. Betätigungen, die keine Leistungen im wirtschaftlichen Sinne darstellen, werden von der Umsatzsteuer nicht erfasst.[879]

460 Ein Unternehmer ist gem. § 22 Abs. 1 UStG verpflichtet, zur Feststellung der Steuer und der Grundlagen ihrer Berechnung Aufzeichnungen zu machen. Die einzelnen Aufzeichnungspflichten ergeben sich insbesondere aus § 22 Abs. 2 UStG.

b) Rechnung gem. § 14 UStG

461 Führt ein Unternehmer eine Lieferung oder eine sonstige Leistung i. S. von § 1 Abs. 1 Nr. 1 UStG aus, ist er gem. § 14 Abs. 2 Satz 2 UStG verpflichtet, innerhalb von sechs Monaten nach Ausführung der Leistung eine Rechnung auszustellen, sofern der Umsatz nicht nach § 4 Nr. 8 bis 29 UStG umsatzsteuerfrei ist.

Die Rechnung ist gem. § 14 Abs. 2 Satz 2 Nr. 1 UStG für eine Leistung an einen anderen Unternehmer für dessen Unternehmen als *elektronische Rechnung* gem. § 14 Abs. 1 Satz 3 und 6 UStG auszustellen, wenn der leistende Unternehmer und der Leistungsempfänger im Inland oder in einem der in § 1 Abs. 3 UStG bezeichneten Gebiete[880] ansässig sind. Die Übermittlung einer elektronischen Rechnung oder einer sonstigen Rechnung[881] in einem elektronischen Format bedarf gem. § 14 Abs. 1 Satz 5 UStG jedoch der Zustimmung des Empfängers, soweit keine Verpflichtung nach § 14 Abs. 2 Satz 2 Nr. 1 UStG besteht.

c) Format einer elektronischen Rechnung

462 Das strukturierte elektronische Format einer elektronischen Rechnung muss gem. § 14 Abs. 1 Satz 6 Nr. 1 UStG der europäischen Norm für die elektronische Rechnungsstellung und der Liste der entsprechenden Syntaxen gemäß der Richtlinie 2014/55/EU des Europäischen Parlaments und des Rates v. 16. 04. 2014 über die elektronische Rechnungsstellung bei öffentlichen Aufträgen[882] entsprechen.[883]

---

878 Abschn. 2.3 Abs. 1a UStAE 2023.

879 Abschn. 2.3 Abs. 1 Satz 2 f. UStAE 2023.

880 Hierzu gehören die Freihäfen und die Gewässer und Watte zwischen der Hoheitsgrenze und der jeweiligen Strandlinie.

881 Eine sonstige Rechnung ist gem. § 14 Abs. 1 Satz 4 UStG eine Rechnung, die in einem anderen elektronischen Format oder auf Papier übermittelt wird.

882 ABl. L 133 v. 06. 05. 2014, 1.

883 Hierzu gehören z. B. die Formate „XRechnung“ oder „ZUGFeRD“ (Abk. für Zentraler User Guide des Forums elektronische Rechnung Deutschland).

Das strukturierte elektronische Format darf aber auch gem. § 14 Abs. 1 Satz 6 Nr. 2 UStG zwischen Rechnungsaussteller und Rechnungsempfänger gesondert vereinbart werden, wenn es die richtige und vollständige Extraktion der nach dem UStG erforderlichen Angaben aus der elektronischen Rechnung in ein Format ermöglicht, das der Norm von § 14 Abs. 1 Satz 6 Nr. 1 UStG entspricht oder mit dieser interoperabel ist.

d) Übergangsregelungen

463 Abweichend von § 14 Abs. 1 und 2 UStG kann eine Rechnung

- gem. § 27 Abs. 38 Satz 1 Nr. 1 UStG bis zum 31.12.2026 für einen nach dem 31.12.2024 und vor dem 01.01.2027 ausgeführten Umsatz auf Papier oder vorbehaltlich der Zustimmung des Empfängers in einem elektronischen Format, das nicht § 14 Abs. 1 Satz 6 UStG entspricht (z. B. als PDF[884]-Dokument),
- gem. § 27 Abs. 38 Satz 1 Nr. 2 UStG bis zum 31.12.2027 für einen nach dem 31.12.2026 und vor dem 01.01.2028 ausgeführten Umsatz auf Papier oder vorbehaltlich der Zustimmung des Empfängers in einem elektronischen Format, das nicht § 14 Abs. 1 Satz 6 UStG entspricht (z. B. als PDF-Dokument), übermittelt werden, wenn der Gesamtumsatz i. S. von § 19 Abs. 3 UStG des die Rechnung ausstellenden Unternehmers im vorangegangenen Kalenderjahr nicht mehr als 800.000 Euro betragen hat oder
- gem. § 27 Abs. 38 Satz 1 Nr. 3 UStG bis zum 31.12.2027 für einen nach dem 31.12.2025 und vor dem 01.01.2028 ausgeführten Umsatz vorbehaltlich der Zustimmung des Empfängers in einem elektronischen Format, das nicht § 14 Abs. 1 Satz 6 UStG entspricht, ausgestellt werden, wenn diese mittels elektronischem Datenaustausch (EDI) nach Art. 2 der Empfehlung 94/820/EG der Kommission vom 19.10.1994 über die rechtlichen Aspekte des elektronischen Datenaustausches[885] übermittelt wird.

e) Verpflichtung gilt auch für umsatzsteuerpflichtige wirtschaftliche Geschäftsbetriebe

464 Die Verpflichtung zur Ausstellung von elektronischen Rechnungen gilt auch für gemeinnützige Körperschaften, sofern diese einen umsatzsteuerpflichtigen Zweckbetrieb und/oder einen umsatzsteuerpflichtigen wirtschaftlichen Geschäftsbetrieb unterhalten.

f) Ausnahmen von der Verpflichtung zur Ausstellung von E-Rechnungen

465 Elektronische Rechnungen müssen nicht erstellt werden bei Lieferungen und sonstigen Leistungen an Privatpersonen[886] oder an ausländische Rechnungsempfänger[887], bei steuerfreien Umsätzen i. S. von § 4 Nr. 8 bis 29 UStG und gem.

884 Abk. für „Portable document format".
885 ABl. L 338 v. 28.12.1994, 98.
886 Folgerung aus § 14 Abs. 2 Satz 2 Nr. 1 UStG („für eine Leistung an einen anderen Unternehmer für dessen Unternehmen").
887 Folgerung aus § 14 Abs. 2 Satz 2 Nr. 1 UStG („im Inland").

§ 33 Satz 4 UStDV bei Kleinbetragsrechnungen, die einen Gesamtbetrag von 250 Euro nicht übersteigen.

g) Aufbewahrungspflichten

Der strukturierte Teil einer elektronischen Rechnung ist nach Verwaltungsauffassung so aufzubewahren, dass dieser in seiner ursprünglichen Form vorliegt und die Anforderungen an die Unveränderbarkeit erfüllt werden; eine maschinelle Auswertbarkeit seitens der Finanzverwaltung muss sichergestellt sein.[888] 466

Sofern in einem zusätzlich übersandten Dokument Aufzeichnungen enthalten sind, die für die Besteuerung von Bedeutung sind (z. B. Buchungsvermerke), sind auch solche Dokumente so aufzubewahren, dass sie in ihrer ursprünglichen Form vorliegen und die Anforderungen an die Unveränderbarkeit erfüllt werden.[889] 467

Die Ordnungsvorschriften der §§ 145 bis 147 AO sind zu beachten.

II. Steuerpflichtige wirtschaftliche Geschäftsbetriebe i. S. von § 64 AO

1. Zum Wettbewerbsgedanken

Die Besteuerung wirtschaftlicher Geschäftsbetriebe von steuerbegünstigten Körperschaften hat ihren wesentlichen Grund im Wettbewerbsgedanken, der eine Gleichbehandlung von steuerbegünstigten Körperschaften mit konkurrierenden erwerbswirtschaftlichen Unternehmen erfordert.[890] Tritt daher ein steuerlich begünstigter wirtschaftlicher Geschäftsbetrieb *vermeidbar* zu nicht begünstigten Betrieben derselben oder ähnlicher Art in größerem Umfang in einen Wettbewerb, wird der Wettbewerb beeinträchtigt, obwohl durch steuerliche Regelungen weder Marktzutrittsschranken errichtet noch Wettbewerber vom Markt verdrängt werden sollen.[891] 468

Gleichwohl gehört „die Möglichkeit von Wettbewerbsbeeinträchtigungen ausdrücklich *nicht* zu den gesetzlichen Tatbestandsmerkmalen des wirtschaftlichen Geschäftsbetriebs", „auch nicht als ungeschriebene Voraussetzung, die jeweils zusätzlich zu den gesetzlichen Tatbestandmerkmalen des wirtschaftlichen Geschäftsbetriebs geprüft und bejaht werden müsste, um dessen Steuerpflicht zu bejahen".[892] 469

888 BMF v. 15.10.2024 – III C 2 – S 7287-a/23/10001 :007 (DOK 2024/0883282), DStR 2024, 2383, Rn. 60.

889 BMF v. 15.10.2024 – III C 2 – S 7287-a/23/10001 :007 (DOK 2024/0883282), DStR 2024, 2383, Rn. 60. Vgl. auch das BMF-Schreiben v. 28.11.2019, BStBl. I 2019, 1269, Rn. 130 ff.

890 BFH v. 07.05.2014 – I R 65/12, BFH/NV 2014, 1670 unter II.5.

891 BFH v. 27.10.1993 – I R 60/91, BStBl. II 1994, 573 unter II.1.c.

892 BFH v. 24.06.2015 – I R 13/13, BStBl. II 2016, 971 unter II.2.b.cc.

2. Wenn die wirtschaftliche Betätigung zum Hauptzweck wird

470 Wird die wirtschaftliche Betätigung einer steuerbegünstigten Körperschaft nicht ihrem satzungsgemäßen gemeinnützigen Zweck *untergeordnet,* stellt eine solche wirtschaftliche Betätigung gar den *Hauptzweck* ihrer Betätigung dar, ist die Körperschaft nach Auffassung des Hessisches FG wegen Verstoßes gegen das Ausschließlichkeitsgebot des § 56 AO mit ihren *gesamten Einkünften* steuerpflichtig; eine Aufteilung des Ertrags aus der Betätigung der Körperschaft in einen steuerfreien und einen steuerpflichtigen Teil ist hiernach *ausgeschlossen.*[893]

471 **Beispiel:**

Betreibt eine gemeinnützige Körperschaft, die sich satzungsgemäß für eine selbstlose Unterstützung und Förderung von Kunst und Kultur einsetzt, hauptsächlich einen fremdfinanzierten Aktienhandel in Milliardenhöhe, spricht dies dafür, dass ihre Tätigkeit vorrangig auf den professionellen Wertpapierhandel gerichtet ist, insbesondere dann, wenn für diese Finanzgeschäfte keine eigenen Vermögenswerte genutzt werden.[894]

Wenn die für die Körperschaft handelnden Personen ihre für solche Aktiengeschäfte besonderen beruflichen Fachkenntnisse zur Abwicklung solcher Wertpapiergeschäfte einsetzen, stellt dies ein *wesentliches Indiz* für eine *gewerbliche* Tätigkeit.[895]

3. Beteiligung an einer gewerblich tätigen Personengesellschaft

472 Eine steuerbegünstigte Körperschaft, die Einkünfte aus Gewerbebetrieb i. S. von § 15 EStG erzielt, begründet nach ständiger Rechtsprechung des BFH i. d. R. einen steuerpflichtigen wirtschaftlichen Geschäftsbetrieb. Dazu zählt z. B. auch die Beteiligung einer gemeinnützigen Stiftung an einer *gewerblich tätigen* Personengesellschaft i. S. des § 15 Abs. 1 Satz 1 Nr. 2 EStG, bei der die Gesellschafter als Mitunternehmer anzusehen sind. Die Besonderheiten einer Publikums-GmbH & Co. KG stehen der Qualifikation ihrer Kommanditisten als Mitunternehmer eines gewerblichen Unternehmens dabei nicht entgegen, sofern diese *Mitunternehmerrisiko* tragen und *Mitunternehmerinitiative* entfalten.[896]

473 Mitunternehmerinitiative bedeutet hierbei vor allem Teilhabe an unternehmerischen Entscheidungen; ausreichend ist jedoch bereits die Möglichkeit zur

893 FG Hessen v. 17. 08. 2018 – 4 V 1131/17, EFG 2018, 1754.

894 FG Hessen v. 17. 08. 2018 – 4 V 1131/17, EFG 2018, 1754. Auch wenn die Beschwerde gegen diesen Beschluss teilweise Erfolg hatte, hatte der BFH in seiner Entscheidung v. 04. 03. 2020 – I B 57/18 (NV) (ECLI:DE:BFH:2020:BA.040320.IB57.18.0), BFH/NV 2020, 1236 „keine ernstlichen Zweifel daran, dass die Antragstellerin körperschaftsteuerpflichtig" und nicht nach § 5 Abs. 1 Nr. 9 KStG von der Körperschaftsteuer befreit war.

895 FG Hessen v. 17. 08. 2018 – 4 V 1131/17, EFG 2018, 1754 mit Verweis auf BFH v. 02. 09. 2008 – X R 14/07, BFH/NV 2008, 2012.

896 FG Düsseldorf v. 18. 12. 2017 – 6 K 1598/16 K, EFG 2018, 309 unter 1. Die Nichtzulassungsbeschwerde zu V B 9/18 wurde zurückgenommen.

Ausübung von Gesellschafterrechten, die wenigstens den Stimm-, Kontroll- und Widerspruchsrechten angenähert sind, die einem Kommanditisten nach dem HGB[897] zustehen oder die den gesellschaftsrechtlichen Kontrollrechten nach § 716 Abs. 1 BGB entsprechen.[898] Mitunternehmerrisiko beinhaltet eine gesellschaftsrechtliche oder eine wirtschaftlich vergleichbare Teilnahme am Erfolg oder Misserfolg eines gewerblichen Unternehmens.[899] Beide Hauptmerkmale einer Mitunternehmerstellung (Mitunternehmerinitiative und Mitunternehmerrisiko) müssen dabei vorliegen, auch wenn sie nur im Einzelfall „mehr oder weniger ausgeprägt" vorhanden sind.[900]

Die Beteiligung an einer gewerblich geprägten *vermögensverwaltenden* Perso- 474
nengesellschaft stellt hingegen *keinen* wirtschaftlichen Geschäftsbetrieb dar.[901] Dies gilt auch dann, wenn die Personengesellschaft zuvor originär gewerblich tätig war.[902]

Soweit in einem Gewinnfeststellungsbescheid des für die Personengesellschaft 475
zuständigen Finanzamts gem. § 180 Abs. 1 Nr. 2 Buchst. a AO mit bindender Wirkung festgestellt wird, dass eine solche vermögensverwaltende Personengesellschaft gewerblich tätig ist, die Gesellschafter als Mitunternehmer anzusehen sind und sie aus ihrer Beteiligung Einkünfte aus Gewerbebetrieb erzielt haben, ist damit nicht entschieden, ob diese gewerblichen Einkünfte einen steuerpflichtigen wirtschaftlichen Geschäftsbetrieb der beteiligten steuerbegünstigten Körperschaft begründen. Hierüber ist außerhalb des Feststellungsverfahrens *allein* bei der Veranlagung der steuerbegünstigten Körperschaft zu entscheiden.[903]

4. Steuerbegünstigte und steuerpflichtige Tätigkeiten

Sind begünstigte und nichtbegünstigte Tätigkeiten so miteinander verbunden, 476
dass beide nicht voneinander abgrenzbar sind und die Ausübung der einen Tätigkeit nicht ohne die andere möglich ist, liegt *insgesamt* ein steuerpflichtiger wirtschaftlicher Geschäftsbetrieb vor.[904]

---

897 Handelsgesetzbuch v. 10. 05. 1897, zuletzt geändert durch Art. 1 des Gesetzes zur Umsetzung der Richtlinie (EU) 2021/2101 im Hinblick auf die Offenlegung von Ertragsteuerinformationen durch bestimmte Unternehmen und Zweigniederlassungen sowie zur Änderung des Verbraucherstreitbeilegungsgesetzes und des Pflichtversicherungsgesetzes v. 19. 06. 2023, BGBl. I 2023, Nr. 154.

898 BFH v. 25. 06. 1984 – GrS 4/82, BStBl. II 1984, 751 unter V.3.c.cc.1.

899 BFH v. 25. 06. 1984 – GrS 4/82, BStBl. II 1984, 751 unter V.3.c.cc.2.

900 BFH v. 25. 06. 1984 – GrS 4/82, BStBl. II 1984, 751 unter V.3.c.cc.

901 AEAO zu § 64, Nr. 3 Satz 3 mit Verweis auf BFH v. 25. 05. 2011 – I R 60/10, BStBl. II 2012, 858 und BFH v. 18. 02. 2016 – V R 60/13, BStBl. II 2017, 251 unter II.1.

902 BFH v. 18. 02. 2016 – V R 60/13, BStBl. II 2017, 251, Leitsatz.

903 BFH v. 25. 05. 2011 – I R 60/10, BStBl. II 2011, 858 unter II.2.d. So auch AEAO zu § 64, Nr. 3.

904 BFH v. 30. 11. 1995 – V R 29/91, BStBl. II 1997, 189 unter II.2.c.aa zu Auftragsforschung und Eigenforschung.

477 Ist eine nichtbegünstigte Tätigkeit jedoch nur von *untergeordneter* Bedeutung, dient ein wirtschaftlicher Geschäftsbetrieb weiterhin steuerbegünstigten Zwecken. *Nichtbegünstigte* Tätigkeiten sind nach der Rechtsprechung des BFH dann von *untergeordneter* Bedeutung, wenn sie unterhalb einer Grenze von 10 v. H. liegen.[905]

Beispiel:

Ein Sportverein, dessen satzungsmäßiger Zweck die Pflege des Tennissports war, stellte seinen Mitgliedern eine Tennishalle zur Ausübung dieses Sports zur Verfügung. Teile der Anlage wurden gelegentlich auch vereinsfremden Spielern zu gleichen Bedingungen überlassen, wodurch der Verein zu nicht begünstigten Betrieben derselben oder ähnlichen Art jedoch nur unwesentlich in Wettbewerb trat.

Da die zeitliche Überlassung der Halle an Vereinsfremde unter 10 v. H. lag – und damit unter der Grenze, bis zu der allgemein eine wirtschaftlich unbedeutende Betätigung oder anderweitige Nutzung angenommen wird –, war nach Auffassung des BFH[906] ein Zweckbetrieb anzunehmen.

5. Ausgewählte Entscheidungen der Finanzgerichte und Anweisungen der Finanzverwaltung

478 Ob ein steuerpflichtiger wirtschaftlicher Geschäftsbetrieb gegeben ist, bleibt i. d. R. einer Einzelfallentscheidung vorbehalten.[907]

a) Ausgabe von Presseausweisen an nebenberufliche Journalisten

479 Die fortgesetzte Ausgabe von Presseausweisen durch einen nach § 5 Abs. 1 Nr. 5 KStG steuerbefreiten Berufsverband von Zeitungsverlegern an nebenberuflich tätige Journalisten gegen Zahlung einer Gebühr von jeweils 60 Euro ist eine selbständige und nachhaltige, über die Vermögensverwaltung hinausgehende *selbständige* Tätigkeit i. S. von § 14 Abs. 1 Satz 1 AO zur Erzielung von Einnahmen, die einen steuerpflichtigen wirtschaftlichen Geschäftsbetrieb begründet. Dies gilt auch dann, wenn die Ausgabe von Presseausweisen dem begünstigten Verbandszweck dienlich sein sollte.[908]

b) Fahrsicherheitstraining der Deutschen Verkehrswacht

480 In einem Fahrsicherheitstraining wird praktisch wie theoretisch das Fahrverhalten für PKW oder Motorräder geschult, um gezielt Unfälle zu vermeiden.[909]

---

905 Vgl. BFH v. 10. 01. 1992 – III R 201/90, BStBl. II 1992, 684 unter 2 und BFH v. 18. 01. 1995 – V R 139-142/92, BStBl. II 1995, 446 unter II.3.b.dd.

906 BFH v. 10. 01. 1992 – III R 201/90, BStBl. II 1992, 684 unter 2. Das Urteil erging zur Investitionszulage nach § 4b InvZulG 1982.

907 Beispiele für steuerpflichtige wirtschaftliche Geschäftsbetriebe vgl. u. a. Koenig/*Koenig*, AO, 4. Aufl. 2021, § 64 Rn. 6.

908 BFH v. 07. 05. 2014 – I R 65/12, BFH/NV 2014, 1670.

909 BFH v. 17. 11. 2022 – V R 33/21 (V R 26/18) (ECLI:DE:BFH:2022:U.171122.VR33.21.0), DStR 2023, 276 unter II.2.a.bb.

Das Fahrsicherheitstraining der Deutschen Verkehrswacht dient einerseits der praktischen Unterweisung im Rahmen der Verkehrserziehung und ist nach Auffassung des LfSt Bayern eine geeignete Maßnahme, um Unfälle zu verhüten. Andererseits wird das „Fahrsicherheitstraining" auch für Zwecke der Freizeitgestaltung angeboten.

Soweit das Fahrsicherheitstraining der Verkehrserziehung gem. § 52 Abs. 2 Nr. 7 AO oder der Unfallverhütung gem. § 52 Abs. 2 Nr. 12 AO dient, liegt ein Zweckbetrieb gem. § 65 AO vor. Überwiegt dagegen der Aspekt der Freizeitgestaltung, ist die Tätigkeit nach Auffassung der Finanzverwaltung einem steuerpflichtigen wirtschaftlichen Geschäftsbetrieb zuzuordnen.[910] 481

Umsatzsteuerlich liegt bei einem Fahrsicherheitstraining nach Auffassung des BFH ein steuerfreier „Kurs belehrender Art" i. S. von § 4 Nr. 22 Buchst. a UStG vor, sofern die Schulungsmaßnahme dem Erwerb oder der Erhaltung beruflicher Kenntnisse konkret dient.[911] Liegt eine berufliche Nutzung nur bei einigen Kursteilnehmern vor, muss sich die erforderliche Eignung leistungsbezogen aus der Schulungsmaßnahme selbst ergeben.[912] 482

c) *Von einem Karnevalsverein durchgeführtes Kostümfest*

Die Förderung des traditionellen Brauchtums einschließlich des Karnevals stellt gem. § 52 Abs. 2 Nr. 23 AO einen gemeinnützigen Zweck dar. Die Förderung der Allgemeinheit i. S. des § 52 Abs. 1 Satz 1 i. V. m. § 52 Abs. 2 Nr. 23 AO setzt jedoch voraus, dass es sich bei einem der Brauchtumspflege gewidmeten Zweckbetrieb um einen wirtschaftlichen Geschäftsbetrieb zur *Kulturförderung*, nicht aber zur Förderung *kommerzieller Ziele* handelt. 483

Eine von einem gemeinnützigen Karnevalsverein in der Karnevalswoche durchgeführte *gesellige Veranstaltung*, die durch Kostümierung der Teilnehmer, musikalische und tänzerische Darbietungen sowie ausgelassenes Feiern geprägt ist, die jedoch nur *unwesentliche* Elemente des Karnevals in seiner traditionellen Form beinhaltet, dient nach Auffassung des BFH in seiner *Gesamtrichtung* nicht 484

910 LfSt Bayern v. 02. 02. 2015 – S 0171.2.1 – 143/7 St 31, SIS 15 04 01.

911 BFH v. 17. 11. 2022 – V R 33/21 (V R 26/18) (ECLI:DE:BFH:2022:U.171122.VR33.21.0), DStR 2023, 276 unter II.2.c mit Verweis auf Art. 132 Abs. 1 Buchst. i MwStSystRL i. V. m. Art. 44 Satz 1 Alternative 2 der Durchführungsverordnung (EU) Nr. 282/2011 des Rates zur Festlegung von Durchführungsvorschriften zur Richtlinie 2006/112/EG über das gemeinsame Mehrwertsteuersystem (MwStVO) v. 15. 03. 2011, zuletzt geändert durch Art. 1 der Durchführungsverordnung (EU) 2022/432 des Rates v. 15. 03. 2022 zur Änderung der Durchführungsverordnung (EU) Nr. 282/2011 bezüglich der Bescheinigung über die Befreiung von der Mehrwertsteuer und/oder der Verbrauchsteuer.

912 BFH v. 17. 11. 2022 – V R 33/21 (V R 26/18) (ECLI:DE:BFH:2022:U.171122.VR33.21.0), DStR 2023, 276 unter II.2.bbb; die Leistungsbezogenheit erschien dem BFH in dem entschiedenen Fall bei einem Sicherheitstraining für Motorräder, vor allem aber bei einem Sicherheitstraining für Senioren jedoch zweifelhaft.

dazu, die steuerbegünstigten satzungsmäßigen Zwecke der Körperschaft i. S. von § 65 Nr. 1 AO zu verwirklichen.[913]

485 „Entscheidend ist, ob mit der Leistungserbringung als solcher das Gemeinwohl *unmittelbar* gefördert wird".[914] Ein Zweckbetrieb ist dann nicht gegeben, wenn der wirtschaftliche Geschäftsbetrieb nur einen *finanziellen Beitrag* zur gemeinnützigen Tätigkeit leistet und eine Zweckerreichung auch ohne diesen denkbar wäre.[915]

d) Ankauf und biotopgerechte Gestaltung von Flächen

486 Die einer steuerbegünstigten Körperschaft zur Verfügung gestellten Mittel für den Ankauf einer Fläche und deren biotopgerechten Gestaltung, mit denen ein zahlendes gewerbliches Unternehmen seiner Verpflichtung zur Schaffung von Ausgleichsflächen für einen Eingriff in die Natur nachkommt, begründen nach Auffassung der Finanzverwaltung *grundsätzlich* einen steuerpflichtigen wirtschaftlichen Geschäftsbetrieb, wenn auch im *Einzelfall* (z. B. bei damit verbundenen weitreichenden Maßnahmen des Pflanzen-, Tier- und Artenschutzes) ein Zweckbetrieb vorliegen kann.[916]

487 Werden jedoch im Zusammenhang mit der satzungsgemäßen Tätigkeit einer gemeinnützigen Stiftung zugunsten des Natur- und Landschaftsschutzes sog. „Ökopunkte"[917] durch einen Verkauf verwertet, ist der Erlös aus diesem Verkauf ebenso wie die zugrunde liegende Tätigkeit nach § 5 Abs. 1 Nr. 9 KStG und § 3 Nr. 6 GewStG steuerfrei[918] und keinem wirtschaftlichen Geschäftsbetrieb zuzuordnen.[919]

913 BFH v. 30. 11. 2016 – V R 53/15 (ECLI:DE:BFH:2016:U.301116.VR53.15.0), BStBl. II 2017, 1224. Das anderslautende Urteil des FG Köln v. 20. 08. 2015 – 10 K 3553/13, EFG 2015, 1781 wurde aufgehoben.

914 BFH v. 30. 11. 2016 – V R 53/15 (ECLI:DE:BFH:2016:U.301116.VR53.15.0), BStBl. II 2017, 1224 unter II.2.c.

915 BFH v. 30. 11. 2016 – V R 53/15 (ECLI:DE:BFH:2016:U.301116.VR53.15.0), BStBl. II 2017, 1224 unter II.2.c.

916 OFD Frankfurt v. 06. 08. 2019 – S 0184 A – 20 – St 53, DStR 2019, 2542 unter 1.

917 Vgl. § 16 BNatSchG v. 29. 07. 2009, BGBl. I 2009, 2542, zuletzt geändert durch das Gesetz v. 08. 12. 2022, BGBl. I 2022, 2240 i. V. m. §§ 7, 10 HAGBNatSchG v. 20. 12. 2010, GVBl. I 2010, 629. Ökopunkte sind lt. OFD Frankfurt v. 06. 08. 2019 – S 0184 A – 20 – St 53, DStR 2019, 2542 handelbar und können einerseits als Kompensationsmaßnahmen für eigene, künftige Eingriffe in die Natur und Landschaft herangezogen werden oder andererseits an fremde Dritte veräußert werden.

918 BFH v. 24. 01. 2019 – V R 63/16 (ECLI:DE:BFH:2019:U.240119.VR63.16.0), BStBl. II 2019, 392. Die Finanzverwaltung hat sich dieser Auffassung angeschlossen, vgl. OFD Frankfurt v. 06. 08. 2019 – S 0184 A – 20 – St 53, DStR 2019, 2542 und FinMin Schleswig-Holstein v. 17. 02. 2020 – VI 314 – S 0171 – 431, SIS 20 07 67. Die anderslautende Verfügung der OFD Frankfurt v. 14. 02. 2014 – S 0184 A – 20 – St 53, StEd 2014, 189 unter Punkt 2 ist damit überholt.

919 BFH v. 24. 01. 2019 – V R 63/16 (ECLI:DE:BFH:2019:U.240119.VR63.16.0), BStBl. II 2019, 392 unter II.2.

Der Verkauf dieser „Ökopunkte" ist *unmittelbar* durch die steuerbegünstigte Tätigkeit der gemeinnützigen Stiftung veranlasst, dem *ideellen Bereich zuzuordnen* und damit auch sachlich nicht von dieser Tätigkeit abzugrenzen.[920] 488

e) Öffentliche Zuschüsse aus Mitteln der Jagdabgabe

Die auf Grundlage der Richtlinien über die Gewährung von Zuwendungen aus Mitteln der Jagdabgabe des Landes Nordrhein-Westfalen einem gemeinnützigen Verein gewährten Zuschüsse stellen keine Einnahmen eines wirtschaftlichen Geschäftsbetriebs dar. Die Zuschüsse sind durch die *ideelle Tätigkeit* veranlasst. Die Jagdabgabe dient allein der Förderung des Jagdwesens.[921] 489

f) Tierpension als steuerpflichtiger wirtschaftlicher Geschäftsbetrieb

Tierheime, die der Aufnahme und Versorgung von Fundtieren (für die die Gemeinde jährlich eine Pauschalvergütung zahlt) und sog. Abgabetieren (gegen ein kostendeckendes Entgelt) dienen, sind nach Verwaltungsauffassung als *Zweckbetrieb* i. S. von § 65 AO zu behandeln. Auch die Überlassung der im Tierheim lebenden Tiere gegen eine pauschale Vermittlungsgebühr an neue Halter ist einem *Zweckbetrieb* i. S. von § 65 AO zuzurechnen.[922] 490

Die zeitweise Aufnahme von Tieren wegen vorübergehender Abwesenheit des Halters gegen Entgelt ist dagegen nach Auffassung der Finanzverwaltung als *steuerpflichtiger wirtschaftlicher Geschäftsbetrieb* zu behandeln.[923] 491

g) Wirtschaftliche Geschäftsbetriebe von zoologischen Gärten und Tierparks

aa) Steuerpflichtiger wirtschaftlicher Geschäftsbetrieb

Der Verkauf von Ansichtskarten, Fotografien, Dias und Postern mit Zoo- und Tiermotiven, von Kalendern, Tierbüchern, Medaillen, Aufklebern, Stofftiere und dergleichen sowie von Tierfutter durch die jeweilige Einrichtung ist nach Verwaltungsauffassung nicht als Zweckbetrieb, sondern als steuerpflichtiger wirtschaftlicher Geschäftsbetrieb zu behandeln. Einem solchen steuerpflichtigen wirtschaftlichen Geschäftsbetrieb sind auch die *Einkünfte aus der Anzeigenwerbung* in einem Zoo- und Tierparkführer zuzuordnen.[924] 492

bb) Zweckbetrieb

Dagegen sind die Einnahmen aus dem Eintrittsgeld, dem Verkauf von Zoo- und Tierparkführern und die Erteilung einer Film- oder Fotografier-Erlaubnis in einem Zweckbetrieb zu erfassen. Das gilt auch für den Verkauf von Tieren, falls 493

---

920 BFH v. 24.01.2019 – V R 63/16 (ECLI:DE:BFH:2019:U.240119.VR63.16.0), BStBl. II 2019, 392 unter II.2.b.

921 FG Münster v. 24.05.2019 – 10 K 477/16 K, G, F, EFG 2019, 1408.

922 FinMin Sachsen-Anhalt v. 30.03.2020 – 42 – S 0184 – 28, DStR 2020, 1131. Vgl. hierzu auch BFH v. 18.10.2023 – XI R 4/20 (ECLI:DE:BFH:2023:B.181023.XIR4.20.0), DStR 2024 S. 554 unter B.III.4.

923 FinMin Sachsen-Anhalt v. 30.03.2020 – 42 – S 0184 – 28, DStR 2020, 1131.

924 FinMin Brandenburg v. 17.08.1994 – 35 – S 2729-28/94, DB 1994, 1902.

der Verkauf den Aufgaben anderer Tierparks oder zoologischer Gärten für eine Zurschaustellung, Zucht oder Verjüngung des Tierbestands dient.[925]

cc) *Umsatzsteuerliche Fragen*

494 Die mit dem Betrieb von zoologischen Gärten verbundenen Umsätze unterliegen dem ermäßigten Steuersatz gem. § 12 Abs. 2 Nr. 7 Buchst. d UStG, soweit nicht bereits eine Umsatzsteuer-Befreiung nach § 4 Nr. 20 Buchst. a UStG in Betracht kommt.

495 Steuerfrei sind nach Verwaltungsauffassung folgende (typische) Umsätze von zoologischen Gärten und Tierparks[926]:

- die Zurschaustellung von Tieren;
- die Erteilung einer Erlaubnis zum Fotografieren;
- der Verkauf von Ansichtskarten, Fotografien und Dias mit Zoo- und Tierparkmotiven;
- der Verkauf von Zoo- und Tierparkführern;
- der Verkauf von Tierfutter an die Besucher zum Füttern der zur Schau gestellten Tiere;
- der Verkauf von Tieren, wenn der Verkauf den Aufgaben der zoologischen Gärten und Tierparks dient oder mit dem Betrieb dieser Einrichtung zwangsläufig verbunden ist (wie z. B. der Verkauf zum Zweck der Zurschaustellung in einem anderen zoologischen Garten oder Tierpark, der Zucht oder zur Verjüngung des Tierbestandes).[927]

496 Der Verkauf von Gegenständen des Anlagevermögens – ausgenommen die in Abschn. 4.20.4 Abs. 2 Satz 2 Nr. 6 UStAE 2023 bezeichneten Umsätze mit Tieren – ist nach Verwaltungsauffassung nicht nach § 4 Nr. 20 Buchst. a UStG steuerbefreit;[928] für solche Umsätze kann jedoch eine Steuerbefreiung nach § 4 Nr. 28 UStG in Betracht kommen.[929]

h) *Filmproduktion durch eine steuerbegünstigte GmbH*

497 Die Herstellung von unterhaltenden Fernsehfilmen im Auftrag einer öffentlich-rechtlichen Rundfunkanstalt mit informierenden Inhalten über wichtige soziale Fragen unter Berücksichtigung des religiösen Anliegens einer Kirche durch eine

---

925 FinMin Brandenburg v. 17. 08. 1994 – 35 – S 2729–28/94, DB 1994, 1902.

926 Den in § 4 Nr. 20 Buchst. a UStG verwendeten Begriffen „zoologische Gärten" und „Tierparks" entsprechen nach BFH v. 20. 04. 1988 – X R 20/82, BStBl. II 1988, 796 unter 2.a.aa nur solche Anlagen, in denen eine Vielzahl von Tieren sowie Tiere verschiedener Gattungen gehegt werden.

927 Abschn. 4.20.4 Abs. 2 UStAE 2023.

928 Abschn. 4.20.4 Abs. 3 Satz 2 Nr. 6 UStAE 2023.

929 Nach § 4 Nr. 28 UStG ist die Lieferung von Gegenständen steuerbefreit, wenn der Vorsteuerabzug nach § 15 Abs. 1a UStG ausgeschlossen ist oder der Unternehmer die gelieferten Gegenstände ausschließlich für eine nach § 4 Nr. 8 bis 27 und 29 UStG steuerfreie Tätigkeit verwendet.

steuerbegünstigte GmbH[930], die ausschließlich und unmittelbar gemeinnützige und kirchliche Zwecke verfolgt, ist nicht als Zweckbetrieb, sondern als steuerpflichtiger wirtschaftlicher Geschäftsbetrieb zu behandeln.[931]

Eine solche Filmproduktion steht in einem zu starken Maße im Wettbewerb mit nicht begünstigten Betrieben derselben oder ähnlichen Art als es nach § 65 Nr. 3 AO bei Erfüllung von gemeinnützigen oder kirchlichen Zwecken zulässig ist. Der BFH wies darauf hin, dass „durch Art. 4 Abs. 1 und 2, Art. 140 GG i. V. m. Art. 137 Abs. 4 der Weimarer Reichsverfassung den Kirchen und den von ihr gegründeten privatrechtlich organisierten Gesellschaften keine Steuerfreiheit bei wirtschaftlicher Betätigung garantiert" wird.[932] 498

6. Gewinnermittlung

a) *Grundsatz*

Grundsätzlich erfolgt die Gewinnermittlung für den einzelnen wirtschaftlichen Geschäftsbetrieb durch eine Einnahmen-Überschussrechnung i. S. von § 4 Abs. 3 EStG unter Berücksichtigung von § 11 EStG. Soweit jedoch ein Gesamtumsatz i. S. des § 19 Abs. 2 Satz 1 UStG von mehr als 800.000 Euro im Kalenderjahr oder ein Gewinn (Überschuss) aus Gewerbebetrieb von mehr als 80.000 Euro im Wirtschaftsjahr erzielt wird, besteht nach § 141 AO die Verpflichtung, Bücher zu führen und auf Grund jährlicher Bestandsaufnahmen Abschlüsse zu machen.[933] Diese Verpflichtung ist gem. § 141 Abs. 2 Satz 1 AO vom Beginn des Wirtschaftsjahrs an zu erfüllen, das auf die Bekanntgabe der Mitteilung folgt, mit der die Finanzbehörde auf den Beginn dieser Verpflichtung hingewiesen hat. 499

b) *Gewinnermittlung bei mehreren steuerpflichtigen wirtschaftlichen Geschäftsbetrieben*

Unterhält eine gemeinnützige Körperschaft *mehrere* steuerpflichtige wirtschaftliche Geschäftsbetriebe, hat sie für jeden dieser wirtschaftlichen Geschäftsbetriebe *getrennte* Aufzeichnungen (oder Bücher) zu führen.[934] 500

Für die Frage, ob die Grenzen der Buchführungspflicht gem. § 141 Abs. 1 AO überschritten sind, sind die maßgeblichen Werte (Umsatz, Gewinn) der einzelnen steuerpflichtigen wirtschaftlichen Geschäftsbetriebe nach Auffassung der 501

930 In dem entschiedenen Fall war die evangelische Kirche an der klagenden steuerbegünstigten GmbH beteiligt.

931 BFH v. 13. 08. 1986 – II R 246/81, BStBl. II 1986, 831.

932 BFH v. 13. 08. 1986 – II R 246/81, BStBl. II 1986, 831.

933 Für die Beurteilung der Buchführungspflicht nach § 141 Abs. 1 AO kommt es auf den Umsatz und den Gewinn (Überschuss) des zusammengefassten Gesamtbetriebs an, vgl. AEAO zu § 64, Nr. 14. So auch FG Hessen v. 17. 05. 2019 – 4 K 1480/17, EFG 2020, 951 unter 2.

934 Klein/*Gersch*, AO, 13. Aufl. 2016, § 14 Rn. 6.

Finanzverwaltung *zusammenzufassen,* so dass die entsprechenden Werte des Gesamtbetriebs maßgebend sind.[935]

c) Zuordnung der Einnahmen und Ausgaben

502 Die Zuordnung[936] der Einnahmen und Ausgaben hat nach den allgemeinen Regeln über die steuerliche Gewinnermittlung und damit unter Berücksichtigung von § 4 Abs. 4 EStG i. V. m. § 8 Abs. 1 Satz 1 KStG zu erfolgen.[937] Erfolgt die Gewinnermittlung nach § 4 Abs. 1 oder § 5 EStG, sind z. B. auch Forderungszugänge gewinnerhöhend anzusetzen.

503 *Betriebseinnahmen* sind alle Zugänge in Geld und Geldeswert, die durch die betriebliche Tätigkeit veranlasst sind.[938] Eine Einnahme ist betrieblich veranlasst, wenn ein wirtschaftlicher Zusammenhang mit dem Betrieb gegeben ist.[939] Hierzu gehören auch Einnahmen aus dem Verkauf von Wirtschaftsgütern des wirtschaftlichen Geschäftsbetriebs.[940]

504 *Betriebsausgaben* sind gem. § 4 Abs. 4 EStG die Aufwendungen, die durch den Betrieb veranlasst sind. Hierzu gehören z. B. Personalaufwendungen, Mietzahlungen, Büromaterialien oder Reparaturkosten. Auch Auflagen im Zusammenhang mit der Genehmigung eines wirtschaftlichen Geschäftsbetriebs stellen Betriebsausgaben dar.[941] Zu beachten ist, dass die in *§ 4 Abs. 5 EStG* genannten Betriebsausgaben den steuerlichen Gewinn nicht mindern dürfen.

505 Der Spendenabzug nach § 9 Abs. 1 Nr. 2 KStG ist zulässig. Daher darf auch eine gemeinnützige Körperschaft aus ihrem steuerpflichtigen wirtschaftlichen Geschäftsbetrieb eine abziehbare Spende an ihre ebenfalls gemeinnützige Tochtergesellschaft leisten.[942]

---

935 AEAO zu § 64, Nr. 14.

936 Eine Zuordnung der im Rahmen von Festveranstaltungen am häufigsten vorkommenden Einnahmen und Ausgaben auf die Geschäftsbereiche steuerbefreiter ideeller Bereich, steuerbefreite Vermögensverwaltung, steuerbefreiter Zweckbetrieb und steuerpflichtiger wirtschaftlicher Geschäftsbetrieb ist aus der „Kurzinformation zur Durchführung von Festveranstaltungen" des LfSt Bayern o.Dat. (Stand: Januar 2020) – S 0183.2.1-4/7 St31, SIS 20 00 09 ersichtlich.

937 BFH v. 05. 06. 2003 – I R 76/01, BStBl. II 2005, 305 unter II.3.

938 BFH v. 01. 12. 2020 – VIII R 21/17 (ECLI:DE:BFH:2020:U.011220.VIIIR21.17.0), BStBl. II 2021, 609 unter II.1.a mit Verweis auf BFH v. 30. 11. 2016 – VIII R 41/14, BFH/NV 2017, 1180.

939 BFH v. 21. 11. 2018 – VI R 54/16 (ECLI:DE:BFH:2018:U.211118.VIR54.16.0), BStBl. II 2019, 311 unter II.1 mit Verweis auf BFH v. 02. 08. 2016 – VIII R 4/14, BStBl. II 2017, 310.

940 Vgl. BFH v. 28. 06. 1989 – I R 123/88, BStBl. II 1989, 997 zu einem als gemeinnützig anerkannten Wohnungsunternehmen. So auch Koenig/*Koenig*, AO, 4. Aufl. 2021, § 64 Rn. 19.

941 FG München v. 26. 04. 2001 – 6 V 5173/00, EFG 2001, 952.

942 BFH v. 13. 07. 2022 – I R 52/20 (ECLI:DE:BFH:2022:U.130722.IR52.20.0), BStBl. II 2023, 501; ob es sich bei einer solchen Zuwendung an die Tochtergesellschaft um eine verdeckte Einlage oder um eine Spende handelt, ist anhand einer Veranlassungsprüfung in Form eines Fremdvergleichs festzustellen.

d) Fiktive Kosten

Fiktive Kosten wie z. B. für unentgeltlich beschäftigte Mitarbeiter stellen steuerlich *keine* Betriebsausgaben dar.[943] Jedoch sind entstandene *Aufwendungen für den Unterhalt* der in einem wirtschaftlichen Geschäftsbetrieb arbeitenden Mitglieder – ggf. im Wege der Pauschalierung – als Betriebsausgabe abzugsfähig.[944] 506

e) Absetzung für Abnutzung von Wirtschaftsgütern des Anlagevermögens

Die Anschaffungskosten von Wirtschaftsgütern des Anlagevermögens sind gem. § 7 EStG im Wege der Absetzung für Abnutzung in gleichen Jahresbeträgen zu berücksichtigen. Für geringwertige Wirtschaftsgüter darf eine Absetzung nach § 6 Abs. 2, 2a EStG erfolgen. 507

f) Aufteilung von Aufwendungen

Aufwendungen, die auf *verschiedene,* steuerlich *unterschiedlich* zu beurteilende Tätigkeiten entfallen, sind – objektivierbare zeitliche oder quantitative Kriterien für eine Abgrenzung vorausgesetzt – *aufzuteilen.*[945] 508

Beispiel:[946] 509

Bei der Gewinnermittlung für den steuerpflichtigen wirtschaftlichen Geschäftsbetrieb „Greenfee" eines steuerbegünstigten Golfvereins ist ein anteiliger Betriebsausgabenabzug der Aufwendungen (z. B. für Golfplatz und Personalkosten) trotz primärer Veranlassung durch den ideellen Bereich des Golfvereins zulässig. Aufteilungsmaßstab kann z. B. das Verhältnis der Nutzung der Golfanlage durch vereinsfremde Spieler zu den Golf spielenden Vereinsmitgliedern im Kalenderjahr sein.

Sollten die ideellen und gewerblichen Veranlassungsgründe solcher Aufwendungen jedoch *untrennbar* miteinander verwoben sein, ist nach Auffassung des BFH nur der *primäre Veranlassungszusammenhang* zu berücksichtigen;[947] der kann im Einzelfall auch im wirtschaftlichen Geschäftsbetrieb begründet sein.[948] Einnahmen und Ausgaben, die hiernach dem *steuerbegünstigten* Bereich einer Körperschaft – also dem ideellen Bereich, dem Bereich der Vermögensverwaltung oder dem des Zweckbetriebs – zuzurechnen sind, dürfen steuerlich im 510

943 OFD Frankfurt v. 04. 11. 2015 – S 0171 A – 42 – St 53, SIS 16 07 87 mit Verweis auf RFH v. 31. 05. 1938 – IV a 22/36, RStBl. 1938, 735. So auch BFH v. 21. 08. 1985 – I R 60/80, BStBl. II 1986, 88 unter 2.4.

944 OFD Frankfurt v. 04. 11. 2015 – S 0171 A – 42 – St 53, SIS 16 07 87 mit Verweis auf BFH v. 17. 12. 1997 – I R 58/97, BStBl. II 1998, 357.

945 Vgl. FG Hamburg v. 11. 06. 2003 – VI 166/01, SIS 03 47 55.

946 Nach AEAO zu § 64, Nr. 6 mit Verweis auf BFH v. 15. 01. 2015 – I R 48/13, BStBl. II 2015, 713.

947 BFH v. 15. 01. 2015 – I R 48/13, BStBl. II 2015, 713.

948 FG Hessen v. 17. 05. 2019 – 4 K 1480/17, EFG 2020, 951.

Rahmen eines steuerpflichtigen wirtschaftlichen Geschäftsbetriebs nicht mehr berücksichtigt werden.[949]

511 *Praxishinweis:*

Die Gewinnermittlung für einen wirtschaftlichen Geschäftsbetrieb kann durch eine sog. Einnahmen-Überschussrechnung i. S. von § 4 Abs. 3 EStG erfolgen.[950] Übersteigt jedoch der Gesamtumsatz i. S. von § 19 Abs. 2 Satz 1 UStG die Grenze von 800.000 Euro im Kalenderjahr oder wird ein Gewinn aus Gewerbebetrieb von mehr als 80.000 Euro im Wirtschaftsjahr erzielt, besteht nach § 141 AO die Verpflichtung, Bücher zu führen und auf Grund jährlicher Bestandsaufnahmen Abschlüsse zu machen.

g) Buchführungs-, Aufzeichnungs- und Ordnungsvorschriften

aa) Begriff der Aufzeichnungen in § 147 Abs. 1 Nr. 1 AO

512 Die steuerlichen Buchführungs-, Aufzeichnungs- und Ordnungsvorschriften der §§ 140 ff. AO als auch die „Grundsätze zur ordnungsmäßigen Führung und Aufbewahrung von Büchern, Aufzeichnungen und Unterlagen in elektronischer Form sowie zum Datenzugriff (GoBD)“[951] sind zu beachten.

Der Begriff der Aufzeichnungen in § 147 Abs. 1 Nr. 1 AO erfasst alle Aufzeichnungen, die für steuerliche Zwecke vorzunehmen sind und umfasst bei Auslandssachverhalten auch die nach § 90 Abs. 3 AO[952] durch den Steuerpflichtigen geführten Aufzeichnungen. Sind diese Aufzeichnungen mittels eines Datenverarbeitungssystems erstellt worden, so unterliegen sie im Rahmen einer steuerlichen Außenprüfung auch dem Datenzugriff gem. § 147 Abs. 6 AO.[953] Gegenstand einer steuerlichen Außenprüfung sind die nach außersteuerlichen und steuerlichen Vorschriften aufzeichnungspflichtigen und die nach § 147 Abs. 1 AO aufbewahrungspflichtigen Unterlagen.[954]

bb) Grundsätze ordnungsmäßiger Buchführung

513 Die Grundsätze ordnungsmäßiger Buchführung erfordern nach § 146 Abs. 1 AO grundsätzlich die Aufzeichnung jedes einzelnen Geschäftsvorfalls unmittelbar nach seinem Abschluss und in einem Umfang, der einem sachverständigen Dritten in angemessener Zeit eine lückenlose Überprüfung seiner Grundlagen,

---

949 FG Münster v. 24. 05. 2019 – 10 K 477/16 K, G, F, EFG 2019, 1408. So auch Gosch/*Märtens*, KStG, 4. Aufl. 2020, § 5 Rn. 65.

950 Muster von Einnahmen-Überschussrechnungen für den ideellen Tätigkeitsbereich, für die Vermögensverwaltung, für Zweckbetriebe und für steuerpflichtige wirtschaftliche Geschäftsbetriebe sind enthalten in: Steuerverwaltung Hamburg, Gemeinnützige Vereine Informationsbroschüre, 2019, *https://www.hamburg.de/contentblob/13203650/9a16bad5a5189d2d8b5dafe5321d7bcf/data/vereinsbroschuere.pdf* (abgerufen am 21. 10. 2023).

951 BMF v. 28. 11. 2019 – IV A 4 – S 0316/19/10003 :001, BStBl. I 2019, 1269.

952 Ein Steuerpflichtiger hat über die Art und den Inhalt seiner Geschäftsbeziehungen i. S. des § 1 Abs. 4 AStG Aufzeichnungen zu erstellen.

953 AEAO zu § 147, Nr. 2.

954 BMF v. 28. 11. 2019 – IV A 4 – S 0316/19/10003 :001, BStBl. I 2019, 1269, Rn. 159.

seines Inhalts, seiner Entstehung und Abwicklung und seiner Bedeutung für den Betrieb ermöglicht.[955] Eine Buchung oder eine Aufzeichnung darf gem. § 146 Abs. 4 AO nicht in einer Weise verändert werden, dass der ursprüngliche Inhalt nicht mehr feststellbar ist. Der Grundsatz der Einzelaufzeichnungspflicht gilt auch für Steuerpflichtige, die ihren Gewinn nach § 4 Abs. 3 EStG ermitteln.[956]

Die Bücher und die sonst erforderlichen Aufzeichnungen können gem. § 146 514
Abs. 5 AO auch in der geordneten Ablage von Belegen bestehen oder auf Datenträgern geführt werden, soweit diese Formen der Buchführung einschließlich des dabei angewandten Verfahrens den Grundsätzen ordnungsmäßiger Buchführung entsprechen; bei Aufzeichnungen, die allein nach den Steuergesetzen vorzunehmen sind, bestimmt sich die Zulässigkeit des angewendeten Verfahrens nach dem Zweck, den die Aufzeichnungen für die Besteuerung erfüllen sollen.

Bei der Führung der Bücher und der sonst erforderlichen Aufzeichnungen auf 515
Datenträgern muss gem. § 146 Abs. 5 Satz 2 AO sichergestellt sein, dass die Daten während der Dauer der Aufbewahrungsfrist jederzeit verfügbar sind und unverzüglich lesbar gemacht werden können.

cc) Aufbewahrungsfristen gem. § 147 Abs. 1 AO

Bücher und Aufzeichnungen, Inventare, Jahresabschlüsse, Lageberichte, die 516
Eröffnungsbilanz sowie die zu ihrem Verständnis erforderlichen Arbeitsanweisungen und sonstigen Organisationsunterlagen und die Zollunterlagen nach Art. 15 Abs. 1 und Art. 163 des Zollkodex der Union[957] sind gem. § 147 Abs. 3 AO zehn Jahre, Buchungsbelege acht Jahre und die empfangenen Handels- oder Geschäftsbriefe, Kopien der abgesandten Handels- oder Geschäftsbriefe und sonstige Unterlagen, soweit sie für die Besteuerung von Bedeutung sind, sechs Jahre aufzubewahren, sofern nicht in anderen Steuergesetzen kürzere Aufbewahrungsfristen zugelassen sind. Kürzere Aufbewahrungsfristen nach außersteuerlichen Gesetzen lassen die in § 147 Abs. 3 Satz 1 AO bestimmten Fristen jedoch unberührt.

Die Aufbewahrungsfrist beginnt gem. § 147 Abs. 4 AO mit dem Schluss des 517
Kalenderjahrs, in dem die letzte Eintragung in das Buch gemacht, das Inventar, die Eröffnungsbilanz, der Jahresabschluss oder der Lagebericht aufgestellt, der Handels- oder Geschäftsbrief empfangen oder abgesandt worden oder der Buchungsbeleg entstanden ist, ferner die Aufzeichnung vorgenommen worden ist oder die sonstigen Unterlagen entstanden sind.

955 AEAO zu § 146, Rn. 2.1.2.
956 AEAO zu § 146, Rn. 2.1.7.
957 Verordnung (EU) Nr. 952/2013 des Europäischen Parlaments und des Rates v. 09. 10. 2013 zur Festlegung des Zollkodex der Union, ABl. Nr. L 269, 2013, 1, berichtigt durch Verordnung (EU) Nr. 952/2013 des Europäischen Parlaments und des Rates v. 01. 10. 2020, ABl. Nr. 317, 2020, 39.

Die genannten Unterlagen sind bis zum Ablauf der in § 147 Abs. 3 und 4 AO genannten Aufbewahrungsfristen geordnet aufzubewahren, unabhängig davon, ob sich diese Unterlagen im Inland oder außerhalb des Geltungsbereichs des Gesetzes befinden.[958]

518 Die Aufbewahrungspflicht ist Bestandteil der Buchführungs- und Aufzeichnungspflichten.[959]

dd) Erleichterungen

519 Die Finanzbehörden können gem. § 148 AO für einzelne Fälle oder für bestimmte Gruppen von Fällen auf Antrag Erleichterungen bewilligen, wenn die Einhaltung der durch die Steuergesetze begründeten Buchführungs-, Aufzeichnungs- und Aufbewahrungspflichten Härten mit sich bringt und die Besteuerung durch die Erleichterung nicht beeinträchtigt wird. Persönliche Gründe, wie Alter und Krankheit eines Steuerpflichtigen rechtfertigen regelmäßig keine Erleichterungen.[960]

7. Zusammenfassung mehrerer wirtschaftlicher Geschäftsbetriebe

520 Ihrer Art nach unterschiedliche Tätigkeiten einer Körperschaft sind grundsätzlich verschiedenen wirtschaftlichen Geschäftsbetrieben bzw. Tätigkeitsbereichen zuzuordnen.[961] Für Zwecke der Einkommensermittlung sind die Ergebnisse der verschiedenen wirtschaftlichen Geschäftsbetriebe – die keine Zweckbetriebe sind – jedoch zu *einem* (einheitlichen) steuerpflichtigen wirtschaftlichen Geschäftsbetrieb gem. § 64 Abs. 2 AO zusammenzufassen.[962] Soweit die einzelnen steuerpflichtigen wirtschaftlichen Geschäftsbetriebe einer Körperschaft im Veranlagungszeitraum sowohl Gewinne als auch Verluste erwirtschaftet haben, sind diese zu verrechnen.[963]

521 Ergibt sich durch die erforderliche Verrechnung der Ergebnisse aus den verschiedenen steuerpflichtigen wirtschaftlichen Geschäftsbetrieben *insgesamt* ein Verlust, kann dieser zur *Aberkennung der Gemeinnützigkeit* der Körperschaft führen,[964] da es *grundsätzlich* unzulässig ist, die Mittel des ideellen Bereichs, Gewinne aus Zweckbetrieben und Erträge aus sowie das entsprechende Vermö-

958 AEAO zu § 147, Nr. 7.

959 AEAO zu § 147, Nr. 1.

960 AEAO zu § 148 mit Verweis auf BFH v. 14.07.1954 – II 63/53 U, BStBl. III 1954, 253.

961 BFH v. 19.11.2003 – I R 33/02, DB 2004, 416 unter II.4.a.

962 AEAO zu § 64, Nr. 14. So auch OFD Cottbus v. 10.09.1996 – S 0177 – 1 – St 123, DB 1996, 2004.

963 OFD Frankfurt v. 12.02.1998 – S 0183 A – 16 – St II 12, DB 1998, 651 und AEAO zu § 64, Nr. 17.

964 AEAO zu § 64, Nr. 17 Satz 2. So auch *Böwing-Schmalenbrock* in Brandis/Heuermann, Ertragsteuerrecht, Stand: 154. Lfg. 2020, § 5 KStG Rn. 195.

gen der Vermögensverwaltung zum Verlustausgleich mit einem steuerpflichtigen wirtschaftlichen Geschäftsbetrieb zu verwenden.[965]

Eine für die Gemeinnützigkeit schädliche Verwendung von Mitteln des ideellen Bereichs für einen *Verlustausgleich* ist nur dann nicht anzunehmen, wenn dem ideellen Bereich der Körperschaft in den sechs vorausgegangenen Jahren Gewinne des (einheitlichen) steuerpflichtigen wirtschaftlichen Geschäftsbetriebs in mindestens gleicher Höhe zugeführt worden sind[966] oder der Verlust auf einer Fehlkalkulation beruht und dem ideellen Bereich der Körperschaft innerhalb von zwölf Monaten nach Ende des Wirtschaftsjahres, in dem der Verlust entstanden ist, neue Mittel in entsprechender Höhe zugeführt werden.[967] 522

8. Verlustausgleich mit Gewinnen aus Zweckbetrieben

Nicht zulässig ist es, Gewinne aus Zweckbetrieben zum Ausgleich des Verlustes eines *steuerpflichtigen* wirtschaftlichen Geschäftsbetriebs zu verwenden.[968] Das gilt selbst dann, wenn die *Besteuerungsgrenze* des § 64 Abs. 3 AO für einen steuerpflichtigen wirtschaftlichen Geschäftsbetrieb nicht erreicht wird.[969] 523

Soweit jedoch Verluste *nachweislich* aufgrund der *Auswirkungen der Corona-Krise* im steuerpflichtigen wirtschaftlichen Geschäftsbetrieb mit Mitteln des ideellen Bereichs, Gewinnen aus Zweckbetrieben und Erträgen aus der Vermögensverwaltung ausgeglichen worden sind, ist dies für die Steuervergünstigung der jeweiligen Körperschaft in den Jahren 2020 und 2021 unschädlich. Das gilt auch für entsprechende Verluste der Vermögensverwaltung, die mit Gewinnen aus wirtschaftlichen Geschäftsbetrieben ausgeglichen wurden.[970] 524

9. Gewerbesteuerpflicht kraft Fiktion

Nach § 2 Abs. 3 GewStG *gilt* als Gewerbebetrieb auch die Tätigkeit der sonstigen juristischen Personen des privaten Rechts und der nichtrechtsfähigen Vereine, soweit sie einen steuerpflichtigen wirtschaftlichen Geschäftsbetrieb – mit Ausnahme der Land- und Forstwirtschaft – unterhalten. 525

Diese Vorschrift erweitert die Gewerbesteuerpflicht gegenüber § 2 Abs. 1 Satz 2 GewStG, indem diese auf steuerpflichtige wirtschaftliche Geschäftsbetriebe ausdehnt wird, die nicht die Voraussetzungen eines Gewerbebetriebs nach § 15 EStG erfüllen. Hierbei handelt es sich um eine *„Gewerbesteuerpflicht kraft Fik-* 526

965 AEAO zu § 55, Nr. 4 Satz 1. So auch FG Münster v. 10. 12. 2001 – 9 K 2537/98 K, SIS 04 10 79 unter II.1.d.

966 AEAO zu § 55, Nr. 4 Satz 4.

967 AEAO zu § 55, Nr. 6. So auch FG Münster v. 10. 12. 2001 – 9 K 2537/98 K, SIS 04 10 79 unter II.1.d mit Verweis auf BFH v. 13. 11. 1996 – I R 152/93, BStBl. II 1998, 711.

968 BMF v. 19. 10. 1998 – IV C 6 – S 0171 – 10/98, BStBl. I 1998, 1423 unter Punkt 1.

969 BFH v. 01. 07. 2009 – I R 6/08 (NV), BFH/NV 2009, 1837 unter II.3.b zum Mittelverwendungsgebot des § 55 Abs. 1 Nr. 1 AO.

970 BMF v. 09. 04. 2020 – IV C 4 – S 2223/19/10003 :003 (DOK 2020/0308754), BStBl. I 2020, 498 unter VIII.1. Die ursprünglich nur bis zum 31. 12. 2020 geltende Regelung wurde mit BMF-Schreiben v. 18. 12. 2020 – IV C 4 – S 2223/19/10003 :006 (DOK 2020/1279474), BStBl. I 2021, 57 bis ins Jahr 2021 verlängert.

tion".[971]. Allerdings *beschränkt* sich die Gewerbesteuerpflicht auf den steuerpflichtigen wirtschaftlichen Geschäftsbetrieb; sie darf nicht auf eine daneben bestehende Vermögensverwaltung der Körperschaft ausgedehnt werden.[972]

527 Bei der Gewerbesteuerpflicht nach § 2 Abs. 3 GewStG kommt es nach Auffassung des BFH nicht darauf an, ob die ausgeübte Tätigkeit ihrer Art nach gewerblich ist oder ob sie unter eine der Einkunftsarten des § 2 Abs. 1 EStG fällt: „Ein *gemeinnütziger* Verein, der kein Zweckbetrieb ist, unterliegt mit seinem wirtschaftlichen Geschäftsbetrieb auch dann der Gewerbesteuer, wenn die von ihm ausgeübte Tätigkeit nicht die Merkmale eines Gewerbebetriebs i. S. von § 2 Abs. 1 Satz 2 GewStG i. V. m. § 15 Abs. 2 EStG erfüllt",[973] sondern z. B. zu Einkünften aus selbständiger Arbeit führt.[974]

10. Besteuerungsgrenze gem. § 64 Abs. 3 AO

a) *Bruttoeinnahmen von nicht mehr als 45.000 Euro*

528 Übersteigen die *Einnahmen* (einschließlich Umsatzsteuer) aus steuerpflichtigen wirtschaftlichen Geschäftsbetrieben insgesamt nicht die Freigrenze von *45.000 Euro* (bis 28. 12. 2020 galt eine Freigrenze von 35.000 Euro[975]) im Jahr[976], so unterliegen die dem steuerpflichtigen wirtschaftlichen Geschäftsbetrieb zuzuordnenden Besteuerungsgrundlagen gem. § 64 Abs. 3 AO nicht der Körperschaftsteuer und der Gewerbesteuer; der steuerpflichtige wirtschaftliche Geschäftsbetrieb wird hierdurch aber nicht zu einem Zweckbetrieb.

529 Für die Anwendung von § 64 Abs. 3 AO ist auf die *Bruttoeinnahmen* abzustellen.[977] Hierzu gehören insbesondere leistungsbezogene Einnahmen einschließlich der Umsatzsteuer aus dem laufenden Geschäft, aber auch Anzahlungen.[978]

530 Ist die steuerbegünstigte Körperschaft an einer *Kapitalgesellschaft* beteiligt und werden die Anteile in einem steuerpflichtigen wirtschaftlichen Geschäftsbetrieb gehalten, gehören auch die Bezüge i. S. des § 8b Abs. 1 KStG und die Erlöse aus der Veräußerung der Anteile i. S. d. § 8b Abs. 2 KStG zu den Einnahmen i. S. des

---

971 BFH v. 20. 03. 2019 – VIII B 81/18 (NV) (ECLI:DE:BFH:2019:B.200319.VIIIB81.18.0), BFH/NV 2019, 712 unter 1.b.

972 H 2.1 (5) GewStH 2016.

973 BFH v. 20. 03. 2019 – VIII B 81/18 (NV) (ECLI:DE:BFH:2019:B.200319.VIIIB81.18.0), BFH/NV 2019, 712 unter 1.b. Der BFH hatte bereits mit Urteil v. 18. 01. 1984 – I R 138/79, BStBl. II 1984, 451 entschieden, dass ein wirtschaftlicher Verein i. S. des § 22 BGB mit seinem wirtschaftlichen Geschäftsbetrieb auch dann gem. § 2 Abs. 3 GewStG der Gewerbesteuer unterliegt, wenn die Voraussetzungen für die Annahme eines Gewerbebetriebs i. S. von § 1 GewStDV nicht vorliegen.

974 FG Rheinland-Pfalz v. 18. 04. 2018 – 1 K 1341/16, rkr., SIS 19 07 99.

975 Geändert durch das Jahressteuergesetz 2020 v. 21. 12. 2020, BGBl. I 2020, 3096, anzuwenden ab 29. 12. 2020.

976 Nach AEAO zu § 64, Nr. 25 sind bei Körperschaften mit einem vom Kalenderjahr abweichenden Wirtschaftsjahr die in dem Wirtschaftsjahr erzielten Einnahmen maßgeblich.

977 BFH v. 27. 03. 2001 – I R 78/99, BStBl. II 2001, 449 unter II.2 m. N.

978 AEAO zu § 64, Nr. 19.

§ 64 Abs. 3 AO. Soweit die steuerbegünstigte Körperschaft an einer *Personengesellschaft* beteiligt ist, sind die anteiligen (Brutto-)Einnahmen der Beteiligung und nicht die Gewinnanteile zu berücksichtigen.[979]

Erlöse aus der Veräußerung von Wirtschaftsgütern des Anlagevermögens des 531
steuerpflichtigen wirtschaftlichen Geschäftsbetriebs, Betriebskostenzuschüsse sowie Zuschüsse für die Anschaffung oder Herstellung von Wirtschaftsgütern des steuerpflichtigen wirtschaftlichen Geschäftsbetriebs, Investitionszulagen, Erträge aus der Auflösung von Rücklagen, erstattete Betriebsausgaben wie z. B. die Umsatzsteuer und Versicherungsleistungen (mit Ausnahme des Ersatzes von leistungsbezogenen Einnahmen), Darlehenszuflüsse oder Entnahmen i. S. des § 4 Abs. 1 EStG sind nicht zu berücksichtigen.[980]

Die Einnahmen und Ausgaben sind einzeln aufzuzeichnen; eine Saldierung darf 532
nicht erfolgen. Die Pflicht zur *elektronischen Übermittlung* einer Einnahmen-Überschussrechnung (Anlage EÜR) gilt z. B. in Bayern dann nicht, wenn die Besteuerungsgrenze des § 64 Abs. 3 AO für den (einheitlichen) steuerpflichtigen wirtschaftlichen Geschäftsbetrieb nicht überschritten wird.[981]

Die Einhaltung der Besteuerungsgrenze ist *jährlich* zu überprüfen.[982] 533

b) Verlustabzug

Wird die Besteuerungsgrenze des § 64 Abs. 3 AO in einem der Wirtschaftsjahre 534
nicht überschritten, kann ein in diesem Wirtschaftsjahr ggf. entstandener Verlust weder vor- noch zurückgetragen werden. Rück- und vortragbare Verluste können nur in solchen Jahren entstehen, in denen die (Brutto-)Einnahmen die Besteuerungsgrenze *übersteigen*.[983]

Beispiel:

Eine gemeinnützige Körperschaft erzielte mit ihrem wirtschaftlichen Geschäftsbetrieb (der kein Zweckbetrieb ist) im Veranlagungszeitraum (VZ) 01 bei 45.000 Euro Einnahmen einen Verlust von 10.000 Euro. Im VZ 02 ergab sich ein Verlust von 6.000 Euro bei 50.000 Euro Einnahmen und im VZ 03 ein Gewinn von 13.000 Euro bei Einnahmen von 60.000 Euro.

Der Verlust des VZ 01 i. H. v. 10.000 Euro kann nicht vorgetragen werden, da die Freigrenze des § 64 Abs. 3 AO i. H. v. 45.000 Euro nicht überschritten wurde. Da die Einnahmen der VZ 02 und 03 jeweils die Freigrenze von 45.000 Euro übersteigen, ist der festzustellende Verlust des VZ 02 vortragsfähig und vom Gewinn des VZ 03 abzuziehen, so dass sich im VZ 03 ein Einkommen bzw. Gewerbeertrag (vor Freibetrag gem. § 24 KStG bzw. § 11 Abs. 1 Nr. 2 GewStG) von (13.000 Euro Gewinn ./. 6.000 Euro Verlustvortrag =) 7.000 Euro ergibt.

---

979 AEAO zu § 64, Nr. 21.
980 AEAO zu § 64, Nr. 20.
981 LfSt Bayern o.Dat. (Stand: Januar 2020) – S 0183.2.1-4/7 St31, SIS 20 00 09 unter 1.1.
982 AEAO zu § 64, Nr. 18 Satz 4.
983 AEAO zu § 64, Nr. 27. So auch BFH v. 04. 04. 2007 – I R 55/06, BStBl. II 2007, 725 unter II.2.c zur GewSt.

c) *Keine Anwendung von § 13 KStG*

535 Durch das Unterschreiten der Besteuerungsgrenze geht der Charakter eines *steuerpflichtigen* wirtschaftlichen Geschäftsbetriebs jedoch nicht verloren. Nach Verwaltungsauffassung liegt daher *kein* Beginn einer teilweisen Steuerbefreiung i.S. des § 13 Abs. 5 KStG mit seinen ertragsteuerlichen Folgen vor, wenn die Körperschaftsteuer aufgrund der Anwendung von § 64 Abs. 3 AO nicht erhoben wird.[984]

11. Gestaltungsmissbrauch gem. § 64 Abs. 4 AO

536 Die Aufteilung einer Körperschaft in mehrere selbständige Körperschaften zum Zweck der *mehrfachen* Inanspruchnahme der Steuervergünstigung nach § 64 Abs. 3 AO gilt gem. § 64 Abs. 4 AO als *Missbrauch von rechtlichen Gestaltungsmöglichkeiten* i.S. des § 42 AO. Unter den Begriff der „Aufteilung" fallen vor allem Aufspaltungen in mehrere selbständige Körperschaften durch die Körperschaft selbst, aber auch Abspaltungen z. B. durch einzelne Mitglieder.[985]

537 § 64 Abs. 4 AO ist jedoch nicht anzuwenden für regionale Untergliederungen wie z. B. Landes-, Bezirks- oder Ortsverbände steuerbegünstigter Körperschaften.[986]

12. Überschüsse aus Altmaterialsammlungen gem. § 64 Abs. 5 AO

538 Überschüsse aus der Verwertung *unentgeltlich* erworbenen Altmaterials wie z. B. Kleidungsstücken, Altpapier oder Schrott[987] außerhalb einer ständig dafür vorgehaltenen Verkaufsstelle können gem. § 64 Abs. 5 AO in Höhe des branchenüblichen Reingewinns geschätzt werden. Der *branchenübliche Reingewinn* ist nach Verwaltungsauffassung bei der Verwertung von Altpapier mit 5 v. H. und bei der Verwertung von Altmaterialien mit 20 v. H. der Einnahmen anzusetzen.[988]

539 Voraussetzung für eine Reingewinnschätzung ist jedoch, dass die steuerbegünstigte Körperschaft *sämtliche* Einnahmen aus der Verwertung von Altmaterialien erklärt und nicht nur den – ggf. durch anteilige Betriebsausgaben verringerten – mitgeteilten Netto-Anteil aus der Verkaufstätigkeit durch Dritte.[989] Hierfür muss die Körperschaft die erzielten Einnahmen gesondert aufzeichnen.[990]

540 Wird der Gewinn nach § 64 Abs. 5 AO geschätzt, sind die damit zusammenhängenden tatsächlichen Aufwendungen der Körperschaft abgegolten; sie dürfen nicht zusätzlich abgezogen werden.[991] Trotz der gesetzlichen Gewinnschätzung

984 AEAO zu § 64, Nr. 24.
985 Klein/*Gersch*, AO, 13. Aufl. 2016, § 65 Rn. 11.
986 AEAO zu § 64, Nr. 28.
987 Zahngold gehört nicht zu den Altmaterialien i. S. von § 64 Abs. 5 AO. Vgl. AEAO zu § 64, Nr. 29 Satz 2.
988 AEAO zu § 64, Nr. 31.
989 FG Thüringen v. 26. 02. 2015 – 1 K 375/11, EFG 2015, 874; Nichtzulassungsbeschwerde eingelegt unter Az. V B 119/15 (zuvor I B 39/15).
990 AEAO zu § 64, Nr. 39.
991 AEAO zu § 64, Nr. 38.

müssen die tatsächlichen, im Zusammenhang mit den Einnahmen stehenden Ausgaben nach Auffassung der Finanzverwaltung gesondert aufgezeichnet werden.[992]

§ 64 Abs. 5 AO gilt nicht für den Verkauf von gebrauchen, gespendeten oder 541
gesammelten Gegenständen auf Flohmärkten, Basaren oder ähnlichen Einrichtungen.[993] Diese enge Auslegung des § 64 Abs. 5 AO entspricht dem Willen des Gesetzgebers, der eine Schätzung nur auf Überschüsse aus Altmaterialsammlungen, nicht aber auf den Einzelverkauf gebrauchter Sachen auf Basaren und Flohmärkten erstrecken wollte.[994]

13. Pauschalbesteuerung gem. § 64 Abs. 6 AO

Aus Vereinfachungsgründen kann *auf Antrag* bei den in § 64 Abs. 6 Nr. 1 bis 3 AO 542
genannten steuerpflichtigen wirtschaftlichen Geschäftsbetrieben (Durchführung von Werbemaßnahmen im Zusammenhang mit steuerbegünstigten Tätigkeiten, Tätigkeiten der Totalisatorbetriebe und Blutspendedienste) für Zwecke der Besteuerung ein Gewinn von 15 v. H. der Einnahmen zugrunde gelegt werden.[995] Für eine zutreffende Besteuerung muss die Körperschaft die erzielten Einnahmen jedoch gesondert aufzeichnen.[996]

Wird der Gewinn pauschal ermittelt, sind die damit zusammenhängenden *tatsächlichen* Aufwendungen der Körperschaft abgegolten; sie dürfen nicht zusätzlich abgezogen werden.[997]

Zur Vermeidung des Abzugs bei einem steuerpflichtigen wirtschaftlichen Ge- 543
schäftsbetrieb müssen auch die tatsächlichen, im Zusammenhang mit den Einnahmen stehenden Ausgaben – unabhängig vom Zeitpunkt der steuerlichen Erfassung oder veranlagungszeitraumübergreifend – gesondert aufgezeichnet werden.[998]

a) Werbung für Unternehmen

§ 64 Abs. 6 Nr. 1 AO setzt nach seinem Wortlaut einen wirtschaftlichen Ge- 544
schäftsbetrieb mit dem Gegenstand „Werbung für Unternehmen" voraus.[999] Hierbei handelt es sich um steuerpflichtige wirtschaftliche Geschäftsbetriebe, die im Zusammenhang mit einer steuerbegünstigten Tätigkeit Werbemaßnahmen wie z. B. Trikot- oder Bandenwerbung bei Sportveranstaltungen, in Pro-

992 AEAO zu § 64, Nr. 39.

993 AEAO zu § 64, Nr. 29 mit Verweis auf BFH v. 11.02.2009 – I R 73/08, BStBl. II 2009, 516. So auch Klein/*Gersch*, AO, 13. Aufl. 2016, § 65 Rn. 21.

994 BFH v. 11.02.2009 – I R 73/08, BStBl. II 2009, 516 unter II.3.b mit Verweis auf die Gesetzesmaterialien.

995 § 64 Abs. 6 AO ist gem. § 1b EGAO anzuwenden seit dem 01.01.2000.

996 AEAO zu § 64, Nr. 39.

997 AEAO zu § 64, Nr. 38.

998 AEAO zu § 64, Nr. 39.

999 FG Düsseldorf v. 05.09.2017 – 6 K 2010/16 K, G, EFG 2017, 1725.

grammheften oder auf Plakaten bei kulturellen Veranstaltungen betreiben.[1000] Werbung i. S. von § 64 Abs. 6 Nr. 1 AO ist auch die Vermietung von Standflächen auf Kongressen,[1001] wenn das Entgelt für die Standflächenüberlassung *untrennbar* mit der Kongressveranstaltung verbunden ist.[1002]

545 § 64 Abs. 6 Nr. 1 AO enthält nach Auffassung des FG Münster jedoch keine ausdrückliche Einschränkung dahingehend, dass es sich um eine *aktive* Werbung durch eine gemeinnützige Körperschaft *für Unternehmen* handeln muss. Der Gesetzeswortlaut lässt hiernach auch die Auslegung zu, dass die von einer gemeinnützigen Körperschaft im Zusammenhang mit ihrer steuerbegünstigten Tätigkeit genehmigte entgeltliche Werbung durch ein Unternehmen für dessen eigene Produkte ebenfalls unter § 64 Abs. 6 Nr. 1 AO fällt.[1003]

546 **Beispiel:**

Ein gemeinnütziger Verein führte in angemieteten Räumen eine medizinische Kongressveranstaltung durch, die unstreitig einen Zweckbetrieb darstellte. Der Mietvertrag umfasste auch Flächen, die einem Pharmaunternehmen für Ausstellungszwecke entgeltlich zur Verfügung gestellt wurden, auf denen das Pharmaunternehmen die Kongressteilnehmer über seine Produkte informieren konnte.

Mit der Vermietung der Ausstellungsflächen an das Pharmaunternehmen[1004] unterhielt der Verein einen wirtschaftlichen Geschäftsbetrieb, der keinen Zweckbetrieb darstellte, da die entgeltliche Überlassung der Ausstellungsflächen nicht die Voraussetzungen des § 65 Nr. 2 AO erfüllte (die Vereinszwecke wären auch ohne die entgeltliche Überlassung von Ausstellungsflächen zu erreichen gewesen).

Hinsichtlich der Gewinnermittlung entschied das FG Münster[1005], dass § 64 Abs. 6 Nr. 1 AO auch auf Einnahmen aus der Überlassung von Ausstellungsflächen an Unternehmen für deren Werbungszwecke während eines Kongresses anzuwen-

---

1000 Vgl. AEAO zu § 64, Nr. 33.

1001 BFH v. 26. 06. 2019 – V R 70/17 (ECLI:DE:BFH:2019:U.260619.VR70.17.0), BStBl. II 2019, 654.

1002 FG Münster v. 22. 03. 2017 – 9 K 518/14 K, EFG 2017, 1024. Der BFH v. 11. 04. 2018 – V R 69/17 (NV) wies die Revision als unzulässig zurück.

1003 FG Münster v. 22. 03. 2017 – 9 K 518/14 K, EFG 2017, 1024. So auch FG Düsseldorf v. 05. 09. 2017 – 6 K 2010/16 K, G, EFG 2017, 1725. Die Revision gegen das Urteil des FG Münster wurde vom BFH am 11. 04. 2018 zu – V R 69/17 (NV) – als unzulässig, die Revision gegen das Urteil des FG Düsseldorf mit Urteil v. 26. 06. 2019 – V R 70/17, BStBl. II 2019, 654 als unbegründet zurückgewiesen.

1004 Das Werbeverbot nach § 10 Abs. 1 des Gesetzes über die Werbung auf dem Gebiete des Heilwesens (Heilmittelwerbegesetz – HeilMWerbG) v. 19. 10. 1994, BGBl. I 1994, 3068, zuletzt geändert durch Art. 7 des Gesetzes v. 19. 07. 2023, BGBl. I 2023, Nr. 197 ist hierbei unbeachtlich, da dieses einer bloßen Informationsverschaffung an Interessierte nicht entgegensteht. Selbst wenn ein Verstoß gegen diese Vorschrift vorläge, wäre dies nach BFH v. 26. 06. 2019 – V R 70/17 (ECLI:DE:BFH:2019:U.260619.VR70.17.0), BStBl. II 2019, 654 unter II.2.b.cc gem. § 40 AO *steuerlich* unbeachtlich.

1005 FG Münster v. 22. 03. 2017 – 9 K 518/14 K, EFG 2017, 1024 unter 3.c.bb.

den ist, sofern es sich bei dem *Kongress* um einen *Zweckbetrieb i. S. des § 65 AO* handelt und das Entgelt für die Standflächenüberlassung *untrennbar* mit der Kongressveranstaltung verbunden ist.

b) Totalisatorbetriebe

Das Veranstalten von Trabrennen kann einen steuerpflichtigen wirtschaftlichen Geschäftsbetrieb darstellen, der zusammen mit dem Betrieb eines Totalisators[1006] einen *einheitlichen* steuerpflichtigen wirtschaftlichen Geschäftsbetrieb bildet.[1007] Dem Totalisatorbetrieb sind grundsätzlich die Einnahmen und Ausgaben zuzuordnen, die durch diesen veranlasst sind.[1008] Die *maßgeblichen Einnahmen* ergeben sich aus den Wetteinnahmen abzüglich der Rennwettsteuer (Totalisatorsteuer)[1009] und den Wettgewinnauszahlungen.[1010] 547

Der Gewinn aus dem Totalisatorbetrieb eines Pferderennvereins kann auf Antrag der Körperschaft gem. § 64 Abs. 6 Nr. 2 AO mit 15 v. H. der Einnahmen angesetzt werden. 548

c) Blutspendedienste

Ein Zweckbetrieb i. S. von § 65 AO liegt bei den Blutspendediensten des Deutschen Rote Kreuz e. V. (DRK) vor, soweit sich ihre Tätigkeit auf die Sammlung und Konservierung von Frischblut und ggf. auf seine Verarbeitung zu Trockenplasma bezieht. Auch die Abgabe von Produkten der sog. ersten Fraktionierungsstufe ist dem steuerbegünstigten Zweckbetrieb zuzurechnen.[1011] 549

Die Herstellung und die Veräußerung von Erzeugnissen, die in der sog. *zweiten Stufe der Blutfraktionierung* gewonnen werden (wie z. B. Plasmaderivate wie Albumin und Globulin) sind Gegenstand eines steuerpflichtigen wirtschaftlichen Geschäftsbetriebs, auf den § 64 Abs. 6 Nr. 3 AO angewendet werden kann.[1012] 550

14. Verfahrensfragen

a) Steuererklärungspflicht und Veranlagungsverfahren

Steuersubjekt ist die jeweilige Körperschaft und nicht der steuerpflichtige wirtschaftliche Geschäftsbetrieb.[1013] Steuerbegünstigte Körperschaften, die mit 551

1006 Wettannahmestelle für Pferderennen.

1007 AEAO zu § 64, Nr. 35 Satz 1. So auch BFH v. 22. 04. 2009 – I R 15/07, BStBl. II 2011, 475; die eingelegte Verfassungsbeschwerde wurde nach BVerfG v. 26. 01. 2011 – 1 BvR 2924/09 nicht zur Entscheidung angenommen.

1008 AEAO zu § 64, Nr. 35 Satz 2.

1009 Vgl. § 10 Rennwett- und Lotteriegesetz (RennwLottG) v. 25. 06. 2021, BGBl. I 2021, 2065, zuletzt geändert durch Art. 1 des Gesetzes zur Änderung des Rennwett- und Lotteriegesetzes v. 23. 05. 2022, BGBl. I 2022, 752.

1010 AEAO zu § 64, Nr. 35 Satz 4.

1011 OFD Karlsruhe v. 01. 01. 2003, KSt-Kartei BW, § 5 Abs. 1 Nr. 9 KStG, Nr. 41.

1012 OFD Karlsruhe v. 01. 01. 2003, KSt-Kartei BW, § 5 Abs. 1 Nr. 9 KStG, Nr. 41.

1013 Gosch/*Märtens*, KStG, 4. Aufl. 2020, § 5 Rn. 18.

einem steuerpflichtigen wirtschaftlichen Geschäftsbetrieb der Körperschaftsteuer unterliegen, haben *jährlich* Steuererklärungen abzugeben.[1014] Eine Verletzung dieser Pflicht führt jedoch nicht zwangsläufig zur Aberkennung der Gemeinnützigkeit: Nach Auffassung des FG Münster stellt die Nichtabgabe oder eine unvollständige Abgabe von Steuerklärungen zwar grundsätzlich einen Mangel im Nachweis der tatsächlichen Geschäftsführung einer gemeinnützigen Körperschaft dar, der jedoch für sich genommen nicht ausreicht, eine *schwerwiegende Verletzung* der Vermögensbindung anzunehmen und damit die Gemeinnützigkeit abzuerkennen.[1015]

552 Über die Frage, ob eine Körperschaft die Voraussetzungen für die Steuerbefreiung nach § 5 Abs. 1 Nr. 9 KStG und § 3 Nr. 6 GewStG erfüllt und ob und inwieweit ein steuerpflichtiger wirtschaftlicher Geschäftsbetrieb vorliegt, wird nicht in einem besonderen Verfahren oder durch besondere Anerkennung einer Behörde, sondern für jede in Betracht kommende Steuerart und für jeden Veranlagungs- bzw. Erhebungszeitraum im Veranlagungsverfahren durch einen Steuer- oder Freistellungsbescheid entschieden.[1016]

553 Zweifelsfragen, die sich aus der Steuererklärung ergeben, sind im Rahmen einer Außenprüfung nach § 194 AO oder einer abgekürzten Außenprüfung nach § 203 AO zu klären.[1017] Ergibt die Prüfung, dass eine Körperschaft die Voraussetzungen der sachlichen Steuerbefreiung gem. § 5 Abs. 1 Nr. 9 KStG und § 3 Nr. 6 GewStG erfüllt hat, muss das Finanzamt dieser Körperschaft *grundsätzlich* für jedes Jahr des dreijährigen Prüfungszeitraums einen Freistellungsbescheid für die Steuerarten Körperschaftsteuer und Gewerbesteuer erteilen.[1018]

554 Ein Freistellungsbescheid wird jedoch *nur* dann erteilt, wenn die Körperschaft in vollem Umfang von der Körperschaftsteuer und Gewerbesteuer freigestellt ist, also keinen steuerpflichtigen wirtschaftlichen Geschäftsbetrieb unterhält oder ein solcher unter Berücksichtigung der Besteuerungsgrenze des § 64 Abs. 3 AO oder der Freibeträge nach § 24 KStG und § 11 Abs. 1 Nr. 2 GewStG zu keiner Steuer führt.[1019] In allen anderen Fällen müssen Körperschaftsteuer- und Gewerbesteuermessbescheide, ggf. auch Feststellungsbescheide gem. § 10d Abs. 3 EStG und § 10a Satz 2 GewStG erteilt werden.[1020]

1014 OFD Rheinland v. 05.12.2008 – S 2720 – St 154 – 1/2008, SIS 08 45 47 unter 1.4. Steuererklärungen sind anzufordern, wenn für einen der letzten drei Veranlagungszeiträume Körperschaftsteuer oder Gewerbesteuer erhoben worden ist.

1015 FG Münster v. 30.06.2011 – 9 K 2649/10 K, EFG 2012, 492; a. A. z. B. FG Berlin v. 24.02.1997 – 8435/96, EFG 1997, 1006. Das FG Hessen v. 26.04.2012 – 4 K 2789/11, EFG 2012, 1776 sieht eine schwerwiegende Pflichtverletzung erst bei einer mehrjährigen Lohn- und Umsatzsteuerverkürzung.

1016 OFD Rheinland v. 05.12.2008 – S 2720 – St 154 – 1/2008, SIS 08 45 47 unter 1.1 mit Verweis auf BFH v. 19.04.1989, BStBl. II 1989, 595. So bereits BFH v. 13.12.1978 – I R 77/76, BStBl. II 1979, 481.

1017 OFD Rheinland v. 05.12.2008 – S 2720 – St 154 – 1/2008, SIS 08 45 47 unter 2.1.

1018 OFD Rheinland v. 05.12.2008 – S 2720 – St 154 – 1/2008, SIS 08 45 47 unter 4.1.

1019 OFD Rheinland v. 05.12.2008 – S 2720 – St 154 – 1/2008, SIS 08 45 47 unter 4.2.

1020 OFD Rheinland v. 05.12.2008 – S 2720 – St 154 – 1/2008, SIS 08 45 47 unter 4.3.

Der gleichzeitige Erlass eines Körperschaftsteuerbescheids für den steuerpflichtigen Bereich sowie eines Freistellungsbescheids für den ideellen Bereich der Körperschaft ist unzulässig.[1021] 555

b) Außenprüfung

Nach § 193 Abs. 1 AO ist eine Außenprüfung bei Steuerpflichtigen, die einen gewerblichen oder land- und forstwirtschaftlichen Betrieb unterhalten, die freiberuflich tätig sind und bei Steuerpflichtigen im Sinne des § 147a AO zulässig, somit also auch bei gemeinnützigen Körperschaften, die einen steuerpflichtigen wirtschaftlichen Geschäftsbetrieb unterhalten. Zur Begründung einer Prüfungsanordnung nach § 193 Abs. 1 AO genügt der Hinweis auf diese Rechtsgrundlage.[1022] 556

> *Praxishinweis:* 557
>
> Auch gemeinnützige Körperschaften, die einen steuerpflichtigen wirtschaftlichen Geschäftsbetrieb unterhalten, unterliegen der Außenprüfung gem. §§ 193 Abs. 1, 194 AO.

Eine Außenprüfung nach § 193 Abs. 1 AO ist jedoch auch zulässig zur Klärung der Frage, ob ein Steuerpflichtiger tatsächlich einen Gewerbebetrieb unterhält, wenn *konkrete* Anhaltspunkte für eine Steuerpflicht gegeben sind.[1023] Dies gilt nach Auffassung des FG Köln auch für eine Außenprüfung nach *§ 193 Abs. 1 AO* bei einer als *gemeinnützig* anerkannten Körperschaft, wenn das Finanzamt über *konkrete Anhaltspunkte* für das Vorliegen eines „gewerblichen Betriebs"[1024] verfügt.[1025] In solchen Fällen muss die Finanzbehörde aber *begründen,* warum die Voraussetzungen für eine Außenprüfung nach § 193 Abs. 1 AO gegeben sind.[1026] 558

Fehlt es an konkreten Anhaltspunkten für einen „gewerblichen Betrieb", kann die Außenprüfung einer gemeinnützigen Körperschaft zum Zwecke der Anerkennung, Versagung oder Entziehung der Gemeinnützigkeit nur nach *§ 193 Abs. 2 Nr. 2 AO* angeordnet werden;[1027] eine solche Prüfungsanordnung ist zu begründen.[1028] Aus der Begründung muss sich auch ergeben, warum die ge- 559

1021 OFD Rheinland v. 05. 12. 2008 – S 2720 – St 154 – 1/2008, SIS 08 45 47 unter 4.4.

1022 AEAO zu § 193, Nr. 4 Satz 3.

1023 AEAO zu § 193, Nr. 4 Satz 1. So auch BFH v. 15. 07. 2005 – I B 25/05 (NV), BFH/NV 2005, 1967 unter 2.c.bb zu einer Prüfungsanordnung für den Betrieb gewerblicher Art (BgA) einer Anstalt des öffentlichen Rechts mit Verweis auf BFH v. 23. 10. 1990 – VIII R 45/88, BStBl. II 1991, 278, dort unter 2.a.bb und BFH v. 21. 03. 1997 – IV B 62/96, BFH/NV 1997, 633.

1024 Nach Auffassung des FG Köln v. 23. 03. 2000 – 2 K 2786/99, rkr., EFG 2000, 910 fallen unter diesen Begriff alle Betriebe, aus denen gewerbliche Einkünfte im Sinne des Einkommen- oder Gewerbesteuerrechts erzielt werden. Dies gilt auch für gewerbliche Einkünfte kraft gesetzlicher Fiktion.

1025 FG Köln v. 23. 03. 2000 – 2 K 2786/99, rkr., EFG 2000, 910 mit Verweis auf BFH v. 23. 10. 1990 – VIII R 45/88, BStBl. II 1991, 278 unter 2.b.aa.

1026 BFH v. 15. 07. 2005 – I B 25/05 (NV), BFH/NV 2005, 1967 unter 2.c.bb.

1027 AEAO zu § 193, Nr. 5 Satz 4.

1028 AEAO zu § 193, Nr. 5 Satz 5.

wünschte Sachverhaltsaufklärung nicht durch eine *Einzelermittlung an Amtsstelle* erreicht werden kann.[1029]

III. Der Zweckbetrieb gem. § 65 AO

1. Grundsatz

560 Neben dem ideellen Bereich sind auch die Vermögensverwaltung[1030], selbstbewirtschaftete Forstbetriebe[1031] und sog. Zweckbetriebe[1032] einer gemeinnützigen, mildtätigen oder kirchlichen Zwecken dienenden Körperschaft *steuerbegünstigt.*

561 Der Zweckbetrieb einer Körperschaft i. S. von § 51 Abs. 1 Satz 2 AO ist ein wirtschaftlicher Geschäftsbetrieb i. S. von § 14 AO, durch dessen *selbständige und nachhaltige Tätigkeit* Einnahmen oder andere wirtschaftliche Vorteile erzielt werden, die über den Rahmen einer Vermögensverwaltung hinausgehen.

2. Voraussetzungen für die Annahme eines Zweckbetriebs

562 Nach § 65 AO ist ein Zweckbetrieb gegeben, wenn dieser in seiner *Gesamtrichtung* dazu dient, die steuerbegünstigten satzungsmäßigen Zwecke der Körperschaft zu verwirklichen, diese Zwecke nur durch einen wirtschaftlichen Geschäftsbetrieb erreicht werden können und dieser zu nicht begünstigten Betrieben derselben oder ähnlicher Art nicht in größerem Umfang in Wettbewerb tritt, als es bei Erfüllung der steuerbegünstigten Zwecke unvermeidbar ist; alle drei der in § 65 AO *genannten Voraussetzungen* müssen dabei kumulativ erfüllt sein.[1033]

563 Ein Zweckbetrieb muss mit den ihn begründenden Tätigkeiten und nicht nur mit den durch ihn erzielten Einnahmen unmittelbar der Verwirklichung des steuerbegünstigten satzungsmäßigen Zwecks der Körperschaft dienen;[1034] dies

---

1029 AEAO zu § 193, Nr. 5 Satz 6 mit Verweis auf BFH v. 07. 11. 1985 – IV R 6/85, BStBl. II 1986, 435 unter 2.a und BFH v. 09. 11. 1994 – XI R 16/94, BFH/NV 1995, 578.

1030 § 14 Satz 1 u. 3 AO i. V. m. § 64 Abs. 1 AO.

1031 Die Körperschaftsteuerbefreiung selbstbewirtschafteter Forstbetriebe ergibt sich aus § 5 Abs. 1 Nr. 9 Satz 3 KStG, die Gewerbesteuerbefreiung für land- und forstwirtschaftliche Betriebe aus § 3 Nr. 6 GewStG.

1032 Zweckbetriebe sind – i. S. einer „Gegenausnahme" – vom Ausschluss der Steuervergünstigung nach § 64 Abs. 1 AO nicht betroffen. Vgl. auch BFH v. 21. 09. 2016 – V R 50/15 (ECLI:DE:BFH:2016:U.210916.VR50.15.0), BStBl. II 2017, 1173 unter II.1.

1033 FG Berlin-Brandenburg v. 18. 06. 2020 – 10 K 10264/15, SIS 20 20 60 unter II.2 mit Verweis auf BFH v. 26. 06. 2019 – V R 70/17, BStBl. II 2019, 654; FG Mecklenburg-Vorpommern v. 28. 08. 2019 – 3 K 114/15, EFG 2020, 140 m. N. (die eingelegte Rev. war nach BFH v. 16. 12. 2021 – V R 19/21 (ECLI:DE:BFH:2021:U.161221.VR19.21.0), BStBl. II 2022, 774 unbegründet); FG Münster v. 19. 06. 2019 – 9 K 2483/19 K, G, EFG 2020, 607 unter IV.2 m. N.

1034 BFH v. 18. 08. 2022 – V R 49/19 (ECLI:DE:BFH:2022:U.180822.VR49.19.0), BStBl. II 2023, 298 unter II.2.a mit Verweis auf BFH v. 17. 02. 2010 – I R 2/08, BStBl. II 2010, 1006; BFH v. 06. 04. 2005 – I R 85/04, BStBl. II 2005, 545; BFH v. 26. 04. 1995 – I R 35/93, BStBl. II 1995, 767.

bedarf einer Gesamtwürdigung anhand des *objektiven Charakters* der jeweiligen Betätigung.[1035]

Ein nach § 65 Nr. 1 AO schädliches Gewinnstreben ist nach Auffassung des BFH dann anzunehmen, wenn die Erfüllung der steuerbegünstigten Satzungszwecke gegenüber der Absicht zur Erzielung von finanziellen Überschüssen in den Hintergrund tritt und der Zweckbetrieb *im Wesentlichen* „um des Erwerbs Willen anstatt zum Wohle der Allgemeinheit tätig wird".[1036] Einnahmen, die durch die ausgeübte Tätigkeit erzielt werden und die dabei erhobenen Entgelte müssen sich an dem Prinzip der Kostendeckung orientieren.[1037] 564

Nach *Hüttemann* führt jedoch nicht „jede geringfügige nicht steuerbegünstigte oder satzungsfremde Tätigkeit" dazu, die die Annahme eines Zweckbetriebs zu versagen. Die Formulierung „Gesamtrichtung" erfordert daher eine Art *Gesamtbetrachtung*, „ob der Geschäftsbetrieb als Ganzes noch der Verwirklichung der steuerbegünstigten satzungsmäßigen Zwecke dient".[1038] 565

Praxishinweis: 566

Für die Annahme eines Zweckbetriebs ist es erforderlich, dass ein wirtschaftlicher Geschäftsbetrieb mit den ihn *begründenden Tätigkeiten* und nicht nur mit den durch ihn erzielten Einnahmen *unmittelbar* der Verwirklichung des steuerbegünstigten satzungsmäßigen Zwecks dient.[1039]

3. Verwirklichung der satzungsmäßigen Zwecke der Körperschaft

Ein Zweckbetrieb muss *tatsächlich und unmittelbar* die satzungsmäßigen Zwecke der Körperschaft verwirklichen, die ihn betreibt.[1040] Es reicht nicht aus, dass ein wirtschaftlicher Geschäftsbetrieb mit den erzielten Einnahmen den steuerbegünstigten Zwecken der Körperschaft nur *mittelbar* dient.[1041] Ein Zweckbetrieb muss das „unentbehrliche und einzige Mittel zur Erreichung des steuerbegünstigten Zwecks" sein,[1042] also ein für Vereinszwecke *„unentbehrlicher Hilfsbe-* 567

1035 BFH v. 18.08.2022 – V R 49/19 (ECLI:DE:BFH:2022:U.180822.VR49.19.0), BStBl. II 2023, 298 unter II.2.a mit Verweis auf BFH v. 22.04.2009 – I R 15/07, BStBl. II 2011, 475 und BFH v. 05.08.2010 – V R 54/09, BStBl. II 2011, 191.

1036 BFH v. 18.08.2022 – V R 49/19 (ECLI:DE:BFH:2022:U.180822.VR49.19.0), BStBl. II 2023, 298 Unter II.2.c.

1037 BFH v. 21.09.2016 – V R 50/15 (ECLI:DE:BFH:2016:U.210916.VR50.15.0), BStBl. II 2017, 1173 unter II.3.c.cc.1.

1038 *Hüttemann*, Gemeinnützigkeits- und Spendenrecht, 4. Aufl. 2018, Rn. 6.184.

1039 BFH v. 21.04.2022 – V R 26/20 (ECLI:DE:BFH:2022:U.210422.VR26.20.0), BStBl. II 2022, 599 unter II.2.a.aa.

1040 AEAO zu § 65, Nr. 2.

1041 AEAO zu § 65, Nr. 2 mit Verweis auf BFH v. 26.04.1995 – I R 35/93, BStBl. II 1995, 767. So auch BFH v. 30.11.2016 – V R 53/15 (ECLI:DE:BFH:2016:U.301116.VR53.15.0), BStBl. II 2017, 1224 unter II.2.b.

1042 BFH v. 30.11.2016 – V R 53/15 (ECLI:DE:BFH:2016:U.301116.VR53.15.0), BStBl. II 2017, 1224 unter II.2.c.

trieb".[1043] Das Vorliegen dieser Voraussetzung bedarf einer Gesamtwürdigung anhand des objektiven Charakters der jeweiligen Betätigung.[1044]

568 **Beispiel:**

Die Förderung der Allgemeinheit i. S. des § 52 Abs. 1 Satz 1, Abs. 2 Nr. 23 AO setzt voraus, dass es sich bei einem der Brauchtumspflege gewidmeten Zweckbetrieb um einen wirtschaftlichen Geschäftsbetrieb zur Kulturförderung, nicht aber zur Förderung kommerzieller Ziele handelt.

Durch Büttenreden, tänzerische und musikalische Darbietungen geprägte Karnevalssitzungen sind als steuerbegünstigte Zweckbetriebe zu behandeln. Auch etwaige Honorare für die Übertragung einer Karnevalssitzung gehören zu den Einnahmen des Zweckbetriebs.[1045]

Dagegen dient der *Verkauf von Karnevalsorden* – im Gegensatz zur Verleihung von Karnevalsorden – nicht dazu, das traditionelle Brauchtum in Form des Karnevals und damit den satzungsmäßigen Zweck eines Karnevalsvereins zu fördern. Dieser Zweck kann – nach Auffassung des FG Köln – auch ohne den Verkauf der Karnevalsorden durch eine Vielzahl unterschiedlicher Tätigkeiten verwirklicht werden. Der Verkauf von Karnevalsorden stellt eine selbständige Tätigkeit i. S. des § 14 Satz 1 AO dar, die von der unentgeltlichen Abgabe der übrigen Karnevalsorden abzugrenzen und isoliert zu beurteilen ist. Es liegt *kein* Zweckbetrieb i. S. von § 65 AO vor.[1046]

569 Unterstützt eine steuerbefreite Körperschaft selbständig und eigenverantwortlich gegen Entgelt eine andere steuerbefreite Körperschaft bei der Verwirklichung deren satzungsmäßiger Zwecke, kann ein Zweckbetrieb vorliegen, wenn hierdurch *eigene* satzungsmäßige Ziele verfolgt werden.[1047]

570 Ein Zweckbetrieb liegt jedoch dann nicht vor, wenn eine steuerbefreite Körperschaft ihre Arbeitskräfte anderen Personen, Unternehmen, Einrichtungen oder einer Körperschaft des öffentlichen Rechts für steuerbegünstigte Zwecke *gegen Entgelt* zur Verfügung stellt – unabhängig davon, ob kostendeckende Entgelte verlangt werden oder nicht. „Denn die bloße Überlassung von Arbeitskräften dient nicht der Verwirklichung *eigener* satzungsmäßiger Zwecke i. S. des § 65 Nr. 1 AO".[1048]

1043 BFH v. 05. 06. 2003 – I R 76/01, BStBl. II 2005, 305 unter II.2 mit Verweis auf BFH v. 23. 02. 1999 – XI B 130/98 (NV), BFH/NV 1999, 1089 unter II.3.

1044 BFH v. 18. 08. 2022 – V R 49/19 (ECLI:DE:BFH:2022:U.180822.VR49.19.0), BStBl. II 2023, 298 unter II.2.a. mit Verweis auf BFH v. 22. 04. 2009 – I R 15/07, BStBl. II 2011, 475 und BFH v. 05. 08. 2010 – V R 54/09, BStBl. II 2011, 191.

1045 OFD Frankfurt v. 07. 08. 1991 – S 0184 A – 9 – St II 12, DB 1991, 2315.

1046 FG Köln v. 18. 04. 2012 – 13 K 1075/08, EFG 2012, 1693.

1047 BFH v. 17. 02. 2010 – I R 2/08, BStBl. II 2010, 1006 unter II.3.c.bb.ccc.

1048 BFH v. 17. 02. 2010 – I R 2/08, BStBl. II 2010, 1006 unter II.3.c.bb.bbb und BFH v. 30. 11. 1995 – V R 29/91, BStBl. II 1997, 189.

4. Zweckbetrieb als Erfordernis

Die steuerbegünstigte Körperschaft muss – nach Verwaltungsauffassung – den Zweckbetrieb zur Verwirklichung ihrer satzungsmäßigen Zwecke *unbedingt* und *unmittelbar* benötigen,[1049] er muss *unentbehrlich* und das *einzige Mittel* zur Zweckerreichung sein.[1050] Die Tätigkeit selbst muss für die Verwirklichung der steuerbegünstigten Zwecke erforderlich sein; auf die Einnahmen aus der Tätigkeit kommt es nicht an.[1051] 571

Beispiel: 572

Eine gemeinnützige Körperschaft, deren Zweck in der Förderung des Verbraucherschutzes bestand, unterhielt einen wirtschaftlichen Geschäftsbetrieb „Finanzanalysen", dessen Tätigkeit die vergleichenden Untersuchungen an Waren und Leistungen im Rahmen der Verbraucherberatung (zu der auch die individuelle Beratung des einzelnen Verbrauchers gehörte) und die Veröffentlichung der Arbeitsergebnisse umfasste.

Nach Auffassung des BFH[1052] diente der wirtschaftliche Geschäftsbetrieb „Finanzanalysen" in seiner Gesamtrichtung – d. h. mit den ihn begründenden Tätigkeiten und nicht nur mit den durch ihn erzielten Einnahmen – der Verwirklichung des steuerbegünstigten satzungsmäßigen Zwecks der Verbraucherberatung. Die entgeltlichen Finanzanalysen waren für die Zweckerreichung i. S. des § 65 Nr. 2 AO erforderlich. Der wirtschaftliche Geschäftsbetrieb war das „unentbehrliche

1049 AEAO zu § 65, Nr. 3. Nach Auffassung des FG Berlin-Brandenburg v. 18. 06. 2020 – 10 K 10264/15, SIS 20 20 60 setzt das Vorliegen eines Zweckbetriebs jedoch nur voraus, dass der wirtschaftliche Geschäftsbetrieb der Verwirklichung der steuerbegünstigten satzungsmäßigen Zwecke „dient", verlangt aber keine „unmittelbare" Erfüllung der gemeinnützigen satzungsmäßigen Zwecke durch diesen. Die Rev. wurde vom BFH mit Urteil v. 21. 04. 2022 – V R 26/20 (ECLI:DE:BFH:2022:U.210422.VR26.20.0), BStBl. II 2022, 599 als unbegründet zurückgewiesen.

1050 BFH v. 30. 11. 2016 – V R 53/15, BStBl. II 2017, 1224 unter II.2.c. So auch Klein/*Gersch*, AO, 13. Aufl. 2016, § 65 Rn. 4 und BFH v. 21. 04. 2022 – V R 26/20 (ECLI:DE:BFH:2022:U.210422.VR26.20.0), BStBl. II 2022, 599 unter II.2.b.aa zu einem gemeinnützigen Verein mit den satzungsmäßigen Zwecken des Naturschutzes und der Landschaftspflege, der mit der Organisation und Durchführung von Jägerprüfungen einen Zweckbetrieb unterhielt; die Prüfung künftiger Jäger war nach Auffassung des BFH zur Erreichung des Vereinszwecks notwendig und unentbehrlich, da es „keine andere Möglichkeit zur ordnungsgemäßen und sachkundigen Verfolgung der gemeinnützigen Zwecke der Hege und Erhaltung artenreicher Wildbestände (gab) als die vorherige Ablegung der Jägerprüfung".

1051 BFH v. 30. 11. 2016 – V R 53/15, BStBl. II 2017, 1224. So auch BFH v. 26. 08. 2021 – V R 5/19 (ECLI:DE:BFH:2021:U.260821.VR5.19.0), BFH/NV 2022, 166 unter III.1.b.aa.

1052 BFH v. 26. 08. 2021 – V R 5/19 (ECLI:DE:BFH:2021:U.260821.VR5.19.0), BFH/NV 2022, 166.

und einzige Mittel zur Erreichung des steuerbegünstigten Zwecks".[1053] Die individuelle Verbraucherberatung gegen Entgelt erfolgte daher im Rahmen eines steuerbegünstigten Zweckbetriebs nach § 65 AO.[1054]

573 Kann die Körperschaft ihren satzungsmäßigen Zweck auch ohne die ausgeübte Tätigkeit erreichen, liegt kein Zweckbetrieb vor. Das gilt selbst dann, wenn ein wirtschaftlicher Geschäftsbetrieb in seiner Gesamtrichtung mit dazu dient, die steuerbegünstigten satzungsmäßigen Zwecke der Körperschaft zu verwirklichen, die Körperschaft ihre Zwecke aber auch ohne einen solchen wirtschaftlichen Geschäftsbetrieb verwirklichen kann oder dieser zu nicht begünstigten Betrieben derselben oder ähnlicher Art in einem vermeidbaren Umfang im Wettbewerb steht.[1055]

Beispiel:

Ein eingetragener Verein, der sich für die spezifischen Interessen der Jugend auf kulturellem und politischem Gebiet einsetzte, betrieb ein im Sinne der Jugendhilfe anerkanntes und durch Zuschüsse gefördertes Jugendzentrum, in dem u. a. ein Café eingerichtet war, das nicht nur Vereinsmitgliedern, sondern allen interessierten Jugendlichen offen stand.

Auch wenn das von den Jugendlichen angenommene Café den Vereinszwecken durch Erhöhung der Attraktivität des Jugendzentrums förderlich war, war das Café nach Auffassung des BFH[1056] für die Verwirklichung der Vereinszwecke nicht unerlässlich. Ein Jugendzentrum kann seine Zwecke auch dann erreichen, wenn es nicht mit entsprechenden gastronomischen Einrichtungen verbunden ist. Eine Steuerbefreiung war daher hinsichtlich des Cafés ausgeschlossen.

5. Begrenzung des Wettbewerbs zu nicht begünstigten Betrieben

574 Weitere Voraussetzung für die Annahme eines Zweckbetriebs ist, dass der wirtschaftliche Geschäftsbetrieb zu nicht begünstigten Betrieben derselben oder ähnlicher Art nicht in größerem Umfang in Wettbewerb tritt, als es bei Erfüllung der steuerbegünstigten Zwecke unvermeidbar ist.

575 Bereits der RFH[1057] hatte es als Gebot der steuerlichen Gerechtigkeit herausgestellt, dass Steuersubjekte, die miteinander in Wettbewerb stehen, möglichst gleich zu besteuern sind.[1058] Für die Anwendung des § 65 Nr. 3 AO bedarf es somit einer Abwägung zwischen dem Interesse der Allgemeinheit an einem

1053 BFH v. 26.08.2021 – V R 5/19 (ECLI:DE:BFH:2021:U.260821.VR5.19.0), BFH/NV 2022, 166 mit Verweis auf BFH v. 30.11.2016 – V R 53/15, BStBl. II 2017, 1224 unter II.2.c und BFH v. 29.01.2009 – V R 46/06, BStBl. II 2009, 560 unter II.2.c.bb.

1054 BFH v. 26.08.2021 – V R 5/19 (ECLI:DE:BFH:2021:U.260821.VR5.19.0), BFH/NV 2022, 166, 2. Leitsatz.

1055 BFH v. 11.04.1990 – I R 122/87, BStBl. II 1990, 724 unter 2.

1056 BFH v. 11.04.1990 – I R 122/87, BStBl. II 1990, 724.

1057 Der Reichsfinanzhof war in den Jahren zwischen 1918 und 1945 oberstes deutsches Gericht in Abgabenangelegenheiten.

1058 RFH v. 06.06.1928 – I A 192/27, RFHE 23, 309.

funktionierenden Wettbewerb und der steuerlichen Förderung ideeller Zwecke.[1059] Ein steuerlicher Eingriff in den Wettbewerb ist unter Beachtung von Art. 3 Abs. 1 GG jedoch nur dann gerechtfertigt, wenn ein hinreichender *sachlicher Grund* für eine steuerliche Bevorzugung bzw. Benachteiligung vorliegt.[1060]

Der Sinn und Zweck dieser Vorschrift liegt in einem *umfänglichen* Schutz des 576
Wettbewerbs und damit auch potentieller Konkurrenten;[1061] weder sollen Wettbewerber verdrängt noch sollen Marktzutrittsschranken errichtet werden.[1062] Für die Bejahung eines Wettbewerbsverhältnisses ist es bereits ausreichend, dass *möglicherweise* – auch in der Zukunft – eine Beeinträchtigung des Wettbewerbs in Betracht kommt.[1063] Auf die *tatsächliche* Wettbewerbssituation vor Ort kommt es nicht an;[1064] auch der „potentielle Wettbewerb" soll geschützt werden.[1065]

Sind die von einer Körperschaft verfolgten steuerbegünstigten Zwecke auch 577
ohne steuerlich begünstigte entgeltliche Tätigkeit zu erreichen, so ist aus der Sicht des Gemeinnützigkeitsrechts eine Beeinträchtigung des Wettbewerbs vermeidbar.[1066]

Ein steuerbegünstigter Zweckbetrieb ist somit nur dann anzunehmen, wenn der 578
wirtschaftliche Geschäftsbetrieb nicht nur ein *notwendiges Mittel* zur Erreichung des *ideellen Zwecks* der Körperschaft ist, sondern sich auch „in quantitativer Hinsicht" auf eine *Marktteilnahme beschränkt,* die zur Erreichung der steuerbegünstigten Ziele erforderlich ist.[1067] Der Wettbewerb eines Zweckbetriebs zu nicht begünstigten Betrieben derselben oder ähnlicher Art *muss* auf das zur Erfüllung der steuerbegünstigten Zwecke *unvermeidbare Maß begrenzt* sein.[1068]

Beispiel: 579

Gestattet ein als gemeinnützig anerkannter Eislaufverein seinen Mitgliedern als auch Nichtmitgliedern die Benutzung seiner Eisbahn, die sich im Einzugsbereich der Eisbahn eines nicht steuerbegünstigten Betreibers befindet, kann eine Wettbewerbssituation vorliegen, die die Annahme eines Zweckbetriebs ausschließt.

1059 BFH v. 15.12.1993 – X R 115/91, BStBl. II 1994, 314 mit Verweis auf BFH v. 28.10.1960 – III 134/56 U, BStBl. III 1961, 109.

1060 BFH v. 17.02.2010 – I R 2/08, BStBl. II 2010, 1006 unter II.3.c.cc.

1061 AEAO zu § 65, Nr. 4 mit Verweis auf BFH v. 27.10.1993 – I R 60/91, BStBl. II 1994, 573 und BFH v. 29.01.2009 – V R 46/06, BStBl. 2009 II, 560.

1062 BFH v. 15.12.1993 – X R 115/91, BStBl. II 1994, 314 unter 5.a. So auch BFH v. 30.03.2000 – V R 30/99, BStBl. II 2000, 705 unter II.2.c.aa.

1063 BFH v. 07.05.2014 – I R 65/12, BFH/NV 2014, 1670 unter II.5.

1064 AEAO zu § 65, Nr. 4 Satz 4.

1065 BFH v. 30.03.2000 – V R 30/99, BStBl. II 2000, 705 unter II.2.c.bb.

1066 BFH v. 17.02.2010 – I R 2/08, BStBl. II 2010, 1006 unter II.3.c.bb.ccc mit Verweis auf BFH v. 15.12.1993 – X R 115/91, BStBl. II 1994, 314 und BFH v. 27.10.1993 – I R 60/91, BStBl. II 1994, 573.

1067 BFH v. 13.06.2012 – I R 71/11 (NV), BFH/NV 2013, 89 unter II.3.c.aa.2.

1068 AEAO zu § 65, Nr. 1 Satz 4. So auch BFH v. 21.08.1985 – I R 3/82, BStBl. II 1986, 92 unter 3.b.4.

Entscheidungserheblich sind der Einzugsbereich, der Kreis der Benutzer der Eisbahn, die Benutzungsbedingungen und die Höhe der Eintrittspreise. Nur auf dieser Grundlage lässt sich beurteilen, ob ein nicht steuerbegünstigter Betreiber die gegebene Nachfrage überhaupt in ähnlicher Weise wie der Gemeinnützige befriedigen könnte.[1069]

580 Der für die Beurteilung einer Wettbewerbssituation *maßgebliche Einzugsbereich* ist hierbei nicht auf die in der Nähe liegenden Straßen oder Ortsteile beschränkt, sondern kann auch eine ganze Gemeinde oder größere Landesteile umfassen.[1070]

581 Bietet eine gemeinnützige Körperschaft ihre Dienstleistungen oder Waren jedoch einem Personenkreis an, der das Waren- oder Dienstleistungsangebot der steuerpflichtigen Unternehmen *überwiegend* nicht in Anspruch nimmt oder sind die angebotenen Leistungen notwendiges Mittel zur Erreichung eines ideellen Zwecks, den Wettbewerber ihrerseits nicht verfolgen, kann der Wettbewerbsgedanke im Einzelfall zurücktreten.[1071]

Beispiel:[1072]

Eine Körperschaft, die nach dem Gesellschaftsvertrag ausschließlich und unmittelbar gemeinnützige und kirchliche Zwecke verfolgte, beschäftigte mehrere Arbeitnehmer, die aus verschiedenen Gründen längere Zeit arbeitslos waren oder auf dem normalen Arbeitsmarkt keine Arbeit fanden. Diese wurden umfassend sozial- und berufspädagogisch mit dem Ziel einer (Wieder-)Eingliederung in den normalen Arbeitsprozess betreut, um sie an ein regelmäßiges Arbeiten zu gewöhnen und mit den Anforderungen der Arbeitswelt vertraut zu machen. Hierfür wurden Lohnarbeiten für verschiedene Unternehmen (Auftraggeber) übernommen. Die Beschäftigung und Betreuung durch die gemeinnützige Körperschaft wurde von der Bundesagentur für Arbeit (Arbeitsamt) und den Trägern der Sozialhilfe finanziell gefördert.

Ein Verstoß gegen die Wettbewerbsklausel des § 65 Nr. 3 AO lag nach Auffassung des BFH nicht vor. Der Wettbewerb mit anderen – steuerpflichtigen – Betrieben, die vergleichbare Lohnaufträge ausführten oder möglicherweise hätten ausführen wollen, war für die Erfüllung der steuerbegünstigten Zwecke (Wiedereingliederung in den Arbeitsprozess) unvermeidbar. Da diese Beschäftigten nur Arbei-

1069 Vgl. BFH v. 30.03.2000 – V R 30/99, BStBl. II 2000, 705.

1070 FG Sachsen-Anhalt v. 22.01.2004 – 3 K 731/99, EFG 2004, 1087 unter 2.a.bb.2.b zum Betrieb eines Krematoriums durch einen eingetragenen Verein. In dem entschiedenen Fall bestand der potentielle Wettbewerb über die Gemeinde- und Landesgrenze hinweg mit anderen Feuerbestattungsanlagen. Die Rev. wurde vom BFH v. 03.02.2005 – I B 66-68/04 (NV), BFH/NV 2005, 1213 als unbegründet zurückgewiesen.

1071 BFH v. 26.08.2021 – V R 5/19 (ECLI:DE:BFH:2021:U.260821.VR5.19.0), BFH/NV 2022, 166 unter III.1.b.cc mit Verweis auf BFH v. 17.02.2010 – I R 2/08, BStBl. II 2010, 1006 unter II.3.c.cc und BFH v. 26.04.1995 – I R 35/93, BStBl. II 1995, 767.

1072 Nach BFH v. 26.04.1995 – I R 35/93, BStBl. II 1995, 767.

ten für die genannten Auftraggeber ausführten, waren die erbrachten Leistungen ausschließlich das Ergebnis der Arbeitstherapie und somit notwendige Folge der Erfüllung des damit verfolgten gemeinnützigen Zwecks.[1073]

Grundsätzlich unschädlich für die Annahme eines Zweckbetriebs ist der uneingeschränkte Wettbewerb zwischen Zweckbetrieben, die demselben steuerbegünstigten Zweck dienen und ihn in der gleichen oder in ähnlicher Form verwirklichen.[1074] 582

6. Aufzeichnungspflichten

Eine Körperschaft i. S. von § 51 Abs. 1 Satz 2 AO hat gem. § 63 Abs. 3 AO durch *ordnungsmäßige Aufzeichnungen* über ihre Einnahmen und Ausgaben den Nachweis zu führen, dass ihre tatsächliche Geschäftsführung den Erfordernissen von § 63 Abs. 1 AO entspricht. Hierzu gehören z. B. auch Tätigkeitsberichte und Vermögensübersichten mit Nachweisen über die Bildung und Entwicklung der Rücklagen nach § 62 AO.[1075] Die §§ 140 ff. AO über die Führung von Büchern und Aufzeichnungen sind hierbei grundsätzlich zu beachten.[1076] 583

Nach Auffassung der OFD Rostock v. 26.02.2003 ist bei Zweckbetrieben eine *steuerliche Buchführungspflicht* mangels Vorliegen einer Gewinnerzielungsabsicht und damit eines Gewerbebetriebs zu verneinen. Aufgrund der Steuerbefreiungen nach § 5 Abs. 1 Nr. 9 Satz 1 KStG und § 3 Satz 1 Nr. 6 Satz 1 GewStG besteht auch kein *sachliches* Erfordernis, eine Gewinnermittlung durch Betriebsvermögensvergleich gem. § 4 Abs. 1 EStG durchzuführen.[1077] 584

Für Körperschaften i. S. von § 51 Abs. 1 Satz 2 AO, die persönlich und vollumfänglich von der Körperschaftsteuer befreit sind, besteht auch keine Pflicht zur Übermittlung einer sog. E-Bilanz[1078] gem. § 5b EStG an das Finanzamt. Das gilt insbesondere auch für ausschließlich und unmittelbar gemeinnützigen, mildtätigen oder kirchlichen Zwecken dienenden Körperschaften, die neben ihrer ideellen Tätigkeit nur Zweckbetriebe i. S. der §§ 65 bis 68 AO oder andere wirtschaftliche Geschäftsbetriebe, deren Einnahmen nach § 64 Abs. 3 AO 45.000 Euro[1079] nicht übersteigen, unterhalten und die ihren Gewinn auch 585

1073 BFH v. 26.04.1995 – I R 35/93, BStBl. II 1995, 767 unter II.3.

1074 AEAO zu § 65, Nr. 4 Satz 5.

1075 AEAO zu § 63 Abs. 1.

1076 AEAO zu § 63 Abs. 1 Satz 2.

1077 OFD Rostock v. 26.02.2003 – S 2706 – 1/01 – St 24 a, DStR 2003, 936 zu Zweckbetrieben von gemeinnützigen Betrieben gewerblicher Art (BgA). Die Finanzämter wurden in diesem Zusammenhang gebeten, bei Zweckbetrieben von gemeinnützigen BgA von vornherein von einer Aufforderung zur Buchführung gem. § 141 Abs. 2 Satz 1 AO abzusehen.

1078 Übermittlung der Bilanz sowie der Gewinn- und Verlustrechnung nach amtlich vorgeschriebenem Datensatz durch Datenfernübertragung.

1079 Bis zum 28.12.2020 galt eine Freigrenze von 35.000 Euro.

tatsächlich durch eine Einnahmen-Überschussrechnung i. S. von §4 Abs. 3 EStG ermitteln.[1080]

586 Allerdings kann sich eine Buchführungspflicht z. B. für Zweckbetriebe i. S. der §§67 Abs. 1 oder 68 Nr. 1 Buchst. a AO – also Krankenhäuser oder Pflegeheime – aus anderen Gesetzen[1081] ergeben, die nach § 140 AO auch für steuerliche Zwecke zu beachten ist. Bei der Verwirklichung steuerbegünstigter Zwecke im Ausland besteht eine erhöhte Nachweispflicht nach § 90 Abs. 2 AO.[1082]

587 Nach §22 Abs. 1 UStG sind Unternehmer verpflichtet, zur Feststellung der Steuer und der Grundlagen ihrer Berechnung Aufzeichnungen zu machen. Dies gilt auch für Körperschaften i. S. von §51 Abs. 1 Satz 2 AO, die z. B. mit einem Zweckbetrieb unternehmerisch tätig sind. Die Aufzeichnungen müssen gem. §63 Abs. 1 UStDV so beschaffen sein, dass es einem sachverständigen Dritten innerhalb einer angemessenen Zeit möglich ist, einen Überblick über die Umsätze des Unternehmers sowie die abziehbaren Vorsteuern zu erhalten und die Grundlagen für die Steuerberechnung festzustellen. Die Aufzeichnungen sind mit den zugehörigen Belegen für die Dauer der Aufbewahrungsfrist nach § 147 Abs. 3 AO und § 14b UStG geordnet aufzubewahren.[1083]

588 *Praxishinweis:*

Steuerbegünstigte Körperschaften haben durch ordnungsmäßige Aufzeichnungen über ihre Einnahmen und Ausgaben, durch Tätigkeitsberichte und Vermögensübersichten nachzuweisen, dass ihre tatsächliche Geschäftsführung den Anforderungen des §63 Abs. 1 AO entspricht. Ist eine solche Körperschaft mit einem Zweckbetrieb unternehmerisch tätig, ist sie als Unternehmerin nach §22 Abs. 1 UStG verpflichtet, zur Feststellung der Steuer und der Grundlagen ihrer Berechnung Aufzeichnungen zu machen.

7. Steuerliche Vergünstigungen eines Zweckbetriebs

589 Die möglichen Steuervergünstigungen für Zweckbetriebe ergeben sich insbesondere aus §5 Abs. 1 Nr. 9 KStG, §3 Nr. 6 GewStG, den §§4 Nr. 14 ff. und 12 Abs. 2 Nr. 8 UStG sowie §3 Abs. 1 Nr. 3 Buchst. b GrStG i. V. m. Abschn. 12 Abs. 4 GrStR bzw. A 3.7 AEGrStG.

a) Steuerbefreiung im Ertragsteuerrecht

590 Nach §5 Abs. 1 Nr. 9 KStG und §3 Satz 1 Nr. 6 Satz 1 GewStG sind Körperschaften, Personenvereinigungen und Vermögensmassen, die nach der Satzung, dem Stiftungsgeschäft oder der sonstigen Verfassung und nach der tatsächlichen Geschäftsführung ausschließlich und unmittelbar gemeinnützigen, mildtätigen

1080 BMF v. 19. 12. 2013 – IV C 6 – S 2133 b/11/10009 :004, DStR 2014, 100.

1081 Vgl. § 3 Krankenhaus-Buchführungsverordnung (KHBV) v. 24. 03. 1987, BGBl. I 1987, 1045, zuletzt geändert durch Art. 25 Abs. 2 des Gesetzes v. 07. 08. 2021, BGBl. I 2021, 3311 i. V. m. § 16 Nr. 7 Krankenhausfinanzierungsgesetz (KHG) v. 10. 04. 1991, BGBl. I 1991, 886 und § 13 HeimG v. 05. 11. 2001, BGBl. I 2001, 2970.

1082 AEAO zu §63 Abs. 1 Satz 4.

1083 Abschn. 22.1 Abs. 1 Satz 3 UStAE.

oder kirchlichen Zwecken dienen, von der Körperschaftsteuer und Gewerbesteuer befreit. Für wirtschaftliche Geschäftsbetriebe von steuerbegünstigten Körperschaften gilt die Steuerbefreiung nur, wenn der wirtschaftliche Geschäftsbetrieb ein Zweckbetrieb i. S. der §§ 65 bis 68 AO ist.[1084]

Gewinne eines Zweckbetriebs unterliegen damit weder der Körperschaftsteuer noch der Gewerbesteuer.

b) Befreiung nach dem GrStG

591 Grundbesitz einer inländischen Körperschaft, Personenvereinigung oder Vermögensmasse, die nach der Satzung, dem Stiftungsgeschäft oder der sonstigen Verfassung und nach ihrer tatsächlichen Geschäftsführung ausschließlich und unmittelbar gemeinnützigen oder mildtätigen Zwecken dient, ist gem. § 3 Abs. 1 Satz 1 Nr. 3 Buchst. b GrStG von der Grundsteuer befreit. Dazu gehört grundsätzlich auch der Grundbesitz, auf dem eine Körperschaft ihre Verwaltungstätigkeit ausübt.[1085]

592 Diese Befreiung gilt darüber hinaus auch für den Grundbesitz, auf dem ein Zweckbetrieb unterhalten wird. Ob ein solcher Zweckbetrieb vorliegt, wird im Rahmen der Körperschaftsteuer-Veranlagung entschieden; die dort getroffene Entscheidung ist für die Grundsteuer zu übernehmen.[1086] Grundbesitz oder der Teil des Grundbesitzes, der für die Verwaltung eines steuerpflichtigen wirtschaftlichen Geschäftsbetriebs genutzt wird, bleibt steuerpflichtig.[1087]

c) Steuervergünstigung im Umsatzsteuerrecht

593 Nach Auffassung des EuGH dürfen die Mitgliedstaaten nach Art. 98 Abs. 1 und 2 i. V. m. Anhang III Nr. 15 MwStSystRL[1088] einen ermäßigten Steuersatz auf solche Leistungen anwenden, die von Einrichtungen erbracht werden, die sowohl *gemeinnützig* als auch für *wohltätige Zwecke* und im *Bereich der sozialen Sicherheit* tätig sind.[1089] Allerdings weist der BFH darauf hin, dass der bisherigen EuGH-Rechtsprechung eine *abschließende* unionsrechtliche Begriffsbestimmung von „wohltätigen Zwecken" und „im Bereich der sozialen Sicherheit" nicht zu entnehmen ist.[1090]

594 Abweichend von dem unionsrechtlich zulässigen Rahmen besteht nach der nationalen Regelung der Abgabenordnung *keine* Einschränkung auf die in An-

1084 Vgl. BFH v. 21. 09. 2016 – V R 50/15 (ECLI:DE:BFH:2016:U.210916.VR50.15.0), BStBl. II 2017, 1173 unter II.1.

1085 A 3.7 Abs. 5 Satz 2 AEGrStG.

1086 Abschn. 12 Abs. 4 Satz 1 bis 3 GrStR.

1087 A 3.7 Abs. 5 Satz 4 AEGrStG.

1088 Richtlinie 2006/112/EG des Rates über das gemeinsame Mehrwertsteuersystem v. 28. 11. 2006, ABl. EU Nr. L 347, 2006, 1.

1089 EuGH v. 17. 06. 2010 – Rs C-492/08 (ECLI:EU:C:2010:348), UR 2010, 662 unter Rn. 43.

1090 BFH v. 26. 08. 2021 – V R 5/19 (ECLI:DE:BFH:2021:U.260821.VR5.19.0), BFH/NV 2022, 166 unter III.2.d.bb.

hang III Nr. 15 MwStSystRL genannten Leistungen für „wohltätige Zwecke" oder „im Bereich der sozialen Sicherheit".[1091]

595 Der ermäßigte Steuersatz ist daher – nach ständiger Rechtsprechung des BFH – auf alle Leistungen von Körperschaften, die nach der Abgabenordnung gemeinnützige, mildtätige oder kirchliche Zwecke verfolgen, anzuwenden. Einer gerichtlichen Entscheidung „unter strikter Beachtung der Richtlinie im Rahmen der grundsätzlich gebotenen richtlinienkonformen Auslegung steht der Wortlaut der Vorschrift entgegen".[1092]

596 Leistungen von Körperschaften i. S. des § 12 Abs. 2 Nr. 8 Buchst. a Satz 1 UStG unterliegen somit weiterhin dem ermäßigten Umsatzsteuersatz aufgrund des für sie günstigeren *nationalen Rechts*, ohne dass es darauf ankommt, ob die hierfür erforderlichen Voraussetzungen der MwStSystRL gegeben sind.[1093]

597 Der ermäßigte Umsatzsteuersatz gilt gem. § 12 Abs. 2 Nr. 8 Buchst. a Satz 2 UStG jedoch nicht für *steuerpflichtige* wirtschaftliche Geschäftsbetriebe. Für Zweckbetriebe gilt der ermäßigte Steuersatz nur unter den Voraussetzungen des § 12 Abs. 2 Nr. 8 Buchst. a *Satz 3* UStG.

aa) *Im Rahmen eines Zweckbetriebs ausgeführte Leistungen*

(1) Voraussetzungen für die Anwendung des ermäßigten Steuersatzes bei Zweckbetrieben

598 Aus der Verfolgung gemeinnütziger Zwecke bei der Erbringung entgeltlicher Leistung durch einen Zweckbetrieb folgt nicht zwingend die Anwendung des ermäßigten Steuersatzes.[1094] Nach § 12 Abs. 2 Nr. 8 Buchst. a *Satz 3* Alternative 1 UStG darf ein Zweckbetrieb nicht *in erster Linie* der Erzielung *zusätzlicher Einnahmen* durch die Ausführung von Umsätzen dienen, die in unmittelbarem Wettbewerb mit dem allgemeinen Steuersatz unterliegenden Leistungen anderer Unternehmer ausgeführt werden.

1091 BFH v. 26. 08. 2021 – V R 5/19 (ECLI:DE:BFH:2021:U.260821.VR5.19.0), BFH/NV 2022, 166 unter III.2.a. Zu den unionsrechtlichen Vorgaben im Anhang III Nr. 15 MwStSystRL alter und neuer Fassung sowie der Anwendung von § 12 Abs. 2 Nr. 8 UStG im Zusammenhang mit Anhang III Nr. 15 MwStSystRL a. F. für die bis zum 06. 04. 2022 ausgeführten Umsätze vgl. Heuermann in Sölch/Ringleb, Umsatzsteuer, Stand: 100. Lfg. 2024, § 12 Abs. 2 Nr. 8 Rn. 605 ff.

1092 BFH v. 26. 08. 2021 – V R 5/19 (ECLI:DE:BFH:2021:U.260821.VR5.19.0), BFH/NV 2022, 166 unter III.2.a.

1093 BFH v. 08. 03. 2012 – V R 14/11, BStBl. II 2012, 630 unter II.2.a.bb.2.dd.

1094 BFH v. 12. 06. 2008 – V R 33/05, BStBl. II 2009, 221 unter II.2.

Beispiel: 599

Die sog. „Schutzgebühr", die ein gemeinnütziger Tierschutzverein für die Vermittlung bzw. Lieferung von herrenlosen Tieren[1095] aus dem Ausland verlangt, unterliegt nur dann dem ermäßigten Steuersatz, wenn die Tiervermittlung ausdrücklich ein satzungsmäßiger Zweck ist, das für die Tiervermittlung erhobenen Entgelt[1096] sich am Prinzip der Kostendeckung orientiert und der Tierschutzverein nicht in größerem Umfang in Wettbewerb zu nicht begünstigen Betrieben tritt, als es zur Erfüllung des steuerbegünstigten Zwecks unvermeidbar ist.

Im konkreten, vom FG Nürnberg entschiedenen Fall stellte die Vermittlung bzw. Lieferung von herrenlosen Tieren durch den streitgegenständlichen Verein einen Zweckbetrieb dar, der nicht „in erster Linie der Erzielung zusätzlicher Einnahmen" im Wettbewerb mit nicht begünstigten Betrieben diente.[1097]

Nach der Entscheidung des BFH v. 18.10.2023 ist § 12 Abs. 2 Nr. 8 Buchst. a 600
Satz 3 Alternative 1 UStG auf *alle* Zweckbetriebe und damit auch auf Zweckbetriebe i. S. von § 65 AO anwendbar.[1098]

Der ermäßigte Umsatzsteuersatz kommt nach § 12 Abs. 2 Nr. 8 Buchst. a *Satz 3* 601
Alternative 2 UStG allerdings auch dann in Betracht, wenn die Körperschaft mit den Leistungen ihrer in den §§ 66 bis 68 AO bezeichneten Zweckbetriebe ihre steuerbegünstigten satzungsgemäßen Zwecke *selbst verwirklicht.*

Beispiel:

Ein gemeinnütziger Verein, dessen Zweck die Förderung des Segel- und Motorwassersports auf der Grundlage des Amateurgedankens für Erwachsene und Jugendliche als Breiten-, Leistungs- und Freizeitsport war, unterhielt in seinem Hafen etwa 300 Bootsliegeplätze, die zur Hälfte fest an die Mitglieder vergeben wurden. Die übrigen Liegeplätze wurden an Gäste vermietet.

1095 Obwohl Tiere keine Sachsen sind, sind nach § 90a BGB die für Sachen geltenden Vorschriften auf Tiere entsprechend anzuwenden. Nach BFH v. 18.10.2023 – XI R 4/20 (ECLI:DE:BFH:2023:B.181023.XIR4.20.0), DStR 2024, 554 unter B.I.2 m. N. erfasst die Lieferung von Gegenständen jede Übertragung eines körperlichen Gegenstands durch eine Partei, die die andere Partei ermächtigt, über diesen Gegenstand faktisch so zu verfügen, als wäre sie sein Eigentümer. Eine Vermittlungsleistung scheidet aus, wenn unbekannt ist, wem die herrenlosen Tiere zuvor gehört haben.

1096 Für solche Lieferungen an die neuen Tierhalter hatte die Kl. – ein als gemeinnützig anerkannter Tierschutzverein – eine sog. „Schutzgebühr" „von regelmäßig rund 300 Euro" (FinMin Schleswig-Holstein v. 30.03.2020 – VI 314 – S 0183-023, SIS 20 07 68) pro Tier als Entgelt erhalten.

1097 FG Nürnberg v. 21.01.2020 – 2 K 114/19, EFG 2020, 425 unter 3.b; die Rev. des Finanzamts wurde durch den BFH mit Urteil v. 18.10.2023 – XI R 4/20 (ECLI:DE:BFH:2023:B.181023.XIR4.20.0), DStR 2024, 554 als unbegründet zurückgewiesen.

1098 BFH v. 18.10.2023 – XI R 4/20 (ECLI:DE:BFH:2023:B.181023.XIR4.20.0), DStR 2024, 554 unter B.II.3.d mit Verweis auf BFH v. 26.08.2021 – V R 5/19 (ECLI:DE:BFH:2021:U.260821.VR5.19.0), BFH/NV 2022, 166 unter II.2.b.

Für den BFH[1099] war nicht erkennbar, dass der Verein seine satzungsmäßigen Zwecke nur durch die Ausführung von Vermietungsleistungen erbringen konnte. Die entgeltliche Überlassung von Bootsliegeplätzen war daher nicht steuersatzermäßigt.

(2) „Zusätzliche Einnahmen"

602 *„Zusätzliche Einnahmen"* im Sinne des Gesetzes liegen dann vor, wenn eine Körperschaft Einnahmen im Zusammenhang mit Leistungen erzielt, die für die Verwirklichung ihres steuerbegünstigten satzungsmäßigen Zwecks nicht unerlässlich sind.[1100]

603 Ein Zweckbetrieb dient vorrangig der Erzielung *zusätzlicher* Einnahmen, wenn es sich um den *einzigen* Tätigkeitsgegenstand dieses Zweckbetriebs handelt;[1101] es kommt nicht darauf an, ob aus diesen zusätzlichen Einnahmen Gewinne erzielt werden oder der Körperschaft Einnahmen verbleiben.[1102]

(3) Uneingeschränkte Anwendung des ermäßigten Steuersatzes?

604 Die Finanzverwaltung geht in Abschn. 12.9 Abs. 9 UStAE 2023 davon aus, dass die als Zweckbetriebe anerkannten wirtschaftlichen Geschäftsbetriebe auch hinsichtlich solcher Umsätze, die „ausnahmsweise" nicht den satzungsmäßigen Zwecken entsprechen, mit nicht begünstigten Betrieben nicht in größerem Umfang in Wettbewerb treten und sie daher nicht in erster Linie der Erzielung zusätzlicher Einnahmen dienen.[1103] Aus diesem Grund ist der ermäßigte Steuersatz auf Zweckbetriebe i. S. von § 65 AO nach Abschn. 12.9 Abs. 9 UStAE 2023 *uneingeschränkt* anwendbar[1104] und umfasst somit *alle* Leistungen einer Körperschaft, die gemeinnützige, mildtätige oder kirchliche Zwecke verfolgt.[1105]

605 Ein Zweckbetrieb dient nach der Verwaltungsauffassung erst dann „in erster Linie der Erzielung zusätzlicher Einnahmen", wenn *mehr als 50 v. H.* seiner gesamten steuerpflichtigen Umsätze durch zusätzliche und wettbewerbsrelevante Leistungen erzielt werden.[1106]

1099 BFH v. 24.06.2020 – V R 47/19 (V R 33/17) (ECLI:DE:BFH:2020:U.240620.VR47.19.0), BStBl. II 2020, 853.

1100 BFH v. 26.08.2021 – V R 5/19 (ECLI:DE:BFH:2021:U.260821.VR5.19.0), BFH/NV 2022, 166 unter III.2.c.aa. So bereits BFH v. 08.03.2012 – V R 14/11, BStBl. II 2012, 630 unter II.2.c.bb.1.b.

1101 BFH v. 26.08.2021 – V R 5/19 (ECLI:DE:BFH:2021:U.260821.VR5.19.0), BFH/NV 2022, 166 unter II.2.c.aa mit Verweis auf BFH v. 08.03.2012 – V R 14/11, BStBl. II 2012, 630 unter II.2.c.bb.1b.

1102 BFH v. 08.03.2012 – V R 14/11, BStBl. II 2012, 630 unter II.2.c.bb.1b.

1103 Abschn. 12.9 Abs. 9 Satz 1 UStAE.

1104 Abschn. 12.9 Abs. 9 Satz 2 UStAE.

1105 Bunjes/*Heidner*, UStG, 17. Aufl. 2018, § 12 Rn. 165.

1106 Abschn. 12.9 Abs. 11 Satz 3 UStAE.

Soweit der Gesamtumsatz eines Zweckbetriebs i. S. von § 19 Abs. 3 UStG die Besteuerungsgrenze des § 64 Abs. 3 AO[1107] insgesamt nicht übersteigt, geht die Finanzverwaltung aus *Vereinfachungsgründen* davon aus, dass der Zweckbetrieb nicht „in erster Linie der Erzielung zusätzlicher Einnahmen" dient.[1108] 606

bb) Einschränkungen durch die BFH-Rechtsprechung

(1) Andere als originär gemeinnützige Leistungen

Nach der BFH-Rechtsprechung ist der ermäßigte Steuersatz für Leistungen nach § 12 Abs. 2 Nr. 8 Buchst. a Satz 1 UStG auf Zweckbetriebe i. S. von § 65 AO – im Gegensatz zur Verwaltungsauffassung – nicht *uneingeschränkt*, sondern nur unter der Voraussetzung des § 12 Abs. 2 Nr. 8 Buchst. a Satz 3 Alternative 1 UStG anwendbar.[1109] 607

Vorschriften, die den Regelsteuersatz einschränken, sind im Hinblick auf ihren Ausnahmecharakter eng auszulegen.[1110] Leistungen einer Körperschaft i. S. von § 12 Abs. 2 Nr. 8 Buchst. a Satz 1 UStG, die in unmittelbarem Wettbewerb mit anderen Unternehmern ausgeführt werden, aber für den eigentlichen Satzungszweck nicht unerlässlich sind, sind daher nicht begünstigt. Die Anwendung des ermäßigten Steuersatzes für andere als *originär* gemeinnützige Leistungen eines Zweckbetriebs ist damit *unionsrechtlich* ausgeschlossen.[1111] 608

Beispiel: 609

Ein gemeinnütziger Verein zur Förderung des Wohlfahrtswesens betrieb im Kalenderjahr 2019 neben einer Werkstatt für behinderte Menschen auch ein Bistro und eine öffentliche Toilette. Die Leistungen, die der Zweckbetrieb aus den Gastronomieleistungen[1112] und der Zurverfügungstellung einer öffentlichen Toilette erzielte, wurden in unmittelbarem Wettbewerb mit anderen Unternehmern erbracht.

Es handelte sich hierbei nicht um originär gemeinnützige Leistungen. Die Umsätze unterlagen nicht dem ermäßigten Steuersatz des § 12 Abs. 2 Nr. 8 UStG.[1113]

1107 Die Besteuerungsfreigrenze gilt nur für steuerpflichtige wirtschaftliche Geschäftsbetriebe und liegt seit dem 29. 12. 2020 bei 45.000 Euro. Vgl. Jahressteuergesetz 2020 (JStG 2020) v. 21. 12. 2020, BGBl. I 2020, 3096.

1108 Abschn. 12.9 Abs. 11 Satz 6 UStAE.

1109 BFH v. 26. 08. 2021 – V R 5/19 (ECLI:DE:BFH:2021:U.260821.VR5.19.0), BFH/NV 2022, 166 unter III.2.b.

1110 BFH v. 08. 03. 2012 – V R 14/11, BStBl. II 2012, 630 unter II.2.c.bb.1.b.

1111 BFH v. 10. 08. 2016 – V R 11/15 (ECLI:DE:BFH:2016:U.100816.VR11.15.0), BStBl. II 2018, 113 unter III.2.b und BFH v. 23. 07. 2019 – XI R 2/17 (ECLI:DE:BFH:2019:U.230719.XIR2.17.0), BFH/NV 2020, 69 unter II.2.c. So auch Bunjes/*Heidner*, UStG, 17. Aufl. 2018, § 12 Rn. 167.

1112 Für die nach dem 30. 06. 2020 und vor dem 01. 01. 2023 erbrachten Restaurant- und Verpflegungsdienstleistungen, mit Ausnahme der Abgabe von Getränken, galt gem. § 12 Abs. 2 Nr. 15 UStG ein ermäßigter Steuersatz.

1113 Vgl. BFH v. 23. 07. 2019 – XI R 2/17 (ECLI:DE:BFH:2019:U.230719.XIR2.17.0), BFH/NV 2020, 69.

(2) Trennung der Aktivitäten

610 Um zu gewährleisten, dass der ermäßigte Steuersatz nicht auf alle, sondern nur auf *bestimmte Leistungen* eines Zweckbetriebs angewandt wird, betrachtet der V. Senat des BFH die Zweckbetriebseigenschaft nicht abgabenrechtlich, sondern *umsatzsteuerrechtlich.*[1114]

611 Unter Berücksichtigung der unionsrechtlichen Vorgaben ist für den BFH somit eine „Trennung der Aktivitäten“ erforderlich.[1115] Für die Leistungen, die *vorrangig* der Erzielung *zusätzlicher Einnahmen* im *Wettbewerb* mit anderen Unternehmern dienen, scheidet die Anwendung des ermäßigten Steuersatzes hiernach aus. Der ermäßigte Steuersatz ist nur insoweit anzuwenden, als er zu keiner bzw. nur einer geringen Gefahr einer Wettbewerbsverzerrung führt.[1116]

cc) Vorrang von Befreiungstatbeständen

612 Die Anwendung des ermäßigten Steuersatzes auf Leistungen gemeinnütziger Einrichtungen steht unter dem Vorbehalt, dass diese nicht bereits gem. Art. 132, 135 und 136 MwStSystRL von der Umsatzsteuer *befreit* sind.[1117] Soweit Leistungen daher nach § 4 Nr. 14 ff. UStG steuerbefreit sind,[1118] geht eine solche Steuerbefreiung der Steuerermäßigung nach § 12 Abs. 2 Nr. 8 UStG vor, auch wenn dadurch der Vorsteuerabzug verloren geht.[1119]

dd) Steuerbefreiung gem. § 4 Nr. 29 UStG

(1) Dem Gemeinwohl dienende Tätigkeiten

613 Zum 01.01.2020 wurde mit § 4 Nr. 29 UStG eine Steuerbefreiung für sonstige Leistungen von selbständigen Personenzusammenschlüssen an ihre Mitglieder für unmittelbare Zwecke ihrer dem *Gemeinwohl* dienenden Leistungen einge-

---

1114 BFH v. 08.03.2012 – V R 14/11, BStBl. II 2012, 630 unter II.2.c.bb.a. Im entschiedenen Fall ordnete der BFH die Übernachtungs- und Verpflegungsleistungen, die ein gemeinnütziger Verein im Zusammenhang mit steuerfreien Seminaren erbrachte, einem umsatzsteuerrechtlichen Zweckbetrieb „Beherbergung und Verpflegung“ zu und unterwarf sie dem (auch für Beherbergungsleistungen bis 31.12.2009 geltenden) Regelsteuersatz.

1115 BFH v. 10.08.2016 – V R 11/15 (ECLI:DE:BFH:2016:U.100816.VR11.15.0), BStBl. II 2018, 113 unter III.3.c mit Verweis auf BFH v. 18.01.1995 – V R 139-142/92, BStBl. II 1995, 446. Nach Bunjes/*Heidner*, UStG, 17. Aufl. 2018, § 12 Rn. 168 führt dies zu einer Aufteilung der Leistungen eines gemeinnützigkeitsrechtlichen Zweckbetriebs für Zwecke der USt in einen ermäßigt besteuerten „Kern-Zweckbetrieb“ und einen regelbesteuerten sonstigen Zweckbetrieb.

1116 BFH v. 08.03.2012 – V R 14/11, BStBl. II 2012, 630 unter II.2.c.bb.1.c mit Verweis auf EuGH v. 03.03.2011 – C-41/09, BFH/NV 2011, 735 unter Rn. 52. Gem. BMF v. 29.04.2014 – IV D 2 – S 7242-a/12/10001, BStBl. I 2014, 814 sind die Grundsätze des BFH-Urteils v. 08.03.2012 – V R 14/11, BStBl. II 2012, 630 in allen offenen Fällen anzuwenden.

1117 BFH v. 26.08.2021 – V R 5/19 (ECLI:DE:BFH:2021:U.260821.VR5.19.0), BFH/NV 2022, 166 unter Rn. 58.

1118 Z. B. nach § 4 Nr. 16 und 18 UStG.

1119 Bunjes/*Heidner*, UStG, 17. Aufl. 2018, § 12 Rn. 154.

führt. § 4 Nr. 29 UStG beruht auf Art. 132 Abs. 1 Buchst. f MwStSystRL.[1120] Zweck des § 4 Nr. 29 UStG ist es, bestimmte dem Gemeinwohl dienende Tätigkeiten von der Umsatzsteuer zu befreien, um den Zugang zu diesen Leistungen unter Vermeidung von höheren Kosten zu erleichtern, die entstehen würden, wenn diese Leistungen umsatzsteuerpflichtig wären.[1121]

(2) Begünstigte Leistungen gegenüber ihren im Inland ansässigen Mitgliedern

Sonstige Leistungen von selbständigen, *im Inland* ansässigen Zusammenschlüs- 614
sen von Personen[1122], deren Mitglieder eine dem Gemeinwohl dienende Tätigkeit ausüben, die u. a. nach § 4 Nr. 14 bis 18, 20 bis 25 oder 27 UStG von der Steuer befreit ist, gegenüber ihren *im Inland* ansässigen Mitgliedern sind gem. § 4 Nr. 29 UStG steuerfrei, soweit diese Leistungen für unmittelbare Zwecke der Ausübung dieser Tätigkeiten verwendet werden, der Zusammenschluss von seinen Mitgliedern lediglich die genaue Erstattung des jeweiligen Anteils an den gemeinsamen Kosten fordert und diese Befreiung nicht zu einer Wettbewerbsverzerrung führt.

Die Inanspruchnahme der Steuerbefreiung scheidet aus, „wenn eine reale Gefahr besteht, dass die Befreiung für sich genommen unmittelbar oder in der Zukunft zu Wettbewerbsverzerrungen führen kann".[1123]

(3) Verwendung für unmittelbare Zwecke der Ausübung von begünstigten Tätigkeiten

Die Leistungen müssen für *unmittelbare Zwecke* der Ausübung von begünstigten 615
Tätigkeiten der Mitglieder des Zusammenschlusses verwendet werden; die Dienstleistung des Zusammenschlusses muss somit *unmittelbar* zu der begünstigten Tätigkeit beitragen.[1124] Führen die Mitglieder auch andere Leistungen aus, gilt die Befreiung nur für die nach § 4 Nr. 29 UStG begünstigten Leistun-

1120 *Oelmaier* in Sölch/Ringleb, Umsatzsteuer, Stand: 97. Lfg. 2023, § 4 Nr. 29, Rn. 2. Für vor dem 01.01.2020 an ihre Mitglieder erbrachte Leistungen können sich selbständige Personenzusammenschlüsse nach BMF v. 19.07.2022 – III C 3 – S 7189/20/10001 :001 (DOK 2022/0744072), BStBl. I 2022, 1208 unter IV unmittelbar auf Art. 132 Abs. 1 Buchst. f MwStSystRL berufen.

1121 BMF v. 19.07.2022 – III C 3 – S 7189/20/10001 :001 (DOK 2022/0744072), BStBl. I 2022, 1208 unter I.

1122 Der Begriff des Zusammenschlusses erfordert nach BMF v. 19.07.2022 – III C 3 – S 7189/20/10001 :001 (DOK 2022/0744072), BStBl. I 2022, 1208 unter II.1.1, dass sich dabei mindestens zwei Mitglieder zusammenschließen; eine bloße Vereinbarung zur Kostenteilung unter mehreren Unternehmern bzw. Nichtunternehmern (sog. Aufwandpool) genügt nicht. Auf die Rechtsform des Personenzusammenschlusses kommt es nicht an. Nach BFH v. 23.09.2020 – XI R 35/18 (ECLI:DE:BFH:2020:U.230920.XIR35.18.0), BStBl. II 2022, 344 unter II.1.c.bb m. N. können auch Kapitalgesellschaften Personenzusammenschlüsse i. S. von § 4 Nr. 29 UStG sein.

1123 BMF v. 19.07.2022 – III C 3 – S 7189/20/10001 :001 (DOK 2022/0744072), BStBl. I 2022, 1208 unter II.2.

1124 *Oelmaier* in Sölch/Ringleb, Umsatzsteuer, Stand: 97. Lfg. 2023, § 4 Nr. 29, Rn. 11.

gen.[1125] Leistungen des Zusammenschlusses gegenüber Nichtmitgliedern sind nicht nach §4 Nr. 29 UStG befreit und grundsätzlich steuerpflichtig, sofern hierfür keine anderweitige Befreiungsvorschrift anwendbar ist.[1126]

(4) Genaue Kostenerstattung

616 Die Steuerbefreiung setzt voraus, dass das für die Leistung vereinbarte und entrichtete Entgelt den entstandenen Kosten entspricht und das jeweilige Mitglied den auf seinen Anteil entfallenden Betrag an den Gesamtkosten trägt. Alle Kosten, die der Zusammenschluss im Interesse der Mitglieder trägt, dürfen umgelegt werden. Hierzu gehören Sach- und Personalkosten sowie externe Finanzierungskosten.[1127]

(5) Keine Steuerbefreiung für allgemeine Verwaltungsleistungen

617 *Allgemeine Verwaltungsleistungen*, die lediglich *mittelbar* der Ausführung von nicht steuerbaren oder steuerfreien Umsätzen der Mitglieder dienen oder von den Mitgliedern für solche bezogen werden, führen nach Verwaltungsauffassung nicht zu einer Steuerbefreiung. Hierunter fallen z. B. Buchführungsarbeiten, die Eingabe und Pflege von Stammdaten/Stammsätzen oder Bestandsdaten, Rechnungs- oder Rezeptprüfungen, Rechtsberatung, Ablage- und Registrierungstätigkeiten, allgemeine Reinigungs- und Verpflegungsleistungen, allgemeine Aufgaben im Bereich von Organisation, Personalwesen und Personalgestellung oder die Raumüberlassung.[1128]

618 Durch den Ausschluss von allgemeinen Verwaltungsleistungen kommt eine Anwendung von §4 Nr. 29 UStG nach Auffassung des Verfassers nicht für alle Tätigkeiten einer Kooperation i. S. von § 57 Abs. 3 AO in Betracht.

8. Rechtsmittel gegen die Verletzung der Wettbewerbsneutralität

619 §65 Nr. 3 AO dient dem Schutz des Wettbewerbs. Die sog. Wettbewerbsklausel regelt den abwägenden Ausgleich zwischen der staatlichen Förderung des Allgemeinwohls und der durch Art. 3 Abs. 1 GG gebotenen Wettbewerbsneutralität des Steuerrechts.[1129] §5 Abs. 1 Nr. 9 Satz 2 KStG und §3 Nr. 6 Satz 2 GewStG i. V. m. den §§65 bis 68 AO haben dabei auch *drittschützenden* Charakter, wenn die Nichtbesteuerung eines wirtschaftlichen Geschäftsbetriebs zu einer Verletzung der Rechte von Konkurrenten führt.[1130]

1125 *Oelmaier* in Sölch/Ringleb, Umsatzsteuer, Stand: 97. Lfg. 2023, §4 Nr. 29, Rn. 13.

1126 BMF v. 19. 07. 2022 – III C 3 – S 7189/20/10001 :001 (DOK 2022/0744072), BStBl. I 2022, 1208 unter II.1.2.

1127 BMF v. 19. 07. 2022 – III C 3 – S 7189/20/10001 :001 (DOK 2022/0744072), BStBl. I 2022, 1208 unter II.2.3.

1128 BMF v. 19. 07. 2022 – III C 3 – S 7189/20/10001 :001 (DOK 2022/0744072), BStBl. I 2022, 1208 unter II.1.4.

1129 BFH v. 26. 08. 2021 – V R 5/19 (ECLI:DE:BFH:2021:U.260821.VR5.19.0), DStR 2021, 2895 unter Rn. 36.

1130 BFH v. 18. 09. 2007 – I R 30/06, BStBl. II 2009, 126 unter II.2.d.aa mit Verweis auf BFH v. 15. 10. 1997 – I R 10/92, BStBl. II 1998, 63.

Die Rechte eines Wettbewerbers werden verletzt, wenn durch die Nichtbesteuerung einer Körperschaft hinsichtlich ihres wirtschaftlichen Geschäftsbetriebs die Wettbewerbslage zu seinem Nachteil beeinflusst wird. Eine rechtswidrige Nichtbesteuerung und das Konkurrenzverhältnis allein führen jedoch dann nicht zu einer Rechtsverletzung, wenn der in der Nichtbesteuerung liegende wirtschaftliche Vorteil nicht *wettbewerbsrelevant* ist.[1131] 620

Hat das Finanzamt zu Unrecht die Annahme eines steuerpflichtigen wirtschaftlichen Geschäftsbetriebs verneint, steht dem betroffenen Konkurrenten wegen der möglichen Verletzung des Wettbewerbsverbots nur das Rechtsmittel der Konkurrentenklage zur Verfügung.[1132] Eine solche ist jedoch nach Auffassung des BFH für den Wettbewerber nicht unzumutbar.[1133] 621

a) *Auskunftsanspruch*

Nach dem Rechtsstaatsprinzip, dem Grundrecht der Berufsfreiheit des Art. 12 Abs. 1 GG sowie dem Prozessgrundrecht des Art. 19 Abs. 4 GG ist das Finanzamt verpflichtet, einem Steuerpflichtigen – vorbehaltlich des Steuergeheimnisses – die erforderlichen Auskünfte zu erteilen, wenn die Auskünfte für ihn unerlässlich sind, um seine steuerlichen Rechte unter zumutbaren Bedingungen effektiv wahrzunehmen.[1134] 622

Hierzu gehört auch die Pflicht, einem Steuerpflichtigen Auskunft über die Besteuerung eines Konkurrenten zu erteilen, damit er sein Recht auf Schutz vor einer möglichen unzutreffenden Besteuerung der Umsätze seines Konkurrenten in Anspruch nehmen kann. Hierfür muss der Steuerpflichtige jedoch *substantiiert und glaubhaft* darlegen, 623

> *„dass er durch eine aufgrund von Tatsachen zu vermutende oder zumindest nicht mit hinreichender Wahrscheinlichkeit auszuschließende unzutreffende Besteuerung bzw. Nichtbesteuerung seines Konkurrenten konkret feststellbare, ebenfalls durch Tatsachen belegte Wettbewerbsnachteile zu erleiden befürchten muss“.*[1135]

Die Auskunft darf erteilt werden, wenn die angestrebte Konkurrentenklage nicht offensichtlich unzulässig ist. Der Auskunftsanspruch setzt nicht voraus, dass dem Auskunftsantragsteller die von ihm behaupteten Rechte, die er auf der Grundlage der ihm zu erteilenden Auskunft verfolgen möchte, tatsächlich zustehen.[1136] 624

1131 BFH v. 15. 10. 1997 – I R 10/92, BStBl. II 1998, 63 unter B.4.c.

1132 FG Baden-Württemberg v. 16. 07. 2008 – 10 K 282/05, EFG 2009, 551 unter 1.b mit Verweis auf BFH v. 15. 10. 1997 – I R 10/92, BStBl. II 1998, 63. So auch BFH v. 28. 06. 2017 – XI R 23/14 (ECLI:DE:BFH:2017:U.280617.XIR23.14.0), BFH/NV 2017, 1561 unter II.3.d.bb.2.

1133 BFH v. 28. 06. 2017 – XI R 23/14 (ECLI:DE:BFH:2017:U.280617.XIR23.14.0), BFH/NV 2017, 1561 unter II.3.d.bb.2.

1134 BFH v. 05. 10. 2006 – VII R 24/03, BStBl. II 2007, 243 unter II.1 mit Verweis auf BVerwG v. 16. 09. 1980 – I C 52.75, BVerwGE 61, 15.

1135 BFH v. 26. 01. 2012 – VII R 4/11, BStBl. II 2012, 541 unter II.1.

1136 BFH v. 05. 10. 2006 – VII R 24/03, BStBl. II 2007, 243 unter II.2.

625 Im Übrigen ist es auch nach § 65 Abs. 1 FGO für die Erhebung einer Klage erforderlich, dass u. a. der Gegenstand des Klagebegehrens, bei Anfechtungsklagen auch der Verwaltungsakt und die Entscheidung über den außergerichtlichen Rechtsbehelf bezeichnet werden, was jedoch nur möglich ist, wenn der Kläger den anzufechtenden Verwaltungsakt bezeichnen kann.[1137]

626 Die hierfür erforderliche Offenbarung geschützter Daten ist nach § 30 Abs. 4 Nr. 1 AO *zulässig*, soweit sie der Durchführung eines Verfahrens in Steuersachen i. S. von § 30 Abs. 2 Nr. 1 Buchst. a und b AO dient.[1138]

627 Gegen die Ablehnung eines entsprechenden Auskunftsersuchens durch das Finanzamt ist nach Auffassung des FG Hamburg die Anfechtungsklage, kombiniert mit einer allgemeinen Leistungsklage i. S. des § 40 Abs. 1 FGO, die auf die begehrte Auskunftserteilung gerichtet ist, statthaft.[1139]

b) Die Konkurrentenklage

628 Ein Verstoß gegen die Wettbewerbsneutralität kann von dem betroffenen Wettbewerber im Wege der Konkurrentenklage angegriffen werden, in deren Rahmen zu klären ist, „ob dem Kläger insoweit ein subjektives Recht auf Schutz gegenüber der Konkurrenz zusteht".[1140] Der Wettbewerber macht hierdurch seinen Rechtsanspruch auf Besteuerung der konkurrierenden Körperschaft und ihres wirtschaftlichen Geschäftsbetriebs geltend, falls sich deren Nichtbesteuerung zu seinem Nachteil ausgewirkt hat.[1141]

629 Zulässig ist eine Konkurrentenklage dann, wenn „das Klagevorbringen es als möglich erscheinen lässt, dass die angefochtene Entscheidung eigene subjektiv-öffentliche Rechte des Klägers verletzt".[1142]

630 Der betroffene Wettbewerber muss die für ihn nachteiligen Auswirkungen *substantiiert* darlegen.[1143] Hierfür bedarf es detaillierter Angaben zum Wettbewerbsverhältnis in Bezug auf Kundenkreis und Güterangebot und zu den Auswirkungen einer Nichtbesteuerung wie etwa zu einem Verdrängungseffekt

---

1137 Vgl. FG Sachsen-Anhalt v. 10. 02. 2003 – 1 K 30456/99, EFG 2003, 910.

1138 BFH v. 26. 01. 2012 – VII R 4/11, BStBl. II 2012, 541 unter II.1.

1139 FG Hamburg v. 29. 04. 2021 – 6 K 206/19, SIS 21 11 38 unter I. Das FG Hamburg wies allerdings darauf hin, dass verschiedentlich die Auffassung vertreten wird, dass die Verpflichtungsklage die statthafte Klageart sei, weil der Verweigerung der Auskunftserteilung eine Verwaltungsentscheidung vorausgehe und verwies hierzu auf BFH v. 11. 04. 2012 – I R 63/11, BStBl. II 2012, 539; BFH v. 16. 12. 1987 – I R 66/84, BFH/NV 1988, 319; FG Hessen v. 11. 12. 2018 – 4 K 977/16, EFG 2019, 745; FG München v. 08. 07. 2015 – 4 K 2738/14, EFG 2015, 1886.

1140 BFH v. 24. 01. 2013 – V R 34/11, BStBl. II 2013, 460 unter I.5 mit Verweis auf BFH v. 26. 01. 2012 – VII R 4/11, BStBl. II 2012, 541.

1141 BFH v. 15. 10. 1997 – I R 10/92, BStBl. II 1998, 63 unter B.4.c.

1142 BFH v. 18. 08. 2022 – V R 49/19 (ECLI:DE:BFH:2022:U.180822.VR49.19.0), BStBl. II 2023, 298 unter II.1.a.

1143 BFH v. 18. 09. 2007 – I R 30/06, BStBl. II 2009, 126 unter II.2.d.aa.

durch günstigere Preise;[1144] die steuerbegünstigte Körperschaft ist beizuladen.[1145]

631 Ist noch kein Steuer- oder Feststellungsbescheid ergangen, ist das Finanzamt mit der *Verpflichtungsklage* gem. § 40 Abs. 1 FGO zu verpflichten, die steuerbefreite Körperschaft hinsichtlich ihres wirtschaftlichen Geschäftsbetriebs zu besteuern.[1146]

632 Liegen bereits Steuer- bzw. Freistellungsbescheide vor, muss der betroffene Wettbewerber die gegen die steuerbegünstigte Körperschaft erlassenen Steuer- bzw. Freistellungsbescheide mit dem Rechtsmittel der *Anfechtungsklage* angreifen.[1147]

633 Soweit ein Klageantrag jedoch den Erlass von Steuerbescheiden für *künftige Besteuerungszeiträume* zum Ziel hat, ist eine solche Klage unzulässig, da über eine Besteuerung erst *nach* Verwirklichung des Besteuerungstatbestandes entschieden werden darf.[1148]

IV. Zweckbetriebe der Wohlfahrtspflege gem. § 66 AO

1. Grundsatz

a) *Sorge für notleidende oder gefährdete Menschen*

634 Eine Einrichtung der Wohlfahrtspflege ist gem. § 66 Abs. 1 AO dann ein Zweckbetrieb, wenn sie in *besonderem Maße* den in § 53 AO genannten Personen dient. Wohlfahrtspflege ist nach § 66 Abs. 2 Satz 1 AO die planmäßige, zum Wohle der

---

1144 BFH v. 17.11.2022 – V R 12/20 (ECLI:DE:BFH:2022:U.171122.VR12.20.0), BStBl. II 2023, 367 unter II.1. Nach BFH v. 18.08.2022 – V R 49/19 (ECLI:DE:BFH:2022:U.180822.VR49.19.0), BStBl. II 2023, 298 unter II.1.a ist dann von einem Konkurrenzverhältnis und einer Wettbewerbsrelevanz der Nichtbesteuerung auszugehen, wenn der Standort einer steuerbegünstigten Wäscherei nur 10 km vom Standort eines Wettbewerbers entfernt und damit im gleichen örtlichen Einzugsbereich liegt, beide Wäschereien Leistungen aus dem Bereich der textilen Vollversorgung erbringen, es sich bei ihrer Kundschaft nahezu ausschließlich um Krankenhäuser und Alten- und Pflegeheime handelt, beide Wäschereien regelmäßig bei Ausschreibungen konkurrieren und die steuerbegünstigte Wäscherei bereits diverse Großkunden des Wettbewerbers abwerben konnte, da sie aufgrund ihrer steuerlichen Begünstigung niedrigere Preise anbot.

1145 BFH v. 23.02.2004 – VII R 24/03 (NV), BFH/NV 2004, 808 mit Verweis auf BVerwG v. 28.10.1999 – 7 C 32.98, NVwZ 2000, 436, 437. So auch FG Hessen v. 11.12.2018 – 4 K 977/16, rkr., EFG 2019, 745, 1. Leitsatz.

1146 BFH v. 18.09.2007 – I R 30/06, BStBl. II 2009, 126 unter II.2.d.aa.

1147 BFH v. 15.10.1997 – I R 10/92, BStBl. II 1998, 63 unter II.A. So auch Koenig/*Koenig*, AO, 4. Aufl. 2021, § 65 Rn. 15. Nach *Grimm*, Die negative Konkurrentenklage im Steuerrecht, Frankfurt/M., 2011, 18 wird im Schrifttum jedoch auch die Auffassung vertreten wird, die zutreffende Klageart wäre die Verpflichtungsklage gem. § 40 Abs. 1 FGO i. V. m. § 101 Satz 1 FGO.

1148 BFH v. 15.10.1997 – I R 10/92, BStBl. II 1998, 63 unter II.A mit Verweis auf BFH v. 08.04.1981 – II R 47/79, BStBl. II 1981, 581.

Allgemeinheit und nicht des Erwerbs wegen ausgeübte Sorge für notleidende oder gefährdete Mitmenschen.[1149]

635 Die Tätigkeit muss auf die Sorge für notleidende oder gefährdete Menschen i. S. von § 53 Nr. 1 und 2 AO gerichtet sein.[1150] Die Sorge kann sich gem. § 66 Abs. 2 Satz 2 AO auf das gesundheitliche, sittliche, erzieherische oder wirtschaftliche Wohl erstrecken und Vorbeugung oder Abhilfe bezwecken.

636 Wohlfahrtspflege wird z. B. durch die anerkannten Verbände der freien Wohlfahrtspflege, aber auch durch die als mildtätig anerkannten Körperschaften betrieben.[1151] Zu den amtlich anerkannten Verbänden der freien Wohlfahrtspflege gehören das Evangelische Werk für Diakonie und Entwicklung e. V., der Deutscher Caritasverband e. V., der Deutsche Paritätische Wohlfahrtsverband – Gesamtverband e. V., das Deutsche Rote Kreuz e. V., die Arbeiterwohlfahrt Bundesverband e. V., die Zentralwohlfahrtsstelle der Juden in Deutschland e. V., der Deutsche Blinden- und Sehbehindertenverband e. V., der Bund der Kriegsblinden Deutschlands e. V., der Verband deutscher Wohltätigkeitsstiftungen e. V., die Bundesarbeitsgemeinschaft Selbsthilfe von Menschen mit Behinderung und chronischer Erkrankung und ihren Angehörigen e. V., der Sozialverband VdK Deutschland e. V. und der Arbeiter-Samariter-Bund Deutschland e. V.[1152]

637 Einer steuerlichen Beurteilung als Zweckbetrieb steht nicht entgegen, dass die Leistungen den kranken Menschen nicht im Rahmen eines direkten Vertragsverhältnisses unmittelbar zugutekommen, sondern sich lediglich als Subunternehmerleistungen auf *mittelbarem* Weg bei den Patienten auswirken.[1153] Die auf die Linderung der Hilfebedürftigkeit gerichteten Leistungen einer begünstigten Körperschaft kommen hilfebedürftigen Personen bereits dann „zugute", wenn sich die konkreten Leistungen auch ohne Vertragsverhältnis und ohne faktischen Kontakt zwischen der hilfebedürftigen Person und dem Leistungserbringer als notwendiger Bestandteil einer Gesamtbehandlung bei dieser auswirken.[1154]

1149 Die Versorgung, Verpflegung und Betreuung von Flüchtlingen ist mit Wirkung vom 29. 12. 2020 in § 68 Nr. 1 Buchst. c AO geregelt. Vgl. hierzu Abschn. E.VII.3.

1150 Vgl. hierzu Abschn. B.III.

1151 Koenig/*Koenig*, AO, 4. Aufl. 2021, § 66 Rn. 5.

1152 Gem. § 23 UStDV in der bis einschließlich Kalenderjahr 2019 geltenden Fassung. Als Folgeänderung aus der Neufassung des § 4 Nr. 18 UStG ist § 23 UStDV mit Wirkung vom 01. 01. 2020 aufgehoben worden.

1153 FG Schleswig-Holstein v. 28. 06. 2022 – 4 K 96/19, EFG 2022, 1504 unter 2.b; die Rev. war nach BFH v. 05. 04. 2023 – V R 14/22 begründet; das Verfahren wurde an das FG zurückverwiesen.

1154 FG Schleswig-Holstein v. 28. 06. 2022 – 4 K 96/19, EFG 2022, 1504 unter 2.f; die Rev. war nach BFH v. 05. 04. 2023 – V R 14/22 begründet; das Verfahren wurde an das FG zurückverwiesen.

b) Die Wohlfahrtspflege darf nicht „des Erwerbs wegen" ausgeübt werden

638 Die Wohlfahrtspflege darf gem. § 66 Abs. 2 Satz 1 AO jedoch nicht „des Erwerbs wegen" ausgeübt werden.[1155] Eine Einrichtung wird dann „des Erwerbs wegen" unterhalten, wenn damit Gewinne angestrebt werden, die den konkreten Finanzierungsbedarf des jeweiligen wirtschaftlichen Geschäftsbetriebs *übersteigen.*[1156] Die Anbietung und Ausübung von Leistungen zu denselben Bedingungen wie private gewerbliche Unternehmen führt dann nicht zu einem Handeln „des Erwerbs wegen", wenn die Erzielung von Gewinnen in gewissem Umfang – z. B. zur Finanzierung von betrieblichen Erhaltungs- und Modernisierungsmaßnahmen – geboten ist.[1157]

639 Gewinne aufgrund der Gebührenordnung für ambulante Pflegeleistungen[1158] sind kein Indiz dafür, dass ein wirtschaftliche Geschäftsbetrieb (Zweckbetrieb) des Erwerbs wegen ausgeübt wird.[1159] Hierbei ist auch zu berücksichtigen, dass § 66 AO – im Gegensatz zu § 65 Nr. 3 AO – *keine* Wettbewerbsklausel enthält, die einen Wettbewerb in größerem Umfang zu nicht begünstigten Betrieben derselben oder ähnlichen Art verbietet.[1160]

c) Wohlfahrtspflegerische Gesamtsphäre

640 Werden jedoch in drei aufeinanderfolgenden Veranlagungszeiträumen jeweils Gewinne erwirtschaftet, die den konkreten Finanzierungsbedarf der *wohlfahrtspflegerischen Gesamtsphäre* der Körperschaft übersteigen, ist nach Auffassung der Finanzverwaltung widerlegbar von einer zweckbetriebsschädlichen Absicht der Körperschaft auszugehen, den wirtschaftlichen Geschäftsbetrieb des Erwerbs wegen auszuüben.[1161]

641 Die *wohlfahrtspflegerische Gesamtsphäre* einer Körperschaft umfasst die Wohlfahrtspflegeeinrichtungen i. S. von § 66 AO, die Zweckbetriebe i. S. von § 67 AO[1162], die Zweckbetriebe i. S. von § 68 Nr. 1, 3 bis 5 AO[1163], soweit diese auch die Voraussetzungen des § 66 AO erfüllen, und die ideellen Tätigkeiten der Körperschaft. Der konkrete Finanzierungsbedarf beinhaltet die Erträge, die für den Betrieb und die Fortführung der Einrichtung(en) der Wohlfahrtspflege notwen-

1155 BFH v. 20. 11. 1969 – V R 40/66, BStBl. II 1970 II, 190.

1156 BFH v. 27. 11. 2013 – I R 17/12, BStBl. II 2016, 68. So auch AEAO zu § 66, Nr. 2.

1157 BFH v. 27. 11. 2013 – I R 17/12, BStBl. II 2016, 68 unter II.5.c.bb (Abgrenzung zu BFH v. 18. 09. 2007 – I R 30/06, BStBl. II 2009, 126).

1158 Vgl. § 90 SGB XI.

1159 AEAO zu § 66, Nr. 2.

1160 BFH v. 27. 11. 2013 – I R 17/12, BStBl. II 2016, 68 unter II.5.c.bb. Nach der Rechtsprechung des I. Senats des BFH – hier unter II.5.c.bb m. N. – ist diese Wettbewerbsklausel im Bereich der im Gesetz speziell geregelten Zweckbetriebe nicht entsprechend anzuwenden.

1161 AEAO zu § 66. Nr. 2.

1162 Vgl. hierzu Abschn. E.V.

1163 Vgl. hierzu Abschn. E.VII.1 bis 3 und 5 bis 7.

dig sind als auch die zulässige Rücklagenbildung nach § 62 Abs. 1 Nr. 1 und 2 AO.[1164]

2. Zwei-Drittel-Regelung

642 Eine Einrichtung der Wohlfahrtspflege dient gem. § 66 Abs. 3 AO in *besonderem Maße* den in § 53 AO genannten Personen, wenn diesen Personen mindestens zwei Drittel der Leistungen einer solchen Einrichtung zugutekommen. Entscheidend ist hierbei, dass die Einrichtung der Wohlfahrtspflege unmittelbar gegenüber den in § 53 AO genannten Personen tätig wird.[1165]

643 Bei Kleiderkammern, Suppenküchen, Obdachlosenasylen und den sog. „Tafeln"[1166] kann auf den Nachweis der Zweidrittelgrenze verzichtet werden, wenn ein Bescheid nach § 53 Nr. 2 Satz 8 AO[1167] vorliegt.[1168] Auch der Einzelverkauf gesammelter Kleidungsstücke in einer Kleiderkammer oder einer ähnlichen Einrichtung kann einen Zweckbetrieb i. S. des § 66 AO darstellen, wenn mindestens zwei Drittel der Leistungen dieser Einrichtung hilfebedürftigen Personen i. S. des § 53 AO zugutekommen.[1169] Werden solche Leistungen zu gleichen Bedingungen sowohl gegenüber hilfsbedürftigen als auch nicht hilfsbedürftigen Personen erbracht, ist nach Verwaltungsauffassung ein *einheitlicher wirtschaftlicher Geschäftsbetrieb* „Einrichtung der Wohlfahrtspflege" anzunehmen, der bei Erfüllung der 2/3-Grenze des § 66 AO als steuerbegünstigter Zweckbetrieb zu behandeln ist.[1170]

644 Die *Feststellungslast* für die „Zwei-Drittel"-Regelung liegt bei der steuerbegünstigten Körperschaft.[1171] Hierfür sind Aufzeichnungen darüber erforderlich, wem die Unterstützung zugutegekommen ist, in welchem Umfang und durch welche Maßnahmen (Registrierung, Erfassung oder Ausgabe von Ausweisen) die Einrichtung die Leistungsempfänger der in § 53 AO genannten Personengruppe zugeordnet hat.[1172] Wird der Nachweis der „Zwei-Drittel"-Grenze nicht geführt,

1164 AEAO zu § 66, Nr. 2.

1165 AEAO zu § 66, Nr. 3 mit Verweis auf BFH v. 06. 02. 2013 – I R 59/11, BStBl. II 2013, 603.

1166 Der Begriff „Tafel" ist nach OFD Niedersachsen v. 09. 02. 2016 – S 2223 – 324 – St 235/S 0185 – 7 – St 245/S 7100 – 674 – St 171/G 1412 – 27 – St 251, UR 2016, 532 als eingetragenes Markenzeichen durch den Bundesverband Deutsche Tafel e. V. geschützt. Tafeln haben die Rechtsform eines Vereins oder werden in Trägerschaft z. B. des DRK, der AWO oder einer Kirche betrieben. Eine Tafel kann Mitglied im Bundesverband Deutsche Tafel e. V. sein. Der Bundesverband Deutsche Tafel e. V. ist Mitglied des paritätischen Gesamtverbandes.

1167 Vgl. hierzu Abschn. B.III.2.c.

1168 AEAO zu § 66, Nr. 7.

1169 AEAO zu § 66, Nr. 9.

1170 AEAO zu § 66, Nr. 7.

1171 BFH v. 21. 09. 2016 – V R 50/15 (ECLI:DE:BFH:2016:U.210916.VR50.15.0), BStBl. II 2017, 1173 unter II.3.a.bb m. N.

1172 BFH v. 21. 09. 2016 – V R 50/15 (ECLI:DE:BFH:2016:U.210916.VR50.15.0), BStBl. II 2017, 1173 unter II.3.a.bb.

liegen die Voraussetzungen des § 66 AO nicht vor; die Einrichtung ist dann als *steuerpflichtiger* wirtschaftlicher Geschäftsbetrieb zu behandeln.[1173]

3. Personalgestellung zur Erfüllung steuerbegünstigter Zwecke Dritter

Werden Leistungen nicht nur an die in § 53 AO genannten Personen, sondern auch für einen Dritten erbracht, ist zu prüfen, ob die für Dritte erbrachten Leistungen dem Zweckbetrieb i. S. des § 66 AO oder ggf. einem steuerpflichtigen wirtschaftlichen Geschäftsbetrieb zuzurechnen sind.[1174] 645

Beispiel:[1175] 646

Eine gemeinnützige Körperschaft stellt ihr Personal einer anderen Körperschaft zur Erfüllung der steuerbegünstigten Zwecke im Rahmen einer Pflegeeinrichtung zur Verfügung. Die Erlöse für die bereitgestellten Pflegekräfte sind dem Zweckbetrieb nach § 66 AO zuzuordnen.

Erbringt das bereitgestellte Personal bei der anderen Körperschaft jedoch nur Verwaltungsleistungen, sind die berechneten Leistungen dem Zweckbetrieb i. S. des § 66 AO nicht zuzuordnen.

4. Einzelfälle

a) Häusliche Pflegeleistungen

Eine Einrichtung der Wohlfahrtspflege liegt *regelmäßig* vor bei häuslichen Pflegeleistungen durch eine steuerbegünstigte Körperschaft im Rahmen der Sozialgesetze.[1176] Auch diese Einrichtungen müssen nicht in unmittelbaren vertraglichen Beziehungen zu den von ihnen betreuten Hilfebedürftigen stehen; maßgeblich ist, dass die Hilfeleistungen in *tatsächlicher* Hinsicht *selbst* und *unmittelbar* gegenüber den Hilfebedürftigen erbracht werden.[1177] 647

b) Krankentransport von Personen

Ebenso ist der Krankentransport von Personen, für die während der Fahrt eine fachliche Betreuung bzw. der Einsatz besonderer Einrichtungen eines Krankentransport- oder Rettungswagens erforderlich ist, als Zweckbetrieb zu beurtei- 648

1173 BFH v. 21.09.2016 – V R 50/15 (ECLI:DE:BFH:2016:U.210916.VR50.15.0), BStBl. II 2017, 1173 unter II.3.a.bb.

1174 Vgl. AEAO zu § 66, Nr. 3.

1175 Nach AEAO zu § 66, Nr. 3.

1176 AEAO zu § 66, Nr. 4 mit Verweis auf SGB VII, XI und XII sowie das Gesetz über die Versorgung der Opfer des Krieges (BVG) v. 22.01.1982, BGBl. I 1982, 21, zuletzt geändert durch das Gesetz zur Stärkung der Teilhabe von Menschen mit Behinderungen sowie zur landesrechtlichen Bestimmung der Träger von Leistungen für Bildung und Teilhabe in der Sozialhilfe (Teilhabestärkungsgesetz) v. 02.06.2021, BGBl. I 2021, 1387.

1177 BFH v. 27.11.2013 – I R 17/12, BStBl. II 2016, 68 (Änderung der Rechtsprechung).

len.[1178] Nicht begünstigt ist jedoch die Beförderung von Personen in Pkws, Taxen oder Mietwagen, für die der Arzt eine Krankenfahrt verordnet hat.[1179]

c) Transporte von Blut und Gewebeproben durch einen gemeinnützigen Verein

649 Blut- und Gewebetransporte eines gemeinnützigen Vereins[1180] zwischen Krankenhäusern bzw. Ärzten einerseits und Laboren andererseits dienen dazu, kranken, mithin hilfebedürftigen Menschen und Patienten, bei denen der Verdacht einer Erkrankung besteht, zu helfen.[1181] Solche Leistungen können einen Zweckbetrieb i. S. von § 66 AO darstellen.[1182]

650 *(nicht belegt)*

d) Gesellige Veranstaltungen

651 Gesellige Veranstaltungen, die in *erster Linie* zur Betreuung behinderter Personen durchgeführt werden, können unter den Voraussetzungen der §§ 65 und 66 AO einen Zweckbetrieb darstellen; andere gesellige Veranstaltungen sind jedoch als *steuerpflichtige* wirtschaftliche Geschäftsbetriebe zu behandeln.[1183] e) Versorgung mit Speisen und Getränken in Mensa- und Cafeteria-Betrieben

652 Darüber hinaus stellt auch die Versorgung von Kindern in einer Kindertagesstätte, von Schülern in den Schulen und von Studierenden an Hochschulen und Universitäten mit Speisen und Getränken in Mensa- und Cafeteria-Betrieben nach Auffassung der Finanzverwaltung einen Zweckbetrieb dar, sofern der Verkauf von alkoholischen Getränken, Tabakwaren und sonstigen Handelswaren nicht mehr als 5 Prozent des Gesamtumsatzes ausmacht.[1184]

1178 BMF v. 20.01.2009 – IV C 4 – S 0185/08/10001, BStBl. I 2009, 339; a. A. BFH v. 18.09.2007 – I R 30/06, BStBl. II 2009, 126, der darauf hinweist, dass die Nichtbesteuerung eines wirtschaftlichen Geschäftsbetriebs zu einer Verletzung von Rechten der Mitbewerber führen kann. Rettungsfahrten und Krankentransporte mit ärztlicher Betreuung können nach BFH v. 27.11.2013 – I R 17/12, BStBl. II 2016, 68 unter II.2.d jedoch *mildtätigen Zwecken* i. S. von § 53 Nr. 1 AO dienen.

1179 AEAO zu § 66, Nr. 6.

1180 Im entschiedenen Fall war dieser Verein – dessen Zweck es u. a. war, verletzten, kranken und behinderten Menschen Hilfe zu leisten und eine Transportmöglichkeit mit vereinseigenen Fahrzeugen zu schaffen – Mitglied im Deutschen paritätischen Wohlfahrtsverband. Nach dem Sachverhalt wurden in nahezu allen Fällen und damit in jedenfalls *mehr als zwei Dritteln aller Fälle* solche Proben für erkrankte Personen befördert.

1181 FG Schleswig-Holstein v. 28.06.2022 – 4 K 96/19, EFG 2022, 1504 unter 2.a; die Rev. war nach BFH v. 05.04.2023 – V R 14/22 begründet; das Verfahren wurde an das FG zurückverwiesen.

1182 FG Schleswig-Holstein v. 28.06.2022 – 4 K 96/19, EFG 2022, 1504 unter 2.f; die Rev. war nach BFH v. 05.04.2023 – V R 14/22 begründet; das Verfahren wurde an das FG zurückverwiesen.

1183 AEAO zu § 66, Nr. 8.

1184 AEAO zu § 66, Nr. 5. Der Verkauf von alkoholischen Getränken, Tabakwaren und sonstigen Handelswaren darf jedoch nicht mehr als 5 v. H. des Gesamtumsatzes ausmachen.

5. Durchführung von Jugendfreiwilligendiensten

Die Leistungen des Personals, das von einem zugelassenen Träger im Rahmen des Jugendfreiwilligendienstes z. B. zur Erfüllung steuerbegünstigter Zwecke einer Pflegeeinrichtung zur Verfügung gestellt wird, sind einem Zweckbetrieb nach § 66 AO zuzuordnen.[1185] 653

a) Bürgerschaftliches Engagement zur Förderung von Jugendlichen

Jugendfreiwilligendienste stellen gem. § 1 Abs. 1 JFDG[1186] eine besondere Form des „bürgerschaftlichen Engagements zur Förderung der Bildungsfähigkeit von Jugendlichen" dar. Hierzu gehören gem. § 1 Abs. 2 JFDG das „Freiwillige soziale Jahr" (FSJ) und das „Freiwillige ökologische Jahr" (FÖJ). Es handelt sich dabei um ein sog. Bildungs- und Orientierungsjahr (von 6 bis 18 Monaten Dauer[1187]), das von einem gemeinnützigen Maßnahmenträger pädagogisch begleitet wird,[1188] „damit junge Menschen Fähigkeiten erwerben, die in Bildungs- und Beschäftigungskontexten von Nutzen sind".[1189] 654

Voraussetzung für die Förderung des Jugendfreiwilligendienstes nach § 9 JFDG ist, dass die in den §§ 2 bis 8 JFDG genannten Voraussetzungen erfüllt sind und der Dienst von einem nach § 10 JFDG zugelassenen Träger durchgeführt wird. 655

1185 Vgl. FinMin Sachsen-Anhalt v. 27. 05. 2020 – 42 – S 0184 – 14, DStR 2020, 1740 unter 2. Dies gilt nach Auffassung des Verfassers grundsätzlich auf für Leistungen des *Bundesfreiwilligendienstes* gem. § 8 Abs. 1 des Gesetzes über den Bundesfreiwilligendienst (BFDG) v. 28. 04. 2011, BGBl. I 2011, 687, zuletzt geändert durch Art. 81 des Gesetzes v. 20. 08. 2021, BGBl. I 2021, 3932. Voraussetzung hierfür ist jedoch die Anerkennung einer entsprechenden Einsatzstelle – der der Aufwand für das an die Freiwilligen gezahlte Taschengeld, die Sozialversicherungsbeiträge und die pädagogische Begleitung gem. § 17 Abs. 3 BFDG im Rahmen der im Haushaltsplan vorgesehenen Mittel erstattet wird – als eine *gemeinwohlorientierte Einrichtung*. Einrichtungen von juristischen Personen des öffentlichen Rechts und juristischen Personen des privaten Rechts, die nach § 5 Abs. 1 Nr. 9 KStG wegen der Förderung gemeinnütziger, mildtätiger oder kirchlicher Zwecke von der Körperschaftsteuer befreit sind, erfüllen nach den Richtlinien zur Durchführung des Bundesfreiwilligendienstes (Anerkennungsrichtlinien BFD) v. 04. 07. 2011, *https://www.bundesfreiwilligendienst.de/fileadmin/de.bundesfreiwilligendienst/content.de/Service/Downloads/Einsatzstellen-Rechtstraeger-Abrechnungsstellen/Anerkennungsrichtlinie.pdf* (abgerufen am 05. 02. 2023) unter 2.3 *immer* Aufgaben des Allgemeinwohls. Soweit das Personal seinen Dienst gem. § 6 Abs. 2 BFDG in Einrichtungen der Kinder- und Jugendhilfe, in einer Einrichtung der Wohlfahrts-, Gesundheits- und Altenpflege oder der Behindertenhilfe ausübt, kann diese einen Zweckbetrieb i. S. von § 66 AO darstellen; in den übrigen Fällen des § 6 Abs. 2 BFDG sind die Leistungen einer entsprechenden Einrichtung ggf. einem Zweckbetrieb i. S. des § 68 AO zuzuordnen.

1186 Gesetz zur Förderung von Jugendfreiwilligendiensten v. 16. 05. 2008, BGBl. I 2008, 842, zuletzt geändert durch das Gesetz zur Regelung des Sozialen Entschädigungsrechts v. 12. 12. 2019, BGBl. I 2019, 2652.

1187 Im Ausnahmefall gem. § 8 JFDG auch bis zu 24 Monaten.

1188 FinMin Sachsen-Anhalt v. 27. 05. 2020 – 42 – S 0184 – 14, DStR 2020, 1740 unter 1.

1189 BFH v. 24. 06. 2020 – V R 21/19 (ECLI:DE:BFH:2020:U.240620.VR21.19.0), BFH/NV 2020, 1398 unter II.2.a mit Verweis auf BT-Drucks. 16/6519, 13.

b) *Zugelassene Träger*

656 Zu den zugelassenen Trägern gehören nach § 10 Abs. 1 Nr. 1 bis 3 JFDG u. a. die Verbände, die in der Bundesarbeitsgemeinschaft der freien Wohlfahrtspflege zusammengeschlossen sind, Religionsgemeinschaften mit dem Status einer öffentlich-rechtlichen Körperschaft und die Gebietskörperschaften sowie nach näherer Bestimmung der Länder sonstige Körperschaften des öffentlichen Rechts. Über die Zulassung eines Trägers des freiwilligen sozialen bzw. ökologischen Jahres *im Ausland* entscheidet gem. § 10 Abs. 3 Satz 2 JFDG die zuständige Landesbehörde.

c) *Schriftliche Vereinbarung gem. § 11 JFDG*

657 Die Freiwilligen erhalten gem. § 11 Abs. 1 Satz 2 Nr. 6 bzw. § 11 Abs. 2 Satz 1 JFDG neben Unterkunft, Verpflegung und Arbeitskleidung für ihre Tätigkeit vom Träger eine Vergütung in Form eines Taschengeldes. Grundlage für den Einsatz ist eine schriftliche Vereinbarung zwischen dem zugelassenen Träger des Jugendfreiwilligendienstes und dem bzw. der Freiwilligen gem. § 11 Abs. 1 Satz 1 JFDG oder (als gemeinsame Vereinbarung) zwischen dem zugelassenen Träger des Jugendfreiwilligendienstes, der Einsatzstelle und dem bzw. der Freiwilligen gem. § 11 Abs. 2 Satz 1 JFDG.

aa) *Vertragsgestaltung gem. § 11 Abs. 1 Satz 1 JFDG*

658 Bei einer Vertragsgestaltung nach § 11 Abs. 1 Satz 1 JFDG stehen die Freiwilligen in einem arbeitnehmerähnlichen Verhältnis zum Träger (der auch die Anmeldung zur Sozialversicherung zu übernehmen hat). Der Einsatz der Freiwilligen erfolgt jedoch in einer der sog. Einsatzstellen, die die Hilfeleistungen selbst und unmittelbar gegenüber den Hilfebedürftigen erbringen. Nicht erforderlich ist, dass die Einsatzstellen in unmittelbaren vertraglichen Beziehungen zu den von ihnen betreuten Hilfebedürftigen stehen.

659 Entscheidend ist, dass eine Einrichtung der Wohlfahrtspflege faktisch *unmittelbar* gegenüber den in § 53 AO genannten Personen tätig wird. Wird daher durch den Träger Personal zur Erfüllung der steuerbegünstigten Zwecke für einen Vertragspartner (Einsatzstelle) z. B. im Rahmen einer Pflegeeinrichtung zur Verfügung gestellt, so sind die Leistungen der bereitgestellten Pflegekräfte einem Zweckbetrieb nach § 66 AO zuzuordnen. Dies gilt jedoch nicht, wenn das bereitgestellte Personal nur Verwaltungsleistungen erbringt.[1190]

bb) *Vertragsgestaltung gem. § 11 Abs. 2 JFDG*

660 Bei einer Vertragsgestaltung nach § 11 Abs. 2 JFDG treten die Freiwilligen unmittelbar zu der Einsatzstelle in Beziehung, die die Geld- und Sachleistungen für Unterkunft, Verpflegung, Arbeitskleidung und Taschengeld auf eigene Rechnung übernimmt; eine Überlassung von Freiwilligen durch den Träger an die

1190 FinMin Sachsen-Anhalt v. 27.05.2020 – 42 – S 0184 – 14, DStR 2020, 1740 unter 2.

Einsatzstelle – und damit die Annahme eines Zweckbetriebs nach § 66 AO bei dem Träger – entfällt somit.[1191]

d) *Umsatzsteuerfreie Leistungserbringung durch den Träger des Jugendfreiwilligendienstes*

661 Soweit der Träger des Jugendfreiwilligendienstes aufgrund der vertraglichen Ausgestaltung nach § 11 Abs. 1 Satz 1 JFDG die Kosten für Geld- oder Sachleistungen für Unterkunft, Verpflegung, Arbeitsbekleidung und Taschengeld trägt und hierfür von der Einsatzstelle der Freiwilligen eine monatliche Vergütungspauschale erhält, ist diese nach Art. 132 Abs. 1 Buchst. g MwStSystRL *umsatzsteuerfrei*, da es sich um ein Entgelt für eine *eng* mit der Sozialfürsorge und der sozialen Sicherheit verbundene Dienstleistung handelt.[1192]

662 Nach Auffassung des BFH handelt es sich hierbei nicht um eine steuerpflichtige Personalgestellung, da der Träger das freiwillige soziale Jahr pädagogisch mit dem Ziel begleitet, soziale, kulturelle und interkulturelle Kompetenzen zu vermitteln und das Verantwortungsbewusstsein für das Gemeinwohl zu stärken; im Übrigen ersetzen die Freiwilligen keine hauptamtlichen Kräfte, sondern verrichten lediglich unterstützende, zusätzliche Tätigkeiten.[1193]

6. Umsatzsteuerliche Befreiungs- und Ermäßigungstatbestände

a) *Steuerbefreiung für Pflegeleistungen nach § 4 Nr. 16 UStG*

663 Von den unter § 1 Abs. 1 Nr. 1 UStG fallenden Umsätzen sind Leistungen, die mit der Betreuung oder Pflege körperlich, kognitiv oder psychisch hilfebedürftiger Personen *eng* verbundenen sind, gem. § 4 Nr. 16 UStG von der Umsatzsteuer befreit.

664 Hierunter fallen entsprechende Leistungen, die gem. § 4 Nr. 16 Buchst. a UStG von juristischen Personen des öffentlichen Rechts erbracht werden. Steuerfrei sind auch die Leistungen, die gem. § 4 Nr. 16 Buchst. c UStG von Einrichtungen, mit denen ein Vertrag nach § 132a SGB V[1194], § 72 oder § 77 SGB XI[1195] besteht

1191 FinMin Sachsen-Anhalt v. 27. 05. 2020 – 42 – S 0184 – 14, DStR 2020, 1740 unter 3. Hinsichtlich der Durchführung von Bildungsleistungen durch den Träger kann jedoch ein Zweckbetrieb i. S. von § 68 Nr. 8 AO vorliegen.

1192 BFH v. 24. 06. 2020 – V R 21/19 (ECLI:DE:BFH:2020:U.240620.VR21.19.0), BFH/NV 2020, 1398 unter III.2.b.

1193 BFH v. 24. 06. 2020 – V R 21/19 (ECLI:DE:BFH:2020:U.240620.VR21.19.0), BFH/NV 2020, 1398 unter III.2.c mit Verweis auf BT-Drucks. 17/4803, 15.

1194 Sozialgesetzbuch Fünftes Buch – Gesetzliche Krankenversicherung – v. 20. 12. 1988, BGBl. I 1988, 2477, zuletzt geändert durch Art. 3 des Gesetzes zur Änderung des Finanzausgleichsgesetzes 2024 und zur Änderung des Stabilisierungsfondsgesetzes (FAG-Änderungsgesetz 2024) v. 30. 07. 2024, BGBl. I 2024, Nr. 254. § 132a SGB V betrifft die Versorgung mit häuslicher Krankenpflege.

1195 Nach § 72 Abs. 1 SGB XI dürfen die Pflegekassen ambulante und stationäre Pflege nur durch Pflegeeinrichtungen gewähren, mit denen ein Versorgungsvertrag besteht (zugelassene Pflegeeinrichtungen). § 77 SGB XI betrifft die häusliche Pflege durch Einzelpersonen.

oder die Leistungen zur häuslichen Pflege oder zur Heimpflege erbringen und die hierzu nach § 26 Abs. 5 i. V. m. § 44 SGB VII[1196] bestimmt sind.

665 Leistungen von Einrichtungen, deren Angebote – die dazu beitragen, Pflegepersonen im Alltag zu entlasten – nach § 45a SGB XI anerkannt sind und von Einrichtungen, mit denen eine Vereinbarung zur Pflegeberatung[1197] nach § 7a SGB XI besteht, sind gem. § 4 Nr. 16 Buchst. g und l UStG ebenfalls steuerbefreit.

666 Weiterhin sind Leistungen von Einrichtungen, bei denen die Betreuungs- oder Pflegekosten oder die Kosten für eng mit der Betreuung oder Pflege verbundene Leistungen in mindestens 25 v. H. der Fälle von den gesetzlichen Trägern der Sozialversicherung, den Trägern der Sozialhilfe, den Trägern der Eingliederungshilfe nach § 94 SGB IX[1198] oder der für die Durchführung der Kriegsopferversorgung zuständigen Versorgungsverwaltung einschließlich der Träger der Kriegsopferfürsorge ganz oder zum überwiegenden Teil vergütet werden, gem. § 4 Nr. 16 Buchst. m UStG umsatzsteuerfrei.

b) Steuerbefreiung für eng mit der Sozialfürsorge und der sozialen Sicherheit verbundene Leistungen nach § 4 Nr. 18 UStG

667 Leistungen, die *eng* mit der Sozialfürsorge und der sozialen Sicherheit verbunden sind, sind gem. § 4 Nr. 18 UStG (in der ab Kalenderjahr 2020 geltenden Fassung) steuerbefreit, sofern diese Leistungen von Einrichtungen des öffentlichen Rechts oder anderen Einrichtungen, die *keine systematische Gewinnerzielung* anstreben, erbracht werden. Etwaige Gewinne, die trotzdem anfallen, dürfen gem. § 4 Nr. 18 Satz 2 UStG nicht verteilt, sondern müssen zur Erhaltung oder Verbesserung der durch die Einrichtung erbrachten Leistungen verwendet werden. Der Begriff „Einrichtung“ umfasst auch Personenvereinigungen und natürliche Personen.[1199]

1196 Siebtes Buch Sozialgesetzbuch – Gesetzliche Unfallversicherung – v. 07. 08. 1996, BGBl. I 1996, 1254, zuletzt geändert durch Art. 11b des Gesetz zur Umsetzung der Richtlinie (EU) 2019/1152 des Europäischen Parlaments und des Rates v. 20. 06. 2019 über transparente und vorhersehbare Arbeitsbedingungen in der Europäischen Union im Bereich des Zivilrechts und zur Übertragung von Aufgaben an die Sozialversicherung für Landwirtschaft, Forsten und Gartenbau v. 20. 07. 2022, BGBl. I 2022, 1174.

1197 Personen, die Leistungen nach SGB XI erhalten, haben gem. § 7a Abs. 1 Satz 1 SGB XI Anspruch auf individuelle Beratung und Hilfestellung bei der Auswahl und Inanspruchnahme von bundes- oder landesrechtlich vorgesehenen Sozialleistungen sowie sonstigen Hilfsangeboten, die auf die Unterstützung von Menschen mit Pflege-, Versorgungs- oder Betreuungsbedarf ausgerichtet sind.

1198 Gem. § 94 Abs. 1 SGB IX bestimmen die Länder die für die Durchführung zuständigen Träger der Eingliederungshilfe.

1199 *Oelmaier* in Sölch/Ringleb, Umsatzsteuer, Stand: 99. Lfg. 2023, § 4 Nr. 18, Rn. 16 m. N.

Praxishinweis: 668

Bei der Beurteilung der Frage, ob es sich um eine Einrichtung ohne Gewinnstreben handelt, sind *sämtliche Tätigkeiten* dieser Einrichtung zu berücksichtigen.[1200]

Für die Steuerfreiheit nach § 4 Nr. 18 UStG kommt es nicht auf die Zweckbetriebsvoraussetzungen des § 66 AO an;[1201] die innerstaatlichen Regelungen im Rahmen der Gemeinnützigkeit, insbesondere die zur Selbstlosigkeit, sind nach *Oelmaier* nicht maßgebend.[1202] 669

Eng mit der Sozialfürsorge und der sozialen Sicherheit *verbunden* sind Leistungen dann, wenn sie für die Sozialfürsorge und die soziale Sicherheit *unerlässlich* sind.[1203] 670

Zu den begünstigten Leistungen gehören nach *Oelmaier* u. a. Beratungsleistungen für Angehörige von drogen- und alkoholabhängigen Personen, Hilfen für Strafentlassene, Beratungsleistungen für Obdach- und Wohnungslose, Hilfen für Prostituierte, Schuldnerberatungen[1204], Beratungsleistungen im Zusammenhang mit Migration und Leistungen der „Tafeln" durch Abgabe von nicht mehr im Handel verwendeten Lebensmitteln an Bedürftige. Auch Leistungen des Bundesfreiwilligendienstes aufgrund von Verträgen nach § 16 BFDG[1205] im sozialen Bereich unterliegen der Umsatzsteuerbefreiung nach § 4 Nr. 18 UStG, nicht jedoch entsprechende Leistungen in den Bereichen Umwelt- und Naturschutz, Landschaftspflege, Kultur- und Denkmalpflege, Sport oder Zivil- und Katastrophenschutz.[1206] 671

Für die in den anderen Nummern von § 4 UStG bezeichneten Leistungen wie z. B. Betreuungs- und Pflegeleistungen an körperlich, geistig und seelisch hilfe- 672

1200 EuGH v. 21. 03. 2002 – Rs C-174/00 (ECLI:EU:C:2002:200), HFR 2002, 560. So auch *Oelmaier* in Sölch/Ringleb, Umsatzsteuer, Stand: 99. Lfg. 2023, § 4 Nr. 18, Rn. 14.

1201 BFH v. 15. 09. 2011 – V R 16/11, BFH/NV 2012, 354, 2. Leitsatz zu § 4 Nr. 18 UStG a. F.

1202 *Oelmaier* in Sölch/Ringleb, Umsatzsteuer, Stand: 99. Lfg. 2023, § 4 Nr. 18, Rn. 14.

1203 EuGH v. 08. 10. 2020 – Rs C-657/19 (ECLI:EU:C:2020:811), HFR 2020, 1205 unter Rn. 54.

1204 Zu beachten ist jedoch, dass für die Steuerfreiheit von Leistungen aus der Tätigkeit als Schuldnerberater nach § 4 Nr. 18 UStG auch eine *Hilfsperson* i. S. des § 57 Abs. 1 Satz 2 AO *selbst* die Voraussetzungen der Steuerbefreiung nach § 4 Nr. 18 UStG erfüllen muss. Ein für eine gemeinnützige Körperschaft tätiger Rechtsanwalt erfüllt nach Auffassung des FG Niedersachsen v. 05. 09. 2022–11 K 56/22, SIS 23 03 91 diese Voraussetzung nicht, da durch dessen Rechtsanwaltstätigkeit „ein systematisches Gewinnstreben" gegeben ist.

1205 Gesetz über den Bundesfreiwilligendienst (BFDG) v. 28. 04. 2011, BGBl. I 2011, 687, zuletzt geändert durch Art. 81 des Gesetzes v. 20. 08. 2021, BGBl. I 2021, 3932.

1206 *Oelmaier* in Sölch/Ringleb, Umsatzsteuer, Stand: 99. Lfg. 2023, § 4 Nr. 18, Rn. 25, Stichwort „Bundesfreiwilligendienst". So auch BMF v. 18. 08. 2015 – IV C 4 – S 0184/11/10001 :001/IV D 3 – S 7175/08/10003, BStBl. I 2015, 659 zum Einsatz von Zivildienstleistenden in den Bereichen Umwelt- oder Naturschutz oder Landschaftspflege gem. § 4 Abs. 1 Nr. 1 des Gesetzes über den Zivildienst der Kriegsdienstverweigerer (Zivildienstgesetz – ZDG) v. 17. 05. 2005, BGBl. I 2005, 1346, zuletzt geändert durch Art. 7 des Gesetzes v. 12. 12. 2019, BGBl. I 2019, 2652.

bedürftigen Menschen kommt eine Steuerbefreiung nur unter den dort genannten Voraussetzungen in Betracht.[1207]

673 Aus *Billigkeitsgründen* können Leistungen, die im unmittelbaren Zusammenhang mit der Eindämmung und Bekämpfung der COVID-19-Pandemie von Einrichtungen des öffentlichen Rechts oder anderen Einrichtungen, die keine systematische Gewinnerzielung anstreben, erbracht werden, als eng mit der Sozialfürsorge und der sozialen Sicherheit verbundene Leistungen angesehen und nach § 4 Nr. 18 UStG als umsatzsteuerfrei behandelt werden.[1208]

674 Zu den in diesem Zusammenhang begünstigten Leistungen gehören auch die entgeltliche Gestellung von Personal, Räumlichkeiten oder Sachmitteln und die Erbringung von anderen Leistungen an Körperschaften privaten oder öffentlichen Rechts, soweit die empfangende Körperschaft selbst Leistungen im Zusammenhang mit der Eindämmung und Bekämpfung der Covid-19-Pandemie erbringt.[1209]

c) Umsatzsteuerbefreiung nach Art. 132 Abs. 1 Buchst. g MwStSystRL

675 Das Unionsrecht enthält mit Art. 132 Abs. 1 Buchst. g MwStSystRL eine über das nationale Recht hinausgehende Regelung der Umsatzsteuerbefreiung, auf die sich ein Steuerpflichtiger grundsätzlich *unmittelbar* berufen kann.[1210]

676 Nach Art. 132 Abs. 1 Buchst. g MwStSystRL[1211] müssen die Mitgliedstaaten eng mit der Sozialfürsorge und der sozialen Sicherheit verbundene Dienstleistungen und Lieferungen von Gegenständen, einschließlich derjenigen, die durch Altenheime, Einrichtungen des öffentlichen Rechts oder andere von dem betreffenden Mitgliedstaat als Einrichtungen mit sozialem Charakter anerkannte Einrichtungen bewirkt werden, von der Umsatzsteuer befreien.

1207 § 4 Nr. 18 Satz 3 UStG. So auch *Oelmaier* in Sölch/Ringleb, Umsatzsteuer, Stand: 99. Lfg. 2023, § 4 Nr. 18, Rn. 21.

1208 BMF v. 15. 06. 2021 – III C 3 – S 7130/20/10005 :015 (DOK 2021/0675466), BStBl. I 2021, 855. Diese Billigkeitsregelung galt nach BMF v. 03. 12. 2021 – III C 3 – S 7130/20/10005 :015 (DOK 2021/1252001), BStBl. I 2021, 2488 in den Kalenderjahren 2020 bis 2022.

1209 BMF v. 15. 06. 2021 – III C 3 – S 7130/20/10005 :015 (DOK 2021/0675466), BStBl. I 2021, 855.

1210 BFH v. 24. 03. 2021 – V R 1/19 (ECLI:DE:BFH:2021:U.240321.VR1.19.0), BFH/NV 2021, 1447 unter II.2 und II.2.b. mit Verweis auf BFH v. 18. 02. 2016 – V R 46/14, BFH/NV 2016, 1120 und BFH v. 29. 03. 2017 – XI R 6/16 (ECLI:DE:BFH:2017:U.290317.XIR6.16.0), BFH/NV 2017, 1145. So auch FG Münster v. 01. 06. 2021 – 15 K 2712/17 U, EFG 2021, 2028 unter I.4.a, das darauf hinweist, dass sich nach der Rechtsprechung des EuGH ein Steuerpflichtiger vor einem nationalen Gericht auf eine Bestimmung der MwStSystRL berufen kann, wenn die entsprechende Bestimmung inhaltlich unbedingt und hinreichend genau ist und die innerstaatliche Regelung mit dieser Bestimmung unvereinbar ist.

1211 Richtlinie 2006/112/EG des Rates über das gemeinsame Mehrwertsteuersystem v. 28. 11. 2006, ABl. EU 2006, Nr. L 347, 1, zuletzt geändert durch Art. 1 Richtlinie (EU) 2021/1159 des Rates v. 13. 07. 2021 zur Änderung der Richtlinie 2006/112/EG in Bezug auf befristete Befreiungen von Einfuhren und bestimmten Lieferungen als Reaktion auf die COVID-19-Pandemie, ABl. EU 2021, L 250, 1.

677 Zu den „eng mit der Sozialfürsorge und der sozialen Sicherheit verbundene Dienstleistungen und Lieferungen von Gegenständen" gehören nach der Rechtsprechung des EuGH und des BFH insbesondere Leistungen der ambulanten Pflege[1212], die hauswirtschaftliche Versorgung[1213], das Einkaufen, Kochen, Reinigen der Wohnung sowie das Waschen der Kleidung,[1214] die Gestellung einer Haushaltshilfe[1215], Leistungen der Kinderbetreuung[1216], Legasthenie-Behandlungen im Rahmen der Eingliederungshilfe[1217] und Betreuungsleistungen[1218].

aa) Hygieneleistungen, die eng mit der Betreuung oder Pflege hilfebedürftiger Personen verbunden sind

678 Der Ausschluss der Steuerbefreiung für eng mit der Betreuung oder Pflege hilfebedürftiger Personen verbundene *Hygieneleistungen* durch die in § 4 Nr. 16 UStG aufgestellten Voraussetzungen ist nach Auffassung des FG Münster nicht mit der in Art. 132 Abs. 1 Buchst. g MwStSystRL geregelten Steuerbefreiung vereinbar.[1219]

679 Hiernach stellen auch Hygieneleistungen „eng mit der Sozialfürsorge und der sozialen Sicherheit verbundene Dienstleistungen" dar, die von der Umsatzsteuer zu befreien sind.[1220] Dies gilt auch für den Fall, dass solche Hygienefachleistungen nicht gegenüber den Alten- und Pflegeheimbewohner selbst, sondern gegenüber den Betreibern der Alten- und Pflegeheime erbracht werden.[1221]

bb) Abrechnungen von Krankentransport- und Rettungsdienstleistungen

680 Nach der Rechtsprechung des EuGH kann eine eng mit einer begünstigten Tätigkeit verbundene Leistung steuerfrei sein, wenn die Haupttätigkeit selbst eine steuerbefreite Tätigkeit ist, beide Tätigkeiten von einer der in Art. 132 Abs. 1 Buchst. g MwStSystRL genannten Einrichtungen bewirkt werden und die entsprechende Leistung für die im Zusammenhang mit der Sozialfürsorge und der sozialen Sicherheit stehenden Umsätze *unerlässlich* ist.[1222]

681 Auch *Abrechnungen* von Krankentransport- und Rettungsdienstleistungen gegenüber Sozialversicherungsträgern, die ein Rettungsdienst als gemeinnütziger

1212 Vgl. EuGH v. 15. 11. 2012 – Rs C-174/11 (ECLI:EU:C:2012:716), UR 2013, 35, Rn. 24.
1213 Vgl. EuGH v. 10. 09. 2002 – Rs C-141/00 (ECLI:EU:C:2002:473), DStRE 2002, 1196, Rn. 44.
1214 Vgl. BFH v. 22. 04. 2004 – V R 1/98, BStBl. II 2004, 849 unter II.2.a.
1215 Vgl. BFH v. 30. 07. 2008 – XI R 61/07, BStBl. II 2009, 68 unter II.1.b.
1216 Vgl. EuGH v. 09. 02. 2006 – Rs C-415/04 (ECLI:EU:C:2006:95), HFR 2006, 535, Rn. 27.
1217 Vgl. BFH v. 18. 08. 2005 – V R 71/03, BStBl. II 2006, 143 unter II.2.d.cc.1 und BFH v. 01. 02. 2007 – V R 34/05 (NV), BFH/NV 2007, 1201 unter II.2.g.
1218 Vgl. BFH v. 17. 02. 2009 – XI R 67/06, BStBl. II 2013, 967; BFH v. 25. 04. 2013 – V R 7/11, BStBl. II 2013, 976; BFH v. 16. 10. 2013 – XI R 19/11 (NV), BFH/NV 2014, 190.
1219 FG Münster v. 01. 06. 2021 – 15 K 2712/17 U, EFG 2021, 2028 unter I.4.
1220 FG Münster v. 01. 06. 2021 – 15 K 2712/17 U, EFG 2021, 2028 unter I.4.c.
1221 FG Münster v. 01. 06. 2021 – 15 K 2712/17 U, EFG 2021, 2028 unter I.4.c.bb.
1222 BFH v. 24. 02. 2021 – XI R 32/20 (XI R 42/19) (ECLI:DE:BFH:2021:U.240221.XIR32.20.0), BFH/NV 2021, 1040 unter II.1.b.aa.

Verein für den Träger des Rettungsdienstes und andere Rettungsdienste übernommen hat, können „eng mit der Sozialfürsorge und der sozialen Sicherheit verbundene Dienstleistungen" i. S. des Art. 132 Abs. 1 Buchst. g MwStSystRL darstellen, wenn der Sozialversicherungsträger eine Bündelung der Abrechnungsverfahren von den Leistungserbringern aus Kostengründen verlangt.[1223]

682 Da andere Wirtschaftsteilnehmer solche Abrechnungsleistungen nicht tätigen können, sind Wettbewerbsverzerrungen ausgeschlossen. Ein Ausschluss der Steuerbefreiung nach Art. 134 Buchst. b MwStSystRL kommt daher nicht in Betracht.[1224]

683 Ob entsprechende Abrechnungsleistungen auch nach § 4 Nr. 17 Buchst. b UStG als Bestandteil der Leistung „Beförderungen von Kranken und verletzten Personen mit Fahrzeugen, die hierfür besonders eingerichtet sind" oder nach § 4 Nr. 18 UStG steuerfrei sind, ließ der BFH in seinem Urteil v. 24. 02. 2021 offen.[1225]

d) Vorsteuerabzug

684 Die Befreiung von der Umsatzsteuer nach § 4 Nr. 16, 18 UStG hat gem. § 15 Abs. 2 Satz 1 Nr. 1 UStG den Verlust des Vorsteuerabzugs zur Folge. Ein Ausnahmetatbestand i. S. von § 15 Abs. 3 Nr. 1 UStG liegt nicht vor. Ein Verzicht auf die Befreiung nach § 9 UStG ist nicht möglich.

e) Umsatzsteuerermäßigung gem. § 12 Abs. 2 Nr. 8 Buchst. a UStG

685 Nach Anhang III Nr. 15 der MwStSystRL dürfen die Mitgliedstaaten eine Steuersatzermäßigung für die „Lieferung von Gegenständen und Erbringung von Dienstleistungen durch gemeinnützige Organisationen, die sich für wohltätige Zwecke und im Bereich der sozialen Sicherheit" einsetzen und die von den Mitgliedstaaten als Einrichtungen mit sozialem Charakter anerkannt werden, gewähren, soweit sie nicht gem. der Art. 132, 135 und 136 MwStSystRL von der Steuer befreit sind.

686 Dementsprechend ermäßigt sich die Umsatzsteuer gem. § 12 Abs. 2 Nr. 8 Buchst. a UStG auf 7 v. H. für Leistungen von Körperschaften, die *ausschließlich und unmittelbar* gemeinnützige, mildtätige oder kirchliche Zwecke verfolgen;

1223 BFH v. 24. 02. 2021 – XI R 32/20 (XI R 42/19) (ECLI:DE:BFH:2021:U.240221.XIR32.20.0), BFH/NV 2021, 1040 unter II.1.b.cc.1; das entgegenstehende Urteil des FG Mecklenburg-Vorpommern v. 28. 08. 2019 – 3 K 114/15, EFG 2020, 140, das die Auffassung vertrat, nach der die Abrechnung von Leistungen im Bereich Krankentransport und Notfallrettung für fremde Leistungserbringer durch einen als gemeinnützig und mildtätig anerkannten Verband der freien Wohlfahrtspflege weder nach nationalem Recht (§ 4 Nr. 17 Buchst. b, § 4 Nr. 18 UStG) noch nach Art. 132 Abs. 1 Buchst. g und f MwStSystRL von der Umsatzsteuer befreit sei, wurde in der Rev. aufgehoben.

1224 BFH v. 24. 02. 2021 – XI R 32/20 (XI R 42/19) (ECLI:DE:BFH:2021:U.240221.XIR32.20.0), BFH/NV 2021, 1040 unter II.1.d.

1225 BFH v. 24. 02. 2021 – XI R 32/20 (XI R 42/19) (ECLI:DE:BFH:2021:U.240221.XIR32.20.0), BFH/NV 2021, 1040 unter II.1.

solche Leistungen dürfen jedoch nicht im Rahmen eines steuerpflichtigen wirtschaftlichen Geschäftsbetriebs i. S. von § 64 AO ausgeführt werden.[1226]

Für Leistungen, die im Rahmen eines Zweckbetriebs ausgeführt werden, gilt § 12 Abs. 2 Nr. 8 Buchst. a Satz 1 UStG nach § 12 Abs. 2 Nr. 8 Buchst. a Satz 3 UStG jedoch nur, wenn der Zweckbetrieb nicht in erster Linie der Erzielung zusätzlicher Einnahmen durch die Ausführung von Umsätzen dient, die in unmittelbarem Wettbewerb mit – dem allgemeinen Steuersatz unterliegenden – Leistungen anderer Unternehmer ausgeführt werden (Alternative 1), oder wenn die Körperschaft mit den Leistungen ihrer in den §§ 66 bis 68 AO bezeichneten Zweckbetriebe ihre steuerbegünstigten satzungsgemäßen Zwecke selbst verwirklicht (Alternative 2). 687

„Zusätzliche Einnahmen" i. S. der Alternative 1 liegen nach Auffassung des BFH bereits dann vor, wenn die Körperschaft diese im Zusammenhang mit Leistungen erzielt, die für die Verwirklichung ihres steuerbegünstigten satzungsmäßigen Zwecks nicht unerlässlich sind.[1227] Zu prüfen ist auch, ob die Körperschaft mit den Leistungen ihres Zweckbetriebs im Wettbewerb zu anderen Unternehmern steht, die vergleichbare Leistungen ohne Anspruch auf Ermäßigung am Markt anbieten.[1228] 688

Ob die steuerbegünstigten satzungsgemäßen Zwecke durch die Leistungen des Zweckbetriebs selbst verwirklicht werden (Alternative 2), ist anhand der Satzung der Körperschaft zu prüfen. 689

Beispiel:[1229] 690

Eine gemeinnützige Körperschaft transportierte unter anderem Blut- und Gewebeproben von Arztpraxen und Krankenhäusern zu Laboren. Die hierfür verwendeten Fahrzeuge waren teilweise mit blauem Rundumlicht und Martinshorn ausgerüstet.

1226 Nach der Richtlinie (EU) 2022/542 des Rates v. 05. 04. 2022 zur Änderung der Richtlinien 2006/112/EG und (EU) 2020/285 in Bezug auf die Mehrwertsteuersätze, ABl. EU Nr. L 107, 1 unter Nr. 19 sind es im Fall von Einrichtungen mit sozialem Charakter die *allgemeinen Tätigkeiten und die Ziele der Einrichtung als Ganzes* – unabhängig vom letztendlich Begünstigten der Lieferung von Gegenständen oder Dienstleistungen –, die bei der Anwendung eines ermäßigten Steuersatzes zu berücksichtigen sind. Ob es hierdurch zu einer unionsrechtlichen *Erweiterung* des Ermächtigungstatbestandes und damit letztlich auch des § 12 Abs. 2 Nr. 8 Buchst. a UStG kommt, ist derzeit umstritten. Vgl. BFH v. 05. 04. 2023 – V R 14/22 (ECLI:DE:BFH:2023:U.050423.VR14.22.0), DStR 2023, 1711 unter II.1.c m. N.

1227 BFH v. 05. 04. 2023 – V R 14/22 (ECLI:DE:BFH:2023:U.050423.VR14.22.0), DStR 2023, 1711 unter II.3.b.bb mit Verweis auf BFH v. 24. 06. 2020 – V R 47/19 (V R 33/17), BStBl. II 2020, 853.

1228 BFH v. 05. 04. 2023 – V R 14/22 (ECLI:DE:BFH:2023:U.050423.VR14.22.0), DStR 2023, 1711 unter II.3.b.cc mit Verweis auf BFH v. BFH 21. 06. 2017 – V R 34/16 (ECLI:DE:BFH:2017:U.210617.VR34.16.0), BStBl. II 2018, 55.

1229 Nach BFH v. 05. 04. 2023 – V R 14/22 (ECLI:DE:BFH:2023:U.050423.VR14.22.0), DStR 2023, 1711.

Nach § 12 Abs. 2 Nr. 8 Buchst. a Satz 3 UStG Alternative 1[1230] ist der ermäßigte Steuersatz nur anzuwenden, wenn der Zweckbetrieb nicht in erster Linie der Erzielung zusätzlicher Einnahmen durch die Ausführung von Umsätzen dient, die in unmittelbarem Wettbewerb mit dem allgemeinen Steuersatz unterliegenden Leistungen anderer Unternehmer ausgeführt werden. Hierfür ist zu prüfen, ob es sich bei den Leistungen um Einsätze „im Rahmen einer eiligen Notfallbehandlung unter Einsatz von Blaulicht mit einer geringen Gefahr der Wettbewerbsverzerrung" handelte oder um „sonstige Einsätze".[1231]

V. Krankenhäuser als Zweckbetriebe gem. § 67 AO

1. Definition des Krankenhauses

691 Krankenhäuser sind nach § 2 Nr. 1 KHG[1232] Einrichtungen, in denen durch ärztliche und pflegerische Hilfeleistungen Krankheiten, Leiden oder Körperschäden festgestellt, geheilt oder gelindert werden, Geburtshilfe geleistet wird und in denen die zu versorgenden Personen untergebracht und verpflegt werden können.[1233]

692 Da sich die Begriffe der Krankenhausbehandlung in § 39 Abs. 1 Satz 1 SGB V und der Pflegesätze in § 2 Nr. 4 KHG sowohl auf stationäre als auch auf teilstationäre Leistungen des Krankenhauses erstrecken, sind auch teilstationäre Einrichtungen, insbesondere in Form von Tages- oder Nachtkliniken, als Krankenhäuser anzusehen.[1234] Einrichtungen jedoch, die *ausschließlich* der *ambulanten Behandlung* von Kranken dienen, gelten nicht als Krankenhäuser.[1235]

693 Dialysezentren, in denen Dialysepatienten ambulant behandelt werden, stellen weder ein Krankenhaus noch eine Einrichtung zur vorübergehenden Aufnahme und ambulanten Pflege kranker und pflegebedürftiger Personen.[1236] Stationäre oder teilstationäre Leistungen werden dort nicht erbracht. Auf eine mögliche Vergleichbarkeit der technischen Ausstattung von Dialysezentren und entsprechenden Fachabteilungen von Krankenhäusern kommt es nach Auffas-

1230 I. d. F. des Art. 2 des Dritten Gesetzes zur Änderung des Tabakerzeugnisgesetzes v. 19.07.2023, BGBl. I 2023, Nr. 194.

1231 BFH v. 05.04.2023 – V R 14/22 (ECLI:DE:BFH:2023:U.050423.VR14.22.0), DStR 2023, 1711 unter II.3.b.cc.

1232 Gesetz zur wirtschaftlichen Sicherung der Krankenhäuser und zur Regelung der Krankenhauspflegesätze v. 29.06.1972, BGBl. I 1972, 1009, zuletzt geändert durch das Gesetz zur digitalen Modernisierung von Versorgung und Pflege (Digitale-Versorgung-und-Pflege-Modernisierungs-Gesetz – DVPMG) v. 03.06.2021, BGBl. I 2021, 1309.

1233 So auch Gosch/*Märtens*, KStG, 4. Aufl. 2020, § 5, Rn. 248.

1234 BFH v. 25.01.2017 – I R 74/14 (ECLI:DE:BFH:2017:U.250117.IR74.14.0), BStBl. II 2017, 650 unter II.1.a.

1235 BFH v. 02.03.1989 – IV R 83/86, BStBl. II 1989, 506 unter 1.b.

1236 BFH v. 25.01.2017 – I R 74/14 (ECLI:DE:BFH:2017:U.250117.IR74.14.0), BStBl. II 2017, 650.

sung des BFH nicht an.[1237] Auch ein ambulantes Rehabilitationszentrum stellt kein Krankenhaus dar.[1238]

Keine Anwendung findet das Gesetz zur wirtschaftlichen Sicherung der Krankenhäuser und zur Regelung der Krankenhauspflegesätze (KHG) gem. § 3 KHG auf Krankenhäuser im Straf- oder Maßregelvollzug, Polizeikrankenhäuser und Krankenhäuser der Träger der allgemeinen Rentenversicherung sowie der Träger der gesetzlichen Unfallversicherung und ihrer Vereinigungen. 694

2. Träger eines Krankenhauses

a) *Überblick*

Träger von Krankenhäusern sind öffentlich-rechtliche Körperschaften (also z. B. der Bund, das Land, eine Stadt, ein Landkreis oder eine Stiftung des öffentlichen Rechts), soziale, karitative oder kirchliche (sog. freigemeinnützige) Organisationen und juristische Personen des Privatrechts, vereinzelt auch natürliche Personen. Von den 1.914 Krankenhäusern des Jahres 2019 hatten 37,8 v. H. private, 33,7 v. H. freigemeinnützige und 28,5 v. H. öffentlich-rechtliche Träger.[1239] 695

b) *Private Träger*

Privatkliniken sowie private Entbindungs- und Nervenkliniken, die von einer natürlichen Person oder von einer juristischen Person des Privatrechts nach erwerbswirtschaftlichen Grundsätzen betrieben werden, bedürfen gem. § 30 Abs. 1 GewO einer Erlaubnis der zuständigen Behörde. 696

Zu den größten privaten Krankenhausträgern in Deutschland im Jahr 2024 zählten die HELIOS Kliniken GmbH, die Asklepios Kliniken GmbH & Co. KGaA, die Sana Kliniken AG, die Vivantes-Netzwerk für Gesundheit GmbH und die AMEOS Holding AG.[1240] 697

c) *Freigemeinnützige Trägerschaft*

Bei Krankenhäusern, die z. B. von den Bezirksverbänden der Arbeiterwohlfahrt e. V. oder dem Deutschen Roten Kreuz e. V. betrieben werden (z. T. in der Rechtsform einer gemeinnützigen Gesellschaft mit beschränkter Haftung – gGmbH[1241]-)[1242], liegt eine freigemeinnützige Trägerschaft vor. 698

1237 BFH v. 25. 01. 2017 – I R 74/14 (ECLI:DE:BFH:2017:U.250117.IR74.14.0), BStBl. II 2017, 650 unter II.1.a. So bereits BFH v. 01. 03. 1995 – IV B 43/94, BStBl. II 1995, 418 zu einer von einem Kassenarzt betriebenen Dialysestation.

1238 BFH v. 22. 10. 2003 – I R 65/02, BStBl. II 2004, 300.

1239 Vgl. *https://www.dkgev.de/fileadmin/default/Mediapool/3_Service/3.2._Zahlen-Fakten/RS165-21_Anlage_Krankenhausstatistik_2019_-_endgueltige_Ergebnisse_des_Statistischen_Bundesamtes.pdf* (abgerufen am 05. 02. 2023).

1240 *https://www.gesundheitsmarkt.de/liste-der-top-30-krankenhaustraeger/#* (abgerufen am 16. 03. 2025).

1241 Zur Firma einer gemeinnützigen GmbH vgl. § 4 Satz 2 GmbHG.

1242 Der Gesellschaftsvertrag (Satzung) und die tatsächliche Geschäftsführung müssen gem. § 59 AO den Anforderungen der §§ 52 ff. AO genügen.

d) Von öffentlich-rechtlichen Religionsgemeinschaften betriebene Krankenhäuser

699 Von öffentlich-rechtlichen Religionsgemeinschaften betriebene Krankenhäuser sind „grundsätzlich Gegenstand des kirchlichen Verkündigungsauftrages und Ausdruck der tätigen Nächstenliebe"[1243]; sie fallen in den Hoheitsbereich einer öffentlich-rechtlichen Religionsgemeinschaft und begründen grundsätzlich *keine* Betriebe gewerblicher Art (BgA).[1244]

e) Juristische Personen des öffentlichen Rechts als Träger

aa) Hoheitliche Tätigkeit

700 Juristische Personen des öffentlichen Rechts sind, soweit sie sich auf ihre ihnen vorbehaltenen hoheitlichen Aufgaben beschränken, nicht unbeschränkt körperschaftsteuerpflichtig.[1245]

(1) Ausübung öffentlicher Gewalt

701 Unternehmen von juristischen Personen des öffentlichen Rechts[1246], die überwiegend der Ausübung öffentlicher Gewalt dienen, stellen Hoheitsbetriebe, aber keine Gewerbebetriebe dar.[1247]

702 Ausübung öffentlicher Gewalt ist eine Tätigkeit, die der öffentlich-rechtlichen Körperschaft eigentümlich und vorbehalten ist. Kennzeichnend für die Ausübung öffentlicher Gewalt ist die Erfüllung öffentlich-rechtlicher Aufgaben, die aus der Staatsgewalt abgeleitet sind und staatlichen Zwecken dienen.[1248] Eine Ausübung der öffentlichen Gewalt kann insbesondere anzunehmen sein, wenn es sich um Leistungen handelt, zu deren Annahme der Leistungsempfänger aufgrund gesetzlicher oder behördlicher Anordnung verpflichtet ist. Zu den Hoheitsbetrieben gehören z. B. Schlachthöfe in Gemeinden mit Schlachtzwang, Anstalten zur Lebensmitteluntersuchung, zur Desinfektion, zur Straßenreinigung und zur Abführung von Abwässern und Abfällen.[1249]

703 Besteht im Rahmen eines Hoheitsbetriebes ein Betrieb gewerblicher Art (BgA), ist die juristische Person des öffentlichen Rechts mit den Einkünften eines solchen BgA steuerpflichtig.[1250] Hoheitsbetriebe, die in einer Rechtsform des privaten Rechts wie z. B. einer Gesellschaft mit beschränkter Haftung (GmbH)

1243 OFD Hannover v. 19. 02. 2004 – S 2706 – 165 – StO 214/S 2706 – 209 – StH 231, StEd 2004, 222.

1244 OFD Hannover v. 19. 02. 2004 – S 2706 – 165 – StO 214/S 2706 – 209 – StH 231, StEd 2004, 222.

1245 *Pfirrmann* in Brandis/Heuermann, Ertragsteuerrecht, Stand: 165. Lfg. 2022, § 4 KStG Rn. 1.

1246 Die wichtigsten juristischen Personen des öffentlichen Rechts sind nach *Pfirrmann* in Brandis/Heuermann, Ertragsteuerrecht, Stand: 165. Lfg. 2022, § 4 KStG Rn. 21 Bund, Länder, Gemeinden und die Gemeindeverbände.

1247 § 2 Abs. 2 GewStDV. So auch BFH v. 21. 11. 1967 – I 274/64, BStBl. II 1968, 218.

1248 H 4.4 KStH 2022 mit Verweis auf BFH v. 21. 11. 1967 – I 274/64, BStBl. II 1968, 218.

1249 R 4.4 KStR 2022.

1250 H 4.4 KStH 2022 mit Verweis auf BFH v. 26. 05. 1977 – V R 15/74, BStBl. II 1977, 813.

oder Aktiengesellschaft (AG) betrieben werden, sind aufgrund ihrer Rechtsform nach den dafür geltenden Vorschriften steuerpflichtig, soweit keine Befreiungsvorschriften greifen.[1251]

(2) Zum Betrieb kommunaler Krankenhäuser

Ausübung öffentlicher Gewalt liegt hingegen nicht vor, wenn sich eine juristische Person des öffentlichen Rechts durch ihre Einrichtung am *allgemeinen wirtschaftlichen Verkehr* beteiligt und eine Tätigkeit entfaltet, die sich ihrem Inhalt nach von der Tätigkeit eines privaten gewerblichen Unternehmens nicht wesentlich unterscheidet.[1252] Der Betrieb kommunaler Krankenhäuser stellt daher nach der Rechtsprechung eine gewerbliche und keine hoheitliche Tätigkeit dar.[1253] 704

(3) Psychiatrische Landeskrankenhäuser

Bei psychiatrischen Landeskrankenhäusern ist zwischen Verwahr- und Pflegefällen einerseits und Behandlungsfällen andererseits zu unterscheiden. 705

Verwahr- und Pflegefälle sind grundsätzlich dem *hoheitlichen Bereich* zuzuordnen. Ein *Verwahrfall* liegt vor, wenn die stationäre Unterbringung eines Patienten ausschließlich aus Gründen der öffentlichen Sicherheit und Ordnung erforderlich ist. Ein *Pflegefall* ist gegeben, wenn die stationäre Unterbringung eines Patienten auch aus medizinischen Gründen erforderlich ist, die Krankheit jedoch durch eine zielgerichtete medizinisch-therapeutische Behandlung nicht mehr beeinflussbar ist.[1254] 706

Behandlungsfälle in psychiatrischen Landeskrankenhäusern sind i. d. R. nicht dem hoheitlichen Bereich zuzuordnen.[1255] 707

bb) Rechtsformen kommunaler Krankenhäuser

Krankenhäuser kommunaler Träger und des Landes werden z. B. in *Rheinland-Pfalz* in privater oder öffentlicher Rechtsform oder als Einrichtungen ohne eigene Rechtspersönlichkeit nach den Bestimmungen der Krankenhausbetriebs- 708

1251 *Pfirrmann* in Brandis/Heuermann, Ertragsteuerrecht, Stand: 165. Lfg. 2022, § 4 KStG Rn. 13.

1252 H 4.4 KStH 2022 mit Verweis auf BFH v. 21. 11. 1967 – I 274/64, BStBl. II 1968, 218; BFH v. 18. 02. 1970 – I R 157/67, BStBl. II 1970, 519; BFH v. 25. 01. 2005 – I R 63/03, BStBl. II 2005, 501.

1253 Vgl. RFH v. 13. 12. 1935 – V A 551/35, RStBl. 1936, 10. So auch BVerwG v. 07. 12. 2016 – 10 C 11.15, NVwZ-RR 2017, 427 allgemein zum Betrieb eines Krankenhauses.

1254 FinMin Baden-Württemberg v. 16. 08. 1990 – S 2706 A-28/83, KSt-Kartei BW § 4 KStG Nr. 15 unter II. Sofern eine Aufteilung in Behandlungs- sowie Verwahr- und Pflegefälle im Einzelfall Schwierigkeiten bereitet und/oder in der Vergangenheit ein einheitlicher Betrieb gewerblicher Art angenommen worden ist, kann nach einem Beschluss der Körperschaftsteuer-Referatsleiter in der Sitzung KSt/GewSt IV/86 (TOP I/1) auf eine Aufteilung verzichtet und ein (psychiatrisches) Landeskrankenhaus *insgesamt* als BgA behandelt werden.

1255 Vgl. hierzu Abschn. E.V.2.e.cc.

verordnung[1256] geführt. Sie können jedoch auch gemeinsam von kommunalen Trägern und vom Land oder gemeinsam mit freigemeinnützigen, privaten oder anderen geeigneten Trägern geführt werden.[1257]

709 Gemeinden, Landkreise und Zweckverbände in *Thüringen* z. B. können Krankenhäuser und die damit verbundenen Einrichtungen als Regiebetrieb[1258], als Eigenbetrieb[1259], als selbständige kommunale Anstalt des öffentlichen Rechts, als gemeinsame kommunale Anstalt des öffentlichen Rechts oder in einer Rechtsform des Privatrechts führen oder sich an einem in der Rechtsform des Privatrechts geführten Krankenhaus beteiligen.[1260]

710 Eigenbetriebe stellen grundsätzlich einen Betrieb gewerblicher Art (BgA) dar; auch ein Regiebetrieb kann – je nach Ausgestaltung – ebenso wie eine Anstalt des öffentlichen Rechts einen BgA begründen.[1261] Hochschulkliniken werden i. d. R. durch eine Körperschaft des öffentlichen Rechts betrieben und begründen mit dem Krankenhausbetrieb einen BgA.[1262]

711 Darüber hinaus werden kommunale Krankenhäuser auch in einer privatrechtlichen Rechtsform wie der einer Gesellschaft mit beschränkter Haftung (GmbH) betrieben; dies führt jedoch nicht dazu, dass ein solches Krankenhaus zu einem privaten Krankenhaus wird.[1263]

cc) Betriebe gewerblicher Art (BgA)

712 Betriebe gewerblicher Art von juristischen Personen des öffentlichen Rechts (jPdöR) i. S. des § 1 Abs. 1 Nr. 6 KStG sind gem. § 4 Abs. 1 KStG alle Einrichtungen, die einer nachhaltigen wirtschaftlichen Tätigkeit zur Erzielung von Einnahmen außerhalb der Land- und Forstwirtschaft dienen und die sich innerhalb der Gesamtbetätigung der jPdöR wirtschaftlich herausheben.

1256 Achte Landesverordnung zur Durchführung des Krankenhausreformgesetzes (Krankenhausbetriebsverordnung – 8. KRGDVO –) v. 22. 01. 1979, GVBl. 1979, 55.

1257 § 22 Abs. 1 Landeskrankenhausgesetz Rheinland-Pfalz v. 28. 11. 1986, GVBl. 1986, 342, zuletzt geändert durch Art. 11 des Gesetzes vom 19. 12. 2018, GVBl. 2018, 448.

1258 Vgl. *Bittrolff*, Steuerliche Konsequenzen von Privatisierungen bei öffentlich-rechtlichen Krankenhäusern (Dissertation), 2007, 21 unter *https://docserv.uni-duesseldorf.de/servlets/DerivateServlet/Derivate-5293/PB-Diss_final-190707.pdf* (abgerufen am 05. 02. 2023).

1259 Vgl. *Bittrolff*, Steuerliche Konsequenzen von Privatisierungen bei öffentlich-rechtlichen Krankenhäusern (Dissertation), 2007, 23 unter *https://docserv.uni-duesseldorf.de/servlets/DerivateServlet/Derivate-5293/PB-Diss_final-190707.pdf* (abgerufen am 05. 02. 2023).

1260 § 29 Thüringer Krankenhausgesetz v. 30. 04. 2003, GVBl. 2003, 262, zuletzt geändert durch das Gesetz v. 02. 07. 2019, GVBl. 2019, 209.

1261 *Rehbein* in Augsten/Bartmuß/Rehbein/Sausmekat, Besteuerung im Krankenhaus, Wiesbaden 2008, 18 f.

1262 *Rehbein* in Augsten/Bartmuß/Rehbein/Sausmekat, Besteuerung im Krankenhaus, Wiesbaden 2008, 20.

1263 *Rehbein* in Augsten/Bartmuß/Rehbein/Sausmekat, Besteuerung im Krankenhaus, Wiesbaden 2008, 20 f.

Zu den Betrieben gewerblicher Art gehören nach § 4 Abs. 5 Satz 1 KStG nicht die Betriebe, die in Gestalt von Hoheitsbetrieben überwiegend der Ausübung der öffentlichen Gewalt dienen.[1264] Lässt sich eine Tätigkeit der öffentlichen Hand nicht klar dem hoheitlichen oder dem wirtschaftlichen Bereich zuordnen, ist auf die *überwiegende* Zweckbestimmung der Tätigkeit abzustellen.[1265] Für die Annahme eines BgA sind die Absicht, Gewinne zu erzielen, und die Beteiligung am allgemeinen wirtschaftlichen Verkehr gem. § 4 Abs. 1 Satz 2 KStG nicht erforderlich. 713

Soweit ein Krankenhaus von einer Kommune betrieben wird, handelt es sich i. d. R. um einen Betrieb gewerblicher Art (BgA) i. S. von § 4 Abs. 1 i. V. m. § 1 Abs. 1 Nr. 6 KStG.[1266] Das gilt unabhängig davon, ob das Krankenhaus als Regiebetrieb oder Eigenbetrieb geführt wird.[1267] Auch *Hochschulkliniken* stellen i. d. R. einen BgA[1268] und keinen Hoheitsbetrieb i. S. des § 4 Abs. 5 KStG dar.[1269] 714

Sog. *Behandlungsfälle* in psychiatrischen Landeskrankenhäusern sind – im Unterschied zu den Verwahr- und Pflegefällen – im Rahmen eines Betriebs gewerblicher Art zu erfassen, wenn im *Einzelfall* eine Einrichtung i. S. von § 4 Abs. 1 KStG gegeben ist und eine Tätigkeit von einigem wirtschaftlichen Gewicht vorliegt[1270]; andernfalls sind auch die sog. Behandlungsfälle dem hoheitlichen Bereich zuzurechnen.[1271] 715

1264 Zur Abgrenzung zwischen einem Betrieb gewerblicher Art und einem Hoheitsbetrieb vgl. z. B. *Pfirrmann* in Brandis/Heuermann, Ertragsteuerrecht, Stand: 165. Lfg. 2022, § 4 KStG Rn. 92.

1265 R 4.1 Abs. 3 Satz 2 KStR 2022.

1266 Gosch/*Märtens*, KStG, 4. Aufl. 2020, § 4, Rn. 181, Stichwort Krankenhaus. So auch *Bittrolff*, Steuerliche Konsequenzen von Privatisierungen bei öffentlich-rechtlichen Krankenhäusern (Dissertation), 2007, 5 unter *https://docserv.uni-duesseldorf.de/servlets/DerivateServlet/Derivate-5293/PB-Diss_final-190707.pdf* (abgerufen am 05.02.2023).

1267 *Bittrolff*, Steuerliche Konsequenzen von Privatisierungen bei öffentlich-rechtlichen Krankenhäusern (Dissertation), 2007, 38 unter *https://docserv.uni-duesseldorf.de/servlets/DerivateServlet/Derivate-5293/PB-Diss_final-190707.pdf* (abgerufen am 05.02.2023).

1268 Vgl. BFH v. 18. 10. 2017 – V R 46/16 (ECLI:DE:BFH:2017:U.181017.VR46.16.0), BStBl. II 2018, 672 unter II.1.b m. N. und FG München v. 02. 12. 2021 – 13 K 1971/20, EFG 2022, 316 unter II.3.a mit Verweis auf OFD Köln v. 03. 09. 1984 – StEK AO 1977 § 52 Nr. 32; RFH v. 09. 07. 1937 – V D 1/37, RStBl. 1937, 1306; RFH v. 02. 07. 1938 – GrS D 54/38, RStBl. 1938, 743. So auch *Pfirrmann* in Brandis/Heuermann, Ertragsteuerrecht, Stand: 165. Lfg. 2022, § 4 KStG Rn. 131. Nach LfSt Niedersachsen v. 04. 07. 2019, Merkblatt zur Besteuerung der Hochschulen, SIS 19 17 04 unter 3.5.9 hat die dem hoheitlichen Bereich zuzurechnende Forschungs- und Lehrtätigkeit gegenüber der Patientenversorgung nur eine untergeordnete Bedeutung.

1269 FG München v. 02. 12. 2021 – 13 K 1971/20, EFG 2022, 316 unter II.3.a.

1270 H 4.1 KStH 2022, Stichwort „Wirtschaftliches Gewicht".

1271 FinMin Baden-Württemberg v. 16. 08. 1990 – S 2706 A-28/83, KSt-Kartei BW § 4 KStG Nr. 15 unter II.

dd) Voraussetzungen für die Anerkennung der Gemeinnützigkeit eines BgA

716 Für die Inanspruchnahme der Steuerbefreiungen nach § 5 Abs. 1 Nr. 9 KStG und § 3 Nr. 6 GewStG muss ein BgA die Voraussetzungen eines steuerbegünstigten Zweckbetriebs i. S. der §§ 65 bis 68 AO erfüllen.[1272] Voraussetzung für die Anerkennung der Gemeinnützigkeit eines als Betrieb gewerblicher Art (BgA) anzusehenden Krankenhauses ist daher, dass nicht nur die tatsächliche Geschäftsführung den Vorschriften über die Gemeinnützigkeit entspricht, sondern auch eine Satzung oder sonstige Verfassung vorhanden ist, aus der sich ergibt, dass dieser Betrieb *ausschließlich* und *unmittelbar* gemeinnützigen Zwecken dient.[1273]

3. Krankenhausleistungen

717 Nach § 2 Abs. 2 Satz 1 BPflV[1274] sind Krankenhausleistungen solche, die „für die Versorgung im Krankenhaus oder durch das Krankenhaus" notwendig sind. Krankenhausleistungen umfassen nach § 2 Abs. 1 Satz 1 BPflV allgemeine Krankenhausleistungen und Wahlleistungen. Teil-, vor- und nachstationäre Behandlungen gehören ebenfalls zu den Leistungen eines Krankenhauses.[1275]

718 *Allgemeine* Krankenhausleistungen sind nach § 2 Abs. 2 KHEntgG[1276] Leistungen, die unter Berücksichtigung der Leistungsfähigkeit eines Krankenhauses im Einzelfall nach Art und Schwere der Krankheit für die medizinisch zweckmäßige und ausreichende Versorgung der Patienten notwendig sind.[1277] Eine ganztägige ärztliche und pflegerische Leistung ist jedoch nicht unbedingt erforderlich.[1278]

719 Die zu versorgenden Personen müssen untergebracht und verpflegt werden. Für die Hilfeleistung und Betreuung muss die Einrichtung durch einen entsprechenden Einsatz personeller, sachlicher und organisatorischer Mittel, also durch jederzeit rufbereite Ärzte, qualifiziertes Pflegepersonal und die dazu notwendige medizinisch-technische Ausstattung eingerichtet sein.[1279]

720 Nicht zu den Krankenhausleistungen gehören gem. § 2 Abs. 2 Satz 3 BPflV die Dialyse und – bei der Krankenhausbehandlung von Menschen mit Hörbehinde-

1272 *Hüttemann*, Gemeinnützigkeits- und Spendenrecht, 4. Aufl. 2018, Rn. 2.79.

1273 BFH v. 31. 10. 1984 – I R 21/81, BStBl. II 1985, 162. Satzungszweck eines ein Krankenhaus betreibenden BgA kann z. B. die Förderung des öffentlichen Gesundheitswesens und der öffentlichen Gesundheitspflege sein.

1274 Verordnung zur Regelung der Krankenhauspflegesätze v. 26. 09. 1994, BGBl. I 1994, 2750, zuletzt geändert durch das Gesetz zur digitalen Modernisierung von Versorgung und Pflege (Digitale-Versorgung-und-Pflege-Modernisierungs-Gesetz – DVPMG) v. 03. 06. 2021, BGBl. I 2021, 1309.

1275 Gosch/*Märtens*, KStG, 4. Aufl. 2020, § 5 Rn. 248.

1276 Gesetz über die Entgelte für voll- und teilstationäre Krankenhausleistungen v. 23. 04. 2002, BGBl. I 2002, 1412, 1422, zuletzt geändert durch das Gesetz zur digitalen Modernisierung von Versorgung und Pflege (Digitale-Versorgung-und-Pflege-Modernisierungs-Gesetz – DVPMG) v. 03. 06. 2021, BGBl. I 2021, 1309.

1277 AEAO zu § 67 Satz 2.

1278 BFH v. 02. 03. 1989 – IV R 83/86, BStBl. II 1989, 506 unter 1.b.

1279 BFH v. 02. 03. 1989 – IV R 83/86, BStBl. II 1989, 506 unter 1.b.

rung – Leistungen der Dolmetscherassistenz zum Ausgleich der behinderungsbedingten Kommunikationsbeeinträchtigungen.

Werden keine ärztlichen oder pflegerischen Leistungen erbracht und nur Unter- 721
kunft und Verpflegung gewährt, liegt *kein* Krankenhaus vor.[1280] Nach § 2 Abs. 1 Satz 2 i. V. m. § 18 KHEntgG gehören die Leistungen der Belegärzte[1281] nicht zu den Krankenhausleistungen.

4. Zu den Voraussetzungen des § 67 AO

Für die Beurteilung eines Krankenhauses als *Zweckbetrieb* ist allein § 67 AO 722
maßgebend; die Voraussetzungen für die Annahme der Wohlfahrtspflege nach § 66 AO müssen nach Auffassung der Finanzverwaltung nicht zusätzlich erfüllt sein.[1282] Die Vorschrift des § 65 AO wird durch § 67 AO verdrängt.[1283]

Entscheidendes Kriterium für die Annahme eines Zweckbetriebs nach § 67 AO 723
ist die Anzahl der Belegungs- oder Berechnungstage, bei denen nur Entgelte für allgemeine Krankenhausleistungen berechnet werden.

Für steuerliche Zwecke sind daher – obwohl die Krankenhausleistungen gem. § 17b Abs. 1 KHG nur noch nach Fallpauschalen abgerechnet werden – gesonderte Aufzeichnungen über die Anzahl der Belegungs- oder Berechnungstage zu führen, die nach Auffassung des Verfassers im zeitlichen Rahmen von § 147 Abs. 3 Satz 1 i. V. m. Abs. 1 Nr. 5 AO aufzubewahren sind.

> *Praxishinweis:* 724
>
> Maßgeblich für die Annahme eines Zweckbetriebs nach § 67 AO ist die Anzahl der Belegungs- oder Berechnungstage, die auf Patienten entfallen, bei denen nur Entgelte für allgemeine Krankenhausleistungen berechnet werden; hierüber sind gesonderte Aufzeichnungen zu führen.

a) *Krankenhäuser i. S. des KHEntgG oder der BPflV*

Ein Krankenhaus, das in den Anwendungsbereich des Krankenhausentgeltge- 725
setzes (KHEntgG) oder der Bundespflegesatzverordnung (BPflV) fällt, ist nach § 67 Abs. 1 AO ein Zweckbetrieb, wenn mindestens 40 v. H. der jährlichen Belegungs- oder Berechnungstage auf Patienten entfallen, bei denen nur Entgelte

1280 Gosch/*Märtens*, KStG, 4. Aufl. 2020, § 5 Rn. 248.

1281 Nach § 18 Abs. 1 KHEntgG sind Belegärzte nicht am Krankenhaus angestellte Vertragsärzte, die berechtigt sind, ihre Patienten (Belegpatienten) im Krankenhaus unter Inanspruchnahme der hierfür bereitgestellten Dienste, Einrichtungen und Mittel stationär oder teilstationär zu behandeln, ohne hierfür vom Krankenhaus eine Vergütung zu erhalten.

1282 AEAO zu § 67 Satz 10.

1283 Koenig/*Koenig*, AO, 4. Aufl. 2021, § 67 Rn. 1 mit Verweis auf BFH v. 31.07.2013 – I R 82/12, BStBl. II 2015, 123.

für allgemeine Krankenhausleistungen nach § 7 KHEntgG oder § 10 BPflV berechnet werden.[1284]

726 Entgelte nach § 7 KHEntgG umfassen abschließend alle Entgeltformen für die stationären *allgemeinen* Krankenhausleistungen.[1285] Nicht zu den allgemeinen Krankenhausleistungen nach § 7 KHEntgG gehören die – für die Quote nach § 67 AO insofern „schädlichen" – Wahlleistungen gem. § 17 KHEntgG wie z. B. Unterkunftswahlleistungen und Chefarztbehandlung.[1286] Weiterhin gehören nach § 2 Abs. 1 Satz 2 KHEntgG auch die Leistungen der Belegärzte[1287] – obwohl deren Leistungen auch als stationäre Leistungen anzusehen sind – *nicht* zu den Krankenhausleistungen i. S. des KHEntgG oder der BPflV.[1288]

727 Im Anwendungsbereich des KHEntgG wird einem Krankenhaus die Behandlung von Belegpatienten daher nicht mit den Fallpauschalen, die für Hauptabteilungen gelten, vergütet, sondern mit einer geringeren Fallpauschale für Belegabteilungen. Zusätzlich erhalten Krankenhäuser für ihren eigenen Leistungsteil an der belegärztlichen Versorgung eine Kostenerstattung durch den Belegarzt nach § 19 Abs. 1 KHEntgG.[1289]

b) Andere Krankenhäuser

728 Andere Krankenhäuser, die nicht in den Anwendungsbereich des Krankenhausentgeltgesetzes oder der Bundespflegesatzverordnung fallen, stellen gem. § 67 Abs. 2 AO dann einen Zweckbetrieb dar, wenn bei diesen mindestens 40 v. H. der jährlichen Belegungs- oder Berechnungstage auf Patienten entfallen, bei denen für die Krankenhausleistungen kein höheres Entgelt als nach § 67 Abs. 1 AO berechnet wird.

729 Auch sog. Belegkrankenhäuser können unter die Vorschrift des § 67 AO fallen.[1290] Erforderlich ist hierfür u. a., dass der Belegarzt höchstens 60 v. H. der

1284 Nach BFH v. 23. 01. 2019 – XI R 15/16 (ECLI:DE:BFH:2019:U.230119.XIR15.16.0), BFH/NV 2019, 656 unter III.1.c.aa werden die Krankenhausleistungen gem. § 17b Abs. 1 KHG nicht mehr nach Pflegetagen, sondern nach Fallpauschalen abgerechnet. Dabei erfolgt die Vergütung nach einem einheitlichen Katalog für die jeweils in Anspruch genommene Leistung grundsätzlich unabhängig von der Dauer des Krankenhausaufenthalts.

1285 BFH v. 23. 01. 2019 – XI R 15/16 (ECLI:DE:BFH:2019:U.230119.XIR15.16.0), BFH/NV 2019, 656 unter III.1.c.

1286 BFH v. 23. 01. 2019 – XI R 15/16 (ECLI:DE:BFH:2019:U.230119.XIR15.16.0), BFH/NV 2019, 656 unter III.1.c.bb.

1287 Belegärzte sind nach § 18 Abs. 1 Satz 1 KHEntgG nicht am Krankenhaus angestellte Vertragsärzte, die berechtigt sind, ihre Patienten (Belegpatienten) im Krankenhaus unter Inanspruchnahme der hierfür bereitgestellten Dienste, Einrichtungen und Mittel stationär oder teilstationär zu behandeln, ohne hierfür vom Krankenhaus eine Vergütung zu erhalten.

1288 BFH v. 23. 01. 2019 – XI R 15/16 (ECLI:DE:BFH:2019:U.230119.XIR15.16.0), BFH/NV 2019, 656 unter III.1.c.cc.

1289 BFH v. 23. 01. 2019 – XI R 15/16 (ECLI:DE:BFH:2019:U.230119.XIR15.16.0), BFH/NV 2019, 656 unter III.1.c.cc.

1290 Gosch/*Märtens*, KStG, 4. Aufl. 2020, § 5, Rn. 248.

jährlichen Pflegetage gegenüber den Patienten nach der GOÄ[1291] (einschließlich gesonderter Vereinbarungen nach § 2 GOÄ) abrechnet. Mindestens 40 v. H. der jährlichen Pflegetage müssen auf Patienten entfallen, deren ärztliche Behandlung der Belegarzt über Krankenschein oder entsprechend den für Kassenabrechnungen geltenden Vergütungssätzen abrechnet.[1292]

Rechnet eine Privatklinik entsprechend § 17b Abs. 1 KHG Fallpauschalen ab, sind bei Tätigkeiten eines *Belegarztes* die von der Privatklinik gegenüber den Patienten abgerechneten Entgelte für Krankenhausleistungen mit den Fallpauschalen eines Krankenhauses im Anwendungsbereich des KHEntgG zu vergleichen.[1293] 730

Bei reinen Belegkrankenhäusern ohne *eigenen* ärztlichen Dienst, in denen die ärztlichen Leistungen ausschließlich von einem Belegarzt mit Liquidationsberechtigung erbracht und berechnet werden, sind die Arztkosten – „zur Schließung der vorhandenen Regelungslücke" – in ähnlicher Art und Weise zu berücksichtigen, wie dies im Rahmen des § 67 Abs. 1 AO bei Krankenhäusern mit angestellten Krankenhausärzten erfolgt.[1294] 731

Bei einer Privatklinik mit eigenem ärztlichen Dienst ist jedoch nach Auffassung des BFH die Abrechnungspraxis eines vom Krankenhaus unabhängigen Belegarztes wie bei Krankenhäusern i. S. des KHEntgG *nicht* zu berücksichtigen.[1295] 732

5. Einnahmen und Ausgaben des Zweckbetriebs „Krankenhaus"

a) *Buchführungspflichten*

Die Rechnungs- und Buchführungspflichten von Krankenhäusern bestimmen sich gem. § 1 Abs. 1 Satz 1 KHBV nach der Krankenhaus-Buchführungsverordnung (KHBV)[1296], unabhängig davon, ob das Krankenhaus Kaufmann i. S. des HGB ist und unabhängig von der Rechtsform des Krankenhauses. Die Rechnungs- und Buchführungspflichten nach Handels- und Steuerrecht sowie nach anderen Vorschriften bleiben gem. § 1 Abs. 1 Satz 2 KHBV unberührt. 733

Krankenhäuser müssen gem. § 3 KHBV ihre Bücher nach den Regeln der kaufmännischen doppelten Buchführung unter Beachtung der §§ 238, 239 HGB führen. Die KHBV enthält in Anlage 4 einen eigenen Kontenrahmen. Für die Aufstellung und den Inhalt der Jahresabschlüsse gelten die in § 4 Abs. 3 KHBV 734

1291 Gebührenordnung für Ärzte – GOÄ –, Neufassung v. 12. 11. 1982, BGBl. I 1982, 1522, zuletzt geändert durch Art. 1 VO v. 21. 10. 2019, BGBl. I 2019, 1470.

1292 BFH v. 25. 11. 1993 – V R 64/89, BStBl. II 1994, 212 unter II.2.b.

1293 BFH v. 23. 01. 2019 – XI R 15/16 (ECLI:DE:BFH:2019:U.230119.XIR15.16.0), BFH/NV 2019, 656, 2. Leitsatz.

1294 BFH v. 25. 11. 1993 – V R 64/89, BStBl. I 1994, 212 unter II.2.

1295 BFH v. 23. 01. 2019 – XI R 15/16 (ECLI:DE:BFH:2019:U.230119.XIR15.16.0), BFH/NV 2019, 656 unter III.1.d.dd.4.

1296 Verordnung über die Rechnungs- und Buchführungspflichten von Krankenhäusern (Krankenhaus-Buchführungsverordnung – KHBV) v. 24. 03. 1987, BGBl. I 1987, 1045, zuletzt geändert durch Art. 25 Abs. 2 des Gesetzes v. 07. 08. 2021, BGBl. I 2021, 3311.

aufgeführten Vorschriften des HGB. Für die Aufbewahrung von Unterlagen, die Aufbewahrungsfristen und die Vorlage von Unterlagen gelten gem. § 6 KHBV die §§ 257, 261 HGB.

735 Die sich aus der KHBV ergebenden Verpflichtungen sind gem. § 140 AO auch für steuerliche Zwecke zu erfüllen.

b) Zu den Einnahmen und Ausgaben

aa) Grundsatz

736 § 8 Abs. 1 Satz 4 KHEntgG regelt den Versorgungsauftrag eines Krankenhauses, also welche Leistungen ein Krankenhaus – unabhängig von der Art der Krankenversicherungsträger – erbringen darf. Für Leistungen, die außerhalb des Versorgungsauftrages erbracht werden, scheidet eine Zuordnung zum Zweckbetrieb „Krankenhaus" aus.[1297]

bb) Einnahmen und Ausgaben im Zusammenhang mit ärztlichen Leistungen

737 Alle Einnahmen und Ausgaben eines Krankenhauses, die mit den ärztlichen Leistungen für einen Patienten als Benutzer des jeweiligen Krankenhauses zusammenhängen, sind dem Zweckbetrieb „Krankenhaus" zuzurechnen;[1298] hierzu gehört auch die Versorgung mit Arznei-, Heil- und Hilfsmitteln, die für die Versorgung im Krankenhaus notwendig sind.[1299]

738 Darüber hinaus sind auch die im Rahmen des Versorgungsauftrages des Krankenhauses gegenüber *ambulant* behandelten Patienten erbrachten Leistungen dem Zweckbetrieb „Krankenhaus" zuzurechnen.[1300]

cc) Gewinne aus einer Personal- und Sachmittelgestellung

739 Strittig war die Behandlung von Gewinnen aus der Personal- und Sachmittelgestellung und der Übernahme der Abrechnungstätigkeiten durch das Krankenhaus für angestellte Krankenhausärzte und deren *ambulante Behandlung* von gesetzlich und privat Versicherten sowie Selbstzahlern im Rahmen von sog. Chefarztambulanzen.[1301]

740 Nach Auffassung des BFH v. 14. 12. 2023 hängen die Einnahmen eines Krankenhauses aus der Personal- und Sachmittelgestellung an nach § 116 SGB V ermächtigte Ärzte - und demgemäß die diesen Einnahmen zuzuordnenden Ausgaben - *nicht* mit dem Zweckbetrieb „Krankenhaus" zusammen, sondern gehö-

---

1297 AEAO zu § 67 Satz 7 f.

1298 BFH v. 06. 04. 2005 – I R 85/04, BStBl. II 2005 II, 545 unter II.3.a.

1299 LfSt Bayern v. 25. 02. 2015 – S 0186.2.1 – 3/3 St 31, SIS 15 08 36. Diese Verfügung ersetzt LfSt Bayern v. 20. 02. 2006 – S 0186 – 1 St 31 N, SIS 06 16 69.

1300 AEAO zu § 67 Satz 4 ff.

1301 Vgl. FG Münster v. 13. 01. 2021 – 13 K 365/17 K,G,F, EFG 2021, 678; das Urteil wurde in der Rev. durch den BFH v. 14. 12. 2023 – V R 2/21 (NV) (ECLI:DE:BFH:2023:U.141223.VR2.21.0), SIS 24 06 10 aufgehoben und zur anderweitigen Verhandlung und Entscheidung zurückverwiesen.

ren zu den Besteuerungsgrundlagen, die einem steuerpflichtigen wirtschaftlichen Geschäftsbetrieb zuzuordnen sind.[1302]

Hiernach fehlt es an einem hinreichenden Zusammenhang der Einnahmen aus der Personal- und Sachmittelgestellung mit einer *Krankenhausbehandlung*, da das Personal und die Sachmittel des Krankenhauses der Behandlung von Patienten im Rahmen der Ambulanzen der ermächtigten Ärzte, die in ihren Ambulanzen in ihrem überwiegend eigenen Interesse tätig sind, dienen. Die ermächtigten Ärzte wirken dabei zur Sicherstellung der vertragsärztlichen Versorgung der Versicherten mit, nicht aber innerhalb des Versorgungsauftrags des Krankenhauses. Allein die Tatsache, dass ein Krankenhaus durch eine Personal- und Sachmittelgestellung zusätzliche Einnahmen erzielt, reicht für die Zuordnung zum Zweckbetrieb „Krankenhaus" nicht aus.[1303] 741

Auch die damit zusammenhängende Übernahme der Abrechnungstätigkeit und der sog. Vorteilsausgleich sind – entgegen der Auffassung des 13. Senats des FG Münster[1304] – nicht dem Zweckbetrieb „Krankenhaus" zuzuordnen.[1305] 742

dd) Verbilligte Verköstigung von Krankenhaus-Mitarbeitern

Nach Auffassung des BFH *kann* der Betrieb einer Cafeteria, die nur für Mitarbeiter des Zweckbetriebs „Krankenhaus" und nicht der Allgemeinheit zugänglich und mitbestimmungsrechtlich als Sozialeinrichtung anzusehen ist, mit dem Zweckbetrieb „Krankenhaus" zusammenhängen, wenn die Speisen und Getränke unter Berücksichtigung der Arbeitszeiten der Mitarbeiter zum sofortigen Verzehr im Betrieb gedacht sind.[1306] 743

Abweichend hiervon vertritt der 5. Senats des FG Münster im rechtskräftigen Urteil v. 23.03.2023 die Auffassung, dass die Mitarbeiterkantine eines Krankenhauses (die von dem Träger dieses Krankenhauses betrieben wird) kein Be- 744

1302 BFH v. 14.12.2023 – V R 28/21 (ECLI:DE:BFH:2023:U.141223.VR28.21.0), BStBl. II 2024, 425 und BFH v. 14.12.2023 – V R 2/21 (NV) (ECLI:DE:BFH:2023:U.141223.VR2.21.0), SIS 24 06 10. Auch die Finanzverwaltung (hier: FinMin Sachsen-Anhalt v. 11.06.2020 – 42 – S 0186-4, DStR 2020, 1682 unter Rn. 3) behandelt die durch Krankenhäuser erfolgte Personal- und Sachmittelgestellung an *Belegärzte* – gegen Kostenerstattung bzw. Vorteilsausgleich in Höhe eines bestimmten v. H.-Satzes, bezogen auf die Bruttoeinnahmen des einzelnen Belegarztes aus seiner stationären Tätigkeit – als steuerpflichtigen wirtschaftlichen Geschäftsbetrieb; im entschiedenen Fall lag der Vorteilsausgleich pauschaliert bei 20–30 v. H. der Bruttohonorareinnahmen des jeweiligen Arztes.

1303 BFH v. 14.12.2023 – V R 28/21 (ECLI:DE:BFH:2023:U.141223.VR28.21.0), BStBl. II 2024, 425 unter II.3.a.

1304 FG Münster v. 13.01.2021 13 K 365/17 K,G,F, EFG 2021, 678 unter I.3.b.

1305 BFH v. 14.12.2023 – V R 28/21 (ECLI:DE:BFH:2023:U.141223.VR28.21.0), BStBl. II 2024, 425 unter II.3.b.cc.

1306 BFH v. 14.12.2023 – V R 28/21 (ECLI:DE:BFH:2023:U.141223.VR28.21.0), BStBl. II 2024, 425 unter II.4.b.aa; die Sache war jedoch in Bezug auf die Einkünfte aus den Cafeterien wegen der für eine Entscheidung fehlenden hinreichenden Feststellungen des FG Münster v. 13.01.2021 – 13 K 365/17 K,G,F, EFG 2021, 678 nicht spruchreif.

standteil des Zweckbetriebs „Krankenhaus" i. S. von § 67 AO ist[1307] und weder einen Zweckbetrieb i. S. von § 65 AO[1308] noch einen Selbstversorgungsbetrieb i. S. von § 68 Nr. 2 AO darstellt.[1309] Bei der Verköstigung der Krankenhaus-Mitarbeiter handelt es sich nicht um Leistungen, „die mit den ärztlichen und pflegerischen Leistungen des jeweiligen Krankenhausbetriebs in einem ausreichenden Maße zusammenhängen. Es handelt sich weder um unmittelbare ärztliche oder pflegerische noch um typischerweise von einem Krankenhaus gegenüber seinen Patienten erbrachte Leistungen".[1310]

745 Sofern nach Auffassung des 5. Senats des FG Münster ein steuerpflichtiger wirtschaftlicher Geschäftsbetrieb anzunehmen ist, ist nach Auffassung des BFH zu prüfen, ob die Ausgaben aus dem Betrieb der Mitarbeiter-Cafeteria bzw. einer auch der Allgemeinheit zugänglich Mitarbeiterkantine, soweit sie die Einnahmen aus deren Betrieb übersteigen, nach dem Veranlassungsprinzip Ausgaben sind, die mit den ärztlichen und pflegerischen Leistungen an die Patienten als Benutzer des jeweiligen Krankenhauses zusammenhängen.[1311]

746 Bei einer Mitarbeiterkantine, die auch der Allgemeinheit zugänglich ist, kommt nach Auffassung des BFH als *wirklichkeitsnaher Aufteilungsmaßstab* für die angefallenen Ausgaben zwischen dem steuerpflichtigen wirtschaftlichen Geschäftsbetrieb und dem Zweckbetrieb das Verhältnis zwischen den tatsächlich von Mitarbeitern erzielten Einnahmen zu den von übrigen Nutzern erzielten Einnahmen in Betracht.[1312]

1307 FG Münster v. 23. 03. 2023 – 5 K 2867/20 U, SIS 23 10 21 unter I.2.b.2.c.aa.aaa; die Rev. wurde nicht zugelassen.

1308 FG Münster v. 23. 03. 2023 – 5 K 2867/20 U, SIS 23 10 21 unter I.2.b.2.c.aa.ccc; die Rev. wurde nicht zugelassen.

1309 FG Münster v. 23. 03. 2023 – 5 K 2867/20 U, SIS 23 10 21 unter I.2.b.2.c.aa.bbb; die Rev. wurde nicht zugelassen. Im Übrigen lagen im Streitfall nach Auffassung des 5. Senats des FG Münster v. 23. 03. 2023 – 5 K 2867/20 U, SIS 23 10 21 unter I.2.b.2.c.bb die Voraussetzungen des § 12 Abs. 2 Nr. 8 Buchst. a Satz 3 UStG für die Gewährung des ermäßigten USt-Satzes nicht vor.

1310 FG Münster v. 23. 03. 2023 – 5 K 2867/20 U, SIS 23 10 21 unter I.2.b.2.c.aa.aaa; die Rev. wurde nicht zugelassen.

1311 BFH v. 14. 12. 2023 – V R 28/21 (ECLI:DE:BFH:2023:U.141223.VR28.21.0), BStBl. II 2024, 425 unter II.5.c.aa.

1312 BFH v. 14. 12. 2023 – V R 28/21 (ECLI:DE:BFH:2023:U.141223.VR28.21.0), BStBl. II 2024, 425 unter II.4.b.bb.2. Ob die vom FG Münster v. 13. 01. 2021 – 13 K 365/17 K,G,F, EFG 2021, 678 unter I.4.b im Rahmen einer tatsächlichen Verständigung durchgeführte Aufteilung anhand einer sog. „Verbilligungsquote" ein „wirklichkeitsnaher Aufteilungsmaßstab" sein kann, wird vom Autor aufgrund der Ausführungen des BFH v. 14. 12. 2023 – V R 28/21 (ECLI:DE:BFH:2023:U.141223.VR28.21.0), BStBl. II 2024, 425 unter II.4.b.bb.2 bezweifelt. Die damit zusammenhängende Revision des Finanzamts hinsichtlich der gesonderten Feststellung des verbleibenden Verlustvortrags zur Körperschaftsteuer war nach BFH v. 14. 12. 2023 – V R 2/21 (NV) (ECLI:DE:BFH:2023:U.141223.VR2.21.0), SIS 24 06 10 jedoch unzulässig, da das Finanzamt insoweit materiell nicht beschwert war.

Praxishinweis: 747

Nicht abschließend geklärt ist die Frage, ob eine Mitarbeiterkantine im Hinblick auf eine arbeitsrechtliche Verpflichtung zur verbilligten Verköstigung der Mitarbeiter zum Zweckbetrieb „Krankenhaus" gehört oder ob eine solche Kantine von dem Zweckbetrieb abgrenzbar ist und einen steuerpflichtigen wirtschaftlichen Geschäftsbetrieb bildet.

c) Andere wirtschaftliche Betätigungen eines Krankenhauses

Zwecks zutreffender steuerlicher Behandlung sind die Voraussetzungen für die 748 Zuordnung jeder einzelnen wirtschaftlichen Tätigkeit zum Zweckbetrieb „Krankenhaus" zu überprüfen.[1313]

aa) Überlassung medizinischer Großgeräte

Die entgeltliche Überlassung medizinischer Großgeräte und des nichtärztlichen 749 medizinisch-technischen Personals an eine ärztliche Gemeinschaftspraxis durch ein Krankenhaus stellt einen steuerpflichtigen wirtschaftlichen Geschäftsbetrieb dar. Die entsprechenden Einnahmen aus der Überlassung z.B. eines MRT[1314] und des Personals sind nicht der Vermögensverwaltung zuzurechnen.[1315]

bb) Weitere wirtschaftliche Betätigungen eines Krankenhauses

Ebenso stellt die Nutzung der Krankenhauswäscherei *für Dritte* – auch für an- 750 dere Krankenhäuser – einen steuerpflichtigen wirtschaftlichen Geschäftsbetrieb dar.[1316] Wirtschaftliche Tätigkeiten wie z.B. der Betrieb einer Cafeteria mit Getränke- und Speisenverkauf, eines Souvenir-Shops oder eines Parkplatzes, die Blutentnahme für Dritte oder die Aufbewahrung Verstorbener sind nach Auffassung der Finanzverwaltung nicht dem Zweckbetrieb „Krankenhaus" zuzuordnen.[1317] Auch die Entgelte aus der Zurverfügungstellung von Telefon- und Fernsehgeräten an Patienten sind in einem steuerpflichtigen wirtschaftlichen Geschäftsbetrieb zu erfassen.[1318]

1313 OFD Magdeburg v. 09.03.2010 – G 1412 – 10 – St 216 (§ 3 GewStG Karte 6b), SIS 10 22 11.

1314 Gerät für die Magnetresonanztomographie.

1315 BFH v. 06.04.2005 – I R 85/04, BStBl. II 2005, 545.

1316 OFD Magdeburg v. 09.03.2010 – G 1412 – 10 – St 216 (§ 3 GewStG Karte 6b), SIS 10 22 11 mit Verweis auf BFH v. 18.10.1990 – V R 35/85, BStBl. II 1991, 157.

1317 OFD Magdeburg v. 09.03.2010 – G 1412 – 10 – St 216 (§ 3 GewStG Karte 6b), SIS 10 22 11.

1318 FinMin Sachsen-Anhalt v. 11.06.2020 – 42 – S 0186 – 4, DStR 2020, 1682 unter 1.

d) *Die Krankenhausapotheke – Zweckbetrieb oder steuerpflichtiger wirtschaftlicher Geschäftsbetrieb?*

aa) *Versorgung eines Krankenhauses mit Arznei-, Heil- und Hilfsmitteln*

751 Die Versorgung eines Krankenhauses mit Arznei-, Heil- und Hilfsmitteln durch eine hauseigene Apotheke ist dem Zweckbetrieb „Krankenhaus“ zuzuordnen.[1319]

752 Neben der stationären Versorgung des Krankenhauses mit Medikamenten ist auch die Abgabe von Medikamenten an ambulant behandelte Patienten des Krankenhauses dem Zweckbetrieb nach § 67 AO zuzuordnen, wenn sich die erbrachten Leistungen aus dem Versorgungsauftrag des Krankenhauses ergeben und die betreffenden Arzneimittel für eine unmittelbare Verabreichung im Krankenhaus vorgesehen sind.[1320]

bb) *Abgabe von Zytostatika*

753 Nach Auffassung des BFH ist auch die Abgabe von Zytostatika[1321] durch die Krankenhausapotheke zur anschließenden Verabreichung an die nach § 116 SGB V ambulant behandelten Patienten dem Zweckbetrieb „Krankenhaus“ zuzurechnen.[1322] Dies gilt selbst dann, wenn die Ermächtigung zur Durchführung ambulanter Behandlungen nicht dem Krankenhaus im Wege einer sog. Institutsermächtigung, sondern dem Chefarzt des Krankenhauses erteilt wurde, der solche Behandlungen als Dienstaufgabe durchführt.[1323]

cc) *Abgabe von Medikamenten zur ärztlich kontrollierten Heimselbstbehandlung*

754 Ebenso ist die Abgabe von Medikamenten zur Blutgerinnung (sog. Faktorpräparate) durch ein Universitätsklinikum an Hämophiliepatienten[1324] nach Auffassung des BFH – entgegen der Verwaltungsauffassung[1325] – dem Zweckbetrieb „Krankenhaus“ zuzuordnen, auch wenn sich der Patient das Medikament im Rahmen einer *ärztlich kontrollierten Heimselbstbehandlung* selbst verabreicht.[1326]

dd) *Annahme eines steuerpflichtigen wirtschaftlichen Geschäftsbetriebs*

755 Nach Auffassung der Finanzverwaltung ist die Abgabe von Medikamenten an andere (auch steuerbegünstigte) Krankenhäuser und Apotheken,[1327] an ambulant behandelte Patienten (wenn die betroffenen Präparate nicht für eine un-

---

1319 LfSt Bayern v. 25.02.2015 – S 0186.2.1 – 3/3 St 31, SIS 15 08 36.

1320 LfSt Bayern v. 25.02.2015 – S 0186.2.1 – 3/3 St 31, SIS 15 08 36.

1321 Arzneimittel der Chemotherapie.

1322 BFH v. 06.06.2019 – V R 39/17 (ECLI:DE:BFH:2019:U.060619.VR39.17.0), BStBl. II 2019, 651.

1323 BFH v. 31.07.2013 – I R 82/12, BStBl. II 2015, 123.

1324 Patienten mit einer gestörten Blutgerinnung.

1325 Vgl. LfSt Bayern v. 25.02.2015 – S 0186.2.1 – 3/3 St 31, SIS 15 08 36.

1326 BFH v. 18.10.2017 – V R 46/16 (ECLI:DE:BFH:2017:U.181017.VR46.16.0), BStBl. II 2018, 672.

1327 Vgl. BFH v. 18.10.1990 – V R 76/89, BStBl. II 1991, 268.

mittelbare Verabreichung im Krankenhaus vorgesehen sind[1328]), an ehemalige Patienten gegen gesondertes Entgelt, an Beschäftigte des Krankenhauses gegen Entgelt und an Patienten im Rahmen der ambulanten Behandlung in einer vom (Chef-)Arzt im Rahmen seiner Nebentätigkeitserlaubnis (und somit außerhalb seiner dienstvertraglichen Pflichten) betriebenen Privatambulanz nicht dem Zweckbetrieb „Krankenhaus", sondern einem steuerpflichtigen wirtschaftlichen Geschäftsbetrieb zuzurechnen.[1329]

e) *Zur Gemeinnützigkeit eines Betriebs gewerblicher Art*

Zu den Körperschaften, die von der Körperschaftsteuer befreit sind, können 756
auch Betriebe gewerblicher Art (BgA) von juristischen Personen des öffentlichen Rechts i. S. des § 1 Abs. 1 Nr. 6 KStG gehören.[1330] Voraussetzung hierfür ist jedoch, dass ein solcher BgA nach der Satzung und der tatsächlichen Geschäftsführung *gemeinnützigen Zwecken* dient.

Auch Universitätskliniken in der Rechtsform eines Betriebs gewerblicher Art 757
(BgA) müssen nach der Satzung (die den Vorgaben des Gemeinnützigkeitsrechts entsprechen muss) und der tatsächlichen Geschäftsführung die Vorgaben der §§ 51 ff. AO und die Voraussetzungen für einen Zweckbetrieb i. S. von § 67 AO erfüllen, um in den Genuss der Steuerbefreiung nach § 5 Abs. 1 Nr. 9 KStG zu gelangen.[1331]

6. Befreiung von der Gewerbesteuer

Der Begriff des Krankenhauses selbst ist gewerbesteuerrechtlich nicht defi- 758
niert.[1332] Der BFH verweist daher auf die in § 2 Nr. 1 KHG und § 107 Abs. 1 SGB V enthaltenen Definitionen,[1333] die nach sozialrechtlichen Maßstäben auszulegen sind.[1334]

1328 Vgl. aber BFH v. 18. 10. 2017 – V R 46/16 (ECLI:DE:BFH:2017:U.181017.VR46.16.0), BStBl. II 2018, 672 zur Abgabe von Medikamenten zur Blutgerinnung durch ein Universitätsklinikum an Hämophiliepatienten.

1329 LfSt Bayern v. 25. 02. 2015 – S 0186.2.1 – 3/3 St 31, SIS 15 08 36.

1330 BFH v. 31. 10. 1984 – I R 21/81, BStBl. II 1985, 162.

1331 LfSt Niedersachsen v. 04. 07. 2019, Merkblatt zur Besteuerung der Hochschulen, SIS 19 17 04 unter 3.5.9.

1332 BFH v. 25. 01. 2017 – I R 74/14 (ECLI:DE:BFH:2017:U.250117.IR74.14.0), BStBl. II 2017, 650 unter II.1.a.

1333 BFH v. 25. 01. 2017 – I R 74/14 (ECLI:DE:BFH:2017:U.250117.IR74.14.0), BStBl. II 2017, 650 unter II.1.a mit Verweis auf BFH v. 22. 10. 2003 – I R 65/02, BStBl. II 2004, 300; BFH v. 22. 06. 2011 – I R 59/10, BFH/NV 2012, 61; BFH v. 02. 10. 2003 – IV R 48/01, BStBl. II 2004, 363; BFH v. 09. 09. 2015 – X R 2/13, BStBl. II 2016, 286; BFH v. 01. 03. 1995 – IV B 43/94, BStBl. II 1995, 418.

1334 BFH v. 09. 09. 2015 – X R 2/13, BStBl. II 2016, 286, Leitsatz 1. So auch BFH v. 22. 06. 2011 – I R 59/10 (NV), BFH/NV 2012, 61 unter II.2.b und OFD Magdeburg v. 09. 03. 2010 – G 1412 – 10 – St 216 (§ 3 GewStG Karte 6b), SIS 10 22 11.

a) Gewerbesteuerpflicht

759 Der Gewerbesteuer unterliegt gem. § 2 Abs. 1 GewStG jeder stehende Gewerbebetrieb i. S. von § 1 GewStDV, soweit er im Inland betrieben wird. Als Gewerbebetrieb gilt nach § 2 Abs. 2 Satz 1 GewStG stets und in vollem Umfang die Tätigkeit von Kapitalgesellschaften und nach § 2 Abs. 3 GewStG auch die Tätigkeit der sonstigen juristischen Personen des Privatrechts und der nichtrechtsfähigen Vereine, soweit sie einen wirtschaftlichen Geschäftsbetrieb (ausgenommen Land- und Forstwirtschaft) unterhalten.

760 Auch Unternehmen von juristischen Personen des öffentlichen Rechts sind gem. § 2 Abs. 1 GewStDV gewerbesteuerpflichtig, wenn sie als stehende Gewerbebetriebe anzusehen sind; das gilt gem. § 2 Abs. 2 GewStDV nicht für Hoheitsbetriebe, die überwiegend der Ausübung der öffentlichen Gewalt dienen.

761 Krankenhäuser, die von juristischen Personen des öffentlichen Rechts betrieben werden, sind jedoch – unabhängig von § 67 AO – gem. § 3 Nr. 20 Buchst. a GewStG von der Gewerbesteuer befreit.

b) Steuerbefreiung nach § 3 Nr. 20 Buchst. b GewStG

762 Voraussetzung für die Gewerbesteuerbefreiung eines Krankenhauses, das nicht von einer juristischen Person des öffentlichen Rechts betrieben wird, ist nach § 3 Nr. 20 Buchst. b GewStG, dass ein Zweckbetrieb i. S. von § 67 AO vorliegt; dieser muss jedoch – im Gegensatz zur Befreiungsvorschrift nach § 3 Nr. 6 GewStG – nicht gemeinnützigen oder mildtätigen Zwecken dienen. Insofern handelt es sich bei § 3 Nr. 20 Buchst. b GewStG um eine Spezialvorschrift gegenüber § 3 Nr. 6 GewStG.[1335]

763 Unerheblich ist, ob das Krankenhaus in der Rechtsform einer Körperschaft, von einer natürlichen Person oder einer Personengesellschaft betrieben wird.[1336] § 3 Nr. 20 Buchst. b GewStG regelt die *Steuerbefreiung von gewerblichen Tätigkeiten*; die Vorschrift enthält keine Steuerbefreiung von Gewerbebetrieben.[1337]

764 Die vom Finanzamt getroffene Entscheidung, ob ein Zweckbetrieb i. S. des § 67 AO vorliegt, ist für Zwecke der Grundsteuer zu übernehmen.[1338]

c) Erträge aus der ärztlichen und pflegerischen Versorgung der Patienten

765 Krankenhäuser, die nicht von juristischen Personen des öffentlichen Rechts betrieben werden, sind von der Gewerbesteuer befreit, wenn sie die in § 67 AO aufgeführten Voraussetzungen für einen Zweckbetrieb erfüllen.[1339] Befreit sind

---

1335 Glanegger/*Güroff*, GewStG, 9. Aufl. 2017, § 3 Nr. 20, Rn. 427.

1336 OFD Magdeburg v. 09. 03. 2010 – G 1412 – 10 – St 216 (§ 3 GewStG Karte 6b), SIS 10 22 11.

1337 BFH v. 22. 06. 2011 – I R 59/10 (NV), BFH/NV 2012, 61 unter II.2.e.

1338 Vgl. Abschn. 23 Abs. 1 Satz 4 GrStR zu § 4 GrStG.

1339 *Böwing-Schmalenbrock* in Brandis/Heuermann, Ertragsteuerrecht, Stand: 174. Lfg. 2024, § 3 GewStG Rn. 103.

hierbei die Erträge aus der ärztlichen und pflegerischen Versorgung der Patienten im Krankenhaus.[1340] Der Gewinn aus einem Klinikbetrieb als solchem ist jedoch dann nicht von der Gewerbesteuer befreit, wenn die Patienten einer Privatklinik[1341] *ausschließlich ärztliche Wahlleistungen* in Anspruch nehmen.[1342]

Soweit der Träger eines Krankenhauses *außerhalb* des Zweckbetriebs „Krankenhaus" Erträge erzielt, unterliegen diese der Gewerbesteuer;[1343] dem steht nach Auffassung des BFH nicht entgegen, dass in § 3 Nr. 20 Buchst. b GewStG die Ergebnisse steuerpflichtiger wirtschaftlicher Geschäftsbetriebe i. S. von § 64 AO nicht ausdrücklich von dieser Steuerbefreiung ausgenommen sind.[1344] 766

7. Grundsteuerbefreiung

a) *Steuerbefreiung gem. § 3 Abs. 1 Satz 1 Nr. 1 GrStG*

aa) *Öffentlicher Dienst oder Gebrauch*

Grundbesitz, der von einer inländischen juristischen Person des öffentlichen Rechts *„für einen öffentlichen Dienst oder Gebrauch"* genutzt wird, ist nach § 3 Abs. 1 Satz 1 Nr. 1 GrStG von der Grundsteuer befreit. *„Öffentlicher Dienst oder Gebrauch"* i. S. von § 3 Abs. 1 Satz 1 Nr. 1 GrStG ist nach § 3 Abs. 2 GrStG die *hoheitliche Tätigkeit* oder der bestimmungsgemäße Gebrauch durch die Allgemeinheit. 767

bb) *Krankenhäuser in der Rechtsform eines Betriebs gewerblicher Art*

Nach dem Gesetzeswortlaut ist ein *„öffentlicher Dienst oder Gebrauch"* ausweislich von § 3 Abs. 3 GrStG bei Betrieben gewerblicher Art (BgA) von juristischen Personen des öffentlichen Rechts nicht anzunehmen mit der Folge, dass für diese eine Befreiung nach § 3 Abs. 1 Satz 1 Nr. 1 GrStG nicht in Betracht kommt. 768

1340 Glanegger/*Güroff*, GewStG, 9. Aufl. 2017, § 3 Nr. 20, Rn. 431.

1341 Nach Wissenschaftliche Dienste des Deutschen Bundestags – WD 9 – 3000 – 095/13, Krankenhäuser in privater Trägerschaft – Rechtsgrundlagen, verfassungsrechtliche Vorgaben und Finanzierung, 2014, 9 ist unter einer Privatklinik ein Krankenhaus zu verstehen, das über keine Kassenzulassung i. S. des § 108 SGB V verfügt und daher nicht zur Teilnahme an der gesetzlichen Krankenversorgung berechtigt ist. Eine Privatklinik nimmt daher grundsätzlich nur an der Versorgung von Privatpatienten teil.

1342 BFH v. 02. 10. 2003 – IV R 48/01, BStBl. II 2004 II, 363, 2. Leitsatz. Auch eine von einem Arzt betriebene Privatklinik kann hiernach ein Krankenhaus i. S. von § 3 Nr. 20 Buchst. b GewStG sein, wenn diese im maßgeblichen Erhebungszeitraum die in § 67 Abs. 1 oder 2 AO bezeichneten Voraussetzungen erfüllt. Das Urteil erging zu einem Arzt, der eine Privatklinik betrieb.

1343 BFH v. 22. 06. 2011 – I R 59/10 (NV), BFH/NV 2012, 61 unter II.2.a mit Verweis auf BFH v. 20. 09. 1966 – I R 34/66, BStBl. III 1967, 90; BFH v. 19. 03. 2002 – VIII R 57/99, BStBl. II 2002, 662; BFH v. 10. 03. 2010 – I R 41/09, BStBl. II 2011, 181.

1344 BFH v. 22. 06. 2011 – I R 59/10 (NV), BFH/NV 2012, 61 unter II.2.d.

769 Nach Auffassung der Finanzverwaltung dienen Krankenhäuser allgemein einem „öffentlichen Dienst“.[1345] Hierbei wird jedoch verkannt, dass die Krankenhäuser, die sich in öffentlich-rechtlicher Trägerschaft befinden, zu ca. 56 v.H. privatrechtlich organisiert sind[1346] und es sich bei den als Eigenbetrieb, Regiebetrieb oder Anstalt des öffentlichen Rechts betriebenen kommunalen Krankenhäusern[1347] oder Hochschulkliniken[1348] i.d.R. um Betriebe gewerblicher Art (BgA) handelt,[1349] für die nach § 3 Abs. 3 GrStG ein „öffentlicher Dienst“ nicht anzunehmen ist und somit § 3 Abs. 1 Satz 1 Nr. 1 GrStG für solche Krankenhäuser keine Anwendung findet.

cc) Psychiatrische Landeskrankenhäuser

770 Einen öffentlichen Dienst und damit hoheitliche Tätigkeiten üben jedoch z.B. psychiatrische Landeskrankenhäuser mit ihren Verwahr- und Pflegefällen aus;[1350] für solche Einrichtungen kommt eine Steuerbefreiung nach § 3 Abs. 1 Satz 1 Nr. 1 GrStG in Betracht.

dd) Einrichtungen der öffentlich-rechtlichen Religionsgemeinschaften

771 Einrichtungen der *öffentlich-rechtlichen Religionsgemeinschaften* sind als eine Form der tätigen Nächstenliebe Ausdruck des kirchlichen Verkündigungsauftrages; für diese ist regelmäßig kein BgA anzunehmen.[1351]

1345 Abschn. 10 Abs. 2 Satz 1 GrStR zu § 3 GrStG; OFD Koblenz v. 22.12.2010 – S 4506 A – St 35 3, StEK GrEStG 1983, § 4/; a. A. z. B. *Bittrolff*, Steuerliche Konsequenzen von Privatisierungen bei öffentlich-rechtlichen Krankenhäusern (Dissertation), 2007, 38, 100 unter *https://docserv.uni-duesseldorf.de/servlets/DerivateServlet/Derivate-5293/PB-Diss_final-190707.pdf* (abgerufen am 05.02.2023), wonach der Betrieb eines Krankenhauses zu einem Betrieb gewerblicher Art führt.

1346 *Schulten/Böhlke* in WSI/Hans-Böckler-Stiftung, Überblick über Privatisierungen im deutschen Krankenhaussektor, Frankfurt/M. 2009, 6 unter *https://www.boeckler.de/pdf/v_2009_01_22_schultenboehlke.pdf* (abgerufen am 05.02.2023).

1347 BFH v. 31.10.1984 – I R 21/81, BStBl. II 1985, 162 zu einem von einem Landkreis betriebenen Krankenhaus. Vgl. auch Gosch/*Märtens*, KStG, 4. Aufl. 2020, § 4, Rn. 181, Stichwort Krankenhaus.

1348 Vgl. FG München v. 02.12.2021 – 13 K 1971/20, EFG 2022, 316 unter II.3.a.

1349 *Rehbein* in Augsten/Bartmuß/Rehbein/Sausmekat, Besteuerung im Krankenhaus, Wiesbaden 2008, 18 ff.; a. A. BFH v. 02.07.1965 – III 136/61 U, BStBl. III 1965, 571 unter 4, der davon ausging, dass „die Unterhaltung einer Krankenanstalt durch eine Gebietskörperschaft als Benutzung für einen öffentlichen Dienst oder Gebrauch anzusehen ist“.

1350 FinMin Baden-Württemberg v. 16.08.1990 – S 2706 A-28/83, KSt-Kartei BW § 4 KStG Nr. 15 unter II.

1351 OFD NRW, Besteuerung der juristischen Personen des öffentlichen Rechts Arbeitshilfe, 2022, *https://www.finanzverwaltung.nrw.de/system/files/media/document/file/2022-07-11_Besteuerung%20der%20juristischen%20Personen%20des%20%C3%B6ffentlichen%20Rechts_Internetversion_PDF.pdf*, Abschn. 8.8 (abgerufen am 14.03.2024).

b) Steuerbefreiung gem. § 3 Abs. 1 Satz 1 Nr. 3 GrStG

aa) Nutzung für gemeinnützige oder mildtätige Zwecke

Für die Begriffe „gemeinnützige Zwecke" und „mildtätige Zwecke" gelten die Vorschriften der §§ 51 ff. AO.[1352] 772

(1) Inländische juristische Person des öffentlichen Rechts

Grundbesitz, der von einer inländischen juristischen Person des öffentlichen Rechts für *gemeinnützige oder mildtätige Zwecke* genutzt wird, ist nach § 3 Abs. 1 Satz 1 Nr. 3 Buchst. a GrStG von der Grundsteuer befreit. Ausländische Körperschaften des öffentlichen Rechts erfüllen nicht die Voraussetzungen des § 3 Abs. 1 GrStG.[1353] 773

Überlässt der Rechtsträger, dem der Grundbesitz zuzurechnen ist, seinen Grundbesitz einer anderen nach § 3 Abs. 1 GrStG begünstigten juristischen Person, ist es für die Steuerbefreiung erforderlich, dass diese den Grundbesitz für einen der dort genannten begünstigten Zwecke nutzt.[1354] 774

(2) Inländische Körperschaften, Personenvereinigungen oder Vermögensmassen

Der Grundbesitz, der von einer als gemeinnützig anerkannten inländischen Körperschaft, Personenvereinigung oder Vermögensmasse für *gemeinnützige oder mildtätige Zwecke* genutzt wird, ist nach § 3 Abs. 1 Satz 1 Nr. 3 Buchst. b GrStG von der Grundsteuer befreit.[1355] 775

bb) Eigentümer-Nutzer-Identität

Der Grundbesitz muss im Fall einer Grundsteuerbefreiung gem. § 3 Abs. 1 Satz 2 GrStG *ausschließlich* demjenigen, der ihn für die begünstigten Zwecke nutzt, oder einem anderen nach § 3 Abs. 1 Nr. 1 bis 6 GrStG begünstigten Rechtsträger zuzurechnen sein. 776

Der Ausschluss der Steuerbefreiung nach § 3 Abs. 1 Satz 2 GrStG greift gem. § 3 Abs. 1 Satz 3 GrStG dann nicht, wenn der Grundbesitz von einem nicht begünstigten Rechtsträger im Rahmen einer *Öffentlich Privaten Partnerschaft* einer juristischen Person des öffentlichen Rechts für einen *öffentlichen Dienst oder Gebrauch* überlassen wird und die Übertragung auf den Nutzer zum Ende des Vertragszeitraums vereinbart ist. 777

Soweit Kliniken und Krankenhäuser einem öffentlichen Dienst[1356] i. S. von § 3 Abs. 2 GrStG dienen und kein BgA anzunehmen ist (Ausschlussgrund nach § 3 Abs. 3 GrStG), kann die Überlassung des Grundbesitzes im Rahmen einer *Öffentlich Privaten Partnerschaft* für den Betrieb eines Krankenhauses unter den 778

1352 Abschn. 12 Abs. 1 Satz 2 GrStR zu § 3 GrStG.
1353 Abschn. 7 Abs. 3 GrStR.
1354 Abschn. 6 Abs. 2 Satz 1 f. GrStR.
1355 Abschn. 23 Abs. 1 Satz 1 GrStR zu § 4 GrStG.
1356 So OFD Koblenz v. 22. 12. 2010 – S 4506 A – St 35 3, StEK GrEStG 1983, § 4/32 m. N.

Voraussetzungen des § 3 Abs. 1 Satz 3 GrStG zu einer Grundsteuerbefreiung führen.

cc) Steuerfreie Nutzung auch durch einen Zweckbetrieb

779 Grundsteuerfrei ist nach Verwaltungsauffassung auch der Grundbesitz, auf dem ein *Zweckbetrieb* im Sinne der §§ 65 bis 68 AO – also z. B. ein Krankenhaus – unterhalten wird,[1357] der *unmittelbar* gemeinnützige oder mildtätige Zwecke verfolgt.[1358] Dazu rechnet auch der Grundbesitz, auf dem eine steuerbegünstigte Körperschaft ihre *Verwaltungstätigkeit* ausübt.[1359]

780 Unterhält eine solche Körperschaft auch einen oder mehrere steuerpflichtige wirtschaftliche Geschäftsbetriebe, so ist der Grundbesitz oder der Teil des Grundbesitzes *steuerpflichtig*, der für deren Verwaltung benutzt wird.[1360]

c) Steuerbefreiung gem. § 4 Nr. 6 GrStG

781 Die Befreiungsvorschrift des § 4 Nr. 6 GrStG hat gegenüber der Vorschrift des § 3 Abs. 1 GrStG vor allem für *privatrechtlich* betriebene Krankenhäuser Bedeutung, die zwar die Voraussetzungen des § 67 AO erfüllen,[1361] aber nicht als gemeinnützig anerkannt sind.

aa) Das Krankenhaus muss die Voraussetzungen des § 67 AO erfüllen

(1) Ausschließliche Zurechnung auf den Nutzer

782 Nach § 4 Nr. 6 Satz 1 GrStG ist Grundbesitz, der für die Zwecke eines Krankenhauses genutzt wird, von der Grundsteuer befreit, wenn das Krankenhaus in dem Kalenderjahr, das dem Veranlagungszeitpunkt vorangeht, die Voraussetzungen des § 67 AO erfüllt hat.

783 Darüber hinaus muss der Grundbesitz gem. § § 4 Nr. 6 Satz 2 GrStG *ausschließlich* demjenigen, der ihn nutzt – oder einer juristischen Person des öffentlichen Rechts – zuzurechnen sein.

(2) Vermietung von Teilen eines Krankenhauses als Praxisräume an selbständig tätige Fachärzte

784 Nach Auffassung des BFH greift der Ausschlussgrund des § 4 Nr. 6 Satz 2 GrStG dann nicht, wenn *Teile des Grundbesitzes* an einen Dritten vermietet oder verpachtet werden und von diesem in einer Art und Weise genutzt wird, „die für die Erfüllung des auf dem Grundbesitz von dem Zurechnungsträger selbst verfolgten begünstigten Zwecks *unentbehrlich* ist".

785 Werden z. B. Räume eines Krankenhauses als Praxisräume an selbständig tätige Fachärzte vermietet, die allein für die medizinische Betreuung der in dem Krankenhaus untergebrachten Patienten verantwortlich sind und in den Praxisräu-

1357 Abschn. 12 Abs. 4 Satz 1 GrStR zu § 3 GrStG.
1358 Abschn. 12 Abs. 5 Satz 1 GrStR zu § 3 GrStG.
1359 Abschn. 12 Abs. 5 Satz 2 GrStR zu § 3 GrStG.
1360 Abschn. 12 Abs. 5 Satz 4 GrStR zu § 3 GrStG.
1361 Abschn. 23 Abs. 1 Satz 2 GrStR zu § 4 GrStG.

men diese Patienten behandeln, so sind auch die diesen Räumen zuzurechnenden Grundstücksteile nach Auffassung des BFH grundsteuerfrei, selbst wenn ein solcher Arzt darin (auch) Patienten ambulant behandelt.[1362]

(3) Besucher- und Personalparkplätze

Nach Auffassung der Finanzverwaltung gilt die Grundsteuerbefreiung nach § 4 Nr. 6 GrStG auch für gebührenfrei nutzbare Besucher- und Personalparkplätze von Krankenhäusern, wenn das Krankenhaus die Voraussetzungen des § 67 AO erfüllt. Hinsichtlich solcher Parkplätze ist von einer *Hilfstätigkeit* zur Verwirklichung des begünstigten Zwecks auszugehen. 786

Hiervon ist jedoch bei *gebührenpflichtigen* Besucher- und Personalparkplätze nicht mehr auszugehen, so dass eine Grundsteuerbefreiung in solchen Fällen nicht zu gewähren ist.[1363] 787

(4) Verfahrensfragen

Ob die Voraussetzungen des § 67 AO erfüllt sind, entscheidet das für die Körperschaft zuständige Finanzamt; dessen Entscheidung ist für Zwecke der Grundsteuer zu übernehmen.[1364] 788

bb) Grundstückseigentümer ist nicht der Klinikbetreiber

(1) Privatklinik unter Beteiligung stiller Gesellschafter

Nach Auffassung des BFH v. 04.02.1987 ist das in § 4 Nr. 6 Satz 2 GrStG normierte Tatbestandsmerkmal erfüllt, wenn ein Arzt den in seinem Eigentum stehenden Grundbesitz in der Weise nutzt, dass er auf dem Grundstück eine Privatklinik unter Beteiligung stiller Gesellschafter betreibt; das gilt selbst dann, wenn die Gesellschafter einer solchen stillen Gesellschaft einkommensteuerrechtlich als Mitunternehmer (atypische stille Gesellschafter) anzusehen sind.[1365] 789

(2) Ehegatte als Klinikbetreiber

Im Fall eines von einer natürlichen Person betriebenen Krankenhauses steht die Befreiung nach § 4 Nr. 6 Satz 2 GrStG dem Grundstückseigentümer jedoch nur dann zu, wenn das Krankenhaus von ihm selbst betrieben wird, nicht aber, wenn es sein Ehegatte betreibt.[1366] 790

1362 BFH v. 16.01.1991 – II R 149/88, BStBl. II 1991, 535 unter II.2 mit Verweis auf BFH v. 15.03.1957 – III 17/57 S, BStBl. III 1957, 183 und BFH v. 29.03.1968 – III 213/64, BStBl. II 1968, 499.

1363 OFD Koblenz v. 18.08.2005 – G 1107 A, StEK GrStG § 4/90.

1364 Vgl. Abschn. 23 Abs. 1 Satz 4 GrStR zu § 4 GrStG.

1365 BFH v. 04.02.1987 – II R 216/84, BStBl. II 1987, 451.

1366 Abschn. 23 Abs. 2 Satz 2 GrStR zu § 4 GrStG mit Verweis auf BFH v. 09.10.1970, BStBl. II 1971, 63.

(3) Verpachtung an eine Tochtergesellschaft

791 Verpachtet eine GmbH ihr mit einem Krankenhaus bebautes Grundstück an eine andere GmbH, deren alleinige Gesellschafterin sie ist, nutzt die verpachtende GmbH das Grundstück nicht selbst für den Betrieb eines Krankenhauses. Die Steuerbefreiung nach § 4 Nr. 6 GrStG ist in diesem Fall nicht zu gewähren.[1367]

(4) Kommanditgesellschaft als Krankenhausbetreiber auf Grundstück eines Kommanditisten

792 Die Befreiung von der Grundsteuer ist auch dann nicht zu gewähren, wenn der Grundstückseigentümer und der Klinikbetreiber – bei fehlender Identität – nur durch die Identität ihrer Gesellschafter oder der hinter ihnen stehenden Personen miteinander verbunden sind.[1368]

793 Die erforderliche Identität zwischen Grundstückseigentümer und Klinikbetreiber ist daher nicht gegeben, wenn eine Kommanditgesellschaft (KG)[1369] ein Krankenhaus auf einem Grundstück betreibt, welches im Eigentum der Kommanditisten steht. Die Kommanditisten sind grundsteuerlich getrennt von der Kommanditgesellschaft zu betrachten, weil eine Kommanditgesellschaft als solche grundsteuerrechtsfähig, d.h. Träger grundsteuerrechtlicher Rechte und Pflichten sein kann.[1370]

794 Selbst wenn der Grundstückseigentümer alleiniger Gesellschafter der Komplementär-GmbH und einziger Kommanditist der das Krankenhaus betreibenden GmbH & Co. KG[1371] ist, ist die Grundsteuerbefreiung nach Auffassung des BFH nicht zu gewähren.[1372]

8. Befreiung von der Umsatzsteuer

a) *Medizinische Indikation*

795 Krankenhausbehandlungen und ärztliche Heilbehandlungen können nach § 4 Nr. 14 Buchst. b UStG von der Umsatzsteuer befreit sein. Die Voraussetzungen des § 67 AO müssen nicht (mehr) gegeben sein.

796 Die befreiten Leistungen müssen jedoch dem Schutz der Gesundheit der Betroffenen dienen, unabhängig davon, um welche heilberuflichen Leistungen es sich handelt, für wen sie erbracht werden und wer sie erbringt.[1373] Krankenhausbe-

---

1367 BFH v. 28.02.1996 – II R 26/94 (NV), BFH/NV 1996, 790.
1368 BFH v. 26.02.2003 – II R 64/00, BStBl. II 2003, 485.
1369 Vgl. § 161 HGB.
1370 BFH v. 13.09.1999 – II B 121/98 (NV), BFH/NV 2000, 351.
1371 Eine GmbH & Co. KG ist eine Kommanditgesellschaft, deren Komplementär eine Gesellschaft mit beschränkter Haftung (GmbH) ist.
1372 BFH v. 25.04.2007 – II R 14/06 (NV), BFH/NV 2007, 1924.
1373 Abschn. 4.14.1 Abs. 4 Satz 2 f. UStAE mit Verweis auf EuGH v. 14.09.2000 – Rs C-384/98 (ECLI:EU:C:2000:444), HFR 2000., 918; EuGH v. 20.11.2003 – Rs C-212/01 (ECLI:EU:C:2003:625), DStRE 2004, 44; EuGH v. 20.11.2003 – Rs C-307/01 (ECLI:EU:C:2003:627), DStRE 2004, 47.

handlungen und ärztliche Heilbehandlungen sowie damit eng verbundene Umsätze i.S. des Art. 132 Abs. 1 Buchst. b MwStSystRL[1374] liegen jedoch nur vor, wenn die Behandlungen – unabhängig, ob von angestellten Ärzten oder Belegärzten durchgeführt – einem *therapeutischen Zweck* dienen.[1375]

797 Eine medizinische Indikation der Behandlungen ist daher Grundvoraussetzung für eine Anwendung der Steuerbefreiung nach § 4 Nr. 14 Buchst. b UStG.[1376] Ästhetisch-plastische Leistungen eines Krankenhauses sind nach § 4 Nr. 14 Buchst. b UStG nur dann steuerfrei, wenn ein *therapeutisches* Ziel im Vordergrund steht;[1377] Leistungen zu rein kosmetischen Zwecken sind davon ausgeschlossen.[1378]

b) Unionsrechtliche Grundlagen

aa) Art. 132 Abs. 1 Buchst. b MwStSystRL

798 Die unionsrechtliche Grundlage für eine Steuerbefreiung von Krankenhaus- und ärztlichen Heilbehandlungen nach § 4 Nr. 14 Buchst. b UStG ergibt sich aus Art. 132 Abs. 1 Buchst. b MwStSystRL[1379]. Hiernach können die EU-Mitgliedstaaten Umsätze aus Krankenhaus- und ärztlichen Heilbehandlungen sowie den damit eng verbundenen Umsätzen, die von Einrichtungen des öffentlichen Rechts oder unter Bedingungen, welche mit den Bedingungen für diese Einrichtungen in sozialer Hinsicht vergleichbar sind, von Krankenanstalten, Zentren für ärztliche Heilbehandlung und Diagnostik und anderen ordnungsgemäß anerkannten Einrichtungen gleicher Art durchgeführt beziehungsweise erbracht werden, von der Umsatzsteuer befreien.

1374 Richtlinie 2006/112/EG des Rates über das gemeinsame Mehrwertsteuersystem v. 28.11.2006, ABl. EU 2006, Nr. L 347, 1, zuletzt geändert durch Art. 1 Richtlinie (EU) 2021/1159 des Rates v. 13.07.2021 zur Änderung der Richtlinie 2006/112/EG in Bezug auf befristete Befreiungen von Einfuhren und bestimmten Lieferungen als Reaktion auf die COVID-19-Pandemie, ABl. EU 2021, L 250, 1.

1375 So auch Abschn. 4.14.1 Abs. 4 Satz 4 UStAE.

1376 BFH v. 23.01.2019 – XI R 15/16 (ECLI:DE:BFH:2019:U.230119.XIR15.16.0), BFH/NV 2019, 656 unter II.3.c.aa.

1377 OFD Karlsruhe v. 31.01.2017 – S 7172 – Karte 2, UR 2017, 401 unter 1.2.

1378 EuGH v. 07.04.2022 – Rs C-228/20 (ECLI:EU:C:2022:275), UR 2022, 384 unter Rn. 52 mit Verweis auf EuGH v. 21.03.2013 – Rs C-91/12 (ECLI:EU:C:2013:198), UR 2013, 335 unter Rn. 28 f.

1379 Die Rechtsprechung zu Art. 13 Teil A Abs. 1 Buchst. b und c Sechste Richtlinie 77/388/EWG des Rates zur Harmonisierung der Rechtsvorschriften der Mitgliedstaaten über die Umsatzsteuern v. 17.05.1977, ABl. EU 1977, Nr. L 145, 1 kann nach *Oelmaier* in Sölch/Ringleb, Umsatzsteuer, Stand: 91. Lfg. 2021, § 4 Nr. 14 Rn. 11 für Art. 132 Abs. 1 Buchst. b und c MwStSystRL weiterhin herangezogen werden, da sie im Wesentlichen gleichformuliert ist.

799 Zweck der Steuerbefreiungsregelung des Art. 132 Abs. 1 Buchst. b MwStSystRL ist es, die Kosten ärztlicher Heilbehandlungen zu senken und „dadurch die Heilbehandlungen dem Einzelnen zugänglicher zu machen".[1380]

bb) Rahmenbedingungen für die Gewährung der Steuerbefreiung

800 Die EU-Mitgliedstaaten dürfen die Gewährung der in Art. 132 Abs. 1 Buchst. b MwStSystRL vorgesehenen Steuerbefreiung gem. Art. 133 Abs. 1 MwStSystRL von der Erfüllung einer oder mehrerer der dort genannten Bedingungen abhängig machen. Diese Bedingungen beziehen sich auf die Ziele der genannten Einrichtungen, ihre Leitung und die von ihnen verlangten Preise und betreffen alle von Art. 132 Abs. 1 Buchst. b MwStSystRL erfassten privatrechtlich betriebenen Einrichtungen.[1381] Die Festlegung der Regeln für Zwecke der Gewährung der in Art. 132 Abs. 1 Buchst. b MwStSystRL vorgesehenen Steuerbefreiung bleibt grundsätzlich dem innerstaatlichen Recht jedes Mitgliedstaats überlassen; diese verfügen in dieser Hinsicht über ein *Ermessen.*[1382]

801 Das bedeutet, dass ein Mitgliedstaat in Ausübung seines Ermessens ein privatrechtlich betriebenes Krankenhaus der Voraussetzung unterwerfen darf, dass es „ordnungsgemäß anerkannt" sein muss, damit die Heilbehandlungen gem. Art. 132 Abs. 1 Buchst. b MwStSystRL von der Steuer befreit werden können.[1383]

802 Nach der Rechtsprechung des BFH sind für eine „ordnungsgemäß anerkannte" Einrichtung i. S. von Art. 132 Abs. 1 Buchst. b MwStSystRL folgende Kriterien zu berücksichtigen:

- das Bestehen spezifischer Vorschriften wie z. B. nationale oder regionale Rechts- oder Verwaltungsvorschriften, Steuervorschriften oder Vorschriften im Bereich der sozialen Sicherheit,
- das mit den Tätigkeiten des betreffenden Unternehmers verbundene Gemeinwohlinteresse,
- die Tatsache, dass andere Unternehmer mit den gleichen Tätigkeiten bereits in den Genuss einer ähnlichen Anerkennung gekommen sind und
- der Gesichtspunkt, dass die Kosten der fraglichen Leistungen zum großen Teil von Krankenkassen oder anderen Einrichtungen der sozialen Sicherheit übernommen werden.[1384]

1380 BFH v. 23.01.2019 – XI R 15/16 (ECLI:DE:BFH:2019:U.230119.XIR15.16.0), BFH/NV 2019, 656 unter III.1.d.dd.1 mit Verweis auf EuGH v. 10.06.2010 – Rs C-262/08 (ECLI:EU:C:2010:328), UR 2010, 526 und EuGH v. 21.09.2017 – Rs C-616/15 (ECLI:EU:C:2017:721), UR 2017, 792.

1381 EuGH v. 07.04.2022 – Rs C-228/20 (ECLI:EU:C:2022:275), UR 2022, 384 unter Rn. 53.

1382 EuGH v. 07.04.2022 – Rs C-228/20 (ECLI:EU:C:2022:275), UR 2022, 384 unter Rn. 40.

1383 EuGH v. 07.04.2022 – Rs C-228/20 (ECLI:EU:C:2022:275), UR 2022, 384 unter Rn. 60.

1384 BFH v. 18.03.2015 – XI R 38/13, BStBl. II 2016, 793 unter II.2.d.aa.1. So auch BMF v. 06.10.2016 – III C 3 – S 7170/10/10004, BStBl. I 2016, 1076 unter I.

c) Nationale Regelungen der Steuerbefreiung von Krankenhausleistungen

aa) Steuerbefreiung von Krankenhäusern in öffentlich-rechtlicher Trägerschaft gem. § 4 Nr. 14 Buchst. b Satz 1 UStG

Krankenhausbehandlungen und ärztliche Heilbehandlungen sowie damit eng verbundene Umsätze, die von *Einrichtungen des öffentlichen Rechts* erbracht werden, sind ohne weitere Voraussetzungen gem. § 4 Nr. 14 Buchst. b Satz 1 UStG umsatzsteuerfrei. 803

bb) Steuerbefreiung von anderen Krankenhäusern gem. § 4 Nr. 14 Buchst. b Satz 2 Doppelbuchst. aa UStG a. F., anzuwenden bis 31. 12. 2019

(1) Rechtslage bis zum 31. 12. 2008

Nach der bis zum 31. 12. 2008 geltenden Fassung des § 4 Nr. 16 Buchst. b UStG waren die mit dem Betrieb eines Krankenhauses, das nicht von einer juristischen Personen des öffentlichen Rechts betrieben wurde, eng verbundenen Umsätze *unionsrechtskonform* von der Umsatzsteuer befreit, sofern ein solches Krankenhaus in dem jeweils vorangegangenen Kalenderjahr die in § 67 Abs. 1 oder 2 AO bezeichneten Voraussetzungen erfüllte. 804

(2) Neuregelung ab 01. 01. 2009

Das bis 31. 12. 2008 geltende UStG wurde durch das Jahressteuergesetz (JStG) 2009 v. 19. 12. 2008[1385] mit Wirkung ab 01. 01. 2009 neu gefasst, die Steuerbefreiung von Krankenhausleistungen in § 4 Nr. 14 Buchst. b UStG neu geregelt und die bis 2008 geltende gesetzliche Verknüpfung mit § 67 AO gestrichen,[1386] was dazu führte, dass Krankenhäuser ohne eine Zulassung nach § 108 SGB V nicht mehr unter die Steuerbefreiung fielen.[1387] 805

(3) Unionsrechtswidriger sozialversicherungsrechtlicher Bedarfsvorbehalt

§ 4 Nr. 14 Buchst. b Satz 2 Doppelbuchst. aa UStG in der bis einschließlich 2019 geltenden Fassung stellte durch die *ausschließliche* Bezugnahme auf die §§ 108, 109 SGB V die Steuerfreiheit der von Krankenhäusern, die sich nicht in öffentlich-rechtlicher Trägerschaft befanden, erbrachten Krankenhausleistungen 806

1385 Jahressteuergesetz (JStG) 2009 v. 19. 12. 2008, BGBl. I 2008, 2794.

1386 Die bis VZ 2008 in § 4 Nr. 16 Buchst. a bis c UStG geregelte Steuerbefreiung ist durch das JStG 2009, BGBl. I 2008, 2794 mit Wirkung zum 01. 01. 2009 in den § 4 Nr. 14 Buchst. b UStG aufgenommen worden.

1387 Nach § 108 SGB V dürfen Krankenhausbehandlung nur durch folgende Krankenhäuser (zugelassene Krankenhäuser) erbracht werden: Krankenhäuser, die nach den landesrechtlichen Vorschriften als Hochschulklinik anerkannt sind, Krankenhäuser, die in den Krankenhausplan eines Landes aufgenommen sind (Plankrankenhäuser) oder Krankenhäuser, die einen Versorgungsvertrag mit den Landesverbänden der Krankenkassen und den Verbänden der Ersatzkassen abgeschlossen haben. Die Vorgaben zum Abschluss eines Versorgungsvertrages i. S. von § 108 Nr. 3 SGB V sind in § 109 SGB V enthalten.

unter einen *„sozialversicherungsrechtlichen Bedarfsvorbehalt“*[1388]. Damit entsprach § 4 Nr. 14 Buchst. b Satz 2 Doppelbuchst. aa UStG a. F. nicht mehr den in Art. 132 Abs. 1 Buchst. b MwStSystRL enthaltenen unionsrechtlichen Vorgaben;[1389] § 4 Nr. 14 Buchst. b Satz 2 Doppelbuchst. aa UStG a. F. i. V. m. §§ 108, 109 SGB V war damit nach Auffassung des BFH *unionsrechtswidrig*.[1390]

807 In diesem Sinne hatte auch der EuGH mit Urteil v. 07. 04. 2022 entschieden, dass Art. 132 Abs. 1 Buchst. b MwStSystRL der nationalen Regelung des § 4 Nr. 14 Buchst. b Satz 2 Doppelbuchst. aa UStG a. F. entgegensteht,[1391] da der Grundsatz der steuerlichen Neutralität es verbietet, Wirtschaftsteilnehmer, die gleichartige Umsätze bewirken, bei der Umsatzbesteuerung unterschiedlich zu behandeln.[1392]

(4) Berufung auf Art. 132 Abs. 1 Buchst. b MwStSystRL

808 Soweit § 4 Nr. 14 Buchst. b Satz 2 Doppelbuchst. aa UStG in der seit 2020 geltenden Fassung für Krankenhausleistungen in Vorjahren nicht zur Anwendung kommt, können sich Krankenhäuser, die nicht von juristischen Personen des öffentlichen Rechts betrieben werden und die weder eine Zulassung nach § 108 SGB V besitzen noch eine sonstige Einrichtung im Sinne des § 4 Nr. 14 Buchst. b Satz 2 Doppelbuchst. aa UStG darstellen, auch nach Auffassung der Finanzverwaltung mit ihren in § 4 Nr. 14 Buchst. b Satz 1 UStG genannten Heil- und Krankenhausbehandlungsleistungen auf die Steuerbefreiung nach Art. 132 Abs. 1 Buchst. b MwStSystRL berufen, wenn sie ihre Leistungen *in sozialer Hinsicht unter vergleichbaren Bedingungen* erbringen wie die Krankenhäuser, die in

1388 BFH v. 23. 01. 2019 – XI R 15/16 (ECLI:DE:BFH:2019:U.230119.XIR15.16.0), BFH/NV 2019, 656 unter III.3.b.aa.

1389 BFH v. 23. 01. 2019 – XI R 15/16 (ECLI:DE:BFH:2019:U.230119.XIR15.16.0), BFH/NV 2019, 656 unter III.3.b.aa mit Verweis auf BFH v. 23. 10. 2014 – V R 20/14, BStBl. II 2016, 785 unter II.2.c und BFH v. 18. 03. 2015 – XI R 38/13, BStBl. II 2016, 793 unter II.2.b. So auch Bunjes/*Heidner*, 17. Aufl. 2018, UStG § 4 Nr. 14, Rn. 78a und *Oelmaier* in Sölch/Ringleb, Umsatzsteuer, Stand: 88. Lfg. 2020, § 4 Nr. 14, Rn. 141.

1390 BFH v. 23. 10. 2014 – V R 20/14, BStBl. II 2016, 785 unter II.3. Im entschiedenen Fall ergab sich die Vergleichbarkeit in sozialer Hinsicht daraus, dass die Ausstattung des von der Klägerin betriebenen Krankenhauses der Regelausstattung eines sog. Plankrankenhauses entsprach und dass das ausschließliche Vorhandensein von Einbettzimmern durch die Fachrichtung des Klinikums (Psychiatrie/Psychotherapie und Psychosomatik) bedingt war. Es wurden im Umfang von 35 v. H. auch gesetzlich Versicherte im Krankenhaus behandelt, ohne dass Unterschiede zur Behandlung von Privatpatienten bestanden.

1391 Vgl. EuGH v. 07. 04. 2022 – Rs C-228/20 (ECLI:EU:C:2022:275), UR 2022, 384 unter Rn. 70. Die EuGH-Vorlage des FG Niedersachsen v. 02. 03. 2020 – 5 K 256/17, EFG 2020, 1787 betraf die vom 01. 01. 2009 bis 31. 12. 2019 geltende Gesetzesfassung des § 4 Nr. 14 Buchst. b UStG.

1392 EuGH v. 07. 04. 2022 – Rs C-228/20 (ECLI:EU:C:2022:275), UR 2022, 384 unter Rn. 59 mit Verweis auf EuGH v. 06. 11. 2003 – Rs C-45/01 (ECLI:EU:C:2003:595), HFR 2004, 70 unter Rn. 44.

öffentlich-rechtlicher Trägerschaft stehen oder nach § 108 SGB V zugelassen sind.[1393]

809 Beruft sich in einem solchen Fall ein privatrechtlicher Krankenhausbetreiber auf die Eigenschaft als ordnungsgemäß anerkannte Einrichtung im Sinne von Art. 132 Abs. 1 Buchst. b MwStSystRL, haben die Finanzämter die Grenzen des durch diese Bestimmung eingeräumten Ermessens unter Anwendung der unionsrechtlichen Grundsätze, insbesondere des Gleichbehandlungsgrundsatzes, der im Grundsatz der steuerlichen Neutralität zum Ausdruck kommt, zu beachten.[1394]

810 Allerdings ist es erforderlich, anhand aller maßgeblichen Umstände zu bestimmen, ob ein solcher Krankenhausbetreiber tatsächlich die Voraussetzungen des Art. 132 Abs. 1 Buchst. b MwStSystRL erfüllt.[1395] Nach Auffassung des EuGH ist hierbei zu prüfen, ob Heilbehandlungen, die von einem privatrechtlich betriebenen Krankenhaus erbracht werden, unter Bedingungen durchgeführt werden, die mit den Bedingungen für Einrichtungen des öffentlichen Rechts in sozialer Hinsicht vergleichbar sind. Zu berücksichtigen ist die Leistungsfähigkeit eines solchen privatrechtlich betriebenen Krankenhauses hinsichtlich des Personals, der Räumlichkeiten und der Ausstattung sowie der Wirtschaftlichkeit der Betriebsführung, ferner die Modalitäten zur Berechnung der Tagessätze sowie die Kostenübernahme für die von dem betreffenden privatrechtlich betriebenen Krankenhaus erbrachten Leistungen im Rahmen des Systems der sozialen Sicherheit oder im Rahmen von mit Behörden geschlossenen Vereinbarungen.[1396]

cc) Steuerbefreiung von anderen Krankenhäusern gem. § 4 Nr. 14 Buchst. b Satz 2 Doppelbuchst. aa UStG, anzuwenden ab 01. 01. 2020

(1) Katalog der Leistungen in § 4 Nr. 14 Buchst. b Satz 2 Doppelbuchst. aa bis ii UStG

811 Wie bisher sind Krankenhausbehandlungen und ärztliche Heilbehandlungen einschließlich der Diagnostik, Befunderhebung, Vorsorge, Rehabilitation, Geburtshilfe oder Hospizleistungen sowie damit eng verbundene Umsätze gem. § 4

1393 BMF v. 06. 10. 2016 – III C 3 – S 7170/10/10004, BStBl. I 2016, 1076 unter II, weiterhin anzuwenden gem. BMF v. 18. 03. 2021 – IV A 2 – O 2000/20/10001 :001 (DOK 2021/0219490), BStBl. I 2021, 390, Anl. 1 unter Nr. 1537. So bereits BFH v. 23. 10. 2014 – V R 20/14, BStBl. II 2016, 78 unter II.3 und BFH v. 18. 03. 2015 – XI R 38/13, BStBl. II 2016, 793 unter II.2.c.

1394 EuGH v. 07. 04. 2022 – Rs C-228/20 (ECLI:EU:C:2022:275), UR 2022, 384 unter Rn. 42 mit Verweis auf EuGH v. 10. 06. 2010 – Rs C-262/08 (ECLI:EU:C:2010:328), UR 2010, 526 unter Rn. 64.

1395 BFH v. 23. 01. 2019 – XI R 15/16 (ECLI:DE:BFH:2019:U.230119.XIR15.16.0), BFH/NV 2019, 656 unter III.3.b.bb mit Verweis auf EuGH v. 10. 09. 2002 – Rs C-141/00 (ECLI:EU:C:2002:473), HFR 2002, 1146 unter Rn. 61 und EuGH v. 15. 11. 2012 – Rs C-174/11 (ECLI:EU:C:2012:716), HFR 2013, 84 unter Rn. 32.

1396 EuGH v. 07. 04. 2022 – Rs C-228/20 (ECLI:EU:C:2022:275), UR 2022, 384 unter Rn. 83.

Nr. 14 Buchst. b Satz 2 UStG auch dann von der Umsatzsteuer befreit, wenn sie nicht von Einrichtungen des öffentlichen Rechts, sondern

- gem. §4 Nr. 14 Buchst. b Satz 2 Doppelbuchst. aa 1. Alternative UStG *von zugelassenen Krankenhäusern nach § 108 SGB V,*
- gem. §4 Nr. 14 Buchst. b Satz 2 Doppelbuchst. bb UStG von Zentren für ärztliche Heilbehandlung und Diagnostik oder Befunderhebung, die an der vertragsärztlichen Versorgung nach § 95 SGB V teilnehmen oder für die die Regelungen nach § 115 SGB V gelten,
- gem. §4 Nr. 14 Buchst. b Satz 2 Doppelbuchst. cc UStG, die von Einrichtungen, die von den Trägern der gesetzlichen Unfallversicherung nach § 34 SGB VII an der Versorgung beteiligt worden sind,
- gem. §4 Nr. 14 Buchst. b Satz 2 Doppelbuchst. dd UStG von Einrichtungen, mit denen Versorgungsverträge nach den §§ 111 und 111a SGB V bestehen,
- gem. §4 Nr. 14 Buchst. b Satz 2 Doppelbuchst. ee UStG von Rehabilitationseinrichtungen, mit denen Verträge nach § 38 SGB IX bestehen,
- gem. §4 Nr. 14 Buchst. b Satz 2 Doppelbuchst. ff UStG von Einrichtungen zur Geburtshilfe, für die die Verträge nach § 134a SGB V[1397] gelten,
- gem. §4 Nr. 14 Buchst. b Satz 2 Doppelbuchst. gg UStG von Hospizen, mit denen Verträge nach § 39a Abs. 1 des Fünften Buches Sozialgesetzbuch bestehen oder
- gem. §4 Nr. 14 Buchst. b Satz 2 Doppelbuchst. hh UStG von Einrichtungen, mit denen Verträge nach § 127 i. V. m. § 126 Abs. 3 SGB V über die Erbringung nichtärztlicher Dialyseleistungen bestehen,

erbracht werden und es sich ihrer Art nach um Leistungen handelt, auf die sich jeweils die Zulassung, der Vertrag oder die Regelung nach dem Sozialgesetzbuch bezieht.

812 Weiterhin sind auch Leistungen, die von Einrichtungen i. S. von § 138 Abs. 1 Satz 1 StVollzG[1398] erbracht werden, die der Unterbringung in einem psychiatrischen Krankenhaus oder in einer Entziehungsanstalt dienen, gem. §4 Nr. 14 Buchst. b Satz 2 Doppelbuchst. ii UStG von der Umsatzsteuer befreit.

1397 Hierbei handelt es sich um Verträge zwischen dem Spitzenverband Bund der Krankenkassen und den für die Wahrnehmung der wirtschaftlichen Interessen gebildeten maßgeblichen Berufsverbänden der Hebammen und den Verbänden der von Hebammen geleiteten Einrichtungen auf Bundesebene.

1398 Gesetz über den Vollzug der Freiheitsstrafe und der freiheitsentziehenden Maßregeln der Besserung und Sicherung v. 16.03.1976, BGBl. I 1976, 581, zuletzt geändert durch das Gesetz zur Stärkung der Verfahrensrechte von Beschuldigten im Jugendstrafverfahren v. 09.12.2019, BGBl. I 2019, 2146.

(2) Leistungen anderer Krankenhäuser gem. § 4 Nr. 14 Buchst. b Satz 2 Doppelbuchst. aa 2. Alternative UStG n. F.

§ 4 Nr. 14 Buchst. b Satz 2 Doppelbuchst. aa UStG wurde allerdings mit Wirkung ab 01. 01. 2020 neu gefasst und erweitert.[1399] 813

Neu in das Gesetz aufgenommen wurden die Leistungen anderer Krankenhäuser, „die ihre Leistungen *in sozialer Hinsicht unter vergleichbaren Bedingungen* wie die Krankenhäuser erbringen, die in öffentlich-rechtlicher Trägerschaft stehen" oder nach § 108 SGB V zugelassen sind. Auch solche Einrichtungen sind nunmehr nach § 4 Nr. 14 Buchst. b Satz 2 Doppelbuchst. aa 2. Alternative UStG von der Umsatzsteuer befreit. 814

(3) „In sozialer Hinsicht unter vergleichbaren Bedingungen"

Leistungen, die *„in sozialer Hinsicht unter vergleichbaren Bedingungen"* erbracht werden, liegen dann vor, wenn das Leistungsangebot des Krankenhauses den von Krankenhäusern in öffentlich-rechtlicher Trägerschaft *oder* den von anderen, nach § 108 SGB V zugelassenen Krankenhäusern erbrachten Leistungen entspricht. 815

Darüber hinaus müssen die Kosten voraussichtlich in mindestens 40 v. H. der jährlichen Belegungs- oder Berechnungstage auf Patienten entfallen, bei denen für die Krankenhausleistungen kein höheres Entgelt als für allgemeine Krankenhausleistungen nach dem Krankenhausentgeltgesetz[1400] oder der Bundespflegesatzverordnung[1401] berechnet wird; alternativ müssen voraussichtlich mindestens 40 v. H. der Leistungen den in § 4 Nr. 15 Buchst. b UStG genannten Personen (Versicherte, Bezieher von Leistungen nach SGB II, Empfängern von Sozialhilfe oder Versorgungsberechtigte) zugutekommen. 816

(4) „Eng verbundene Umsätze" i. S. von § 4 Nr. 14 Buchst. b Satz 1 UStG

Nach § 4 Nr. 14 Buchst. b Satz 1 UStG sind auch *eng* mit Krankenhausbehandlungen und ärztlichen Heilbehandlungen verbundene Umsätze steuerbefreit; dies gilt nach § 4 Nr. 14 Buchst. b Satz 2 Doppelbuchst. aa UStG auch für Krankenhäuser, die sich nicht in öffentlich-rechtlicher Trägerschaft befinden. 817

Als „eng" mit Krankenhausbehandlungen und ärztlichen Heilbehandlungen nach § 4 Nr. 14 Buchst. b UStG verbundene Umsätze sind Leistungen zu verstehen, die für diese Einrichtungen nach der Verkehrsauffassung typisch und un- 818

1399 Vgl. Gesetz zur weiteren steuerlichen Förderung der Elektromobilität und zur Änderung weiterer steuerlicher Vorschriften v. 12. 12. 2019, BGBl. I 2019, 2451.

1400 Gesetz über die Entgelte für voll- und teilstationäre Krankenhausleistungen v. 23. 04. 2002, BGBl. I 2002, 1412, 1422, zuletzt geändert durch das Gesetz zur digitalen Modernisierung von Versorgung und Pflege (Digitale-Versorgung-und-Pflege-Modernisierungs-Gesetz – DVPMG) v. 03. 06. 2021, BGBl. I 2021, 1309.

1401 Verordnung zur Regelung der Krankenhauspflegesätze v. 26. 09. 1994, BGBl. I 1994, 2750, zuletzt geändert durch das Gesetz zur digitalen Modernisierung von Versorgung und Pflege (Digitale-Versorgung-und-Pflege-Modernisierungs-Gesetz – DVPMG) v. 03. 06. 2021, BGBl. I 2021, 1309.

erlässlich sind, regelmäßig und allgemein beim laufenden Betrieb vorkommen und damit unmittelbar oder mittelbar zusammenhängen.[1402] Sie müssen zur Erreichung der damit verfolgten therapeutischen Ziele *unentbehrlich* sein.[1403] Leistungen, die lediglich dem Komfort oder dem Wohlbefinden der Krankenhauspatienten dienen, gehören nicht dazu.[1404]

819 Nach der EuGH-Rechtsprechung handelt es sich dabei um *Nebenleistungen* zu den an den Empfänger einer Krankenhausbehandlung oder ärztlichen Heilbehandlung erbrachten Hauptleistungen.[1405] Solche Umsätze dürfen nicht dazu bestimmt sein, den Einrichtungen zusätzliche Einnahmen durch Tätigkeiten zu verschaffen, die in unmittelbarem Wettbewerb zu steuerpflichtigen Umsätzen anderer Unternehmer stehen.[1406]

820 Die *Personalgestellung durch ein Krankenhaus* an eine Arztpraxis kann ein mit dem Betrieb des Krankenhauses eng verbundener Umsatz sein, wenn die Personalgestellung für die ärztliche Versorgung der Krankenhauspatienten *unerlässlich* ist.[1407] Das gilt nach der Rechtsprechung des BFH auch dann, wenn das Krankenhaus medizinische Großgeräte der Arztpraxis durch eigenes Personal nutzen darf und im Gegenzug sein Personal zur Bedienung der Geräte auch für die Nutzung durch die Arztpraxis gegen Kostenerstattung überlässt.[1408]

821 Nach Auffassung der Finanzverwaltung gehört auch die Personal- und Sachmittelgestellung an die Deutsche Stiftung Organtransplantation (DSO) zur Durchführung von Organentnahmen für die anschließende Übertragung im Rahmen einer Heilbehandlung auf andere Menschen zu den eng verbundenen Umsätzen im Sinne des Gesetzes.[1409]

822 Die Abgabe von individuell für den einzelnen Patienten in einer Apotheke des Krankenhauses *hergestellten Arzneimitteln* gehört dann zu den eng verbundenen Umsätzen, wenn diese Arzneimittel im Rahmen einer ambulant in den Räumen

---

1402 Abschn. 4.14.6 Abs. 1 Satz 1 UStAE mit Verweis auf BFH v. 01.12.1977 – V R 37/75, BStBl. II 1978, 173.

1403 BFH v. 24.09.2014 – V R 19/11, BStBl. II 2016, 781 unter II.2.b mit Verweis auf EuGH v. 01.12.2005 – Rs C-394/04 und C-395/04 (ECLI:EU:C:2005:734), DStRE 2006, 286 unter Rn. 25 und EuGH v. 10.06.2010 – Rs C-262/08 (ECLI:EU:C:2010:328), UR 2010, 526 unter Rn. 40.

1404 BFH v. 24.09.2014 – V R 19/11, BStBl. II 2016, 781 unter II.2.b mit Verweis auf EuGH v. 01.12.2005 – Rs C-394/04 und C-395/04 (ECLI:EU:C:2005:734), DStRE 2006, 286 unter Rn. 29.

1405 BFH v. 24.09.2014 – V R 19/11, BStBl. II 2016, 781 unter II.2.b mit Verweis auf EuGH v. 01.12.2005 – Rs C-394/04 und C-395/04 (ECLI:EU:C:2005:734), DStRE 2006, 286 unter Rn. 18 und EuGH v. 10.06.2010 – Rs C-262/08 (ECLI:EU:C:2010:328), UR 2010, 526 unter Rn. 39.

1406 Abschn. 4.14.6 Abs. 1 Satz 2 UStAE mit Verweis auf EuGH v. 01.12.2005 – Rs C-394/04 und C-395/04 (ECLI:EU:C:2005:734), DStRE 2006, 286.

1407 BFH v. 18.01.2005 – V R 35/02, BStBl. 2005 II, 507. So auch OFD Karlsruhe v. 31.01.2017 – S 7172 – Karte 2, UR 2017, 401 unter 1.7.

1408 BFH v. 25.01.2006 – V R 46/04, BStBl. II 2006, 481.

1409 OFD Karlsruhe v. 31.01.2017 – S 7172 – Karte 2, UR 2017, 401 unter 1.7.

dieses Krankenhauses durchgeführten Heilbehandlung verwendet werden.[1410] Erfolgt die Behandlung in einem Krankenhaus *desselben Unternehmers* an einem anderen Standort, ist dies unschädlich.[1411]

Laborleistungen sind nach § 4 Nr. 14 Buchst. b UStG steuerfrei, wenn sie von einer Einrichtung ärztlicher Heilbehandlung, Diagnostik oder Befunderhebung erbracht werden und ein therapeutisches Ziel im Vordergrund steht.[1412] 823

Die *Nutzungsüberlassung von medizinisch-technischen Großgeräten* (z. B. eines Computer-Tomographen) an angestellte Ärzte für deren selbständige Tätigkeit, an andere Krankenhäuser und an niedergelassene Ärzte zur Mitbenutzung gehört nach Auffassung der Finanzverwaltung zu den mit dem Betrieb eines Krankenhauses eng verbundenen steuerfreien Umsätzen.[1413] 824

Auch die *Lieferung von Körperersatzstücken und orthopädischen Hilfsmitteln* gehört zu den eng verbundenen Umsätzen eines Krankenhauses, soweit sie unmittelbar mit einer Heilbehandlung durch das Krankenhaus im Zusammenhang steht.[1414] 825

Die *Erstellung von Gutachten für andere Einrichtungen oder Ärzte* ist nach § 4 Nr. 14 Buchst. b UStG steuerfrei, wenn ein therapeutisches Ziel im Vordergrund steht.[1415] 826

Letztlich stellt auch die *Verpflegung der Patienten des Krankenhauses* durch die Krankenhausküche nach Auffassung der Finanzverwaltung einen mit dem Betrieb eines Krankenhauses eng verbundenen Umsatz dar.[1416] 827

(5) Nicht „eng mit dem Betrieb eines Krankenhauses verbundene Umsätze"

Nicht zu den mit dem Betrieb von Krankenhäusern und ähnlichen Einrichtungen eng verbundenen Umsätzen gehören u. a. die Durchführung von Blutalkoholuntersuchungen,[1417] die *Beförderung* von menschlichen Organen und dem menschlichen Körper entnommenen Substanzen zum Zweck einer medizinischen Analyse oder einer ärztlichen oder therapeutischen Heilbehandlung,[1418] die Entnahme, Beförderung und Analyse von Nabelschnurblut sowie die Lagerung der in diesem Blut enthaltenen Stammzellen (sofern eine damit zusammenhängende ärztliche Heilbehandlung im Krankenhaus weder stattgefunden 828

1410 Abschn. 4.14.6 Abs. 2 UStAE. So auch BFH v. 24.09.2014 – V R 19/11, BStBl. II 2016, 781 für die Verabreichung von Zytostatika.
1411 Abschn. 4.14.6 Abs. 2 UStAE.
1412 OFD Karlsruhe v. 31.01.2017 – S 7172 – Karte 2, UR 2017, 401 unter 1.4.
1413 Oberste Finanzbehörden des Bundes und der Länder, hier: FinMin Bayern v. 02.06.1995 – 36 – S 7172 – 14/11 – 1614, UR 1995, 460.
1414 OFD Karlsruhe v. 31.01.2017 – S 7172 – Karte 2, UR 2017, 401 unter 1.1.2.
1415 OFD Karlsruhe v. 31.01.2017 – S 7172 – Karte 2, UR 2017, 401 unter 1.6.
1416 OFD Karlsruhe v. 31.01.2017 – S 7172 – Karte 2, UR 2017, 401 unter 1.8.
1417 OFD Karlsruhe v. 31.01.2017 – S 7172 – Karte 2, UR 2017, 401 unter 2.2.
1418 EuGH v. 02.07.2015 – Rs C-334/14 (ECLI:EU:C:2015:437), HFR 2015, 816 unter Rn. 39.

hat noch begonnen wurde oder geplant ist),[1419] Arzneimittellieferungen einer Krankenhausapotheke an andere Krankenhäuser,[1420] Wäschereileistungen eines Krankenhauses für andere Krankenhausträger,[1421] die Überlassung eines Telefons und die Vermietung von Fernsehgeräten an Krankenhauspatienten,[1422] die entgeltliche Abgabe von Speisen und Getränken an Besucher, Mitarbeiter oder Begleitpersonen,[1423] der Betrieb einer Cafeteria (unabhängig davon, ob diese nur für Patienten und Personal oder auch für Besucher zugänglich ist),[1424] der Betrieb eines krankenhauseigenen Kiosks[1425] und die entgeltliche Bereitstellung von Parkplätzen sowohl für Besucher als auch für Mitarbeiter.[1426]

829 Auch Verwaltungsdienstleistungen für Dritte (z.B. Buchführung, Gehaltsabrechnungen) gehören nach Auffassung der Finanzverwaltung nicht zu den eng mit dem Betrieb eines Krankenhauses verbundenen Umsätzen.[1427] Für solche Leistungen kommt eine Befreiung von der Umsatzsteuer nicht in Betracht.

dd) Vorsteuerabzug

830 Die Befreiung von der Umsatzsteuer nach § 4 Nr. 14 Buchst. b UStG hat gem. § 15 Abs. 2 Satz 1 Nr. 1 UStG den Verlust des Vorsteuerabzugs zur Folge. Ein Ausnahmetatbestand i. S. von § 15 Abs. 3 Nr. 1 UStG liegt nicht vor. Ein Verzicht auf die Befreiung nach § 9 UStG ist nicht möglich.

VI. Sportliche Veranstaltungen gem. § 67a AO

1. Grundsätze

831 § 67a AO erweitert den allgemeinen Zweckbetriebsbegriff um „sportliche Veranstaltungen", die die Voraussetzungen des § 65 AO nicht erfüllen.[1428]

a) Wettkämpfe, Spiele und Übungen

832 Eine sportliche Veranstaltung ist die organisatorische Maßnahme eines Sportvereins, die es aktiven Sportlern ermöglicht, Sport zu treiben.[1429] Hierzu zählen

1419 OFD Karlsruhe v. 31.01.2017 – S 7172 – Karte 2, UR 2017, 401 unter 2.1.
1420 BFH v. 18.10.1990 – V R 76/89, BStBl. II 1991, 268. So auch OFD Karlsruhe v. 31.01.2017 – S 7172 – Karte 2, UR 2017, 401 unter 2.3.
1421 BFH v. 18.10.1990 – V R 35/85, BStBl. II 1991, 178. Abschn. 4.14.6 Abs. 2 Nr. 9 UStAE. So auch OFD Karlsruhe v. 31.01.2017 – S 7172 – Karte 2, UR 2017, 401 unter 2.7.
1422 BFH v. 16.12.2005 – XI R 52/13, MwStR 2016, 425. Abschn. 4.14.6 Abs. 2 Nr. 10 UStAE. So auch OFD Karlsruhe v. 31.01.2017 – S 7172 – Karte 2, UR 2017, 401 unter 2.9.1 und 2.9.2.
1423 BFH v. 16.12.2005 – XI R 52/13, MwStR 2016, 425. Abschn. 4.14.6 Abs. 2 Nr. 1 UStAE. So auch OFD Hannover v. 15.06.2005 – S 7172 – 9 StO 181, UR 2006, 365 und OFD Karlsruhe v. 31.01.2017 – S 7172 – Karte 2, UR 2017, 401 unter 2.8.1.
1424 OFD Karlsruhe v. 31.01.2017 – S 7172 – Karte 2, UR 2017, 401 unter 2.8.2.
1425 OFD Karlsruhe v. 31.01.2017 – S 7172 – Karte 2, UR 2017, 401 unter 2.8.3.
1426 OFD Karlsruhe v. 31.01.2017 – S 7172 – Karte 2, UR 2017, 401 unter 2.10.3.
1427 OFD Karlsruhe v. 31.01.2017 – S 7172 – Karte 2, UR 2017, 401 unter 2.5.
1428 BFH v. 25.07.1996 – V R 7/95, BStBl. II 1997, 154 unter III.1.b.
1429 BFH v. 25.07.1996 – V R 7/95, BStBl. II 1997, 154. So auch AEAO zu § 67a, Nr. 3.

u. a. Wettkämpfe, Spiele, sportliche Übungen, Sportkurse oder Sportlehrgänge.[1430] Eine Veranstaltung i. S. von § 67a AO kann auch dann vorliegen, wenn ein Sportverein im Rahmen einer anderen Veranstaltung – die nicht die sportliche Veranstaltung eines Sportvereins sein muss – eine sportliche Darbietung präsentiert.[1431]

Für die Zweckbetriebseigenschaft einer sportlichen Veranstaltung ist es unschädlich, wenn der Sportverein mit seinen Kursen und Lehrgängen in *Konkurrenz* zu anderen (auch gewerblichen) Anbietern tritt, da § 67a AO als die speziellere Vorschrift dem § 65 AO vorgeht[1432] und somit § 65 Nr. 3 AO nicht greift. 833

b) *Publikum ist nicht erforderlich*

Die Anwesenheit eines Publikums oder bestimmte Organisationsformen oder -strukturen sind für die Annahme einer sportlichen Veranstaltung nicht erforderlich. Auch ein Training kann eine sportliche Veranstaltung sein.[1433] Selbst Sportreisen (z. B. eine Reise zum Austragungsort eines Wettkampfs) fallen unter den Begriff „sportliche Veranstaltung", wenn die sportliche Betätigung wesentlicher und notwendiger Bestandteil der Reise ist.[1434] 834

Praxishinweis: 835

Reisen, bei denen die Erholung der Teilnehmer im Vordergrund steht, zählen nicht zu den sportlichen Veranstaltungen i. S. von § 67a AO, selbst wenn die Teilnehmer anlässlich der Reise auch selbst Sport treiben.[1435]

c) *Nicht begünstigte Veranstaltungen*

Nicht jede Veranstaltung eines gemeinnützigen Sportvereins ist steuerbegünstigt. 836

Beispiel:

Ein als gemeinnützig anerkannter Flugsportverein veranstaltete sog. Flugtage, bei denen Aktivitäten wie Darbietungen zur Rettung von Menschenleben, zur Hilfe bei Katastrophen oder zum Bekämpfen von Bränden und die Durchführung von Rundflügen im Vordergrund standen, während die eigentliche aktive sportliche Betätigung in den Hintergrund trat. Das FG des Landes Brandenburg versagte die sich aus den §§ 51 ff. AO ergebenden Steuervergünstigungen für diese Veranstaltung.[1436]

1430 AEAO zu § 67a, Nr. 5.

1431 BFH v. 04. 05. 1994 – XI R 109/90, BStBl. II 1994, 886.

1432 AEAO zu § 67a, Nr. 5 Satz 2.

1433 BFH v. 25. 07. 1996 – V R 7/95, BStBl. II 1997, 154 und BFH v. 24. 06. 2015 – I R 13/13, BStBl. II 2016, 971.

1434 AEAO zu § 67a, Nr. 4.

1435 AEAO zu § 67a, Nr. 4 Satz 2.

1436 FG Brandenburg v. 17. 01. 2001 – 2 K 1742/98 K, G, EFG 2001, 398.

837 So stellt die bloße Nutzungsüberlassung von Sportgeräten bzw. -anlagen nach Auffassung des FG Köln keine „sportliche Veranstaltung“ dar.[1437] Werden hingegen im Zusammenhang mit der Vermietung von Sportstätten und Betriebsvorrichtungen auch Sportgeräte überlassen, stellt die entgeltliche Überlassung der Sportgeräte ein Hilfsgeschäft dar, das nach Auffassung der Finanzverwaltung das steuerliche Schicksal der Hauptleistung teilt.[1438] Der Betrieb von Club-Häusern, Kantinen, Vereinsheimen oder Vereinsgaststätten gehört jedoch nicht zu den „sportlichen Veranstaltungen“, selbst wenn solche Einrichtungen nur den Mitgliedern eines Sportvereins zur Verfügung stehen.[1439]

d) Übergang vom Zweckbetrieb zu einem steuerpflichtigen wirtschaftlichen Geschäftsbetrieb und umgekehrt

838 Werden sportliche Veranstaltungen, die im vorangegangenen Veranlagungszeitraum als Zweckbetrieb galten, zu einem steuerpflichtigen wirtschaftlichen Geschäftsbetrieb oder umgekehrt, ist nach Verwaltungsauffassung für den jeweiligen wirtschaftlichen Geschäftsbetrieb § 13 Abs. 5 KStG[1440] anzuwenden;[1441] § 13 Abs. 4 KStG regelt hierbei die Bewertung der anzusetzenden Wirtschaftsgüter, die der Förderung steuerbegünstigter Zwecke dienten bzw. dienen werden.[1442]

839 Die Körperschaft hat in solchen Fällen für den betroffenen wirtschaftlichen Geschäftsbetrieb eine Schlussbilanz bzw. Anfangsbilanz aufzustellen, auch wenn sie dessen Gewinn bisher durch eine Einnahmen-Überschussrechnung nach § 4 Abs. 3 EStG ermittelte.[1443]

aa) Übergang zu einem steuerpflichtigen wirtschaftlichen Geschäftsbetrieb

840 Erlischt die Steuerbefreiung der Körperschaft für ihren wirtschaftlichen Geschäftsbetrieb (Zweckbetrieb), ist auf den Zeitpunkt, in dem die Steuerpflicht beginnt, gem. § 13 Abs. 5 i. V. m. § 13 Abs. 2 KStG eine Anfangsbilanz aufzustellen, in der die Wirtschaftsgüter – vorbehaltlich § 13 Abs. 4 KStG – grundsätzlich mit den Teilwerten gem. § 6 Abs. 1 Nr. 1 Satz 3 EStG anzusetzen sind.

841 Für die Wirtschaftsgüter, die bereits in der Anfangsbilanz zu Beginn der nun beendeten Steuerbefreiung nach § 13 Abs. 4 Satz 1 KStG mit dem Buchwert anzusetzen waren, ist jedoch der Wert anzusetzen, der sich bei ununterbroche-

1437 FG Köln v. 10. 10. 2002 – 13 K 1465/00, EFG 2003, 422.
1438 AEAO zu § 67a, Nr. 14, Satz 1.
1439 AEAO zu § 67a, Nr. 10.
1440 § 13 Abs. 5 KStG verweist auf § 13 Abs. 1 bis 4 KStG für den entsprechenden Teil des Betriebsvermögens.
1441 AEAO zu § 67a, Nr. 16.
1442 *Pfirrmann* in Brandis/Heuermann, Ertragsteuerrecht, Stand: 169. Lfg. 2023, § 13 KStG Rn. 60.
1443 *Pfirrmann* in Brandis/Heuermann, Ertragsteuerrecht, Stand: 169. Lfg. 2023, § 13 KStG Rn. 21.

ner Steuerpflicht nach den Vorschriften über die steuerliche Gewinnermittlung – insbesondere den §§ 6 und 7 ff. EStG[1444] – ergeben hätte.[1445]

Für die übrigen Wirtschaftsgüter jedoch, die erst im Zeitraum der Steuerbefrei- 842
ung angeschafft oder hergestellt wurden, gilt § 13 Abs. 4 Satz 1 KStG nicht; diese Wirtschaftsgüter sind gem. § 13 Abs. 3 Satz 1 KStG mit dem *Teilwert* anzusetzen.[1446]

bb) Übergang zu einem Zweckbetrieb

Soweit für eine sportliche Veranstaltung, die im vorangegangenen Veranla- 843
gungszeitraum als steuerpflichtiger wirtschaftlicher Geschäftsbetrieb zu behandeln war, nunmehr ein steuerbegünstigter Zweckbetrieb anzunehmen ist, hat die Körperschaft auf den Zeitpunkt, in dem die Steuerpflicht endet, gem. § 13 Abs. 5 i. V. m. § 13 Abs. 1 KStG eine Schlussbilanz aufzustellen.[1447]

In dieser Schlussbilanz sind die Wirtschaftsgüter – vorbehaltlich § 13 Abs. 4 KStG – mit ihren Teilwerten anzusetzen.

Wirtschaftsgüter, die zukünftig der Förderung steuerbegünstigter Zwecke im 844
Sinne der §§ 52 bis 54 AO dienen werden, sind jedoch gem. § 13 Abs. 4 Satz 1 KStG in der aufzustellenden Schlussbilanz mit ihren Buchwerten anzusetzen, wodurch auf eine Schlussbesteuerung der in der Zeit der bisherigen Steuerpflicht gebildeten stillen Reserven verzichtet wird.[1448]

2. Zu den Einnahmen eines Sportvereins

a) Sportliche Veranstaltungen als Zweckbetrieb

Die *gesamten sportlichen Veranstaltungen* eines Sportvereins stellen gem. § 67a 845
Abs. 1 Satz 1 AO einen *Zweckbetrieb* dar, wenn die Einnahmen hieraus einschließlich Umsatzsteuer insgesamt 45.000 Euro im Jahr nicht übersteigen.

Zu den Einnahmen gehören u. a. Eintrittsgelder, Start- und Meldegebühren, 846
Erlöse aus der Überlassung von Rundfunk- und Fernsehübertragungsrechten, Lehrgangsgebühren und Ablösezahlungen für die Freigabe von Vereinssportlern.[1449]

1444 *Pfirrmann* in Brandis/Heuermann, Ertragsteuerrecht, Stand: 169. Lfg. 2023, § 13 KStG Rn. 67.

1445 R 13.4 Abs. 2 Satz 1 KStR 2022; so auch *Pfirrmann* in Brandis/Heuermann, Ertragsteuerrecht, Stand: 169. Lfg. 2023, § 13 KStG Rn. 66.

1446 R 13.4 Abs. 2 Satz 3 KStR 2022.

1447 Ermittelte die Körperschaft den Gewinn ihres steuerpflichtigen wirtschaftlichen Geschäftsbetriebs durch eine Einnahmen-Überschussrechnung, ist nach R 13.3 Abs. 1 Satz 4 KStR 2022 R 4.5 Abs. 6 EStR entsprechend anzuwenden.

1448 R 13.4 Abs. 1 KStR 2022. So auch *Pfirrmann* in Brandis/Heuermann, Ertragsteuerrecht, Stand: 169. Lfg. 2023, § 13 KStG Rn. 61 m. N. Nicht geregelt ist nach *Pfirrmann* hingegen, ob und inwieweit gemischt genutzte Wirtschaftsgüter mit dem Buch- oder Teilwert anzusetzen sind.

1449 AEAO zu § 67a, Nr. 17. So auch Koenig/*Koenig*, AO, 4. Aufl. 2021, § 67a Rn. 10 und Klein/*Gersch*, AO, 13. Aufl. 2016, § 67a Rn. 11.

847 Ablösezahlungen beeinträchtigen nicht die Gemeinnützigkeit eines Sportvereins. Sie können zu den Einnahmen eines Zweckbetriebs, aber auch zu den Einnahmen eines *steuerpflichtigen* wirtschaftlichen Geschäftsbetriebs gehören.[1450] Nach Auffassung der Finanzverwaltung zählen *erhaltene* Ablösebeträge dann zu den Einnahmen eines steuerpflichtigen wirtschaftlichen Geschäftsbetriebs, wenn der den Verein wechselnde Sportler in den letzten zwölf Monaten vor seiner Freigabe bezahlter Sportler i. S. des § 67a Abs. 3 Satz 1 Nr. 1 AO war.

848 Übersteigen die Einnahmen eines Jahres aus *allen* sportlichen Veranstaltungen eines Vereins die Grenze von 45.000 Euro, stellt die Gesamtheit der sportlichen Veranstaltungen dieses Vereins einen *steuerpflichtigen* wirtschaftlichen Geschäftsbetrieb dar (der ggf. mit anderen steuerpflichtigen wirtschaftlichen Geschäftsbetrieben dieser Körperschaft gem. § 64 Abs. 2 AO zusammenzufassen ist).

b) Bandenwerbung als steuerfreie Vermögensverwaltung

849 Die sog. *Bandenwerbung*, also die entgeltliche Übertragung des Rechts zur Nutzung von Werbeflächen in vereinseigenen oder gemieteten Sportstätten an Werbeunternehmer ist im Rahmen einer „pachtweisen Gesamtüberlassung von Werberechten"[1451] – soweit dem Werbeunternehmer ein angemessener Gewinn verbleibt – nach Auffassung der Finanzverwaltung als *steuerfreie Vermögensverwaltung* und damit weder als Zweckbetrieb noch als steuerpflichtiger wirtschaftlicher Geschäftsbetrieb zu behandeln.[1452]

c) Steuerpflichtige wirtschaftliche Geschäftsbetriebe

aa) Verkauf von Speisen und Getränken

850 Einnahmen aus dem Verkauf von Speisen und Getränken während einer sportlichen Veranstaltung sind gem. § 67a Abs. 1 Satz 2 AO im Rahmen eines *steuerpflichtigen* wirtschaftlichen Geschäftsbetriebs zu erfassen.

851 Wird für den Besuch einer sportlichen Veranstaltung, die als Zweckbetrieb zu behandeln ist, ein *einheitlicher* Eintrittspreis für die Veranstaltung und die angebotene Bewirtung vereinnahmt, ist der Eintrittspreis – ggf. im Wege einer *sach-*

1450 AEAO zu § 67a, Nr. 39.

1451 FinMin Baden-Württemberg v. 14. 01. 1992 – S 0183/3, StEd 1992, 96.

1452 AEAO zu § 67a, Nr. 9; a. A. Koenig/*Koenig*, AO, 4. Aufl. 2021, § 67a Rn. 12 mit Verweis auf BFH v. 13. 03. 1991 – I R 8/88, BStBl. II 1992, 101. Nach FinMin Baden-Württemberg v. 14. 01. 1992 – S 0183/3, StEd 1992, 96 ist die BFH-Entscheidung v. 13. 03. 1991 jedoch über den entschiedenen Einzelfall hinaus nicht anzuwenden.

gerechten Schätzung[1453] – in einen Entgeltanteil für den Besuch der sportlichen Veranstaltung und einen für die Bewirtungsleistungen aufzuteilen.[1454]

bb) Steuerpflichtige Werbemaßnahmen

Die Duldung von Werbemaßnahmen auf Sportveranstaltungen kann Gegenstand eines steuerpflichtigen wirtschaftlichen Geschäftsbetriebes sein.[1455] Zu den steuerpflichtigen Werbemaßnahmen gehören z. B. auch die sog. Trikotwerbung und das Sponsoring.[1456] 852

(1) Trikotwerbung

Die entgeltliche Übertragung des Rechts zur Nutzung von Werbeflächen auf der Sportkleidung (z. B. auf Trikots, Sportschuhen oder Helmen) und auf Sportgeräten ist als steuerpflichtiger wirtschaftlicher Geschäftsbetrieb zu behandeln.[1457] 853

(2) Sponsoring

Sponsoring ist die Gewährung von Geld oder geldwerten Vorteilen durch Unternehmen zur Förderung von Personen, Gruppen und/oder Organisationen z. B. in sportlichen Bereichen, mit der eigene unternehmensbezogene Ziele der Werbung oder Öffentlichkeitsarbeit verfolgt werden.[1458] 854

Nach Auffassung der Finanzverwaltung ist es für die Annahme eines steuerpflichtigen wirtschaftlichen Geschäftsbetriebs erforderlich, dass der Verein an den Werbemaßnahmen *mitwirkt*.[1459] Die Herausgabe einer Vereinszeitschrift mit auf den Sponsor bezogenen Werbeanzeigen und einem entsprechenden redaktionellen Textteil reicht dafür jedoch aus. Unerheblich ist, in welchem Umfang der Sponsor sein Recht ausübt.[1460] 855

1453 Einen Anhaltspunkt für eine sachgerechte Schätzung bietet das BMF-Schreiben v. 28.11.2006 – IV A 5 – S 7109 – 14/06, BStBl. I 2006, 791 unter Rn. 11 für sog. „Business-Seats", bei denen ein Paketpreis ohne gesonderte Aufteilung des Entgelts vereinbart wird und bei denen im Gesamtbetrag die Aufwendungen für die Verschaffung der Eintrittsberechtigung, ein Rahmenprogramm und die Bewirtung enthalten sind. Hiernach ist das Entgelt im Verhältnis 50 zu 50 zwischen Eintrittsberechtigung und Bewirtung aufzuteilen.

1454 AEAO zu § 67a, Nr. 7.

1455 BFH v. 07.11.2007 – I R 42/06, BStBl. II 2008, 949 unter III.1.b.bb mit Verweis auf BFH v. 13.03.1991 – I R 8/88, BStBl. II 1992, 101.

1456 Vgl. AEAO zu § 64, Nr. 33 Satz 2. Der dort enthaltene Hinweis auf die Bandenwerbung steht jedoch – zu mindestens für sportliche Veranstaltungen – im Widerspruch zu der Anweisung in AEAO zu § 67a, Nr. 9 Satz 1, nach der die Bandenwerbung als steuerfreie Vermögensverwaltung zu behandeln ist.

1457 AEAO zu § 67a, Nr. 9 Satz 4. So auch BFH v. 09.12.1981 – I R 215/78, BStBl. II 1983, 27.

1458 AEAO zu § 64, Nr. 8.

1459 AEAO zu § 64, Nr. 11 Satz 1 und BMF v. 18.02.1998 – IV B 2 – S 2144 – 40/98/IV B 7 – S 0183 – 62/98, BStBl. I 1998, 212 unter Rn. 9, weiterhin anzuwenden gem. BMF v. 18.03.2021 – IV A 2 – O 2000/20/10001 :001 (DOK 2021/0219490), BStBl. I 2021, 390, Anl. 1, Rn. 602.

1460 Vgl. BFH v. 07.11.2007 – I R 42/06, BStBl. II 2008, 949 unter III.1.b.aa.

856 **Beispiel:**
Eine steuerpflichtige GmbH verpflichtete sich als Sponsor eines als gemeinnützig anerkannten Sportvereins, die Vereinstätigkeit finanziell und organisatorisch zu fördern. Hierfür erhielt diese GmbH das Recht, in den vereinseigenen Medien sponsorenbezogene Werbeanzeigen zu schalten und sponsorenbezogene Themen redaktionell darzustellen. Mit seinen Werbeleistungen für die GmbH begründete der Sportverein einen steuerpflichtigen wirtschaftlichen Geschäftsbetrieb.[1461]

857 Ein steuerpflichtiger wirtschaftlicher Geschäftsbetrieb ist jedoch dann nicht gegeben, wenn der Sportverein dem Sponsor lediglich die Nutzung des Vereinsnamens zu Werbezwecken gestattet und dieser damit z. B. auf seine Unterstützung des Sportvereins hinweist oder der Sportverein sich z. B. auf Plakaten oder Veranstaltungshinweisen lediglich auf die Unterstützung durch einen Sponsor ohne besondere Hervorhebung bedankt.[1462]

cc) Pauschale Gewinnermittlung

858 Der Gewinn, der im Rahmen von sportlichen Veranstaltungen durch *Werbemaßnahmen* für Unternehmen erzielt wird, kann auf *Antrag des Vereins* gem. § 64 Abs. 6 Nr. 1 AO pauschal mit 15 v. H. der Werbeeinnahmen besteuert werden. Die in den Bruttoeinnahmen ggf. enthaltene Umsatzsteuer gehört dabei nicht zu den mit 15 v. H. zu besteuernden Einnahmen.[1463] Durch die Pauschalierung sind die damit zusammenhängenden tatsächlichen Aufwendungen des Vereins abgegolten.[1464]

859 Die mit den Werbeeinnahmen im Zusammenhang stehenden Einnahmen und Ausgaben sind gesondert aufzuzeichnen; die entsprechenden Ausgaben dürfen das Ergebnis der anderen steuerpflichtigen wirtschaftlichen Geschäftsbetriebe des Vereins nicht mindern.[1465]

dd) Gewinnermittlung bei Antragsverzicht

860 Wird kein Antrag auf eine pauschale Gewinnermittlung nach § 64 Abs. 6 Nr. 1 AO gestellt, ist der Gewinn eines solchen steuerpflichtigen wirtschaftlichen Geschäftsbetriebs nach den allgemeinen Regeln zu ermitteln.[1466]

861 Hierbei mindern die Ausgaben für das Training und die Spiele der Vereinsmannschaften wie z. B. Aufwendungen für den Trainer und den Schiedsrichter

1461 Vgl. AEAO zu § 64, Nr. 11 Satz 2 und OFD Magdeburg v. 14. 12. 2012 – S 7100 – 97 – St 243/S 7100 – 217 – St 244, UR 2013, 203. So bereits BFH v. 07. 11. 2007 – I R 42/06, BStBl. II 2008, 949.

1462 BMF v. 18. 02. 1998 – IV B 2 – S 2144 – 40/98/IV B 7 – S 0183 – 62/98, BStBl. I 1998, 212 unter Rn. 9 und AEAO zu § 64, Nr. 10. So auch Koenig/*Koenig*, AO, 4. Aufl. 2021, § 67a Rn. 15.

1463 AEAO zu § 64, Nr. 39.

1464 AEAO zu § 64, Nr. 37.

1465 AEAO zu § 64, Nr. 38.

1466 AEAO zu § 64, Nr. 36.

sowie für Fahrtkosten und Hallenmiete dann nicht die zu versteuernden Einkünfte, die der Verein durch Werbemaßnahmen für Dritte während der Spiele seiner Mannschaft erzielt, wenn diese Ausgaben auch ohne die Werbetätigkeit entstanden wären.[1467]

d) Betrieb eines Sportleistungszentrums

Der Betrieb eines Leistungszentrums, das aufgrund einer vertraglichen Vereinbarung für die Jugendarbeit der Lizenzspielerabteilung eines Sportvereins zur Verfügung steht,[1468] dient nach Auffassung des Hessischen FG nicht *in erster Linie* der gemeinnützigen Förderung des Breitensports, sondern der Erfüllung der vertraglichen Verpflichtung gegenüber dem Vertragspartner und der Lizenzspielerabteilung. Die dabei erzielten Einkünfte sind in einem steuerpflichtigen wirtschaftlichen Geschäftsbetrieb zu erfassen.[1469] 862

e) Vermietung von Sportstätten und Betriebsvorrichtungen

Die Vermietung von Sportstätten und Betriebsvorrichtungen durch einen gemeinnützigen Verein oder eine gemeinnützige Kapitalgesellschaft auf *kurze* Dauer ist keine „sportliche Veranstaltung", sondern ein wirtschaftlicher Geschäftsbetrieb i. S. von § 14 AO.[1470] Bei einer Vermietung auf kurze Dauer an *Vereinsmitglieder* liegt nach Verwaltungsauffassung ein Zweckbetrieb i. S. des § 65 AO vor. 863

Bei einer Vermietung auf kurze Dauer an *Nichtmitglieder* steht der Verein jedoch in größerem Umfang im Wettbewerb zu nicht begünstigten Vermietern, als es bei der Erfüllung seiner steuerbegünstigten Zwecke unvermeidbar ist.[1471] Dies gilt auch für die Vermietung von Sportstätten und Betriebsvorrichtungen durch eine gemeinnützige Kapitalgesellschaft auf kurze Dauer an Personen, die nicht Gesellschafter bzw. (bei gemeinnützigen Genossenschaften) Genossen der gemeinnützigen Kapitalgesellschaft sind.[1472] Aufgrund der Wettbewerbsklausel des § 65 Nr. 3 AO scheidet die Annahme eines Zweckbetriebs in solchen Fällen nach Auffassung der Finanzverwaltung aus. Die Mieteinnahmen sind in diesem 864

1467 BFH v. 27.03.1991 – I R 31/89, BStBl. II 1992, 103.

1468 Der klagende Verein betrieb nach dem Urteil des FG Hessen v. 17.05.2019 – 4 K 1480/17, EFG 2020, 951 ein der Lizenzierungsordnung des Ligaverbands entsprechendes Leistungszentrum für acht Juniorenmannschaften, deren Spieler über sog. Scouts gefunden wurden, die Talente mit dem Potenzial für eine Profi-Fußballerkarriere suchten. Außerhalb des Leistungszentrums unterhielt der Verein keine entsprechenden Juniorenmannschaften.

1469 FG Hessen v. 17.05.2019 – 4 K 1480/17, EFG 2020, 951. Die unter Az. V R 25/19 (BFH) eingelegte Rev. wurde zurückgenommen.

1470 AEAO zu § 67a, Nr. 12.

1471 AEAO zu § 67a, Nr. 12.

1472 FinMin Schleswig-Holstein v. 08.07.2024 – VI 314 – S 0186 a – 005, DStR 2024, 2231. Dies betrifft u. a. die Überlassung einer Golfanlage auf Grundlage einer als „Mitglieds- oder Nutzungsvertrag" bezeichneten zivilrechtlichen Vereinbarung an Nutzende, die nicht Gesellschafter der die Golfanlage betreibenden gemeinnützigen Kapitalgesellschaft sind.

Fall in einem steuerpflichtigen wirtschaftlichen Geschäftsbetrieb zu erfassen.[1473]

865 Die Vermietung von Sportstätten oder Betriebsvorrichtungen auf *längere* Dauer ist dem Bereich der steuerfreien Vermögensverwaltung zuzuordnen.[1474]

3. Verzicht auf die Anwendung von § 67a Abs. 1 Satz 1 AO

866 Ein Sportverein kann dem Finanzamt gem. § 67a Abs. 2 AO bis zur Unanfechtbarkeit des Körperschaftsteuerbescheids erklären, dass auf die Anwendung von § 67a Abs. 1 Satz 1 AO verzichtet wird.[1475] Der Verzicht auf die Anwendung des § 67a Abs. 1 Satz 1 AO ist auch dann möglich, wenn die Einnahmen aus den sportlichen Veranstaltungen die Zweckbetriebsgrenze von 45.000 Euro nicht übersteigen sollten.[1476]

Eine solche Erklärung bindet den Sportverein jedoch für mindestens fünf Veranlagungszeiträume.

a) Überprüfung jeder Sportveranstaltung auf Steuerbegünstigung

867 Verzichtet ein Sportverein auf die Anwendung von § 67a Abs. 1 Satz 1 AO, können die von ihm ausgerichteten sportlichen Veranstaltungen nur unter den Voraussetzungen des § 67a Abs. 3 AO als Zweckbetrieb behandelt werden.

868 Unter *Veranstaltungen* sind bei allen Sportarten grundsätzlich die *einzelnen Wettbewerbe* zu verstehen, die in einem engen zeitlichen und örtlichen Zusammenhang durchgeführt werden.[1477] Hierbei ist für jede einzelne sportliche Veranstaltung *gesondert* zu entscheiden, ob die in § 67a Abs. 3 AO bezeichneten Voraussetzungen gegeben sind.[1478] Auf die Höhe der Einnahmen oder Überschüsse der sportlichen Veranstaltungen kommt es bei der Anwendung von § 67a Abs. 3 AO nicht mehr an.[1479]

869 *Praxishinweis:*

Die steuerliche Behandlung der einzelnen Ligaspiele als sportliche Veranstaltung auf Ebene der beteiligten Sportvereine gem. § 67a Abs. 1 oder Abs. 3 AO ist unabhängig von der Behandlung dieser bei den Sportdachverbänden nach § 67a Abs. 4 Satz 2 AO.[1480]

1473 AEAO zu § 67a, Nr. 12.
1474 AEAO zu § 67a, Nr. 12.
1475 Eintragung in „Anlage Sportvereine" (Gem 1 A), Zeile 2.
1476 AEAO zu § 67a, Nr. 21.
1477 AEAO zu § 67a, Nr. 24.
1478 BFH v. 03. 08. 2022 – XI R 11/19 (ECLI:DE:BFH:2022:B.030822.XIR11.19.0), BStBl. II 2023, 202 unter II.2.a m. N.
1479 AEAO zu § 67a, Nr. 23 Satz 2.
1480 AEAO zu § 67a, Nr. 41.

aa) Teilnahme vereinseigener Sportler

(1) Vergütungen bis zu 520 Euro im Monat zulässig

Verzichtet ein Verein auf die Anwendung von § 67a Abs. 1 Satz 1 AO, sind sportliche Veranstaltungen dieses Vereins gem. § 67a Abs. 3 Satz 1 Nr. 1 AO jedoch nur dann ein Zweckbetrieb, wenn kein Sportler dieses Vereins daran teilnimmt, der für seine sportliche Betätigung oder für die Benutzung seiner Person, seines Namens, seines Bildes oder seiner sportlichen Betätigung zu Werbezwecken von dem Verein oder einem Dritten Vergütungen[1481] oder andere Vorteile erhält, die über eine *Aufwandsentschädigung* hinausgehen. 870

§ 67a Abs. 3 Satz 1 AO selbst enthält keine Definition des Begriffs „Aufwandsentschädigung".[1482] Nach Auffassung der Finanzverwaltung sind Zahlungen an einen Vereinssportler bis zu insgesamt 520 Euro je Monat (im Jahresdurchschnitt)[1483] für die Beurteilung der Zweckbetriebseigenschaft einer sportlichen Veranstaltung *ohne Einzelnachweis* als pauschale Aufwandsentschädigung anzusehen. Werden höhere Aufwendungen erstattet, sind die *gesamten* Aufwendungen im Einzelnen *nachzuweisen.*[1484] Der Verweis „auf weite Fahrten zu vier oder fünf Trainingseinheiten pro Woche", zu Spielen und anderen Veranstaltungen reicht als Nachweis nicht aus.[1485] Die Anerkennung einer *pauschalen Abrechnung* eines Aufwendungsersatzes von über 1.000 EUR wurde daher vom BFH abgelehnt.[1486] 871

Zu den Aufwandsentschädigungen gehören Zahlungen, die zum Ausgleich des Aufwands des Sportlers für seine sportliche Tätigkeit bestimmt sind, also z. B. für Sportkleidung und -ausrüstung, den Mehraufwand für Unterkunft und Verpflegung bei Teilnahme an auswärtigen Sportveranstaltungen, für Fahrtkosten, Trainings-, Kursus- und Lehrgangsgebühren oder Teilnahmegebühren.[1487] 872

Der Nachweis muss für jeden Spieler und jede Veranstaltung erbracht werden. Die Feststellungslast für das Vorliegen der in § 67a Abs. 3 Satz 1 AO bezeichneten Voraussetzungen liegt bei dem jeweiligen Verein.[1488] Kann das Finanzamt auf- 873

1481 Unter „Vergütung" sind nach BFH v. 03. 08. 2022 – XI R 11/19 (ECLI:DE:BFH:2022:B.030822.XIR11.19.0), BStBl. II 2023, 202 unter II.2.b m. N. sämtliche Leistungen in Geld zu verstehen.

1482 So auch BFH v. 03. 08. 2022 – XI R 11/19 (ECLI:DE:BFH:2022:B.030822.XIR11.19.0), BStBl. II 2023, 202 unter II.2.b.

1483 AEAO zu § 67a, Nr. 32 Satz 1.

1484 AEAO zu § 67a, Nr. 32 Satz 2. So auch FG Niedersachsen v. 25. 04. 2019 – 11 K 134/17, EFG 2019, 1058 unter 3.b.bb.1.

1485 BFH v. 03. 08. 2022 – XI R 11/19 (ECLI:DE:BFH:2022:B.030822.XIR11.19.0), DStR 2022, 2675 unter II.2.d.

1486 BFH v. 03. 08. 2022 – XI R 11/19 (ECLI:DE:BFH:2022:B.030822.XIR11.19.0), DStR 2022, 2675 unter II.2.c.

1487 FG Niedersachsen v. 25. 04. 2019 – 11 K 134/17, EFG 2019, 1058 unter 3.b.bb.2 m.N; die eingelegte Rev. wurde vom BFH mit Urteil v. 03. 08. 2022 – XI R 11/19 (ECLI:DE:BFH:2022:B.030822.XIR11.19.0), DStR 2022, 2672 als unbegründet zurückgewiesen.

1488 BFH v. 03. 08. 2022 – XI R 11/19 (ECLI:DE:BFH:2022:B.030822.XIR11.19.0), DStR 2022, 2675 unter II.2.d.

grund fehlender oder unzureichender Aufzeichnungen nicht überprüfen, ob und in welcher Höhe tatsächlich Aufwand bei den einzelnen Sportlern angefallen ist und die an die Sportler geleisteten Zahlungen ggf. über eine Aufwandsentschädigung hinausgehen, ist die Annahme eines Zweckbetriebs gem. § 67a Abs. 3 Satz 1 AO in solchen Fällen nach Auffassung des BFH zu versagen.[1489]

(2) Zuwendungen der Stiftung Deutsche Sporthilfe

874 Zuwendungen der Stiftung Deutsche Sporthilfe und vergleichbarer Einrichtungen der Sporthilfe an *Spitzensportler* sind als Ersatz von *besonderen Aufwendungen* der Spitzensportler für ihren Sport anzusehen und deshalb nach Auffassung der Finanzverwaltung nicht auf die steuerlich zulässige Aufwandspauschale von 520 Euro je Monat anzurechnen.[1490]

875 Da solche Zahlungen nach *Koenig* z. T. auch den Lebensunterhalt von „Spitzensportlern" abdecken,[1491] handelt es sich nach Auffassung des Verfassers um eine unzulässige, die Vorschrift des § 67a Abs. 3 Satz 1 Nr. 3 AO verletzende Unterstützung.[1492] Es mag sein, dass viele „Amateur"-Sportler nicht mehr bereit sind, ohne Bezahlung nennenswerte sportliche Leistungen zu erbringen.[1493] Wenn solche Sportler jedoch Zahlungen erhalten, die nicht nur ganz unwesentlich höher sind als die ihnen entstandenen Aufwendungen, dann ist „der Schluss gerechtfertigt, dass der Sport nicht mehr aus reiner Liebhaberei, sondern *auch* um des Entgelts willen betrieben wird".[1494]

1489 BFH v. 03. 08. 2022 – XI R 11/19 (ECLI:DE:BFH:2022:B.030822.XIR11.19.0), DStR 2022, 2675.

1490 AEAO zu § 67a, Nr. 34 Satz 2. So auch Klein/*Gersch*, AO, 13. Aufl. 2016, § 67a Rn. 25. Zu berücksichtigen ist jedoch, dass nach Auffassung des FG Thüringen v. 20. 03. 2019 – 3 K 273/17, EFG 2019, 1386 die Mitglieder einer Sportfördergruppe und Teilnehmer an Olympischen Spielen, Europa- und Weltmeisterschaften dann nicht mehr als Amateure, sondern als *gewerbliche* Profisportler anzusehen sind, wenn sie durch ihren Sport ähnlich hohe Bruttoeinnahmen wie durch ihre Arbeitnehmertätigkeit erzielen und ihr Zeitaufwand für den Sport deutlich höher ist als der für ihre Arbeitnehmertätigkeit. Der BFH v. 15. 12. 2021 – X R 19/19 (ECLI:DE:BFH:2021:U.151221.XR19.19.0), BStBl. II 2023, 319 wies in der als unbegründet zurückgewiesenen Revision darauf hin, dass eine sportliche Betätigung, die mit einer gewerblichen Vermarktung im Rahmen von Sponsorenverträgen in einem untrennbaren Sachzusammenhang steht, dazu führt, dass beide Tätigkeiten einen *einheitlichen Gewerbebetrieb* bilden und die Sporttätigkeit dadurch von der Steuerpflicht erfasst wird; finanzielle Unterstützungsmaßnahmen der Sportförderung stellen daher Betriebseinnahmen dar. Die Regelung im AEAO zu § 67a, Nr. 34 betrifft nach BFH v. 15. 12. 2021 – X R 19/19 (ECLI:DE:BFH:2021:U.151221.XR19.19.0), BStBl. II 2023, 319 unter II.3.b.bb.1 ausschließlich die Beurteilung der Zweckbetriebseigenschaft von sportlichen Veranstaltungen, nicht aber die Besteuerung eines Sportlers.

1491 Koenig/*Koenig*, AO, 4. Aufl. 20211, § 67a Rn. 23.

1492 An der Rechtmäßigkeit zweifelnd auch Koenig/*Koenig*, AO, 4. Aufl. 2021, § 67a Rn. 23.

1493 So FG Bremen v. 30. 06. 1999 – 1 99 024 K 6, EFG 1999, 1125.

1494 FG Bremen v. 30. 06. 1999 – 1 99 024 K 6, EFG 1999, 1125 mit Verweis auf BFH v. 23. 10. 1992 – VI R 59/91, BStBl. II 1993, 303 unter II.1.

(3) Einzelprüfung der Aufwandspauschale

Die Einhaltung der Aufwandspauschale ist für jeden Sportler *getrennt* zu prüfen.[1495] Hierzu muss der Sportverein sicherstellen, dass der jeweilige Sportler seinen Verein über entsprechende Zahlungen unterrichtet.[1496] 876

Maßgeblich ist, welche Vergütungen oder Vorteile der *einzelne* Sportler vom Verein oder einem Dritten erhalten hat.[1497] Zu erfassen sind *sämtliche* Zahlungen an den einzelnen Sportler, auch soweit sie einmalig, für konkrete Anlässe oder nachgewiesene Aufwendungen, verdeckt (z. B. durch ein Scheinarbeitsverhältnis[1498]) oder offen als Geld- oder Sachleistung (z. B. Reisegutscheine oder Fahrzeuge[1499]) geleistet werden.[1500] Auch *Preisgelder*, die über eine Aufwandsentschädigung hinausgehen, können eine schädliche Vergütung darstellen.[1501] 877

Ist hiernach ein Sportler in einem Kalenderjahr als bezahlter Sportler anzusehen, sind *alle* in diesem Kalenderjahr durchgeführten sportlichen Veranstaltungen des Vereins, an denen *dieser* Sportler teilnahm, als *steuerpflichtiger* wirtschaftlicher Geschäftsbetrieb zu behandeln;[1502] auf die Kenntnis oder Billigung des Sportvereins kommt es *nicht* an.[1503] 878

bb) Teilnahme „anderer Sportler"

Weitere Voraussetzung nach § 67a Abs. 3 Satz 1 Nr. 2 AO für die Annahme eines Zweckbetriebs ist, dass an den Sportveranstaltung des ausrichtenden Vereins keine *anderen Sportler* teilnehmen dürfen, die für ihre Teilnahme von dem *ausrichtenden* Verein oder einem Dritten *im Zusammenwirken* mit dem *ausrich-* 879

1495 Hierfür muss der Sportverein entsprechende organisatorische Maßnahmen in eigener Verantwortung vorsehen. Eine Überprüfung der Zahlungen an die Sportler durch das Finanzamt kann i. d. R. nur stichpunktartig erfolgen und ist – im Zusammenhang mit einer Außenprüfung des gemeinnützigen Sportvereins – nach Auffassung des Verfassers nur zulässig aufgrund einer zu begründenden Prüfungsanordnung nach § 193 Abs. 2 Nr. 2 AO, sofern der Sportler nicht selbst der Außenprüfung unterliegt.

1496 Klein/*Gersch*, AO, 13. Aufl. 2016, § 67a Rn. 23. Nach Koenig/*Koenig*, AO, 4. Aufl. 2021, § 67a Rn. 23 ist der einzelne Sportler sogar zur Auskunft *verpflichtet*.

1497 BFH v. 21. 03. 2002 – V B 87/01 (NV), BFH/NV 2002 1012 unter II.1. So auch FG Niedersachsen v. 25. 04. 2019 – 11 K 134/17, EFG 2019, 1058 unter 3.b.bb.2; die eingelegte Rev. wurde vom BFH mit Urteil v. 03. 08. 2022 – XI R 11/19 (ECLI:DE:BFH:2022:B.030822.XIR11.19.0), DStR 2022, 2672 als unbegründet zurückgewiesen.

1498 Koenig/*Koenig*, AO, 4. Aufl. 2021, § 67a Rn. 23.

1499 Koenig/*Koenig*, AO, 4. Aufl. 2021, § 67a Rn. 23.

1500 FG Niedersachsen v. 25. 04. 2019 – 11 K 134/17, EFG 2019, 1058 unter 3.b.bb.2; die eingelegte Rev. wurde vom BFH mit Urteil v. 03. 08. 2022 – XI R 11/19 (ECLI:DE:BFH:2022:B.030822.XIR11.19.0), DStR 2022, 2672 als unbegründet zurückgewiesen.

1501 AEAO zu § 67a, Nr. 35 Satz 3. So auch Klein/*Gersch*, AO, 13. Aufl. 2016, § 67a Rn. 25.

1502 AEAO zu § 67a, Nr. 26 Satz 1. So auch BFH v. 03. 08. 2022 – XI R 11/19 (ECLI:DE:BFH:2022:B.030822.XIR11.19.0), BStBl. II 2023, 202 unter II.2.a und Koenig/*Koenig*, AO, 4. Aufl. 2021, § 67a Rn. 27.

1503 Koenig/*Koenig*, AO, 4. Aufl. 2021, § 67a Rn. 23.

tenden Verein Vergütungen oder andere Vorteile erhalten haben, die über eine Aufwandsentschädigung hinausgehen.

880 Dies gilt auch für Sportler, die an Veranstaltungen eines Sportverbands teilnehmen. Für die Beurteilung der Zweckbetriebseigenschaft von Veranstaltungen eines *Sportverbands* sind diese Sportler als *andere Sportler* i.S. des § 67a Abs. 3 Satz 1 Nr. 2 AO anzusehen.[1504] Zahlungen des jeweiligen Sportvereins an seine teilnehmenden Sportler gelten als Zahlungen des Vereins im Zusammenwirken mit dem Verband.[1505]

881 Die Regelung über die steuerliche Unschädlichkeit *pauschaler* Aufwandsentschädigungen von bis zu 520 Euro je Monat im Jahresdurchschnitt gilt nach Auffassung der Finanzverwaltung und der Literatur[1506] jedoch nur für Sportler des eigenen Vereins, nicht für Zahlungen an *„andere Sportler"*. Zahlungen an einen *„anderen Sportler"*, die über eine Erstattung des ihm *tatsächlich* entstandenen Aufwands hinausgehen, führen zu einem Verlust der Zweckbetriebseigenschaft der jeweiligen Veranstaltung.[1507]

b) Steuerpflichtiger wirtschaftlicher Geschäftsbetrieb

882 Sofern ein an einer Sportveranstaltung teilnehmender Sportler aufgrund der Höhe der erhaltenen Vergütungen oder anderen Vorteile als „bezahlter Sportler" anzusehen ist, ist die entsprechende Sportveranstaltung gem. § 67a Abs. 3 Satz 2 AO als steuerpflichtiger wirtschaftlicher Geschäftsbetrieb zu behandeln.

883 Der ausrichtende Sportverein verliert dadurch aber nicht seine Gemeinnützigkeit.[1508] Voraussetzung ist allerdings nach § 67a Abs. 3 Satz 3 AO, dass die dem Sportler gewährten Vergütungen oder anderen Vorteile *ausschließlich* aus steuerpflichtigen wirtschaftlichen Geschäftsbetrieben oder von Dritten geleistet werden.[1509] Verwendet ein Verein für Zahlungen an seine Sportler, die über die steuerlich zulässige Aufwandsentschädigung hinausgehen, *gebundene Mittel* (z.B. Spenden, Überschüsse aus Zweckbetrieben oder der Vermögensverwaltung), verliert der Verein seine Gemeinnützigkeit.[1510]

884 *Praxishinweis:*

Für die Beurteilung der Zweckbetriebseigenschaft einer sportlichen Veranstaltung gem. § 67a Abs. 3 Satz 1 Nr. 1 AO sind Zahlungen an einen Sportler des eigenen Vereins bis zur Höhe von 520 Euro je Monat als pauschale Aufwandsentschädigung anzusehen und daher unschädlich. Diese Regelung gilt jedoch nur für Sportler des eigenen Vereins, nicht für Zahlungen an „andere Sportler".

1504 AEAO zu § 67a, Nr. 38. So auch Klein/*Gersch*, AO, 13. Aufl. 2016, § 67a Rn. 24.
1505 Koenig/*Koenig*, AO, 4. Aufl. 2021, § 67a Rn. 24.
1506 Vgl. z.B. Klein/*Gersch*, AO, 13. Aufl. 2016, § 67a Rn. 25 und Koenig/*Koenig*, AO, 4. Aufl. 2021, § 67a Rn. 24 zu dem bisherigen Betrag von 450 Euro.
1507 AEAO zu § 67a, Nr. 33.
1508 Klein/*Gersch*, AO, 13. Aufl. 2016, § 67a Rn. 31.
1509 So auch Klein/*Gersch*, AO, 13. Aufl. 2016, § 67a Rn. 31.
1510 Koenig/*Koenig*, AO, 4. Aufl. 2021, § 67a Rn. 28.

4. Ablösezahlungen als Ausgaben

Ablösezahlungen eines steuerbegünstigten Sportvereins an einen anderen Sportverein für die Übernahme eines Sportlers sind für die Gemeinnützigkeit des *zahlenden* Vereins unschädlich, wenn sie durch einen steuerpflichtigen wirtschaftlichen Geschäftsbetrieb geleistet werden und der übernommene Sportler beim aufnehmenden Verein in den ersten zwölf Monaten nach seinem Vereinswechsel als *bezahlter Sportler* i. S. des § 67a Abs. 3 Satz 1 Nr. 1 AO eingestuft wird.[1511] 885

Sofern der übernommene Sportler beim aufnehmenden Verein nicht als bezahlter Sportler behandelt wird, ist die Ablösezahlung nur dann unschädlich für die Gemeinnützigkeit des zahlenden Vereins, wenn mit der Ablösezahlung die dem abgebenden Verein entstandenen Ausbildungskosten erstattet werden.[1512] Eine solche Kostenerstattung kann nach Auffassung der Finanzverwaltung bei Zahlungen bis zu einer Höhe von 2.557 Euro je Sportler „ohne weiteres" angenommen werden. Bei höheren Kostenerstattungen sind sämtliche Ausbildungskosten im Einzelfall nachzuweisen.[1513] 886

5. Leistungen eines Sportdachverbands

Organisatorische Leistungen eines Sportdachverbandes zur Durchführung von sportlichen Veranstaltungen sind gem. § 67a Abs. 4 AO[1514] nur dann als Zweckbetrieb zu behandeln, wenn an den sportlichen Veranstaltungen zu mehr als 50 v. H. Sportler teilnehmen, die *keine* Lizenzsportler sind.[1515] Nicht steuerbegünstigt sind somit organisatorische Leistungen, die *überwiegend Lizenzsportlern* zugutekommen.[1516] Zu den „Lizenzsportler" im Fußballsport gehören Lizenzspieler, die durch einen schriftlichen Vertrag an ihren Verein gebunden sind und durch Abschluss eines schriftlichen Lizenzvertrages mit dem Ligaverband zum Spielbetrieb zugelassen ist.[1517] 887

1511 AEAO zu § 67a, Nr. 40.

1512 AEAO zu § 67a, Nr. 40. So auch Klein/*Gersch*, AO, 13. Aufl. 2016, § 67a Rn. 36.

1513 AEAO zu § 67a, Nr. 40. So auch Koenig/*Koenig*, AO, 4. Aufl. 2021, § 67a Rn. 30.

1514 § 67a Abs. 4 AO wurde durch das Gesetz zur Vermeidung von Umsatzsteuerausfällen beim Handel mit Waren im Internet und zur Änderung weiterer steuerlicher Vorschriften v. 11. 12. 2018, BGBl. I 2018, 2338 angefügt und ist ab 01. 01. 2021 anzuwenden. Das entgegenstehende Urteil des BFH v. 24. 06. 2015 – I R 13/13, BStBl. II 2016, 971 ist damit überholt. Für Veranlagungszeiträume bis einschließlich 2020 wird es nach FinMin Schleswig-Holstein v. 11. 10. 2018 – VI 308 – S 0170 – 147, SIS 18 15 90 nicht beanstandet, wenn Sport-Dachverbände ihre organisatorischen Dienstleistungen für den Bereich des Amateursports einem Zweckbetrieb nach § 67a AO zuordnen.

1515 Nach AEAO zu § 67a, Nr. 41 ist im Fußballsport – unabhängig von vereinbarten oder erhaltenen Zahlungen – derjenige ein Lizenzspieler, der das Fußballspiel aufgrund eines mit einem Lizenzverein oder einer Kapitalgesellschaft geschlossenen schriftlichen Vertrages betreibt und durch Abschluss eines schriftlichen Lizenzvertrages mit dem Ligaverband zum Spielbetrieb zugelassen ist.

1516 AEAO zu § 67a, Nr. 41.

1517 AEAO zu § 67a, Nr. 41.

888 Zu den organisatorischen Leistungen gehören u.a. das Ansetzen der Wettkämpfe der Bundesligen, die Festlegung der Termine für die Endwettkämpfe um die 'Deutsche Mannschaftsmeisterschaft', die Termingestaltung für die Aufstiegskämpfe zur Bundesliga, die Durchführung der Deutschen Einzelmeisterschaften sowie nationaler und internationaler Turniere und Veranstaltungen und die Durchführung von Länderwettkämpfen im In- und Ausland.[1518] Nicht steuerbegünstigt sind organisatorische Leistungen, die überwiegend *Lizenzsportlern* zugutekommen.[1519]

889 Nach § 67a Abs. 4 Satz 2 AO gelten *alle* sportlichen Veranstaltungen einer Saison und einer Liga als *eine* sportliche Veranstaltung.[1520]

890 Der Verkauf von Speisen und Getränken sowie die Werbung gehören gem. § 67a Abs. 4 Satz 3 AO auch bei Sportdachverbänden nicht zu den sportlichen Veranstaltungen. Die Einkünfte hieraus sind in einem *steuerpflichtigen* wirtschaftlichen Geschäftsbetrieb zu erfassen.

6. Weitere steuerliche Vergünstigungen

a) *Steuerliche Vergünstigungen bei der Umsatzsteuer*

aa) *Ermäßigung des Steuersatzes auf 7 v. H.*

(1) Steuersatzermäßigung gem. § 12 Abs. 2 Nr. 8 UStG

891 Für Leistungen von Körperschaften, die ausschließlich und unmittelbar gemeinnützige, mildtätige oder kirchliche Zwecke verfolgen, ermäßigt sich der Steuersatz gem. § 12 Abs. 2 Nr. 8 UStG auf 7 v. H. für alle steuerpflichtigen Umsätze. Die Förderung des Sports gehört gem. § 52 Abs. 2 Satz 1 Nr. 21 AO zu den begünstigten gemeinnützigen Zwecken. Das gilt gem. § 12 Abs. 2 Nr. 8 Buchst. a Satz 2 UStG jedoch nicht für Leistungen, die im Rahmen eines (steuerpflichtigen) wirtschaftlichen Geschäftsbetriebs ausgeführt werden.

892 Ist die Annahme eines Zweckbetriebs zu versagen, weil der Sportverein es unterlassen hat, für jeden Spieler und jede Veranstaltung die entsprechenden Nachweise i. S. von § 67a Abs. 3 Satz 1 AO zu führen, kommt die Anwendung des ermäßigten Steuersatzes gem. § 12 Abs. 2 Nr. 8 Buchst. a Satz 2 UStG nicht in Betracht.[1521]

893 *Zweckbetriebe* haben jedoch das Wettbewerbsverbot des § 12 Abs. 2 Nr. 8 Buchst. a Satz 3 1. Halbsatz UStG zu beachten: Hiernach wird die Steuerermäßigung nur gewährt, wenn der Zweckbetrieb nicht in erster Linie der *Erzielung*

1518 Vgl. BFH v. 24. 06. 2015 – I R 13/13, BStBl. II 2016, 971 unter Rn. 5.

1519 AEAO zu § 67a, Nr. 41.

1520 Organisatorische Leistungen eines Sportdachverbandes können somit ligaweise einem Zweckbetrieb oder einem steuerpflichtigen wirtschaftlichen Geschäftsbetrieb zugeordnet werden, da die Zusammensetzung der spielberechtigten Sportler nach Amateur- und Lizenzspielern dem Dachverband bekannt ist. Vgl. AEAO zu § 67a, Nr. 41.

1521 BFH v. 03. 08. 2022 – XI R 11/19 (ECLI:DE:BFH:2022:B.030822.XIR11.19.0), DStR 2022, 2675.

zusätzlicher Einnahmen durch Ausführung von Umsätzen dient, die in unmittelbarem Wettbewerb mit anderen Unternehmern ausgeführt werden, deren Leistungen dem allgemeinen Steuersatz unterliegen. Die Steuerermäßigung ist gem. § 12 Abs. 2 Nr. 8 Buchst. a Satz 3 2. Halbsatz UStG uneingeschränkt zu gewähren, wenn die Körperschaft mit den Leistungen ihrer Zweckbetriebe i. S. der §§ 66 bis 68 AO, hier also § 67a AO, ihre steuerbegünstigten satzungsgemäßen Zwecke selbst verwirklicht.

(2) Steuersatzermäßigung gem. § 12 Abs. 2 Nr. 9 UStG

Darüber hinaus unterliegen auch die unmittelbar mit dem *Betrieb von Schwimmbädern* verbundenen Umsätze gem. § 12 Abs. 2 Nr. 9 UStG dem ermäßigten Steuersatz. „Unmittelbar mit dem Betrieb der Schwimmbäder verbundene Umsätze" liegen insbesondere vor bei der Benutzung der Schwimmbäder durch Vereine, bei der Vermietung eines ganzen Schwimmbads an einen Verein und bei der der Erteilung von Schwimmunterricht.[1522] 894

(3) Steuersatzermäßigung gem. § 12 Abs. 2 Nr. 7 Buchst. c UStG

Nach § 12 Abs. 2 Nr. 7 Buchst. c UStG ermäßigt sich die Steuer für Umsätze aus der Einräumung, Übertragung und Wahrnehmung von Rechten, die sich aus dem Urheberrechtsgesetz (UrhG) ergeben, auf 7 v. H. Dies betrifft auch Sportveranstalter oder Sportvereine, die ein Sportereignis *selbst aufzeichnen* und die an diesen Aufzeichnungen bestehenden Rechte *verwerten*. Für die Überlassung der Aufzeichnung eines Sportereignisses oder einer Sportveranstaltung[1523] ist daher nach § 12 Abs. 2 Nr. 7 Buchst. c UStG i. V. m. Abschn. 12.7 Abs. 23 Satz 3 UStAE der ermäßigte Steuersatz anzuwenden. 895

Urheberrechtlich geschützte Werke entstehen jedoch erst mit der Herstellung der Aufnahmen. Die *Gestattung* der Herstellung von Aufnahmen von Sportveranstaltungen *durch Dritte* ist daher keine begünstigte Übertragung urheberrechtlicher Nutzungsrechte i. S. von § 12 Abs. 2 Nr. 7 Buchst. c UStG; hierfür ist nach Verwaltungsauffassung der allgemeine Steuersatz gem. § 12 Abs. 1 UStG anzuwenden.[1524] 896

bb) Zur Steuerbefreiung aufgrund von Art. 132 Abs. 1 Buchst. m MwStSystRL

Der BFH hatte 2008 entschieden, dass die Überlassung von Golfbällen und die Nutzungsüberlassung einer Golfanlage an Nichtmitglieder eines gemeinnützigen Golfvereins gegen Entgelt nach *Unionsrecht*[1525] steuerfrei sein kann.[1526] 897

1522 Abschn. 12.11 Abs. 1 Satz 1 UStAE.

1523 Nach OFD Frankfurt v. 20. 03. 2014 – S 7240 A – 8 – St 16, SIS 14 25 14 unter 3 steht Abschn. 12.7 Abs. 23 UStAE der ermäßigten Besteuerung auch bei der Aufzeichnung einer *Sportveranstaltung* nicht entgegen.

1524 OFD Frankfurt v. 20. 03. 2014 – S 7240 A – 8 – St 16, SIS 14 25 14 unter 2 mit Verweis auf Abschn. 12.7 Abs. 23 Satz 1 UStAE.

1525 Vgl. Art. 132 Abs. 1 Buchst. m MwStSystRL.

1526 So auch EuGH v. 19. 12. 2013 – Rs C-495/12 (ECLI:EU:C:2013:861), UR 2014, 192.

898 Nach Art. 132 Abs. 1 Buchst. m MwStSystRL sind die von *„Einrichtungen ohne Gewinnstreben"* erbrachten, in engem Zusammenhang mit Sport und Körperertüchtigung stehenden Dienstleistungen von der Umsatzsteuer zu befreien.

899 Der *„autonome unionsrechtliche Begriff"*[1527] einer „Einrichtung ohne Gewinnstreben" bedeutet, dass eine entsprechende Einrichtung ihr Vermögen fortwährend zur Verwirklichung der von ihr verfolgten Zwecke nutzt und im Falle ihrer Auflösung die erzielten Gewinne, die die eingezahlten Kapitalanteile ihrer Mitglieder sowie den gemeinen Wert der von ihnen geleisteten Sacheinlagen übersteigen, nicht an ihre Mitglieder verteilt.[1528]

900 Der Art. 132 Abs. 1 Buchst. m MwStSystRL ist jedoch nach der Entscheidung des EuGH v. 10.12.2020 dahingehend auszulegen, dass dieser *keine unmittelbare Wirkung* hat, so dass sich eine „Einrichtungen ohne Gewinnstreben" – also z. B. ein Sportverein oder ein Golf-Club in der Rechtsform eines Vereins[1529] – nicht *unmittelbar* vor einem nationalen Gericht darauf berufen kann, wenn nicht alle in *engem Zusammenhang* mit Sport und Körperertüchtigung stehenden Leistungen von der Umsatzsteuer befreit sind.[1530]

901 Der BFH hält aufgrund dieser EuGH-Entscheidung an seiner bisherigen Rechtsprechung[1531], die eine unmittelbare Berufung auf Art. 132 Abs. 1 Buchst. m MwStSystRL bejaht hatte, nicht mehr fest.[1532]

cc) Steuerbefreiung nach § 4 Nr. 22 Buchst. b UStG

(1) Mitgliedsbeiträge

902 *Echte Mitgliedsbeiträge*, die dazu dienen, die satzungsgemäßen Gemeinschaftszwecke zu erfüllen, führen grundsätzlich nicht zu einem Leistungsaustausch mit dem einzelnen Mitglied.[1533] Voraussetzung für die Annahme echter Mitgliedsbeiträge ist jedoch, dass die Beiträge gleich hoch sind oder nach einem für

---

1527 Die in Art. 132 MwStSystRL verwendeten „autonomen unionsrechtlichen Begriffe" sollen nach EuGH v. 21.02.2013 – Rs C-18/12 (ECLI:EU:C:2013:95), UR 2013, 338 unter Rn. 17 eine von Mitgliedstaat zu Mitgliedstaat unterschiedliche Anwendung der Richtlinie verhindern.

1528 EuGH v. 10.12.2020 – Rs C-488/18 (ECLI:EU:C:2020:1013), UR 2021, 158, Rn. 51.

1529 Im entschiedenen Fall ging es um einen eingetragenen Verein, dessen Zweck nach seiner Satzung in der Pflege und Förderung des Golfsports bestand.

1530 EuGH v. 10.12.2020 – Rs C-488/18 (ECLI:EU:C:2020:1013), UR 2021, 158 unter Rn. 42.

1531 Vgl. BFH v. 03.04.2008 – V R 74/07, DStR 2008, 1481; BFH v. 02.03.2011 – XI R 21/09 BFH/NV 2011, 1456; BFH v. 16.10.2013 – XI R 34/11, BFH/NV 2014, 460; BFH v. 20.03.2014 – V R 4/13, BFH/NV 2014, 1470.

1532 BFH v. 21.04.2022 – V R 48/20 (V R 20/17) (ECLI:DE:BFH:2022:U.210422.VR48.20.0), BFH/NV 2022, 792 unter II.1.c zu den Entscheidungen des BFH v. 03.04.2008 – V R 74/07, BFHE 221, 451, BFH v. 02.03.2011 – XI R 21/09, BFHE 233, 269, BFH v. 16.10.2013 – XI R 34/11, BFHE 243, 435 und BFH v. 20.03.2014 – V R 4/13, BFHE 245, 397, die eine unmittelbare Berufung auf Art. 132 Abs. 1 Buchst. m MwStSystRL bejaht hatten.

1533 Abschn. 1.4 Abs. 1 UStAE.

alle Mitglieder verbindlichen Bemessungsmaßstab gleichmäßig festgelegt wurden.[1534]

Beruft sich eine Körperschaft in diesem Zusammenhang unmittelbar auf Art. 132 Abs. 1 Buchst. m MwStSystRL und behandelt die anfallenden Mitgliedsbeiträge als *steuerbares Entgelt* für die von ihr gegenüber den Mitgliedern erbrachten Leistungen, kommt nach derzeitiger Verwaltungsauffassung eine Anwendung der Steuerbefreiung nach § 4 Nr. 22 Buchst. b UStG grundsätzlich in Betracht.[1535] Hierbei ist jedoch zu berücksichtigen, dass eine Anwendung von § 4 Nr. 22 Buchst. b UStG in Bezug auf Mitgliedsbeiträge als steuerbares, aber steuerbefreites Entgelt systembedingt den Ausschluss des Vorsteuerabzugs gem. § 15 Abs. 2 Nr. 1 UStG (z. B. aus Investitionen) nach sich ziehen würde.[1536] 903

(2) Teilnehmergebühren bei sportlichen Veranstaltungen

Teilnehmergebühren bei sportlichen Veranstaltungen[1537] von gemeinnützigen Körperschaften sind gem. § 4 Nr. 22 Buchst. b UStG von der Umsatzsteuer befreit. 904

Unter „Teilnehmergebühren“ sind Entgelte zu verstehen, die gezahlt werden, um an den Veranstaltungen *aktiv* teilnehmen zu können; hierbei handelt es sich z. B. um Start- oder Meldegelder. Soweit das Entgelt für die Veranstaltung jedoch in *Eintrittsgeldern der Zuschauer* besteht, ist die Befreiungsvorschrift nicht anzuwenden.[1538] 905

(3) Keine weitergehenden Befreiungen

Eine weitergehende Befreiung sieht das Gesetz nicht vor. So sind z. B. die Genehmigung von Wettkampfveranstaltungen und Trikotwerbung sowie die Ausstellung oder Verlängerung von Sportausweisen durch einen Sportverband keine sportlichen Veranstaltungen i. S. des § 4 Nr. 22 Buchst. b UStG.[1539] 906

Auch die Verwaltung von Sporthallen sowie das Einziehen der Hallenmieten einschließlich des Mahn- und Vollstreckungswesens durch einen gemeinnützigen Verein gegen Entgelt im Auftrag einer Stadt ist weder nach § 4 Nr. 22 Buchst. b UStG als „sportliche Veranstaltung“ noch nach Art. 132 Abs. 1

1534 Abschn. 1.4 Abs. 2 UStAE.

1535 BMF v. 04. 02. 2019 – III C 3 – S 7180/17/10001, BStBl. II 2019, 115, weiterhin anzuwenden gem. BMF v. 11. 03. 2022 – IV A 2 – O 2000/21/10005 :001 (DOK 2022/0185796), BStBl. I 2022, 366 in Anl. 1, Nr. 1643. Es bleibt abzuwarten, wie die Finanzverwaltung auf die Entscheidungen des EuGH v. 10. 12. 2020 – Rs C-488/18 (ECLI:EU:C:2020:1013), UR 2021, 158 und des BFH v. 21. 04. 2022 – V R 48/20 (V R 20/17) (ECLI:DE:BFH:2022:U.210422.VR48.20.0), BFH/NV 2022, 792 reagieren wird.

1536 BMF v. 04. 02. 2019 – III C 3 – S 7180/17/10001, BStBl. II 2019, 115.

1537 Als Sport i. S. des § 4 Nr. 22 Buchst. b UStG ist nach Auffassung des FG Köln v. 08. 10. 2009 – 10 K 3794/06, EFG 2010, 367 auch der Breitensport in Form von Kursen wie *Pilates, Body Forming, Powergymnastik* oder *Thai Boxing* anzusehen.

1538 Abschn. 4.22.2 Abs. 5 UStAE.

1539 Abschn. 4.22.2 Abs. 4 UStAE.

Buchst. m MwStSystRL steuerbefreit, da es sich lediglich um Geschäftsbesorgungsleistungen handelt.[1540]

Eine *unmittelbare* Berufung auf Art. 132 Abs. 1 Buchst. m MwStSystRL kommt nach den Entscheidungen des EuGH v. 10. 12. 2020[1541] und des BFH v. 21. 04. 2022[1542] nicht mehr in Betracht.

(4) Vorsteuerabzug

907 Die Befreiung von der Umsatzsteuer nach § 4 Nr. 22 Buchst. b UStG hat gem. § 15 Abs. 2 Satz 1 Nr. 1 UStG den Verlust des Vorsteuerabzugs zur Folge. Ein Ausnahmetatbestand i. S. von § 15 Abs. 3 Nr. 1 UStG liegt nicht vor. Ein Verzicht auf die Befreiung nach § 9 UStG ist nicht möglich.

b) Befreiung von der Grundsteuer

908 Grundbesitz, der entweder von einer inländischen juristischen Person des öffentlichen Rechts für einen *öffentlichen Dienst oder Gebrauch*[1543] oder von einer solchen inländischen juristischen Person des öffentlichen Rechts oder von einer inländischen Körperschaft, Personenvereinigung oder Vermögensmasse, die nach der Satzung, dem Stiftungsgeschäft oder der sonstigen Verfassung und nach ihrer tatsächlichen Geschäftsführung ausschließlich und unmittelbar gemeinnützigen oder mildtätigen Zwecken dient, für *gemeinnützige oder mildtätige Zwecke* genutzt wird, ist gem. § 3 Abs. 1 Nr. 1 und 3 GrStG von der Grundsteuer befreit. Von der Grundsteuer befreit ist auch der Grundbesitz, auf dem ein Zweckbetrieb i. S. der §§ 65 bis 68 AO unterhalten wird.[1544]

909 Das gilt auch für einen *sportlichen Zwecken* dienenden Grundbesitz, der den nach § 3 Abs. 1 Nr. 1 oder 3 GrStG begünstigten Rechtsträgern zuzurechnen ist, soweit er für die begünstigten Zwecke zur Verfügung gestellt wird.[1545] Sportlichen Zwecken dienen neben den sportlichen Anlagen (einschließlich der Zuschauerflächen mit oder ohne Tribünenaufbauten[1546]) auch Unterrichts- und Ausbildungsräume, Umkleide-, Bade- und ähnliche Räume. Hierunter fallen nach Verwaltungsauffassung auch Unterkunfts- und Schutzhütten von Bergsteiger-, Ski- und Wandervereinen.[1547] Die Grundsteuerbefreiung erstreckt sich auch auf kleinere, einfach ausgestattete Räume, die der Erfrischung der Sport-

1540 BFH v. 05. 8. 2010 – V R 54/09, BStBl. II 2011, 191, Leitsatz und unter II.3.b.

1541 EuGH v. 10. 12. 2020 – Rs C-488/18 (ECLI:EU:C:2020:1013), UR 2021, 158.

1542 BFH v. 21. 04. 2022 – V R 48/20 (V R 20/17) (ECLI:DE:BFH:2022:U.210422.VR48.20.0). BFH/NV 2022, 79.

1543 Eine Abgrenzung, ob im Einzelfall das eine oder andere vorliegt, ist nach FinMin Bayern v. 02. 09. 2022 – 34 – G 2010 – 1, SIS 22 16 55 unter 4.1.3.3.1 mit Verweis auf BFH v. 20. 05. 1960 – III 440/58 S, BStBl. III 1960, 368 nicht erforderlich.

1544 Koordinierte Erlasse der obersten Finanzbehörden der Länder v. 22. 06. 2022, BStBl. I 2022, 1171 unter A 3.7 Abs. 4 Satz 1.

1545 Abschn. 13 Abs. 1 GrStR.

1546 FinMin Bayern v. 02. 09. 2022 – 34 – G 2010 – 1, SIS 22 16 55 unter 4.1.3.8.2.

1547 Abschn. 13 Abs. 2 GrStR.

treibenden dienen.[1548] Räume, die überwiegend der Erholung und der Geselligkeit dienen, gehören nicht dazu, es sei denn, sie sind einem Zweckbetrieb nach § 67a AO zuzuordnen.[1549]

Werden die sportlichen Anlagen ganz oder überwiegend für sportliche Veranstaltungen im Rahmen eines steuerpflichtigen wirtschaftlichen Geschäftsbetriebs genutzt, unterliegen sie der Grundsteuer.[1550] 910

Wird nur ein räumlich abgegrenzter Teil des Grundbesitzes für steuerbegünstigte Zwecke i. S. des § 3 GrStG genutzt, so ist gem. § 8 Abs. 1 GrStG nur dieser Teil steuerbefreit. Ist eine räumliche Abgrenzung für die verschiedenen Zwecke nicht möglich ist, so ist der Grundbesitz (oder der entsprechende Teil davon) gem. § 8 Abs. 2 GrStG nur befreit, wenn die steuerbegünstigten Zwecke *überwiegen*. 911

Eine Befreiung von der Grundsteuer kommt jedoch dann nicht in Betracht, wenn ein *privater Eigentümer* seinen Grundbesitz an einen gemeinnützigen Sportverein zur Nutzung für sportliche Zwecke *verpachtet* hat.[1551] 912

VII. Weitere Zweckbetriebe gem. § 68 AO

§ 68 Nr. 1 bis 9 AO führt weitere Einrichtungen auf, die als Zweckbetriebe zu behandeln sind. Diese Vorschrift hat nach Verwaltungsauffassung als Spezialnorm Vorrang vor der Regelung des § 65 AO;[1552] gleichwohl erfordert die Annahme eines Zweckbetriebs i. S. von § 68 AO, dass dieser nach § 65 Nr. 1 AO in seiner Gesamtrichtung dazu dient, die steuerbegünstigten satzungsmäßigen Zwecke einer Körperschaft zu verwirklichen.[1553] 913

1. Alten-, Altenwohn- und Pflegeheime

a) *Leistungen der Pflege oder Betreuung und der Wohnraumüberlassung*

Unter den Begriff der „Alten-, Altenwohn- und Pflegeheime" fallen Einrichtungen, die gegenüber den in § 53 Nr. 1 AO genannten Personen Leistungen der Pflege oder Betreuung sowie der Wohnraumüberlassung erbringen und bei denen die Verträge über die Überlassung von Wohnraum und über die Erbringung von Pflege- oder Betreuungsleistungen i. d. R. voneinander abhängig sind.[1554] 914

1548 Koordinierte Erlasse der obersten Finanzbehörden der Länder v. 22. 06. 2022, BStBl. I 2022, 1171 unter A 3.8 Abs. 4 Satz 3.

1549 FinMin Bayern v. 02. 09. 2022 – 34 – G 2010 – 1, SIS 22 16 55 unter 4.1.3.8.4.

1550 Koordinierte Erlasse der obersten Finanzbehörden der Länder v. 22. 06. 2022, BStBl. I 2022, 1171 unter A 3.8 Abs. 2 Satz 2.

1551 FinMin Bayern v. 02. 09. 2022 – 34 – G 2010 – 1, SIS 22 16 55 unter 4.1.3.8.3.

1552 AEAO zu § 68, Nr. 1 mit Verweis auf BFH v. 04. 06. 2003 – I R 25/02, BStBl. II 2004, 660.

1553 BFH v. 04. 06. 2003 – I R 25/02, BStBl. II 2004, 660 unter 3.a m. N. So auch Koenig/*Koenig*, AO, 4. Aufl. 2021, § 68 Rn. 1.

1554 AEAO zu § 68, Nr. 2.

915 Altenheime sind hierbei Einrichtungen, in denen ältere Menschen, die grundsätzlich nicht pflegebedürftig, aber zur Führung eines eigenen Hausstands außerstande sind, Unterkunft, Verpflegung und Betreuung erhalten[1555], während sich Altenwohnheime auf eine Wohnraumüberlassung beschränken und nur in Einzelfällen auch Leistungen zur Betreuung und Pflege anbieten. Pflegeheime sind gem. § 71 Abs. 2 SGB XI selbständige wirtschaftliche Einrichtungen, in denen Pflegebedürftige unter ständiger Verantwortung einer ausgebildeten Pflegefachkraft gepflegt und ganztägig (vollstationär) oder nur tagsüber bzw. nur nachts (teilstationär) untergebracht und verpflegt werden.

916 Alten-, Altenwohn- und Pflegeheime, aber auch Erholungsheime und Mahlzeitendienste stellen gem. § 68 Nr. 1 Buchst. a AO dann steuerbegünstigte Zweckbetriebe dar, wenn sie in besonderem Maße den in § 53 AO genannten Personen dienen, d. h. wenn diesen gem. § 66 Abs. 3 AO mindestens zwei Drittel der Pflege- oder Betreuungsleistungen zugutekommen. Für Körperschaften, die nicht die Voraussetzungen des § 68 Nr. 1 Buchst. a AO erfüllen, kommt ggf. eine Förderung unter den Voraussetzungen des § 66 AO in Betracht.[1556] Eine für die Allgemeinheit zugängliche Cafeteria in den genannten Einrichtungen stellt jedoch grundsätzlich einen *steuerpflichtigen* wirtschaftlichen Geschäftsbetrieb dar.[1557]

b) Steuerliche Vergünstigungen

aa) Befreiung von der Körperschaftsteuer

917 Unterhält eine nach § 5 Abs. 1 Nr. 9 KStG steuerbefreite Körperschaft einen wirtschaftlichen Geschäftsbetrieb, ist eine Steuerbefreiung nach dem Gesetzeswortlaut ausgeschlossen. Das gilt gem. § 64 Abs. 1 AO jedoch nicht, wenn der wirtschaftliche Geschäftsbetrieb ein *Zweckbetrieb* i. S. der §§ 65 bis 68 AO ist.[1558]

bb) GewSt-Befreiung gem. § 3 Nr. 20 GewStG für Pflegeeinrichtungen

918 Für Einrichtungen, die der Aufnahme kranker und pflegebedürftiger Personen dienen wie z. B. Altenheime, Altenwohnheime oder Pflegeheime, aber auch für Einrichtungen zur ambulanten Pflege kranker und pflegebedürftiger Personen enthält das Gewerbesteuergesetz mit § 3 Nr. 20 Buchst. c, d und e GewStG eine Spezialvorschrift für die Befreiung der aus dem Betrieb solcher Einrichtungen erzielten Gewinne von der Gewerbesteuer.

1555 Abschn. 4.16.4 Abs. 1 UStAE.

1556 AEAO zu § 68, Nr. 2.

1557 AEAO zu § 68, Nr. 2.

1558 BFH v. 21.09.2016 – V R 50/15 (ECLI:DE:BFH:2016:U.210916.VR50.15.0), BStBl. II 2017, 1173 unter Rn. 23 mit Verweis auf BFH v. 13.06.2012 – I R 71/11, BFH/NV 2013, 89 unter II.1.

Für die Anwendung dieser Vorschrift kommt es nicht auf die Einhaltung der Voraussetzungen für die Anerkennung als Zweckbetrieb einer gemeinnützigen oder mildtätigen Körperschaft an.[1559] 919

(1) Einrichtungen von juristischen Personen des öffentlichen Rechts

Soweit solche Einrichtungen *unmittelbar* von juristischen Personen des öffentlichen Rechts, also dem Bund, den Ländern, Landkreisen und Gemeinden sowie Kirchen, Berufsgenossenschaften und den Trägern der Sozialversicherung betrieben werden, sind sie gem. § 3 Nr. 20 Buchst. a GewStG von der Gewerbesteuer befreit. Ein *mittelbares* Betreiben der Einrichtung z. B. durch eine Kapitalgesellschaft genügt hingegen nicht.[1560] 920

(2) Voraussetzung nach § 3 Nr. 20 Buchst. c GewStG

Voraussetzung für die Befreiung von Altenheimen, Altenwohnheimen und Pflegeheimen nach § 3 Nr. 20 Buchst. c GewStG ist, dass im jeweiligen Erhebungszeitraum mindestens 40 v. H. der erbrachten Leistungen den in § 61a SGB XII genannten pflegebedürftigen Personen, die ihre körperlichen, kognitiven oder psychischen Beeinträchtigungen oder gesundheitlich bedingten Belastungen oder Anforderungen nicht selbständig kompensieren oder bewältigen können oder den in § 53 Satz 1 Nr. 2 AO genannten Personen mit wirtschaftlicher Hilfebedürftigkeit zugutegekommen sind. 921

(3) Einrichtungen zur vorübergehenden Aufnahme und zur ambulanten Pflege

Einrichtungen zur *vorübergehenden Aufnahme* pflegebedürftiger Personen und Einrichtungen zur *ambulanten Pflege* kranker und pflegebedürftiger Personen sind gem. § 3 Nr. 20 Buchst. d GewStG von der Gewerbesteuer zu befreien, wenn im jeweiligen Erhebungszeitraum die Pflegekosten in mindestens 40 v. H. der Fälle von den gesetzlichen Trägern der Sozialversicherung oder Sozialhilfe ganz oder zum überwiegenden Teil getragen werden. 922

Einrichtungen zur vorübergehenden Aufnahme pflegebedürftiger Personen sind stationäre Pflegeheime i. S. von § 71 Abs. 2 SGB XI mit Kurzzeitpflegeeinrichtungen sowie Tages- und Nachteinrichtungen, in denen pflegebedürftige Personen ganztägig (vollstationär) oder tagsüber oder nachts (teilstationär) untergebracht und verpflegt werden können.[1561] 923

Ambulante Pflegeeinrichtungen sind nach § 71 Abs. 1 SGB XI solche, die unter ständiger Verantwortung einer ausgebildeten Pflegefachkraft Pflegebedürftige in ihrer Wohnung mit Leistungen der häuslichen Pflegehilfe i. S. des § 36 SGB XI 924

1559 Glanegger/*Güroff*, GewStG, 9. Aufl. 2017, § 3 Nr. 20, Rn. 427. So auch *Böwing-Schmalenbrock* in Brandis/Heuermann, Ertragsteuerrecht, Stand: 174. Lfg. 2024, § 3 GewStG Rn. 100.

1560 Glanegger/*Güroff*, GewStG, 9. Aufl. 2017, § 3 Nr. 20, Rn. 430.

1561 BFH v. 18.09.2007 – I R 30/06, BStBl. II 2009, 126 unter II.2.b.bb.

pflegen und hauswirtschaftlich versorgen.[1562] Nicht begünstigt ist jedoch die Überlassung von Personal an andere Einrichtungen wie Altenheime oder Kliniken, da die „zu Grunde liegenden Leistungen des ambulanten Pflegedienstes (...) gegenüber anderen Einrichtungen als Vertragspartner erbracht" werden und daher „keine Leistungen der privilegierten ‚Einrichtung zur ambulanten Pflege' gegenüber Kranken und pflegebedürftigen Personen" darstellen.[1563]

(4) Einrichtungen zur ambulanten oder stationären Rehabilitation

925 Eine Befreiung von der Gewerbesteuer ergibt sich gem. § 3 Nr. 20 Buchst. e GewStG auch für Einrichtungen zur *ambulanten oder stationären Rehabilitation*, wenn die Behandlungskosten in mindestens 40 v. H. der Fälle von den gesetzlichen Trägern der Sozialversicherung oder Sozialhilfe ganz oder zum überwiegenden Teil getragen worden sind und die betreffende Einrichtung Leistungen im Rahmen der verordneten ambulanten oder stationären Rehabilitation im Sinne des Sozialrechts einschließlich der Beihilfevorschriften des Bundes und der Länder erbringt.

Die Bezugsgröße der für die partielle Gewerbesteuerbefreiung geltenden 40 Prozent-Grenze ist nach Auffassung des FG Düsseldorf auch dann *allein* die Anzahl der in der Einrichtung *insgesamt* behandelten ambulanten Rehabilitationsfälle, wenn eine solche Einrichtung neben dem Bereich der medizinischen Rehabilitation zuzuordnenden Leistungen der sog. *„Erweiterten Ambulanten Physiotherapie"* (EAP) auch steuerlich nicht begünstigte allgemeine physiotherapeutische Leistungen erbringt.[1564]

(5) Nichtanwendung von § 3 Nr. 20 GewStG

926 Die Gewerbesteuerbefreiung nach § 3 Nr. 20 Buchst. c, d und e GewStG erfasst nur solche Gewinne, die aus dem Betrieb der jeweiligen Einrichtung *selbst* erzielt werden; es handelt sich daher *nicht* um eine persönliche Steuerbefreiung.[1565]

927 Der Zweck der Befreiungsvorschrift des § 3 Nr. 20 GewStG liegt darin, die bestehenden Versorgungsstrukturen bei der Behandlung kranker und pflegebedürftiger Personen zu verbessern und die Sozialversicherungsträger von Aufwendungen zu entlasten. Übt der Träger einer solchen Einrichtung daher weitere, steuerlich nichtbegünstigte Tätigkeiten aus, unterliegt der daraus erzielte Gewinn der Gewerbesteuer.[1566] Hierfür ist es nach Auffassung des BFH nicht erforderlich, dass die Tätigkeit die Voraussetzungen eines wirtschaftlichen Geschäftsbetriebs i. S. des § 14 Satz 1 AO erfüllt, den Rahmen der privaten Vermögensverwaltung verlässt oder besondere organisatorische Vorkehrungen erfor-

1562 BFH v. 18.09.2007 – I R 30/06, BStBl. II 2009, 126 unter II.2.b.bb.

1563 FG Schleswig-Holstein v. 18.06.2012 – 5 K 40111/10, rkr., EFG 2013, 641 mit Verweis auf BFH v. 22.06.2011 – I R 43/10, BStBl. II 2011, 892.

1564 FG Düsseldorf v. 18.08.2023 – 3 K 2043/19 G, EFG 2023, 1479, Leitsatz.

1565 BFH v. 01.09.2021 – III R 20/19 (ECLI:DE:BFH:2021:U.010921.IIIR20.19.0), BStBl. II 2022, 83 unter II.1.b.aa.

1566 BFH v. 01.09.2021 – III R 20/19 (ECLI:DE:BFH:2021:U.010921.IIIR20.19.0), BStBl. II 2022, 83 unter II.1.b.aa.

dert; es genügt, dass einer steuerlich nichtbegünstigten Tätigkeit trennbare Erträge zugeordnet werden können.[1567]

Beispiel:[1568] 928

Eine GmbH, die Pflegeleistungen gegenüber kranken Personen entsprechend der Leistungskataloge der gesetzlichen und privaten Krankenversicherungen erbrachte, gewährte ihrer neuen Alleingesellschafterin ein verzinsliches Darlehen zur Finanzierung des Anteilserwerbs. Ferner erhielt sie Provisionen von Anbietern im Bereich des Einbaus von Treppenliften sowie im Bereich der „Notfallvorsorge".

Die Steuerbefreiungsvorschrift des § 3 Nr. 20 GewStG erfordert grundsätzlich eine Differenzierung zwischen begünstigten und nicht begünstigten Tätigkeiten einer entsprechenden Einrichtung.[1569]

Die aus der Darlehensgewährung erzielten Zinserträge resultierten aus einer Tätigkeit, die *nicht* zum eigentlichen Betrieb der Einrichtung gehörte.[1570] Die Provisionserlöse standen im Zusammenhang mit Vermittlungsleistungen gegenüber Dritten und dienten damit *nicht* der Versorgung kranker oder pflegebedürftiger Personen.[1571]

Steuerbegünstigt sind nur solche Erträge, die aus dem Betrieb einer der in § 3 Nr. 20 GewStG genannten Einrichtung selbst erzielt werden. Soweit der Träger einer solchen Einrichtung *außerhalb* derselben Erträge erzielt, unterliegen diese der Gewerbesteuer.[1572]

cc) Befreiung von der Umsatzsteuer

Die unter § 1 Abs. 1 Nr. 1 UStG fallenden Leistungen, die eng mit dem Betrieb 929
von Einrichtungen zur Betreuung oder Pflege körperlich, kognitiv (geistig) oder psychisch (seelisch) hilfebedürftiger Personen verbundenen sind, sind steuerfrei, wenn sie von juristischen Personen des öffentlichen Rechts oder Einrichtungen i. S. von § 4 Nr. 16 Satz 1 Buchst. b bis m UStG erbracht werden, soweit es sich ihrer Art nach um Leistungen handelt, auf die sich die Anerkennung, der Vertrag oder die Vereinbarung nach Sozialrecht oder die Vergütung jeweils bezieht.[1573] Die Steuerbefreiung der Leistungen an hilfebedürftige Personen erfolgt unabhängig davon, ob sie gesetzlich oder privat versichert sind.[1574]

1567 BFH v. 01. 09. 2021 – III R 20/19 (ECLI:DE:BFH:2021:U.010921.IIIR20.19.0), BStBl. II 2022, 83 unter II.1.d.cc.

1568 Nach BFH v. 01. 09. 2021 – III R 20/19 (ECLI:DE:BFH:2021:U.010921.IIIR20.19.0), BStBl. II 2022, 83.

1569 BFH v. 01. 09. 2021 – III R 20/19 (ECLI:DE:BFH:2021:U.010921.IIIR20.19.0), BStBl. II 2022, 83 unter II.1.b.

1570 BFH v. 01. 09. 2021 – III R 20/19 (ECLI:DE:BFH:2021:U.010921.IIIR20.19.0), BStBl. II 2022, 83 unter II.2.b.

1571 BFH v. 01. 09. 2021 – III R 20/19 (ECLI:DE:BFH:2021:U.010921.IIIR20.19.0), BStBl. II 2022, 83 unter II.2.c.bb.

1572 BFH v. 01. 09. 2021 – III R 20/19 (ECLI:DE:BFH:2021:U.010921.IIIR20.19.0), BStBl. II 2022, 83 unter II.1.b.aa mit Verweis auf BFH v. 10. 03. 2010 – I R 41/09, BStBl. II 2011, 181 m. N.

1573 FG Münster v. 25. 01. 2022 – 15 K 3554/18 U, SIS 22 04 56 unter I.1.

1574 Abschn. 4.16.1 Abs. 8 UStAE.

930 Die Voraussetzungen für die Steuerbefreiung müssen für *jede* betreute oder gepflegte Person beleg- und buchmäßig nachgewiesen werden.[1575] Als Nachweis über die Hilfsbedürftigkeit der gepflegten oder betreuten Personen kommen u. a. Betreuungstagebücher und Pflegeleistungsaufzeichnungen der Pflegekräfte, Abrechnungsunterlagen oder Bescheide über die Anerkennung eines Pflegegrads nach den §§ 14 oder 15 SGB XI in Betracht.[1576]

931 Unter den Begriff „Einrichtungen" fallen – unabhängig von der Rechts- oder Organisationsform des Leistungserbringers – sowohl natürliche als auch juristische Personen. Ein Zeitarbeitsunternehmen, das anerkannten Pflegeeinrichtungen staatlich geprüfte Pflegekräfte zur Verfügung stellt, ist jedoch selbst keine Einrichtung mit sozialem Charakter.[1577]

932 Als „eng mit dem Betrieb" von Einrichtungen zur Betreuung oder Pflege körperlich, geistig oder seelisch hilfebedürftiger Personen verbundene Umsätze sind Leistungen anzusehen, die für solche Einrichtungen nach der Verkehrsauffassung typisch und unerlässlich sind, regelmäßig und allgemein beim laufenden Betrieb vorkommen und damit unmittelbar oder mittelbar zusammenhängen.[1578] Die Umsätze dürfen nicht dazu bestimmt sein, den Einrichtungen *zusätzliche Einnahmen* durch Tätigkeiten zu verschaffen, die in unmittelbarem Wettbewerb zu steuerpflichtigen Umsätzen anderer Unternehmer stehen.[1579]

933 Die Telefongestellung an hilfebedürftige Personen, die Vermietung von Fernsehgeräten, die Unterbringung und Verpflegung von Begleitpersonen und die Abgabe von Speisen und Getränken an Besucher von Altenheimen, Altenwohnheimen und Pflegeheimen gehören jedoch nicht zu den „eng verbundenen Umsätzen".[1580]

(1) Steuerbefreiung gem. § 4 Nr. 12 UStG

934 Die *reine Wohnraumüberlassung* in einem Altenwohnheim stellt grundsätzlich eine steuerfreie Vermietungsleistung nach § 4 Nr. 12 Buchst. a UStG dar. Auch die langfristige Vermietung möblierter Räume ist nach § 4 Nr. 12 Buchst. a UStG umsatzsteuerfrei.[1581]

Die Befreiung von der Umsatzsteuer nach § 4 Nr. 12 UStG hat jedoch gem. § 15 Abs. 2 Satz 1 Nr. 1 UStG den Verlust des Vorsteuerabzugs zur Folge. Ein Ausnahmetatbestand i. S. von § 15 Abs. 3 Nr. 1 UStG liegt nicht vor. Der Verzicht auf die

---

1575 Abschn. 4.16.2 Abs. 1 UStAE.

1576 Abschn. 4.16.2 Abs. 1 Satz 2 und Abs. 2 UStAE.

1577 Abschn. 4.16.1 Abs. 3 UStAE.

1578 Abschn. 4.16.6 Abs. 1 Satz 1 UStAE mit Verweis auf BFH v. 01. 12. 1977 – V R 37/75, BStBl. II 1978, 173.

1579 Abschn. 4.16.6 Abs. 1 Satz 2 UStAE mit Verweis auf EuGH v. 01. 12. 2005 – Rs C-394/04 und C-395/04 (ECLI:EU:C:2005:734), HFR 2006, 217.

1580 Abschn. 4.16.6 Abs. 3 UStAE mit Verweis auf EuGH v. 01. 12. 2005 – Rs C-394/04 und C-395/04 (ECLI:EU:C:2005:734), HFR 2006, 217. Zur Abgabe von Speisen und Getränken an Besucher vgl. auch BMF v. 21. 09. 1998 – IV C 4 – S 7172 – 7/98, UR 1998, 434.

1581 BFH v. 04. 05. 2011 – XI R 35/10, BStBl. II 2011, 836 unter II.1.

Steuerbefreiung nach § 9 Abs. 1 UStG ist bei einer Vermietung von Wohnraum an Nichtunternehmer gem. § 9 Abs. 2 Satz 1 UStG nicht möglich.[1582]

Wird mit dem Bewohner eines Altenwohnheims ein Vertrag geschlossen, der neben der Wohnraumüberlassung auch Leistungen zur Betreuung oder Pflege vorsieht, handelt es sich um zwei getrennt voneinander zu betrachtende Leistungen,[1583] bei der die Wohnraumüberlassung grundsätzlich nach § 4 Nr. 12 UStG steuerfrei ist, während die vereinbarten eigenständigen Leistungen der Betreuung oder Pflege unter den Voraussetzungen des § 4 Nr. 16 UStG steuerfrei sind.[1584] 935

(2) Steuerbefreiung gem. § 4 Nr. 16 Buchst. a UStG

Nach § 4 Nr. 16 Buchst. a UStG sind eng mit der Betreuung oder Pflege körperlich, kognitiv oder psychisch hilfebedürftiger Personen verbundene Leistungen, die von *juristischen Personen des öffentlichen Rechts* erbracht werden, steuerbefreit. Da eine Beschränkung auf staatliche Einrichtungen aus dem Gesetz nicht erkennbar ist, gehören nach Auffassung des Verfassers auch die von den Kirchen als Körperschaften des öffentlichen Rechts betriebenen Alten-, Altenwohn- und Pflegeheime dazu. 936

(3) Steuerbefreiung gem. § 4 Nr. 16 Buchst. c UStG

Eng mit der Betreuung oder Pflege körperlich, kognitiv oder psychisch hilfebedürftiger Personen verbundene Leistungen, die von Einrichtungen erbracht werden, mit denen ein Vertrag nach § 132a SGB V[1585], § 72 SGB XI[1586] oder § 77 SGB XI[1587] besteht oder die Leistungen zur häuslichen Pflege oder zur Heimpflege erbringen und die hierzu nach § 26 Abs. 5 SGB VII[1588] i. V. m. § 44 937

1582 FG Sachsen v. 03. 05. 2001 – 2 K 1195/98, SIS 04 13 21 unter 1. So auch OFD Hannover v. 19. 12. 1994 – S 7198–33 – StH 554/S 7198–27 – StO 354, UR 1995, 281 unter 2 und *Schüler-Täsch* in Sölch/Ringleb, Umsatzsteuer, Stand: 98. Lfg. 2023, § 9 Rn. 136. Zur Anwendung von § 9 Abs. 2 UStG vgl. § 27 Abs. 2 UStG.

1583 BFH v. 04. 05. 2011 – XI R 35/10, BStBl. II 2011, 836.

1584 Abschn. 4.16.4 Abs. 5 UStAE. Nach EuGH, Urteil v. 21. 01. 2016 – Rs C-335/14 (ECLI:EU:C:2016:36), HFR 2016, 287, unter Rn. 55 ist Art. 132 Abs. 1 Buchst. g MwStSystRL (der dem aufgehobenen und ersetzten Art. 13 Teil A Abs. 1 Buchst. g der Sechsten Richtlinie 77/388/EWG des Rates v. 17. 05. 1977, ABl. L 145, 1 gem. Entsprechungstabelle in Anh. XII MwStSystRL entspricht) dahingehend auszulegen, dass die vorgesehene Steuerbefreiung auch für die Zurverfügungstellung von geeigneten Wohnungen an Senioren durch Einrichtungen des betreuten Wohnens gewährt werden kann. Andere Dienstleistungen können unter die in dieser Bestimmung vorgesehene Steuerbefreiung fallen, sofern sie denjenigen entsprechen, die auch Altenheime nach der betreffenden nationalen Regelung anbieten müssen.

1585 Versorgung mit Haushaltshilfe.

1586 Die Pflegekassen dürfen gem. § 72 Abs. 1 Satz 1 SGB XI ambulante und stationäre Pflege nur durch zugelassene Pflegeeinrichtungen gewähren, mit denen ein Versorgungsvertrag besteht.

1587 Häusliche Pflege durch Einzelpersonen.

1588 Anspruch und Leistungsarten in der gesetzlichen Unfallversicherung.

SGB VII[1589] bestimmt sind, sind gem. § 4 Nr. 16 Buchst. c UStG von der Umsatzsteuer befreit.

(4) Steuerbefreiung gem. § 4 Nr. 16 Buchst. m UStG

938 Betreuungs- oder Pflegeleistungen an hilfebedürftige Personen, die von *privaten*[1590] Einrichtungen erbracht werden, die nicht unter das Sozialrecht fallen und mit denen weder ein Vertrag noch eine Vereinbarung nach Sozialrecht besteht, sind gem. § 4 Nr. 16 Buchst. m UStG von der Umsatzsteuer befreit, wenn im vorangegangenen Kalenderjahr die Betreuungs- oder Pflegekosten in mindestens 25 v. H. der Fälle einer solchen Einrichtung von den gesetzlichen Trägern der Sozialversicherung, den Trägern der Sozialhilfe, den Trägern der Eingliederungshilfe nach § 94 SGB IX[1591] oder der für die Durchführung der Kriegsopferversorgung zuständigen Versorgungsverwaltung einschließlich der Träger der Kriegsopferfürsorge ganz oder zum überwiegenden Teil vergütet worden sind.[1592]

939 Die Bezugnahme auf die Betreuungs- oder Pflegekosten des *Vorjahres* wurde mit Wirkung vom 01.01.2021 im Gesetz gestrichen, wenngleich die Finanzverwaltung weiterhin auf das Vorjahr abstellt.[1593]

940 Eine für die Steuerbefreiung ausreichende Kostenübernahme durch die Träger der Sozialversicherung ist jedoch bei einer Vergütung der Betreuungs- und Pflegeleistungen ausschließlich aus dem persönlichen Budget i. S. von § 29 SGB IX[1594] der zu pflegenden Person nicht gegeben. Leistungen aus dem persönlichen Budget sind bei der Ermittlung der Sozialgrenze von 25 v. H. für die Inanspruchnahme der Steuerbefreiung nach § 4 Nr. 16 Buchst. m UStG nicht zu berücksichtigen.[1595]

941 Für die Auslegung des Begriffs „Fälle" ist von der Anzahl der hilfebedürftigen Personen im Laufe eines Kalendermonats auszugehen. Bei der stationären oder teilstationären Unterbringung in einer Einrichtung gilt daher die Aufnahme einer Person innerhalb eines Kalendermonats als ein „Fall". Werden von einem Unternehmer mehrere verschiedenartige Einrichtungen im Sinne des § 4 Nr. 16

1589 Leistungen in der gesetzlichen Unfallversicherung bei Pflegebedürftigkeit.

1590 Vgl. hierzu Abschn. 4.16.4 Abs. 2 UStAE. Soweit in den Abschn. 4.16.3 und 4.16.4 UStAE 2021 auf § 4 Nr. 16 Buchst. l UStG verwiesen wird, ist § 4 Nr. 16 Buchst. m UStG gemeint, da durch Art. 12 Nr. 2 Buchst. b des JStG 2020 v. 21.12.2020, BGBl. I 2020, 3096 der bisherige § 4 Nr. 16 Buchst. l UStG zu § 4 Nr. 16 Buchst. m UStG wurde.

1591 Bei der Bestimmung durch Landesrecht ist nach § 94 Abs. 2 Satz 1 SGB IX sicherzustellen, dass die Träger der Eingliederungshilfe nach ihrer Leistungsfähigkeit zur Erfüllung dieser Aufgaben geeignet sind.

1592 Abschn. 4.16.3 Abs. 1 UStAE.

1593 Abschn. 4.16.3 Abs. 3 UStAE 2021; a. A. FG Hessen v. 20.10.2021 – 1 K 736/19, EFG 2022, 365 unter I.1.a, das die Regelung für unionsrechtswidrig hält und die Auffassung vertritt, dass auf das *laufende* Kalenderjahr abzustellen sei. Die Rev. ist anhängig unter V R 1/22 (BFH).

1594 Persönliche Budgets werden in der Regel als Geldleistung ausgeführt, bei laufenden Leistungen monatlich.

1595 FG Hessen v. 20.10.2021 – 1 K 736/19, EFG 2022, 365, Leitsätze 2 u. 3.

Satz 1 UStG betrieben, sind die im Laufe eines Kalendermonats betreuten oder gepflegten Personen zur Ermittlung der Gesamtzahl der Fälle jeder Einrichtung gesondert zuzuordnen.[1596]

Nimmt der Unternehmer seine Tätigkeit erst im Laufe eines Kalenderjahres neu 942
auf, ist auf die voraussichtlichen Verhältnisse des laufenden Jahres abzustellen.[1597]

(5) Steuerbefreiung aufgrund von Art. 132 Abs. 1 Buchst. g MwStSystRL

Nach Auffassung des Verfassers ist § 4 Nr. 16 UStG in der ab 2021 geltenden 943
Fassung unionsrechtskonform zu Art. 132 Abs. 1 Buchst. g MwStSystRL, der die eng mit der Sozialfürsorge und der sozialen Sicherheit verbundenen Dienstleistungen und Lieferungen von Gegenständen, einschließlich derjenigen, die durch Altenheime, Einrichtungen des öffentlichen Rechts oder andere als Einrichtungen mit sozialem Charakter anerkannte Einrichtungen bewirkt werden, von der Umsatzsteuer befreit.[1598]

(6) Vorsteuerabzug

Die Befreiung von der Umsatzsteuer nach § 4 Nr. 16 UStG hat gem. § 15 Abs. 2 944
Satz 1 Nr. 1 UStG den Verlust des Vorsteuerabzugs zur Folge. Ein Ausnahmetatbestand i. S. von § 15 Abs. 3 Nr. 1 UStG liegt nicht vor. Ein Verzicht auf die Befreiung nach § 9 UStG ist nicht möglich.

dd) Befreiung von der Grundsteuer

Grundbesitz, der von einer inländischen juristischen Person des öffentlichen 945
Rechts oder einer inländischen Körperschaft, Personenvereinigung oder Vermögensmasse, die nach der Satzung, dem Stiftungsgeschäft oder der sonstigen Verfassung und nach ihrer tatsächlichen Geschäftsführung ausschließlich und unmittelbar gemeinnützigen oder mildtätigen Zwecken dient, für gemeinnützige oder mildtätige Zwecke benutzt wird, ist gem. § 3 Abs. 1 Nr. 3 GrStG von der Grundsteuer befreit. Dies gilt nach dem Bayerischen Anwendungserlass-Grundsteuer (AEBayGrSt) auch für den Grundbesitz, auf dem ein Zweckbetrieb im Sinne der §§ 65 bis 68 AO unterhalten wird.[1599]

1596 Abschn. 4.16.3 Abs. 3 UStAE.

1597 Abschn. 4.16.3 Abs. 5 Satz 2 UStAE.

1598 Nach *Oelmaier* in Sölch/Ringleb, Umsatzsteuer, Stand: 79. Lfg. 2017, § 4 Nr. 16, Rn. 31 sind die Vorschriften des § 4 Nr. 16 Buchst. b bis l UStG „für sich genommen" unionsrechtskonform. Einschränkend hält *Oelmaier* in Sölch/Ringleb, Umsatzsteuer, Stand: 91. Lfg. 2021, § 4 Nr. 16, Rn. 11 jedoch die „nationale Regelung der Anerkennung privater Einrichtungen" für teilweise unionsrechtswidrig und unionsrechtlich problematisch, dass die Leistungen von Altenheimen „nur unter einschränkenden Voraussetzungen befreit sind".

1599 FinMin Bayern v. 02. 09. 2022 – 34 – G 2010 – 1, SIS 22 16 55 unter 4.1.3.7.4. So auch FinBeh Hamburg v. 08. 07. 2022 – FB5.G1200-2022/001-53, SIS 22 20 33 unter A G 3.7 Abs. 4 zu § 3 GrStG und FinMin Baden-Württemberg v. 05. 07. 2022 – FM3 – S 3000-1/30, SIS 22 20 32 unter B.I Abs. 27 zu § 4 LGrStG.

946 Eine Befreiung nach § 4 Nr. 5 GrStG kommt nicht in Betracht, da Alten-, Altenwohn- und Pflegeheime keine Krankenhäuser im Sinne des Gesetzes sind.

2. Kindergärten, Kinder-, Jugend- und Studentenheime, Schullandheime und Jugendherbergen

a) Die Voraussetzungen des § 53 AO müssen nicht erfüllt sein

947 Nach § 68 Nr. 1 Buchst. b AO sind Kindergärten, Kinder-, Jugend- und Studentenheime, Schullandheime und Jugendherbergen ausdrücklich als Zweckbetriebe anerkannt; die geförderten Personen müssen nach der Verwaltungsauffassung die Voraussetzungen des § 53 AO nicht erfüllen.[1600]

948 Die von einer Kommune betriebenen Kindergärten sind – unbeschadet des Rechtsanspruchs von Kindern ab dem vollendeten dritten Lebensjahr auf Förderung in Tageseinrichtungen nach § 24 Abs. 3 SGB VIII[1601] – keine Hoheitsbetriebe, sondern Betriebe gewerblicher Art (BgA).[1602]

949 Leistungen, die von Jugendherbergen an *allein reisende Erwachsene* (nach Vollendung des 27. Lebensjahres) erbracht werden, begründen einen *steuerpflichtigen* wirtschaftlichen Geschäftsbetrieb.[1603] Auch die kurzfristige Vermietung von Wohn- und Schlafräumen in einem Studentenheim an *Nichtstudierende* stellt einen *steuerpflichtigen* wirtschaftlichen Geschäftsbetrieb dar, wenn sich eine solche Leistung aus tatsächlichen Gründen von den satzungsmäßigen Leistungen abgrenzen lässt.[1604]

950 Abgrenzungskriterien können z. B. die Höhe der Entgelte oder die Größe und Ausstattung der Zimmer sein, sofern sich diese nicht ohnehin aus der Buchführung ergeben.[1605] Fehlt es an einer Abgrenzbarkeit, ist eine satzungswidrige Nutzung in geringem Umfang – in relativer Abhängigkeit zur Umsatztätigkeit im Zweckbetrieb i. H. v. 10 v. H. des Umsatzes – nach der Rechtsprechung des BFH unschädlich für die Zweckbetriebseigenschaft der Einrichtung.[1606]

1600 AEAO zu § 68, Nr. 3.

1601 Sozialgesetzbuch (SGB) Achtes Buch – Kinder- und Jugendhilfe – v. 11.09.2012, BGBl. I 2012, 2022, zuletzt geändert durch Art. 5 des Gesetzes zur Anpassung von Datenübermittlungsvorschriften im Ausländer- und Sozialrecht (DÜV-AnpassG) v. 08.05.2024, BGBl. I 2024, 152.

1602 BFH v. 12.07.2012 – I R 106/10, BStBl. II 2012, 837. Zur Frage der Besteuerung von kommunalen Kindergärten vgl. *Pieske-Kontny*, GW 2024, 132.

1603 AEAO zu § 68, Nr. 3.

1604 BFH v. 19.05.2005 – V R 32/03, BStBl. II 2005, 900., 2. Leitsatz.

1605 BFH v. 19.05.2005 – V R 32/03, BStBl. II 2005, 900 unter II.2.c.dd.

1606 BFH v. 10.08.2016 – V R 11/15 (ECLI:DE:BFH:2016:U.100816.VR11.15.0), BStBl. II 2018, 113 unter III.3.a mit Verweis auf BFH v. 18.01.1995 – V R 139-142/92, BStBl. II 1995, 446.

b) Steuerliche Vergünstigungen

aa) Befreiung von der Körperschaft- und Gewerbesteuer

Kindergärten, Kinder-, Jugend- und Studentenheime, Schullandheime und Jugendherbergen sind als Zweckbetriebe von steuerbegünstigten Körperschaften i. S. von § 5 Abs. 1 Nr. 9 KStG und § 3 Nr. 6 GewStG – unter Berücksichtigung der „Gegenausnahme" in § 64 Abs. 1 AO zu § 5 Abs. 1 Nr. 9 Satz 2 KStG – von der Körperschaft- und Gewerbesteuer befreit.[1607] 951

Soweit solche Einrichtungen von einem BgA betrieben werden, muss dieser zur Vermeidung einer Körperschaft- und Gewerbesteuerpflicht nach der Satzung und der tatsächlichen Geschäftsführung die allgemeinen Gemeinnützigkeitsvoraussetzungen erfüllen.[1608] Die Vorschriften der §§ 51 bis 68 AO gelten auch für Betriebe gewerblicher Art von juristischen Personen des öffentlichen Rechts i. S. des § 1 Abs. 1 Nr. 6 KStG, die *steuerbegünstigte Zwecke* verfolgen.[1609] 952

bb) Befreiung von der Umsatzsteuer

(1) Steuerbefreiung nach § 4 Nr. 24 UStG für Schullandheime und Jugendherbergen

Leistungen des Deutschen Jugendherbergswerkes (DJH), Hauptverband für Jugendwandern und Jugendherbergen e. V., der kommunalen, kirchlichen und anderen Trägern von Jugendherbergen, die dem DJH als Mitglied angeschlossen sind und deren Häuser im Deutschen Jugendherbergsverzeichnis als Jugendherbergen ausgewiesen sind, aber auch deren Pächter und die Herbergseltern, soweit sie einen Teil der Jugendherberge, insbesondere die Kantine, auf eigene Rechnung betreiben, sind gem. § 4 Nr. 24 UStG von der Umsatzsteuer befreit.[1610] Hierunter fallen auch Leistungen der diesem Verband angeschlossenen Untergliederungen, Einrichtungen und Jugendherbergen, soweit die Leistungen den Satzungszwecken unmittelbar dienen oder den für diese Leistungen beschäftigten Personen in Form von Beherbergung und Beköstigung als Vergütung für die geleisteten Dienste gewährt werden.[1611] 953

Zu den in § 4 Nr. 24 Satz 2 UStG genannten „anderen Vereinigungen" gehören auch der Touristenverein „Natur Freunde Deutschlands Verband für Umweltschutz, sanften Tourismus, Sport und Kultur Bundesgruppe Deutschland e. V." und die ihm angeschlossenen Landesverbände, Bezirke und Ortsgruppen sowie die Pächter der von diesen Unternehmern unterhaltenen Naturfreundehäuser.[1612] 954

1607 Vgl. hierzu BFH v. 21. 09. 2016 – V R 50/15 (ECLI:DE:BFH:2016:U.210916.VR50.15.0), BStBl. II 2017, 1173 unter II.1.

1608 Vgl. hierzu BFH v. 12. 07. 2012 – I R 106/10, BStBl. II 2012, 837 unter II.3 m. N. sowie Koenig/*Koenig*, AO, 4. Aufl. 2021, § 68 Rn. 1.

1609 BFH v. 31. 10. 1984 – I R 21/81, BStBl. II 1985, 162 (zum Krankenhaus eines Landkreises).

1610 Abschn. 4.24.1 Abs. 1 UStAE.

1611 Vgl. hierzu Abschn. 4.24.1 Abs. 2 UStAE.

1612 Abschn. 4.24.1 Abs. 5 Satz 3 UStAE.

955 Für Leistungen der Jugendherbergen an allein reisende Erwachsene über 27 Jahre wird die Steuerbefreiung nicht gewährt.[1613] Eine Umsatzsteuerbefreiung bei einer „kurzfristigen Beherbergung von Fremden" scheidet auch nach dem Wortlaut des § 4 Nr. 12 Satz 2 UStG aus.

956 Eine Anwendung des ermäßigten Steuersatzes gem. § 12 Abs. 2 Nr. 8 UStG ist unionsrechtlich auf die Leistungen der anerkannten gemeinnützigen Einrichtungen für wohltätige Zwecke und im Bereich der sozialen Sicherheit beschränkt. Eine solche Steuersatzermäßigung ist gem. § 12 Abs. 2 Nr. 8 Buchst. a Sätze 1 und 2 UStG i. V. m. § 68 Nr. 1 Buchst. b AO auf andere als die satzungsmäßigen Leistungen gemeinnütziger Körperschaften nicht anwendbar, so dass diese für die Beherbergung *allein reisender Erwachsener* ausscheidet.[1614]

957 Nach Auffassung des Verfassers können Beherbergungsleistungen von Jugendherbergen *an allein reisende Erwachsene über 27 Jahre* jedoch gem. § 12 Abs. 2 Nr. 11 UStG als „Vermietung von Wohn- und Schlafräumen zur kurzfristigen Beherbergung von Fremden" mit dem ermäßigten Steuersatz besteuert werden.

(2) Steuerbefreiung nach § 4 Nr. 25 UStG für Leistungen der Jugendhilfe

958 Die Jugendhilfe beinhaltet nach § 2 Abs. 2 SGB VIII eine Vielzahl von Leistungen wie z. B. Angebote der Jugendarbeit, der Jugendsozialarbeit, der Schulsozialarbeit und des erzieherischen Kinder- und Jugendschutzes, zur Förderung der Erziehung in der Familie und von Kindern in Tageseinrichtungen oder der Kindertagespflege, Hilfe zur Erziehung und ergänzende Leistungen, Hilfe für seelisch behinderte Kinder und Jugendliche sowie ergänzende Leistungen und Hilfen für junge Volljährige oder der Nachbetreuung.

959 Tageseinrichtungen sind gem. § 22 Abs. 1 Satz 1 SGB VIII Einrichtungen, in denen sich Kinder für einen Teil des Tages oder ganztägig aufhalten und in Gruppen gefördert werden; Kindertagespflege wird gem. § 22 Abs. 1 Satz 2 SGB VIII von einer geeigneten Kindertagespflegeperson in ihrem Haushalt, im Haushalt des Erziehungsberechtigten oder in anderen geeigneten Räumen geleistet.

960 Leistungen der Jugendhilfe i. S. von § 2 Abs. 2 SGB VIII, die von Trägern der öffentlichen Jugendhilfe oder anderen Einrichtungen mit sozialem Charakter erbracht werden, sind gem. § 4 Nr. 25 UStG von der Umsatzsteuer befreit. „Andere Einrichtungen mit sozialem Charakter" i. S. von § 4 Nr. 25 UStG sind u. a. die von der zuständigen Jugendbehörde anerkannten Träger der freien Jugendhilfe, die Kirchen und Religionsgemeinschaften des öffentlichen Rechts und Einrichtungen, soweit sie für ihre Leistungen eine im Sozialgesetzbuch (Achtes Buch) geforderte Erlaubnis besitzen oder nach § 44 oder § 45 Abs. 1 Nr. 1 und 2

1613 AEAO zu § 68, Nr. 3 mit Verweis auf BFH v. 10. 08. 2016 – V R 11/15, BStBl. II 2018, 113.

1614 BFH v. 10. 08. 2016 – V R 11/15 (ECLI:DE:BFH:2016:U.100816.VR11.15.0), BStBl. II 2018, 113 unter II.3.b. Das anderslautende Urteil des FG Niedersachsen v. 23. 10. 2014 – 5 K 97/14, SIS 15 29 66 wurde aufgehoben.

SGB VIII einer Erlaubnis nicht bedürfen,[1615] die Leistungen erbringen, die in dem jeweils vorangegangenen Kalenderjahr ganz oder zum überwiegenden Teil durch Träger der öffentlichen Jugendhilfe oder Einrichtungen nach § 4 Nr. 25 Buchst. a UStG vergütet wurden oder Leistungen der Kindertagespflege erbringen, für die sie nach § 23 Abs. 3 SGB VIII geeignet sind.[1616]

Hierbei ist zu beachten, dass die Begriffe, mit denen die Steuerbefreiungen von Art. 132 MwStSystRL umschrieben sind, eng auszulegen sind.[1617] 961

Beispiel:

Der Surf- und Segelunterricht, der von einer Surf- und Segelschule im Rahmen einer Schulklassenfahrt durchgeführt wird, fällt nach der Entscheidung des EuGH nicht unter die Umsatzsteuerbefreiung von § 4 Nr. 25 UStG.[1618] Eine solche Surf- und Segelschule ist i. d. R. keine Einrichtung des öffentlichen Rechts bzw. keine, von dem betreffenden EU-Mitgliedstaat als „Einrichtung mit sozialem Charakter" anerkannte Einrichtung.

Im Übrigen sind die von einer Surf- und Segelschule erbrachten Leistungen nicht als „eng mit der Kinder- und Jugendbetreuung" anzusehen, da sie „eher in der Vermittlung einer Reihe praktischer und theoretischer Kompetenzen zwecks Ausübung einer sportlichen Tätigkeit bestehen".[1619]

(3) Steuerbefreiung aufgrund von Art. 132 Abs. 1 Buchst. h MwStSystRL

Nach Auffassung des Verfassers ist § 4 Nr. 25 UStG unionsrechtskonform zu Art. 132 Abs. 1 Buchst. h MwStSystRL, der die eng mit der Kinder- und Jugend- 962

1615 Nach § 44 Abs. 1 Satz 2 SGB VIII benötigt derjenige keine Erlaubnis, der ein Kind oder einen Jugendlichen im Rahmen von Hilfe zur Erziehung oder von Eingliederungshilfe für seelisch behinderte Kinder und Jugendliche auf Grund einer Vermittlung durch das Jugendamt oder als Vormund oder Pfleger im Rahmen seines Wirkungskreises oder als Verwandter oder Verschwägerter bis zum dritten Grad oder bis zur Dauer von acht Wochen oder im Rahmen eines Schüler- oder Jugendaustausches oder in Adoptionspflege i. S. von § 1744 BGB über Tag und Nacht aufnimmt. Der Träger einer Einrichtung i. S. von § 45a SGB VIII benötigt für den Betrieb dieser nach § 45 Abs. 1 Satz 2 SGB VIII keine Erlaubnis, wenn er eine Jugendfreizeiteinrichtung, eine Jugendbildungseinrichtung, eine Jugendherberge oder ein Schullandheim betreibt, ein Schülerheim betreibt, das landesgesetzlich der Schulaufsicht untersteht oder eine Einrichtung betreibt, die außerhalb der Jugendhilfe liegende Aufgaben für Kinder oder Jugendliche wahrnimmt, wenn für sie eine entsprechende gesetzliche Aufsicht besteht oder – im Rahmen des Hotel- und Gaststättengewerbes – der Aufnahme von Kindern oder Jugendlichen dient.

1616 Nach § 23 Abs. 3 SGB VIII sind Personen geeignet, die sich durch ihre Persönlichkeit, Sachkompetenz und Kooperationsbereitschaft mit Erziehungsberechtigten und anderen Kindertagespflegepersonen auszeichnen und über kindgerechte Räumlichkeiten verfügen. Diese Personen sollen über vertiefte Kenntnisse hinsichtlich der Anforderungen der Kindertagespflege verfügen, die sie in qualifizierten Lehrgängen erworben oder in anderer Weise nachgewiesen haben.

1617 EuGH v. 07. 10. 2019 – Rs C-47/19 (ECLI:EU:C:2019:840), UR 2019, 892 unter Rn. 36.

1618 EuGH v. 07. 10. 2019 – Rs C-47/19 (ECLI:EU:C:2019:840), UR 2019, 892, 2. Leitsatz.

1619 EuGH v. 07. 10. 2019 – Rs C-47/19 (ECLI:EU:C:2019:840), UR 2019, 892 unter Rn. 37 ff.

betreuung verbundene Dienstleistungen und Lieferungen von Gegenständen durch Einrichtungen des öffentlichen Rechts oder andere als Einrichtungen mit sozialem Charakter anerkannte Einrichtungen von der Umsatzsteuer befreit.

963 Allerdings stellt die entgeltliche Überlassung eines Geschäftsführers an einen Trägerverein[1620] zur Ausführung von Geschäftsführungs- und Verwaltungsaufgaben keine mit der Kinder- und Jugendbetreuung eng verbundene Dienstleistung i. S. von Art. 132 Abs. 1 Buchst. h MwStSystRL dar.[1621] Das gilt selbst dann, wenn die aufgrund der Gestellung auszuführenden Tätigkeiten als Leistungen der Sozialfürsorge zu charakterisieren sind und die Gestellung an eine Einrichtung mit sozialem Charakter oder eine Einrichtung des öffentlichen Rechts erbracht wird.[1622]

(4) Vorsteuerabzug

964 Die Befreiung von der Umsatzsteuer nach § 4 Nr. 24, 25 UStG hat gem. § 15 Abs. 2 Satz 1 Nr. 1 UStG den Verlust des Vorsteuerabzugs zur Folge. Ein Ausnahmetatbestand i. S. von § 15 Abs. 3 Nr. 1 UStG liegt nicht vor. Ein Verzicht auf die Befreiung nach § 9 UStG ist nicht möglich.

cc) Befreiung von der Grundsteuer

965 Grundbesitz, der u. a. für Zwecke der Erziehung genutzt wird, ist gem. § 4 Nr. 5 GrStG von der Grundsteuer befreit, wenn durch die jeweilige Landesregierung oder die von ihr beauftragte Stelle anerkannt ist, dass der Benutzungszweck im Rahmen der öffentlichen Aufgaben liegt.[1623] Der Grundbesitz muss ausschließlich demjenigen, der ihn benutzt, oder einer juristischen Person des öffentlichen Rechts zuzurechnen sein.

966 Zur Erziehung i. S. des § 4 Nr. 5 GrStG gehört auch die Erziehung in Waisenhäusern, in privaten Kindergärten und Kinderhorten.[1624] Bei Säuglingsheimen und Kindererholungsheimen oder bei Heimen, in denen Kinder nur vorübergehend aufgenommen werden, steht der Erziehungszweck nach Auffassung der Finanz-

---

1620 Im entschiedenen Fall handelte es sich um einen Trägerverein offener Ganztagsschulen.

1621 BFH v. 19.08.2021 – V R 21/20 (NV) (ECLI:DE:BFH:2021:B.190821.VR21.20.0), BFH/NV 2022, 144 unter II.2.b.

1622 BFH v. 19.08.2021 – V R 21/20 (NV) (ECLI:DE:BFH:2021:B.190821.VR21.20.0), BFH/NV 2022, 144 unter II.2.b.bb mit Verweis auf EuGH v. 12.03.2015 – Rs C-594/13 (ECLI:EU:C:2015:164), BStBl. II 2015, 980 und BFH v. 14.01.2016 – V R 56/14 (NV), BFH/NV 2016, 792.

1623 Dies gilt nach FinMin Bayern v. 02.09.2022 – 34 – G 2010 – 1, SIS 22 16 55 unter 4.1.3.7.4 ausdrücklich auch für den Grundbesitz, auf dem ein Zweckbetrieb im Sinne der §§ 65 bis 68 AO unterhalten wird. So auch FinBeh Hamburg v. 08.07.2022 – FB5.G1200-2022/001-53, SIS 22 20 33 unter A G 3.7 Abs. 4 zu § 3 GrStG und FinMin Baden-Württemberg v. 05.07.2022 – FM3 – S 3000-1/30, SIS 22 20 32 unter B.I Abs. 27 zu § 4 LGrStG.

1624 Abschn. 22 Abs. 4 GrStR.

verwaltung nicht im Vordergrund; eine Befreiung von der Grundsteuer nach § 4 Nr. 5 GrStG kommt hier nicht in Betracht.[1625]

3. Einrichtungen zur Versorgung, Verpflegung und Betreuung von Flüchtlingen

a) Änderung der Abgabenordnung mit Wirkung ab 29. 12. 2020

Flüchtlinge gehören aufgrund ihrer psychischen, physischen oder wirtschaftlichen Situation *grundsätzlich* zu dem von § 53 AO erfassten Personenkreis. Eine Prüfung der Voraussetzungen des § 53 AO ist deshalb bei Einrichtungen zur Versorgung, Verpflegung und Betreuung von Flüchtlingen nicht erforderlich.[1626] Das gilt nach Verwaltungsauffassung auch bei den vom Krieg in der Ukraine Geschädigten.[1627] 967

Die vorübergehende Unterbringung von Bürgerkriegsflüchtlingen und Asylbewerbern in Einrichtungen steuerbegünstigter Körperschaften, die ausschließlich dem satzungsmäßigen Zweck der Körperschaft dienen, war bis zum 28. 12. 2020 als Zweckbetrieb i. S. der § 65 AO bzw. § 66 AO zu behandeln.[1628] Durch die Änderung der Abgabenordnung ist die Versorgung, Verpflegung und Betreuung von Flüchtlingen nunmehr in § 68 Nr. 1 Buchst. c AO geregelt, anzuwenden ab 29. 12. 2020.[1629] 968

Einrichtungen zur Versorgung, Verpflegung und Betreuung von Flüchtlingen stellen gem. § 68 Nr. 1 Buchst. c AO unter Berücksichtigung der Voraussetzungen des § 66 Abs. 2 AO steuerbegünstigte Zweckbetriebe dar. § 68 Nr. 1 Buchst. c AO umfasst alle Tätigkeiten, die der Unterstützung und Förderung von Flüchtlingen und Asylsuchenden dienen. Durch die Aufnahme solcher Einrichtungen in den Katalog der Zweckbetriebe bleibt den Einrichtungen der Nachweis erspart, ob jede betreute Person i. S. von § 68 Nr. 1 Buchst. c AO die Voraussetzungen des § 53 AO erfüllt.[1630] 969

Soweit eine steuerbegünstigte Körperschaft für die vorübergehende Unterbringung, Betreuung, Versorgung oder Verpflegung von Bürgerkriegsflüchtlingen oder Asylbewerbern Entgelte aus öffentlichen Kassen oder von anderen steuerbegünstigten Körperschaften erhält, können diese Einnahmen dem Zweckbetrieb zugeordnet werden.[1631] Das gilt selbst dann, wenn Bürgerkriegsflüchtlinge 970

1625 Abschn. 22 Abs. 4 GrStR.

1626 AEAO zu § 68, Nr. 4.

1627 BMF v. 17.03.2022 – IV C 4 – S 2223/19/10003 :013 (DOK 2022/0226401), BStBl. I 2022, 330 unter II.

1628 BMF v. 20.11.2014 – IV C 2 – S 2730/0-01, BStBl. I 2014, 1613 unter a.

1629 § 68 Abs. 1 Buchst. c AO wurde angefügt durch Jahressteuergesetz 2020 (JStG 2020) v. 21. 12. 2020, BGBl. I 2020, 3096 und ist ab 29. 12. 2020 anzuwenden.

1630 Koenig/*Koenig*, AO, 4. Aufl. 2021, § 68 Rn. 5 mit Verweis auf BT-Drucks. 19/25160, 205.

1631 BMF v. 09.02.2016 – III C 3 – S 7130/15/10001/IV C 4 – S 0185/15/10001 :001, BStBl. I 2016, 223 unter a.

oder Asylbewerber nicht *ausdrücklich* zu dem nach der Satzung der Körperschaft begünstigten Personenkreis gehören.[1632]

b) Unterbringung in Einrichtungen, die zum Vermögensbereich einer juristischen Person des öffentlichen Rechts gehören

971 Die entgeltliche vorübergehende Unterbringung von *Kriegsflüchtlingen aus der Ukraine* in Einrichtungen, die zum Vermögensbereich einer juristischen Person des öffentlichen Rechts gehören, ist dem *hoheitlichen Bereich* zuzuordnen; eine Prüfung, ob ein Betrieb gewerblicher Art (BgA) vorliegt, soll nach Anweisung des BMF unterbleiben.[1633]

972 Die vorübergehende Nutzung des einem BgA zuzurechnenden Betriebsvermögens zugunsten der vom Krieg in der Ukraine Geschädigten führt aus *Billigkeitsgründen* nicht zu einer gewinnwirksamen Überführung des Betriebsvermögens ins Hoheitsvermögen und somit nicht zur Aufgabe des BgA. Bis zur Wiedernutzung des für die Unterbringung von Kriegsflüchtlingen genutzten Betriebsvermögens zu seinem ursprünglichen Zweck ist das Einkommen des betreffenden BgA insoweit mit Null anzusetzen. Ein tatsächlicher Verlustausgleich des BgA durch die ihn betreibende juristische Person des öffentlichen Rechts für diese Zeitspanne ist nicht als Zugang zum steuerlichen Einlagekonto zu behandeln; ein Steuertatbestand i.S. des §20 Abs. 1 Nr. 10 Buchst. b EStG wird nicht realisiert.[1634]

c) Steuervergünstigungen nach dem UStG

aa) Ermäßigung des Steuersatzes gem. § 12 Abs. 2 Nr. 11 UStG

973 Werden Unterkünfte zur Beherbergung von Flüchtlingen und Asylbewerbern – ohne zusätzliche Dienstleistungen – für eine Dauer von bis zu sechs Monaten an die öffentliche Hand vermietet, handelt es sich regelmäßig um eine ermäßigt zu besteuernde Beherbergungsleistung nach § 12 Abs. 2 Nr. 11 UStG.[1635]

bb) Steuerbefreiung nach §4 Nr. 12 UStG

974 Werden Unterkünfte zur Beherbergung von Flüchtlingen und Asylbewerbern – ohne zusätzliche Dienstleistungen – für eine Dauer von mehr als sechs Monaten an die öffentliche Hand vermietet, ist grundsätzlich von einer steuerfreien Vermietung nach §4 Nr. 12 Satz 1 Buchst. a UStG auszugehen.[1636]

975 Ein *Verzicht auf die Steuerbefreiung* ist gem. §9 Abs. 2 UStG bei der Vermietung oder Verpachtung von Grundstücken nach §4 Nr. 12 Satz 1 Buchst. a UStG und

---

1632 BMF v. 09.02.2016 – III C 3 – S 7130/15/10001/IV C 4 – S 0185/15/10001 :001, BStBl. I 2016, 223 unter b.

1633 BMF v. 17.03.2022 – IV C 4 – S 2223/19/10003 :013 (DOK 2022/0226401), BStBl. I 2022, 330 unter III.2.

1634 BMF v. 17.03.2022 – IV C 4 – S 2223/19/10003 :013 (DOK 2022/0226401), BStBl. I 2022, 330 unter III.2.

1635 LfSt Bayern v. 11.02.2015 – S 7168.1.1 – 7/9 St 33, UR 2015, 366 unter III.2.

1636 LfSt Bayern v. 11.02.2015 – S 7168.1.1 – 7/9 St 33, UR 2015, 366 unter III.1.a.

bei den in § 4 Nr. 12 Satz 1 Buchst. b und c UStG bezeichneten Umsätzen nur zulässig, soweit der Leistungsempfänger das Grundstück ausschließlich für Umsätze verwendet oder zu verwenden beabsichtigt, die den Vorsteuerabzug nicht ausschließen. Die entsprechenden Umsätze müssen für das Unternehmen des Leistungsempfängers ausgeführt werden.[1637] Werden die empfangenen Leistungen sowohl unternehmerisch als auch nichtunternehmerisch verwendet, sind die Umsätze entsprechend aufzuteilen.[1638]

Der Unternehmer hat das Vorliegen dieser Voraussetzungen gem. § 9 Abs. 2 Satz 2 UStG nachzuweisen. 976

cc) Steuerbefreiung nach § 4 Nr. 18 UStG

Eng mit der Sozialfürsorge und der sozialen Sicherheit verbundene Leistungen, die von Einrichtungen des öffentlichen Rechts oder anderen Einrichtungen, die keine systematische Gewinnerzielung anstreben, erbracht werden, sind gem. § 4 Nr. 18 UStG von der Umsatzsteuer befreit. 977

Nach Auffassung der Finanzverwaltung können die sich aus § 4 Nr. 18, 23, 24 bzw. 25 UStG ergebenden umsatzsteuerlichen Vorschriften, die auf vergleichbare Leistungen an Leistungsempfänger wie z. B. Obdachlose angewandt werden, aus *Billigkeitsgründen*[1639] auch auf Leistungen von Einrichtungen, die ausschließlich und unmittelbar gemeinnützigen, mildtätigen oder kirchlichen Zwecken dienen, im Zusammenhang mit der Betreuung und Versorgung von Bürgerkriegsflüchtlingen und Asylbewerbern angewendet werden. Dies gilt hinsichtlich der Anwendung des § 4 Nr. 18 UStG selbst dann, wenn Flüchtlinge nicht ausdrücklich zu dem nach der Satzung der leistenden Körperschaft begünstigten Personenkreis gehören.[1640] 978

Unter die Steuerbefreiung des § 4 Nr. 18 UStG fallen auch Personalgestellungsleistungen zwischen begünstigten Einrichtungen untereinander zum Zwecke der Flüchtlingshilfe und die Lieferung von Speisen und Getränken in Flüchtlingsunterkünften, sofern die Einrichtung bereits bisher steuerfreie Mahlzeitendienste erbrachte.[1641] 979

Voraussetzung für eine Steuerbefreiung der einer steuerbegünstigten Einrichtung durch Gebietskörperschaften erstatteten Kosten im Zusammenhang mit der Lieferung von Einrichtungsgegenständen oder sonstigen Leistungen (wie 980

1637 *Schüler-Täsch* in Sölch/Ringleb, Umsatzsteuer, Stand: 98. Lfg. 2023, § 9 Rn. 52.

1638 *Schüler-Täsch* in Sölch/Ringleb, Umsatzsteuer, Stand: 98. Lfg. 2023, § 9 Rn. 55 mit Verweis auf BFH v. 14. 10. 2015 – V R 10/14, BStBl. II 2016, 717 unter II.1.b.aa.

1639 BMF v. 20. 11. 2014 – IV C 2 – S 2730/0-01, BStBl. I 2014, 1613; BMF v. 09. 02. 2016 – III C 3 – S 7130/15/10001/IV C 4 – S 0185/15/10001 :001, BStBl. I 2016, 223; BMF v. 05. 02. 2019 – III C 3 – S 7130/15/10001-02/IV C 4 – S 0185/15/10001 :001, BStBl. I 2019, 116. Die Billigkeitsregelung war in den Veranlagungszeiträumen 2014 bis 2021 anzuwenden.

1640 BMF v. 09. 02. 2016 – III C 3 – S 7130/15/10001/IV C 4 – S 0185/15/10001 :001, BStBl. I 2016, 223.

1641 BMF v. 09. 02. 2016 – III C 3 – S 7130/15/10001/IV C 4 – S 0185/15/10001 :001, BStBl. I 2016, 223.

z. B. der Renovierung der Unterkünfte) ist, dass solche Lieferungen und sonstigen Leistungen *im Rahmen eines Gesamtvertrages* über die Errichtung und den Betrieb einer Flüchtlingsunterkunft erfolgen.[1642] Für die hiermit im Zusammenhang stehenden Eingangsleistungen ist der Vorsteuerabzug gem. § 15 Abs. 2 Satz 1 Nr. 1 UStG jedoch ausgeschlossen.[1643]

dd) Betrieb von Flüchtlingsunterkünften durch eine nichtgemeinnützige GmbH

981 Der Betrieb von Flüchtlingsunterkünften durch eine *nichtgemeinnützige* GmbH im Auftrag der Länder und Kommunen kann nach der Rechtsprechung des BFH gem. Art. 132 Abs. 1 Buchst. g MwStSystRL steuerfrei sein.[1644] Für die Anerkennung als Einrichtung ist es unerheblich, ob es sich um eine gemeinnützig tätige GmbH handelt oder um ein nichtgemeinnütziges Unternehmen mit Gewinnerzielungsabsicht.[1645]

982 Da Flüchtlingsunterkünfte auch durch gemeinnützige Körperschaften (die einem amtlich anerkannten Verband der freien Wohlfahrtspflege als Mitglied angeschlossen sind) betrieben werden, deren Leistungen im Rahmen von Billigkeitsregelungen als nach § 4 Nr. 18 UStG steuerfrei behandelt werden können[1646], widerspräche es nach Auffassung des BFH dem Neutralitätsprinzip, die von einer *nichtgemeinnützigen* GmbH erbrachten Betreiberleistungen von der Steuerbefreiung auszunehmen.[1647]

1642 BMF v. 09. 02. 2016 – III C 3 – S 7130/15/10001/IV C 4 – S 0185/15/10001 :001, BStBl. I 2016, 223 unter c.

1643 BMF v. 09. 02. 2016 – III C 3 – S 7130/15/10001/IV C 4 – S 0185/15/10001 :001, BStBl. I 2016, 223.

1644 BFH v. 24. 03. 2021 – V R 1/19 (ECLI:DE:BFH:2021:U.240321.VR1.19.0), BFH/NV 2021, 1447. Das gilt auch für den Betrieb einer kommunalen Obdachlosenunterkunft.

1645 BFH v. 24. 03. 2021 – V R 1/19 (ECLI:DE:BFH:2021:U.240321.VR1.19.0), BFH/NV 2021, 1447 unter I.3.a mit Verweis auf EuGH v. 26. 05. 2005 – Rs C-498/03 (ECLI:EU:C:2005:322), HFR 2005, 915 und EuGH v. 21. 01. 2016 – Rs C-335/14 (ECLI:EU:C:2016:36), HFR 2016, 287. In dem entschiedenen Fall beruhte die Übernahme des Betriebs der kommunalen Gemeinschaftsunterkunft für Flüchtlinge durch eine GmbH auf § 3 Abs. 1 des Sächsischen Flüchtlingsaufnahmegesetzes (SächsFlüAG), wonach die Unterbringungsbehörden den Betrieb von Unterbringungseinrichtungen auf Dritte übertragen können. Diese Vorschrift wurde durch die Verwaltungsvorschrift des Sächsischen Staatsministeriums des Innern – VwV Unterbringung und soziale Betreuung v. 26. 06. 2009 –, Sächsisches Amtsblatt – ABl. SN 2009, 1154, geändert durch Ziff. XVII der Verwaltungsvorschrift v. 01. 03. 2012, Sächsisches Amtsblatt – ABl. SN 2012, 336 – in Bezug auf Ausstattung und Betrieb der Unterkünfte konkretisiert.

1646 Vgl. BMF v. 20. 11. 2014 – IV C 2-S 2730/0-01, BStBl. I 2014, 1613 und BMF v. 09. 02. 2016 – III C 3-S 7130/15/10001, BStBl. I 2016, 223.

1647 BFH v. 24. 03. 2021 – V R 1/19 (ECLI:DE:BFH:2021:U.240321.VR1.19.0), BFH/NV 2021, 1447 unter II.3.b.dd. Das entgegenstehende Urteil des FG Düsseldorf v. 09. 11. 2018 – 1 K 3578/15 U, EFG 2019, 1018 wurde vom BFH aufgehoben und zur anderweitigen Verhandlung und Entscheidung zurückverwiesen.

ee) Vorübergehende Unterbringung von Kriegsflüchtlingen aus der Ukraine

Die sich aus § 4 Nr. 18, 23 bzw. 24 UStG oder § 12 Abs. 2 Nr. 8 UStG ergebenden Umsatzsteuervergünstigungen sind auch anzuwenden im Zusammenhang mit der vorübergehenden Unterbringung von Kriegsflüchtlingen aus der Ukraine in Einrichtungen steuerbegünstigter Körperschaften, die ausschließlich dem satzungsmäßigen Zweck der Körperschaft dienen, einschließlich der Zweckbetriebe und der Vermögensverwaltung.[1648] 983

ff) Vorsteuerabzug

Die Befreiung von der Umsatzsteuer nach § 4 Nr. 18, 23 bis 25 UStG hat gem. § 15 Abs. 2 Satz 1 Nr. 1 UStG den Verlust des Vorsteuerabzugs zur Folge. Ein Ausnahmetatbestand i. S. von § 15 Abs. 3 Nr. 1 UStG liegt nicht vor. Ein Verzicht auf die Befreiung nach § 9 UStG ist nicht möglich. 984

d) Befreiung von der Grundsteuer

Grundbesitz, der von einer inländischen juristischen Person des öffentlichen Rechts oder einer inländischen Körperschaft, Personenvereinigung oder Vermögensmasse, die nach der Satzung, dem Stiftungsgeschäft oder der sonstigen Verfassung und nach ihrer tatsächlichen Geschäftsführung ausschließlich und unmittelbar gemeinnützigen oder mildtätigen Zwecken dient, für gemeinnützige oder mildtätige Zwecke genutzt wird, ist gem. § 3 Abs. 1 Nr. 3 GrStG von der Grundsteuer befreit. Dies gilt nach dem Bayerischen Anwendungserlass-Grundsteuer (AEBayGrSt) auch für den Grundbesitz, auf dem ein Zweckbetrieb im Sinne der §§ 65 bis 68 AO unterhalten wird.[1649] 985

4. Selbstversorgungsbetriebe von steuerbegünstigten Körperschaften

Landwirtschaftliche Betriebe und Gärtnereien, die der *Selbstversorgung* von steuerbegünstigten Körperschaften dienen und dadurch die sachgemäße Ernährung und ausreichende Versorgung der Mitarbeiter solcher Körperschaften sichern, stellen gem. § 68 Nr. 2 Buchst. a AO einen steuerbegünstigten Zweckbetrieb dar. 986

Nach § 68 Nr. 2 Buchst. b AO gehören auch Handwerksbetriebe wie Tischlereien oder Schlossereien, die der Selbstversorgung von Körperschaften dienen, zur 987

1648 BMF v. 17.03.2022 – IV C 4 – S 2223/19/10003 :013 (DOK 2022/0226401), BStBl. I 2022, 330 unter III.1. Soweit *private Unternehmer* Unterkünfte wie Hotelzimmer, Ferienwohnungen etc., die für eine umsatzsteuerpflichtige Verwendung vorgesehen waren, *unentgeltlich* Personen zur Verfügung stellen, die aufgrund des Kriegs in der Ukraine geflüchtet sind, wird nach Abschn. VII.5 dieses BMF-Schreibens im Billigkeitswege gem. § 163 AO von der Besteuerung einer unentgeltlichen Wertabgabe und einer Vorsteuerkorrektur nach § 15a UStG abgesehen.

1649 FinMin Bayern v. 02.09.2022 – 34 – G 2010 – 1, SIS 22 16 55 unter 4.1.3.7.4. So auch FinBeh Hamburg v. 08.07.2022 – FB5.G1200-2022/001-53, SIS 22 20 33 unter A G 3.7 Abs. 4 zu § 3 GrStG und FinMin Baden-Württemberg v. 05.07.2022 – FM3 – S 3000-1/30, SIS 22 20 32 unter B.I Abs. 27 zu § 4 LGrStG.

Gruppe der Zweckbetriebe. Auch andere Selbstversorgungsbetriebe (z. B. Nähereien, Malereibetriebe etc.) können als Zweckbetriebe behandelt werden, wenn sie den in § 68 Nr. 2 Buchst. b AO genannten *Handwerksbetrieben vergleichbar* sind.[1650] Einrichtungen, die Verwaltungsdienstleistungen erbringen, gehören nicht dazu.[1651]

988 **Beispiel:**[1652]

Ein eingetragener Verein, der einem amtlich anerkannten Verband der freien Wohlfahrtspflege angeschlossen war, erledigte mit seiner Verwaltungs- und Geschäftsstelle für kleinere Mitgliedsvereine bzw. Kindergärten ohne eigene Verwaltung u. a. Kostenabrechnungen für die von den Einrichtungen erbrachten Leistungen, die monatlichen Gehaltsabrechnungen, die Behandlung von Personalkostenzuschüssen, die Führung von Personalakten, Eingruppierungsfragen, das Bescheinigungswesen sowie Aufgaben des Rechnungswesens, wie Buchhaltung und Vorbereitung von Jahresabschlussarbeiten (Verwaltungsdienstleistungen). Die den angeschlossenen Mitgliedsvereinen und Kindergärten dafür in Rechnung gestellten Beträge bestimmten sich im Wesentlichen nach den anteiligen Personalkosten, die beim Kläger angefallen waren.

Nach der Rechtsprechung des BFH ist die Verwaltungsabteilung des Vereins keine „andere Einrichtung" i. S. von § 68 Nr. 2 Buchst. b AO, die für die Selbstversorgung erforderlich ist. Von § 68 Nr. 2 Buchst. b AO werden nur solche Einrichtungen umfasst, die den darin genannten Handwerksbetrieben *vergleichbar* sind.[1653] Die Verwaltungsdienstleistungen an angeschlossene Vereine und Kindergärten stellten daher keinen Zweckbetrieb dar, da der wirtschaftliche Geschäftsbetrieb „Verwaltungsleistungen für Dritte" weder die Voraussetzungen des § 65 Nr. 2 AO noch die des § 68 Nr. 2 AO erfüllte.[1654]

989 Voraussetzung für die Annahme eines Zweckbetriebs ist nach § 68 Nr. 2 Buchst. b AO, dass Lieferungen und sonstige Leistungen einer solchen Einrichtung *an Außenstehende* dem Wert nach 20 v. H. der gesamten Lieferungen und sonstigen Leistungen – einschließlich der an die Körperschaft selbst bewirkten – nicht übersteigen. Die Vorschrift begünstigt somit nur solche Einrichtungen, die ihrer Art nach nicht regelmäßig ausgelastet sind und deshalb *gelegentlich* auch Leistungen an Dritte erbringen, nicht aber solche, die personell für die dauerhafte Erbringung von Leistungen an Dritte ausgestattet sind.[1655]

990 „Außenstehende" sind nach dem Sinnzusammenhang der Vorschrift andere als die sich selbstversorgende Körperschaft, deren Arbeitnehmer[1656] oder der durch

---

1650 AEAO zu § 68, Nr. 5.
1651 BFH v. 29.01.2009 – V R 46/06, BStBl. II 2009, 560 unter II.2.c.
1652 Nach BFH v. 29.01.2009 – V R 46/06, BStBl. II 2009, 560.
1653 BFH v. 29.01.2009 – V R 46/06, BStBl. II 2009, 560 unter II.2.c.aa.
1654 BFH v. 29.01.2009 – V R 46/06, BStBl. II 2009, 560 unter II.2.c.
1655 BFH v. 29.01.2009 – V R 46/06, BStBl. II 2009, 560 unter II.2.c. So auch AEAO zu § 68, Nr. 5.
1656 AEAO zu § 68, Nr. 5.

die Körperschaft begünstigte Personenkreis.[1657] Selbst wenn daher eine Krankenhauswäscherei Wäschereileistungen an ebenfalls begünstigte andere Krankenhäuser erbringt, führt dies nicht zur Annahme eines Zweckbetriebs nach § 68 Nr. 2 AO.[1658]

5. Behinderten-Werkstätten, Einrichtungen für Beschäftigungs- und Arbeitstherapie und Inklusionsbetriebe

Nach § 68 Nr. 3 Buchst. a bis c AO stellen Werkstätten, die nach den Vorschriften des Sozialgesetzbuches (Drittes Buch) förderungsfähig sind, Einrichtungen für Beschäftigungs- und Arbeitstherapie für behinderte Menschen und Inklusionsbetriebe i. S. von § 215 Abs. 1 SGB IX steuerbegünstigte Zweckbetriebe dar. 991

a) Werkstätten für behinderte Menschen

aa) Anerkennung durch die Bundesagentur für Arbeit

Werkstätten für behinderte Menschen i. S. von § 19 SGB III[1659], die nach den Vorschriften des Sozialgesetzbuches (Drittes Buch)[1660] förderungsfähig sind[1661] und Personen Arbeitsplätze bieten, die wegen ihrer Behinderung nicht auf dem allgemeinen Arbeitsmarkt tätig sein können, stellen einen Zweckbetrieb i. S. von § 68 Nr. 3 Buchst. a AO dar. 992

Eine Werkstatt für behinderte Menschen ist nach § 219 Abs. 1 SGB IX eine Einrichtung zur Teilhabe behinderter Menschen am und zur Eingliederung in das Arbeitsleben. Werkstätten für behinderte Menschen sollen gem. § 56 SGB IX die Leistungs- oder Erwerbsfähigkeit dieser Menschen erhalten, verbessern oder wiederherstellen, deren Persönlichkeit weiterentwickeln und ihre Beschäftigung sichern. 993

Diese Werkstätten stehen gem. § 219 Abs. 2 SGB IX allen behinderten Menschen – unabhängig von Art oder Schwere ihrer Behinderung – offen, sofern erwartet werden kann, dass sie „spätestens nach Teilnahme an den Maßnahmen im Berufsbildungsbereich wenigstens ein Mindestmaß wirtschaftlich verwertbarer Arbeitsleistung erbringen werden".[1662] 994

1657 Z. B. Patienten eines Krankenhauses im Fall einer Krankenhauswäscherei als Einrichtung zur Selbstversorgung des betreffenden Krankenhauses.

1658 BFH v. 18. 10. 1990 – V R 35/85, BStBl. II 1991, 157 unter II.3.

1659 Hierbei handelt es sich nach § 19 Abs. 1 SGB III um Menschen, deren Aussichten, am Arbeitsleben teilzuhaben oder weiter teilzuhaben, wegen Art oder Schwere ihrer Behinderung i. S. von § 2 Abs. 1 SGB IX nicht nur vorübergehend wesentlich gemindert sind und die deshalb Hilfen zur Teilhabe am Arbeitsleben benötigen; hierzu gehören auch Menschen mit Lernbehinderungen.

1660 Sozialgesetzbuch (SGB) Drittes Buch (III) – Arbeitsförderung – v. 24. 03. 1997, BGBl. I 1997, 594, zuletzt geändert durch Art. 2 des Neunundzwanzigsten Gesetzes zur Änderung des Bundesausbildungsförderungsgesetzes (29. BAföGÄndG) v. 19. 07. 2024, BGBl. I 2024, Nr. 249.

1661 Z. B. nach §§ 88 ff. SGB III.

1662 § 219 Abs. 2 Satz 1 SGB IX.

995 Werkstätten für behinderte Menschen bedürfen gem. §225 SGB IX der förmlichen Anerkennung durch die Bundesagentur für Arbeit im Einvernehmen mit dem Träger der Eingliederungshilfe.

996 Für ihre Leistungen i. S. von § 58 Abs. 2 SGB IX[1663] erhalten die Werkstätten gem. § 58 Abs. 3 SGB IX vom zuständigen Rehabilitationsträger angemessene Vergütungen, die den Grundsätzen der Wirtschaftlichkeit, Sparsamkeit und Leistungsfähigkeit entsprechen. Die Vergütungen berücksichtigen alle für die Erfüllung der Aufgaben und der fachlichen Anforderungen der Werkstatt notwendigen Kosten sowie die mit der wirtschaftlichen Betätigung der Werkstatt in Zusammenhang stehenden Kosten, soweit diese unter Berücksichtigung der besonderen Verhältnisse in der Werkstatt und der dort beschäftigten Menschen mit Behinderungen nach Art und Umfang über die in einem Wirtschaftsunternehmen üblicherweise entstehenden Kosten hinausgehen.

bb) Vom Träger der Werkstatt betriebene Kantine

997 Zu einem Zweckbetrieb i. S. von § 68 Nr. 3 Buchst. a AO gehört nach Auffassung der Finanzverwaltung auch eine – von dem Träger der Werkstatt für behinderte Menschen – betriebene Kantine, da die besondere Situation von behinderten Menschen auch *während der Mahlzeiten* eine Betreuung erfordert.[1664]

cc) Läden oder Verkaufsstellen

998 *Läden oder Verkaufsstellen* von Werkstätten für behinderte Menschen sind grundsätzlich als Zweckbetriebe zu behandeln, wenn dort Produkte verkauft werden, die von einer Werkstatt für behinderte Menschen i. S. von § 68 Nr. 3 Buchst. a AO hergestellt worden sind. Werden jedoch von dem Laden oder der Verkaufsstelle einer solchen Werkstatt für behinderte Menschen auch *zugekaufte Waren*, die nicht von ihr oder von anderen Werkstätten für behinderte Menschen hergestellt worden sind, weiterverkauft, liegt *insoweit* ein gesonderter steuerpflichtiger wirtschaftlicher Geschäftsbetrieb vor.[1665]

dd) Handelsbetriebe, die keine Läden oder Verkaufsstellen von Behinderten-Werkstätten darstellen

999 Handelsbetriebe, die keine Läden oder Verkaufsstellen von Werkstätten für behinderte Menschen darstellen, können als zusätzlicher Arbeitsbereich, zusätzlicher Betriebsteil oder zusätzliche Betriebsstätte einer (anerkannten) Werkstatt für behinderte Menschen betrieben werden. In einem solchen Fall muss

1663 Die Leistungen i. S. von § 58 Abs. 2 SGB IX sollen der Aufnahme, Ausübung und Sicherung einer der Eignung und Neigung des Menschen mit Behinderungen entsprechenden Beschäftigung dienen, die Teilnahme an arbeitsbegleitenden Maßnahmen zur Erhaltung und Verbesserung der im Berufsbildungsbereich erworbenen Leistungsfähigkeit und zur Weiterentwicklung der Persönlichkeit sowie den Übergang geeigneter Menschen mit Behinderungen auf den allgemeinen Arbeitsmarkt durch geeignete Maßnahmen fördern.

1664 AEAO zu § 68, Nr. 6.

1665 AEAO zu § 68, Nr. 6.

die Werkstatt für behinderte Menschen bei der zuständigen Sozialbehörde die Erweiterung der anerkannten Werkstatt um die zusätzliche Betriebsstätte „Handelsbetrieb" anzeigen und um deren Einbeziehung in die Anerkennung nach § 225 SGB IX ersuchen.

1000 Die Sozialbehörden prüfen, ob die anerkannte Werkstatt für behinderte Menschen auch mit einer solchen Erweiterung insgesamt noch die Anerkennungsvoraussetzungen als Werkstatt für behinderte Menschen nach § 225 SGB IX erfüllt.

1001 Die sozialrechtliche Einordnung eines *Handelsbetriebs* als Teil einer *Werkstatt für behinderte Menschen* soll von der zuständigen Finanzbehörde regelmäßig übernommen werden, wenngleich dem zuständigen Finanzamt die abschließende rechtsverbindliche Entscheidung im Einzelfall obliegt. Anerkennungsbescheide nach § 225 SGB IX bzw. Bescheide über erbrachte Leistungen nach § 217 SGB IX stellen nach Verwaltungsauffassung keine Grundlagenbescheide i. S. des § 171 Abs. 10 AO dar.[1666]

b) Einrichtungen für Beschäftigungs- und Arbeitstherapie

aa) Einrichtungen für behinderte Menschen

1002 Einrichtungen für Beschäftigungs- und Arbeitstherapie, in denen behinderte Menschen aufgrund *ärztlicher Indikation* außerhalb eines Beschäftigungsverhältnisses zum Träger der Therapieeinrichtung mit dem Ziel behandelt werden, körperliche oder psychische Grundfunktionen zum Zwecke der Wiedereingliederung in das Alltagsleben wiederherzustellen oder die besonderen Fähigkeiten und Fertigkeiten auszubilden, zu fördern und zu trainieren, die für eine Teilnahme am Arbeitsleben erforderlich sind, stellen einen Zweckbetrieb i. S. von § 68 Nr. 3 Buchst. b AO dar.

1003 Ob eine entsprechende Einrichtung vorliegt, ergibt sich aufgrund der Vereinbarungen über Art und Umfang der Heilbehandlung und Rehabilitation zwischen dem Träger der Einrichtung und den Leistungsträgern.[1667]

bb) „Sozialkaufhäuser"

1004 „Sozialkaufhäuser" sind Einrichtungen, in denen gebrauchte und/oder gespendete Gegenstände angeboten werden; sie bieten somit erschwingliche Einkaufsmöglichkeit für Gebrauchsgüter, Haushaltswaren und Textilien. Gleichzeitig dienen diese Einrichtungen der Wiedereingliederung von schwer vermittelbaren Menschen in das Berufsleben.

Bei einer solchen Einrichtung handelt es sich nach Auffassung der Finanzverwaltung aber weder um eine Einrichtung des Sozialrechts noch um einen Begriff des Gemeinnützigkeitsrechts. Eine Zweckbetriebseigenschaft kann aber z. B. als begünstigte Beschäftigungsgesellschaft, als Einrichtung der Wohlfahrts-

1666 AEAO zu § 68, Nr. 8.
1667 AEAO zu § 68, Nr. 9.

pflege oder als Integrationsprojekt i. S. von § 68 Nr. 3c AO in Betracht kommen.[1668]

cc) *Einrichtungen für schwer vermittelbare Arbeitslose*

1005 Einrichtungen für schwer vermittelbare Arbeitslose stellen nach dem Gesetzeswortlaut keinen Zweckbetrieb i. S. des § 68 Nr. 3a bis c AO dar. Es reicht nicht aus, den von Arbeitslosigkeit bedrohten Personen eine Beschäftigungsmöglichkeit zu bieten.[1669]

1006 Führt jedoch eine wegen „Förderung des Wohlfahrtswesens" nach § 52 Abs. 2 Satz 1 Nr. 9 AO gemeinnützige Körperschaft, die schwer vermittelbare Arbeitslose *arbeitstherapeutisch* beschäftigt und *berufs- und sozialpädagogisch* betreut, um dadurch deren Eingliederung in den normalen Arbeitsprozess zu fördern, entgeltliche Dienstleistungen für Dritte aus, um den von ihnen geförderten Personen eine sinnvolle Arbeitstherapie anzubieten, kann eine solche Körperschaft ggf. einen allgemeinen Zweckbetrieb i. S. von § 65 AO unterhalten, sofern die Voraussetzungen des § 65 Nr. 1 bis 3 AO gegeben sind.[1670]

1007 Bei Lohnaufträgen einer arbeitstherapeutischen Beschäftigungsgesellschaft wird ein Zweckbetrieb nach § 65 AO jedoch nur dann begründet, wenn die gegenüber den Auftraggebern erbrachten Leistungen das „ausschließliche Ergebnis der Arbeitstherapie und somit notwendige Folge der Erfüllung des gemeinnützigen Zwecks" sind.[1671] Ein *unvermeidbarer Wettbewerb* i. S. von § 65 Nr. 3 AO liegt jedoch dann nicht mehr vor, wenn die Marktteilnahme den für die Integrationsarbeit notwendigen Umfang überschreitet.[1672]

Ob ein Zweckbetrieb i. S. der §§ 65, 66 AO vorliegt, ist daher im jeweiligen Einzelfall zu prüfen.[1673]

c) *Inklusionsbetriebe i. S. von § 215 Abs. 1 SGB IX*

aa) *Definition nach § 215 SGB IX*

1008 Inklusionsbetriebe sind gem. § 215 Abs. 1 SGB IX rechtlich und wirtschaftlich selbständige Unternehmen oder unternehmensinterne oder von öffentlichen

---

1668 LfSt Bayern v. 30. 06. 2010 – S 0184.2.1–6/33 St 31, SIS 10 20 90.

1669 FG Schleswig-Holstein v. 27. 02. 2002 – II 374/98, EFG 2002, 739.

1670 BFH v. 18. 08. 2022 – V R 49/19 (ECLI:DE:BFH:2022:U.180822.VR49.19.0), BStBl. II 2023, 298 unter II.3.a.

1671 BFH v. 18. 08. 2022 – V R 49/19 (ECLI:DE:BFH:2022:U.180822.VR49.19.0), BStBl. II 2023, 298 unter II.3.b.aa mit Verweis auf BFH v. 13. 06. 2012 – I R 71/11 (NV), BFH/NV 2013, 89 und BFH v. 26. 04. 1995 – I R 35/93, BStBl. II 1995, 767.

1672 BFH v. 18. 08. 2022 – V R 49/19 (ECLI:DE:BFH:2022:U.180822.VR49.19.0), BStBl. II 2023, 298 unter II.3.b.aa mit Verweis auf BFH v. 13. 06. 2012 – I R 71/11 (NV), BFH/NV 2013, 89.

1673 Im entschiedenen Streitfall lag nach Auffassung des FG Düsseldorf v. 03. 09. 2019 – 6 K 3315/17 K, G, EFG 2020, 65 unter 2.1 f. weder ein Zweckbetrieb i. S. des § 66 AO, noch ein solcher i. S. des § 65 AO vor.

Arbeitgebern i. S. des § 154 Abs. 2 SGB IX[1674] geführte Betriebe oder Abteilungen zur Beschäftigung *schwerbehinderter Menschen* (einschließlich der psychisch kranken beschäftigten Menschen, die behindert oder von Behinderung bedroht sind) auf dem allgemeinen Arbeitsmarkt, deren Teilhabe an einer sonstigen Beschäftigung auf dem allgemeinen Arbeitsmarkt auf Grund von Art oder Schwere der Behinderung oder wegen sonstiger Umstände voraussichtlich trotz Ausschöpfens aller Fördermöglichkeiten und des Einsatzes von Integrationsfachdiensten auf besondere Schwierigkeiten stößt.

Um sozialrechtlich als Inklusionsbetrieb anerkannt werden zu können, müssen mindestens 30 v. H. der Beschäftigten *schwerbehinderte*[1675] Menschen sein, deren Anteil gem. § 215 Abs. 3 Satz 2 SGB IX in der Regel 50 v. H. aber nicht übersteigen soll. 1009

Für die Ermittlung der Zahl der Beschäftigten gilt der Arbeitsplatzbegriff des § 156 SGB IX. Hiernach sind Teilzeitbeschäftigte (mit und ohne Behinderung) grundsätzlich erst ab einem wöchentlichen Beschäftigungsumfang von 18 Stunden voll zu berücksichtigen. Nach § 185 Abs. 2 Satz 3 SGB IX[1676] sind Schwerbehinderte oder diesen gleichgestellte Teilzeitbeschäftigte jedoch bereits ab einem Beschäftigungsumfang von 12 Wochenstunden voll zu berücksichtigen.[1677] 1010

bb) Steuerrechtliche Voraussetzung

Steuerrechtlich stellen Inklusionsbetriebe dann einen Zweckbetrieb i. S. von § 68 Nr. 3 Buchst. c AO dar, wenn *mindestens 40 v. H.* der Beschäftigten besonders betroffene schwerbehinderte Menschen i. S. des § 215 Abs. 1 SGB IX – einschließlich der psychisch kranken Menschen gem. § 215 Abs. 4 SGB IX – sind.[1678] 1011

Als Nachweis für die Eigenschaft als Inklusionsbetrieb dient in der Regel der Bescheid des zuständigen Integrationsamtes über erbrachte Leistungen i. S. von § 217 SGB IX[1679] sowie – im Falle einer Beschäftigung psychisch kranker Men- 1012

1674 Als öffentliche Arbeitgeber gelten nach § 154 Abs. 2 SGB IX alle obersten Bundesbehörden mit ihren nachgeordneten Dienststellen, das Bundespräsidialamt, die Verwaltungen des Deutschen Bundestages und des Bundesrates, das Bundesverfassungsgericht, die obersten Gerichtshöfe des Bundes, der Bundesgerichtshof sowie das Bundeseisenbahnvermögen, alle obersten Landesbehörden und die Staats- und Präsidialkanzleien mit ihren nachgeordneten Dienststellen, die Verwaltungen der Landtage, die Rechnungshöfe, die Organe der Verfassungsgerichtsbarkeit der Länder und alle sonstigen Landesbehörden mit einer gemeinsame Personalverwaltung, jede sonstige Gebietskörperschaft und jeder Verband von Gebietskörperschaften und jede sonstige Körperschaft, Anstalt oder Stiftung des öffentlichen Rechts.

1675 Eine Schwerbehinderung liegt gem. § 2 Abs. 2 SGB IX ab einem Grad der Behinderung von 50 vor.

1676 § 185 SGB IX legt die Aufgaben des Integrationsamtes fest.

1677 AEAO zu § 68, Nr. 7.

1678 AEAO zu § 68, Nr. 7.

1679 Inklusionsbetriebe können nach § 217 Abs. 1 SGB IX aus Mitteln der Ausgleichsabgabe Leistungen für Aufbau, Erweiterung, Modernisierung und Ausstattung einschließlich einer betriebswirtschaftlichen Beratung und für besonderen Aufwand erhalten.

schen – der Leistungsbescheid des zuständigen Rehabilitationsträgers.[1680] Schwerbehinderte und diesen gleichgestellte Menschen[1681] sowie psychisch kranke Beschäftigte von Inklusionsbetrieben, für die dem Arbeitgeber eine Förderung nach § 61 SGB IX[1682] oder § 61a SGB IX[1683] gewährt wird, gehören regelmäßig zur Zielgruppe des § 215 SGB IX und sind entsprechend bei der Quotenberechnung zu berücksichtigen.[1684]

1013 Beschäftigte einer Werkstatt für behinderte Menschen gem. § 219 SGB IX können bei der Bestimmung der für ein Integrationsprojekt als Zweckbetrieb i. S. von § 68 Nr. 3 Buchst. c AO maßgeblichen Beschäftigungsquote zu berücksichtigen sein.[1685]

cc) Handelsbetrieb als Inklusionsbetrieb

1014 Zusätzliche Beschäftigungsmöglichkeiten für behinderte Menschen stellen Handelsbetriebe dar. Auch mit dieser Beschäftigungsform kann behinderten Menschen eine Möglichkeit zur Teilhabe am Arbeitsleben auf dem allgemeinen Arbeitsmarkt auch außerhalb von Werkstätten für behinderte Menschen geboten werden.

1015 Eine von den Sozialbehörden vorgenommene sozialrechtliche Einordnung eines *Handelsbetriebs als Inklusionsbetrieb* soll nach Verwaltungsauffassung von der zuständigen Finanzbehörde regelmäßig übernommen werden, auch wenn dem zuständigen Finanzamt die abschließende rechtsverbindliche Entscheidung im Einzelfall obliegt. Dabei kommt dem Anerkennungsbescheid nach § 225 SGB IX bzw. dem Bescheid über erbrachte Leistungen nach § 217 SGB IX grundsätzlich Tatbestandswirkung zu, auch wenn diese Bescheide *keine* Grundlagenbescheide i. S. von § 171 Abs. 10 AO darstellen.

1016 Voraussetzung für eine steuerliche Behandlung als Zweckbetrieb ist jedoch, dass eine Behinderten-Beschäftigungsquote von 40 v. H. erreicht wird.[1686]

1680 AEAO zu § 68, Nr. 7.

1681 Behinderte Menschen mit einem Grad der Behinderung von weniger als 50, aber wenigstens 30, bei denen die übrigen Voraussetzungen von § 2 Abs. 2 SGB IX vorliegen, werden gem. § 2 Abs. 3 SGB IX auf Antrag den *schwerbehinderten* Menschen gleichgestellt, wenn sie infolge ihrer Behinderung ohne die Gleichstellung einen geeigneten Arbeitsplatz i. S. des § 156 SGB IX nicht erlangen oder nicht behalten können. Der Antrag auf Gleichstellung ist an die zuständige Niederlassung der Bundesagentur für Arbeit zu richten, die über den Antrag – bei Beschäftigten erst nach Anhörung des Arbeitgebers, des Betriebs- oder Personalrats und der Schwerbehindertenvertretung – entscheidet.

1682 Budget für Arbeit.

1683 Budget für Ausbildung.

1684 AEAO zu § 68, Nr. 7.

1685 BFH v. 27.02.2020 – V R 10/18 (NV) (ECLI:DE:BFH:2020:U.270220.VR10.18.0), BFH/NV 2020, 1246.

1686 AEAO zu § 68, Nr. 8.

d) *Befreiungen nach dem UStG*

aa) *Steuerbefreiung aufgrund von Art. 132 Abs. 1 Buchst. g MwStSystRL*

Eng mit der Sozialfürsorge und der sozialen Sicherheit verbundene Dienstleis- 1017
tungen und Lieferungen von Gegenständen, einschließlich derjenigen, die u.a. durch Einrichtungen des öffentlichen Rechts oder andere anerkannte Einrichtungen mit sozialem Charakter bewirkt werden, sind gem. Art. 132 Abs. 1 Buchst. g MwStSystRL von der Umsatzsteuer zu befreien.

Für die Anerkennung einer Einrichtung als „Einrichtung mit sozialem Charak- 1018
ter" ist das Recht eines jeden Mitgliedstaats maßgebend.[1687] Hierfür können spezifische nationale oder regionale Rechts- oder Verwaltungsvorschriften, Steuervorschriften oder Vorschriften im Bereich der sozialen Sicherheit dienen.[1688] Weitere maßgebliche Gesichtspunkte für eine Anerkennung können das mit der jeweiligen Tätigkeit verbundene Gemeinwohlinteresse, die Tatsache, dass andere Steuerpflichtige mit den gleichen Tätigkeiten bereits in den Genuss einer ähnlichen Anerkennung gekommen sind oder eine Kostenübernahme für die entsprechenden Leistungen durch den Träger der Sozialversicherung sein.[1689]

An seiner bisherigen Rechtsauffassung[1690], dass es für eine Anerkennung aus- 1019
reichen würde, wenn die Kosten nur *mittelbar* von Einrichtungen der sozialen Sicherheit getragen werden, auch wenn zwischen dem Unternehmer und dem Träger der Sozialversicherung keine direkten vertraglichen Beziehungen bestehen, hält der BFH – soweit die mittelbare Kostenübernahme nicht auf einer expliziten Entscheidung einer Einrichtung der sozialen Sicherheit beruht – nicht mehr fest.[1691]

bb) *Steuerbefreiung gem. § 4 Nr. 15c UStG*

Leistungen zur Teilhabe am Arbeitsleben nach § 49 SGB IX, die von Einrichtun- 1020
gen des öffentlichen Rechts oder anderen Einrichtungen mit sozialem Charakter[1692] erbracht werden, sind nach § 4 Nr. 15c UStG von der Umsatzsteuer befreit.

Aufgabe solcher Einrichtungen ist es, die Erwerbsfähigkeit von Menschen mit 1021
Behinderungen oder von Behinderung bedrohter Menschen entsprechend ihrer Leistungsfähigkeit zu erhalten, zu verbessern, herzustellen oder wiederherzu-

1687 EuGH v. 21.01.2016 – Rs C-335/14 (ECLI:EU:C:2016:36), UR 2016, 391.

1688 BFH v. 24.08.2022 – XI R 25/20 (ECLI:DE:BFH:2022:U.240822.XIR25.20.0), SIS 22 21 69 unter III.1.c.bb.

1689 BFH v. 25.11.2021 – V R 34/19 (ECLI:DE:BFH:2021:U.251121.VR34.19.0), DStR 2022, 653 unter II.2.b.aa.

1690 Vgl. BFH v. 18.08.2015 – V R 13/14, DStR 2015, 2324; BFH v. 07.12.2016 – XI R 5/15 (ECLI:DE:BFH:2016:U.071216.XIR5.15.0), BFH/NV 2017, 863.

1691 BFH v. 24.02.2021 – XI R 30/20 (XI R 11/17) (ECLI:DE:BFH:2021:U.240221.XIR30.20.0), DStR 2021, 1534 unter II.2.d.ee.

1692 Hierbei handelt es sich um Rehabilitationsdienste und -einrichtungen nach den §§ 36 und 51 SGB IX, mit denen Verträge nach § 38 SGB IX abgeschlossen worden sind.

stellen und ihre Teilhabe am Arbeitsleben möglichst auf Dauer zu sichern. Hierzu gehören gem. § 49 Abs. 3 SGB IX Hilfen zur Erhaltung oder Erlangung eines Arbeitsplatzes einschließlich Leistungen zur Aktivierung und beruflichen Eingliederung, Berufsvorbereitung einschließlich einer wegen der Behinderung erforderlichen Grundausbildung, eine individuelle betriebliche Qualifizierung, die berufliche Ausbildung, Anpassung und Weiterbildung, die Förderung der Aufnahme einer selbständigen Tätigkeit durch die Rehabilitationsträger i. S. von § 6 Abs. 1 Nr. 2 bis 5 SGB IX[1693] und sonstige Hilfen, um Menschen mit Behinderungen eine angemessene und geeignete Beschäftigung oder eine selbständige Tätigkeit zu ermöglichen und zu erhalten.

cc) Steuerbefreiung gem. § 4 Nr. 16 Buchst. e UStG

1022 Nach § 192 Abs. 1 SGB IX sind *Integrationsfachdienste* Dienste Dritter, die bei der Durchführung der Maßnahmen zur Teilhabe schwerbehinderter Menschen am Arbeitsleben beteiligt werden oder gem. § 192 Abs. 4 SGB IX zur beruflichen Eingliederung von behinderten Menschen, die nicht schwerbehindert sind, tätig werden. Hierzu gehört gem. § 193 Abs. 1 SGB IX die Beratung und Vermittlung geeigneter Arbeitsplätze für die Aufnahme, Ausübung und Sicherung einer möglichst dauerhaften Beschäftigung und die Information, Beratung und Unterstützung von Arbeitgebern. Anders als bei den Leistungen der Arbeitsvermittlungsagenturen steht hier die Betreuung behinderter Menschen zur Eingliederung ins Arbeitsleben im Vordergrund.[1694]

1023 Die Integrationsfachdienste werden gem. § 194 Abs. 1 SGB IX im Auftrag der Integrationsämter oder der Rehabilitationsträger tätig, die für die Ausführung der Leistungen verantwortlich bleiben. Der Integrationsfachdienst arbeitet gem. § 194 Abs. 3 SGB IX insbesondere mit der Bundesagentur für Arbeit, dem Integrationsamt, dem zuständigen Rehabilitationsträger, den Arbeitgebern, den Schwerbehindertenvertretungen und anderen betrieblichen Interessenvertretungen, der abgebenden Einrichtung der schulischen oder beruflichen Bildung oder Rehabilitation mit ihren begleitenden Diensten sowie den Handwerks-, den Industrie- und Handelskammern sowie den berufsständischen Organisationen eng zusammen.

1024 Für die Inanspruchnahme der Steuerbefreiung nach § 4 Nr. 16 Buchst. e UStG kommt es ausschließlich darauf an, dass das Integrationsamt mit dem Integrationsfachdienst eine *Vereinbarung gem. § 194 SGB IX* abgeschlossen hat, in der dieser als Integrationsfachdienst benannt ist. Auf der Grundlage einer solchen (Grund-)Vereinbarung sind alle Tätigkeiten des Integrationsfachdienstes im Rahmen von § 193 SGB IX steuerbefreit.[1695]

1693 Hierzu gehören die Bundesagentur für Arbeit sowie die Träger der gesetzlichen Unfallversicherung, der gesetzlichen Rentenversicherung, der Alterssicherung der Landwirte, der Kriegsopferversorgung und der Kriegsopferfürsorge.

1694 Abschn. 4.16.5 Abs. 7 UStAE.

1695 Abschn. 4.16.5 Abs. 8 UStAE.

dd) Steuerbefreiung gem. § 4 Nr. 16 Buchst. f UStG

Werkstätten für behinderte Menschen sind Einrichtungen zur Teilhabe behinderter Menschen am Arbeitsleben und zur Eingliederung in das Arbeitsleben.[1696] Die Entscheidung über die Anerkennung von Werkstätten für behinderte Menschen trifft gem. § 225 SGB IX auf Antrag die Bundesagentur für Arbeit im Einvernehmen mit dem Träger der Eingliederungshilfe. Die Bundesagentur für Arbeit führt ein Verzeichnis der anerkannten Werkstätten für behinderte Menschen. In dieses Verzeichnis werden auch Zusammenschlüsse anerkannter Werkstätten für behinderte Menschen aufgenommen. 1025

Die nach dem Sozialgesetzbuch[1697] an Werkstätten für behinderte Menschen und deren angegliederten Betreuungseinrichtungen gezahlten Pflegegelder sind als Entgelte für die Betreuungs-, Beköstigung-, Beherbergungs- und Beförderungsleistungen dieser Werkstätten anzusehen. Diese Leistungen sind nach § 4 Nr. 16 Buchst. f UStG von der Umsatzsteuer befreit, wenn sie von Werkstätten bzw. deren Zusammenschlüssen erbracht werden, die nach § 225 SGB IX anerkannt sind.[1698] 1026

ee) Vorsteuerabzug

Die Befreiung von der Umsatzsteuer nach § 4 Nr. 15c, 16 Buchst. e und f UStG hat gem. § 15 Abs. 2 Satz 1 Nr. 1 UStG den Verlust des Vorsteuerabzugs zur Folge. Ein Ausnahmetatbestand i. S. von § 15 Abs. 3 Nr. 1 UStG liegt nicht vor. Ein Verzicht auf die Befreiung nach § 9 UStG ist nicht möglich. 1027

6. Fürsorge für blinde und körperbehinderte Menschen sowie psychisch und seelisch Erkrankte

a) Als Zweckbetriebe anzusehende Einrichtungen

Einrichtungen wie z. B. Werkstätten[1699], die zur Durchführung der Fürsorge für blinde Menschen, zur Durchführung der Fürsorge für körperbehinderte Menschen und zur Durchführung der Fürsorge für psychische und seelische Erkrankungen beziehungsweise Behinderungen unterhalten werden, stellen einen steuerbegünstigten Zweckbetrieb gem. § 68 Nr. 4 AO dar. 1028

Hierbei kann nach Auffassung des BFH auch eine *Verkaufstätigkeit* dem Fürsorgezweck des § 68 Nr. 4 AO dienen, wenn z. B. einer neu erblindeten Person über eine reine Produktberatung hinaus weitere – fürsorgeorientierte – Hilfestellungen (wie z. B. durch Rat und Unterstützung bei zu stellenden Anträgen oder der Hilfe bei der Akzeptanz der neuen Lebenssituation[1700]) gegeben werden oder wenn eine Verkaufstätigkeit z. B. im Zusammenhang mit einem unentgeltlichen 1029

1696 Abschn. 4.16.5 Abs. 9 UStAE.
1697 Z. B. nach § 58 Abs. 3 SGB IX.
1698 Abschn. 4.16.5 Abs. 10 UStAE.
1699 AEAO zu § 68, Nr. 10.
1700 BFH v. 17. 11. 2022 – V R 12/20 (ECLI:DE:BFH:2022:U.171122.VR12.20.0), BStBl. II 2023, 367 unter II.4.a.

Kursangebot zur Förderung der gemeinnützigen Tätigkeit steht. Der „bloße Verkauf in einem Ladengeschäft oder über das Internet", der lediglich mit einer im Fachhandel üblichen produkt- und anwendungsbezogenen Beratung einhergeht, ist jedoch nicht als eine Tätigkeit anzusehen, die der „Durchführung der Blindenfürsorge" dient. Eine nicht durch Fürsorgegesichtspunkte geprägte Verkaufstätigkeit von weniger als einem Drittel des Umsatzes kann aber für Zwecke des § 68 Nr. 4 AO als unbeachtlich anzusehen sein.[1701]

b) Steuervergünstigungen nach dem UStG

aa) Steuerbefreiungen nach § 4 UStG

1030 Umsätze von Blindenwerkstätten, die nicht mehr als zwei Arbeitnehmer beschäftigen, sind gem. § 4 Nr. 19 Buchst. a UStG von der Umsatzsteuer befreit. Nicht als Arbeitnehmer gelten der Ehegatte, der eingetragene Lebenspartner, die minderjährigen Abkömmlinge, die Eltern des Blinden und die Lehrlinge. Die Steuerfreiheit gilt jedoch nicht für die Lieferungen von Energieerzeugnissen i. S. des § 1 Abs. 2 und 3 EnergieStG[1702] und von Alkoholerzeugnissen im Sinne des Alkoholsteuergesetzes[1703], wenn der Blinde für diese Erzeugnisse Energiesteuer oder Alkoholsteuer zu entrichten hat, sowie für Lieferungen i. S. von § 4 Nr. 4a Buchst. a Satz 2 UStG.

1031 Die Lieferung von Blindenwaren sowie Zusatzwaren und sonstige Leistungen (soweit bei ihrer Ausführung *ausschließlich* Blinde mitgewirkt haben) von anerkannten Blindenwerkstätten und der anerkannten Zusammenschlüsse von Blindenwerkstätten im Sinne des § 226 SGB IX sind gem. § 4 Nr. 19 Buchst. b UStG von der Umsatzsteuer befreit.

1032 Die Blindheit eines Menschen ist gem. § 4 Nr. 19 Buchst. a Satz 3 UStG nach den für die Besteuerung des Einkommens maßgebenden Vorschriften des § 65 Abs. 2 EStDV nachzuweisen.

1033 Im Übrigen ergibt sich eine Steuerbefreiung auch aus § 4 Nr. 16 Buchst. g UStG für Einrichtungen, die nach § 225 SGB IX anerkannt sind.

bb) Vorsteuerabzug

1034 Die Befreiung von der Umsatzsteuer nach § 4 Nr. 16 Buchst. g und Nr. 19 Buchst. a und b UStG hat gem. § 15 Abs. 2 Satz 1 Nr. 1 UStG den Verlust des Vorsteuerabzugs zur Folge.

1701 BFH v. 17. 11. 2022 – V R 12/20 (ECLI:DE:BFH:2022:U.171122.VR12.20.0), BStBl. II 2023, 367 unter II.2.b.cc.

1702 Energiesteuergesetz v. 15. 07. 2006, BGBl. I 2006, 1534, zuletzt geändert durch Art. 1 des Gesetzes zur Änderung des Energiesteuerrechts zur temporären Absenkung der Energiesteuer für Kraftstoffe (Energiesteuersenkungsgesetz – EnergieStSenkG) v. 24. 05. 2022, BGBl. I 2022, 810.

1703 Alkoholsteuergesetz v. 21. 06. 2013, BGBl. I 2013, 1650, zuletzt geändert durch Art. 206 der Elften Zuständigkeitsanpassungsverordnung v. 19. 06. 2020, BGBl. 2020, 1328.

Der Unternehmer kann jedoch gem. § 9 Abs. 1 UStG einen Umsatz, der nach § 4 Nr. 19 UStG steuerfrei ist, als steuerpflichtig behandeln, wenn der Umsatz an einen anderen Unternehmer für dessen Unternehmen ausgeführt wird.

cc) *Steuerermäßigung nach § 12 Abs. 2 Nr. 8 Buchst. a UStG*

Der Verkauf von Hilfsmitteln für blinde oder sehbehinderte Menschen über ein 1035
Ladengeschäft kann im Rahmen eines Zweckbetriebs i. S. von § 68 Nr. 4 AO gem. § 12 Abs. 2 Nr. 8 Buchst. a Satz 3 UStG steuerbegünstigt sein, wenn der Zweckbetrieb nicht in erster Linie der Erzielung zusätzlicher Einnahmen durch die Ausführung von Umsätzen dient, die in unmittelbarem Wettbewerb mit dem allgemeinen Steuersatz unterliegenden Leistungen anderer Unternehmer ausgeführt werden, oder wenn die Körperschaft mit diesen Leistungen ihrer in den §§ 66 ff. AO bezeichneten Zweckbetriebe ihre steuerbegünstigten satzungsgemäßen Zwecke selbst verwirklicht.[1704]

Eine *unmittelbare* Berufung auf Art. 98 Abs. 1 und 2 MwStSystRL i. V. m. Anh. III 1036
Nr. 4 MwStSystRL[1705] kommt nach Auffassung des BFH beim Verkauf von Hilfsmitteln für blinde oder sehbehinderte Menschen jedoch nicht in Betracht, da der deutsche Gesetzgeber von der Ermächtigung des Art. 98 MwStSystRL keinen Gebrauch gemacht hatte.

c) *Befreiung nach dem GrStG*

Etwaiger Grundbesitz von Blindenwerkstätten, die einen Zweckbetrieb i. S. von 1037
§ 68 Nr. 4 AO darstellen, kann nach § 3 Abs. 1 Nr. 3 Buchst. b GrStG von der Grundsteuer befreit sein.

Eine Befreiung von der Grundsteuer setzt voraus, dass der Grundbesitz entwe- 1038
der einer inländischen juristischen Person des öffentlichen Rechts oder einer inländischen Körperschaft, Personenvereinigung oder Vermögensmasse gehört, die nach der Satzung oder der sonstigen Verfassung und nach ihrer tatsächlichen Geschäftsführung ausschließlich und unmittelbar gemeinnützigen oder mildtätigen Zwecken dient[1706] und dass dieser objektiv für gemeinnützige oder mildtätige Zwecke genutzt wird.[1707] Sofern diese Voraussetzungen erfüllt sind, ist auch der Grundbesitz, auf dem ein Zweckbetrieb i. S. der §§ 65 bis 68 AO – hier also nach § 68 Nr. 4 AO – unterhalten wird, von der Grundsteuer befreit.[1708]

1704 BFH v. 17. 11. 2022 – V R 12/20 (ECLI:DE:BFH:2022:U.171122.VR12.20.0), BStBl. II 2023, 367 unter II.4.c.

1705 Der ermäßigte Steuersatz darf nach EU-Recht angewandt werden für medizinische Geräte, Vorrichtungen, Produkte, Artikel, Hilfsmittel und Schutzausrüstung, einschließlich Atemschutzmasken, die üblicherweise für die Verwendung in der Gesundheitsversorgung oder für den Gebrauch von Behinderten bestimmt sind, Gegenstände, die wesentlich sind, um eine Behinderung auszugleichen oder zu bewältigen, sowie die Anpassung, Instandsetzung, Vermietung und das Leasing solcher Gegenstände.

1706 Abschn. 12 Abs. 1 GrStR.

1707 Abschn. 12 Abs. 3 Satz 1 GrStR.

1708 Abschn. 12 Abs. 4 Satz 1 GrStR.

1039 Wird auf dem Grundbesitz auch ein *steuerpflichtiger* wirtschaftlicher Geschäftsbetrieb i.S. von § 64 AO unterhalten oder wird der Grundbesitz einem Dritten zur Nutzung überlassen, der nicht zu den nach § 3 Abs. 1 GrStG begünstigten Rechtsträgern gehört und den Grundbesitz nicht für einen begünstigten Zweck nutzt, ist die Grundsteuerbefreiung zu versagen.[1709]

7. Heimerziehung oder sonstige betreute Wohnformen

a) Hilfe zur Erziehung von Kindern und Jugendlichen

1040 Hilfe zur Erziehung in einer Einrichtung über Tag und Nacht oder in einer sonstigen betreuten Wohnform soll Kinder und Jugendliche gem. § 34 SGB VIII durch eine Verbindung von Alltagserleben mit pädagogischen und therapeutischen Angeboten in ihrer Entwicklung fördern. Sie soll entsprechend dem Alter und Entwicklungsstand des Kindes oder des Jugendlichen sowie den Möglichkeiten der Verbesserung der Erziehungsbedingungen in der Herkunftsfamilie eine Rückkehr in die Familie zu erreichen versuchen, auf die Erziehung in einer anderen Familie vorbereiten oder eine auf längere Zeit angelegte Lebensform bieten und auf ein selbständiges Leben vorbereiten. Jugendliche sollen in Fragen der Ausbildung und Beschäftigung sowie der allgemeinen Lebensführung beraten und unterstützt werden.

1041 Die Hilfe kann in Erziehungsheimen, in heilpädagogischen oder therapeutischen Heimen, in Kinderdörfern oder Kinderhäusern und Behindertenheimen erbracht werden.[1710]

b) Befreiungs- und Ermäßigungstatbestände im UStG

1042 Die wirtschaftlichen Tätigkeiten solcher Einrichtungen stellen gem. § 68 Nr. 5 AO einen steuerbegünstigten Zweckbetrieb dar. Steuerpflichtige Umsätze dieser Einrichtungen unterliegen gem. § 12 Abs. 2 Nr. 8 UStG grundsätzlich dem ermäßigten Steuersatz. Wird jedoch ein *steuerpflichtiger* wirtschaftlicher Geschäftsbetrieb unterhalten, kommt der ermäßigte Steuersatz gem. § 12 Abs. 2 Nr. 8 Buchst. a Satz 2 UStG nicht in Betracht.[1711]

1043 Eine Befreiung von der Umsatzsteuer kann sich aus § 4 Nr. 18 UStG ergeben. Hiernach sind eng mit der Sozialfürsorge und der sozialen Sicherheit verbundene Leistungen von der Umsatzsteuer befreit, wenn diese Leistungen von Einrichtungen des öffentlichen Rechts oder anderen Einrichtungen erbracht werden, die keine systematische Gewinnerzielung anstreben.

1044 Die Befreiung von der Umsatzsteuer nach § 4 Nr. 18 UStG hat jedoch gem. § 15 Abs. 2 Satz 1 Nr. 1 UStG den Verlust des Vorsteuerabzugs zur Folge. Ein Ausnah-

---

1709 Abschn. 12 Abs. 6 Satz 1 Nr. 2 und 5 GrStR.

1710 Koenig/*Koenig*, AO, 4. Aufl. 2021, § 68 Rn. 11.

1711 Vgl. hierzu FG Münster v. 18. 06. 2019 – 15 K 1952/15 U, EFG 2019 S. 1488 zu einer von einem gemeinnützigen Verein betriebenen Kfz-Lehrwerkstatt mit Kfz-Reparaturdienstleistungen und der Lieferung von Kfz-Ersatzteilen.

metatbestand i. S. von § 15 Abs. 3 Nr. 1 UStG liegt nicht vor. Ein Verzicht auf die Befreiung nach § 9 UStG ist nicht möglich.

c) Umsatzsteuerbefreiung nach Art. 132 Abs. 1 Buchst. h MwStSystRL

Darüber hinaus sind nach Art. 132 Abs. 1 Buchst. h MwStSystRL eng mit der Kinder- und Jugendbetreuung verbundene Dienstleistungen und Lieferungen von Gegenständen durch Einrichtungen des öffentlichen Rechts oder andere als Einrichtungen mit sozialem Charakter anerkannte Einrichtungen von der Umsatzsteuer zu befreien. Ob bei einer unzureichenden Unionsrechtskonformität von § 4 Nr. 18 UStG eine *unmittelbare* Berufung auf Art. 132 Abs. 1 Buchst. h MwStSystRL vor einem nationalen Gericht in Betracht kommt, ist nach der EuGH-Entscheidung v. 10. 12. 2020[1712] und der darauf folgenden, geänderten BFH-Rechtsprechung[1713] zu Art. 132 Abs. 1 Buchst. *m* MwStSystRL jedoch fraglich. 1045

d) Befreiung von der Grundsteuer

Grundbesitz, auf dem ein *Zweckbetrieb* i. S. der §§ 65 bis 68 AO unterhalten wird, ist nach Verwaltungsauffassung steuerbefreit.[1714] 1046

8. Lotterien

Eine Lotterie oder Ausspielung liegt vor, wenn der Anbieter einer Lotterie oder Ausspielung mit den in Betracht kommenden Spielern Verträge abschließt, in denen er den Spielern für ihre Einsätze verspricht, nach Maßgabe eines Spielplans Gewinne an die ganz oder im Wesentlichen durch Zufall ermittelten Gewinner auszuschütten. Während bei einer Lotterie die Gewinne ausschließlich in Geld bestehen, darf bei einer Ausspielung der versprochene Gewinn in Geld und in Sachwerten oder ausschließlich in Sachwerten bestehen.[1715] 1047

Von den zuständigen Behörden genehmigte Lotterien und Ausspielungen sind gem. § 68 Nr. 6 AO dann als steuerbegünstigte Zweckbetriebe zu behandeln, wenn deren *Reinertrag* unmittelbar und ausschließlich zur Förderung gemeinnütziger, mildtätiger oder kirchlicher Zwecke verwendet wird. Das gilt auch für solche Lotterien und Ausspielungen, die nach den jeweiligen landesrechtlichen Bestimmungen wegen des geringen Umfangs der Ausspielung oder aufgrund eines Verwaltungserlasses pauschal als genehmigt gelten.[1716] 1048

1712 Vgl. EuGH v. 10. 12. 2020 – Rs C-488/18 (ECLI:EU:C:2020:1013), UR 2021, 158.

1713 Vgl. BFH v. 21. 04. 2022 – V R 48/20 (V R 20/17) (ECLI:DE:BFH:2022:U.210422.VR48.20.0), BFH/NV 2022, 792.

1714 A 3.7 Abs. 4 Satz 1 AEGrStG. So auch FinMin Bayern v. 02. 09. 2022 – 34 – G 2010 – 1, SIS 22 16 55 unter 4.1.3.7.4, FinBeh Hamburg v. 08. 07. 2022 – FB5.G1200-2022/001-53, SIS 22 20 33 unter A G 3.7 Abs. 4 zu § 3 GrStG und FinMin Baden-Württemberg v. 05. 07. 2022 – FM3 – S 3000-1/30, SIS 22 20 32 unter B.I Abs. 27 zu § 4 LGrStG.

1715 FG Sachsen v. 21. 04. 2020 – 3 K 467/19, SIS 20 13 55 unter I.1.

1716 AEAO zu § 68, Nr. 11.

1049 *Praxishinweis:*

Führt eine steuerbegünstigte Körperschaft eine Lotterieveranstaltung durch, die nach dem Rennwett- und Lotteriegesetz nicht genehmigungsfähig ist, handelt es sich insoweit nicht um einen Zweckbetrieb nach § 68 Nr. 6 AO.[1717]

1050 Für die Ermittlung des maßgeblichen Reinertrags dürfen den Einnahmen aus einer Lotterieveranstaltung oder Ausspielung nur die unmittelbar damit zusammenhängenden Ausgaben gegenübergestellt werden.[1718]

1051 Gem. § 4 Nr. 9 Buchst. b UStG sind Umsätze, die unter das Rennwett- und Lotteriegesetz fallen, von der Umsatzsteuer befreit. Hierzu gehören auch die im Inland veranstalteten öffentlichen Lotterien, die der Lotteriesteuer unterliegen.[1719]

1052 Die von den zuständigen inländischen Behörden erlaubten öffentlichen Lotterien und Ausspielungen sind gem. § 28 Nr. 2 RennwLottG von der *Lotteriesteuer* befreit, wenn der Gesamtbetrag der geleisteten Teilnahmeentgelte einer öffentlichen Lotterie oder Ausspielung zu ausschließlich gemeinnützigen, mildtätigen oder kirchlichen Zwecken den Wert von 40.000 Euro nicht übersteigt und der Reinertrag für die genannten Zwecke verwendet wird.

9. Kulturelle Einrichtungen

a) Satzungszweck „Förderung der Kultur"

1053 Kulturelle Einrichtungen und Veranstaltungen stellen gem. § 68 Nr. 7 AO steuerbegünstigte Zweckbetriebe dar, wenn die Förderung der Kultur Satzungszweck der Körperschaft ist.[1720] Zu den begünstigten kulturellen Einrichtungen und Veranstaltungen gehören z. B. Museen, Theater, Konzerte oder Kunstausstellungen. Die Aufzählung der kulturellen Einrichtungen und Veranstaltungen im Gesetz ist nach Auffassung der Finanzverwaltung nicht abschließend.[1721]

b) Kulturelle Darbietung im Rahmen einer anderen Veranstaltung

1054 Eine kulturelle Veranstaltung i. S. von § 68 Nr. 7 AO kann auch dann vorliegen, wenn eine Darbietung kultureller Art im Rahmen einer anderen – nicht kulturell geprägten – Veranstaltung präsentiert wird, die nicht von der begünstigten Körperschaft selbst organisiert wird.[1722]

1717 AEAO zu § 68, Nr. 12 Satz 2.
1718 AEAO zu § 68, Nr. 12.
1719 UStAE 4.9.2 Abs. 3.
1720 AEAO zu § 68, Nr. 14.
1721 AEAO zu § 68, Nr. 13.
1722 AEAO zu § 68, Nr. 14 mit Verweis auf BFH v. 04. 05. 1994 – XI R 109/90, BStBl. II 1994, 886 zu sportlichen Darbietungen eines Sportvereins.

Beispiel:[1723]

Auf dem Oktoberfest erbrachte ein mit dem Satzungszweck „Förderung der volkstümlichen Musik" steuerbegünstigter Musikverein im Festzelt einer bekannten Bierbrauerei gegen Entgelt eine kulturelle Darbietung in Gestalt eines volkstümlichen Musikkonzerts. Der Auftritt des Musikvereins stellt als kulturelle Veranstaltung einen steuerbegünstigten Zweckbetrieb dar.

c) Einkünfte aus dem Verkauf von Speisen und Getränken oder der Werbung

Einkünfte aus dem Verkauf von Speisen und Getränken als auch die Werbung bei kulturellen Veranstaltungen gehören nicht zu einem Zweckbetrieb i. S. von § 68 Nr. 7 AO; die Einkünfte hieraus sind in einem *steuerpflichtigen* wirtschaftlichen Geschäftsbetrieb zu erfassen. 1055

Ist für den Besuch einer kulturellen Veranstaltung mit Bewirtung ein Pauschalpreis zu entrichten, ist dieser – ggf. im Wege der Schätzung – auf den steuerbegünstigten Zweckbetrieb und den steuerpflichtigen wirtschaftlichen Geschäftsbetrieb aufzuteilen.[1724] 1056

d) Befreiungen nach dem UStG

aa) Steuerbefreiung aufgrund von Art. 132 Abs. 1 Buchst. n MwStSystRL

Kulturelle Dienstleistungen und eng damit verbundene Lieferungen von Gegenständen, die von Einrichtungen des öffentlichen Rechts oder anderen *anerkannten* kulturellen Einrichtungen erbracht werden, sind nach Art. 132 Abs. 1 Buchst. n MwStSystRL von der Umsatzsteuer zu befreien. 1057

Bei einer möglicherweise fehlenden Umsetzung von Art. 132 Abs. 1 Buchst. *n* MwStSystRL in nationales Recht kommt jedoch eine unmittelbare Berufung hierauf vor einem nationalen Gericht nach der Entscheidung des EuGH v. 15. 02. 2017 nicht in Betracht.[1725] 1058

1723 Nach AEAO zu § 68, Nr. 14.

1724 AEAO zu § 68, Nr. 15.

1725 EuGH v. 15. 02. 2017 – Rs C-592/15 (ECLI:EU:C:2017:117), UR 2017, 268 unter Rn. 28.

bb) Steuerbefreiung gem. § 4 Nr. 20 UStG

(1) Steuerbefreiung gem. § 4 Nr. 20 Buchst. a UStG

1059 Nach §4 Nr.20 Buchst.a Satz 1 UStG sind die Umsätze der Theater[1726], der Orchester, der Kammermusikensembles, der Chöre, der Museen[1727], der botanischen und zoologischen Gärten einschließlich der Aquarien und Terrarien[1728], der Tierparks, der Archive, der Büchereien sowie der Denkmäler der Bau- und Gartenbaukunst von der Umsatzsteuer befreit, soweit es sich um Einrichtungen des Bundes, der Länder, der Gemeinden oder der Gemeindeverbände handelt.

1060 Gleichartige Einrichtungen anderer Unternehmer sind nach §4 Nr.20 Buchst.a Satz 2 UStG nur dann steuerbefreit, wenn die jeweils zuständige Landesbehörde bescheinigt, dass sie die gleichen kulturellen Aufgaben wie die in §4 Nr.20 Buchst.a Satz 1 UStG bezeichneten Einrichtungen erfüllen.

Die Steuerbefreiung in §4 Nr.20 Buchst.a Sätze 1 und 2 UStG ist auf alle Umsätze mit Kulturbezug anzuwenden.[1729]

1061 Steuerfrei können gem. §4 Nr.20 Buchst.a Satz 3 UStG auch die Umsätze von Bühnenregisseuren und Bühnenchoreographen an Einrichtungen i.S. von §4 Nr.20 Sätze 1 und 2 UStG sein, wenn die zuständige Landesbehörde bescheinigt, dass deren künstlerische Leistungen diesen Einrichtungen unmittelbar dienen.

1726 Unter die Befreiungsvorschrift fallen gem. Abschn. 4.20.1 Abs. 1 Satz 6 UStAE auch Theatervorführungen in einem Fernsehstudio, und zwar unabhängig davon, ob die Theatervorführung unmittelbar übertragen oder aufgezeichnet wird. Zu den Theatern gehören gem. Abschn. 4.20.1 Abs. 2 UStAE auch Freilichtbühnen, Wanderbühnen, Zimmertheater, Heimatbühnen, Puppen-, Marionetten- und Schattenspieltheater sowie literarische und politische Kabaretts, wenn sie die in Abschn. 4.20.1 Abs. 1 UStAE bezeichneten Voraussetzungen erfüllen.

1727 Museen i. S. von § 4 Nr. 20 UStG sind wissenschaftliche Sammlungen und Kunstsammlungen. Hierzu können gem. Abschn. 4.20.3 Abs. 2 UStAE auch Kunstausstellungen gehören. Steuerfrei sind gem. Abschn. 4.20.3 Abs. 3 UStAE insbesondere die Leistungen der Museen, für die Eintrittsgelder erhoben werden, unabhängig davon, ob es sich um Sonderausstellungen, Führungen oder Vorträge handelt.

1728 Vgl. Abschn. 4.20.4 Abs. 1 UStAE. Sog. Vergnügungsparks und Delfinarien, die auf dem Gelände zoologischer Gärten von anderen Unternehmern in eigener Regie betrieben werden, sind gem. Abschn. 4.20.4 Abs. 1 Satz 2 UStAE mit Verweis auf BFH v. 20. 04. 1988 – X R 20/82, BStBl. II 1988, 796 *nicht* begünstigt. Auch Umsätze im Zusammenhang mit zoologischen Gärten und Tierparks, die in Gaststätten, durch den Verkauf von Gebrauchsartikeln, die Duldung der Jagd in einem Tierpark, dem Verkauf von Wildbret, Fellen oder Jagdtrophäen, durch die Überlassung besonderer Vergnügungseinrichtungen wie z. B. Kleinbahnen, Booten oder Minigolfplätzen und dem Verkauf von Gegenständen des Anlagevermögens – mit Ausnahme von Tieren – erzielt werden, fallen gem. Abschn. 4.20.4 Abs. 3 UStAE nicht unter die Steuerbefreiung.

1729 BFH v. 15. 02. 2022 – XI R 30/21 (XI R 37/18) (ECLI:DE:BFH:2022:B.150222.XIR30.21.0), BFH/NV 2022, 892 unter II.2.a.aa.

(2) Steuerbefreiung gem. § 4 Nr. 20 Buchst. b UStG

Unternehmer, die Theatervorführungen und Konzerte[1730] veranstalten, sind gem. § 4 Nr. 20 Buchst. b UStG von der Umsatzsteuer befreit, wenn die Darbietungen von den unter § 4 Nr. 20 Buchst. a UStG bezeichneten Theatern, Orchestern, Kammermusikensembles oder Chören[1731] erbracht werden. 1062

(3) Bescheinigungsverfahren

Die nach § 4 Abs. 20 Buchst. a Satz 2 f. UStG erforderliche Bescheinigung[1732] einer Landesbehörde[1733] stellt einen Grundlagenbescheid gem. § 171 Abs. 10 i. V. m. § 175 Abs. 1 Satz 1 Nr. 1 AO dar, der die Finanzbehörden bindet;[1734] die Finanzbehörden entscheiden jedoch in eigener Zuständigkeit, ob die Voraussetzungen für die Steuerfreiheit gegeben sind.[1735] Die Bescheinigung ist zu erteilen, wenn die gesetzlichen Voraussetzungen für die Steuerbefreiung vorliegen.[1736] 1063

Wird der Unternehmer in verschiedenen Bundesländern tätig, genügt eine Bescheinigung der zuständigen Behörde eines der Bundesländer, in denen der Unternehmer tätig wird.[1737] Gastieren ausländische Theater und Orchester im Inland an verschiedenen Orten, genügt eine Bescheinigung der Landesbehörde, in deren Zuständigkeitsbereich das ausländische Ensemble erstmalig im Inland tätig wird.[1738] 1064

(4) Vorsteuerabzug

Die Befreiung von der Umsatzsteuer nach § 4 Nr. 20 UStG hat gem. § 15 Abs. 2 Satz 1 Nr. 1 UStG den Verlust des Vorsteuerabzugs zur Folge. Ein Ausnahmetatbestand i. S. von § 15 Abs. 3 Nr. 1 UStG liegt nicht vor. Ein Verzicht auf die Befreiung nach § 9 UStG ist nicht möglich. 1065

1730 Unter Konzerte sind gem. Abschn. 4.20.2 Abs. 1 Satz 5 UStAE Aufführungen von Musikstücken zu verstehen, bei denen Instrumente und/oder die menschliche Stimme eingesetzt werden.

1731 Zu den Orchestern, Kammermusikensembles und Chören gehören gem. Abschn. 4.20.2. Abs. 1 UStAE alle Musiker- und Gesangsgruppen, die aus zwei oder mehr Mitwirkenden bestehen.

1732 Die Erteilung einer solchen Bescheinigung ist kostenpflichtig. In Berlin liegt der Gebührenrahmen hierfür zwischen 5 Euro und 292,46 Euro.

1733 In Berlin ist dies die Senatsverwaltung für Kultur und Europa, Brunnenstraße 188-190, 10119 Berlin; der erforderliche Antrag für Berlin kann unter *https://www.berlin.de/sen/kultur/_assets/service/2022_info2_ustg_-4_nr-20a.pdf* (abgerufen am 20.02.2023) heruntergeladen werden. In der Freien und Hansestadt Hamburg ist dies die Behörde für Kultur und Medien, Große Bleichen 30, 20354 Hamburg; der entsprechende Antrag für Hamburg kann unter *https://www.hamburg.de/contentblob/7430806/89758cc5ad5af0d563364cf5dc3bb91d/data/kuenstler-antrag-umsatzsteuerbefreiung.docx* (abgerufen am 20.02.2023) heruntergeladen werden.

1734 Abschn. 4.21.5 Abs. 2 Satz 4 UStAE i. V. m. Abschn. 4.20.5 UStAE.

1735 Abschn. 4.21.5 Abs. 2 Satz 5 UStAE.

1736 Abschn. 4.21.5 Abs. 2 Satz 2 UStAE i. V. m. UStAE 4.20.5 UStAE.

1737 Abschn. 4.21.5 Abs. 3 Satz 2 UStAE i. V. m. UStAE 4.20.5 UStAE.

1738 Abschn. 4.20.5 Abs. 1 UStAE.

e) Befreiung nach dem GrStG

1066 Eine Befreiung des Grundbesitzes von der Grundsteuer setzt nach § 3 Abs. 1 Nr. 3 GrStG voraus, dass dieser entweder einer inländischen juristischen Person des öffentlichen Rechts oder einer inländischen Körperschaft, Personenvereinigung oder Vermögensmasse gehört, die nach der Satzung oder der sonstigen Verfassung und nach ihrer tatsächlichen Geschäftsführung ausschließlich und unmittelbar gemeinnützigen oder mildtätigen Zwecken dient[1739] und auch für gemeinnützige oder mildtätige Zwecke genutzt wird.[1740] Von der Grundsteuer befreit ist auch der Grundbesitz, auf dem ein Zweckbetrieb im Sinne der §§ 65 bis 68 AO unterhalten wird.[1741] Dazu gehört grundsätzlich auch der Grundbesitz, auf dem die Körperschaft, Personenvereinigung oder Vermögensmasse ihre Verwaltungstätigkeit ausübt.[1742]

1067 Da die Förderung von Kunst und Kultur gem. § 52 Abs. 2 Nr. 5 AO einen gemeinnützigen Zweck darstellt, ist auch der einer – Kunst und Kultur fördernden – Körperschaft gehörende Grundbesitz von der Grundsteuer befreit, soweit damit die gemeinnützigen Zwecke unmittelbar verfolgt werden. Das gilt auch für die Nutzung durch einen Zweckbetrieb i. S. von § 68 Nr. 7 AO. Werden auf dem Grundbesitz neben begünstigten auch eine oder mehrere zeitlich befristete Veranstaltungen durchgeführt, die nicht unmittelbar gemeinnützigen oder mildtätigen Zwecken dienen, ist für die Frage der Grundsteuer-Befreiung zu prüfen, welche Nutzung überwiegt.[1743]

1068 Nicht von der Grundsteuer befreit ist die Nutzung durch einen steuerpflichtigen wirtschaftlichen Geschäftsbetrieb.[1744] Verwaltungsräume, die der Verwaltung von steuerpflichtigem Grundbesitz dienen, sind ebenfalls steuerpflichtig.[1745]

10. Volkshochschulen

a) Veranstaltungen „belehrender Art"

1069 Volkshochschulen und andere Einrichtungen, die selbst Vorträge, Kurse und andere Veranstaltungen *wissenschaftlicher oder belehrender Art* durchführen, stellen gem. § 68 Nr. 8 AO einen steuerbegünstigten Zweckbetrieb dar. Dies gilt nach § 68 Nr. 8 2. Halbsatz AO auch dann, wenn diese Einrichtungen den Teilnehmern solcher Veranstaltungen Beherbergung und Verköstigung gewähren.

1070 Veranstaltungen „belehrender Art" liegen bereits dann vor, wenn überwiegend Vorträge gehalten werden, die naturgemäß belehrenden Charakter haben; be-

1739 Abschn. 12 Abs. 1 Satz 1 GrStR.
1740 Abschn. 12 Abs. 3 Satz 1 GrStR.
1741 Abschn. 12 Abs. 4 Satz 1 GrStR.
1742 FinMin Bayern v. 02. 09. 2022 – 34 – G 2010 – 1, SIS 22 16 55 unter 4.1.3.7.5.
1743 FinMin Bayern v. 02. 09. 2022 – 34 – G 2010 – 1, SIS 22 16 55 unter 4.1.3.7.4.
1744 Abschn. 12 Abs. 6 Nr. 2 GrStR.
1745 FinMin Bayern v. 02. 09. 2022 – 34 – G 2010 – 1, SIS 22 16 55 unter 4.1.3.7.5.

sondere inhaltliche Anforderungen werden von der Finanzverwaltung nicht vorausgesetzt.[1746]

Beispiel:
Ein Verein zur Förderung der Open-Source-Software, der freien Kommunikation und der Bereitstellung von Informationen in Datennetzen führte eine Kongressveranstaltung durch, in deren Rahmen Vorträge, Kurse und andere Veranstaltungen wissenschaftlicher und belehrender Art stattfanden. Die Kongressveranstaltung stellte einen steuerbegünstigten Zweckbetrieb i. S. von § 68 Nr. 8 AO dar.[1747]

b) Keine Übertragung der Rechtsprechung zu § 4 Nr. 22 Buchst. a UStG für Zwecke des § 68 Nr. 8 AO

Die Rechtsprechung des BFH aus 2006 zu § 4 Nr. 22 Buchst. a UStG[1748], nach der nicht alle Kurse zum Erlernen von Fähigkeiten oder Fertigkeiten Veranstaltungen „wissenschaftlicher oder belehrender Art“ sind, sondern nur solche Kurse, die der Erziehung von Kindern und Jugendlichen, dem Schul- oder Hochschulunterricht, der Ausbildung, der Fortbildung oder der beruflichen Umschulung dienen, ist nach dem BFH-Urteil v. 21.06.2017 nicht auf § 68 Nr. 8 AO zu übertragen, da beide Bestimmungen nicht deckungsgleich und deshalb jeweils für sich zu betrachten sind.[1749] 1071

c) Befreiung nach dem UStG

aa) Steuerbefreiung aufgrund von Art. 132 Abs. 1 Buchst. i MwStSystRL

Aufgrund von Art. 132 Abs. 1 Buchst. i MwStSystRL sind u. a. die Aus- und Fortbildung sowie die berufliche Umschulung und damit eng verbundene Dienstleistungen und Lieferungen von Gegenständen durch Einrichtungen des öffentlichen Rechts, die mit solchen Aufgaben betraut sind, oder andere Einrichtungen mit *anerkannter* vergleichbarer Zielsetzung von der Umsatzsteuer zu befreien. 1072

Art. 132 Abs. 1 Buchst. i und j MwStSystRL enthält allerdings keine Definition des Begriffs *„Schul- und Hochschulunterricht“*.[1750] Der Begriff umfasst nach der Rechtsprechung des EuGH Tätigkeiten, die sowohl durch ihre spezifische Art als auch durch den Rahmen, in dem sie ausgeübt werden, charakterisiert werden,[1751] beschränkt sich jedoch nicht auf einen Unterricht, der zu einer Abschlussprüfung zwecks Erlangung einer Qualifikation führt oder der eine Ausbildung im Hinblick auf die Ausübung einer Berufstätigkeit vermittelt, sondern 1073

1746 AEAO zu § 68, Nr. 16.
1747 BFH v. 21.06.2017 – V R 34/16 (ECLI:DE:BFH:2017:U.210617.VR34.16.0), BStBl. II 2018, 55.
1748 Vgl. BFH v. 27.04.2006 – V R 53/04, BStBl. II 2007, 16 unter II.1.d.
1749 BFH v. 21.06.2017 – V R 34/16 (ECLI:DE:BFH:2017:U.210617.VR34.16.0), BStBl. II 2018, 55 unter II.1.c.
1750 EuGH v. 07.10.2019 – Rs C-47/19 (ECLI:EU:C:2019:840), UR 2019, 892 unter Rn. 24.
1751 EuGH v. 07.10.2019 – Rs C-47/19 (ECLI:EU:C:2019:840), UR 2019, 892 unter Rn. 28.

kann auch Tätigkeiten beinhalten, bei denen die Unterweisung in Schulen und Hochschulen erteilt wird, um die Kenntnisse und Fähigkeiten der Schüler oder Studenten zu entwickeln, sofern solche Tätigkeiten nicht den Charakter bloßer Freizeitgestaltung haben.[1752]

1074 Der Unterricht zum Erwerb der Fahrerlaubnisse für Kraftfahrzeuge der Klassen B und C1 in einer Fahrschule fällt jedoch nicht unter den Begriff des Schul- und Hochschulunterrichts i. S. des Art. 132 Abs. 1 Buchst. i und j MwStSystRL, da er als spezialisierter Unterricht nicht der für den Schul- und Hochschulunterricht kennzeichnenden Vermittlung, Vertiefung und Entwicklung von Kenntnissen und Fähigkeiten in Bezug auf ein breites und vielfältiges Spektrum von Stoffen gleichkommt.[1753]

bb) Steuerbefreiung gem. § 4 Nr. 22 Buchst. a UStG

1075 Vorträge, Kurse und anderen Veranstaltungen wissenschaftlicher oder belehrender Art, die von juristischen Personen des öffentlichen Rechts, von Verwaltungs- und Wirtschaftsakademien, von Volkshochschulen oder von Einrichtungen, die gemeinnützigen Zwecken oder dem Zweck eines Berufsverbandes dienen, durchgeführt werden, sind gem. § 4 Nr. 22 Buchst. a UStG steuerbefreit, wenn die Einnahmen überwiegend zur Deckung der Kosten verwendet werden.

1076 Nach der Rechtsprechung des BFH sind jedoch nur solche Kurse steuerbefreit, die der Erziehung von Kindern und Jugendlichen, der Schul- oder Hochschulunterricht, der Ausbildung, der Fortbildung oder der beruflichen Umschulung dienen.[1754]

1077 Der Begriff „Schul- und Hochschulunterricht" verweist nach Auffassung des BFH auf ein

> *„integriertes System der Vermittlung von Kenntnissen und Fähigkeiten in Bezug auf ein breites und vielfältiges Spektrum von Stoffen sowie auf die Vertiefung und Entwicklung dieser Kenntnisse und Fähigkeiten durch die Schüler und Studenten je nach ihrem Fortschritt und ihrer Spezialisierung auf den verschiedenen dieses System bildenden Stufen".*[1755]

1078 Die Begriffe, mit denen die Steuerbefreiungen im Unionsrecht[1756] umschrieben sind, sind nach Auffassung des BFH *eng auszulegen*, da sie Ausnahmen von dem

1752 EuGH v. 07. 10. 2019 – Rs C-47/19 (ECLI:EU:C:2019:840), UR 2019, 892 unter Rn. 26.

1753 BFH v. 23. 05. 2019 – V R 7/19 (V R 38/16) (ECLI:DE:BFH:2019:U.230519.VR7.19.0), BFH/NV 2019, 1210 unter II.2. mit Verweis auf EuGH v. 14. 03. 2019 – Rs C-449/17, (ECLI:EU:C:2019:202), UR 2019, 294.

1754 BFH v. 21. 06. 2017 – V R 34/16 (ECLI:DE:BFH:2017:U.210617.VR34.16.0), BStBl. II 2018, 55 unter II.1.c.

1755 BFH v. 15. 12. 2021 – XI R 31/21 (XI R 6/18) (NV) (ECLI:DE:BFH:2021:U.151221.XIR31.21.0), BFH/NV 2022, 920 unter II.2.a.cc mit Verweis auf EuGH v. 14. 03. 2019 – Rs C-449/17 (ECLI:EU:C:2019:202), UR 2019, 294; EuGH v. 21. 10. 2021 – Rs C-373/19 (ECLI:EU:C:2021:873), UR 2021, 860; EuGH v. 07. 10. 2019 – Rs C-47/19 (ECLI:EU:C:2019:840), UR 2019, 892.

1756 Vgl. Art. 13 Teil A Abs. 1 Buchst. i der Richtlinie 77/388/EWG bzw. Art. 132 Abs. 1 Buchst. i MwStSystRL nach der Entsprechungstabelle in Anh. XII MwStSystRL.

allgemeinen Grundsatz darstellen, dass jede Dienstleistung, die ein Steuerpflichtiger gegen Entgelt erbringt, der Umsatzsteuer unterliegt.[1757]

In den folgenden Fällen hat der BFH daher eine Befreiung von der Umsatzsteuer verneint.

(1) Tanzkurse

Tanzkurse dienen weder Ausbildungs- noch Fortbildungszwecken, sondern der 1079
Freizeitgestaltung der Teilnehmer.[1758] Tanzkurse sind auch keine „sportlichen Veranstaltungen" i. S. des § 4 Nr. 22 Buchst. b UStG[1759]; hierunter fallen nach Auffassung des BFH nur solche organisatorischen Maßnahmen eines Sportvereins, die es aktiven Sportlern ermöglichen, Sport zu treiben.[1760] Es sind auch keine „kulturellen Veranstaltungen" i. S. von § 4 Nr. 22 Buchst. b UStG, da sie nicht in erster Linie der Verbesserung der tänzerischen Fähigkeiten der einzelnen Teilnehmer dienen.[1761]

(2) Surf- und Segelunterricht

Der Begriff „Schul- und Hochschulunterricht" i. S. von Art. 132 Abs. 1 Buchst. i 1080
und j MwStSystRL umfasst auch nicht den von einer Surf- und Segelschule durchgeführten Surf- und Segelunterricht für Schulen oder Universitäten, selbst wenn dieser Unterricht zum Sportprogramm bzw. zur Ausbildung von Sportlehrern gehört und in die Notenbildung eingehen kann.[1762]

(3) Schwimmunterricht

Selbst der von einer Schwimmschule erteilte *Schwimmunterricht* fällt nach der 1081
Entscheidung des BFH v. 16. 12. 2021 nicht unter den Begriff „Schul- und Hoch-

---

1757 BFH v. 27. 04. 2006 – V R 53/04, BStBl. II 2007, 16 unter II.1.c mit Verweis auf EuGH v. 20. 06. 2002 – Rs C-287/00 (ECLI:EU:C:2002:388), HFR 2002, 852.

1758 BFH v. 27. 04. 2006 – V R 53/04, BStBl. II 2007, 16 unter II.1.d. Nach dem Sachverhalt beruhten die angebotenen Kurse „auf einem ganzheitlichen Konzept, in dem neben dem Erlernen von Tänzen durch Rhythmusübungen ein besonderes Körpergefühl" vermittelt werden sollte, um die Integration „von unsicheren Menschen" in Gruppen zu fördern.

1759 Andere kulturelle und sportliche Veranstaltungen, die von den in § 4 Nr. 22 Buchst. a UStG genannten Unternehmern durchgeführt werden, sind gem. § 4 Nr. 22 Buchst. b UStG von der Umsatzsteuer befreit, soweit das Entgelt in Teilnehmergebühren besteht.

1760 BFH v. 27. 04. 2006 – V R 53/04, BStBl. II 2007, 16 unter II.2.b mit Verweis auf BFH v. 30. 03. 2000 – V R 30/99, BStBl. II 2000, 705 unter II.1.b.

1761 BFH v. 27. 04. 2006 – V R 53/04, BStBl. II 2007, 16 unter II.2.b.

1762 EuGH v. 07. 10. 2019 – Rs C-47/19 (ECLI:EU:C:2019:840), UR 2019, 892, 1. Leitsatz. Selbst der Surf- und Segelunterricht, der von einer Surf- und Segelschule im Rahmen einer Schulfahrt als „eng mit der Kinder- und Jugendbetreuung verbundene" Dienstleistung i. S. von Art. 132 Abs. 1 Buchst. h MwStSystRL durchgeführt wird, ist hiernach nicht von der Umsatzsteuer zu befreien.

schulunterricht" i. S. von Art. 132 Abs. 1 Buchst. i und j MwStSystRL,[1763] da der Schwimmunterricht

> *„ein spezialisierter, punktuell erteilter Unterricht ist, der für sich allein nicht der für den Schul- und Hochschulunterricht kennzeichnenden Vermittlung, Vertiefung und Entwicklung von Kenntnissen und Fähigkeiten in Bezug auf ein breites und vielfältiges Spektrum von Stoffen gleichkommt".*[1764]

1082 Die hierbei zu erlernende elementare Grundfähigkeit, „über die jeder Mensch – insbesondere zur Bewältigung von Notsituationen beim Kontakt mit Gewässern – verfügen sollte", ist unbeachtlich.[1765]

(4) Judounterricht

1083 Ebenso stellt ein *Judounterricht* nach Auffassung des BFH keinen Schul- oder Hochschulunterricht i. S. des Art. 132 Abs. 1 Buchst. i und j MwStSystRL dar. Die Voraussetzungen für eine Steuerbefreiung nach § 4 Nr. 21 Buchst. a oder b UStG oder nach § 4 Nr. 22 Buchst. a UStG waren in dem entschiedenen Fall nicht erfüllt.[1766]

cc) Vorsteuerabzug

1084 Die Befreiung von der Umsatzsteuer nach § 4 Nr. 22 Buchst. a UStG hat gem. § 15 Abs. 2 Satz 1 Nr. 1 UStG den Verlust des Vorsteuerabzugs zur Folge. Ein Ausnahmetatbestand i. S. von § 15 Abs. 3 Nr. 1 UStG liegt nicht vor. Ein Verzicht auf die Befreiung nach § 9 UStG ist nicht möglich.

d) Befreiung nach dem GrStG

1085 Grundbesitz, der von einer inländischen juristischen Person des öffentlichen Rechts für einen öffentlichen Dienst oder Gebrauch genutzt wird, ist gem. § 3 Abs. 1 Nr. 1 GrStG von der Grundsteuer befreit. Volkshochschulen dienen einem öffentlichen Dienst; der dazugehörige Grundbesitz ist daher von der Grundsteuer befreit.

1086 Auch der Grundbesitz, der für Zwecke der Wissenschaft, des Unterrichts oder der Erziehung genutzt wird, ist von der Grundsteuer gem. § 4 Nr. 5 GrStG befreit, wenn durch die zuständige Landesregierung oder die von ihr beauftragte Stelle

---

1763 BFH v. 16. 12. 2021 – V R 31/21 (V R 32/18) (ECLI:DE:BFH:2021:U.161221.VR31.21.0), BFH/NV 2022, 572 unter II.1.d. Änderung der BFH-Rechtsprechung. Der BFH hält damit an seinem Urteil v. 05. 06. 2014 – V R 19/13, BFH/NV 2014, 1687, nach dem Schwimmunterricht als von Privatlehrern erteilter Schulunterricht steuerfrei sein kann, nicht mehr fest. Folgeentscheidung zu EuGH v. 21. 10. 2021 – Rs C-373/19 (ECLI:EU:C:2021:873), UR 2021, 860.

1764 BFH v. 16. 12. 2021 – V R 31/21 (V R 32/18) (ECLI:DE:BFH:2021:U.161221.VR31.21.0), BFH/NV 2022, 572 unter I.2.c mit Verweis auf EuGH v. 21. 10. 2021 – Rs C-373/19 (ECLI:EU:C:2021:873), UR 2021, 860 unter Rn. 31.

1765 BFH v. 16. 12. 2021 – V R 31/21 (V R 32/18) (ECLI:DE:BFH:2021:U.161221.VR31.21.0), BFH/NV 2022, 572 unter I.2.d.

1766 BFH v. 15. 12. 2021 – XI R 31/21 (XI R 6/18) (NV) (ECLI:DE:BFH:2021:U.151221.XIR31.21.0), BFH/NV 2022, 920 unter II.2.a.cc.

anerkannt ist, dass der Nutzungszweck im Rahmen von öffentlichen Aufgaben liegt. Weitere Voraussetzung für die Befreiung nach § 4 Nr. 5 GrStG ist, dass der gegenständliche Grundbesitz ausschließlich demjenigen, der ihn nutzt, oder einer juristischen Person des öffentlichen Rechts zuzurechnen ist.

Auch der Grundbesitz, auf dem ein *Zweckbetrieb* i. S. der §§ 65 bis 68 AO unter- 1087
halten wird, ist nach Verwaltungsauffassung steuerbefreit. Soweit jedoch auf dem Grundbesitz neben begünstigten auch zeitlich befristete Veranstaltungen stattfinden, die nicht unmittelbar gemeinnützigen oder mildtätigen Zwecken dienen, kommt es für die Frage einer Befreiung darauf an, welche Nutzung überwiegt.[1767]

11. Wissenschafts- und Forschungseinrichtungen

a) *§ 68 Nr. 9 AO als lex specialis – Vorrang vor § 65 AO*

Wissenschafts- und Forschungseinrichtungen, deren Träger sich *überwiegend* 1088
aus Zuwendungen der öffentlichen Hand oder Dritter oder aus der Vermögensverwaltung finanzieren, sind einschließlich ihrer Auftragsforschung[1768] als Zweckbetriebe i. S. von § 69 Nr. 9 AO anzusehen.[1769] *„Überwiegend"* bedeutet hierbei, dass die Einnahmen zu mehr als 50 v. H. aus Quellen stammen müssen, die keine Gegenleistung für Leistungen einer solchen Wissenschafts- und Forschungseinrichtung darstellen.[1770]

Die Sonderregelung in § 68 Nr. 9 AO geht der allgemeinen Regelung über die 1089
Zweckbetriebseigenschaft wirtschaftlicher Betätigungen in § 65 AO vor. Es kommt nicht darauf an, ob die Forschungstätigkeit die Voraussetzungen des § 65 AO erfüllt.[1771] Auch die *Auftragsforschung* dient nach dem Wortlaut des § 68 Nr. 9 Satz 2 AO der Wissenschaft und Forschung.[1772] Der Gesetzgeber bezweckte mit § 68 Nr. 9 Satz 1 AO, Abgrenzungsschwierigkeiten zwischen der Eigenforschung und der Auftragsforschung zu vermeiden und es den Forschungseinrichtungen zu ermöglichen, die im steuerbegünstigten Bereich gefundenen Er-

1767 Koordinierte Erlasse der obersten Finanzbehörden der Länder v. 22. 06. 2022, BStBl. I 2022, 1171 unter A 3.7 Abs. 4.

1768 Zur Steuerbefreiung der Auftragsforschung durch *öffentlich-rechtliche Wissenschafts- und Forschungseinrichtungen* gem. § 5 Abs. 1 Nr. 23 KStG und § 3 Nr. 30 GewStG vgl. Abschn. E.VII.11.e.aa.

1769 BMF v. 22. 09. 1999 – IV C 6 – S 0171–97/99, BStBl. I 1999, 944. So auch FinMin Bayern v. 13. 04. 2000 – 33 – S 0171–81/33–17 787, DB 2000, 954 und FinMin Sachsen-Anhalt v. 02. 04. 2020 – 42 – S 0187–6, DStR 2020, 1574. Nach BFH v. 26. 09. 2019 – V R 16/18 (ECLI:DE:BFH:2019:U.260919.VR16.18.0), BFH/NV 2020, 38 unter II.4.b mit Verweis auf BT-Drucks. 13/4839, 89 kann die Auftragsforschung jedoch nur als für den Transfer der Forschungsergebnisse *notwendige Nebentätigkeit* in die Steuervergünstigung einbezogen werden.

1770 BFH v. 04. 04. 2007 – I R 76/05, BStBl. II 2007, 631 unter II.3.a.aa m. N.

1771 AEAO zu § 68, Nr. 18.

1772 So auch BFH v. 22. 06. 2016 – V R 49/15 (NV), BFH/NV 2016, 1754 unter II.1.

gebnisse in die Praxis zu überführen und der Wirtschaft zugänglich zu machen.[1773]

1090 Fördert eine Körperschaft nach ihrer Satzung neben der Wissenschaft und Forschung auch andere steuerbegünstigte Zwecke, ist § 68 Nr. 9 AO nur anzuwenden, wenn die Forschungstätigkeit bei der tatsächlichen Geschäftsführung die Förderung der anderen steuerbegünstigten Zwecke überwiegt.[1774] Die Anfertigung von Prototypen und die sog. Nullserie gehören nach Verwaltungsauffassung noch zur Forschungstätigkeit.[1775]

1091 Betreibt eine steuerbegünstigte Körperschaft, auf die § 68 Nr. 9 AO nicht anzuwenden ist, auch Forschung, ist die Zweckbetriebseigenschaft der Forschungstätigkeit nicht nach § 68 Nr. 9 AO, sondern nach § 65 AO zu beurteilen. In einem solchen Fall stellt die Auftragsforschung einen steuerpflichtigen wirtschaftlichen Geschäftsbetrieb dar. Falls sich in einem solchen Fall die Auftragsforschung nicht von der Grundlagen- oder Eigenforschung abgrenzen lässt, liegt insgesamt ein steuerpflichtiger wirtschaftlicher Geschäftsbetrieb vor.[1776]

b) Zur Finanzierung des Trägers von Wissenschafts- und Forschungseinrichtungen

aa) Begriff des „Trägers"

1092 Mit dem Begriff „Träger" ist die Körperschaft gemeint, die die Wissenschafts- oder Forschungseinrichtung betreibt.[1777] Auch bei einer Hochschule, die einen Betrieb gewerblicher Art (BgA) im Bereich der Auftragsforschung unterhält, ist für das Finanzierungserfordernis auf die juristische Person des öffentlichen Rechts und nicht auf deren BgA abzustellen, da für die Unternehmereigenschaft einer juristischen Person des öffentlichen Rechts das Vorliegen eines derartigen BgA unerheblich ist.[1778]

1093 Wie sich die Mitglieder oder Gesellschafter einer Körperschaft finanzieren, ist unerheblich.[1779]

bb) Gegenüberstellung der verschiedenen Mittel

1094 Die vom Gesetz geforderte „überwiegende Finanzierung" eines Trägers ergibt sich aus der Gegenüberstellung der Zuwendungen (der öffentlichen Hand, aus Spenden und echten Mitgliedsbeiträgen) sowie den Einnahmen aus der Vermögensverwaltung einerseits und der übrigen Einnahmen des Trägers – z. B. aus

1773 BFH v. 04. 04. 2007 – I R 76/05, BStBl. II 2007, 631 unter II.3.a.aa mit Verweis auf BT-Drucks. 13/4839, 88.

1774 AEAO zu § 68, Nr. 18.

1775 AEAO zu § 68, Nr. 21.

1776 OFD Frankfurt v. 06. 03. 2012 – S 0187 A – 12 – St 53, DB 2012, 1241 unter I.4.

1777 AEAO zu § 68, Nr. 19. So auch *Hüttemann*, Gemeinnützigkeits- und Spendenrecht, 4. Aufl. 2018, Rn. 6.274.

1778 BFH v. 26. 09. 2019 – V R 16/18 (ECLI:DE:BFH:2019:U.260919.VR16.18.0), BFH/NV 2020, 38 unter II.3.b.aa.

1779 AEAO zu § 68, Nr. 19.

der Auftragsforschung[1780] oder aus Projektträgerschaften[1781] – andererseits.[1782] Hierbei ist die Umsatzsteuer (aus einer ggf. von ihr erbrachten steuerpflichtigen Leistung) nicht zu berücksichtigen;[1783] etwaige Finanzierungsvorteile im Zeitraum zwischen der Vereinnahmung und Abführung der Umsatzsteuer an den Fiskus können nach Auffassung des BFH vernachlässigt werden.[1784]

Zur Vermögensverwaltung gehören in diesem Zusammenhang nur nichtunter- 1095
nehmerische Tätigkeiten i. S. des Umsatzsteuerrechts wie z. B. das Halten von Gesellschaftsanteilen mit den sich daraus ergebenden Beteiligungserträgen, nicht aber entgeltliche Leistungen wie etwa die Vermietung und Verpachtung von unbeweglichen oder beweglichen Vermögen.[1785]

Bei einer Hochschule in der Rechtsform einer Körperschaft des öffentlichen 1096
Rechts gehört auch die Finanzierung aus Haushaltsmitteln zu den „Zuwendungen der öffentlichen Hand oder Dritter oder aus der Vermögensverwaltung".[1786]

Nach Auffassung des BFH finanziert sich eine Forschungseinrichtung dann 1097
nicht überwiegend aus Zuwendungen der öffentlichen Hand oder Dritter oder aus der Vermögensverwaltung, wenn die Einnahmen aus der Auftrags- oder Ressortforschung mehr als 50 v. H. der gesamten Einnahmen betragen.[1787]

Beispiel:[1788] 1098

Ein als gemeinnützig anerkannter eingetragener Verein, der die Rehabilitation für Herz- und Kreislaufkranke förderte und dazu ein Herz- und Rehabilitationszentrum betrieb, unterhielt durch die für Unternehmen der Pharma- und Geräteindustrie auf dem Gebiet der Pharmakologie und Kardiologie betriebene Auftragsforschung auch einen wirtschaftlichen Geschäftsbetrieb i. S. von § 14 AO.

Dieser wirtschaftliche Geschäftsbetrieb war jedoch nach den Feststellungen des FG Baden-Württemberg kein Zweckbetrieb, da der Verein aufgrund von Forschungsverträgen mit Auftraggebern aus der Pharma- und Geräteindustrie jeweils einzelne, ganz bestimmte Forschungsleistungen an den jeweiligen Vertragspartner zu erbringen hatte, diesen gegenüber zur Geheimhaltung verpflich-

1780 BFH v. 10.05.2017 – V R 43/14, V R 7/15 (ECLI:DE:BFH:2017:U.100517.VR43.14.0), UR 2017, 548 unter II.2.a.

1781 AEAO zu § 68, Nr. 21.

1782 AEAO zu § 68, Nr. 20.

1783 BFH v. 10.05.2017 – V R 43/14, V R 7/15 (ECLI:DE:BFH:2017:U.100517.VR43.14.0), UR 2017, 548 unter II.2.a. Der AEAO zu § 68 enthält hierzu keine Aussage.

1784 BFH v. 10.05.2017 – V R 43/14, V R 7/15 (ECLI:DE:BFH:2017:U.100517.VR43.14.0), BFH/NV 2017, 1148 unter II.2.a.

1785 BFH v. 10.05.2017 – V R 43/14, V R 7/15 (ECLI:DE:BFH:2017:U.100517.VR43.14.0), UR 2017, 548 unter II.3.b und c.

1786 BFH v. 26.09.2019 – V R 16/18 (ECLI:DE:BFH:2019:U.260919.VR16.18.0), BFH/NV 2020, 38 unter II.3.b.bb.

1787 BFH v. 10.05.2017 – V R 43/14, V R 7/15 (ECLI:DE:BFH:2017:U.100517.VR43.14.0), BFH/NV 2017, 1148 unter II.2.a mit Verweis auf BFH v. 04.04.2007 – I R 76/05, BStBl. II 2007, 631, Leitsatz 1.

1788 Sachverhalt und rechtliche Würdigung nach FG Baden-Württemberg v. 11.07.2002 – 3 K 67/99, SIS 03 03 69.

tet war und ihnen die Forschungsergebnisse vor einer Veröffentlichung mitzuteilen hatte. Die Höhe der Zahlungen richtete sich nach dem Umfang des Auftrags bzw. den dabei entstandenen Forschungskosten. Nach Auffassung des FG Baden-Württemberg war die „Auftragsforschung objektiv gesehen durch die wirtschaftlichen Interessen der Auftraggeber an den Forschungsergebnissen und des Vereins an der Erzielung entsprechender Einnahmen geprägt".[1789]

Ein Zweckbetrieb i.S. des § 68 Nr. 9 AO ist bei Wissenschafts- und Forschungseinrichtungen jedoch nur dann anzunehmen, wenn sich deren Träger überwiegend aus Zuwendungen der öffentlichen Hand oder Dritter oder aus der Vermögensverwaltung finanzieren. Nach Auffassung des BFH bedeutet „überwiegend", dass die Einnahmen zu mehr als 50 v.H. aus Quellen stammen müssen, die keine Gegenleistung für Leistungen einer solchen Wissenschafts- und Forschungseinrichtung darstellen.[1790]

Nach den Feststellungen des FG Baden-Württemberg lagen in dem entschiedenen Fall Zuwendungen aus Drittmitteln, Spenden und echten Zuschüsse nicht vor bzw. „spielten insgesamt nur eine geringfügige Rolle".[1791] Die Voraussetzungen für die Annahme eines Zweckbetriebs waren damit nicht gegeben.

cc) Beurteilungszeitraum

1099 Für die Beurteilung der Frage, ob sich der Träger einer Forschungseinrichtung überwiegend aus Zuwendungen und der Vermögensverwaltung finanziert, ist grundsätzlich ein Dreijahreszeitraum zugrunde zu legen. Dieser umfasst den zu beurteilenden und die beiden vorangegangenen Veranlagungszeiträume.[1792]

Beispiel:[1793]

Der Träger einer Forschungseinrichtung erzielte in den Jahren 01 bis 03 folgende Einnahmen (in Tausend Euro):

Jahr	**Zuwendungen/ Vermögensverwaltung**	**Übrige Einnahmen**	**Gesamtfinanzierung**
01	1.000	1.100	2.100
02	1.400	1.000	2.400
03	1.200	1.300	2.500
Summe	3.600	3.400	7.000

1789 FG Baden-Württemberg v. 11.07.2002 – 3 K 67/99, SIS 03 03 69, 2. Leitsatz.

1790 BFH v. 04.04.2007 – I R 76/05, BStBl. II 2007, 631 unter II.3.a.aa m. N.

1791 FG Baden-Württemberg v. 11.07.2002 – 3 K 67/99, SIS 03 03 69 unter II.

1792 AEAO zu § 68, Nr. 20. So auch FG Sachsen v. 14.01.2020 – 3 K 492/13, SIS 20 20 24, 3. Leitsatz; a. A. FG Köln v. 22.06.2005 – 13 K 3420/04, EFG 2005, 1492, 1. Leitsatz. Die Frage des maßgeblichen Beurteilungszeitraums ließ der BFH in seinem Urteil v. 10.05.2017 – V R 43/14, V R 7/15 (ECLI:DE:BFH:2017:U.100517.VR43.14.0), BFH/NV 2017, 1148 unter II.2.b offen.

1793 Nach AEAO zu § 68, Nr. 20.

Im Jahr 03 – dem zu beurteilenden Veranlagungszeitraum – lag gem. § 68 Nr. 9 Satz 1 AO ein steuerbegünstigter Zweckbetrieb vor, weil sich der Träger der Forschungseinrichtung im maßgeblichen Beurteilungszeitraum der Jahre 01 bis 03 mit 3,6 Millionen Euro *überwiegend* aus Zuwendungen und der Vermögensverwaltung finanziert hatte.

Für die Entscheidung über die Zweckbetriebseigenschaft der betreffenden Forschungseinrichtung in einem Folgejahr ist die Finanzierung des Trägers in dem dann maßgeblichen dreijährigen Beurteilungszeitraums zu überprüfen.[1794] 1100

Beispiel (Fortsetzung):

Für den Veranlagungszeitraum 04 sind die Einnahmen der Jahre 02 bis 04 zu betrachten (in Tausend Euro):

Jahr	Zuwendungen/ Vermögensverwaltung	Übrige Einnahmen	Gesamtfinanzierung
02	1.400	1.000	2.400
03	1.200	1.300	2.500
04	1.000	1.500	2.500
Summe	3.600	3.800	7.400

Im Jahr 04 lag *kein* Zweckbetrieb vor, weil sich der Träger der Forschungseinrichtung im maßgeblichen Beurteilungszeitraum der Jahre 02 bis 04 mit 3,6 Millionen Euro *nicht überwiegend* aus Zuwendungen und der Vermögensverwaltung finanziert hatte. Die Einkünfte der Forschungseinrichtung des Jahres 04 waren in einem *steuerpflichtigen* wirtschaftlichen Geschäftsbetrieb zu erfassen.

Ist der Beurteilungszeitraum kürzer als drei Jahre, ist nach Auffassung des Verfassers nur der kürzere Zeitraum zu betrachten.

Fördert eine Körperschaft neben der Wissenschaft und Forschung auch andere 1101
steuerbegünstigte Zwecke im Rahmen eines (weiteren) Zweckbetriebs, sind die Einnahmen und Überschüsse aus diesem (weiteren) Zweckbetrieb für die Frage, wie sich der Träger der Forschungseinrichtung *überwiegend* finanziert, nicht zu berücksichtigen.[1795]

dd) Nichterfüllung der Finanzierungsvoraussetzungen des § 68 Nr. 9 AO

Eine Förderung von Wissenschaft und Forschung ist nach § 52 Abs. 2 Satz 1 Nr. 1 1102
AO nur dann gemeinnützig, wenn sie der Allgemeinheit dient. Keine Förderung der Allgemeinheit liegt vor, wenn Forschung im Interesse einzelner Auftraggeber betrieben wird und somit eine Auftrags- und Ressortforschung gegeben ist.[1796]

1794 Vgl. AEAO zu § 68, Nr. 20.
1795 AEAO zu § 68, Nr. 20.
1796 BFH v. 04.04.2007 – I R 76/05, BStBl. II 2007, 631 unter II.2.

1103 Sofern der Träger einer Forschungseinrichtung die Finanzierungsvoraussetzungen des § 68 Nr. 9 AO nicht erfüllt, ist „unter Berücksichtigung der gesamten Umstände des Einzelfalls" zu prüfen, ob sich die (nach § 52 AO nicht begünstigte) Auftragsforschung von den steuerbegünstigten Tätigkeit trennen lässt.[1797] Ist in diesem Fall die *Auftragsforschung* von *untergeordneter* Bedeutung, kann der Träger der Forschungseinrichtung gem. § 5 Abs. 1 Nr. 9 KStG steuerbefreit sein; die Auftragsforschung stellt dann lediglich einen steuerpflichtigen wirtschaftlichen Geschäftsbetrieb dar.[1798]

1104 Nur dann, wenn die Auftragsforschung als eigenständiger Zweck neben die Eigenforschung tritt und die Körperschaft damit gegen das Gebot der Ausschließlichkeit i. S. des § 56 AO verstößt, ist die Steuerbefreiung nach § 5 Abs. 1 Nr. 9 KStG nach Verwaltungsauffassung zu versagen.[1799] Nach Auffassung des BFH ist bei einer Forschungseinrichtung davon auszugehen,

> *„dass der Zuwachs an Wissen und Erfahrung der wissenschaftlichen Mitarbeiter, der mit jedem Auftrag einhergeht, für die Annahme einer Unterordnung der Auftragsforschung unter den gemeinnützigen Zweck (...) allein nicht ausreicht".*[1800]

c) *Abgrenzung zum Zweckbetrieb*

1105 Zu einem steuerbegünstigten Zweckbetrieb i. S. von § 68 Nr. 9 AO gehören auch notwendige Nebentätigkeiten zur Eigen- und Grundlagenforschung.[1801]

1106 *„Forschung ist die geistige Tätigkeit mit dem Ziel, in methodischer, systematischer und nachprüfbarer Weise neue Erkenntnisse zu gewinnen. Sie ist daher auf einen Erkenntnisgewinn ausgerichtet und erfasst nicht jedwede wissenschaftliche Tätigkeit".*[1802]

1107 Ist eine Forschungseinrichtung nach § 68 Nr. 9 AO ein Zweckbetrieb, besteht die unwiderlegbare Vermutung, dass das Schwergewicht ihrer Tätigkeit im steuerbegünstigten Bereich liegt.[1803]

1108 Nicht zum Zweckbetrieb gehören gem. § 68 Nr. 9 Satz 3 AO Tätigkeiten, die sich auf die *Anwendung* gesicherter wissenschaftlicher Erkenntnisse wie z. B. die Materialprüfung, die Blutalkoholuntersuchung oder die Schadstoffanalyse[1804]

1797 BFH v. 04. 04. 2007 – I R 76/05, BStBl. II 2007, 631 unter II.4.
1798 AEAO zu § 68, Nr. 18.
1799 AEAO zu § 68, Nr. 18. So auch BFH v. 04. 04. 2007 – I R 76/05, BStBl. II 2007, 631 unter II.3.c m. N.
1800 BFH v. 04. 04. 2007 – I R 76/05, BStBl. II 2007, 631 unter II.4.
1801 BFH v. 26. 09. 2019 – V R 16/18 (ECLI:DE:BFH:2019:U.260919.VR16.18.0), BFH/NV 2020, 38, 2. Leitsatz.
1802 Vgl. LfSt Niedersachsen v. 04. 07. 2019, SIS 19 17 04 unter 3.5.3.5.
1803 AEAO zu § 68, Nr. 18.
1804 Vgl. LfSt Niedersachsen v. 04. 07. 2019, SIS 19 17 04 unter 3.5.3.5.

beschränken, die Übernahme von *Projektträgerschaften* sowie *wirtschaftliche Tätigkeiten* ohne Forschungsbezug.[1805]

Bei der Anfertigung von Gutachten kommt es für eine Zuordnung auf Thema und Inhalt an.[1806] Gutachten, in denen lediglich gesicherte wissenschaftliche Erkenntnisse verwertet werden, gehören nicht zur Forschungstätigkeit.[1807] 1109

Erfüllt eine Forschungseinrichtung nicht die Voraussetzungen des § 68 Nr. 9 AO für die Annahme eines Zweckbetriebs, ist die gesamte Forschungstätigkeit in einem solchen Fall einem *steuerpflichtigen* wirtschaftlichen Geschäftsbetrieb zuzuordnen.[1808] Auch die Überlassung der Nutzung eines Rechenzentrums für Zwecke Dritter gegen Entgelt führt zu einem steuerpflichtigen wirtschaftlichen Geschäftsbetrieb.[1809] 1110

d) Übernahme von Projektträgerschaften

Eine „Projektträgerschaft" ist die fachliche und verwaltungsmäßige Betreuung und Abwicklung einer Projektförderung durch Forschungseinrichtungen (Projektträger) im Auftrag des Bundes oder eines Landes. Zu den Aufgaben eines Projektträgers gehören u. a. die Prüfung und Beurteilung von Förderanträgen der jeweiligen Forschungseinrichtung, die Erarbeitung eines Entscheidungsvorschlags, die Verwaltung der vom Zuwendungsgeber bereitgestellten Mittel und die Mitwirkung bei der Auswertung und Veröffentlichung der Arbeitsergebnisse. Die dem Projektträger entstehenden Kosten werden i. d. R. vom Zuwendungsgeber erstattet.[1810] 1111

Projektträgerschaften stellen nach Verwaltungsauffassung *steuerpflichtige* wirtschaftliche Geschäftsbetriebe dar.[1811]

e) Steuerliche Vergünstigungen

aa) Befreiung von der Körperschaft- und Gewerbesteuer

Da die Förderung von Wissenschaft und Forschung nach § 52 Abs. 2 Satz 1 Nr. 1 AO gemeinnützig ist, sind Körperschaften, Personenvereinigungen und Vermögensmassen, die ausschließlich und unmittelbar diesen Zwecken dienen, gem. § 5 Abs. 1 Nr. 9 KStG und § 3 Nr. 6 GewStG von der Körperschaft- und Gewerbesteuer befreit. 1112

Nach § 5 Abs. 1 Nr. 23 KStG und § 3 Nr. 30 GewStG ist auch die *Auftragsforschung öffentlich-rechtlicher Wissenschafts- und Forschungseinrichtungen* von der Kör- 1113

1805 Soweit entsprechende Expertisen vorliegen, aus denen hervorgeht, ob das erzielte Ergebnis auf einer Forschungstätigkeit oder der Anwendung gesicherter Erkenntnisse beruht, ist diesen Angaben nach LfSt Niedersachsen v. 04. 07. 2019, SIS 19 17 04 unter 3.5.2.5 in der Regel zu folgen.

1806 AEAO zu § 68, Nr. 21.

1807 LfSt Niedersachsen v. 04. 07. 2019, SIS 19 17 04 unter 3.5.3.7.

1808 AEAO zu § 68, Nr. 18.

1809 AEAO zu § 68, Nr. 18.

1810 AEAO zu § 68, Nr. 21.

1811 AEAO zu § 68, Nr. 21.

perschaft- und Gewerbesteuer befreit. Ist die Tätigkeit jedoch auf die *Anwendung* gesicherter wissenschaftlicher Erkenntnisse, die Übernahme von Projektträgerschaften sowie wirtschaftliche Tätigkeiten ohne Forschungsbezug gerichtet, ist eine Befreiung von der Körperschaftsteuer (und damit auch von der Gewerbesteuer) gem. § 5 Abs. 1 Nr. 23 2. Halbsatz KStG insoweit ausgeschlossen.

bb) Steuervergünstigungen im Umsatzsteuerrecht

(1) Steuersatzermäßigung gem. § 12 Abs. 2 Nr. 8 Buchst. a Satz 1 UStG

1114 Nach § 12 Abs. 2 Nr. 8 Buchst. a Satz 1 UStG ermäßigt sich der Steuersatz für Leistungen von steuerbegünstigten Körperschaften i. S. der §§ 51 ff. AO auf 7 v. H. Dies gilt nach § 12 Abs. 2 Nr. 8 Buchst. a Satz 2 UStG bei Leistungen eines wirtschaftlichen Geschäftsbetriebs nur, wenn es sich bei diesem um einen Zweckbetrieb handelt.

1115 Unter den Voraussetzungen von § 68 Nr. 9 Satz 1 AO gehören hierzu „Wissenschafts- und Forschungseinrichtungen". Mit der Ausführung von Forschungsumsätzen selbst werden die steuerbegünstigten Zwecke der in § 68 Nr. 9 AO bezeichneten Forschungseinrichtungen verwirklicht. Dies gilt auch für die Auftragsforschung,[1812] die gem. § 68 Nr. 9 Satz 2 AO „der Wissenschaft und Forschung dient". Nach Auffassung des BFH darf die *Auftragsforschung* aber nur als eine für den Transfer der Forschungsergebnisse *notwendige Nebentätigkeit* in die Steuervergünstigung einbezogen werden.[1813]

1116 Nicht dazu gehören Tätigkeiten, die sich auf die Anwendung gesicherter wissenschaftlicher Erkenntnisse beschränken, die Übernahme von Projektträgerschaften sowie wirtschaftliche Tätigkeiten ohne Forschungsbezug.[1814]

(2) Fehlende unionsrechtliche Grundlage für eine allgemeine Steuersatzermäßigung der Leistungen der Träger von Wissenschafts- und Forschungseinrichtungen

1117 Eine unionsrechtliche Grundlage für eine *allgemeine* Steuersatzermäßigung der Leistungen der Träger von Wissenschafts- und Forschungseinrichtungen gem. § 12 Abs. 2 Nr. 8 Buchst. a UStG i. V. m. § 68 Nr. 9 AO besteht nach Auffassung des BFH nicht.[1815]

1118 Ermäßigte Steuersätze sind nach Art. 98 Abs. 2 MwStSystRL auf die Lieferungen und Dienstleistungen der im Anhang III der MwStSystRL genannten Kategorien

1812 Abschn. 12.9 Abs. 10 Satz 1, Unterpunkt „Wissenschafts- und Forschungseinrichtungen" Satz 3 UStAE.

1813 BFH v. 26.09.2019 – V R 16/18 (ECLI:DE:BFH:2019:U.260919.VR16.18.0), BFH/NV 2020, 38 unter II.4.b mit Verweis auf die amtliche Gesetzesbegründung in BT-Drucks. 13/4839, 89.

1814 BFH v. 26.09.2019 – V R 16/18 (ECLI:DE:BFH:2019:U.260919.VR16.18.0), BFH/NV 2020, 38 unter II.3.a. So auch Abschn. 12.9 Abs. 10 Satz 1, Unterpunkt „Wissenschafts- und Forschungseinrichtungen" Satz 4 UStAE.

1815 BFH v. 26.09.2019 – V R 16/18 (ECLI:DE:BFH:2019:U.260919.VR16.18.0), BFH/NV 2020, 38 unter II.3.a.

anwendbar. Lieferungen und Dienstleistungen im Zusammenhang mit Wissenschaft- und Forschung sind im Anhang III jedoch nicht enthalten.

Nach Anhang III Nr. 15 MwStSystRL ist der ermäßigte Steuersatz jedoch auf die „Lieferung von Gegenständen und Erbringung von Dienstleistungen durch von den Mitgliedstaaten anerkannte gemeinnützige *Einrichtungen für wohltätige Zwecke und im Bereich der sozialen Sicherheit*, soweit sie nicht gemäß den Artikeln 132, 135 und 136 von der Steuer befreit sind“[1816] anzuwenden. Die Förderung von Wissenschaft- und Forschung ist zwar nach deutschem Recht gem. § 52 Abs. 2 Nr. 1 AO gemeinnützig; die von den Trägern unterhaltenen Wissenschafts- und Forschungseinrichtungen stellen jedoch i. d. R. keine „gemeinnützigen Einrichtungen *für* wohltätige Zwecke und im Bereich der sozialen Sicherheit“ (von sozialwissenschaftlichen Projekten einer Wissenschafts- und Forschungseinrichtung abgesehen) dar. 1119

Unter Berücksichtigung des Grundsatzes einer engen Auslegung der Steuersatzermäßigungen als *Ausnahmetatbestand* sind daher *andere* Leistungen gemeinnütziger Einrichtungen – außerhalb *wohltätiger Zwecke oder im Bereich der sozialen Sicherheit* – nach Auffassung des Verfassers unionsrechtlich vom Anwendungsbereich der Steuersatzermäßigung für gemeinnützige Körperschaften ausgeschlossen;[1817] die Anwendung von § 12 Abs. 2 Nr. 8 Buchst. a Satz 1 UStG auf Leistungen der Träger von Wissenschafts- und Forschungseinrichtungen – von sozialwissenschaftlichen Projekten abgesehen – ist daher grundsätzlich unionsrechtswidrig. 1120

(3) Keine Steuerbefreiung nach § 4 UStG

Die Steuerbefreiung für Umsätze der staatlichen Hochschulen aus Forschungstätigkeiten gem. § 4 Nr. 21a UStG a. F. war unionsrechtswidrig[1818] und wurde durch das StÄndG 2003[1819] mit Wirkung ab dem 01. 01. 2004 aufgehoben. 1121

cc) Steuerbefreiung nach § 3 Abs. 1 GrStG

Grundbesitz, der für Zwecke der Wissenschaft, des Unterrichts oder der Erziehung benutzt wird, ist bei einer juristischen Person des öffentlichen Rechts nach § 3 Abs. 1 Nr. 1 GrStG, bei einer gemeinnützigen Körperschaft, Personenvereinigung oder Vermögensmasse nach § 3 Abs. 1 Nr. 3 Buchst. b GrStG und bei einer öffentlich-rechtlichen Religionsgesellschaft nach § 3 Abs. 1 Nr. 4 GrStG von der Grundsteuer befreit.[1820] Der Grundbesitz muss jedoch ausschließlich dem Träger der Einrichtung oder einer juristischen Person des öffentlichen Rechts zuzurechnen sein.[1821] 1122

1816 Anhang III Nr. 15 MwStSystRL.
1817 Vgl. hierzu auch Abschn. E.III.7.c.bb.1.
1818 Vgl. EuGH v. 20. 06. 2002 – Rs C-287/00 (ECLI:EU:C:2002:388), HFR 2002, 852.
1819 StÄndG 2003 v. 15. 12. 2003, BGBl. I 2003, 2645.
1820 Abschn. 22 Abs. 1 GrStR.
1821 Abschn. 22 Abs. 6 GrStR.

1123 Auch der Grundbesitz, auf dem ein *Zweckbetrieb* i. S. der §§ 65 bis 68 AO unterhalten wird, ist nach Verwaltungsauffassung steuerbefreit. Soweit auf dem Grundbesitz neben begünstigten auch zeitlich befristete Veranstaltungen stattfinden, die nicht unmittelbar gemeinnützigen oder mildtätigen Zwecken dienen, kommt es für die Frage einer Befreiung darauf an, welche Nutzung überwiegt.[1822]

1822 Koordinierte Erlasse der obersten Finanzbehörden der Länder v. 22. 06. 2022, BStBl. I 2022, 1171 unter A 3.7 Abs. 4.

F. Steuerliches Einlagekonto und Einkünfte aus Kapitalvermögen

1124 Unbeschränkt steuerpflichtige Kapitalgesellschaften und andere unbeschränkt steuerpflichtige Körperschaften und Personenvereinigungen, die Leistungen i. S. des § 20 Abs. 1 Nr. 1, 9 oder Nr. 10 EStG gewähren *können*,[1823] haben gem. § 27 Abs. 1 i. V. m. Abs. 7 KStG die nicht in ihr Nennkapital[1824] geleisteten Einlagen am Schluss jedes Wirtschaftsjahrs auf einem besonderen Konto, dem sog. *steuerlichen Einlagekonto*[1825], auszuweisen.

I. Von § 27 Abs. 7 KStG betroffene Körperschaften und Personenvereinigungen

1125 Zu den von § 27 Abs. 7 KStG betroffenen unbeschränkt steuerpflichtige Körperschaften und Personenvereinigungen[1826] gehören u. a. die sonstigen juristische Personen des privaten Rechts, nicht rechtsfähige Vereine, Anstalten, Stiftungen und andere Zweckvermögen des privaten Rechts sowie Betriebe gewerblicher Art (BgA) von juristischen Personen des öffentlichen Rechts (jPöR).[1827]

1. Vereine

1126 Ein gem. § 21 BGB eingetragener Verein mit Sitz im Inland ist eine unbeschränkt steuerpflichtige Körperschaft, der Leistungen gegenüber seinen Mitgliedern vornehmen kann, die der Ausschüttung des laufenden Gewinns sowie der Auskehrung von nach der Auflösung der Körperschaft angefallenen Bezügen *wirtschaftlich* entsprechen. Nach Auffassung des FG Köln bestehen „keine Zweifel" an der *Ausschüttungsfähigkeit* von Vereinen.[1828]

1127 Die von Vereinen gegenüber ihren Mitgliedern erbrachten Leistungen können dann Gewinnausschüttungen im Sinne einer wirtschaftlichen Vergleichbarkeit sein, wenn die Leistungen nicht in Erfüllung der satzungsmäßigen Aufgaben des Vereins gegenüber den Mitgliedern erbracht werden und keine Gegenleistung im Rahmen eines schuldrechtlichen Leistungsaustauschs darstellen (z. B. bei verdeckten Gewinnausschüttungen i. S. von § 8 Abs. 3 Satz 2 KStG).[1829]

1823 Nach FG Köln v. 14.01.2010 – 13 K 3157/05, EFG 2010, 1066 unter II.1.a reicht die *theoretische* Möglichkeit aus, solche Leistungen erbringen zu können; eine tatsächliche Erbringung von Leistungen in diesem Sinne ist nicht erforderlich. So auch Gosch/*Bauschatz*, KStG, 4. Aufl. 2020, § 27 Rn. 125.

1824 Bei anderen unbeschränkt steuerpflichtigen Körperschaften und Personenvereinigungen betrifft es die mit dem Nennkapital vergleichbare Eigenkapitalausstattung.

1825 Hierbei handelt es sich nicht um ein Konto i. S. einer Buchhaltung, sondern um eine Nebenrechnung für steuerliche Zwecke.

1826 Die ihre Geschäftsleitung oder ihren Sitz gem. § 1 Abs. 1 KStG im Inland haben.

1827 Gosch/*Bauschatz*, KStG, 4. Aufl. 2020, § 27 Rn. 126.

1828 FG Köln v. 14.01.2010 – 13 K 3157/05, EFG 2010, 1066 unter II.1.b.

1829 FG Köln v. 14.01.2010 – 13 K 3157/05, EFG 2010, 1066 unter II.1.b m. N.

2. Für Vermögensmassen fehlt eine Rechtsgrundlage

1128 Rechtsfähige private Stiftungen des bürgerlichen Rechts sind weder Körperschaften noch Personenvereinigungen, sondern gehören zu den *Vermögensmassen*[1830], die der Gesetzgeber grundsätzlich von Körperschaften und Personenvereinigungen abgegrenzt hat.[1831]

Da der Wortlaut des § 27 Abs. 7 KStG jedoch keine Vermögensmassen erfasst, fehlt für *rechtsfähige private Stiftungen* des bürgerlichen Rechts nach Auffassung des BFH eine Rechtsgrundlage für die gesonderte Feststellung des Bestands des steuerlichen Einlagekontos.[1832]

3. Betriebe gewerblicher Art (BgA)

1129 Zu den Körperschaften, die ein steuerliches Einlagekonto führen müssen, gehören auch die nicht von der Körperschaftsteuer befreiten Betriebe gewerblicher Art (BgA) von jPöR i. S. des § 4 KStG mit und ohne eigener Rechtspersönlichkeit.[1833]

1130 Die Vorschrift des § 20 Abs. 1 Nr. 10 Buchst. b EStG ist jedoch nur für den nicht steuerbefreiten Teil eines BgA relevant. Erfüllt der Träger eines BgA die Voraussetzungen des § 44a Abs. 7 EStG (z. B. eine jPöR, die ausschließlich und unmittelbar *kirchlichen* Zwecken dient), ist § 20 Abs. 1 Nr. 10 Buchst. b EStG nicht anzuwenden. Auf die Feststellung eines steuerlichen Einlagekontos kann nach Verwaltungsauffassung in solchen Fällen verzichtet werden.[1834]

1830 Eine Vermögensmasse ist ein aus dem Vermögen einer Person ausgeschiedener und z. B. einer Stiftung gewidmeter Vermögensteil. Die Einordnung als Vermögensmasse ergibt sich nach BFH v. 17.05.2023 – I R 42/19 (ECLI:DE:BFH:2023:U.170523.IR42.19.0), BStBl. II 2024, 381 unter II.3.a bei einer rechtsfähigen privaten Stiftungen des bürgerlichen Rechts dadurch, dass bei einer solchen Stiftung weder eine Beteiligung der Begünstigten (Destinatäre) am Vermögen möglich ist noch Mitgliedschaftsrechte bestehen.

1831 BFH v. 17.05.2023 – I R 42/19 (ECLI:DE:BFH:2023:U.170523.IR42.19.0), BStBl. II 2024, 381 unter II.3.a.

1832 BFH v. 17.05.2023 – I R 42/19 (ECLI:DE:BFH:2023:U.170523.IR42.19.0), BStBl. II 2024, 381 unter II.4, während die herrschende Meinung im Schrifttum davon ausgeht, dass § 27 Abs. 7 KStG auch rechtsfähige private Stiftungen des bürgerlichen Rechts erfasst, da die Nichterwähnung der Vermögensmassen in § 27 Abs. 7 KStG lediglich ein *Versehen* des Gesetzgebers sei (vgl. BFH v. 17.05.2023 – I R 42/19 (ECLI:DE:BFH:2023:U.170523.IR42.19.0), BStBl. II 2024, 381 unter II.3.b m. N.). Der BFH weist jedoch unter II.3.d darauf hin, dass keine ausfüllungsbedürftige Regelungslücke vorliegt, da sich der Gesetzgeber in § 179 Abs. 1 AO ausdrücklich dafür entschieden hatte, eine gesonderte Feststellung nur zu verlangen, soweit dies in der Abgabenordnung oder sonst in den Steuergesetzen *ausdrücklich* bestimmt ist.

1833 Zu den BgA mit eigener Rechtspersönlichkeit gehören z. B. Sparkassen, zu denen ohne eigener Rechtspersönlichkeit Eigen- und Regiebetriebe.

1834 BMF v. 28.01.2019 – IV C 2 – S 2706-a/15/10001, BStBl. I 2019, 97 unter Rn. 38 i. d. F. v. 04.04.2022 – IV C 2 – S 2836/21/10001 :001 (DOK 2022/0362719), BStBl. I 2022, 645.

4. Anwendung auch auf wirtschaftliche Geschäftsbetriebe

Die Vorschriften des § 27 KStG zum steuerlichen Einlagekonto sind nach Verwaltungsauffassung auch auf wirtschaftliche Geschäftsbetriebe der von der Körperschaftsteuer befreiten Körperschaften, Personenvereinigungen und Vermögensmassen anzuwenden,[1835] soweit der wirtschaftliche Geschäftsbetrieb unter die Vorschrift des § 20 Abs. 1 Nr. 10 Buchst. b Satz 4 EStG fällt. Ausweislich des BMF-Schreibens v. 02. 02. 2016 betrifft diese Regelung (nur) *steuerpflichtige* wirtschaftliche Geschäftsbetriebe i. S. von § 64 AO.[1836] 1131

II. Das steuerliche Einlagekonto

1. Gesonderte Feststellung des steuerlichen Einlagekontos

Das steuerliche Einlagekonto ist gem. § 27 Abs. 7 i. V. m. § 27 Abs. 1 Satz 2 KStG – ausgehend vom Anfangsbestand – fortzuschreiben. Auf den Schluss eines jeden Wirtschaftsjahrs haben die von § 27 KStG erfassten Körperschaften und Personenvereinigungen eine Erklärung zur gesonderten Feststellung von Besteuerungsgrundlagen abzugeben, die gem. § 27 Abs. 2 Satz 5 KStG von den in § 34 AO bezeichneten Personen eigenhändig zu unterschreiben ist. Das steuerliche Einlagekonto wird gem. § 27 Abs. 7 i. V. m. § 27 Abs. 2 Satz 1 KStG gesondert festgestellt. 1132

Auf die Feststellung des steuerlichen Einlagekontos kann nicht verzichtet werden. „Das Einlagekonto soll nach den Vorstellungen des Gesetzgebers fortlaufend festgestellt werden; Feststellungsunterbrechungen würden diesem Konzept zuwiderlaufen".[1837] Die Feststellung des Einlagekontos ist nach Auffassung des BFH weder an die Gewinnermittlungsart noch an das Überschreiten der jeweiligen Betragsgrenzen des § 20 Abs. 1 Nr. 10 Buchst. b EStG gebunden.[1838] 1133

Das steuerliche Einlagekonto ist nach Verwaltungsauffassung auch von Körperschaften und Personenvereinigungen zu führen, bei denen Ausschüttungen z. B. aufgrund von Satzungen *ausgeschlossen* sind.[1839] Beschränkt steuerpflichtige Körperschaften haben kein Einlagekonto zu führen.[1840] 1134

1835 Vgl. BMF v. 02. 02. 2016 – IV C 2 – S 2706-a/14/10001, BStBl. I 2016, 200 unter Rn. 10.

1836 Vgl. BMF v. 02. 02. 2016 – IV C 2 – S 2706-a/14/10001, BStBl. I 2016, 200: „Auslegungsfragen zu § 20 Abs. 1 Nr. 10 Buchstabe b Satz 4 EStG; Gewinne *steuerpflichtiger* wirtschaftlicher Geschäftsbetriebe der von der Körperschaftsteuer befreiten Körperschaften, Personenvereinigungen und Vermögensmassen".

1837 BFH v. 30. 09. 2020 – I R 12/17 (ECLI:DE:BFH:2020:U.300920.IR12.17.0), BStBl. II 2022, 269 unter II.4.b.

1838 BFH v. 30. 09. 2020 – I R 12/17 (ECLI:DE:BFH:2020:U.300920.IR12.17.0), BStBl. II 2022, 269 unter II.4.b.aa.

1839 BMF v. 04. 06. 2003 – IV A 2 – S 2836 – 2/03, BStBl. I 2003, 366 unter Rn. 3, weiterhin anzuwenden gem. BMF v. 10. 03. 2023 – IV A 2 – O 2000/22/10003 :001 (DOK 2023/0169552), BStBl. I 2023, 406, Anl. 1, Nr. 1293.

1840 BMF v. 04. 06. 2003 – IV A 2 – S 2836 – 2/03, BStBl. I 2003, 366 unter Rn. 3.

1135 Eine Regelung, die auf die Feststellung eines steuerlichen Einlagekontos bei wirtschaftlichen Geschäftsbetrieben in bestimmten Fällen aus Vereinfachungsgründen verzichtet,[1841] ist z. Z. nicht gegeben.

2. Feststellungserklärung im sog. Erstjahr

1136 Wenn bisher keine oder nicht fortlaufend eine Feststellung des steuerlichen Einlagekontos vorzunehmen war, ist für die Feststellung auf den Schluss des letzten in 2022 endenden Wirtschaftsjahres – dem sog. Erstjahr – eine entsprechende Feststellungserklärung abzugeben und eine Feststellung des steuerlichen Einlagekontos vorzunehmen.[1842]

1137 In Fällen, in denen die Umsatz- oder Gewinngrenze des § 20 Abs. 1 Nr. 10 Buchst. b Satz 1 EStG[1843] nach Ablauf des VZ 2001 *erstmalig* überschritten wird oder ein BgA bzw. ein steuerpflichtiger wirtschaftlicher Geschäftsbetrieb *erstmals* seinen Gewinn durch Betriebsvermögensvergleich ermittelt, sind bei der *erstmaligen* Feststellung des Anfangsbestands des steuerlichen Einlagekontos alle bis zum Ablauf des Wirtschaftsjahres, das dem erstmaligen Überschreiten der Umsatz- oder Gewinngrenze bzw. der Gewinnermittlung durch Betriebsvermögensvergleich vorangeht, vorhandenen Eigenkapitalteile zuzurechnen.[1844]

1841 Nach BMF v. 28. 01. 2019 – IV C 2 – S 2706-a/15/10001, BStBl. I 2019, 97 unter Rn. 38 i. d. F. v. 04. 04. 2022 – IV C 2 – S 2836/21/10001 :001 (DOK 2022/0362719), BStBl. I 2022, 645 kann auf die Feststellung eines steuerlichen Einlagekontos verzichtet werden, wenn der Träger eines steuerbegünstigten Teils eines BgA die Voraussetzungen des § 44a Abs. 7 EStG erfüllt und § 20 Abs. 1 Nr. 10 Buchst. b EStG nicht anzuwenden ist. Diese Regelung in Rn. 38 ist jedoch nach BMF v. 02. 02. 2016 – IV C 2 – S 2706-a/14/10001, BStBl. I 2016, 200 unter Rn. 3 auf wirtschaftliche Geschäftsbetriebe *nicht* anwendbar.

1842 BMF v. 28. 01. 2019 – IV C 2 – S 2706-a/15/10001, BStBl. I 2019, 97 Rn. 44 i. d. F. v. 04. 04. 2022 – IV C 2 – S 2836/21/10001 :001 (DOK 2022/0362719), BStBl. I 2022, 645, anwendbar nach BMF v. 02. 02. 2016 – IV C 2 – S 2706-a/14/10001, BStBl. I 2016, 200 unter Rn. 3 auch auf wirtschaftliche Geschäftsbetriebe.

1843 Die in § 20 Abs. 1 Nr. 10 Buchst. b Satz 1 EStG genannte Umsatzgrenze liegt bei Umsätzen einschließlich der steuerfreien Umsätze, ausgenommen die Umsätze nach § 4 Nr. 8 bis 10 UStG von mehr als 350.000 Euro im Kalenderjahr; die Gewinngrenze liegt bei einem Gewinn von mehr als 30.000 Euro im Wirtschaftsjahr. Nach Auffassung des FG Thüringen v. 28. 02. 2024 – 4 K 590/22, rkr., SIS 25 00 56 ist für die Prüfung, ob die in § 20 Abs. 1 Nr. 10 Buchst. b EStG genannte *Gewinngrenze* überschritten ist, auf den nach den *steuerrechtlichen* Gewinnermittlungsvorschriften ermittelten Gewinn abzustellen.

1844 BMF v. 02. 02. 2016 – IV C 2 – S 2706-a/14/10001, BStBl. I 2016, 200 unter Rn. 12.

3. Die mit dem Nennkapital vergleichbare Eigenkapitalausstattung

a) Betriebe gewerblicher Art (BgA)

Bei einem BgA, der aufgrund der §§ 238 Abs. 1, 242 HGB verpflichtet ist, Bücher zu führen und Bilanzen zu erstellen, ergibt sich das dem „Nennkapital“ entsprechende Stammkapital[1845] i. d. R. aus der Bilanz. 1138

Soweit ein BgA weder nach § 140 AO noch nach § 141 AO buchführungspflichtig ist und auch freiwillig keine Bilanzen erstellt, ist das „Nennkapital“ ggf. anhand vorhandener Unterlagen zu ermitteln oder nach § 162 Abs. 1 AO zu schätzen, ggf. durch eine Nebenrechnung zur Einnahmen-Überschussrechnung unter Berücksichtigung der erzielten Gewinne und Verluste und etwaiger Einlagen der Trägerkörperschaft.[1846] 1139

b) Vereine

Vereine verfügen über kein Mindeststammkapital o. ä. und sind als ideelle Vereine i. d. R. nicht buchführungspflichtig, sofern sich nicht aus § 141 AO eine Buchführungspflicht ergibt. Sehr große Vereine sind jedoch aufgrund des PublG[1847] zur Rechnungslegung verpflichtet. 1140

Hilfsweise kann das vorhandene *Vereinsvermögen* (das dauerhaft zur Verfügung gestellte Vermögen i. S. von § 62 Abs. 3 AO z. B. aus Zuwendungen von Todes wegen oder aus zweckgebundenen Spenden) als „Nennkapital“ i. S. von § 27 KStG herangezogen werden. 1141

c) Stiftungen

Bei einer *Stiftung* steht das von den Stiftern auf Grundlage des Stiftungsgeschäfts aufgebrachte und in seinem Bestand erhaltene Stiftungskapital einem Nennkapital i. S. des § 27 Abs. 1 KStG gleich.[1848] 1142

d) Wirtschaftliche Geschäftsbetriebe

aa) Buchführungspflicht nach §§ 140, 141 AO

Bei einem *wirtschaftlichen Geschäftsbetrieb* einer von der Körperschaftsteuer befreiten Körperschaft ergibt sich das „Nennkapital“ i. S. von § 27 KStG aus der Bilanz, sofern der wirtschaftliche Geschäftsbetrieb nach den §§ 140, 141 AO buchführungspflichtig ist. 1143

1845 Vgl. z. B. § 10 Abs. 2 Eigenbetriebs- und Anstaltsverordnung (EigAnVO) Rheinland-Pfalz v. 05. 10. 1999, GVBl. 1999, 373.

1846 FG Köln 14. 01. 2010 – 13 K 3157/05 – EFG 2010, 1066 unter II.2.c.

1847 Gesetz über die Rechnungslegung von bestimmten Unternehmen und Konzernen (PublG) v. 05. 08. 1969, BGBl. I 1969, 1189, zuletzt geändert durch Art. 59 des Gesetzes zur Modernisierung des Personengesellschaftsrechts (Personengesellschaftsrechtsmodernisierungsgesetz – MoPeG) v. 10. 08. 2021, BGBl. I 2021, 3436.

1848 FG Münster v. 16. 01. 2019 – 9 K 1107/17 F, EFG 2019, 1010, 2. Leitsatz.

bb) *Gewinnermittlung nach § 4 Abs. 3 EStG*

1144 Da die Feststellung des Einlagekontos weder an die Gewinnermittlungsart noch an das Überschreiten der jeweiligen Betragsgrenzen des § 20 Abs. 1 Nr. 10 Buchst. b EStG gebunden ist,[1849] ist das Einlagekonto nach Auffassung des Autors auch bei einem wirtschaftliche Geschäftsbetrieb, der seinen Gewinn nach § 4 Abs. 3 EStG durch eine Einnahmen-Überschussrechnung ermittelt, gesondert festzustellen. Hierfür sollte auf die Rechtsprechung zur Eigenkapitalquote von Betrieben gewerblicher Art (BgA) zurückgegriffen werden,[1850] die sich an der Eigenkapitalausstattung von vergleichbaren Unternehmen der Privatwirtschaft orientiert.[1851]

4. Anfangsbestand und Fortschreibung

1145 Das steuerliche Einlagekonto ist gem. § 27 Abs. 1 Satz 2 KStG – ausgehend von dem Bestand am Ende des vorangegangenen Wirtschaftsjahrs – um die jeweiligen Zu- und Abgänge des Wirtschaftsjahrs fortzuschreiben.

5. Erhöhung des steuerlichen Einlagekontos

a) *Bei einem BgA*

aa) *Tatsächliche Einlagen*

1146 Tatsächliche Einlagen der Trägerkörperschaft durch eine auf dem Trägerverhältnis beruhende Überlassung von Wirtschaftsgütern für Zwecke des BgA sind dem Einlagekonto eines Regiebetriebs regelmäßig zuzuschreiben; dies gilt auch bei einem Eigenbetrieb.[1852]

bb) *Zugang durch einen von der Trägerkörperschaft ausgeglichenen Verlust*

1147 Maßgeblich für die Ermittlung des Gewinns für Zwecke des § 20 Abs. 1 Nr. 10 Buchst. b EStG ist nach der Rechtsprechung des BFH z. B. bei *Regiebetrieben* aber nicht das steuerliche, sondern das *handelsrechtliche Jahresergebnis* i. S. des § 275 HGB.[1853] Ein erwirtschafteter Verlust *gilt* hiernach als unmittelbar durch die Trägerkörperschaft ausgeglichen[1854] und führt zu einem entsprechenden Zugang im Einlagekonto, soweit der Verlust auf sog. Buchverlusten wie z. B. Abschreibungen beruht.[1855]

1849 Vgl. BFH v. 30. 09. 2020 – I R 12/17 (ECLI:DE:BFH:2020:U.300920.IR12.17.0), BStBl. II 2022, 269 unter II.4.b.aa.

1850 Vgl. RFH v. 27. 04. 1937 – I A 60/36, RStBl. 1937, 979; BFH v. 06. 08. 1962 – I 65/60 U, BStBl. III 1962,450 1. Leitsatz; BFH v. 09. 07. 2003 – I R 48/02, BStBl. II 2004, 425 unter II.3.c.

1851 Die Eigenkapitalquote war nach Abschn. 28 Abs. 3 Satz 4 KStR 1995 – im Zusammenhang mit verzinslichen Darlehen – i. H. v. *mindestens 30 v. H. des Aktivvermögens* anzunehmen.

1852 BFH v. 11. 09. 2013 – I R 77/11, BStBl. II 2015, 161 unter II.6.c.

1853 BFH v. 11. 09. 2013 – I R 77/11, BStBl. II 2015, 161 unter II.5.

1854 BFH v. 11. 09. 2013 – I R 77/11, BStBl. II 2015, 161 unter II.4.c.

1855 BFH v. 11. 09. 2013 – I R 77/11, BStBl. II 2015, 161, Leitsatz.

b) Bei einem steuerpflichtigen wirtschaftlichen Geschäftsbetrieb

Das steuerliche Einlagekonto eines steuerpflichtigen *wirtschaftlichen Geschäftsbetriebs*, der unter die Vorschrift des § 20 Abs. 1 Nr. 10 Buchst. b Satz 4 EStG fällt, erhöht sich durch *direkte Einlagen* der Gesellschafter bzw. Mitglieder der Körperschaft, durch *Zuführungen von Vermögensmitteln* aus dem steuerfreien Bereich der Körperschaft sowie aus *Zuführungen aus wirtschaftlichen Geschäftsbetrieben* derselben Körperschaft, die nicht unter § 20 Abs. 1 Nr. 10 Buchst. b Satz 4 EStG fallen.[1856] 1148

Mittelverwendungen zwischen *wirtschaftlichen Geschäftsbetrieben*, die unter § 20 Abs. 1 Nr. 10 Buchst. b Satz 4 EStG fallen, haben dagegen im Hinblick auf die gesetzliche Zusammenfassung von wirtschaftlichen Geschäftsbetrieben nach § 64 Abs. 2 AO keinen Einfluss auf den Bestand des steuerlichen Einlagekontos. 1149

Verluste, die im Verlustjahr durch die (Träger-)Körperschaft ausgeglichen werden, führen zu einem Zugang in entsprechender Höhe im steuerlichen Einlagekonto.[1857] 1150

III. Einkünfte aus Kapitalvermögen einer Trägerkörperschaft

1. Einnahmen i. S. von § 20 Abs. 1 Nr. 9 EStG

Einnahmen aus Leistungen einer nicht von der Körperschaftsteuer befreiten Körperschaft, Personenvereinigung oder Vermögensmasse i. S. von § 1 Abs. 1 Nr. 3 bis 5 KStG, die den in § 20 Abs. 1 Nr. 1 EStG genannten Gewinnausschüttungen *wirtschaftlich* vergleichbar sind, gehören gem. § 20 Abs. 1 Nr. 9 Satz 1 EStG zu den Einkünften aus Kapitalvermögen, soweit sie nicht bereits zu den Einnahmen i. S. von § 20 Abs. 1 Nr. 1 EStG gehören. 1151

Zu den sonstigen Bezügen gehören gem. § 20 Abs. 1 Nr. 1 Satz 2 i. V. m. § 20 Abs. 1 Nr. 9 Satz 1 EStG auch verdeckte Gewinnausschüttungen (vGA). Bezüge, die nach der Auflösung einer Körperschaft bzw. Personenvereinigung oder auf Grund einer Kapitalherabsetzung anfallen und die nicht in der Rückzahlung von Nennkapital bestehen, gehören nach § 20 Abs. 1 Nr. 2i V. m. § 20 Abs. 1 Nr. 9 Satz 1 EStG ebenfalls zu den Einkünften aus Kapitalvermögen. 1152

Unter § 20 Abs. 1 Nr. 9 EStG fallen auch alle wiederkehrenden oder einmaligen Leistungen einer *Stiftung*, die von den beschlussfassenden Stiftungsgremien aus den Erträgen der Stiftung an den Stifter, seine Angehörigen oder deren Abkömmlinge ausgekehrt werden. Der Stifter, seine Angehörigen oder deren Abkömmlinge erzielen entsprechende Einkünfte aus Kapitalvermögen. Dies gilt 1153

1856 BMF v. 02. 02. 2016 – IV C 2 – S 2706-a/14/10001, BStBl. I 2016, 200 unter Rn. 10.

1857 Nach OFD Niedersachsen v. 23. 08. 2010 – S 2836 – 17 – St 241, DB 2010, 2764 mit Verweis auf BFH v. 23. 01. 2008 – I R 18/07, BStBl. II 2008, 573 sind die Grundsätze dieses Urteils auf nach § 5 KStG steuerbefreite Körperschaften entsprechend anzuwenden.

auch, wenn die Leistungen anlässlich der Auflösung der Stiftung erbracht werden.[1858]

1154 Die vorstehend genannten Bezüge gehören nach § 20 Abs. 1 Nr. 1 Satz 3 EStG i. V. m. § 20 Abs. 1 Nr. 9 Satz 1 EStG jedoch dann nicht zu den Einnahmen i. S. von § 20 Abs. 1 Nr. 9 EStG, wenn sie aus Ausschüttungen einer Körperschaft stammen, für die Beträge aus dem steuerlichen Einlagekonto i. S. des § 27 KStG als verwendet gelten.

2. Leistungen i. S. von § 20 Abs. 1 Nr. 10 Buchst. a EStG

1155 Leistungen eines nicht von der Körperschaftsteuer befreiten BgA i. S. von § 4 KStG mit *eigener Rechtspersönlichkeit*[1859], die zu mit Gewinnausschüttungen i. S. von § 20 Abs. 1 Nr. 1 Satz 1 EStG *wirtschaftlich* vergleichbaren Einnahmen führen, gehören bei der Trägerkörperschaft – vorbehaltlich einer Verwendung von Beträgen aus dem steuerlichen Einlagekonto i. S. des § 27 KStG – zu den Einkünften aus Kapitalvermögen gem. § 20 Abs. 1 Nr. 10 Buchst. a EStG.

3. Gewinne i. S. von § 20 Abs. 1 Nr. 10 Buchst. b EStG bei einem BgA

a) Kapitaleinkünfte einer Trägerkörperschaft

1156 Nach § 20 Abs. 1 Nr. 10 Buchst. b Satz 1 EStG gehören

- der nicht den Rücklagen zugeführte Gewinn und verdeckte Gewinnausschüttungen (vGA) eines nicht von der Körperschaftsteuer befreiten BgA i. S. von § 4 KStG *ohne eigene Rechtspersönlichkeit*[1860], der den Gewinn durch Betriebsvermögensvergleich ermittelt oder – unabhängig von der Gewinnermitt-

1858 BMF v. 27. 06. 2006 – IV B 7 – S 2252 – 4/06, BStBl. I 2006, 417.

1859 Zu den BgA mit eigener Rechtspersönlichkeit gehören nach BMF v. 28. 01. 2019 – IV C 2 – S 2706-a/15/10001, BStBl. I 2019, 97 Rn. 6 z. B. Versorgungsbetriebe in der Rechtsform eines Zweckverbands oder eine nach Landes- oder Kommunalrecht errichtete Anstalt des öffentlichen Rechts.

1860 Zu den BgA ohne eigene Rechtspersönlichkeit gehören die Eigen- und Regiebetriebe. Nach BMF v. 09. 01. 2015 – IV C 2 – S 2706-a/13/10001, BStBl. I 2015, 111 unter Rn. 17 ist unter einem Eigenbetrieb ein finanzwirtschaftliches Sondervermögen im haushaltsrechtlichen Sinne zu verstehen, das organisatorisch verselbstständigt, gleichwohl aber rechtlich unselbständiger Teil der Körperschaft öffentlichen Rechts ist. Einem Regiebetrieb dagegen fehlt die Eigenschaft des Sondervermögens; er ist eine rechtlich unselbständige Einheit der Trägerkörperschaft, die finanzwirtschaftlich kein Sondervermögen der Trägerkörperschaft darstellt.

lungsart[1861] – die in § 20 Abs. 1 Nr. 10 Buchst. b Satz 1 EStG genannten Umsatz- oder Gewinngrenzen[1862] überschreitet,

- die aus der Rücklagenauflösung entstehenden Erträge eines von der Steuerbefreiung ausgeschlossenen wirtschaftlichen Geschäftsbetriebs ansonsten steuerbefreiter Körperschaften für Zwecke, die außerhalb eines wirtschaftlichen Geschäftsbetriebs liegen und
- die Gewinne i. S. des § 22 Abs. 4 Nr. 2 UmwStG

zu den Einkünften aus Kapitalvermögen der entsprechenden Trägerkörperschaft.

Diese Einkunftstatbestände führen nach § 2 Nr. 2 KStG zu einer beschränkten 1157 Steuerpflicht mit einer Kapitalertragsteuerbelastung von 15 % gem. § 43 Abs. 1 Satz 1 Nr. 7c i. V. m. § 43a Abs. 1 Satz 1 Nr. 2 EStG.

§ 20 Abs. 1 Nr. 10 Buchst. b EStG kommt jedoch bei einem BgA, der seinen Ge- 1158 winn nicht durch einen Betriebsvermögensvergleich ermittelt und *unterhalb* der genannten Umsatz- bzw. Gewinngrenzen liegt, nach Verwaltungsauffassung nicht zur Anwendung.[1863]

b) *Maßgeblicher Gewinn*

Gewinn[1864] i. S. des § 20 Abs. 1 Nr. 10 Buchst. b Satz 1 EStG ist nach Verwaltungs- 1159 auffassung[1865] und ständiger Rechtsprechung des BFH[1866] das *handelsrechtliche Jahresergebnis.* Von einer (späteren) Außenprüfung aufgedeckte fehlerhafte handelsrechtliche Bilanzansätze sind nach Verwaltungsauffassung im Jahr der Fehlbuchung und nicht erst im Zeitpunkt der Anpassung der Handelsbilanz zu korrigieren.[1867]

Wird nur eine *Steuerbilanz* aufgestellt, wird es von der Finanzverwaltung aus 1160 Vereinfachungsgründen nicht beanstandet, wenn auf den Gewinn nach § 4 Abs. 1 EStG abgestellt wird. Der so ermittelte Gewinn ist aber weder um nicht abziehbare Aufwendungen nach § 4 Abs. 5 EStG bzw. § 10 KStG noch um bei der

---

1861 BMF v. 09.01.2015 – IV C 2 – S 2706-a/13/10001, BStBl. I 2015, 111 unter Rn. 18.

1862 Die in § 20 Abs. 1 Nr. 10 Buchst. b Satz 1 EStG genannte Umsatzgrenze liegt bei Umsätzen einschließlich der steuerfreien Umsätze, ausgenommen die Umsätze nach § 4 Nr. 8 bis 10 UStG von mehr als 350.000 Euro im Kalenderjahr; die Gewinngrenze liegt bei einem Gewinn von mehr als 30.000 Euro im Wirtschaftsjahr. Nach Auffassung des FG Thüringen v. 28.02.2024 – 4 K 590/22, rkr., SIS 25 00 56 ist für die Prüfung, ob die in § 20 Abs. 1 Nr. 10 Buchst. b EStG genannte *Gewinngrenze* überschritten ist, auf den nach den *steuerrechtlichen* Gewinnermittlungsvorschriften ermittelten Gewinn abzustellen.

1863 BMF v. 28.01.2019 – IV C 2 – S 2706-a/15/10001, BStBl. I 2019, 97 unter Rn. 18. So auch Schmidt/*Levedag* EStG 41. Aufl. 2022, § 20 Rn. 137.

1864 Bei dem in der Vorschrift genannten Gewinnbegriff handelt es sich nach BMF v. 09.01.2015 – IV C 2 – S 2706-a/13/10001, BStBl. I 2015, 111 unter Rn. 25 um den Gewinn des BgA, den die jPöR für Zwecke außerhalb des BgA verwenden kann.

1865 Vgl. BMF v. 09.01.2015 – IV C 2 – S 2706-a/13/10001, BStBl. I 2015, 111 unter Rn. 25.

1866 Vgl. z. B. BFH v. 11.09.2013 – I R 77/11, BStBl. II 2015, 161.

1867 BMF v. 09.01.2015 – IV C 2 – S 2706-a/13/10001, BStBl. I 2015, 111 unter Rn. 25.

Einkommensermittlung außer Ansatz bleibende Beträge (wie z. B. die nach § 8b KStG) zu korrigieren.[1868]

c) Zuführung zu den Rücklagen bei einem Eigenbetrieb

1161 Als „Zuführung zu den Rücklagen" gilt nach Verwaltungsauffassung jedes Stehenlassen von Gewinnen als Eigenkapital für Zwecke des BgA unabhängig davon, ob dies in der Form der Zuführung zu den Gewinnrücklagen, als Gewinnvortrag oder unter einer anderen Position des Eigenkapitals vorgenommen wird.[1869]

1162 Die Rücklagenbildung wird unabhängig von haushaltsrechtlichen Regelungen von der Finanzverwaltung anerkannt; sie ist auch nicht davon abhängig, dass die Zwecke des BgA ohne die Rücklagenbildung nachhaltig nicht erfüllt werden könnten.[1870]

d) Rücklagenbildung bei einem Regiebetrieb

1163 Da eine Trägerkörperschaft über die Gewinne eines Regiebetriebs unmittelbar verfügen kann, ist eine Rücklagenbildung kommunalrechtlich grundsätzlich nicht möglich. Die Finanzverwaltung erkennt jedoch die Rücklagenbildung auch bei einem Regiebetrieb für Zwecke des § 20 Abs. 1 Nr. 10 Buchst. b EStG an, soweit die Zwecke des BgA ohne die Rücklagenbildung nachhaltig nicht erfüllt werden könnten.[1871]

1164 Das Bestreben, allgemein die Leistungsfähigkeit des BgA zu erhalten, reicht für eine anzuerkennende Rücklagenbildung jedoch nicht aus. Die Mittel dürfen jedoch z. B. für Investitionen angesammelt werden, für deren Durchführung bereits konkrete Zeitvorstellungen bestehen. Besteht noch keine konkrete Zeitvorstellung, ist eine Rücklagenbildung nur zulässig, wenn die Durchführung des Vorhabens glaubhaft und finanziell in einem angemessenen Zeitraum möglich ist.[1872]

e) Teilweise steuerbefreiter Betrieb gewerblicher Art

1165 Die Vorschrift des § 20 Abs. 1 Nr. 10 Buchst. b EStG betrifft nach Verwaltungsauffassung nur den nicht steuerbefreiten Teil eines BgA. Dieser nicht steuerbefreite Teil des BgA gilt für Zwecke des § 20 Abs. 1 Nr. 10 Buchst. b EStG als Regiebetrieb, auf den die für Regiebetriebe geltenden Rücklagengrundsätze anzuwenden sind.[1873]

1868 BMF v. 09.01.2015 – IV C 2 – S 2706-a/13/10001, BStBl. I 2015, 111 unter Rn. 26.
1869 BMF v. 09.01.2015 – IV C 2 – S 2706-a/13/10001, BStBl. I 2015, 111 unter Rn. 34.
1870 BMF v. 09.01.2015 – IV C 2 – S 2706-a/13/10001, BStBl. I 2015, 111 unter Rn. 34.
1871 BMF v. 09.01.2015 – IV C 2 – S 2706-a/13/10001, BStBl. I 2015, 111 unter Rn. 35.
1872 BMF v. 09.01.2015 – IV C 2 – S 2706-a/13/10001, BStBl. I 2015, 111 unter Rn. 35.
1873 BMF v. 09.01.2015 – IV C 2 – S 2706-a/13/10001, BStBl. I 2015, 111 unter Rn. 38.

Erfüllt der Träger des BgA bzw. der steuerbegünstigte Teil des BgA die Voraussetzungen des § 44a Abs. 7 EStG für eine Abstandnahme vom Steuerabzug, ist § 20 Abs. 1 Nr. 10 Buchst. b EStG in einem solchen Fall nicht anzuwenden.[1874] 1166

f) Verwendung des steuerlichen Einlagekontos

Die Bezüge i. S. von § 20 Abs. 1 Nr. 10 Buchst. b EStG gehören gem. § 20 Abs. 1 Nr. 10 Buchst. b Satz 5 EStG i. V. m. § 20 Abs. 1 Nr. 1 Satz 3 EStG dann nicht zu den steuerbaren Einnahmen aus Kapitalvermögen, soweit sie aus Leistungen stammen, für die Beträge aus dem steuerlichen Einlagekonto i. S. des § 27 KStG als verwendet gelten. 1167

4. Gewinne i. S. von § 20 Abs. 1 Nr. 10 Buchst. b EStG bei einem wirtschaftlichen Geschäftsbetrieb

§ 20 Abs. 1 Nr. 10 Buchst. b Satz 1 und 2 EStG ist gem. § 20 Abs. 1 Nr. 10 Buchst. b Satz 4 EStG auch bei wirtschaftlichen Geschäftsbetrieben einer von der Körperschaftsteuer befreiten Körperschaften, Personenvereinigungen oder Vermögensmassen entsprechend anzuwenden. 1168

a) Gewinne eines Zweckbetriebs

Gewinne eines *nicht „von der Steuerbefreiung ausgeschlossenen"* wirtschaftlichen Geschäftsbetriebes (also eines *Zweckbetriebs* i. S. der §§ 65 bis 68 AO) sind nach Auffassung des Autors von der Vorschrift des § 20 Abs. 1 Nr. 10 KStG im Umkehrschluss nicht betroffen. 1169

b) Mehrere wirtschaftliche Geschäftsbetriebe

§ 20 Abs. 1 Nr. 10 Buchst. b Satz 4 EStG erfasst *insbesondere* die nach § 5 Abs. 1 Nr. 5, 7, 10, 12, 14, 16, 19, 21, 22 und 24 KStG befreiten Körperschaften. Umfasst die Tätigkeit einer solchen Körperschaft nicht nur einen oder mehrere wirtschaftliche Geschäftsbetriebe, sondern z. B. auch die Vermögensverwaltung, ist § 20 Abs. 1 Nr. 10 Buchst. b Satz 4 EStG nur für den bzw. die (steuerpflichtigen) wirtschaftlichen Geschäftsbetriebe anzuwenden.[1875] 1170

c) Verdeckte Gewinnausschüttungen an die Gesellschafter oder Mitglieder

§ 20 Abs. 1 Nr. 10 Buchst. b Satz 4 EStG ist nicht anzuwenden, wenn Ausschüttungen der von der Körperschaftsteuer befreiten Körperschaften beim Empfänger zu Einkünften i. S. des § 20 Abs. 1 *Nr. 1* EStG führen.[1876] Verdeckte Gewinn- 1171

1874 BMF v. 09.01.2015 – IV C 2 – S 2706-a/13/10001, BStBl. I 2015, 111 unter Rn. 38.
1875 BMF v. 02.02.2016 – IV C 2 – S 2706-a/14/10001, BStBl. I 2016, 200 i. d. F. v. 21.07.2016 – IV C 2 – S 2706-a/14/10001, BStBl. I 2016, 685 unter Rn. 2.
1876 BMF v. 02.02.2016 – IV C 2 – S 2706-a/14/10001, BStBl. I 2016, 200 i. d. F. v. 21.07.2016 – IV C 2 – S 2706-a/14/10001, BStBl. I 2016, 685 unter Rn. 2.

ausschüttungen (vGA) an die Gesellschafter oder Mitglieder zählen daher nicht zu den Steuertatbeständen des § 20 Abs. 1 Nr. 10 Buchst. b Satz 4 EStG.[1877]

d) Verwendung des steuerlichen Einlagekontos

1172 Die Bezüge i. S. von § 20 Abs. 1 Nr. 10 EStG gehören gem. § 20 Abs. 1 Nr. 10 Buchst. b Satz 5 EStG i. V. m. § 20 Abs. 1 Nr. 1 Satz 3 EStG dann nicht zu den steuerbaren Einnahmen aus Kapitalvermögen, soweit sie aus Leistungen stammen, für die Beträge aus dem steuerlichen Einlagekonto i. S. des § 27 KStG als verwendet gelten.

IV. Kapitalertragsteuer

1. Kapitalerträge i. S. des § 20 Abs. 1 Nr. 9 EStG

1173 Die Kapitalerträge i. S. des § 20 Abs. 1 Nr. 9 EStG unterliegen der Kapitalertragsteuer gem. § 43 Abs. 1 Satz 1 Nr. 7a EStG mit einem Steuersatz von 25 v. H. gem. § 43a Abs. 1 Satz 1 Nr. 1 EStG. Für Kapitalerträge i. S. von § 43 Abs. 1 Satz 1 Nr. 7a EStG wird jedoch unter den Voraussetzungen des § 44a Abs. 7 Satz 1 Nr. 1 bis 3 EStG vom Kapitalertragsteuerabzug Abstand genommen.

2. Kapitalerträge i. S. des § 20 Abs. 1 Nr. 10 Buchst. a EStG

1174 Die Kapitalerträge i. S. des § 20 Abs. 1 Nr. 10 Buchst. a EStG unterliegen der Kapitalertragsteuer gem. § 43 Abs. 1 Satz 1 Nr. 7b EStG mit einem Steuersatz von 15 v. H. gem. § 43a Abs. 1 Satz 1 Nr. 2 EStG. Für Kapitalerträge i. S. von § 43 Abs. 1 Satz 1 Nr. 7c EStG wird jedoch unter den Voraussetzungen des § 44a Abs. 7 Satz 1 Nr. 1 bis 3 EStG vom Kapitalertragsteuerabzug Abstand genommen.

3. Kapitalerträge i. S. des § 20 Abs. 1 Nr. 10 Buchst. b EStG

1175 Die Kapitalerträge i. S. des § 20 Abs. 1 Nr. 10 Buchst. b EStG unterliegen der Kapitalertragsteuer gem. § 43 Abs. 1 Satz 1 Nr. 7c EStG mit einem Steuersatz von 15 v. H. gem. § 43a Abs. 1 Satz 1 Nr. 2 EStG. Für Kapitalerträge i. S. von § 43 Abs. 1 Satz 1 Nr. 7c EStG wird jedoch unter den Voraussetzungen des § 44a Abs. 7 Satz 1 Nr. 1 bis 3 EStG vom Kapitalertragsteuerabzug Abstand genommen.

1176 Voraussetzung für die Abstandnahme vom Kapitalertragsteuerabzug in den vorstehend genannten Fällen ist, dass der Gläubiger der Kapitalerträge eine *inländische*

- Körperschaft, Personenvereinigung oder Vermögensmasse i. S. des § 5 Abs. 1 Nr. 9 KStG ist oder
- Stiftung des öffentlichen Rechts ist, die ausschließlich und unmittelbar *gemeinnützigen oder mildtätigen Zwecken* dient, oder
- juristische Person des öffentlichen Rechts ist, die ausschließlich und unmittelbar *kirchlichen Zwecken* dient

1877 BMF v. 02. 02. 2016 – IV C 2 – S 2706-a/14/10001, BStBl. I 2016, 200 unter Rn. 1.

und durch eine Bescheinigung des für seine Geschäftsleitung oder seinen Sitz zuständigen Finanzamts nachweist, dass er eine Körperschaft, Personenvereinigung oder Vermögensmasse i. S. von § 44a Abs. 7 Satz 1 EStG ist.

G. Schlussbemerkung

Durch das Jahressteuergesetz 2020 wurde nicht nur der Katalog gemeinnütziger Zwecke erweitert, sondern auch Erleichterungen für steuerbegünstigte Körperschaften im Zusammenhang mit der vom Gesetz her gebotenen Mittelverwendung geschaffen und Kooperationen zwischen steuerbegünstigten Körperschaften ermöglicht. 1177

Verschiedene gemeinnützige Stiftungen setzen sich weiterhin „für ein modernes und unbürokratisches Gemeinnützigkeitsrecht" ein und fordern z. B. unter dem Begriff „Business Judgement Rule" Regelungen, die bei Fehlentscheidungen der Verantwortlichen nicht zum Verlust der Gemeinnützigkeit führen, eine gesetzliche Klarstellung zu einem gelegentlichen politischen Engagement von gemeinnützigen Organisationen über den eigenen Zweck hinaus, eine Erweiterung des Zweckkatalogs in § 52 AO um die Zwecke „Förderung des Schutzes und Durchsetzung der Grund- und Menschenrechte" sowie „gemeinnütziger Journalismus" und eine Aufhebung der Ungleichbehandlung von Förderungen innerhalb und außerhalb der Europäischen Union. 1178

Die neue CDU/CSU/SPD-Bundesregierung will den Katalog der gemeinnützigen Zwecke modernisieren und das Gemeinnützigkeitsrecht weiter vereinfachen. Das Erfordernis einer zeitnahen Mittelverwendung gem. § 55 Abs. 1 Nr. 5 AO soll zukünftig erst bei Einnahmen von mehr als 100.000 Euro gelten; bei Einnahmen einer gemeinnützigen Körperschaften aus wirtschaftlichen Tätigkeiten von weniger als 50.000 Euro im Jahr soll eine Unterscheidung zwischen Zweckbetrieb und steuerpflichtigem wirtschaftlichen Geschäftsbetrieb unterbleiben;[1878] vermutlich wird der Betrag in § 64 Abs. 3 AO entsprechend angehoben. Welche Zwecke zukünftig in den Gemeinnützigkeitskatalog des § 52 Abs. 2 AO aufgenommen werden, bleibt abzuwarten. 1179

1878 Vgl. Koalitionsvertrag zwischen CDU, CSU und SPD für die 21. Legislaturperiode, *https://www.spd.de/fileadmin/Dokumente/Koalitionsvertrag_2025.pdf* (abgerufen am 09.04.2025) unter Pkt. 2.1.

Stichwortverzeichnis

Die Zahlen verweisen auf Randnummern.

N

O

P

R

T

U

V

Zum Autor

Detlef Pieske-Kontny, Diplom-Volkswirt und Diplom-Kaufmann, war langjähriger Betriebs- und Konzernbetriebsprüfer in der Berliner Steuerverwaltung, stellvertretendes Mitglied in einem Steuerberater-Prüfungsausschuss und Dozent für Steuerrecht mit den Schwerpunkten Ertragsteuern und Außenprüfung. Er ist Verfasser zahlreicher Veröffentlichungen zum Steuerrecht und ständiger Beiträger für die Zeitschrift „StBp – Die steuerliche Betriebsprüfung". 2025 ist von ihm im Erich Schmidt Verlag das Werk „Spezialwissen Internationales Steuerrecht. Gewinnaufteilung bei ausländischen Betriebsstätten" erschienen.